甘肃省文化资源名录

（第二十二卷）

非物质文化遗产 I

民间文学、民间音乐、民间舞蹈、民间戏剧、曲艺

总 主 编：陈 青　王福生
副总主编：马廷旭
总 校 对：刘玉顺
本卷主编：戚晓萍

中国书籍出版社
China Book Press

图书在版编目(CIP)数据

甘肃省文化资源名录. 第二十二卷 / 陈青, 王福生总主编; 甘肃省社会科学院编. — 北京: 中国书籍出版社, 2017.9
ISBN 978-7-5068-6480-0

Ⅰ. ①甘… Ⅱ. ①陈… ②王… ③甘… Ⅲ. ①文化遗产—甘肃—名录 Ⅳ. ①K294.2-62

中国版本图书馆CIP数据核字(2017)第228968号

甘肃省文化资源名录　第二十二卷

陈　青　王福生　总主编
甘肃省社会科学院　编

责任编辑	叶心忆　刘　娜
责任印制	孙马飞　马　芝
封面设计	楠竹文化
出版发行	中国书籍出版社
地　　址	北京市丰台区三路居路97号（邮编：100073）
电　　话	（010）52257143（总编室）　　（010）52257140（发行部）
电子邮箱	eo@chinabp.com.cn
经　　销	全国新华书店
印　　刷	三河市顺兴印务有限公司
开　　本	787毫米×1092毫米　1/16
字　　数	554千字
印　　张	24.75
版　　次	2017年10月第1版　2017年10月第1次印刷
书　　号	ISBN 978-7-5068-6480-0
定　　价	224.00元

版权所有　翻印必究

甘肃省文化资源普查
和分类分级评估工作领导小组

组　长　　连　辑

副组长　　张广智

成　员　　俞建宁　张建昌　范　鹏　武来银　伏晓春　赵海林
　　　　　　王智平　周继尧　史志明　李宗锋　阿　布　李　珊
　　　　　　曹玉龙　陈　汉　梁文钊　陈德兴　妥建福　樊　辉
　　　　　　肖立群　王兰玲　肖学智　宋金圣　拜真忠　卢旺存
　　　　　　石生泰　柳　民　吴国生　火玉龙　车安宁　马少青
　　　　　　王福生　张智若

甘肃省文化资源普查和分类分级评估工作领导小组办公室及下设机构

主　　任　　范　鹏

常务副主任　　王福生

副 主 任　　李　珊　　王兰玲　　柳　民

执行副主任　　侯拓野　　马廷旭　　陈月芳　　廖士俊

成　　员　　杨文福　　丁　禄　　田锡如　　李含荣　　路晓峰　　刘效明
　　　　　　　　张建胜　　徐麟辉　　马志强　　张春锋　　梁朝阳　　方剑平
　　　　　　　　黄国明　　王银军　　刘志忠　　李拾良　　王登渤　　赵艳超
　　　　　　　　席浩林　　王　钢　　刘　晋　　李军林　　王景辉　　邵　斌
　　　　　　　　杨彦斌　　李素芬　　李才仁加　王　旭　　王治纲

综合协调组

　　组　长　　王灵凤

　　成　员　　庞　巍　　马争朝　　吴绍珍　　巨　虹　　王彦翔　　唐莉萍
　　　　　　　段翠清

普查业务组

　　组　长　　谢增虎

　　成　员　　马东平　　侯宗辉　　马亚萍　　戚晓萍　　魏学宏　　李　骅
　　　　　　　买小英　　梁仲靖　　王　屹　　海　敬

技术保障组

　　组　长　　刘玉顺

　　成　员　　胡圣方　　王　荟　　谢宏斌　　张博文　　宋晓琴

专家联络组

　　组　长　　郝树声　　马步升

　　成　员　　金　蓉　　赵　敏

甘肃省文化资源名录
编纂委员会

主　　任　陈　青　郝　远

副 主 任　范　鹏　彭鸿嘉　俞建宁　王福生

委　　员　朱智文　安文华　刘进军　马廷旭
　　　　　　王俊莲　王　琦　陈双梅

总 主 编　陈　青　王福生

副总主编　马廷旭

总 校 对　刘玉顺

成　　员　谢增虎　马东平　侯宗辉　马亚萍　戚晓萍
　　　　　　魏学宏　谢　羽　金　蓉　买小英　巨　虹
　　　　　　吴绍珍　胡圣方　李　骅　鲁雪峰　梁仲靖
　　　　　　王　荟　王　屹　海　敬　段翠清　李志鹏
　　　　　　尹小娟　姜　江

前　言

丝绸之路三千里，华夏文明八千年。甘肃是华夏文明的重要发祥地之一，是中华民族重要的文化资源宝库，是国务院认定的"华夏文明传承创新区"。为了保护和传承甘肃恢宏的历史与当代文化资源，使之能够汇总展示给世界，并永久流传，甘肃省从 2013 年 4 月启动了全省文化资源普查工作。在甘肃省文化资源普查和分类分级评估工作领导小组组织下，动员全省各市（州）县（区）、31 个厅局及省直单位的专业人员，数十位专家学者，历时两年，完成了普查和数据录入工作。对于全省文化资源普查成果，甘肃省社会科学院又经过两年时间整理完善、分类编辑、拾遗补阙、校对编排，现在终于有了《甘肃省文化资源名录》的付梓出版。

《甘肃省文化资源名录》集中展现了甘肃历史悠久、丰富多样的文化资源。甘肃历史文化遗存位列全国前茅，民族民俗文化特色鲜明，现代文化颇具实力。伏羲文化、大地湾文化、马家窑文化、齐家文化、寺洼文化、彩陶文化、周秦早期文化、长城文化、汉简文化、三国文化、五凉文化、敦煌文化、石窟文化、黄河文化等历史文化资源积淀深厚；道教文化、西夏文化、伊斯兰文化、藏传佛教文化等民族宗教文化资源星罗棋布；大革命文化、根据地文化、长征文化、抗日文化、解放区文化等红色文化资源耀眼夺目；工业文化、科技文化、歌舞文化、大众文化等现代文化资源特色鲜明。可以说，文化资源是历代生活在甘肃的华夏儿女留给这块大地的永不磨灭的最辉煌印记。

就甘肃省文化资源的精华而言，截至 2017 年初，全省馆藏可移动文物为 195.84 万件，各类不可移动文物 16895 处。有世界文化遗产 7 处，全国重点文物保护单位 131 处，省级文物保护单位 556 处，国家级非物质文化遗产代表性项目 68 项。有国家级历史文化名城 4 座，国家级历史文化名镇 7 座，中国历史文化名村 2 座，中国传统村落 36 个。莫高窟、嘉峪关、伏羲庙、麦积山、炳灵寺、阳关、玉门关、锁阳城、崆峒山、拉卜楞寺、中山桥……，都是甘肃文化的历史见证；敦煌汉简、悬泉汉简、铜奔马、牛肉面、剪纸、花儿、皮影、羊皮筏子、黄河水车……，都是甘肃永恒的文化名片；腊子口、哈达铺、会师楼、南梁……，都是甘肃代表性红色文化遗产；酒泉卫星发射中心、刘家峡水电站、玉门油田、《读者》《丝路花雨》《大梦敦煌》……，都是甘肃之所以为甘肃的鲜明标志；祁连山、雪山冰川、河西走廊，大漠戈壁、高原草原、天池梅园……，都是如意甘肃的生动写照。众多的历史、自然和现代文化资源犹如满天繁星，镶嵌在广袤的甘肃大地上熠熠生辉。

《甘肃省文化资源名录》汇总甘肃省文化资源的精华，完成了打造华夏文明传承创新区的基础工作。《名录》将文化资源分为二十大类，分别是：文物；红色文化；重要历史事件与人物；重要历史文献；民族语言文字；非物质文化遗产；自然景观文化；宗教文化；文学艺术；饮食文化；建筑文化；节庆、赛事文化；文化之乡；地名文化；文化传媒；社科研究；文化类高等教育；文化艺术机构团体；文化产业；文化人才。每类文化资源按属性又分若干子分类，每个子分类都有严格的界定。同时，将文化资源级别分为省级和市州级。省级文化资源是指国务院、国家有关部委、甘肃省政府和省直部门已经明确命名、认定、管理（或委托管理）的国家级和省级文化资源，以及甘肃省文化资源普查办公室评估认定并核定公布、报送备案的文化资源。市州级文化资源是指甘肃省各市州、县级政府及其管理部门已经明确命名、认定、管理的市县文化资源，以及甘肃省文化资源普查办公室评估认定并核定公布、报送备案的市县文化资源。甘肃省内世界级文化资源（遗产）纳入省级文化资源管理范围，暂未认定级别和不需认定级别的文化资源统一纳入市州级文化资源范围。

推出《甘肃省文化资源名录》，对于推进华夏文明传承创新区建设、甘肃文化大省建设、丝绸之路黄金段建设意义深远。《名录》不仅仅记录了甘肃文化资源的种类和数量，也使甘肃文化资源的资源类别、品相级别、蕴藏情况、流布地域、传承范围和衍变情况得以准确和清晰化。通过编辑出版《甘肃省文化资源名录》，形成一个科学完整的文化资源数据库、文化资源研究的学术平台、文化资源传承保护和开发利用的指南，有助于更好地挖掘那些具有世界影响、国家价值、显著特点、唯一仅存、开发潜力巨大的代表性文化资源，为文化资源的有效保护提供科学依据，为重点文化资源找到开发的机遇并重塑生长的价值，为文化产业项目的开发利用提供可靠的参考。所以，《名录》的推出，是甘肃省文化资源普查成果面向世界迈出的第一步，是文化实力助推甘肃转型发展的坚实步伐，它为甘肃省今后对文化资源进行保护传承、专题研究、数字展示、市场开发奠定了基础。

甘肃省社会科学院
2017 年 7 月

目 录

前　言	001
民间文学	001
民间音乐	129
民间舞蹈	197
民间戏剧	289
曲　艺	349
后　记	381

甘肃省文化资源名录

第二十二卷 非物质文化遗产 I

民间文学

0001 河西宝卷

别　　称：凉州宝卷

级　　别：国家级

流布区域：主要在武威市凉州区、古浪县、天祝县流传

传承现状：农村经济的发展和生活习俗的改变，已很少有人主动举行念唱宝卷的活动。念卷人继承后继无人，面临消亡。

简　　介：武威宝卷是在唐代敦煌变文、俗讲以及宋代说经基础上发展而成的一种民间吟唱主文娱活动。变文、俗讲和说经主要吸收和沿袭了敦煌佛经的结构，而武威宝卷则是在继承的同时更加民族化、地方化、民间化，成为中国民间讲唱文学的一种。武威宝卷主要在武威市凉州区、古浪县、天祝县流传，有三种类型：佛教类、神话传说类、寓言类。其大量反映的是人民群众切身相关的社会生活、衣食住行等方面，多谴责忤逆凶残，规劝孝道，隐恶扬善。武威宝卷的主要形式是讲唱过程中韵白结合，有说有唱，以"接佛声"为主要手段吸引听众参与演唱。白话是念卷人为了叙述故事情节，交待事件发展，铺叙人物关系，点明时间地点而采用的一种表演手法，是"讲"或"说"的。而韵文则寄寓了善恶褒贬，用来推动故事情节发展、抒发爱憎情绪、烘托渲染气氛，是"吟"或"唱"的。韵文的主要形式是七字句和十字句。武威宝卷的韵文采用了各种曲调，亦加进了部分凉州民歌调，如"哭五更""莲花落""十劝人"等。武威宝卷的脚本，据调查，现存约80卷。脚本大多为木刻板和手抄本，20世纪80年代初期也曾出现过一些油印本。

河西宝卷念唱活动

0002 河西宝卷

别　　称：酒泉宝传

级　　别：国家级

流布区域：酒泉各地

传承现状：日渐式微

简　　介：宝卷又名宝传，是一种明清以来流行于民间的讲唱文学。它是劳动人民冒着风险保存下来的珍贵文化遗产。它由唐代的变文、讲经文演变而来，其内容从儒、释、道的三教合一及各种秘密宗教均有涉及，并有大量非宗教的历史人物、民间神话传说和戏曲故事。其结构为散韵相间，讲唱地点从

庙会、娱乐场所，直至家庭院落。虽然宝卷在全国各地都有流传，但以甘肃河西，尤以酒泉宝卷数量多，质量最好，宣卷人数最多，听众人数最多而为世人称道。酒泉宝卷是饱经了大漠风尘的冲刷，在敦煌文化的熏陶下，在酒泉人民的精心培育下成长起来的民间艺术奇葩。酒泉宝卷直接受敦煌变文、讲经文、词文的孕育，在命题上还保留有讲经文的痕迹，在结构上，除了宝卷的共同特点——散韵相间外，它还保留了偈赞韵文的开场及结尾形式；另外在念卷的方式上也与唐宋时的俗讲及演唱变文有相似之处。酒泉宝卷具有独特的西部风情，我们可以从中领略到无垠的沙漠、驼铃的响声、赶毛驴的脚夫、群众的聚会、古番邦的战场等等各种风情。尽管酒泉宝卷和国内其他宝卷一样，也有芜杂之处，但它不失为我国宝卷的重要组成部分，而且又是讲唱文学、语言学、民俗学、宗教史、思想文化史等社会学科宝贵的研究史料。

流传于酒泉的宝卷讲唱

0003 宝卷（河西宝卷）

别　　称：无
级　　别：国家级
流布区域：张掖市

0004 格萨（斯）尔

别　　称：天祝土族格萨尔
级　　别：国家级
流布区域：甘肃省，青海省

传承现状：土族《格萨尔》流传范围小，传承濒临失传。

简　　介：传唱千年的史诗《格萨（斯）尔》流传于中国青藏高原的藏、蒙、土、裕固、纳西、普米等民族中，以口耳相传的方式讲述了格萨尔王降临下界后降妖除魔、抑强扶弱、统一各部，最后回归天国的英雄业绩。《格萨（斯）尔》是世界上迄今发现的史诗中演唱篇幅最长的，它既是族群文化多样性的熔炉，又是多民族民间文化可持续发展的见证。这一为多民族共享的口头史诗是草原游牧文化的结晶，代表着古代藏族、蒙古族民间文化与口头叙事艺术的最高成就。无数游吟歌手世代承袭着有关它的吟唱和表演。现存最早的史诗抄本成书于公元14世纪，1716年的北京木刻版《十方圣主格斯尔可汗传》是其最早的印刷本。迄今有记录的史诗说唱本约一百二十多部，仅韵文就长达一百多万诗行，而且目前这一活态的口头史诗仍在不断扩展。《格萨（斯）尔》是相关族群社区宗教信仰、本土知识、民间智慧、族群记忆、母语表达的主要载体，是唐卡、藏戏、弹唱等传统民间艺术创作的灵感源泉，同时也是现代某些艺术形式的源头活水。

土族格萨尔说唱艺人王永福

0005 米拉尕黑

别　　称：月光宝镜

级　　别：国家级

流布区域：主要流传在东乡县高山、龙泉、达板、凤山、车家湾、坪庄、沿岭等十多个乡、镇的100多个山村。

传承现状：民间长诗的吟诵活动几乎消失，其濒临失传状况急需抢救和保护。

简　　介：《东乡族小经文与民间叙事长诗·米拉尕黑》，已被甘肃省人民政府列入、公布在第一批甘肃省非物质文化遗产名录之中。它的产生之地是东乡族自治县，是一个国扶特困的甘肃中部的干旱山区，自然条件严酷，山大沟深，经济文化生活比较落后。《米拉尕黑》这首东乡族民间长诗，大概产生于明代，在东乡族民间、口耳相传，已达500多年。在清代的东乡族宗教界人士中已有了阿拉伯字母作为记音符号，搜集、记录、书写的不同异文的文本。至今大都佚失，失传。硕果仅存的只有民国时期的阿文记音文本，且部分内容已残缺不全，会唱吟的老艺人目前已越来越少，十分稀缺，整个处于濒临失传境地。该长诗是反映东乡族根谱的口传历史教科书，它以浓郁的抒情与叙事的和谐统一，充分展示东乡族民间文学和民间语言朴素简洁之美，具有强烈的艺术魅力，表达了不同历史时代东乡族人民不屈不挠、向往和平、追求理想的奋斗精神，不仅在东乡族文化史上占有重要的地位，而且在中国少数民族文学史上也有一席之地。

《米拉尕黑》讲述

0006 甘肃民间故事（嘉峪关故事传说）

别　　称：甘肃民间故事

级　　别：省级

流布区域：嘉峪关市

传承现状：列入为第三批省级非遗名录。传承人2名，传习人2名

简　　介：嘉峪关地处河西走廊中部，系万里长城之起点，丝绸之路之关隘。它踏戈壁、倚祁连，傲然雄踞在广袤的漠野上。这里有明长城的遗迹，有魏晋时期的古墓群，有游牧民族刻绘的岩画，绿洲、碑碣、驼铃……处处闪烁着灿烂的古文化之光。在漫长纷繁的历史岁月中，生活在长城脚下的居民们，以嘉峪关关城为基础，以嘉峪关独特的人文地理环境为依托，用极其丰富的想象力，创作出人们不畏艰苦、与恶劣自然环境斗争的顽强毅力和劳动智慧故事，这是嘉峪关劳动人民在生产生活过程中结出的文化果实。九眼泉、定城砖、火烧滩、晾经台、手印石、击石燕鸣等传说故事，在嘉峪关民间流传较为广泛，对广大民众的生活有着深刻的影响。嘉峪关民间故事具有故事性强、情节生动、口语化、格调明快、想象奇特丰富、常用夸张和比喻、艺术感染力强等特点。嘉峪关故事内容来自民间，反映的多是民间生活，有对美好生活的向往，有古代边关将士的事迹，也有各类动植物的传说。这些故事传说充分展现了嘉峪关这

片土地的历史发展和地域特征，反映了扎根这片土地上的劳动人民的勤劳、勇敢和智慧。

民众在讲民间故事

0007 甘肃民间故事（苏武传说）

别　　称：苏武牧羊的的故事

级　　别：省级

流布区域：民勤境内

传承现状：流传广泛

简　　介：据《民勤县志》记载，县城东南二十五里处的苏武山相传"苏武牧羝于此"，因以得名。旧有苏武庙址并碑题："汉中郎将苏武牧羝处。"两千多年来，苏武崇高的爱国情怀，坚贞不屈的民族气节，坚韧不拔的钢铁意志，渴饮雪、饥吞毡的吃苦精神代代相传，激励和鞭策着勤劳智慧的民勤儿女，在漫长的征途上不屈不挠，勇往直前，创业立功。苏武牧羝的传说在民勤广为流传：民勤境内有羊路，传为苏武牧羊时走的小道；有龙潭，传为苏武羊群饮水之源；有无节芨芨，传为苏武补鞋之用；有发菜、汉节、毛条、野鸽子墩及神泉等，无不与苏武联系在了一起。2003年夏，中科院院士任继周等一行来民勤实地考察，作《苏武牧羊北海故地考》，从七个方面论证了苏武牧羊故地实为民勤。这些与历史史实息息相关的美丽传说，反映了民勤人民敬仰英雄、传承美德的淳朴民风。年复一年，日复一日，在本地就形成了举世闻名的"苏武文化"，也铸造了勤朴、坚韧、尚学、求真的民勤精神。

〈苏子岩〉

照片说明

明朝诗人岳正有诗曰：迢迢石径路人稀，峰岭连去接翠微。沙远雪深樵不到，山高风冷雁难飞。千年台上生香草，百丈岩前长蕨薇。昔日书成凭浪语，方知汉将得东归。

苏武牧羊的的故事

0008 甘肃民间故事（貂蝉传说）

别　　称：无

级　　别：省级

流布区域：临洮大部分乡镇

传承现状：传承濒临失传，"貂蝉传说"这一艺术形式逐渐失传。

简　　介：貂蝉传说，广泛流传于临洮大部分乡镇。秦代无名氏《锦云堂·连环计》剧中记载："貂蝉临洮人，姓任，名红昌。因兵乱，流落司徒王允府中，貂蝉聪慧多智，王允以亲女相待。传说"貂蝉歌舞吹弹一通百达，九流三教无所不知，为了帮助王允为国除奸，年仅十八岁的貂蝉居然不顾个人安危，深入虎穴，巧施智谋，用"连环计"离间董卓和吕布，又借吕布之手杀死董卓，独自完成事关东汉政权的大事。此传说具有重要的历史价值，有利于我们深刻理解乡土文化和民族精神。随着群众产业结构的改变和生产生活水平的提高，加之人民生活方式的改变，大众传播媒介的普及，急待保护传承。

甘肃省文化资源名录 第二十二卷 非物质文化遗产 I

民间文学

貂蝉传说

0009 甘肃民间故事（金瓜与银豆）
别　　称：无
级　　别：省级
流布区域：古浪县境内

0010 河西宝卷（永昌宝卷）
别　　称：永昌念卷
级　　别：省级
流布区域：永昌县域
传承现状：濒临失传
简　　介：宝卷是由唐、五代时期盛行于佛教寺院的"变文"演变而来的。早期宝卷的内容，因受佛教变文的影响，主要是宣扬佛教思想。到明清时期，宝卷内容则大为扩展，涉及社会生活的各个领域。上至帝王将相，下及贫民百姓。有说天上神仙的，也有说地下畜禽的，还有如奸臣害忠良、公子闹姑娘等，都是群众喜闻乐见的故事。念卷作为中国传统文化的一支，在全国各地均有流行，在永昌民间也曾盛极一时。永昌境内的宝卷皆为手抄本，由于明清以来历代文人的传抄和再创作，在思想内容上融入了大量的地方文化特色。许多宝卷中有很多永昌方言，将地方的一些风俗习惯也写了进去。宝卷主要流行于永昌县城及四周农村，红山窑、新城子尤多。20世纪50—60年代曾有过粗略统计，当时流行于永昌西乡的宝卷有130多种，几乎家家都有宝卷，并说宝卷中有佛经，有镇邪气的作用。可惜当时未作收集，大多数宝卷在"文革"中被当作"四旧"而焚毁。所幸的是有个别爱好者不畏世事，将一些宝卷悄悄藏觅下来，保存了这个文化遗产的一点血脉。历史上，念卷是永昌民间文化活动的主要形式之一。凡听卷人必须人人和声，和声词为"阿弥陀佛"等，一唱一和，意趣盎然。

永昌念卷

0011 河西宝卷（张掖宝卷）
别　　称：河西宝卷
级　　别：省级
流布区域：高台县境内
传承现状：本地常念的宝卷有：《康熙王私访山东》《张四姐大闹东京》《张三姐大闹灌州城》《包爷错断颜查山》《丁郎寻父》等。近年，张掖市委宣传部曾组织编纂《河西宝卷》一书，收入宝卷600多个，涵盖了本地民间流传宝卷的七八成。高台现有《河西宝卷》省级传承人1名（刘银花），市级传承人2名（孙积善、陈秀畴），县级传承人27名。

简　介：河西宝卷在高台县流传甚广，影响深远，六十岁以上老人基本都见过旧时念卷的场景，一些七十岁左右、略有文化的老年人基本都能模拟念卷的腔调，本地所流传的宝卷基本都是手抄本，或毛笔，或钢笔，字迹不清，错别字较多，残缺不全，数量也很有限。高台有念卷的传统习惯，从旧社会开始就很流行听卷，听卷的人特别多，识字人念，大家听，听者还接下音附和，与念者融为一体，场面很是壮观。所谓"卷"，即"河西宝卷"，为河西走廊所独有，目前已被列入国家级非物质文化遗产保护名录。念卷是一种说唱艺术，内容大多为宗教及非宗教的民间传说、神话故事、历史人物、戏剧故事等，旨在劝人信神信天，行善积德，感恩知报。俗语有"少年听了这本卷，夫妻团圆一世闲；妇女听卷有好处，一家和气家人睦。"

高台县举办河西宝卷念唱培训

0012 《甘冬儿和杨达尔》

别　　称：无

级　　别：省级

流布区域：古浪县大靖镇

传承现状：流传

简　介：甘冬儿家境贫困，但与其舅父（财主杨四爷）的女儿杨达尔产生了爱情，杨达尔是个富有胆量、富有智慧、富有个性的女性。她看到她和甘冬儿按照当时所谓正常婚姻形式不可能结合，便下决心走自由婚姻之路。杨达尔大胆鼓动甘冬儿一同私奔，出走于外。两人冲破封建牢笼，在"丁姐姐"的帮助下，结合到了一起。但是，以杨四爷为代表的旧势力决不肯就此罢休，他们纠合了几十号人拿着棍棒去抢杨达尔，甘冬儿的哥哥叔叔等几十人也以棒棍相待，双方对峙数日，不分上下。后来，杨四爷用大烟收买了甘家主要人物"甘老猪"，杨达尔被抢了回去，甘冬儿不死心，上诉民国时的古浪法庭，杨四爷又买通县官，最终拆散了一对青年的婚姻。

《甘冬儿和杨达尔》故事演唱

0013 古浪童谣

别　　称：无

级　　别：省级

流布区域：古浪县黄羊川镇

传承现状：文字流传

简　介：1.《搓捻捻》："搓，搓，搓捻捻，东门楼子西湾湾。这个庄子是谁家？是王家！王哥王哥开门来！开门干啥哩？抓个你的花花狗娃哩！狗娃儿还没有下哩。"2.《娃们玩来》："娃们娃们玩来，天上掉下个羊来。掉到谁家锅里了？掉到张家锅里了。你一碗，我一碗，留下一碗接农官，农官不扎红头绳，我是天上的夜流星。夜流星不拿花牙棒，我是天上的一支虹。"

唱童谣

0014 肃南裕固族口头文学与语言

别　　称：尧乎尔民间文学
级　　别：省级
流布区域：甘肃省肃南裕固族自治县明花乡、大河乡、皇城镇、康乐乡
传承现状：随着裕固族语言的失传和老人的逐年逝去，裕固族的口述文学也濒临消亡。
简　　介：裕固族语言是文化部和国家民委确定的中国少数民族濒临失传语言保护工程，全国试点和抢救保护项目之一，按分布地域分为东部语和西部语两种。西部语属阿尔泰语系突厥语族，由古代回鹘语演变而来；东部语属阿尔泰语系蒙古语族，由撒里畏兀儿语与古蒙古语融合而成。两种语言分别保留了古突厥语和十三、四世纪古蒙古语的特点，西部语被专家称为回鹘文献语言的"嫡语"，对研究古代西部民族历史和文化具有重要价值；东部语与同语族的蒙古语、东乡语、保安语、土族语等关系密切。因此，裕固族语言在同系属语言中占有比较特殊的地位，引起了国内外学者的高度关注和研究。同时，裕固族因本民族文字失传，在长期的演变发展过程中形成了以长篇史诗、神话传说、民间故事、寓言、谚语等体裁为主的口述文学，集中反映了裕固族的生产、生活、习俗及历史文化，对于研究裕固族历史和传统文化具有较高价值。主要代表作为史诗《尧达曲克尔》（西部语）、《沙特》（东部语）、《尧乎尔来自西至哈志》，叙事长诗《黄黛琛》《萨娜玛珂》，神话传说《莫拉》《火种》等。裕固族口述文学与语言被列入第一批省级非物质文化遗产保护名录。

裕固族语言

0015 蒙古族祝赞词

别　　称：无
级　　别：省级
流布区域：肃北蒙古族自治县各乡镇、社区
传承现状：良好
简　　介：蒙古族人民不但是改造自然的英雄，而且是民族文化的创造者、发掘者和开拓者。生活在肃北这块土地上的肃北蒙古族人民创作了许多体裁不同、风格各异的民族民间文学。其中肃北蒙古族祝赞词是肃北蒙古族人民在长期的生产生活中，以口头形式世代传承至今的最具代表性的民族民间文学之一。肃北蒙古族的祝赞词种类繁多、形式多样，表现了肃北蒙古族人民通过祝愿、祭祀的形式，以期控制自然、消灾除难、安居乐业，过美好幸福生活的意愿。这些祝赞词从不同的角度赞美事物的功能、用途、特点、制作或成长过程，赞美劳动和劳动人民，它深深地扎根于群众之中，成为蒙古族人民劳动生产、日常生活中必不可少的文化精神生活。在阶级社会里，肃北蒙古族人民总把追求安宁、幸福的愿望和理想，用祝赞词的形式表达出来。例如肃北蒙古族的《巴彦苏恩

苏恩》，就是表达肃北蒙古族人民饱尝内乱、分裂之苦，渴望内部统一和平，祝愿蒙古王汗、诺颜代代传承禀政，像成吉思汗那样威震五湖，名扬四海，祝愿佛慈广播，人民安居乐业，生活富裕美满的良好愿望。在肃北蒙古族祝赞词中，除了上面谈到的以外，还有"祭火祝赞词""婴儿祝赞词""迎亲祝赞词""婚礼祝赞词"等等。

肃北蒙古族祝赞词

0016 陇东红色歌谣

别　　称：无
级　　别：省级
流布区域：庆阳市境内

0017 陇东红色民谣（正宁民谣）

别　　称：歌谣
级　　别：省级
流布区域：正宁县
传承现状：流传
简　　介：正宁位于甘肃省东南部，子午岭西麓，正宁县属黄土高原地域，历史悠久，文化内涵深厚，是中华民族的主要发祥地之一。民谣，是劳动人民集体的口头诗歌创作。我们的祖先在长期的生产劳动中，由于要同大自然做斗争，有时需要集体劳动，便产生了最早的民谣。正宁民谣，其恢宏的创作发展历程，可以追溯到先周。周祖不窋及其子鞠、其孙公刘三代，曾在叫豳的陇东（主要在今庆阳）创业和"教民稼穑"，经历了从渔、狩、牧、游到定居农耕的划时代转折，生产飞速发展。正宁民谣具有一脉传承性，数千年以来，正宁民谣仍保留原有的韵味。语调优美，用词精彩，内容丰富，涉猎广泛，方言运用得当，是广大人民群众在长期的生产劳动生活中凝结出的一种文化结晶。随着社会的快速发展，特别是农村生产方式和观念的改变，致使正宁民谣所依附的农耕文化和文化空间出现危机，长期伴随正宁人民生活的文化环境受到冲击，传统古老的技艺在逐渐消失，出现断代。加之现代影视等传媒在农村的普及，人们淡忘了自娱自乐的民间歌谣，随着一批批老艺人的故去，正宁民谣已经面临消亡，民谣的整理和研究没有专业人员系统的保护，继承现状堪忧，急需抢救保护。

0018 陇东红色民谣（合水民谣）

别　　称：无
级　　别：省级
流布区域：合水境内

0019 谚语

别　　称：无
级　　别：省级
流布区域：正宁县
传承现状：流传
简　　介：谚语，系熟语的一种，是流传于民间的简练通俗而富有哲理的话语，是一种口头文学，往往通过一种现象，表明一个生活道理，亦属于民间文学的一种形式。作为产生了伟大而古老的华夏文明的中国，其历史文化沉淀极其雄厚，时间、空间跨度极其深广，这就为谚语的产生奠定了坚实的基础。正宁谚语数量较大，涉及面广，充满睿智。其产生的年代久远，大约县域内有人居住时期起就有了谚语，这些谚语由千百万劳动者集体口头创作而成，历经几千年风风雨雨的锤炼，是各个时代人民群众的生活感受的全面总结。正宁谚语是正宁先辈留传下来的一笔宝贵的精神财富，不但具有深厚的文学价值，还有很浓郁的历史学、民俗学等价值，是了解、挖掘、研究正宁及周边居民民间文学、生产生活、民俗乃至社会、经济、文化等各个方面的活"化石"，挖掘、整理正宁谚语，对弘扬民间文化、促进社会进步有着积极深远的影响。

0020 岷县宝卷

别　　称：宣宝卷

级　　别：省级

流布区域：宣宝卷活动主要分布在岷县广大城乡及原古岷州辖区内的漳县、临潭、卓尼、宕昌等县的部分乡镇。

传承现状：流传

简　　介：宝卷源于唐代的"变文"和宋代的"讲经"，是一种广为流传的民间说唱艺术，岷县宝卷就是流传在岷县全境及其周边地区的一种民间说唱文学。岷县宝卷的种类有30多种，最常见的有说唱人情世俗的《太平宝卷》，有劝善说道的《报恩宝卷》，有说唱民间故事的《湘子仙姑宝卷》，还有宣扬宗教思想的《伏魔宝卷》等。岷县宝卷说唱形式是散韵结合，散说部分一般交待故事发生的时间、地点、人物及其经历、结果等发展过程，韵文部分主要重复散说部分的故事，而且讲究平仄韵律。宝卷有度化人心、提倡孝道、弘扬正义、劝善自律、节制物欲、规范行为、净化心灵等作用，是一种理想的群众自我教育方式。宣宝卷主要由请卷、供佛头、请神、供香、宣卷、送神、包卷、归还经卷几部分仪程，主要宣卷者称为经长，其他为搭声者。岷县宣宝卷活动产生于明代，岷县现藏最早的宝卷是岷县禾驮乡石门村观音庙的《灵应泰山娘娘宝卷》，其抄写年代为明天启六年。根据近期调查，清代抄写的宝卷占大多数，新中国成立后宣宝卷说唱活动因多种历史原因趋于萎缩，"文革"期间一部分珍贵版本遭到毁坏，十一届三中全会以后，宣宝卷活动逐渐恢复。岷县宝卷说唱作为民间说唱艺术具有极大的历史研究价值。

岷县宝卷

0021 康县木笼歌

别　　称：花儿姐

级　　别：省级

流布区域：甘肃省陇南市的康县迷坝乡、成县、武都等地。

传承现状：近年来，随着各类流行文化风靡城乡，民歌体叙事长诗"木笼歌"等传统文化受到了强烈冲击。因"木笼歌"属叙事长诗，有固定的歌词，较难传习，能完整演唱"木笼歌"的艺人不多，现已仅剩二、三代传人，第三代传承人何普彬、安俊龙、李红继承整理了木笼歌，使其发扬光大。

简　　介：康县木笼歌，亦名花儿姐，是起源于康县，广泛流传于陇南乃至甘肃全境的民歌体叙事长诗，充分体现西部山民精神风貌的民间艺术巨制。花儿姐，贫苦农民的女子，她像陕北的兰花花和广西的刘三姐一样，是民间出名的歌手。花儿姐与她的情人林秀相亲相爱订了亲。她为防止野兽伤人，在地边林中放了弩弓。成县邱把总的儿子邱五德，企图强奸花儿姐，自己踩发弩弓中箭而死。花儿姐被诬告为杀人犯，用木笼抬往兰州。

途径康县、武都等地，在阶州城与州官英勇斗争，最终夺得胜利。这一地区山大沟深，偏僻边远，交通极为不便。新中国成立前，天高皇帝远，官僚们横行一方、贪财好色、为所欲为，广大百姓深受其害，挣扎在水深火热之中。特别是在封建社会，婚姻不自由，不少青年男女大受其害，直至含恨而死。木笼歌就是在这样大环境下诞生的，并广为传唱，广大穷苦百姓用歌声唱出对官僚恶霸们的痛恨，也唱出对美好生活的向往。

木笼歌表演

0022 《马五哥与尕豆妹》

别　　称：无

级　　别：省级

流布区域：临夏县西南片

传承现状：濒临失传

简　　介：马五哥与尕豆妹（回族民间叙事诗节选）序曲：光绪七年怪年成，莫泥沟出了个大事情。有心人编成花儿曲，唱到了各州府县里。曲儿未唱心先酸，曲儿唱完泪淌干。曲1初恋：河州城里九道街，莫泥沟出了一对好人才。曲2婚变：晴天里站下一疙瘩云，有钱人长的虎狼心。曲3相约：马五哥饮马泉边里来，尕豆妹担水者出门来。曲4热恋：鸡娃子没惊狗没咬，马五阿哥到来了。曲5逼杀：风刮得窗帘儿哗啦啦，睡梦里惊醒个女婿娃。曲6一告：河州城里炮响了，马五阿哥给告上了。曲7错断：兰州城，九里三，四大衙门修得宽。尾声：华林山上草青青，可惜了一对干散人。

《马五哥与尕豆妹》故事插图

0023 东乡族口头文学与语言

别　　称：无

级　　别：省级

流布区域：甘肃省东乡族自治县和周边及新疆的东乡族

传承现状：东乡族口头文学与语言只能口传，不能记载，词汇流失量很大，汉化程度严重，汉语和东乡语夹杂使用。

简　　介：东乡族自治县位于甘肃省中部西南面，临夏回族自治州东面，13世纪20年代，成吉思汗西征时从中亚的撒马尔罕等地逼迫信仰伊斯兰教的回回色目人东迁，以这些人为主体，融合了当地一部分汉、藏、蒙古等民族，逐渐形成民族共同体——东乡族，东乡语随即产生，在民间也产生了许多口传的拜提、童话、谚语、故事、儿歌等口头文学。东乡族口头文学以它独特的艺术风格，从不同角度反映了东乡族人民从古至今各个历史阶段的社会实践、思想感情、美好理想和民族心理状态，长期口传下来。现在，东乡族自治县境内85%以上的东乡族和境外聚居的东乡族人中的大部分都使用东乡语。东乡语是东乡族人民主要的交际工具，还用于小学低年级的教学中。东乡族口头文学与语言只能口传，不能记载，代代相传下来，词汇流失量很大，汉化程度严重，使东乡族口头文学与语言难以完整的传承下去。东乡县县委、县政府高度重视对东乡族口头文学与语言的保护工作。2000年，由东乡族学者马国忠、陈元龙负责编著了中国第一部《东乡语汉语词典》，并于2002年，在福特基金会的支持下，成立了县双语办公室，在那勒寺小学开设双语教学班试点。为发掘、抢救、保护东乡族口头文学与语言起到了积极的推动作用。

甘肃东乡族口头文学与语言

0024 保安族口头文学与语言

别　　称：无

级　　别：省级

流布区域：积石山保安族东乡族撒拉族自治县大河家镇、刘集乡以及周边地区。

传承现状：家族传承

简　　介：保安族口头文学是伴随着人们的生产劳动、宗教和其他民俗活动而产生和发展而来的，是进行教育和文化娱乐的重要形式。长期以来，保安族人民将前辈们流传下来的神话故事根据自身的现实条件，运用共同使用的语言，借助想象，或改编、或补充、或模拟创作为新的神话、故事、歌谣等，这些表现形式从各个不同的角度与领域，反映出保安人在不同社会时期的愿望、要求和理想。它不仅表现了保安族人民的社会风貌和精神世界，也反映了保安人特殊的文化形态和心理特征。就目前而言，保安族口头文学的前景令人堪忧。在很多保安族地区，已经没有讲述神话故事的古老、传统的娱乐方式，究其原因，首先是由于保安族人民思想观念的改变以及电视、广播等娱乐方式的普及冲击着口头文学与语言的传承基础；其次因为随着一大批能熟练使用保安语并生动讲述神话、故事的老人相继去世，使得保安族口头文学的传承愈发显得困难。因此，保安族口头文学的抢救和保护工作，必须先将现有内容进行抢救、整理、摸清底数，为保护工作打好基础；其次，创新、开发新的宣传角度和平台，从根本上解决传承难题。另外还要动用政府等各方面的力量，全力巩固口头文学的文化根基。

0025 《格萨尔》

级　　别：省级

流布区域：玛曲县境内

0026 《藏族民间故事》

级　　别：省级

流布区域：迭部县境内

0027 《藏族民间谚语》

级　　别：省级

流布区域：迭部县境内

0028 《春官说诗》

级　　别：省级

流布区域：平凉县境内

0029 天祝土族（格萨尔）

级　　别：省级

0030 河西宝卷（武威宝卷）

级　　别：省级

0031 河西宝卷（酒泉宝卷）

级　　别：省级

0032 东乡族小经文与民间叙事长诗（米拉尕黑）

级　　别：省级

0033 谜语

别　　称：无

级　　别：市州及以下级别

流布区域：兰州市

传承现状：现代谜语

简　　介：兰州市文化资源普查中搜集到的谜语由谜面、谜目、谜底三部分构成，其内容涉及到甘肃名人、甘肃风物、知名企业等等。比如以下部分谜面、谜目、谜底：1、郡望陇西天下知（甘肃作家）——李老乡 2、江南倾胆独徐君（兰州地名）——青白石 3、白石门下有学养（考古学名词）——齐家文化 4、但恨不过王右军（先秦人物）——伏羲 5、稼轩旅次留墨迹（考古学名词）——辛店文化 6、谢顶之后青丝少（甘肃历史人物）——秃发乌孤 7、客来秋前传佳声（甘肃文物）——西夏碑 8、清水流去万里长（甘肃古镇）——青城 9、山东地方县署（甘肃文物）——鲁土司衙门 10、唐钱玉环留印痕（甘肃名胜）——月牙泉 11、万里隔断霹雳火（甘肃文物遗址二）——秦长城和明长城 12、火云洞与水帘洞（甘肃文物遗址二）——南石窟北石窟 13、屈于穴下显低调（甘肃名胜）——莫高窟 14、云阶层层半边出（甘肃名胜）——天梯山 15、银河倒挂三石梁（甘肃文物遗址）——悬泉置 16、猿鸟犹畏诸葛书（甘肃文物）——武威汉简 17、滥竽先生不言诗（甘肃名胜）——南郭寺 18、味道犹如王者香（甘肃历史人物）——苏若兰。

0034 金花娘娘传说故事

别　　称：无

级　　别：市州及以下级别

流布区域：兰州西固关山境内及周边地区。

传承现状：以庙会形式纪念金华娘娘，不利于传说故事的保护。

简　　介：民间盛传的金花娘娘，在世人心中是一位仁慈善心、万世敬仰的女菩萨。相传在明代景泰三年（1452年）农历七月初七，兰州井儿街金应龙之妻方氏，孕满十月，正值临盆。突然间，金家大院金光闪烁，祥云萦绕，降生的婴儿头上五光十色，瑞气旋腾。后家人因其出生时华光满堂，便取名曰"金花"。这个降生在普通人家的女孩，就是白衣仙童的转世再造。小时候的金花娘娘眉清目秀，聪颖超凡，四岁时就能纺麻捻线，协办家务。但因其生来头顶上只有瑞气，而无头发，家人不好见人，只让她闭门在家，足不出户。转眼金花芳年十七，已到了婚嫁妙龄。然而，因其头不生发，城市人家没有一个上门求婚。无奈中，金花父母便托靠远在临洮县王家沟村的亲戚作媒说和，将金花许配给兰州南山大朵莲滩王家庄华岑子村的王姓尕福子。尕福子生来身矮体陋，面色青黑，是一个朴实厚道而又举止笨拙的农家子弟。但谁都不知道头上无发的金花，乃是天界一脉，仙童转世。原来，王母娘娘敕赐仙童下凡时，深怕其受到凡间俗人的情感纠缠，致使沾莘惹俗，沦落红尘，便在金花头上扣一顶ухры小帽，将满头华发隐藏在里边。正因如此，才有这段婚姻悲剧。

0035 永登叙事长歌

别　　称：无

级　　别：市州及以下级别

流布区域：永登县及周边地区

传承现状：濒临失传

简　　介：永登叙事长歌是县文化馆在非物

质文化遗产普查中发现的珍贵的民间文学，其以长歌的形式在民间口口相传，不仅文学价值高，有珍贵的历史价值，而且歌曲优美动听。《打河州》反映民国初年西北地区军阀混战、国民军征讨西北地方反叛势力的历史事件，生动形象地描述了西宁、宁夏、凉州、循化、河州等地地方势力的反动残暴行径和走向失败的过程，全诗长达200多句。《贾继莲还乡》反映的是明朝天下大乱，自然灾害严重，民不聊生，长歌以主人公贾继莲逃难为主线描述了在逃难过程中的所见所闻，详细真实地记述了百姓的艰难、官吏的贪婪和王员外等一些有识之士在灾难面前济贫救困的善举，全诗长达700多句。《逃难曲》是真实反映永登县秦川农民在民国十五年遭遇战乱、灾荒，外出逃难和靠救命之人的施舍渡过难关、重回家乡的艰难历程。《刘郁芬设宴》反映的是民国十五年军阀混战中在甘肃发生的一次重大历史事件。刘郁芬到甘肃，为了巩固自己的势力，巧施计谋，骗来兰州地方军要员李长青，设伏杀害，夺取军权。《解放兰州》是永登地方流传的反映兰州解放区的叙事长歌。以民间歌曲的形式表述了兰州解放的波澜壮阔的场景。用词生动，比兴自如，语言流畅，气势磅礴。

0036 嘉峪宝卷

别　　称：宝传
级　　别：市州及以下级别
流布区域：嘉峪关所属的文殊镇、新城镇、峪泉镇各村组及嘉峪关市周边地区。
传承现状：劳动人民世代口头相传
简　　介：20世纪，宝卷、经书在嘉峪关一带广为流传。有的人诵念或抄录过卷本，有的会咏唱宝卷曲调。20世纪40年代前后至解放初期，这里的宝卷成为家喻户晓的卷籍。宝卷是明清以来流行于民间的讲唱艺术——宣卷（又叫念卷）的底本，是从佛教俗讲发展来的。每逢春节前后以及农闲时节，许多农村举行隆重的"宣卷"活动，当地人认为抄卷是积功德，因而保存了大量以手抄本为主的宝卷，有据可查的有一百多种；其中内容涉及儒、释、道三教合一及各种秘密宗教，并有非宗教的历史人物、民间神话传说和戏曲故事；其结构为散韵相见；讲唱地点从庙会、娱乐场所直至家庭院落。宝卷在河西分布很广，涉及面达十多个县市，嘉峪关宝卷、酒泉宝卷和张掖宝卷统称为"河西宝卷"。从形式上分析，嘉峪关宝卷的基本形式是韵散结合。散说部分一般交待故事发生的时间、地点、人物、经历、结果等发展过程。韵文配以曲调，其曲调有莲花落、打宫调、浪淘沙、哭五更等，可根据不同内容灵活运用。值得一提的是，因各种唱调中令不断吸收本地一些民歌小调，经常给宝卷注入新鲜血液，使得唱调常青不老，娓娓动听。

嘉峪宝卷讲唱

0037 永昌民间传说

别　　称：无
级　　别：市州及以下级别
流布区域：永昌县域
传承现状：较为流行
简　　介：永昌民间传说是历史上长期流传于民间的卷本和群众口头的文学形式之一，有着较为广泛的群众基础，来源于民众对人文历史、趣闻轶事的口传。如流传于永昌清河地区的"乌牛吐水"，反映了历史上清河地区老百姓对水的渴望；流传于永昌西河地区的"毛野人"的传说，源于古代人们对原始森林中的野兽的误识。永昌民间传说体裁广泛，有历史传说、宗教、地理传说等。永昌民间传说多以口传形式存在，民间一些记性好、善文能说的人常常能讲数十个传说。人们在闲聊中相互传播，在传播的过程中进行再加工。因此同一个传说在不同地方就有不同的版本，但传说的主体架构一般都会保存下来。也有一些传说，在民间口传中被人编到"念卷""曲本"中保存下来，逐渐形成一种较普遍流行的传说。

0038 永昌民间故事

别　　称：无

级　　别：市州及以下级别

流布区域：永昌县域

传承现状：较为流行

简　　介：永昌民间故事有百余个，大多是长期流传于永昌民间的一些口头故事，题材广泛，情节简单，通俗易懂。永昌民间故事大体上可分为神话故事、历史故事、宗教故事及地方人文掌故。大部分民间故事内容健康，情节动人，反映了劳动人民的喜怒哀乐，寄托着他们的美好心愿。其代表性故事有《白白黑黑》《陈念干状告牛本银子》《张金指子的宝葫芦》《刘萨诃始建云庄寺》《冯木匠夜闯喇嘛庙》《天边月牙湖》等。这些故事在民间长期流传的过程中，又被口传者再加工，因此，同一个故事，就有许多不同的版本。

0039 民间文学

别　　称：会宁民间故事

级　　别：市州及以下级别

流布区域：会宁县境内

传承现状：口述整理

简　　介：会宁民间文学是世代流传于会宁地区的关乎会宁风土人情、风俗地貌、历史传说的民间故事集锦，它通过口传心授的方式一代代经久流传。会宁的民间故事很丰富，最有代表性的有：《地达包了名百里》《张城堡替代西宁城》《连五坊分居新添堡》《郭子仪草桥关受阻》《妖龙变为李家塬传说》《谎言诞语说大窑》《放牧场花牛湾》《桃花山上传说多》《道人山中逢铁木》《郭元帅进朝失池城》《文王走访白草原》等等。

会宁民间文学出版物

0040 甘谷方言

别　　称：无

级　　别：市州及以下级别

流布区域：主要分布在天水市西北部，包括天水市甘谷县全境，武山县、秦安县部分地区

传承现状：较好

简　　介：甘谷方言是一种比较特殊的方言，似乎与周围很多地区的方言格格不入，词语奇特，语速又快，搞得即使本省的人，也常常听不懂。发音奇特的词语如"克其麻嚓"，意为"动作麻利一点"（祈使语气）。甘谷方言，保留了大量的中古方言，有很多方言与南方很多地区的完全一样。甘谷一带的方言不仅在源头上继承了汉语言，而且后来随着人口的移动和不断的融合又添加了其他一些地区的特色语言。是名副其实的语言活化石。

0041 伏羲出生古风台的传说

别　　称：无

级　　别：市州及以下级别

流布区域：白家湾乡及周边乡镇

传承现状：濒临失传

简　　介：远古时代，甘谷一带到处是荒山野岭，渺无人烟，只有南山上的一个土坪上生活着一群男男女女。他们住的是窑洞，吃的山果子。一天，忽然从西天飞来五只金色的凤凰，展着光彩夺目的翅膀，在空中飞旋了半日，终于落在这个土台子上，不停地叫着："伏羲，伏羲：快点出世……"。悦耳动听的叫声如歌声一般好听，招来了许多的人围着五只金色的凤凰，静观着觉得好奇。那五只金色的凤凰没有飞，仍旧"伏羲，伏羲快点出世……"地叫了几个时辰，一直到太阳落山时，天边射出一片橘红的霞光，那五只凤凰才展翅飞走了。五只凤凰飞走以后，有个孕妇喊叫肚子疼，大家扶她进窑，就生下了一个男孩，取名伏羲，这就是我们说的伏羲爷。后来人们把伏羲出生的地方叫五凤台，叫着叫着，天长日久就叫成了古风台。至今，在这草木丛生的土台子旁还有伏羲碑。据说这里每一代人都有一个会编"八卦鸡罩"的，传说是伏羲摆八卦流传下来的。

0042 尹夫人超然对生死

别　　称：无

级　　别：市州及以下级别

流布区域：甘谷县大像山镇及周边几个乡镇

传承现状：濒临失传

简　　介：西凉昭武皇后尹夫人（363～437），冀县（今甘肃省甘谷县）人，十六国时期杰出的女政治家。她才思敏捷，足智多谋，善辩而有气节。初嫁扶风（今陕西泾阳）仕宦马元正，马元正病故后，改嫁李暠，做了李暠的续弦妻。李暠创建西凉大业时，尹夫人的智慧起了很好的辅助作用。沮渠蒙逊在消灭了李暠的部队后，进入西凉国都酒泉，俘虏了尹夫人，把她带到了姑臧（今武威），囚禁在城西五里处的窦融台上。蒙逊用软化的方法，好言抚慰，想让尹夫人跟随自己，但她不肯就范。蒙逊赞赏尹夫人的忠贞，没有加害于她，还把尹夫人的女儿娶作儿子沮渠茂虔的妻子。后来，北魏武威公主又嫁给沮渠茂虔，尹夫人和女儿便回到酒泉。不久女儿亡故。尹夫人的部分儿女住在伊吾，尹夫人伺机逃出酒泉，奔向伊吾。北凉镇守武威的沮渠无讳派人追至中途，尹夫人对来追的人说："沮渠无讳允许我去伊吾，为什么又来追我？你可砍下我的头回去，我是不回去了。"使者也不敢威逼，只好放她去伊吾。尹夫人最后卒于伊吾，终年七十五岁。

0043 巩建丰巧免贡泉水

别　　称：无

级　　别：市州及以下级别

流布区域：甘谷县城及周边几个乡镇

传承现状：濒临失传

简　　介：巩建丰（1673—1748），字文在，号渭川，别号介亭、朱圉山人。康熙五十七年进士，官至翰林院侍读学士，雍正十年请退辞官，晚年以教学著书为务，有《伏羌县志》、《朱圉山人集》传世。巩建丰的老家在巩家石滩，村后有一眼泉，泉水清洌甘甜，常吃这眼泉水的人皮肤细白洁嫩，人都很俊秀，这泉因此出了名。名声传入宫中，皇妃们都要吃这眼泉里的水。于是，皇上下了诏书，要将此泉水作为贡品年年月月向朝廷进贡。巩翰林回家探亲时从本县知县处了解到本地百姓为进贡泉水所累。巩翰林回到朝廷，向乾隆讲言道："皇上，世上的万事万物都会变的，就拿我家乡向朝廷进贡的那眼泉水来说，现在也变了。"乾隆听说贡泉的水变了，问是变好了还是变坏了？巩翰林说："味道更美了，可是许多人饮了后，都起了大骨节病，叫人看了甚是害怕。"乾隆说："竟有这等事，待朕下旨，从此解贡禁饮。"从此甘谷就免了这一项差事，人们都说巩翰林为百姓办了一件好事。

0044 大像山大佛胡须的传说

别　　称：无
级　　别：市州及以下级别
流布区域：甘谷县大像山镇及周边地区
传承现状：濒临失传
简　　介：各地所见的佛祖像都没有胡须，独有甘谷大佛却有，有这样一种说法。据说，有个外地人来伏羌（今甘谷）经商，时逢秋季渭河暴涨，大雨天他自行乘筏渡河时不幸落水。眼看就要被水淹没，忽然他一眼看到对岸南山上的大佛像，既庄严又慈悲地注视着远方。情急之余，他心里连忙默默祈祷："只望我佛大发慈悲，救弟子逃出此厄，弟子定绘金身，重彩法相。"不知是偶然，还是佛真有灵，这人竟没有淹死，被浪头在下游推到对面边岸。后来他生意做完，前往大像山朝拜佛祖，还愿。在他的指挥下，画师首先从大佛头部开始贴金，眼看钱就要花光但佛像面孔还没贴完。客商急得团团转。老画师见此，微笑着说出一个主意来："金不够了，也有办法，给佛爷的口唇上下浓浓画上几笔胡子，不就可以少贴好多地方吗？""这可是个好主意，但佛爷长出胡子，他老人家怪罪下来可怎么办！"不等客商说完，老画师哈哈大笑曰："俗话说得好，捏塑匠人不拜佛，主意是我出的，胡子也是我画的，你不用怕，这事与你无关。"于是老画师顺手抄起几根冒烟的柴烬，攀上高架，给大佛像画出了几道浓浓的胡须，后又用石青把胡须仔细画了一遍。奇怪的是，大佛像画上胡须后，看起来反而更显得庄严慈悲，更奇怪的是这位客商的金箔除未妆胡须外，刚好贴够佛面，一点也不剩，一点也不缺。

0045 四门寨的传说

别　　称：无
级　　别：市州及以下级别
流布区域：武山及附近地区
传承现状：良好
简　　介：在古代，有个少数民族名貆，这个民族剽悍强壮，他们的头领貆王带领着部落，居住在四门一带，过着半农半牧的生活。后来，貆王相继征服附近的马坞、滩歌、洛门等地，在四门筑城造池，独霸一方。相传，四门在唐时为州，宋时为县，也就是后来传说的貆道县。到了元代，貆道部落瓦解，经济萧条。渭河边上的洛门、宁远寨逐渐兴盛起来。同时，元朝统治者在现今武山县城的宁远寨废寨为县，建起了宁远城，貆道县变为寨子。明代嘉靖年间，有一年下了六十六天雨，洪水泛滥，貆道淹没在大水之中。洪水过后，这里只留下了四个城门。从此，貆道改名为四门寨直到现在。

0046 野狐君的传说

别　　称：无
级　　别：市州及以下级别
流布区域：武山及附近区域
传承现状：良好
简　　介：故事讲述了一个老阿婆，去看女儿的途中遇到了一个野狐君。这个野狐君用计谋与老阿婆做了跳黄河的约定，谁跳不过就要被吃掉。结果野狐君跳过了，老阿婆没跳过。野狐君说晚上要来吃老阿婆。老阿婆很悲伤，边走边哭，遇见了剪子、锥子、鸡蛋、蛤蟆、牛粪、碌碡、木掀。它们知道了这件事，都说今天晚上来帮忙。半夜后，野狐君真的来吃老阿婆了。进门就说："老阿婆，老阿婆，先从哪开始吃呢？是先从头开始呢还是从脚开始？"老阿婆说："先从头吃。"野狐君就到头顶去吃。结果被捅了一剪刀，野狐君说："哎呀，疼的很。"老阿婆说："那就到脚底吃。"结果又挨了一锥子。野狐君说："哎呀，疼的很。"老阿婆说："那就到灶洞里吹火把灯点上。"野狐君到灶洞里吹火的时候，鸡蛋爆了，被灰填了一眼睛。野狐君又说："老阿婆，灰爆了我一眼睛。"老阿婆说："那么到桶里边洗一洗。"结果在洗脸时叫蛤蟆咬了一口。他急忙往外跑，在门口让牛粪给滑倒了，正好门顶的碌碡掉下来就压死了它，紧接着木掀一掀就被铲远了。

0047 麻线娘娘的传说

别　　称：无
级　　别：市州及以下级别
流布区域：武山及周边地区
传承现状：良好
简　　介：据传说，在隋炀帝时期，麻线娘娘李真秀出生在大李家庄李大善人家。她从三岁开始学习捻麻线。李真秀之父李大善人去世之后，她跟她哥哥说："你去咱家对面湾地去看看，那个地方六月天有一处雪地，就把父亲葬在那里吧。"现在人们把这地叫新雪峰，那里葬着的就是李真秀的父母。后来人们在新雪峰后边修建了大势至菩萨大殿（麻线娘娘庙）。据说李真秀14岁定亲给龙泉康员外家。她从三岁开始织麻线，一直织到16岁农历2月19出嫁那天，当康家庄接亲的队伍抬花轿到她家门口时，李真秀不见了，她嫂子看到有一根麻线从窗子延伸出去，于是和她哥哥沿着麻线追赶。到许家河时，也不见人，而麻线已到头，麻线上续接着肠子，他们又接着追，直到水帘洞，李真秀已坐在莲台上。她嫂子说如果你是神就让我手里拿的锅刷子、你哥手里的烧火棍变成树，果然，刷子和烧火棍一放到地上就长出了叶子。至今，这两颗树仍在水帘洞，为这个故事更增加了几分神秘感。

0048 大槐树的传说

别　　称：无
级　　别：市州及以下级别
流布区域：武山及附近地区
传承现状：良好
简　　介：传说武山一带人的祖先原是从山西洪桐县大槐树底来的移民，大约在我国古代元朝中期，因山西人口过多，人均耕地很少，当地人无法生活，迫不得已离开洪桐。移民怀念旧土，为了便于以后乡亲相认和联系，每落脚一个地方，建立一处家园，就在新的村庄栽上几棵槐树，不忘自己的故乡。讲述者康问鼎说："这个传说在武山一带广泛流传，一代接一代，在年龄大的人中知道较多。据我们先辈人说，甘肃武山一带的汉族人的祖先都是山西洪桐县大槐树底下人。在武山一带许多村庄乡镇还可以见到六七百年树龄的大槐树。相传这就是祖先移民时最早种植的。如今，洛门的康家庄、石岭村、裴家庄以及县城等地还有这些古老的槐树。我们这些后人都是大槐树底下的人，我相信，这是祖祖辈辈老人们说的。"

民众讲述大槐树的传说

0049 铁笼山的传说

别　　称：无
级　　别：市州及以下级别
流布区域：武山高楼乡地区
传承现状：良好
简　　介：铁笼山的传说有以下几个：1.铁笼山是铁牛爷的大铁牛拉下的粪变的。铁牛爷即八仙中的李铁拐。李铁拐为远古神氏的好人王，常骑铁牛巡游天下，他的铁牛三百六十天吃一次，三百六十天拉一次。一日，到了西天，这大铁牛便拉了一长串极大的粪便化作了铁笼山。2、《哥哥在腰里呢》。铁笼山下二兄弟打猎养活家小。一日出庄，兄弟两人分走两路。突然，哥哥听到弟弟急迫的喊："哥哥！哥哥！"哥哥一瞅，原来一只巨大的金钱豹正在纠缠弟弟，他高声急呼："哥哥在腰里！哥哥在腰里！"这喊声提醒了弟弟，他向腰里一看，见到了马刀，一把抽出，顺势捅去，结果了那巨豹。3、《雷公提水》。清晨，若铁笼山大石庵前一股云雾飞卷腾空，便是雷公在提水备雨，所以午后必有雷雨。还有《美人峰——铁笼山仙山新媳妇崖》《姜维大战铁笼山》《奇妙姻缘》《三子葬父》《三不搁财做买卖》《五味史·三镜篇》《五味史·今胜篇》《五味史·回望篇》等等。

0050 女娲石与红山堡

别　　称：无
级　　别：市州及以下级别
流布区域：武山地区
传承现状：良好
简　　介：在鸳鸯镇南面有个村庄叫包家坪，该庄的西南面有座山叫红山堡，该堡旁边有三块巨石，据说是女娲补天遗在这里的，后因二郎神用具支锅造饭又称支锅石。传说二郎神为了射日一路追赶太阳。有一日，追到女娲补天遗失的三块巨石前面时，太阳已经跑到西边的大林山后面去了，没有追上。二郎神追了一天，肩也酸了，人也乏了，肚子也饿了。于是他就在三块巨石上支起了神锅做饭，吃过饭后就在原地睡觉休息，那天晚上狂风大作，将做饭后未燃尽的火星儿刮到包家坪的西面山上。因女娲石是神石，二郎神用的神火，所以这山就变成一座红山，就是现在的红山堡，山上尽是红色的石头，不长草木。后来二郎神遵照玉帝的旨意，便没有再追赶，当初支锅造饭的三块女娲石就一直摆在那里了。从此以后，人们管那里就叫"支锅石"。据老人们讲，那三块巨石上的黑颜色是因女娲炼制又加二郎神做饭时烟熏而染上的。

0051 民间故事

别　　称：无
级　　别：市州及以下级别
流布区域：张家川县
传承现状：良好
简　　介：张家川地区流传的民间故事内容非常丰富，在歌颂善良、美德方面有《一张野狐皮》《贪财的柴老二》《惠姑梳胡须》《蛇、蜜蜂和宝珠》《大婆二婆害三婆》《野虎报恩》《分家》《蛋姑娘》《三个人的心》等。爱情故事主要有《黑蛇与白蛇》《金蛤蟆》《冬生和玉石梅》《响三点》《牤牤牛与麻鸡婆》等。孝敬父母的故事有《惊马拖死不孝子》《坟地里的报应》《亲儿子不如干儿子》等。人类战胜妖怪的故事有《野狐狸》《女人和妖精》《阿秋和狐狸》《叫花子降壁虱精》《妖娘》《妖妹子》等。寓言故事有《猫为啥恨老鼠》《猴子和乌龟》《鸭子和公鸡》《老虎与小偷》《狂妄的寒号鸟》。向往美好生活的故事有《七个野鸡蛋》《贪心的王十万》《新媳妇当家》《瓦窑借宿》《鞋匠成驸马》等等。

0052 传说

别　　称：传说
级　　别：市州及以下级别
流布区域：张家川县
传承现状：流传良好
简　　介：传说是民间文学的一种，是对民间长期流传的人和事的叙述。流传在张家川的传说，很多是以特定的历史人物、事件为基础，在一定程度上反映了人民群众的愿望和要求，比如《金鞭寺的传说》《窦家大爷的传说》《张家川来历的传说》等。张家川民间传说传承了地方历史，也寄托了人们美好的想象。

0053 神话

别　　称：神话
级　　别：市州及以下级别
流布区域：张家川县
传承现状：流传良好
简　　介：神话是民间文学的一种，远古时代人民的集体口头创作，包括神的故事和神化的英雄传说，其产生表现了古代人民对自然的斗争和对理想的追求，对后世的文学艺术有深远的影响。张家川民间神话是古代劳动人民对大自然中事物的原始理解、解释和想象，带有浓厚的幻想色彩。

0054 谚语

别　　称：民谚
级　　别：市州及以下级别
流布区域：张家川县
传承现状：濒临失传
简　　介：谚语是熟语的一种。是流传于民间的比较简练而且言简意赅的话语。多数反映了劳动人民的生活实践经验，而且一般都是经过口头传下来的。它多是口语形式的通俗易懂的短句或韵语。和谚语相似但又不同的有成语、歇后语、俗语、警语等。张家川一带流传的谚语从内容上来分，大体有以下五种：一、气象谚语，二、农业谚语，三、卫生谚语，四、社会谚语，五、学习谚语。

0055 歌谣

别　　称：歌谣
级　　别：市州及以下级别
流布区域：张家川县
传承现状：濒临失传
简　　介：张家川县的民间歌谣主要流传于汉族群众中，叙事性强，情节完整，内容生动。主要有《长工愁》《孟姜女》《十二个月》《跑壮丁》等。

0056 凉州民间传说故事

别　　称：无
级　　别：市州及以下级别
流布区域：凉州区城乡各地
传承现状：随着中老年人群的接近去世，较大数量的古老的凉州民间传说故事将面临消亡的命运。
简　　介：凉州民间传说故事是广泛流布于凉州本土的一种以方言形式口头相传的俗文学。凉州民间传说故事历史悠久，距今至少有3000多年；种类繁多，涵盖了当地人民群众社会生产。其生活的各个方面，题材内容丰富多样，上溯远古，下迄当代，历史的各个时期皆有涉猎。凉州民间传说故事在当地人民群众世代流传的过程中，通过集体创作，去粗取精，形成了比较珍贵的精神特质。它所宣传的一些传统的为人处世之道，至今仍是精神文明建设中需要大力提倡和弘扬的。通过这些故事，读者可以从中了解凉州人民自身的精神风貌。凉州民间传说故事情节一波三折，较为离奇，引人入胜，有较高的艺术价值和学术价值。

凉州民间传说故事集

0057 民勤民间谚语

别　　称：无

级　　别：市州及以下级别

流布区域：民勤境内

传承现状：广泛

简　　介：民勤有着悠久的历史、灿烂的文化，文化底蕴深厚，素有"人在长城之外，文居诸夏之先"的美誉，历史上人文荟萃，人才辈出，民勤人特别崇文重教。民勤有着良好的文化氛围，造就了一批又一批的对国家做出贡献的有作为的人才。民勤人在历史发展的长河中积累了丰富的生存经验和文化体验，形成了独特的区域文化中心和文化圈，民勤一带的方言俚语、谚语、传说、笑话、民歌、歇后语、童谣等等，无不揭示出民勤人的文化心理素质和思维方式，无不反映出民勤人的思维性格、乡土人情、价值观念、伦理规范、审美情趣以及风尚习俗等。许多优秀的民间谚语就是在这历史长河中产生的。如"少活聪明，老活德行""娘有慈习，儿有孝心""人心要实，火心要空""文章滚滚，离不开本本""活着孝顺给一口，胜过死后献一斗"，这些地方色彩极为浓郁的民勤谚语，把古老土地上老百姓古朴的种种文化心理活灵活现地刻画了出来。就此而言，对地方谚语的挖掘、整理与保护无疑是我们留给后人的一份珍贵遗产。

民勤民间谚语

0058 民勤方言

别　　称：无

级　　别：市州及以下级别

流布区域：民勤全境

传承现状：流传广泛、传承良好。

简　　介：民勤方言属兰银官话河西片。民勤方言的形成因素非常复杂，方言区的历史、政治、经济、文化等都会对方言的形成产生极大的影响。但概括起来主要有以下几个方面：1.历史上多民族杂居的影响。自汉至清，民勤一直是内地汉民和各少数民族杂居生活的地区。他们和少数民族长期共同生活，广泛交际，在对少数民族产生文化影响的同时，也被少数民族文化所影响。这对民勤方言体系的形成，有不容置疑的作用。2.历代移民的影响。历代各种因素的移民是影响民勤方言体系构成的另一个主要因素。历史上，在今民勤境内大规模移民有两次：一次是汉朝，另一次是明朝。明代镇番卫移民大多来自今江苏、浙江、安徽、河北、河南、山西、陕西、宁夏和甘肃东部地区等地。各方移民在长期的社会交际和南腔北调的语言交流中，逐渐相互影响、相互融合，形成了今天的方言体系。各个乡镇根据区域不同略有差异，可分为环河、坝区、湖区、重兴蔡旗几个区域。民勤方言的特点是咬字轻、速度快、声音温油短促，音调低沉，语汇丰富而口语化严重，缺乏普通话的轻盈委婉和抑扬顿挫。抢救保护、整理民勤地方方言，对研究汉语言文化发展历史过程及其语音延续规律，具有极其重要的作用。

民勤方言聊天

0059 古浪宝卷

别　　称：无
级　　别：市州及以下级别
流布区域：古浪县永丰滩乡
传承现状：良好
简　　介：宝卷内容大多是历史故事，主要思想是宣传忠孝仁义，故事情节起伏跌宕，生动感人。多为惩恶扬善，讲好人遭恶人欺凌暗算，历经千辛万苦，甚至生死之劫，但主人公心性坚强，百折不挠，最终善有善报，恶有恶报；读书的中状元，种田的娶妻生子，终得好报，恶人则坏事做绝，得到应有的下场。故事情节曲折，催人泪下，但故事结尾却都是以人们心目中最好的结果收场。

古浪宝卷

0060 民乐民间故事

别　　称：无
级　　别：市州及以下级别
流布区域：民乐县境内
传承现状：一直流传至今
简　　介：民乐民间故事源远流长，广泛流传于民间。主要是劳动人民口头创作、口耳相传的语言艺术。它既是人民生活、思想与感情的自发表露，又是他们关于科学、宗教及其他人生知识的总结，也是他们的审美观念和艺术情趣的表现形式。目前，已将民乐民间故事整理，并出版发行。

0061 陈家楼的传说

别　　称：无
级　　别：市州及以下级别
流布区域：山丹县境内
传承现状：广泛
简　　介：陈家楼的传说故事是有三个兄弟进京赶考，半道学了几首诗，喜中状元。回家修陈家楼，并立牌坊"穷不拆，富不修"。解放初期，因多年失修倒塌，改革开放初由国际友人路易·艾黎捐资重修，现为艾黎捐赠文物陈列馆主展楼。

0062 崆峒区民间传说

别　　称：无
级　　别：市州及以下级别
流布区域：平凉市崆峒区
传承现状：流传
简　　介：崆峒区民间传说包括《打虎村的来历》《广成子传说》《赵世王的传说》等。

崆峒区民间传说

0063 文王伐密的故事

别　　称：无
级　　别：市州及以下级别
流布区域：灵台县境内
传承现状：少数人会讲

简　介：在商朝时，灵台西部有个密须国，国力很强大。西伯侯姬昌晚年就开始着手准备讨伐商朝。四周的许多诸侯国有的被消灭，有的被迫俯首称臣，成为周的附属国，只有密须国兵强马壮，拒不投降。如果密须国不解决，西伯侯的势力向东扩展将受影响。密须国西边有一个邻国叫阮，阮国为讨好周文王，便备了一份厚礼准备送去，密须国知道后，不仅抢走了给周文王的礼物还发兵征伐阮国，一直打到阮国国都附近。阮国非常害怕，派人向周文王求救。周文王亲自率领大军，前往阮国，与密须军队展开了一场激战，击败了密须国的军队，解除了其对阮国的侵扰。随后一鼓作气，一路向南进攻，包围到密须城内。第二天早晨，密须王宫外发生兵变，士兵们打开城门，姬昌的军队一拥而入，密须国随之灭亡。周军进城后，安抚百姓，稳定局面，休整几日后沿达溪河东下。姬昌为了宣扬"德化"，在今天的灵台县城修筑了一座土台，举行了盛大的祭天仪式，终于完成了讨伐商朝前期重要的战略计划。

0064 三女川的故事

别　　称：无
级　　别：市州及以下级别
流布区域：灵台县境内
传承现状：少数人会说

简　介：传说周文王围攻密国时，密康公派随从护送三女撤离，密军把三女护送出密城后，就与周朝军队混战在一起，三女趁乱西逃。她们三姐妹循着黑水岸边的弯曲小道，整整走了一夜，天亮时分才走出距离密城不到20多里的路程。为防不测，她们上了今新集东坡南面的一个山头，借山头的丛林掩藏了下来。中午时分，山下传来说话声。她们透过树缝俯视说话的地方，原来是逃出密城的几个百姓，一面在河边舀水喝，一面谈论密城的战况："密城失守，康公自杀。"这个消息犹如晴天霹雳，三个人哭的死去活来。后来，她们都各自扎紧了衣带、鞋袜，先向密城方向跪拜，又向泾商三叩首，然后一起跳下了悬崖。第二天被人们发现，就地掩埋。后来，人们把埋葬她们的洞穴称为"三女坟"。因秋日墓冢常盛开菊花，又叫"兰菊墓"，这一带的河川叫"三女川"。传说三姐妹投崖后，青春女神碧霞元君念其情意缠绵，死得惨烈，便助三女羽化为啼山鸟。因这鸟叫声酷似小狗夜吠，当地人又称"看山狗娃"。

0065 左丘明射箭择民的传说

别　　称：左丘明射箭择居的传说
级　　别：市州及以下级别
流布区域：灵台县境内
传承现状：少数人知道

简　介：相传，春秋时鲁国大夫左丘明先著《左转》，晚年双目失明后仍笔耕不辍，惊人地著成了《国语》。这样一个有成就的人物不知道什么原因，因事势所迫，晚年举家而迁，渡过泗水后来到灵台县独店东原择地休息时，为独店原的广阔平坦所吸引，于是和家里人商议后，决定在这里定居。当时择居地使用跑马射箭的方式确定。这天，左丘明牵马来到附近一座山岭上，然后跨上马背，飞马跑过山岭，等跑到原面时，他闭上双眼，拉弓射出了一箭，这支箭不偏不斜扎到一棵楸树上。左丘明于是对家人说："这是天意啊，我们就在楸树下建屋居住吧。"从此，左丘明就在箭射中的楸树下面造屋建室，度过了晚年。后来这个地方就叫"秋射"，也有叫"丘社"或"丘射"的，一直沿用至今。

采录《左丘明射箭择居的传说》

0066 疙瘩庙的传说

别　　称：无
级　　别：市州及以下级别
流布区域：灵台县县内流传
传承现状：少数人知道
简　　介：说起新开疙瘩庙，还有一段美丽的传说。相传明代永乐年间的一天晚上，当地人听到附近山上有野狐嚎叫，一连七夜不止，有两个好奇的人壮着胆想上山看个究竟，见天色尚早，便玩起当地民间的一种游戏，竟忘了上山，不知不觉天色已暗了下来，突然半空中一声巨响，二人玩游戏用的土块燃起蓝色火焰，二人惊恐万分，顺手将土块扔掉，不料那土块不但没有落地，反而飘悠悠向山上飘去，二人便硬着头皮，跟随燃烧的土块前行，一直来到山上，在一棵木瓜树下燃火的土块不见了，地上却出现几行小字，意思是说南海大王云游众山，见这里景色优美，想在此居住。二人下山后，将此事告知乡邻，人们一听是南海大仙驾临本地，十分乐意，捐钱捐物，很快修建了一所庙殿，塑置了南海神像，受人朝拜。到了明嘉靖年间，又建了几间大殿，起名"慈士院"，因这座庙院所在山像"疙瘩"的样子，人们称之为疙瘩庙，至今，疙瘩庙保存完好，那棵木瓜树枝繁叶茂，荫庇着庙院。

疙瘩庙的传说

0067 "皇甫谧取名"的传说

别　　称：无
级　　别：市州及以下级别
流布区域：灵台县县内流传
传承现状：老一辈人知道
简　　介：传说，在东汉末年，战乱纷起，百姓苦不堪言。一天，雷鸣电闪，大雨倾盆而下，洪水肆虐，家家封门闭户。住在朝那郡王室山下的皇甫家族中，杨氏夫人生下一男孩，落地后啼哭不住。家里人有喜有惊，喜的是生下一胖小子，惊的是婴儿啼哭不止。正当万般无奈之时，突然有一人敲门，此人脚穿草鞋，身披蓑衣，头戴斗笠，挑一担清水。家里人有点纳闷，不解其意。来人进门后，放下水桶说："我给你家婴儿送净身水来了。"大家寻思这是一位高人，照这位高人的指点，家里人给婴儿净了身，又弄了些甘草水，用棉球渗入孩子口中，过了片刻婴儿安静入睡。全家人皆大欢喜，忙请来人吃过家常便饭，还送了两坛米酒，雨过天晴，来人有去无踪。后来，有人传说他是灵山上的仙道，前来普救万民，也有人说他是受神医华佗之命，前来遴选凡间弟子。到了孩子满月那天，亲朋好友前来庆孩子满月，大家提议孩子的叔叔皇甫叔候给孩子起名，叔叔想起孩子净身的事，略思片刻说道："啼哭不止谧也，安静入睡谧也，孩子就叫谧吧。"从此，杨氏夫人的孩子就叫皇甫谧。他就是以后写成《高士传》《针灸甲乙经》等巨著的文学家、史学家、医学家皇甫谧。

0068 海龙圣母的传说

别　　称：无

级　　别：市州及以下级别

流布区域：县内

传承现状：少数人会说

简　　介：明朝万历年间，在梁原乡横渠村有一李姓人家，出生了一位满头秃疮、形容丑陋的女子，因其丑陋，足不出户，与人无往，且少言寡语，人称"傻女子"，傻女子平时只是放羊、捻毛线。有一天傻女子的嫂子去地里干活，傻女子一人在家，下午，嫂子回家进门，一股香味扑面，天空晚霞灿烂，清风习习，却不见人影。于是进入堂屋一看，香雾之中端坐着一位漂亮女子，面如桃花，此时她用一双纤细的手指梳弄头发，神情悠闲，对来人全然不觉。嫂子惊愕，回过神往外走时撞倒一小凳，惊动了傻女，她见有人来，来不及变回原形，撒腿向外逃跑，等嫂子追出大门，只见眼前一片浓雾，不见人影。傻女子家人第二天寻找时发现傻女捻的毛线拉向远方，于是就跟线寻找，几天后，在百里之外的华亭海龙山一洞中见傻女已坐化，右手牵着毛线，水从她脚下流出来。后来当地人称坐化的傻女为"海龙圣母"。此后，梁原横渠李姓人家年年抬着祭品去朝拜，每三年去洞口换一回轿，之后将"海龙圣母"接回，在盘龙山修庙供奉。每月初一、十五当地及周边县区群众纷纷来朝拜。如果遇见干旱年景，去盘龙山向圣母祈雨，或是百姓患疾病不愈可祈拜圣母保佑，很是灵验。

0069 民间故事

别　　称：无

级　　别：市州及以下级别

流布区域：庄浪县

传承现状：流传广泛

简　　介：庄浪民间口头文学内容丰富，分布广泛，根据普查，流传境内的民间故事有1200篇，出版100多篇，记录在案的300多篇，属省内篇目多的县份之一。大体可分为神话传说、历史人物故事、精怪故事、寓言、笑话等。内容丰富，传奇色彩浓，方言土语，原汁原味，篇幅简短，易懂易记。既有庄浪本土特色，又有西北地区民族民间口头文学的特点。庄浪民间故事是庄浪人民千百年来集体创作的宏篇巨著，是前人留下的珍贵文化遗产，它生自民间，传自民间，活动不分时间，传承不分男女老幼，很有群众基础，传承性和挖掘潜力，是研究历史文化的重要依据、各类文学创作的珍贵素材、传统教育的好教材。《没毛牛》《虎哥》《狐儿》等故事脍炙人口，群众喜闻乐见，改编成皮影戏的《剪花灯》堪称绝唱，《刘沪扩筑水洛城》更是一部史诗。

0070 肃州民间谚语

别　　称：无
级　　别：市州及以下级别
流布区域：肃州区
传承现状：有生有灭
简　　介：肃州民间谚语是在肃州民众中广泛流传的固定语句，是劳动人民在长期的生产和生活实践中总结出来的经验与教训的结晶。肃州民间谚语表达了肃州劳动人民的思想、感情、意志、要求和愿望，它具有强烈的现实性。肃州民间谚语在肃州独特的人文环境中诞生，接受灿烂悠久的历史文化熏陶，历经来自东西方文明之风吹拂，呈现出开放博纳、兼收并蓄的磅礴气势，处处彰显着独具神韵的地域特色，散发着浓郁清香的乡土气息，其最显著的特点就是浓重的乡音方言和明显的地域色彩。肃州民间谚语尽显民间智慧，不仅内容丰富，而且艺术形式独特，极富生命活力和艺术魅力，在民间口耳相传不断积累、不断散佚又不断增新，千古传唱凝集成民间智慧的结晶，是肃州先民在生产生活实践中对自然、社会规律的体验和感悟，也是肃州非物质文化遗产的重要组成部分。因为它是非物质的、是无形的，只能靠口耳相传，所以它又容易走样，容易失落。在岁月的长河中，不知有多少优秀的民间谚语被时光掩埋。肃州的几代文化人，怀着对民间艺术的珍惜热爱之情和高度神圣的责任感，经过艰苦努力，搜集并编纂了《肃州民间谚语》。

0071 肃州民间故事

别　　称：肃州民间文学
级　　别：市州及以下级别
流布区域：肃州区
传承现状：式微
简　　介：千百年来西部的劳动人民在长期的劳动、斗争实践中用集体的智慧和艺术才能，创作了不少丰富多彩的口头文学作品，并把它一代一代地传了下来。这些作品既满足了他们的精神文化生活的需求，又从各个不同的角度反映了他们的世界观和审美观。嘉峪关、文殊山、鸣沙山、月牙泉、烽燧墩台是西部特有的名胜古迹。在当地有关这些名胜古迹的传说，一个个无不充满着神奇和迷幻的色彩，那里的砂石会鸣叫、鸟兽能说话、草本有灵、人神同语似乎是合情合理、顺乎自然的事，不容质疑和非议。《瓷窑口的传说》是讲述生活在祁连山里的贫苦藏族牧民们承受着天灾人祸和妖邪作践，诸多艰辛和悲惨遭遇的故事。《救生珠》讲述一个做了好事的人，不论遇到什么样的艰难险阻都会得到人、兽、禽、虫的同情和帮助。干了坏事或亏心事的人，无论伪装成什么样的正人君子，都会得到天理不容，国法难逃的下场。西部的故事传说浩如烟海，《肃州民间故事》收集了能代表西部特色的70多篇。

0072 《黄姑娘》（叙事歌）

级　　别：市州及以下级别
别　　称：《黄姑娘的传说》
流布区域：肃州区
传承现状：式微
简　　介：在肃州区流传了很久的银达民歌《黄姑娘》，是肃州民间的爱情叙事歌，歌中随处可见的方言方音时时散发着浓郁的地方风情和特色。虽然产生年代已无可考，但它确是肃州少见的长篇爱情叙事歌，堪称肃州民歌的代表作。《黄姑娘》全歌以一年的十二个月为基本线索和叙述顺序，从主人公黄姑娘和恋人张哥的热恋开始吟唱。从歌中不难看出，黄姑娘是富家小姐，却爱上了给自家打短工的张哥。这一场苦涩而甜美的相恋终以暂时的相聚划上圆满的句号，未来的他们是否能够喜结连理、共渡一生，终究是一个永无答案的凄美猜想。《黄姑娘》在创作上完全秉承了汉乐府民歌传统的赋、比、兴艺术手法，特别是比兴的运用，让歌诗鲜活、清新，充满了浓郁的生活气息。肃州所有的乡镇都有人唱过或听过《黄姑娘》，可见这首民歌当时是多么流行。

0073 金塔传说

别　　称：塔寺庙的传说
级　　别：市州及以下级别
流布区域：金塔县区域
传承现状：由于受到各类传媒文化的影响，如今金塔传说已被人们淡忘，面临失传。
简　　介：金塔传说，还要从清朝康熙三十九年（公元1700元）说起，相传当时驻扎金塔的游击将军孙一贵，多次梦到一座寺庙，气势恢宏，经声不绝于耳，于是他召集僧人募化十方，依照梦中所见绘图成册，于康熙四十二年（公元1703年）修建完成了塔院寺。从雍正至光绪年间，寺庙弟子和地方善士又多次进行了扩建维修，规模不断扩大，有大殿、中殿、前殿各三楹，廊房、山门、乐台等建筑物齐全，寺内殿宇层叠，松柏参天，暮鼓晨钟，香火日盛，吸引着各方信徒，成为当时河西地区著名的佛事活动盛地。

金塔寺

0074 金塔谚语

别　　称：无
级　　别：市州及以下级别
流布区域：金塔县境内
传承现状：金塔谚语是不朽的语言，千百年来，当地咏诵者比比皆是、传承者不计其数，受到人们的追捧喜爱。
简　　介：金塔谚语是生命力强的语言，是在居民中长期口头流传，具有警策、醒人作用的固定短语，金塔谚语语言活泼风趣，表现力极强。它产生于民间，流传于民间，散落于民间，作为古老的文明传承形式之一，千百年来以口头形式代代相传。金塔谚语涵盖了生产、生活的方方面面，蕴含了上至做人做事的道理，下到种田耕地的经验。它是"民间文化大花园"中的一枝永不枯萎的花金塔谚语反映的内容涉及社会的各个方面，从内容上来分，大体有以下几种：气象谚语、农业谚语、卫生谚语、社会谚语、学习谚语。

金塔谚语

0075 金塔宝卷

别　　称：无
级　　别：市州及以下级别
流布区域：金塔区域
传承现状：自20世纪60年代起，当地各类文化活动日益增多，多数会诵宝卷的艺人相继去世，宝卷遗失，金塔宝卷面临失传。
简　　介：《金塔宝卷》是金塔说唱文学的

代表作，保留的一些古老版本如《韩祖成仙宝传》《七真天仙宝传》等，都进一步补充和丰富了祖国宝卷珍品的数量和内容。在金塔民间，不少敦厚谦和的老者珍藏有许多宝卷。宝卷又名宝传，是一种流行于明清以来的民间说唱文学，是金塔民间历代的有识之士冒着风险，保存下来的珍贵文化遗产。它由唐代的讲经文演变而来，受俗讲的孕育，历经宋代的谈经、讲史等，并受到话本、小说、诸宫调及戏曲等文学形式的影响，其内容包含儒、释、道学说及各种秘密宗教内容，并有大量非宗教的历史人物、民间神话、传说和戏曲故事，其结构为散韵相间、讲唱地点从庙会、娱乐场所直至家庭院落。金塔位于河西走廊边缘，过去，这里交通不便，信息闭塞，文化活动较为贫乏，人们经常开展的文化活动就是读卷，这是金塔宝卷能够代代相传的原因，宝卷以其曲折的故事情节，生动的人物形象，通俗的语言和抒情婉转的曲调赢得了群众的喜爱，在民间广为流传。

金塔宝卷

0076 金塔谜语

别　　称：无

级　　别：市州及以下级别

流布区域：金塔县区域

传承现状：金塔猜谜语活动在 90 年代每逢春节期间由县文化馆组织，现如今由于各文化媒体的影响，传统的猜谜式微。

简　　介：金塔县民间流传着许多雅俗共赏，富有地域特色的谜语，它能启迪思维，陶冶情操，开发智力，是金塔县劳动人民集体智慧的结晶。金塔谜语的起源发展可追溯到元朝年间，因那时三晋古地的大量移民把家乡的传统文化和节日习俗带了过来，在每年的正月十五和庙会期间举办大型灯谜和猜谜语等游艺活动，并一直延续下来，直至 20 世纪 80 年代初。金塔县民间流传的谜语分为物谜和字谜两大类，有扣子、离合、会意、象形、谐意、别解、外意、假借等八种体式；有卷帘、秋千、系铃、解铃、求风、齐飞、脱帽、脱靴、加冠、粉底、遥对、折腰等十余种法格。

金塔猜谜语活动

0077 金塔县民歌

别　　称：无

级　　别：市州及以下级别

流布区域：金塔区域

传承现状：金塔的劳动号子历史悠久，它是随着各类劳动事业的兴起而产生的，现仍流传于民间。

简　　介：金塔县位于河西走廊中端北侧。从远古时期开始，这里就是人类文化的通道，居住在这里的各族劳动人民，用勤劳的双手发展生产，创造了灿烂的文化。自汉唐以来，这里就成为中西经济文化交往的要道，驰名的居延丝绸古道，就从金塔境内通过。丰富的民族民间文学艺术遗产，侧面记载了金塔劳动人民千百年来的传统风俗和历史文化，其中民歌就是重要的一个方面。金塔民歌的起源发展可追溯到明朝年间，朱元璋为了巩固边疆，从山西迁来大量移民，他们的到来加快了边疆建设，同时外来文化也得到传播，使得当地文化与之融合，在长期的生产劳动过程中，当地的劳动号子与山西民间小调、陕甘民间歌曲互相渗透，互相影响，最终形成了独具特色的民间文化形式——金塔民歌。

金塔民歌

0078 瓜州宝卷

别　　称：无

级　　别：市州及以下级别

流布区域：瓜州县

传承现状：良好

简　　介：瓜州宝卷，历史悠久，文化底蕴深厚，是瓜州民间口头文学的重要组成部分，她既秉承历史又不断发展，为民间文学增色添辉，是民间文学宝库中的精华，具有很高的历史文化和科学价值。瓜州，这片有着历史文化底蕴的热土，早在四千年前就有先民在这里繁衍生息。秦以前为羌戎所据，秦时为大月氏占有，汉武帝"列四郡据两关"时为敦煌郡所辖，唐武德五年（公元622年），称瓜州，清雍正年间设安西卫，民国2年（公元1913年）改为安西县。2006年，经国务院批准恢复"瓜州"古县名，瓜州自古就是丝绸之路上重要的历史文化名城，中国西部的军事重镇，千百年来，积淀了许多风格独特的民俗民间文化遗产。四千余年的文化积淀使这里有着大批带有浓郁地方特色的民间文化遗产。一串串优美动听、曲折委婉的民间传说，例如《鹦鸽宝卷》《乌鸦宝卷》《紫荆宝卷》《辛十四娘宝卷》《黄氏女》等这些脍炙人口的传奇故事，给瓜州蒙上了一层神奇玄妙的色彩，无不引人入胜。

宣卷

0079 瓜州民间故事

别　　称：无

级　　别：市州及以下级别

流布区域：瓜州县

传承现状：良好

简　　介：瓜州民间故事传说是瓜州人民集体创作的结晶，通过口耳相传在瓜州民众中一代又一代地流传至今。瓜州民间故事传说群众基础良好，它在民众生活中呈现出一种鲜活的传承状态，大家通常在集体聚会时传讲，劳动中或者茶余饭后都是讲故事听故事的好时机。历史名人及其在瓜州的典故总是受到民众的喜爱，相关故事有"康熙夜梦桥湾城""瓜州蜜瓜救张骞""唐僧夜渡葫芦河""薛仁贵兵团锁阳城""截山庙的传说"等等。

出版的瓜州民间故事作品

0080 肃北蒙古族民间传说

别　　称：无
级　　别：市州及以下级别
流布区域：肃北蒙古族自治县各乡镇、社区
传承现状：良好
简　　介：肃北蒙古族自治县是甘肃省一个以蒙古族为主体的少数民族边防县，全县总面积66748平方公里，约占全省总面积的14.8%。辖地分南北两部分，南部地处祁连山北麓西北沿，北部马鬃山地处河西走廊北缘，是甘肃唯一的边境地区。勤劳、勇敢、智慧的肃北蒙古族人民长久以来生活在山峦起伏、白雪皑皑、沟壑纵横的祁连山西北角和莽莽无际的浩瀚马鬃山大戈壁。在漫长的历史岁月中，肃北蒙古族人民同恶劣的自然环境和残酷的社会生活环境斗争的同时也创造了光辉的传统文化，代代相传，哺育着一代又一代。草原上如果没有了蒙古族民间传说，那是难以想象的。蒙古族民间传说如同牧民喝奶茶，成了他们生活的组成部分。这些传说凝聚了当地人的智慧和生活、生产斗争经验，富有哲理。肃北蒙古族民间传说内容丰富多彩，形式灵活多样，具有浓郁的民族风格和地方特色，是肃北蒙古族人精神生活的一个缩影，它有着久远的生命力。

肃北蒙古族民间传说

0081 肃北蒙古族民间口头文学

别　　称：无
级　　别：市州及以下级别
流布区域：肃北蒙古族自治县各乡镇、社区
传承现状：良好
简　　介：肃北蒙古族自治县是甘肃省唯一的蒙古族自治县。蒙古族人民不但是改造自然的英雄，而且是民族文化的创造者、发掘者和开拓者。他们创作了许多体裁不同、风格各异的民族民间文学：1.别具风格的祝赞词。祝赞词从不同的角度赞美事物的功能、用途、特点、制作或成长过程，赞美劳动和劳动人民，它成为蒙古族人民劳动生产、日常生活中必不可少的文化精神生活。2.浪漫、传奇的英雄史诗。表达了蒙古族人民热爱和平、赞美英雄、追求安居乐业和自由幸福生活的愿望和品格。3.丰富多彩的民间歌谣。肃北蒙古族在不同的历史时期的生产劳动和阶级斗争中，以自己的艺术天才和创作才能，创造了数以万计的、具有自己民族形式和曲调的，又有浓郁乡土气息的歌谣。4.浩瀚如海的民间故事。其最突出的一个特点是：往往把历史人物加以传奇化，进行夸张、歌颂，从不同的侧面反映了肃北蒙古族劳动大众的阶级感情、思想倾向和民族习俗，表达了他们的美好理想和愿望。5.形象、生动、比喻贴切的民间谚语。体现出蒙古族人民的爱情观和是非观。除此之外，还有许多认识自然、遵循客观规律办事的谚语。

肃北蒙古族民间口头文学

0082 肃北蒙古族民间谚语

别　　称：无
级　　别：市州及以下级别
流布区域：肃北蒙古族自治县各乡镇、社区
传承现状：好
简　　介：草原上如果没有了民族谚语，那是难以想象的。肃北蒙古族谚语缘事而发，富有生机，自然淳朴，具有浓郁的地方风格特色。节奏鲜明、富有美感，地方气息突出。

肃北蒙古族谚语

0083 肃北蒙古族歌谣（民间文学）

别　　称：无
级　　别：市州及以下级别
流布区域：肃北蒙古族自治县各乡镇、社区
传承现状：好
简　　介：长久以来，在肃北蒙古族人民的生活中，歌谣如同牧民喝奶茶，是他们生活中不可缺少的部分。草原上如果没有了歌声，如同没有了人烟。有歌就有人。在那草原上飘荡着辽阔、奔放、优美的牧歌，在那大漠驼铃叮咚的驼运队间传来低沉悠扬的山歌，在那人群中传来激越快活、婉转甜美的短调；在那待客宴请间传来激昂高亢、宽广厚重、连绵悠长的长调。其艺术形式多为四行诗节，"借物起兴"，"触景言情"押头韵（有时也押尾韵）。

肃北蒙古族民歌辑录

0084 肃北蒙古族民间故事

别　　称：无
级　　别：市州及以下级别
流布区域：肃北蒙古族自治县各乡镇、社区
传承现状：良好
简　　介：由于历史渊源关系，在蒙古族民间文学分支内，肃北蒙古族民间文学与青海蒙古族民间文学同属一类，且故事内容大同小异。根据已搜集到的资料来看，肃北蒙古族民间文学其内容和质量都很可观。其中，已整理出版的有《肃北蒙古民间故事》，蒙文版，1984年由内蒙古文化出版社出版；《肃北蒙古族英雄史诗》，1998年由民族出版社出版。另外，还有1981年油印的《肃北蒙古族民间文学选》。肃北蒙古族民间故事传说主要包括以散韵结合的《格斯尔王传》，长篇历史传说《乌尔图麦尔根特木尼》，英雄史诗《汗青格勒》等三大经典作品为代表的各类民间故事传说。历史传说故事有时代英雄《丹津洪台吉》，保家卫乡的人民英雄《库尔根胡秀其》，党河名称来源传说。动物故事有小白兔用智慧战胜恶狼、猛虎的故事等。

肃北蒙古族民间故事搜集者

0085 哈萨克族民间文学

别　　称：无

级　　别：市州及以下级别

流布区域：阿克塞县境内

传承现状：良好

简　　介：哈萨克族的文学可分为民间文学和书面文学。民间文学在哈萨克族文学中占有重要的地位，它主要包括神话、传说、民间故事、诗歌、谚语、谜语、格言和弹唱等。在哈萨克族文学史上，《比尔江与萨拉的对唱》《阿塞特与伊里斯江的对唱》和《居素普别克与莱孜依琶的对唱》等堪称佳作，广泛流传于民间，是哈萨克族家喻户晓的著名对唱文学作品。但是哈萨克族民间文学中，最为引人注目的无疑是长诗和史诗。哈萨克族的长诗和史诗被分为"英雄史诗""爱情长诗"和"叙事长诗"三大类型。哈萨克族英雄史诗中最著名、影响最为广泛的作品有《阿里帕米斯》《豁布兰德》《叶尔塔尔根》等。《哈班拜》《贾尼别克巴图尔》和《萨巴拉克》等则是以18、19世纪的著名历史人物为主人公的英雄史诗或长诗；哈萨克族爱情长诗中最有名的是《吉别克姑娘》《恩利克与科别克》和《萨里哈与萨曼》等，其艺术价值较高，具有很强的感染力；最有影响、最重要的叙事长诗则主要有《鹦鹉的40个故事》《4个宰相》和《巴克提亚尔的40个故事》等。哈萨克族民间故事可分为神奇故事、生活故事、诙谐故事和动物故事四类。如《孔雀的九十章》《四十首谎言》等。

哈萨克族文学

0086 民间传说

别　　称：无

级　　别：市州及以下级别

流布区域：玉门市

传承现状：继续流传

简　　介：中国民间传说，由历史事件、历史人物及地方风物有关的故事组成。民间传说是民众喜闻乐见的民间叙事体裁。这些传说是调剂我们先辈艰难枯燥生活的精神食粮。在衣食无着、艰难困苦的劳动生活中，成为让他们的心灵得到慰藉和愉悦的最佳方式。它们都是人类智慧的结晶。玉门是铁人王进喜的故乡，中国石油的摇篮。隋唐时期这里就成为古丝绸之路的要冲，其历史悠久，文化灿烂而积淀深厚，产生了许多故事传说，代代相传。这里的山川草木、庵观寺庙、传统节目、民间文娱、传统食品，乃至鸟兽虫鱼、天地变化，都有许多相关的优美、动听的故事和传说，它们以源自本地、乡音俗语诸特点，从许多方面反映了本地人民的生活、习俗、心理、信仰和人们勤奋、勇敢、聪慧、朴实、善良的共性，从古至今，绵延不绝，对研究社会历史、人文地志和教化民众都是很有价值的，也是富有生命力的宝贵遗产。一些影响深远的民间传说常与当地的风土人情相结合，并在流传过程中提炼加工，使民间传说具有传奇的特色。其故事情节既与人间现实有直接的联系，其发展又合乎生活的内在逻辑。

采访民间传说场景

0087 民间谚语

别　　称：无

级　　别：市州及以下级别

流布区域：玉门市

传承现状：继续流传

简　　介：民间谚语是人们生活中常用的现成的话。谚语类似成语，但口语性强，通俗易懂，而且一般都表达一个完整的意思，形式上差不多都是一两个短句。流传在玉门的谚语内容涵盖范围极广，有的是农谚，如"清明前后，栽瓜种豆"；有的是事理谚语，如"种瓜得瓜，种豆得豆"；有的属于生活上各方面的常识谚，如"饭后百步走，活到九十九"。这些谚语反映的内容涉及玉门民众社会生活的各个方面。从内容上来分，大体有以下几种：气象谚语，农业谚语，卫生谚语，社会谚语，学习谚语，歇后语和俗语。

采访民间谚语场景

0088 民间笑话

别　　称：无

级　　别：市州及以下级别

流布区域：玉门市

传承现状：继续流传

简　　介：玉门民间笑话有嘲讽笑话、诙谐笑话、寓言笑话、民间逸闻、傻女趣事、巧女趣事、傻男趣事、智者趣事、夫妻趣事、幸运趣事等。流传在玉门的民间笑话其内容多反映现实生活，重在揭露和讽刺。大致可分为三类：一类是对剥削阶级坏人坏事的嘲讽；第二类是对人民自身缺点的讽诫；第三类笑话，重在幽默、诙谐，思想意义不太明显。这些民间笑话深藏在民间，与玉门民众的日常生活密不可分，具有永久的艺术魅力。

农民朋友茶余饭后讲民间笑话

0089 民间故事

别　　称：无

级　　别：市州及以下级别

流布区域：玉门市

传承现状：继续流传

简　　介：玉门民间故事是从远古时代起就在人们口头流传的一种题材广泛的叙事体故事。它们以奇异的语言和象征的形式讲述人与人之间的某种关系。民间故事从生活本身出发，但又并不局限于实际情况以及人们认为真实的和合理范围之内。它们往往包含着超自然的、异想天开的成分。经过人们一次又一次宣传，民间故事被改成了各式各样的剧本，表达着人们美好的愿望。民间故事是最为民众喜闻乐见的民间叙事体裁。这些故事是调剂我们先辈艰难枯燥生活的精神食粮。在衣食无着、艰难困苦的劳动生活中，故事成为让他们的心灵得到慰藉和愉悦的最佳方式。听故事、讲故事，在笑声中获得一种胜利者的满足，它们都是人类智慧的结晶。这些故事告诉我们，我们的先人是怎么理解宇宙的构造、人类的起源、万物生成的来历、人和人之间的相互关系。同时也把民间历史知识如数家珍地演述出来。这种叙说，虽然没有历史学家所表述的那么公允，但是却更明晰地体现了民众最朴实的评价。为人民做了好事的，就应该受到褒奖和称赞；为非作歹、迫害人民的，就应该受到讽刺和鞭挞。这些故事也许不是真实发生的，但却在某种程度上反映了更高层次的"真实"。

民间故事讲述者

0090 念唱谱卷

别　　称：唱卷

级　　别：市州及以下级别

流布区域：玉门

传承现状：濒临失传

简　　介：在玉门农村旧时，民间广泛流传着一种以说唱文学艺术形式为主的手抄本，农闲时，左邻右舍围坐在农家庭院里，聚精会神地听讲书者拿着本子在给大家讲故事。讲书者一会儿吟诵，一会儿歌唱，热闹场面把大家紧紧地吸引在一起，这种形式深受农民朋友喜爱，人们把这种手抄本形象地称为念唱谱卷，俗称"念卷"或"唱卷"。念唱谱卷是甘肃河西走廊一带特别是旧时玉门农村广为流传，并深受农民群众喜爱的一种民间说唱文学艺术形式。昔时，能设局请先生说唱宝卷，对于一般庄户人家来说，是家门兴旺和崇尚文化的一种标志。宝卷内容多为抑恶扬善，既能兴教化、劝操守，又能营造热闹气氛，给人以情感愉悦或心灵感悟，故深受人们喜爱，并流传至今。随着报刊、杂志、电视、电脑等现代传媒的普及，人们娱乐消遣的方式日益丰富，因此念唱谱卷的人少了，学唱谱卷的人更少了，仅在特别偏远的地区因受条件限制，仍然作为教化、娱乐的方式传唱。城区一些退休干部和老人们处于怀旧之心，闲暇无事，小聚一起，念唱宝卷，其乐融融。每逢冬令农闲，念卷之风即起，春节前夕至元宵节期间更是达到高潮。

讲述念唱谱卷

0091 民间谜语

别　　称：无
级　　别：市州及以下级别
流布区域：玉门市
传承现状：继续流传
简　　介：流传于玉门的民间谜语题材广泛，谜底涉及自然界和社会生活中的各种事物和现象，一般分为物谜、事谜和字谜三种。物谜数量最大。基于丰富的生活体验，民间谜语往往体物入微，而其联想又活泼自然，构思奇巧，富于诗的情趣。例如"竹船篙"的谜面说："在娘家青枝绿叶，到婆家肌瘦面黄，不提起倒也罢了，一提起两泪汪汪。""嗑瓜子"的谜面说："黑船装白米，送进衙门里，衙门八字开，空船转回来。"前者反映了旧社会劳动妇女的不幸遭遇和悲苦心情，后者一针见血地揭露了旧时反动官府对人民的压榨。"谜也者，回互其辞，使昏迷也。"谜语作为一种旨在测验人的智慧的语言艺术，谜面表现谜底主要采用两种方式：一种是描写性的。作者针对谜底事物的形状、性质、功能或名称等的特征，把它们与其他具有共同点的事物联系起来而表现之。例如"花生"的谜面说："麻屋子，红帐子，里面住着个白胖子。"一种是诡词性的。即在矛盾的或反常的现象下表现谜底事物的特征。例如"水"的谜面说："不洗干干净，洗洗不干净。不洗有人吃，洗了没人用。"谜面既要隐去谜底事物的本来面目，又要为猜谜者提供思考的线索，所以，在谜面与谜底之间，存在着隐与显的辩证关系。

0092 民间歌谣

别　　称：无
级　　别：市州及以下级别
流布区域：玉门市
传承现状：继续流传
简　　介：玉门民间歌谣是曾经回荡在玉门大地上的人民心声，是时代的脚步，是情感的结晶，是爱情的歌唱，是劳动的赞美，是大自然的颂歌，也是对幸福生活的追求和期盼。可以想象，当年，这些民歌曾经怎样激荡起玉门人心中的波澜。

0093 民间故事

别　　称：无
级　　别：市州及以下级别
流布区域：敦煌市境内
传承现状：敦煌民间传说故事流传广泛，内容丰富，代代相传，一直传承到当代，今后将继续传承下去。
简　　介：翻开中华人民共和国地图，在甘肃、青海、新疆三省（区）接壤处的沙漠有一片绿洲，状如一颗明珠，镶嵌在祖国的西部边陲，这就是驰名中外的历史名城——敦煌。敦煌有灿烂悠久的历史，自汉武帝建四郡、据两关到现在，已绵亘两千多年，古称沙州、瓜州。它是古代通往西域"丝绸之路"的咽喉要道，中西贸易、文化交流的重要都市。这里的山河湖滩，保留着丰富珍贵的古代文化遗存。有古地理志最早记载的三危山，有举世闻名的艺术宝库莫高窟（千佛洞），有唐代诗人李白、王维、王之涣笔下吟咏的阳关、玉门关，有全国唯一保存完好的长城和烽火台，有成千上万座汉唐宋墓，有奇异美丽的鸣沙山、月牙泉，有大漠奇观——雅丹地貌等等。世世代代生活在这里的人，不仅创造出了内容丰富、风格独特、技巧精湛的敦煌艺术，还创造出了许许多多动人的传说故事。这些瑰丽的传说故事，有的是对名胜古迹的来历作了优美的饶有风趣的解释，有的赞扬了劳动人民的高贵品质，有的揭露了贪官污吏的丑恶嘴脸，有的鞭挞了为富不仁的卑鄙灵魂，反映了人民对美好生活的向往和追求，寄托着人们对改造自然的憧憬和希翼。

普查民间故事

0094 民间笑话

别　　称：无
级　　别：市州及以下级别
流布区域：敦煌市境内
传承现状：全市范围广泛流传
简　　介：敦煌民间笑话是敦煌劳动大众，在生产生活中创造出来的一种简便的调节生活情趣的自乐方式。民间笑话又称"民间趣事"或者"趣闻"，是一种形式短小并具有强烈喜剧性的民间故事。每个笑话故事叙述的是滑稽境遇中展开的插曲式的事件。一般都是用被夸张了的人物对话或自白来揭示矛盾，并用带有俏皮的出人意料的话语结束故事，使听者会不禁发笑。敦煌民间笑话有着鲜明的地方特色。根植于敦煌现实生活之中，讲的都是身边事，涉及的是周围人的日常生活及爱情故事，反映了人们对美好生活的追求和向往，歌颂真、善、美，鞭挞假、恶、丑，表现了劳动的人民爱憎和是非观念。

记录民间笑话

0095 民间歌谣

别　　称：无
级　　别：市州及以下级别
流布区域：敦煌市全境
传承现状：随着娱乐形式的多元化，歌谣对人们，特别是青年人已失去了它的娱乐功能，人们已抛弃了这种娱乐形式。
简　　介：令人向往的敦煌，是戈壁滩上一片神奇的绿洲。祖祖辈辈生活在这块古老土地上的劳动人民，用勤劳的双手创造了敦煌艺术，创作了丰富多彩、优美动听的民间歌谣。可以唱的一般称为歌，只说不唱的称为谣。敦煌民间歌谣深刻地反映了本土劳动人民生产斗争及日常生活的各种情况，表现了人民群众的思想和愿望。敦煌歌谣在创作方法上，从实际生产、生活、个人感受出发，多用现实主义的手法来创作。有的歌谣也有浪漫主义的成分，有的歌谣则是浪漫主义与现实主义紧密相结合，充满了强烈的激情和大胆的幻想与夸张。敦煌歌谣生动形象地反映了历代人民群众的愁苦欢乐、理想追求、爱情生活、民俗风情等。是广大劳动群众随时随地抒发感情、活跃生活的传统艺术形式。因此，世世代代流传下来。

文化馆老师正在教授民间歌谣

0096 民间谚语

别　　称：无
级　　别：市州及以下级别

流布区域：敦煌市全境

传承现状：流传广泛，老人、中年人和孩子都能随口说几个。

简　　介：位于甘肃河西走廊最西端的敦煌，历史悠久，举世闻名，早在新石器时期，就有人类生活在党河两岸。在这片神奇的土地上，有众多奇山异山，文物古迹。千百年来，敦煌广大劳动人民用勤劳的双手，在这片土地上辛勤耕耘，顽强生存，认识自然，改造自然。在长期与大自然的斗争中，在阶级社会里，在处世、待人、接物、生产、生活中都积累了许多宝贵的经验和教训。经过世代相传，演变验证，聪明的群众把它用通俗易懂、简练含蓄的话语艺术生动地表达出来，这就有了哲理深刻的敦煌谚语。敦煌谚语反映了当地独特的地理气候、风土人情、农时农耕等等，特别是敦煌地处沙漠包围之中，常受风沙灾害之苦，所以就产生了众多治理风沙灾害的谚语。这些谚语都由群众集体创作，千锤百炼，世代相传，都是敦煌劳动人民智慧的结晶，世世代代的敦煌劳动人民用它指导生产生活，科学地利用自然规律去创造财富，推动社会的发展。

老艺人正在讲解民间谚语

0097 民谣

别　　称：无

级　　别：市州及以下级别

流布区域：庆城县境内

传承现状：濒临失传

简　　介：民间流行的、富于民族色彩的歌曲，称为民谣或民歌。流传于庆城县的民谣历史悠远，故其作者多不知名。庆城民谣内容丰富，有宗教类民谣、爱情类民谣、战争类民谣、工作类民谣，也有饮酒类民谣、舞蹈作乐类民谣、祭典类民谣等等。当下，庆城县境内的民谣在古老的传统民谣曲目的基础上进行曲目改编；另一种是仿照传统民谣的风格进行新民谣的创作。

《庆阳民歌集成》《庆歌俚曲》封面

0098 谚语

别　　称：无

级　　别：市州及以下级别

流布区域：环县县城及21个乡镇

传承现状：生存空间发生改变，接触和使用机会变少，处在自生自灭的状态。

简　　介：环县隶属甘肃省庆阳市，地处陕甘宁三省（区）交界处，面积9236平方公里，辖21个乡（镇），人口34万。这里是中国农耕文化的发祥地之一，也是古老秦陇文化和周边族群文化相互融合渗透之地，是1936年解放的革命老区。谚语是当地人民群众口头流传的固定的语句，用简单通俗的话来反映深刻的道理。谚语又是俗语的一部分，是一些总结知识经验，寓有思想意义的俗语。一个句子或一个短语，以简明易记的方式表达某个公认的真理或对现实生活的敏锐的观察。虽然谚语可以通过书面文字传播，但最初却是通过民间流传而固定下来。谚语是广大劳动人民群众通过长期的社会生活实践对各种社会现象及生活经验进行的概括和总结，凝聚了无数代人的智慧，它小精悍、简明凝练、蕴含丰富，是深受人民群众欢迎的口头语言文学。

环城镇民众在院内说谚语

0099 民谣

别　　称：无

级　　别：市州及以下级别

流布区域：环县境内普遍流传民谣及信天游，尤其以环城、曲子、车道、耿湾、木钵等十几个乡镇最为突出。

传承现状：流传已经出现断代，发展几乎停滞，已经濒于消亡。

简　　介：地处陇东西北部的环县，民谣源远流长，婀娜多姿。远在周代，陇东就产生了吟咏古豳社会和先民生活的诗篇，如《豳风·七月》《大雅·公刘》等。陇东民谣在千百年的发展过程中，与民间社火结合在一起，形成了独具特色的民间歌舞。传统民谣和歌谣是陇东民谣的主体，其内容主要有诉苦歌谣、劳动歌谣、生活歌谣、婚姻歌谣、爱情歌谣、历史传说歌谣、仪式歌谣和时政歌谣。它们的表现形式主要有劳动号子、小曲子和信天游三大类，尤以小曲子最多见，以信天游最具特色，它是陇东民谣的代表。

陇东民谣采用比兴、夸张、重叠、谐音等表现手法，唱词多以七言句为主。陇东民谣曲调多为民族徵调式，部分为商调式、宫调式、羽调式。陇东民谣体现了鲜明的地域文化特色、坚实的群众文化基础、高度融合的民间文化结晶和丰富的民间音乐内涵等特征，具有人类学、民族学、民俗学研究价值、民间艺术研究价值和黄土文化、农耕文化、沙漠文化、宗教文化、红色文化、民俗文化、畜牧文化的认同价值。

普查组普查环城镇民谣艺人

0100 华池谚语

别　　称：无

级　　别：市州及以下级别

流布区域：华池

传承现状：堪忧

简　　介：谚语，在《现代汉语词典》中解释为"在人民群众中间流传的固定语句，用简单通俗的话翻译出深刻的道理。例如'三百六十行，行行出状元''天下无难事，只怕有心人''三个臭皮匠，赛过诸葛亮'。"华池谚语是华池人民群众在生活、生产、学习中口头创造并借以相互告诫的经典传世常言。虽然简单、通俗，但能从不同的侧面反映人民群众在各个时期对客观事物的不同认识，加上其语句固定、通俗、朗朗上口，生动富于哲理，大部分与民俗文化有关，有的一句谚语就源于一个故事、一种陌生现象或一段历史。由于华池地处陕、甘、宁交界之处，境内居住的农民大多都是从宁夏、内蒙、陕北等地迁来的移民，大量的移民使得华池方言呈混合多元化。受年代久远、文字记录不便、方言口语传授的局限性等影响，特别是近几十年来普通话、英文的大力推行，使得越来越多的华池年青人正在放弃使用自己的家乡方言，作为由方言构建起来的地方谚语也将面临失传。

0101 华池民谣

别　　称：无

级　　别：市州及以下级别

流布区域：华池

传承现状：堪忧

简　　介：民谣是一种最为古老、最易流传、最为普及、最受群众喜爱的民间口头文学。它是由劳动人民创作，反映他们的喜怒哀乐等多种思想感情的艺术表现形式。华池民谣乡土气味浓厚，语言淳朴、真切、生动，由于华池地处陕、甘、宁交界之处，境内居住的农民大多都是从宁夏、内蒙、陕北等地迁来的移民，民谣在其演变过程中，形成了不同的风味，一类是以东北部的山庄、紫坊畔、南梁、林镇、乔河为主的具有陕北风味的民谣；一类是西北部和中南部的悦乐、王咀子、上里原、五蛟、元城、怀安为主的具有陇东道情风味的民谣。华池民歌内容极为丰富、形式多样。有反映劳动生产场面的劳动号子，有时政歌谣、情歌、生活歌谣、历史传说歌谣、童谣、红色革命歌谣、酒歌等。华池民谣的唱词以当地语言为主，华池方言极为丰富，比喻形象生动。大多是农民即兴创作、演唱。目前，华池农村中会吟唱民谣的多为老年人，年轻人并不是很多，传承空间日益狭窄，要继承和发扬这一优秀的民族文化遗产，必须采取措施，进行抢救和保护，不然，随着现代文化的不断繁荣和发展，年轻人的文化爱好逐渐转移，吟唱民谣的人将会越来越少。

0102 合水民间故事

别　　称：无

级　　别：市州及以下级别

流布区域：合水县各乡镇

传承现状：流传至今

简　　介：合水民间故事包含三个方面的内容，分别是神话、传说、故事。1.神话：《山和沟的来历》《太阳和月亮的传说》《为啥只有人会说话》《摇钱树和聚宝盆》《人吃的是狗一份粮》。2.传说：《李自成为啥瞎了一只眼》《楚霸王的传说》《康熙王的故事》《苍蝇告状》《包公审驴》《桃园三结义的传说》《庄子试妻》《孟姜女送寒衣》《施公巧断护裙案》《铁李拐讨封》。3.故事。幻想故事：《梅花姐》《穷张三和富张三》《三姑娘和县老爷》《摇钱树和棒槌》《三年等住个润腊月》《探龙宫》《两只瓜》《放牛娃的三件宝》。动物故事：《猴娃子抢亲》《老鼠为啥为大》《猫和老鼠结怨仇》。马鬃的作用、生活故事：《一根鸟毛》《慧姑娘要彩礼》《剃头匠的女子》《丁郎刻母》《张金莲救夫》《蛇吞相的故事》。机智人物故事：《多智张三》《县官借宝》《割耳朵》《三女婿赛马》《太阳的妹妹口袋的哥哥》《画像》《巧媳妇难县官》。语言笑话：《担水浇葫芦》《乌龟和喜鹊》《白兔和老虎》《锄的来历》《五个聋子碰了"火"》《一毛不拔》《二杆子状元》等。

讲合水民间故事

0103 合水民间歌谣

别　　称：无

级　　别：市州及以下级别

流布区域：合水县各乡镇

传承现状：流传至今

简　　介：合水民间歌谣是合水人民的一种口头创作，富有生命力，其优秀作品具有高度的艺术价值。它植根于合水人民生活的土壤，具有比较直接的多种实用功能。合水民间歌谣总体风貌可谓天机自动，朴素浑成。其具有鲜明的率真自然的特点，一是真实，二是具有天然的韵味。总体来看，民间歌谣在创作和演唱上是有一定的套路可循的，它的章法、句式、套语、曲调和韵律往往都是固定的。合水民间歌谣在形式上最突出的特点就是韵律和谐，这使民歌便于传播、富于音乐性。

民间歌谣的演唱

0104 歌谣

别　　称：正宁民谣

级　　别：市州及以下级别

流布区域：正宁

传承现状：流传

简　　介：歌谣是民间文学体裁之一，是对民歌、民谣、童谣的总称。民众有时会在一些风土人情的主题活动上，唱属于自己民族的特色歌谣。歌谣注重押韵，往往表达了一些有趣的小事，有时也阐述了一个深刻的道理。歌谣通常篇幅简短，很长的歌谣较少。

歌谣本

0105 宁县民歌

别　　称：无

级　　别：市州及以下级别

流布区域：宁县全县各乡镇

传承现状：年轻人不喜欢传统民歌，继承现状堪忧。

简　　介：宁县民歌，其恢宏的历程，可以追溯到先周。发达的文化与民众先进的生活息息关联，反映周先祖功勋和民众劳动生息的歌谣，如绚烂的当地名花山丹丹那样，不灭地盛开于田野、谷沟和农家庭院。宁县民歌具有一脉传承性，而在句式、语言、辞藻的运用上，时代的印记十分明显。宁县民歌历练数千年的洗礼，仍保留原有的歌韵、古诗等元素。自改革开放以后，民歌趋向于吸纳新的文化元素，传唱广泛。民歌曲调粗犷奔放，悠扬高昂，充分体现了陇东人的豪放性格。宁县民歌曲调优美，歌词精彩，内容丰富，涉猎广泛，方言运用得当，韵词非常突出。

0106 宁县民谣

别　　称：无

级　　别：市州及以下级别

流布区域：宁县全县各乡镇

传承现状：宁县的民谣也随之出现现代的民谣形成。

简　　介：宁县民谣是广大当地群众在生活

中逐渐传诵而形成的一种口头语形式。其特点是容易记忆，又便于传诵，读起来朗朗上口，听上去音韵和谐。其内容有的涉及政事，有的说地方，有的抒情怀，有的传真理，有的传知识。其艺术风格也灵活多样，表现了宁县劳动人民的聪明智慧，反映了人民群众正直、善良的优秀品质。如："旧宁县城来到石人坳（井坳），望见宁县麦草窝（军草场），走过河西坡，看着县城黑老锅（民工食宿场）。""盼救星盼星星，盼月亮，穷人盼的是共产党。共产党来乌云开，穷人翻身见太阳。""童谣：麻野雀尾巴长，娶了媳妇忘了娘，把老娘放到野地上，冻得硬邦邦，把媳妇抱到热炕上，暖得气刚刚。媳妇想吃桃，半夜起来去跟集，"把桃胡丢进炕洞里，看叫个'老鬼'看着了！"

0107 镇原民间歌谣

别　　称：无
级　　别：市州及以下级别
流布区域：镇原县全境
传承现状：濒临失传

简　　介：镇原民间歌谣共九大类，246首，含劳动谣、工匠谣、时政谣、决术谣、催眠谣、生活谣、历史谣、爱情谣、劝善谣。在封建社会，劳动人民被剥夺了学习文化的权利，歌谣是人民传授知识的教科书，是他们获得知识的重要来源。歌谣为人民传授历史、地理、数学和各种生产生活知识做出了积极贡献，也成为劳动人民朴素情怀和对幸福生活向往和追求的情感表达。

0108 镇原民间故事

别　　称：无
级　　别：市州及以下级别
流布区域：镇原县全境
传承现状：濒临失传

简　　介：镇原民间故事流传于甘肃省庆阳市镇原县。镇原是农耕文化的发祥地和中华民族最早的繁衍栖息地之一，勤劳质朴的镇原人民创造了光辉灿烂的文化，这些民间文化有鲜明的时代特征和浓郁的地方特色，以歌颂真善美、鞭挞假恶丑为主要内容。故事丰富多彩，有神话传说故事、风物故事、日常生活故事、革命故事等。它以纯真的风格、风趣的情节、生动的形象、明快的语言为特征，构成了镇原文化丰厚的一章，是反映镇原人民生活的"百科全书"。镇原民间故事之中许多故事情节符合神话传说的要素，对丰富世界神话、传说的母题库提供了范例，具有重要的学术研究价值，研究这些具有母题特征的神话传说，有助于了解中国古代文化和世界文化的异同，文明的同步性，为镇原民间故事的研究提供新的视角。镇原民间故事体现了汉民族的精神内涵，具有重要的民间文学艺术价值。它传承了汉民族传统文化的内核，崇尚仁爱、中庸、谦和礼让、敬老爱幼、勤劳俭朴，同时也宣扬善恶报应的宿命观，一些有教育意义的作品，启示人们要克己奉公，戒贪戒欲，身体力行，甚至独举高标呼吁男女平等，成为中华民族浩瀚的思想长河中的一朵浪花。

2008年整理的镇原民间故事（手抄本）

0109 镇原民间谚语

别　　称：无

甘肃省文化资源名录 第二十二卷 非物质文化遗产Ⅰ 民间文学

级　　别：市州及以下级别

流布区域：镇原县全境

传承现状：濒临失传

简　　介：镇原民间谚语共12篇，2255条，包含修养篇、智慧篇、自然篇、社交篇、生活篇、事理篇、生产篇、时政篇、保健篇、婚育篇、勤俭篇、农谚篇，它是镇原人民千百年来对生活生产经验总结出的具有浓郁地方特色的智慧语言，特别是对天文、气象、四季、农事等，至今有科学应用价值，对农业生产有着重要的借鉴和指导作用。

采集整理民间谚语

0110　民间谚语

别　　称：无

级　　别：市州及以下级别

流布区域：陇中安定

传承现状：良好

简　　介：《安定民间谚语》是一本传承安定民间文化民俗的著作。其中收纳了安定的民间谚语数百条，所收纳的谚语都是当地的群众喜闻乐见的民间语言。《安定民间谚语》出版，保护传承了安定的民间文化，也让读者直观了解安定的民间民俗文化。《民间谚语》的出版在安定文化传承中起积极作用。

安定民间谚语出版物

0111　秧歌饺儿歌词

别　　称：秧歌饺儿唱词

级　　别：市州及以下级别

流布区域：陇中

传承现状：濒临失传

简　　介：秧歌饺儿起源于插秧耕田的劳动生活，它又和古代祭祀农神祈求丰收，祈福禳灾时所唱的颂歌、禳歌有关，并在发展过程中不断吸收农歌、菱歌（民歌的一种形式）、民间武术、杂技以及戏曲的技艺与形式，从而由一般的演唱秧歌发展成为民间歌舞。至清代，秧歌已在全国各地广泛流传。扭秧歌，是我国人民喜闻乐见、具有代表性的一种民间舞蹈，主要流行我国北方广大地区。它是农民在插秧时的一种歌咏活动，起源于农业生产劳动。它最早是以唱歌的形式出现，后来发展成舞蹈和戏剧表演的形式，并流行于我国南北各地，逐步演变成灯会、年节中必须表演的习俗。秧歌队的领头叫伞头，是这支秧歌队的总指挥。他手持一把伞边舞边唱，象征着风调雨顺。唱的内容基本上是即兴发挥，也有当地民间小调。他后面跟着装扮成男女老少和丑角类的各种人物，走出各种队形。在锣鼓、唢呐的伴奏下，边扭边舞。那些动作诙谐有趣、朴实可爱，具有广泛的娱乐性和群众性，很受人民大众的欢迎。扭秧歌的类型可划归于地秧歌，踩着高跷表演的叫高跷秧歌。它不但给人们带来了无穷的欢乐，也给人们带来了幸福和吉祥。

演唱秧歌饺儿

0112 陇中山歌和花儿歌词

别　　称：无
级　　别：市州及以下级别
流布区域：陇中
传承现状：濒临失传
简　　介：陇中花儿这一非物质文化遗产也因传唱的人日渐稀少而濒临失传。近几年，在陇西县搜集到的陇中山歌就有两百多首，不但证明了陇中花儿大量存在于民间，也以此证明了陇西是陇中花儿的重要传唱地。陇西山歌使用当地方言，用口传心授的方式在民间流传了下来。山歌是最具有地域特色的艺术形式。历史上，劳动阶层生活总是艰难的，无论农民、牧民还是贩夫走卒，无论地里、山间还是漫长路途，劳动阶层心中的慕恋、思念、怨恨、苦水总要有抒发的工具，山歌就是最好的形式。当地把用以观风俗的民歌叫作山歌儿，也叫作花儿。陇西山歌是陇中花儿的典型代表，花儿作为西北最具有代表性的民歌之一，是人们非常熟悉的。流行在甘肃、青海、宁夏、新疆等广大地区的"花儿"，以其高亢婉转的优美旋律和饱含深情的率真语言，给人们描摹了大西北的辽远广阔，传达了生活在这片土地上的人们的心声。

演唱陇中山歌

0113 鲁班山传说

别　　称：无
级　　别：市州及以下级别
流布区域：甘肃省陇西县区域
传承现状：民间流传
简　　介：陇西县柯寨乡有一座山，名叫鲁班山。传说古时山上住有二十多户人家。其中有一家姓鲁的，主人名叫鲁班。他为了给山上人解决磨面难的问题，决定引渭河水上山。他带领山上各家的强壮劳力，用了一个月在山上修好了水磨，又用了一个月挖好了从山顶通向渭河的水渠。引水上山的一天，鲁班手里提着一把利剑，领着他的三个儿子"噔！噔！噔！"走上磨坊旁的一个平台运功做法。不一会儿，一阵紧似一阵的狂风直向人们扑来，刮得天昏地暗。忽听鲁班大吼一声："大儿，水上来了没有？"他的大儿子向山下望了一眼，只见渭河水"哗！哗！哗！"地在新渠上上不来，便照实对父亲说："没有，父亲……"话没说完，只见寒光一闪，大儿子的头颅便骨碌碌滚下山去。鲁班继续兴云作法，又问二儿子和三儿子。结果二儿子落得和大哥一个下场。三儿子应声道："水上来了！"话没说完，只听"轰隆隆！""哗啦啦！"渭河水已顺着水渠奔腾上山。鲁班两股老泪顺着腮帮流了下来，和三儿子一晃便不见了。只见水上山后将磨轮推着转了三圈，便又"忽啦啦"地退了下去。后来据说，如果鲁班的三个儿子都说"水上来了"，水就会不停息地向上流，水磨就永远给山上人磨面。

民间文学叙述者访谈

0114 药王孙思邈来陇西逸闻

别　　称：无
级　　别：市州及以下级别
流布区域：甘肃省陇西县区域
传承现状：民间流传
简　　介：药王孙思邈为中华民族的繁衍和卫生健康作出了卓越贡献，也留下了许多感人的逸闻趣事。陇西也流传着他的故事。比如《"药铺山"得名由来》。唐高宗显庆三年（658年），孙思邈率五名弟子登崆峒山访求皇甫谧（魏晋时医学家，今甘肃灵台人）的《针灸甲乙经》一书，又沿渭水来陇西探究封衡（东汉医学家，陇西人）的《容成养气术》。相传，他听说陇西城南40里处有一峻峰，苍松拔地，翠柏指天，奇花满山，异草遍地，便如获至宝，前去采撷。一见，果然珍草满目，贵木皆是，就只顾辨采，竟忘了时辰。突然，狂风骤起，惊雷炸顶，俄顷之间，暴雨倾盆。返回途中，几个弟子全被滑倒，所采药草撒了一地，又经风卷雨冲，漫山遍野，比比皆是。令人感到惊异的是，雨过天晴，那些药草竟奇迹般地扎根、发芽、开花、覆盖了整座山。从此，人们便把此山称为"药铺山"，一直沿袭至今。后来，当地百姓为纪念药王孙思邈曾到过这里，便把山下的几个庄子通称"越胜（药圣）村"（因陇西人把药（yào）读作越（yuè），胜、圣同音，故"越胜"寓"药圣"之意）。此外还有《"土（吐）红沟"的传说》《龙君恩赐"黑龙泉"》《"虎守杏林"的故事》等。

0115 蓝金（鸡）儿的故事

别　　称：无
级　　别：市州及以下级别
流布区域：甘肃省陇西县区域
传承现状：民间流传
简　　介：故事讲述从前，有个老婆婆家道很不幸，老汉、儿子、媳妇都被后山老财折磨死了，只丢下一个不满十岁的小孙孙给她作伴度日，名叫蓝金儿。老财想恶计要侵占老婆婆的土地，被蓝金儿用妙法解决。老财一计不成，又生一计，把蓝金儿领到家里让他放羊放牛。蓝金儿先发制人，一次次用计谋教训了老财，保护了自己。蓝金儿最后平平安安地回到自己家里，和年迈的老奶奶团聚在一起，过着顺心的日子。

0116 打官司

别　　称：无
级　　别：市州及以下级别
流布区域：甘肃省陇西县区域
传承现状：民间流传
简　　介：阳春三月，父亲要三个儿子去锄田，弟兄三人半路返回。进家门，看见父亲在扫地，老大开口道："远看一个老"，老二说："手拿扫帚扫"，老三说："他扫院不净"，老大接着说："还要我来扫"。老大抢着要扫院，气得父亲把兄弟三人狠狠地打了一顿。老大忙解释说："父亲，我们在作诗。"父亲道："明明你们在骂人，还说作诗！"父子四人争执不下，父亲一气之下拉着儿子告状到知县大人跟前。这个知县是个糨子官,惊堂木一响,审问道:"状告何人?""三个儿子。""原由?""他们编排骂我。"儿子辩白道:"分明我们在作诗。"糨子官道:"你们把作的诗念给我听。"老大把作的两首诗一一告来,糨子官一听,夸奖三个儿子:"你们作的诗好呀!真好!"转过来又骂他父亲道:"你这个老东西,不识抬举。"喝令班上的把老家伙重打四十大板。虽然班上的见老汉可怜,但老汉还是被打得不能动弹。糨子官退堂,三个儿子抬着父亲回家。在路上老大又作诗道:"风吹胡子炸(竖)",老二道:"打了四十挂(下)",老三道:"放脱可(再)告恰(去)",三个儿子扔掉老人跑了。老汉抽着气不由地接道:"记起还害怕。"摇摇晃晃他慢慢地挪回家去了……

0117 老婆婆和野狐精儿跳河的故事

别　　称:无
级　　别:市州及以下级别
流布区域:甘肃省陇西县区域
传承现状:民间流传
简　　介:从前,有个老婆婆提着一篮儿油饼和一壶酒去看女儿,在半路上碰见了一个野狐精儿。野狐精吃光了老婆婆拿的酒和油饼儿,又要在晚上来吃老婆婆。老婆婆又气又怕,在往回走的路上,一边走,一边哭。走着走着碰见了一只喜鹊,又碰见了一泡牛屎、一颗鸡蛋、蛤蟆、针、剪子和碌碡。大家都说要来帮助老婆婆。晚上,黑的什么都看不见,野狐精儿来了,他叫开门:"老婆婆,老婆婆,你开门来?""门开着哩,你进来!"野狐精儿掀开门得意洋洋地说:"我先从哪里吃呢?""看你,由你所意!"老婆婆生气地回答。野狐精儿不管三七二十一先摸向老婆婆的头,糊里糊涂地便去吃,不料被针狠狠地戳了一下;野狐精儿连忙拉老婆婆的手,剪子把野狐精儿的大拇指头给铰断了;野狐精儿跑向灶火吹火点灯,好照亮了再吃,谁料鸡蛋滚出来把眼睛给迸瞎了;野狐精儿灼痛得受不了,忙向水缸里舀水去冲凉,蛤蟆猛一口咬了个得劲。这一下野狐精儿才着急了,觉得四下都不好,抬起脚往外就想跑,喜鹊喜出望外地急忙叫:"喳、喳、喳,牛屎滑倒碌碡打!"野狐精儿就这样完蛋了。老婆婆高兴地唠叨着:"该死的,该死的!"

0118 陇西云田镇的传说

别　　称:无
级　　别:市州及以下级别
流布区域:甘肃省陇西县区域
传承现状:民间流传
简　　介:陇西县城北三十里有个叫云田的镇,古时候云田镇所在的北川是广袤的草地,两旁山上是茂密的原始森林。居住在云田一带的先民们过着骑马打猎、半农半牧的悠闲生活。传说古时候,有位官员巡按到此地,但见牧场上成千上万的牛羊马个个膘肥体壮,田地里的庄稼长得秆粗穗大,家家过着丰衣足食的生活。这位官员觉得十分奇怪,找到一位农夫询问是何缘故?农夫答:"我们这里耕的不是一般的田地,是天上的田,天上神仙见我们一年四季劳作太辛苦,就把天上的田移到了白云下边,故而称作'云下田',我们居住的村子称作'耕天村'。云下田一带水草茂盛,土地肥沃润泽,年年风调雨顺,所以五谷丰登,牛羊马匹兴旺发达。"官员瞅着漫山遍野的马牛羊似有不解,农夫看出他的心思,于是反问道:"难道你没听说过一则谚语?"官员急想知道谚语内容,催农夫快讲。农夫不慌不忙以唱作答:"这里的男人、女人来自天枢星,善畜牧。养的马,十马九怀驹；这里所养的牛是来自安阳的大角牛，十牛九怀犊。"现在的云田虽不是当年的云下田，由于自然环境的变化，润泽的气候变得"十年九旱"，但这里的人们仍然像他们的祖先一样，"不愁衣食自耕田"。

0119 陇西汪家洞传说

别　　称：无
级　　别：市州及以下级别
流布区域：甘肃省陇西县区域
传承现状：民间流传
简　　介：相传在元朝，陇西县城里住着一家姓汪的大户人家，人称汪员外。汪员外有一爱女，全家人视如掌上明珠。他还有三件宝：一头白牛、一只白狗、一对白鸽子。汪员外原是朝廷官员，他秉性耿直，不满奸臣为患的朝廷，辞官为民，来到陇西定居。他目睹朝廷的腐败，百姓的疾苦，就想在陇西建都称帝。他便用白狗、白鸽做屏障，白牛为坐骑，每天去北京看京城建筑，晚归告知施工者照做。同时抓紧操练兵马，待机起事。女儿由于无知破坏了汪员外的三件宝物，导致朝廷察觉陇西的异样，调遣大军前来剿除。汪员外得知后，自知时机未到，无法抵御官兵，便在城里修筑了汪家洞，把所有的兵器及贵重之物藏入洞内，并设置了机关。洞口有九重门封闭，每门立一石碑，上刻"要开汪家洞，直等原人来"。员外全家被朝廷抄斩，但据传兵器和贵重之物至今还在洞内。现在，陇西县城西街还有个叫"汪家洞"的地方，据说就是洞口所在地。

0120 羊娃

别　　称：无
级　　别：市州及以下级别
流布区域：渭源县莲峰镇
传承现状：濒临失传
简　　介：羊娃从小是个孤儿，以放羊为生。转眼间，羊娃已长到十八岁，心地善良，仪表英俊。一个春天的早上，羊娃和往常一样赶着一群羊到山里去放，遇到两条蛇在草丛中咬仗，只见白蛇被黑蛇咬伤，头上流着血。善良的羊娃连忙把两条蛇用羊鞭分开，然后把黑蛇赶到阴边的森林，再撕破穿的白布衫，替白蛇包扎了伤口，最后把白蛇放到阳边的山洼。这天晚上有个白胡子老爷爷给羊娃托了一个梦："明天有两队人马要接你去做客，如来了黑人黑马请你千万不要去，来了白人白马请你就去，去时，给啥你都不要，就要墙上插的那朵红花。"后来梦境成真，羊娃到白蛇家里做客，得到红花，却原来是白蛇的女儿——一个具有法力的美丽少女。二人结为夫妻，过着幸福生活。他们把羊娃放过的一圈羊全部送给了乡亲们，又买了一圈牛、一圈羊，又叫来几个穷光棍，管吃管住，放牛放羊，并常常施舍穷人。他们的情谊得到了乡亲们的敬重，他们家也成为方圆最富裕的家庭。后来他们的儿子考中了进士到外地做了官，夫妻俩还生活在原地，与乡亲们过着太平、和睦、富裕的日子。

0121 鸟鼠同穴

别　　称：无
级　　别：市州及以下级别
流布区域：渭源县境内
传承现状：濒临失传
简　　介：鸟和鼠原本是一对恩爱夫妻，妻子勤劳，丈夫懒惰，他们的生活过得很清贫。但他们为人善良，他们每天到地里劳作，看到飞来飞去的小鸟互亲互爱，嬉嬉闹闹，悠闲自在，懒丈夫就发感慨对妻子说："如果把我们两人也变成小鸟，自由自在不受劳作之苦，那该多好啊！"一天早晨，妻子到泉边去挑水，看到两条蛇在撕咬，一条白蛇被一条麻蛇死死咬住脖子，眼看就要咬死了，善良的妻子折一枝柳条赶走了麻蛇，白蛇休息了一会后就钻到泉边的河水中去了。当天晚上，妻子做了一个梦，梦见家中来了一个人，自称是渭河龙王的家人，并说："你今天救了我家主人的性命，我家主人要报答你，请你在鸡叫头遍的时候到对面山上。"妻子半夜醒来，半信半疑，约丈夫一同前去，勤劳的妻子早早起身，穿戴整齐出门的时候，懒惰的丈夫才从炕上爬起来。妻子到了山顶，丈夫才到山腰，渭河龙王给了妻子一对美丽的翅膀，让她在天空飞翔，也给了丈夫一对尖利的牙齿，让他采食山间的野果。从此，这对恩爱夫妻变成了异类，好心的妻子忘不了过去的恩爱，过一段时间便到洞中和丈夫约会，有时干脆住在一起，这就是鸟鼠同穴的故事。

0122 大禹导渭

别　　称：无

级　　别：市州及以下级别

流布区域：渭源县境内

传承现状：主要以口头传承，目前流传现状比较艰难

简　　介：大禹治水时，首先从治理黄河的最大支流——渭河入手。为了探寻水源，大禹只身循水而上。走出去好远，有座大山矗立在他的面前。大禹驻足观看，只见这座山丛林密布，峡谷幽深，奇峰林立，古木参天，山顶雾霭蒙蒙，恍若仙境。循着淙淙的水声，大禹继续前行，但见沿途美玉遍地，水中鳝鱼成群。水的尽头，有一洞穴，穴中鸟鼠共处。不远处的绝峰峭壁下，有三眼清泉，分布如"品"字，泉水淙淙而出，这便是渭水的源头了。找到水源后，大禹召集众人，从渭水源头开始，开崖凿石，开辟水道，将渭水导入黄河。水患平息了，万千生灵得救了。后来，人们为了感念大禹导渭治水的伟大功绩，在这里立了一字样峋嵝的石碑，"品"字泉边还修建了大禹庙，以颂功德，四季奉祀，至今依然香火旺盛。

0123 盐神爷的传说

别　　称：无

级　　别：市州及以下级别

流布区域：漳县盐川一带

传承现状：良好

简　　介：盐神庙又叫盐昌寺，座落在漳县盐井镇井面的山台之上。据说古时候礼县的盐婆婆曾来漳县盐昌寺找盐公公相会，看到英俊潇洒的盐公公就喜欢上了，盐公公也喜欢美丽聪明的盐婆婆，就把盐婆婆留在了盐井。漳县的两口盐井在盐婆婆到来后就不停地往外冒盐水，舀都舀不及，人们传说是盐婆婆把礼县的盐水都给带来了。礼县自盐婆婆去了漳县，掌管盐水的神变成了盐娘娘，盐娘娘虽然不停地工作，可盐水越来越小，将要干涸。盐娘娘就和一些盐官们设下计谋，将盐婆婆强行带回了礼县。盐婆婆走后，思念盐公公的心情与日俱增，整天不吃不喝，盐娘娘急了，只得去漳县请来了盐公公。盐公公的到来使盐婆婆马上恢复振作起了精神。礼县不能没有盐婆婆，大度的盐公公就让盐婆婆每年的十月十五到漳县的盐昌寺会面，盐婆婆答应了。问题得到了解决，礼县的盐水又"咕咚咕咚"地冒了出来。为了百姓的生计，盐婆婆和盐公公只能每年十月十五见上一面。

盐昌寺壁画

0124 漳县宝卷

别　　称：经书

级　　别：市州及以下级别

流布区域：漳县金钟及岷县卓尼一带

传承现状：良好

简　　介：宝卷是由唐代寺院中的"俗讲"演变而来的一种说唱文学形式，作者大都是出家的僧尼，内容有佛经故事、劝事文、神道故事和民间故事，以佛经故事最多。和其他非物质文化遗产一样，宝卷和弹词、念唱宝卷以及弹词、念唱的人共同宝卷说唱，文是非物质文化的遗产的一部分。漳县的宝卷说唱主要分布在金钟乡，其形式保存完整。

经书诵唱

0125 邓艾偷渡阴平的传说

别　　称：无

级　　别：市州及以下级别

流布区域：甘肃省陇南市文县城关镇、玉垒乡、范坝乡

传承现状：面临失传困境

简　　介：阴平，扼陇蜀之咽喉，据《三国演义》记载蜀国丞相诸葛亮在临终前专门嘱咐姜维说，阴平这个地方要多加小心，说的就是阴平的险要和军事位置的重要性。诸葛亮早年就在这条道上驻有守军，后来，由于蜀国战事疲惫，才撤了守军。阴平古栈道，是沟通甘肃和四川的一条要道，北起甘肃文县，向南穿越岷山山脉，经四川的青川境内达江油市南坝。魏元帝景元四年(公元263年)正月，魏帝诏令分军三路伐蜀，派西征大将军邓艾率军三十万，从狄道（今甘肃临洮）进攻蜀军左翼，过宕昌，遗留有邓邓桥，入阶州，败阴平太守蜀中大将廖化；雍州刺史诸葛绪率军自祁山进攻阴平桥头（玉垒关），以断蜀军退路；镇西将军钟会率大军从斜谷（今陕西太白）直逼剑阁。所在区域及其地理环境：阴平，就是今天的文县，地处甘肃最南部，为甘肃少有的长江流域亚热带气候区域。因为全县高山密布，河流湍急，历史上为"扼陇蜀之咽喉"，有名的阴平古栈道，是历来兵家必争之地。

0126 白马人故事

别　　称：无

级　　别：市州及以下级别

流布区域：甘肃省陇南市文县铁楼乡、石鸡坝乡。

传承现状：面临失传困境。

简　　介：白马人是中华民族中古老的一支，据说是氐人的后裔，他们长期生活在文县铁楼及几个乡镇，他们没有文字，只有独特的语言。长期以来以口口相授的方式传承他们的历史文化信息，经常在特定的时节和场合以讲述故事的方式来实现，称之为"传话把"。目前能够完整讲述的白马故事有300多个。

0127 石鸡传说

别　　称：无
级　　别：市州及以下级别
流布区域：甘肃省陇南市文县
传承现状：面临失传困境
简　　介：在文县石鸡坝乡有一处地方，山上有一座石头自然形成如鸡模样的石山，耸立在江边高处，这是石鸡坝这个地名的由来之处——石鸡。相传石鸡坝这个地方以前是山清水秀之地，当地稻谷很好，成为朝中贡米，可是被一只大鸡夜夜偷吃，后来经村民追赶，化成一座石山，石山如同鸡的样子。后来的日子里，还是不断有鸡来吃稻谷，人们就在石鸡的背后，立了一根长长的粗大木头杆子，意思是用这根杆子打撵石鸡。果然再没有见过鸡吃稻谷的事情了，人们安心地种稻谷，过日子，这个地方也因此得名为石鸡坝。

0128 肖家女子

别　　称：无
级　　别：市州及以下级别
流布区域：甘肃省陇南市文县
传承现状：面临失传困境
简　　介：肖家女子，故事发生在清朝道光年间，肖家山的肖家三女，为反抗封建旧式婚姻，不幸牵连人命官司，最后被封建制度所害。三女在省城狱中将自己冤情编唱成小曲，凄婉动人。这个故事在文县当地及周边都流传很广。

0129 天池传说

别　　称：无
级　　别：市州及以下级别
流布区域：甘肃省陇南市文县
传承现状：全县
简　　介：天池传说，主要讲述的是文县天池的由来及天池的洋汤神的故事。文县天池有洋汤爷，即"洋汤大海平波龙王神"。传说洋汤神原型是塞雷宝，唐朝天宝年间利州刺史。安史之乱中，塞雷宝逃隐到了文县，在天池安顿下来。他在溪涧边斫草木搭建茅草屋，与当地一户姓邱的人家为邻，邱家只有二老人，称作邱家二老。塞雷宝行医济世，后来化为龙升腾上天成了真正的神仙，邱家二老化作石人，仰望天庭。再后来，就出现了一池碧水，如镜一般澄澈。四周树木丛生，四时花木，呈现出各种颜色，俨然一派仙境。后世的百姓，感念塞雷宝在当地的善行义举，遂为他修建了庙宇，香火供奉。百姓们遇到风不调雨不顺或生病遭灾，都到庙内祈福，果然应验。历代皇帝也有敕封，在宋代元佑年间，皇帝敕封其为："洋汤大海平波龙王神"。后来，由于二郎神与洋汤爷争这一池水和地方，双方大战，二郎神以手插出了五指洞，但是还是以洋汤爷胜利结束。多少春秋过去，洋汤庙仍然坐落在天池边上，静静地守候着这一方奇异而平静的山水。

0130 玉垒关阴平桥的传说

别　　称：无
级　　别：市州及以下级别
流布区域：甘肃省陇南市文县
传承现状：处于濒临失传困境
简　　介：玉垒关，是文县以东的雄关要隘，其险峻与四川剑门关相当，古称秦陇咽喉。阴平桥就在玉垒关险峻的山崖上横跨白水江与白龙江的交汇之处。玉垒关，崖陡，水急，路绝，人马难渡，极其险恶，襟两江，扼陇蜀之要道。早年前，悬崖上有栈道为径，江流上有木桥相通，古人谓之："绝壁重流力挽坂，西巡第一此程难。"宋代杨栖惊叹玉垒关栈道之险峻："栈道险复险，客怀愁更愁。万山俱绝壁，一水不通舟。"玉垒关以其特殊的地理位置，在历史上成为了有名的驿站，名叫"玉枕驿"。而且还建有安静堂、得要堂，在险要之处的堂亭半是江流，半是危崖。宋代吕凝之《安静堂》有诗云："峡石秋空一线青，万山深处见官厅。此堂空虚无余物，四周齐升碧玉屏。"又有《得要堂》一诗曰："人在江山窟里居，江山虽好不关渠。使君独具登楼眼，亭上江山画不如。"

0131 何道台的传说

别　　称：无
级　　别：市州及以下级别
流布区域：甘肃省陇南市文县
传承现状：处于濒临失传状态
简　　介：何道台也称何道爷，名叫何宗韩，字桐蕃，甘肃文县上丹堡人，生于康熙年间。雍正二年进士，先在礼部任职，后被钦点为山西主考，升为少廷尉，雍正三年升为大理寺少卿，参加皇帝的耕籍礼（即皇帝每年初春的亲耕仪式），又升为经筵讲官，即皇帝的老师，每天给皇帝讲一个时辰的课，主要讲解《史记》。为避嫌，称足疾归家，在家乡做了许多利民的事，卒于乾隆年间，归葬于文县上城八台子坡。著有《教仁堂》《北行记程》两部作品。文县流传有许多与何道台相关的传说。比如何道台的出身、何道台在南崖寺读书的故事、何道台断案的故事、何道台在江南做主考的故事、何道台在江南兴建水利的故事等等。

0132 火化白雀寺

别　　称：无
级　　别：市州及以下级别
流布区域：西和全县20个乡镇
传承现状：流传广泛，收录于地方文献
简　　介：白雀寺院，位于西和县城西五里处，观音村以上卢水村旁寺山不高处的山嘴平台上。顺着此山走势，一路向南走一百余里，山脉尽山，便是闻名退迩的旅游胜地——香山。火化白雀寺讲的是西峪国时，妙庄王的三公主妙善执意到白雀寺出家为尼，居住三清里。在妙庄王授意下，白雀寺安排三公主妙善做了蓄发弟子。续为王后的纳氏，一再企图陷害三公主。后来在她的恶意安排下，妙庄王听信谗言，派兵火烧白雀寺，使得白雀寺生灵涂炭。只有三公主妙善和她的师傅木尔伦骑神兽逃出此劫。

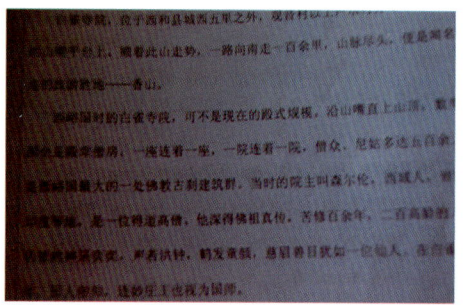

火化白雀寺的故事

0133 礼县民间谚语

别　　称：无
级　　别：市州及以下级别
流布区域：礼县全境
传承现状：很少有人能完全讲述
简　　介：礼县民间谚语与其他谚语一样短小精致，正如列宁指出的"谚语以惊人的准确性道出了事务十分复杂的本质"。往往在特定的语境中达到"一语道破天机"的目的，有警示、鞭挞，道出某一道理的效果，从它们所反映的内容上可分为时政类、事理类、修养类、社交类、生活类、自然类、生产类7类。这些作品以鲜活的生命力，表现人们步入新社会的欢乐和幸福，表现人们热爱祖国，热爱家园，追求美好理想和生活情趣的精神风貌。传承人刘志清先生没有上过学，1955年脱盲并开始业余文学创作，1965年出席全国青年业余文学创作代表大会。1972年调干到礼县文化馆工作，现退休在家。曾为甘肃省文联委员、甘肃省作协理事、礼县作协主席。主要作品有成名作长诗《枯草俊了》（1959年）、叙事诗《红牧歌》（1972年）、《炊烟》（1980年），短诗《山乡秋色》《山雾》等300余首，曾出版诗集《红牧歌》。

0134 礼县民间故事

别　　称：礼县古今
级　　别：市州及以下级别
流布区域：礼县全县境内及周边邻县
传承现状：目前受各种娱乐媒体的冲击，没有人再讲述了

简　　介：礼县民间故事是礼县广大劳动人民创作并传播的、具有虚构内容的散文形式的口头文学作品，礼县俗语叫"古今"。礼县民间故事从远古时代起就在人们口头流传，题材广泛而又充满幻想。礼县民间故事从人民的生活本身出发，但又并不局限于实际情况以及人们认为真实的和合理范围之内。礼县民间故事时代久远，大都表达了人们的良好愿望，多采用象征形式。礼县民间故事贴近生活，故事的内容虽有不同程度的幻想成分，但都着眼于、立足于现实生活，其主题、角色与主要情节都符合故事传播时的生活逻辑。从神话、传说到变形故事、动物故事、寓言、生活故事、笑话，其内容和艺术手法的幻想性依次减弱，现实性依次增强。一般故事发生的时间、地点、故事的主人公姓名往往是含糊的、不确定的。故事的叙述注重关键性情节的交代。故事的趣味性、吸引力也主要在情节的生动性上。礼县民间故事，作为一种集体创作，在情节、主题、人物等方面有显著的类型化倾向。人物的类型化指许多故事的人物属于同一种形象类型，即在品格、行为等方面的主要特征是共同的，如巧媳妇型、呆女婿型、机智人物型等。

0135 甘山歌谣

别　　称：无
级　　别：市州及以下级别
流布区域：礼县雷坝乡甘山地区
传承现状：濒临失传

简　　介：甘山，原名干山，因干旱缺水而得名，是陇南市礼县雷坝乡的一个小山村，全村有70多户300多人。从20世纪50年代中期开始，甘山人积极响应党和政府的号召，学习文化，率先扫除了文盲。20世纪60—70年代，甘山人在大队支部书记郝怀珍的带领下，倡导文明新风，战天斗地，改造恶劣的自然环境，掀起了全村人如饥似渴学习文化的热潮。据蒲国强、董咏、石辉等老人回忆，20世纪70年代，礼县雷坝公社甘山大队是全省闻名的文化先进典型，"我们亲身参与和经历了社员扫盲学文化、学习毛主席著作、自编自演文艺节目、赛诗会、兴修水平校园等活动，目睹了甘山的前进和发展，久而久之，在人们头脑中便自然形成了一种文化教育，开化人的'甘山文化'和艰苦而又乐观地改造大自然的'甘山精神'的概念。"当时，省内外来甘山参观、学习取经者络绎不绝。学习班上、文艺晚会上、田间地头、家中院落常常举行赛诗会，社员群众、师生、干部和参观者的歌谣大量涌现。这些歌谣在当时真正成了群众掌握在手，用以开化头脑、转化思想、改造自我和战天斗地的精神食粮与思想武器。

0136 合作市藏族民间故事

别　　称：无
级　　别：市州及以下级别

流布区域：合作市周边
传承现状：濒临失传
简　　介：藏族民间故事，是从远古时代起就在藏族人口头流传的一种题材广泛而又充满幻想的叙事体故事。它以奇异的语言和象征的表现形式讲述人与人之间的种种关系。合作藏族民间故事更是浩如烟海，它是藏族悠久丰富文化的重要组成部分，它多侧面、多角度地反映出合作地区藏族人民的历史生活、风俗习惯、宗教信仰和伦理道德，情节生动，语言流畅，引人入胜，充满了浓郁的民族特色和乡土气息，对研究合作地区藏民族的历史沿革、宗教信仰、风俗习惯和生产生活方式等具有较高价值。

民间故事讲述

0137　"咔西合"单口相声

别　　称：无
级　　别：市州及以下级别
流布区域：合作市及周边藏区
传承现状：良好
简　　介：单口相声（藏语称"咔西合"）是合作藏族群众自编自演的藏族民间故事、藏族笑话故事等，通常在游牧、游玩、民俗节庆、家庭聚会时自演助兴取乐。它从多侧面、多角度反映了当地藏族人民的历史生活、风俗习惯等，充满浓郁的民族特色和乡土气息。单口相声是合作藏族群众的口头创作，演说主要以传说、故事为主，根据客观实际分类。多少年来代代相传，根据内容所需灵活多样。主要模仿事物和村子里的人，通过一定的人物、事件、自然风貌、社会习俗等客观实际，用渲染、虚构等艺术形式，寓事寓人。表演情节生动有趣，有说又唱、语言多以藏语为主，引人入胜，具有浓郁的生活气息和深刻的教育意义。

咔西合艺人正在传授技艺

0138　藏族神话故事

别　　称：不详
级　　别：市州及以下级别
流布区域：合作市及周边藏区
传承现状：广为流传
简　　介：藏族神话故事分为两大类：一是书面记录整理的故事；二是口头流传的故事。其中以口头流传的内容为主，部分故事用书面形式记录和整理。通常情况下，民间艺人利用各种聚会娱乐场所或在山村、牧场、农田劳动休息之余或室内闲聊之际，用说唱形式绘声绘色地讲给听众。其寓意含蓄、语言诙谐，表达广大牧民群众对世道的嘲讽，颂扬劫富济贫、惩治邪恶的英雄。是贫苦人民对自由的渴望和对美好生活的憧憬。内容有颂扬机智人物的，反抗压迫剥削的，有神话传说及向大自然宣战的故事，有反映爱情、婚姻自由的故事，还有动物寓言故事。

藏族神话故事

0139 藏族民间谚语

别　　称：不详
级　　别：市州及以下级别
流布区域：合作市及周边藏区
传承现状：广为流传
简　　介：藏族民间谚语是藏族人民长期广泛流传的比较固定的语言形式，通俗、顺口、朴实、精练、清新、含蓄，具有鲜明的形象和生动的比喻，反映了藏族社会历史面貌。书面性较强，文采较浓的一种谚语被称为"旦木怀"；口语化强，通俗易懂，带有地方色彩的谚语被称为"卡怀"。藏族民间谚语的内容十分广泛，无所不包。谚语的语言精练，寓意深刻，善于以深入浅出、形象生动的比喻说明深刻的道理。藏族谚语的思想表达极具概括性，表述清新、含蓄，通俗而顺口。藏族谚语从结构看，有在两句中全是直陈的，也有两句全是比喻的，还有喻实相间而直陈中有比喻的。其形式近于诗歌，有很浓的文学味。

合作藏族民间谚语故事讲述

0140 玛曲藏族神话故事

别　　称：无
级　　别：市州及以下级别
流布区域：藏区
传承现状：无
简　　介：传说藏族历史上伟大的松赞干布统治时期，丞相格尔东赞对那时朝廷的发展做出了很大的贡献。可是朝中的大臣们都想把这眼中钉拔掉，幸亏格尔东赞的一位好朋友替他向松赞干布描述了他对朝廷所做的一切贡献。于是免去死刑，让行刑者挖去格尔东赞的双眼，将他贬为平民。之后，格尔东赞和他的儿子一起流浪，过着漂泊的生活。一天他们来到一个辽阔的草原，在这无边无际的草原上，父子俩走了很长时间，口干舌燥，十分劳累。于是，格尔东赞向儿子问了一下地势以后，便叫儿子去找水，叫他到前面的山脚下，找一块如同金龟形的大石头，抬起它下面就有水源，儿子临走时他还再三叮嘱不要忘记将大石头原样放回。过了一会儿，儿子便高高兴兴取水回来，扶起格尔东赞喝水，这时只听身后朦朦胧胧传来了流水声，儿子回头一看，浪花涌起，原来是儿子取水之后忘记把石头放回原处，这时才想起父亲所叮咛的话，糟糕的是原来那块石头是用来堵住海口的石头，水不住地从源头涌起，父子俩就拼命地往前奔跑，这时一位印度的法师捏指一算，赶紧把一座大山的山头搬来堵住了水口，就形成了现在水波蔚蓝的青海湖，而湖泊中心的岛屿就是用来堵住海水的山头。

0141 藏族民间谚语

别　　称：无
级　　别：市州及以下级别
流布区域：夏河县
传承现状：一般

简　　介：谚语是在藏族人民群众中广泛流传的比较固定的语言形式，语言生动，比喻贴切，形象鲜明，集中表现了藏族群众的智慧和感情。夏河地区较其他藏区群众口头使用率更高。谚语反应的面很广泛，哲理性很强，形象化浓郁。谚语中，很多是用形象的东西来揭示复杂的辨证关系，用浅显的事例来阐明深刻的思想，用通俗易懂的语言告知真谛，帮助人们树立辩证唯物主义观。如："血、酥油和祭食，有时是良药有时是毒食。"谚语还告诉人们："不会骑术的妇女骑驽马，不仅训不了马还送命。""心眼多的男人难成事，念头多的女人难遂愿。""为捡地上的石头，丢了怀揣的干粮。""自酿就的酒，就是酸水也要喝。"这些谚语将价值观、审美观、阶级观、生死观、婚姻观及社会学、历史学、民俗学、心理学等等总结提炼——囊括。关于如何待人，如何审视社会，如何规范自己的行为等方面的警句诫言，在藏族谚语中也很多，限于篇幅就不一一列举了。藏族谚语的表现手法、结构格式、修饰方法、音律等，都有自己的风格和韵味，有着突出的个性。

0142　藏族故事

别　　称：无
级　　别：市州及以下级别
流布区域：夏河县
传承现状：一般
简　　介：古时候，幸福村有一户人家，共有四人，爷爷、爸爸、妈妈和孙子，爷爷一生操持家务，已年迈，行动也不便，就依靠儿子、儿媳妇过生活。儿子和儿媳把抚养老人当作一个负担，经常让他吃剩饭，穿破烂衣服，视他为眼中钉。因此，爷爷不但常挨饿受冻，还要听儿媳妇的冷言冷语。孙子看了这个情况后，非常可怜爷爷，就把自己的饭分一半给爷爷吃。这样过了很久，夫妻俩暗中策划，把爷爷弃到一个很远的地方，免得再见他。第二天天刚黑，夫妻俩准备把爷爷抬到背篼里，爷爷觉得不对头，急忙问："你们要干什么？"他俩说："我们实在养不活你，想把你送到另一个地方，那里你会过上幸福的生活。"说着强行把爷爷装到背篼里。爷爷发现他们在骗自己时，愤怒地骂道："狗东西儿，你就这样报答父恩吗？"儿子和儿媳一点不理会他，就上路了。孙子见了说："爸爸扔了爷爷别忘了把背篼背回来。"爸爸听后，觉得奇怪，就问："你要背篼做什么？"孙子说："等你老了我还要背你。这个背篼对我有用。"父亲听了双腿发抖，含着泪不由得背着父亲回来了。

0143　藏族神话故事

别　　称：无
级　　别：市州及以下级别
流布区域：夏河县
传承现状：一般
简　　介：很久以前，有一位大户人家，为女儿成婚选中了吉日，可女儿怎么也不愿嫁到夫家，就在这天女儿因为抗婚投到了附近的一个湖里，这时居住在这儿的人们说："有人跳进了这个湖里，这个湖不干净。"于是大家往这个湖里扔石块等杂物，这样这个湖就在一夜之间消失了。而在甘加大力加山（三座山的总称）的中间有一个清澈见底的湖给这里的人们带来了幸福，贫困的人家到这个湖旁煨桑，第二天，煨桑的地方就有自己想要的钱，天旱时，人们就在湖边煨桑求雨，雨就按时下来。"文革"时期，临夏巴里寺一带有了天旱，庄稼被太阳晒死，那儿的人们想了一个办法，到大力加山挖湖，他们一边挖一边兴奋地说："等把渠沟挖好，湖水顺渠沟流到我们的农田里，庄稼就有救了。"

可是没想到不管他们下多大的力气，挖多深的渠沟，湖里的水总是往下沉，从不外流，但他们还是不死心继续挖。这时击怒了湖神，忽然湖边上出现了大雾，下起了冰雹，而后的两三年里巴里寺一带连年闹旱灾，那儿的人们陆续出去讨饭。后来巴里寺的人们知道自己犯了错，就把当年挖的渠沟用水泥砌起来，而且煨了桑，这样巴里寺一带才风调雨顺，庄稼连年丰收，那儿的人们过上了安居乐业的生活。

0144 双嘴山

别　　称：无

级　　别：市州及以下级别

流布区域：兰州七里河区阿干镇深沟掌村

传承现状：坊间流传

简　　介：本村座落在山大沟深的双嘴山脚下，地名也因山大沟深而取名深沟掌。双嘴山是七里河区海拔最高点，高达3124米，山中植被丰富，有珍稀植物、药材及野生菜。双嘴山连看是三个山尖，相传远古时代药王爷领着徒弟到处采药济世救民，赶到此处，发现鞋里进了很多泥土，药王爷脱下鞋倒去泥土即成两山，取名双嘴山。另一山头据传是药王徒弟和师傅一样，见师傅倒鞋里面的土，自己也清理了一下鞋子。但刚倒了一只鞋见师傅已去，再没来得及倒另一只鞋，只好去赶师傅，所以就有了另一个山。

0145 "八吒"的由来

别　　称：无

级　　别：市州及以下级别

流布区域：兰州市七里河区阿干镇孙家沟

传承现状：口口相传，坊间流传

简　　介：本村孙家沟户殿供奉着"八吒"。传说"八吒"为北宋时期一武将，同民族英雄岳飞同时为官，原名叫刘淇，遭到秦桧等奸臣的陷害，被贬到城隍县后，适逢农作物遭蝗灾，田里的粮食都被虫子吃了。大家都无可奈何，八吒无奈之下，用葫芦捉虫，作为食物，由于吃得太多，额头上出现了一个洞，这个洞很像一个眼睛，此举感动了上天，一夜之间，蝗虫全无，当地人们为了纪念他，给他盖了庙，供奉他为"八吒虫蝗"。

0146 解放故事

别　　称：无

级　　别：市州及以下级别

流布区域：兰州市七里河区阿干镇

传承现状：坊间流传，口口相承

简　　介：1947年—1949年，中共地下党领导人张一悟同志，化装为赤脚大夫，长期潜伏在阿干镇。他住在阿干镇张伯安、张得高兄弟及康家花园崔杰三的家中，领导我地下党工作人员孟国仁、子俊，进行地下活动及斗争。1949年3月，张一悟同志的活动被敌人察觉，敌人派皋兰县宪兵队联合阿干镇自卫队，充分摸清了张一悟同志的行踪后，决定天黑后实施抓捕，在这危机关头，打入敌内部的我地下工作者，时任国民党镇自卫队队长的苗仲英同志，秘密让孟国仁同志将一字条交给惠邦达（时任保长铁珍的文书，因与张伯安、张得高是亲戚，与孟国仁同志交情深厚，深知共产党人是为了全天下的劳苦大众得到解放而斗争的，深得我地下党人的信任），惠邦达拿到纸条后深知其重要性和急迫性，于是在第一时间将其送到了正在康家花园崔杰三家中的张一悟同志的手中，并帮助其迅速转移。天黑时，宪兵队和自卫队以查户口为名，来到崔杰三家，崔杰三以给每人两块大洋，让他们去喝茶为推辞，打发他们离去。这件事发生以后，张一悟同志深知自己无法继续潜伏在阿干镇，于是在张伯安，张得高兄弟资助了四十块大洋和一头毛驴后，离开兰州，经靖远转到前往延安。

0147 "铁冶"地名来历

别　　称：无

级　　别：市州及以下级别

流布区域：兰州市七里河区阿干镇铁冶庄

传承现状：坊间流传，口口相承

简　　介：铁冶庄有一地方叫"怪石沟"，此地方有铁砂石，曾经冶炼过钢铁，兰州在江岸铸黄河大桥时，利用此地冶炼的钢铁制作了一个铁柱，此铁柱上也有文字记载，是当时黄河浮桥用以拴浮桥锁链，因其高大雄伟，站在黄河岸边像守罩浮桥的将军，故后人称为"将军柱"。目前此铁柱在黄河铁桥旁边供人们参观，也由此而得名"铁冶"。

0148 皇上头

别　　称：无

级　　别：市州及以下级别

流布区域：兰州市七里河区阿干镇山寨庄

传承现状：坊间流传

简　　介：阿干镇山寨庄相邻的村是铁冶，传说在很早以前，有一位能人，上知天文，下知地理，他预测出山寨、铁冶这两个地方是宝地。铁冶能出个娘娘，山寨要出个皇帝，但由于清朝年间，山寨就开始采煤，破坏了龙脉，这样山寨里出的皇上也没有出现，为了把这个传说流传下来，就把这个很大的石头山嘴起名叫皇上头。

0149 百姓请泉护神泉

别　　称：无

级　　别：市州及以下级别

流布区域：兰州市西固区金沟乡

传承现状：广为流传

简　　介：相传，出自汉代的关山神泉，起初是从石缝里流出的一缕清水，这缕水日积月累，润石浸地，慢慢形成了一个小水潭。后来，由于自然环境的变化，大家才称其为灵湫、灵泉和神泉。这眼泉深处于崇山秀岭之中，掩隐于青黛绿茵之丛，沐浴着日月星辰之光，濡染着花草树木之气，聚合了特有的神气与灵气。冬不涸，夏不溢，一年四季，晶莹碧透，清亮如镜，常有金光闪烁，多见仙气飘渺，传说有个叫"虬"的神龙潜伏其中。乡民们若随意汲取泉水，搅动水面，使泉水晃动或者溢出，往往会引起气候骤变，招致狂风大作，冰雹成灾，给附近的百姓带来一场不明不白的大灾难。但是，如果遇到天干地旱，人们拜泉求神，取水祈雨，却会有甘霖普降，润泽禾苗，惠及山川。一旦雨足，封住泉水，立刻雨住天晴，风和日丽。

0150 新城黄河六月天结冰桥传说故事

别　　称：无

级　　别：市州及以下级别

流布区域：兰州市西固区新城镇黄河沿岸

传承现状：基本已失传。

简　　介：相传北魏时期，北方少数民族入侵中原，一时烽火四起，朝廷下令杨满堂挂帅西征。走过千山万水，最后来到现在的西固区新城一带，让黄河挡住了西征的去路。当时正是盛夏炎热季节，就把兵马暂时驻扎在邻近的一个坪台上，即现在东川乡扎马台。杨满堂曾几次派士兵到黄河边观察，看冰桥站下了（结冰）没有。那几个士兵去察看了后，回来禀大帅河里没有冰桥。一听说没有站下冰桥，一声令下，将那几个士兵全杀了。最后一次杨满堂又派火夫去查看黄河是否站了冰桥。这个伙夫心想："说实话是死，说假话也是死。"他跑到伙房里填饱肚子，又喝了几碗酒，借酒胆子也就大了，他来到军营帐内禀报："叩见大帅，黄河上冰桥站下了。"杨满堂听了很高兴，当即下令，拔帐起营，兵马立即过河，来到了新城黄河边，只见一片白茫茫的冰桥出现在眼前，三万多兵马立刻过了黄河。大家觉得很奇怪，那个伙夫也不相信六月天会站下冰桥。他最后一个过桥，想探个究竟，就用长矛往冰桥上戳了几个窟窿，这时冰桥下沉了，河水变红了，那个伙夫也就葬身河底。原来杨满堂的军队行动感动了上天玉皇大帝，即派东海龙王用自己的脊背搭下了冰桥，解了杨满堂的军务之急。河水变红是因为伙夫戳下了龙干而流出的血水。

0151 "吧咪山"名称由来

别　　称：无
级　　别：市州及以下级别
流布区域：兰州市西固区金沟乡
传承现状：广为流传
简　　介："金花"是对甘肃的一位地方神，在甘肃的很多地方都有关于"金花"的传说故事。《甘肃古迹名胜辞典》载："传言光绪年间，大旱饥馑，满山忽生吧糜，味美能食。"每当烈日炎炎，久旱不雨时，金花仙姑有求必应；每当战乱，国无宁日，民不聊生时，吧咪山就有了无数难民。那满山遍野的吧咪草便成了难民赖以生存的食物，百姓说她是救苦救难的观世音菩萨，号称为"金花仙姑"，并于明成化四年（1468年）为其修建了吧咪山金花庙。百姓为感谢金花仙姑保佑，故称黑山为"吧咪宝山"。因金花仙姑灵感四方，便由起初的方神转而成为吧咪山方圆百里内信奉者共同尊崇的神灵，吧咪山也随之成为道教圣地，代有兴建。《黄河三峡移民志》以此地为道教圣地,常常诵读"唵嘛呢吧咪吽"，吧咪山因而得名。也有人认为"吧咪"为梵语，意为"莲花"，比喻心如莲花一样纯洁无瑕，或山形如莲花美妙。

0152 河口方言

别　　称：河口话
级　　别：市州及以下级别
流布区域：兰州市西固区河口乡
传承现状：现存
简　　介：河口方言是兰州方言的一个分支，除个别字音、词语略有差异外，与兰州城关、七里河方言没多大区别。就西固方言而论，大致分为三个语言片。西固片：含陈坪乡、西固乡、柳泉乡、东川乡、新城镇的绝大部分及金沟乡的前山部分。南山片：含金沟乡的大库沱、小库沱、长岭子、小弯子、杨家咀五个自然村，还包括柳泉乡的漫坡头和大湾村、西固乡杏胡台村的一部分。此片内人们的话语口音接近临夏口音。河口片：含河口乡、达川乡和新城镇的青春村。该片因受临夏、永登、红古话的影响，方言较为独特。

0153 圣母施善献神泉

别　　称：无
级　　别：市州及以下级别
流布区域：兰州市西固区金沟乡
传承现状：广为流传
简　　介：西汉时期，梁晖遭遇匪劫，困于荒野，遂以青羊祭山，涌出神泉。为保护神泉的灵气与脉气，当地人建造一座圣母祠，请来九天圣母守护神泉。到了明末清初，每遇大旱之年，金花娘娘便应乡民之求，赐露降雨。这种大慈大悲的恩德和求则即应的灵感，感动了九天圣母。有一天，圣母领得天庭王母的旨意，请来金花娘娘说："你修成正果，成为一位万民敬仰的带雨菩萨，赐露降雨，润泽山川，神功不小啊！只是你的水晶宫深居洮河岸畔，隐于黑山脚下，兰州的灾民们遇到大旱，都要头顶烈日，脚踩灼土，往返百余里到吧咪山取水求雨，实在辛苦……"金花娘娘长吁一声，接过话茬说："正是这样。我早想在别处再开几个雨眼，让乡民们就近取水请雨，但至今还未找到一个合适的寄托之体啊！"圣母言谈中发觉金花娘娘正在为找不到合适的雨眼而发愁，暗自思忖："凡人有难，众人相帮，自己身为一方之神，也当为保护一方平安尽一份心、出一份力。再说自己守护的这眼神泉，极有灵性和神力，把它献给金花娘娘作雨眼，一来解决金花的缺泉之难，二来好让神泉发挥作用，正是两全其美！"于是，圣母善心大发，起身离座，邀请金花娘娘来到神泉跟前，爽快地答应将神泉交给她。金花感激致谢。

0154 天王庙传说

别　　称：无
级　　别：市州及以下级别
流布区域：兰州市西固区光月山天王庙
传承现状：尚在流传
简　　介：传说"天王"本印度之神，殷纣时期传入中国，姓李，名靖，自幼访道修真，拜西昆仑度厄真人为师，最终修成仙道。李靖（天王）有三个儿子分别是长子金吒，次子木吒，三子哪吒，但哪吒被他母亲怀了三年六个月才降生。燃灯道人给天王一个黄金宝塔，塔里层层是佛，所以叫"托塔天王"。据赵崇云（龙门派全真道士第二十六代崇子辈，1924—2004年）还有当地的老人们传说，很早以前光月山原来的地名叫"下熊子湾"，在那个时候这个地方无人家，年年洪水磨（天下大雨）很不平安，自从"托塔天王"（李靖）住在这儿之后（供奉天王的信仰弟子是十方善人，榆中、范坪、西固、兰州等信众），再无洪水磨，风调雨顺，年年平安，天王感应显圣，千请千灵，万请万应，祈福福至，禳患患除。故此惊动四方男女纷纷来此进香。"托塔天王"看着本地方的光气很像月亮里的光气，所以把此地方安个名字叫"光月山"，后来慢慢才有人家住这儿了。天王庙始建于唐朝，清朝时非常兴旺，并设有"水莲坛"。"水莲坛"是俗话说的"神坛"。后来甘肃陆军总督张广建、陆大帅、刘尔炘等历史人物都到天王庙上问"天王"的"水莲坛"。天王也是百求百应。

0155 陇上明神金花仙姑

别　　称：无
级　　别：市州及以下级别
流布区域：兰州市西固区金沟乡
传承现状：广为流传
简　　介：古人云："山不在高，有仙则名"。吧咪山不仅因风景绮丽而闻名，更因有金花仙姑的神奇传说，而誉满陇原大地。据皋兰县志遗碑载：明朝洪武年间，兰州井儿街有一户人家，男的叫金应龙，女的方氏，他们原籍榆中金家崖，因租地耕种移居在这里。明洪武二十二年（1389年）的一天，方氏作了一个梦，梦见自己吞下了日月，金光闪耀，于是身怀有孕。农历七月初七日晚，生下一女，取名金花，又名天姑，这就是金花仙姑。金花自幼与众不同，从三岁开始不食荤腥，不穿帛衣，才智出众，仙风自若，四岁始捻麻线，好读经文。到了永乐三年（1405年），金花刚满十七岁，年及将笄，父母将金花许配兰州南山大马莲滩（今属兰州市七里河区）王家庄华岭子村民王尕福子，金花执意不从，但父母之命媒妁之言，六礼既成，奈何。为逃避父母之命，媒约之言，迎亲当夜，金花一手拿火棍，一手拿麻线，将线头系在灶龛，出门离家西去。金花出兰州西稍门，去下西园与舅舅告别后，便一路向南，上晏家坪，经摸石湾、泉神庙，至神树岘稍歇。

0156 方言歇后语

别　　称：无
级　　别：市州及以下级别
流布区域：兰州市西固区河口乡
传承现状：社会大众
简　　介：地域方言是语言因地域方面的差

别而形成的变体，是语言发展不平衡性而在地域上的反映。在兰州市西固区河口乡一带，民众在日常生活中常常会用歇后语来进行言语交流。如：瓦锅里倒核桃——干脆／老羊皮换个羔子皮——划得来／卖面的见不得挑石灰的——同行相争。这些歇后语体现了这个区域的民间用语特色。

0157 民间歇后语

别　　称：无
级　　别：市州及以下级别
流布区域：白银市景泰县
传承现状：民间仍在流传
简　　介：景泰民间歇后语，景泰民众在日常生活中常用的一种交际话语。它集诙谐幽默于一体，读后令人会心一笑。景泰歇后语是当地的语言文化之一，是广大景泰民众在生活实践中创造的一种特殊语言形式。它具有鲜明的地域特色、浓郁的生活气息，幽默风趣、耐人寻味、脍炙人口，景泰人民群众所喜闻乐见。流传在景泰的民间歇后语一般由两个部分构成，前半句是形象的比喻，像谜面，后半句是解释、说明，像谜底，十分自然贴切。

景泰民间歇后语

0158 "歹"姓的传说

别　　称：无
级　　别：市州及以下级别
流布区域：天水市秦安县西川镇
传承现状：尚在流传
简　　介：今歹窑村地处西川镇西北半山区地带，距离秦安县城约3公里，全村人都姓歹，其实他们的祖先却姓权。那么，为什么现在他们都姓歹呢？要知道这件事情的来龙去脉，还得从头说起。传说在唐朝末期，权德舆的后人在朝廷做官，他刚正不阿，嫉恶如仇。一次，文武百官登殿议事，他无意中得罪了朝中一个奸臣。奸臣怀恨在心，伺机报复。数月后，奸臣终于找到了机会，便上书天子诬陷说："权氏居功自傲，置万岁爷于眼外，私下拉帮结派，物色心腹，大有谋权篡位之心，望陛下及早惩治……"天子闻后，勃然大怒，降罪于权氏家族。一时间，权姓家陷于水火之中，四散奔命。其中有见识的长老，召集权姓家人，传令他们隐姓埋名，并带一行人马连夜从权家城（今王湾村西，也有叫权家花园的）逃到今歹窑村，并将其"权"姓改变为"歹"姓。"权歹不成亲，本是一家人"的说法，在西川镇流传已久。据说歹窑村的歹家曾收藏有一封"牛皮文书"，上载权姓变异成歹姓的具体原由。后来在1960年生活困难时，被一个陌生人用10斤包谷换走了。

0159 石咀寺的传说

别　　称：无
级　　别：市州及以下级别
流布区域：天水市秦安县西川一带
传承现状：尚在流传
简　　介：石咀寺在今王湾村西，地势险要，景色迷人。北有山岩重叠，南有河水绕流，东有深涧环抱，西有堡垒高耸，人置其上，如入仙境。唐朝后期，有一天子酷爱寺庙，便号令天下，大兴修建，即使国库耗尽，他都乐意。有一天，天子向文武大臣询问各地修建寺庙的情况。当时，权德舆的后裔也在朝为官，他为了炫耀一下自己的家乡，巧妙地利用了汉字的谐音关系，向天子夸口说："我的家乡有一百一十三座寺。"天子一听，十分满意，以重金赏之，并表示要御驾亲临，前往游览。权氏听后，大惊失色，忙禀道："山路崎岖，皆系羊肠小道，御驾难以通往。"天子听了，方肯作罢。其实，权氏所夸口的"一百"谐音"一柏"，指殿前的一株古柏（1958年被毁）；"一十"谐音"一石"，指殿左侧的一块大白虎石（1984年被毁）；"三座"指寺内修建的圣母宫、菩萨寺、地藏王殿（皆毁于清同治年）。数年后，一逆臣告发权氏犯有欺君之罪，权氏只有弃官归隐。

石咀寺

0160 玉钟峡的传说

别　　称：无

级　　别：市州及以下级别

流布区域：天水市秦安县北叶堡乡和安伏乡交界处

传承现状：尚在流传

简　　介：玉钟峡位于县北叶堡乡和安伏乡交界处，葫芦河穿峡而过。玉钟峡因在峡北有一窝，很久以前因内有水滴，传说是玉皇大帝为让人们早起下地而专施予汉成纪县民的一口提醒的玉钟。每天五更天，玉钟就会清脆悠扬地响两声。为了防止玉钟被盗，玉皇大帝特派遣天狗来玉钟峡守护，神鸡和神蛇也来助阵。在玉钟峡的北岸两青石之间夹有一层白石，石景动人。人们常说："玉钟峡来过，不知白蛇哪里卧。"每到夜间，神鸡必叫，玉钟自鸣，提醒熟睡的人们天快亮了，因而大家都不约而同地起床下地了。当地流传着"神鸡好，玉钟灵，天狗一咬就要穷"的民谣。有一年，一位四川的道人云游到玉钟峡，发现了玉钟峡的奥秘后，他念咒语杀死了神鸡、神蛇和天狗，将玉钟变小后盗走了。在回四川的路途中，玉钟越来越重，老道也越走越乏，眼看着就要进入四川境内了，老道突然眼前一黑，便一头栽倒在地再也爬不起来了，玉钟也就落在今汉中了。传说玉钟峡的"白蛇碥"，正是玉钟被盗的地方。有一个藏玉钟的石洞至今犹存。

传说藏玉钟的石洞

0161 蟠龙山观音寺的神话

别　　称：无

级　　别：市州及以下级别

流布区域：天水市秦安县王甫乡梁岘村

传承现状：尚在流传

简　　介：在秦安、甘谷、通渭三县相连的郭集村西约二公里处，有一座远近闻名的古寺——观音寺。此寺有一段悠久历史，民间亦有一段千古流传的传说。相传在五代十国时期的后汉年间（947—950），现今静宁县有一大户人家，主人姓凡，生有一子一女。女儿名叫凡英，自幼聪明伶俐。再加上凡英出生时，有五彩祥云笼罩庄院，故而深得凡老爷厚爱。凡英自幼跟随母亲，学会了捻线（古代纺织衣物、口袋的细线）。凡英一天天长大，长到十三岁时，父母将她许配给附近另一员外家。到了出嫁年龄，婆家提话要成亲，可凡英死活不同意这门亲事。农历五月初五日，迎亲的花轿来到了凡家门外，可凡英既不梳妆亦不打扮，仍然不停捻线。待司仪催促她上轿时，她将一碗米汤朝院中一泼，顿时满院落地变成珍珠玛瑙，送亲的亲友们纷纷捡拾，凡英趁机将麻线团抛出窗外，此物落地不停，朝西方滚去，凡英紧随其后，到达蟠龙山附近时，线尽团停，凡英就地打坐，顷刻间肉身脱化，头上有七彩光环，坐下莲花绽放，已化身为观音菩萨。此后，盘龙山下祥瑞不断，四方乡村连年风调雨顺，五谷丰登。为此，乡民感其恩泽，为其建造殿宇，塑造金身，焚香敬供，这里遂成为一处远近闻名的佛教胜地。

0162 锦带峡的传说

别　　称：无

级　　别：市州及以下级别

流布区域：秦安县安伏乡一带

传承现状：尚在流传

简　　介：锦带峡在秦安县安伏乡境内，沿着葫芦河向西行，以杨寺村向北，石崖悬裂，险要无比，两山对峙。葫芦河从峡中流过。传说宋朝女将穆桂英挂帅出征，讨伐辽国。途经此地，觉得身体不适，身怀六甲的她，即将临产。但她作为一军统帅，还是咬牙坚持，穿越几十公里从长峡到辽国境界，才生下了杨文广。从此，这段高山挺立的峡被命名为锦带峡。

锦带峡

0163 进马山——杨家坟的传说

别　　称：无

级　　别：市州及以下级别

流布区域：天水市秦安县西川一带

传承现状：流传

简　　介：相传元朝时，进马山有一杨姓人名财东，从南海请来一个大风水先生给自己选墓地。风水先生选中了一处龙穴，即后来的杨家大坟，然后告知："要出真龙必须具备三个条件。即蛇打鼓、人带铁帽、驴骑人。"几十年过去，杨财东寿终正寝。由于殓葬仪式盛大，看热闹的人越聚越多。先是几个路过此处的跳旋鼓舞的师公，其羊皮鼓被一过道的蛇猛扑其上，咣的一声响了鼓。接着，一个商人去县城买了一口锅，将其倒顶在头上也挤来看热闹。紧接着，一农夫赶路途中母驴生了驴崽，农夫惜牲口，将驴崽子双搭背骑在自己身上也来看热闹。杨财东随之下葬。几年后杨财东的儿媳妇怀孕了。说来也怪，一匹白玉马也在杨家诞生了。杨氏家族中有一钻营之人，为了讨好当朝皇上，便和几个差役亲自将白玉马敬献给皇上。因此，人们便把这个山庄称为"敬马山"，后来叫俗了就叫成"进马山"。朝廷里有个名叫"赛伯乐"的官员，相出这匹白玉宝马实系皇帝坐骑，跟踪来到敬马山。这赛伯乐也精通风水之道，一看杨财东的坟插进了龙穴，便命令地方官员人等，将杨家大坟连根毁掉。时隔不久，杨财东儿媳妇怀的龙子也小产了，杨氏家世也日趋萧条冷落了。

0164 媒人巧言撮姻缘

别　　称：无
级　　别：市州及以下级别
流布区域：甘谷及周边
传承现状：濒临失传
简　　介：从前有个人叫李四，善说媒，无论什么人，他都能撮合到一起。有一个跛姑娘嫁不出去，李四为她说媒，他来到跛姑娘家，给姑娘家人安排，相亲时，让一群姑娘坐在院里，跛姑娘拿簸箕簸粮食，让她不要站，更不要走。相亲那一天，李四带着相亲的人到姑娘家，看着一群姑娘，相亲的人不知是哪一位，李四指着说："就是簸的那一个。"相亲的小伙子一看，人品好，也踏实勤快，一群人中只有她在簸粮食，表示很满意。到新娘娶进门，才知道是个跛子，把李四找来责问，李四说："我给你说是跛的那一个，当初，你可是满意的，怎么怪起我来了？"新郎没有话说，心里想不通，怪只怪自己把跛当成了簸。还有一个姑娘，人长得秀气，可就是兔子嘴。李四又为她说媒，他要求姑娘，相亲那天拿一朵花把嘴遮住，叫一群姑娘陪着她玩。相亲人来后，看到一群姑娘在玩耍，相亲的不知是哪一位，就问李四。李四说："就是有花的那一位。"相亲的人一看，一个姑娘正拿着花在嗅，花容月貌，心里乐开了花，立即表示满意。结婚入洞房揭开盖头，才知是豁豁嘴。新郎气愤之极，找来李四，李四说："当初我告诉你是那个有豁的，你愿意才定亲的。"新郎想起来，当初确实听他说是有豁的那一个，怪只怪自己把豁当成"花"。

0165 金牛救民变石牛

别　　称：无
级　　别：市州及以下级别
流布区域：甘谷及周边
传承现状：濒临失传
简　　介：在甘谷古坡乡境内，耸立着一座石鼓山。传说如来佛祖有一座骑为金牛，有一天，如来打坐，金牛无事，游玩到凡间石鼓山。正在金牛游兴正浓之际，突然乾坤颠倒，阴阳错位，山崩地裂，江河横流，一股烈焰从石鼓山滚滚流出。烈焰所到之处，顿时生灵涂炭；黑水所到之际，瞬间百姓遭殃。面对黎民的苦难，它毫不犹豫地扑向火口，金牛硕大的身躯堵住了火口，火焰被压在火口里，再也喷不出来，黑水也被止在火口里。周围的老百姓得救了，但金牛被烈火熔为一块石头，成为石牛。烈火扑灭了，但周围被火烧焦的土地瘠薄，民因地瘦而穷，看到老百姓的困苦石牛焦虑不安，它想怎么样才能让这里的土地肥沃起来，好让老百姓吃饱饭，它看到蜀地是天府之国，陕西有旱涝得饱的八百里秦川，何不到那里吃进庄稼，又到甘肃屙下肥油。于是四川、陕西越来越穷，而甘肃越来越富。四川、陕西的人们发现自己的庄稼被一头巨大的牛吃了，于是，就顺着脚印追踪，终于找到了石鼓山。他们到山顶一看，原来吃了川蜀的就是这头石牛，他们抡起大锤，砸断了石牛的舌头，从此，石牛再也不能到四川和陕西吃东西了，这两个地方重新富裕起来，而甘肃又穷困起来。

0166 谢锡圭巩昌对对联

别　　称：无
级　　别：市州及以下级别
流布区域：甘谷县城
传承现状：濒临失传
简　　介：谢锡圭，生卒不详，县城北关人，举人。传说谢锡圭到巩昌府参加府试，考试结束后，与一起的伏羌童生在巩昌（陇西）府游玩，当他们来到一户人家时，只见房屋起脊卧兽，很是气派，从大门外望去，主房门上的对联，只能看见上联，下联被院内竹子和盆景遮挡，无法看见。对联的上联是"一年无事为花忙，"有人提议，每人对一个下联，看谁的对子最佳，大家觉得此议不错，便都搜肠刮肚地作起对联来。大家都吟出自己的对联，互相评比，公认谢锡圭的最佳，谢锡圭对的是"正日贪眠缘竹醉。"相传5月13日为竹醉日。此日移竹，因竹醉可保栽活。谢锡圭用这一典故，恰当地描绘了院内竹和花相映衬的景致，也堪称佳句，众童生觉得院内看不见的一联定与此联相差无几，于是推选谢锡圭走到院内去看个究竟，谢锡圭于是走进院内，向主人说明来意，主人大喜。请大家一齐进去共同品联，童生们一看下联，个个心中折服，自叹不如，原来那对联的下联是：半榻有诗邀月去。

0167 麻线娘娘

别　　称：无
级　　别：市州及以下级别
流布区域：甘谷境内
传承现状：濒临失传
简　　介：从前，甘谷县的李家沟村有个女子，一生下来就喜欢捻麻线，长大以后捻麻线赚钱维持家计，人们都叫她麻线女。麻线女长大成人，出脱得如仙女一般，附近七村八社的小伙子都想娶她为妻。母亲给她定了门婚事，可是麻线女不愿意。娶亲那天，麻线女抱上捻好的一团麻线，把一头拴在自家的门关子上，一边放线，一边向武山水帘洞跑去。她母亲和嫂子听说了，急忙拿着烧火棍、条刷子追去。眼看快要追上了，突然前面沟里的一块山崖塌了下来，挡住了追赶者的去路，她们只好绕道再追。等她们找到水帘洞时，麻线女已经钻进了洞。只是她要上莲台时麻线不够了，麻线女毫不犹豫地挖出自己的肠子接在了线头上，终于端端地坐在莲台上，变成了一尊雕像。母亲流着泪把手里的火棍儿插在地上，心里默默地说："要是你是神仙，就让这根火棍儿长出叶子来吧。"说也奇怪，火棍长出了叶子，成了一棵树，人们就叫它火棍树。嫂子把手里的条刷子插在地上，说："要是你是神仙，就让这把条刷子结果吧。"霎那间，那把条刷子也结出了果，人们就叫它条刷子树。麻线女从此就成了麻线娘娘，半路塌崖的地方叫显池圣地。条刷子树和火棍树至今还在水帘洞寺院里长着。

0168 曹玮用兵三都谷

别　　称：无
级　　别：市州及以下级别
流布区域：安远及周边乡镇
传承现状：濒临失传
简　　介：曹玮，字宝臣，宋初名将曹玮曹彬之子，沉勇有谋。到陇上任职的第二年，即上表宋真宗，请求不再担任知州职务，愿意专门从事军事工作。宋真宗下密诏予以劝慰，后又改任引进史，英州团练使，又任秦州知州，兼泾州、原州、仪州、渭州安抚使。当时吐蕃部角厮啰势力壮大，1015年8月，角厮啰率数万大军大举侵入三陇地区，一路攻城掠地，所向披靡，角厮啰率部队取安远寨后，顺谷南下，准备攻取伏羌城，而后挥师东南，进攻曹玮坐镇的州治成纪。角厮啰数万大军的先锋为骑兵，自己率中军骑兵居中，牛及杂畜殿后。当前锋探马向角厮啰报告前锋已近渭河时，角厮啰传令渭河待命，待三军人马会合渭河北岸，即可渡河进攻伏羌城，突然东西两面山坡丛林中鼓角齐鸣，乱石滚下。角厮啰传令前锋殿后，急忙撤兵，手下骁将拼死将号令传至前锋，中军护角厮啰向北急撤，宋兵乘机杀奔下来。吐蕃自相践踏，溃不成军，丢下马匹、牛畜，器仗各自逃命。曹玮坐镇群山，见角厮啰向北急马而去，急命部下率精兵追赶。角厮啰一行本吐蕃游牧民族，骑术精湛，又有部下在后抵挡，宋兵见再无追上的希望，只好返回复命。角厮啰军在三都谷被宋兵斩杀者千余人，鲜血染红了三都谷水。宋军缴获马匹、杂畜、器仗三万余。三都谷之战，使吐蕃势力的继续扩张土崩瓦解。

0169 龙眼山

别　　称：无

级　　别：市州及以下级别

流布区域：甘谷县大像山镇及周边乡镇

传承现状：濒临失传

简　　介：相传明太祖朱元璋统一天下当了皇帝后，害怕江山被人夺去，就问军师刘伯温有啥良策，刘伯温想了想说："臣有一柄斩贤剑，能斩尽天下龙脉，可为陛下除去隐患。"太祖听了自然高兴，便恩准了。刘伯温奉旨出来，带着斩贤剑明察暗访，发现龙脉就斩。一日他到甘谷境内，发现了许多藏龙的地方，刘伯温开始怀疑甘谷是不是真有龙脉？就在他准备离开的那一天晚上，忽然看见西北方向升起一道金光，直冲九天，他急忙提起宝剑追去，眼看就要追上，金光突然消失不见，他跑去一看，啥也没有。但军师不肯放掉龙脉，一连几夜不睡，可龙再没出现。第四天晚上，他瞌睡得眼皮直打架，突然山中起了金光。他慢慢过去，趁龙王爷不注意，对准龙腰就是一剑，金龙马上倒地，化为一条山脉，就是今天的龙眼山。在山的一头，有两股泉水，据说是金龙伤心的眼泪，被砍的缺口就是现在的斩岘村。

0170 甘谷大佛胡须

别　　称：无

级　　别：市州及以下级别

流布区域：甘谷县及周边

传承现状：濒临失传

简　　介：传说有个外地人来伏羌（今甘谷）经商，不幸落入渭河，眼看就要被水淹了。忽然他一眼看到对岸南山上的大佛像，既庄严又慈悲地注视着远方。情急之余，他忙心里默默祈祷："只望我大佛大发慈悲，救弟子逃出此厄，弟子定绘金身，重彩法相。"不知是偶然，还是佛真有灵，这人竟没有淹死，被浪头在下游推到对面边岸，爬了上来。他生意做完，就厚备香烛，延请画师前往大像山朝拜佛祖，给佛像贴金。没想到佛像高大，干了一月有余，眼看钱就要花光了，可是贴金工程还差得多，客商急得团团转。老画师见这位客商焦急的样子，微微一笑说出一个好主意："金不够，可以给佛爷的口唇上下浓浓画上几笔胡子，就可以少贴好多地方。"但客商顾虑说："佛爷长出胡子，他老人家怪罪下来可怎么办？"老画师哈哈大笑曰："俗话说得好，捏塑像匠不拜佛，主意是我出的，胡子也是我画的，你不用怕，这事与你无关。"只见老画师顺手抄起几根冒烟的柴烬，攀上高架，一会儿，大佛的面上出现了几道浓浓的炭黑画的胡须，老画匠后又用石青把胡须仔细画了一遍。奇怪的是，大佛像画上胡须后，看起来反而更显得庄严慈悲，更奇怪的是这位客商的金除未妆胡须外，刚好贴够佛面，一点儿也不剩，一点儿也不缺。

0171 贡泉水

别　　称：无

级　　别：市州及以下级别

流布区域：甘谷县内

传承现状：濒临失传

简　　介：清代翰林巩建丰的家乡在甘谷城附近的一个村，村前有一眼泉，泉水清冽，很甘甜，常吃这泉的人肤色洁白、细嫩，因此这里的人无论男女，只要五官端正，人样儿都俊秀，所以这泉也就有了名声。名声传到宫里，娘娘皇后，还有妃子们都要吃这眼泉的水。于是，皇帝下诏书，要将此水作为贡品年年月月向朝廷进贡。这一年，巩翰林回家探亲，县令约了几位当地贤老来访，谈话中县令感慨地说："脱不了这沉重负担！"巩翰林觉得奇怪，再三追问，他们才说："这眼泉水吃了出人。朝廷让我们往京城运送泉水，实在是我们的一大负担！"他们一齐要求巩翰林作主想办法，解决这件事。巩翰林回到朝廷后，向乾隆进言道："皇上，世间的万事万物都会变的，就拿我家乡向朝廷进贡的泉水来说，现在水质变了。"乾隆忙问："变得更好了吗？"巩翰林："味道是更美了，可是许多人饮了之后，起了大骨节病，百姓一看甚是害怕。"乾隆说："竟有这等之人事，待朕下旨一道，伏羌泉水饮了对人体有害，解贡禁饮。"从此以后，甘谷免了这项差事，人们都说巩翰林为家乡办了一件大好事。

0172　姑姑等传说

别　　称：无

级　　别：市州及以下级别

流布区域：甘谷及周边

传承现状：濒临失传

简　　介：斑鸠，甘谷人称斑斑儿、姑姑等，据说，它是一位美丽的少妇变的。传说很久以前，有一位美丽的姑娘，名字叫"姑姑"，嫁给了一位少年秀才，郎才女貌，俩人洞房花烛之夜，海誓山盟。婚后恩爱缠绵，别人看了羡慕得很。但是，婆婆却非常生气儿子整天守着媳妇，从此便没有好脸色给儿媳妇，经常找借口辱骂殴打她，儿媳妇忍气吞声，不敢声张，母亲想休媳妇，终因百般阻挠，没有休成。大比之年，秀才外出赶考，心里放不下媳妇，怕自己不在时母亲虐待甚至赶走媳妇，就不想去赶考了，但十年寒窗九载又不忍心白费，在他犹豫之时，媳妇知道了他的心思，定要他去赶考，不要因自己的原因耽搁了前程。秀才离家后，果然婆婆对儿媳妇虐待得更狠了，最终写了一张休书将她逐出家门。姑姑被逐出婆家后，想到自己与丈夫誓言，肝肠寸断，回娘家的路上，找了一棵树吊死了，以明心志。秀才赶考回来，得知妻子已被休且自缢而死，悲伤欲绝，赶到她上吊的树下时，只见一只鸟在树上悲唱："姑姑等，姑姑等。"据说那鸟是姑姑变的，她死后仍在等丈夫。由于是上吊而死，死后化为鸟时脖颈上有一道黑圈，就是上吊时留下的印痕。

0173　张孝友枪毙"二龙王"

别　　称：无

级　　别：市州及以下级别

流布区域：甘谷及周边

传承现状：濒临失传

简　　介：天水的二龙王庙原在秦州南山的杜家坪。新中国成立前，二龙王庙会规模相当大。每年的农历五月初五，"二龙王"要回一趟舅家，在新麦登场之际，帮舅家打碾麦子。"二龙王"回舅家的仪式很隆重，从秦城起驾，经太京、籍口、关子至甘谷安远。沿途站站祭祀，庄庄迎送，所带的"礼物"也很特殊，全是叉把、扫帚、木锨之类的家具，皆与农作物的打碾有关，这真是体现了"龙王"作为农业生产保护神的特征，沉淀着世代农民的美好愿望。1945年五月初五，"二龙王"回甘谷舅家帮忙收麦子，惹怒了国民党甘谷县长张孝友。张孝友认为这是愚昧，是迷信，应当制止，一枪打碎了"二龙王"的头。张县长枪毙"二龙王"，引起天水民众的极大愤慨，名流大老要联名向中央法院告他。迫于民愤，张孝友请了最好的工匠，在甘谷重塑了一尊"二龙王，"于1946年麦收后送回天水。"二龙王"的行宫在东关，内有三尊行像，惟"二龙王"最大，下午迎送人员歇息饮食后，直送"二龙王"回到南山杜家坪正殿。"二龙王"回到天水后，民怨才止沸。

0174 李则广撰联骂光棍

别　　称：无
级　　别：市州及以下级别
流布区域：甘谷县内
传承现状：濒临失传
简　　介：一人丧母，开吊的这一天，他又同时嫁女，丧事婚事一起办，亲友到了，又要吊丧，又要恭喜，大家正在为写对联发愁，按照白事贴，该用白纸，按照红事贴，该用红纸，可无论用红纸白纸都觉得不妥。大家知道李则广无所不通，只有他才可以解这道难题，便向他请教，他不假思索说："该用黄纸。"大家一听，马上拿来黄纸，可是对联写什么呢，红事的喜庆对联不合适，白事的悲伤对联也不恰当，便又向李则广请教，李则广说："这还不好办，实话实说，就写红事白事红白之事，哭得笑得哭笑不得。"众人听了，都赞叹李则广才思敏捷。

0175 大石头

别　　称：无
级　　别：市州及以下级别
流布区域：天水市甘谷县全境
传承现状：濒临失传
简　　介：大石头在甘谷和通渭的交界处，原来这里一片荒凉，没有人烟。行人走到这里，总前不着村，后不着店。后来有一商人经过这里，就在这荒无人烟的地方盖了一间茅屋，专门伺候过往客商。没人住宿时，他深感寂寞。一天，他在一块草地上捡到一个圆圆小蛋，他把它暖在被子里，暖出一条小蛇，他将其养着当作伙伴。商人有什么心事都告诉它，小蛇好像懂人语言似的总是点点头，舔舔主人的手。自从这里有客店之后，过往商人越来越多，还有好些人也来这里开店，因此，这里的生意越做越旺，渐渐地形成城镇。后来贼寇在这里行窃，但好几次未能攻进村子。当匪徒们进退两难时，匪首做了一个梦，梦见一条巨蟒缠住他的脖颈说："你们若要再骚扰这里，我就把你们一个一个的缠死！"匪徒们听了，不敢再骚扰了，这条蛇后变作一块石头，一直守在村口。因此，这个村名就叫"大石头"。如今，这块石头地处大石小学门前操场内，已被淤泥淹没，据当地人讲，该石头上原建一财神庙，内塑关公、文昌二神，坐落在石头最高处。庙弯为一小坝，小坝聚集了大石村周围的水，一年四季坝内有水，遇天旱也不干，究其原因是坝底有一块巨石，不渗水，该石头大不可测，无人能说出其大小形状。

0176 牧童喊出大佛来

别　　称：无
级　　别：市州及以下级别
流布区域：甘谷及周边
传承现状：濒临失传
简　　介：传说古时候，有一位牧童，叫香娃，每天到野外放羊。一次，他在梦中看到一位老叟，鹤发童颜，手拄拐杖，身披霞光，姗姗而至。他好奇地问："老爷爷，你是谁啊？"老叟和蔼可亲，慈祥面善，笑着说："我是这里的土地爷啊。"香娃又问："你找我有事吗？"老叟说："在你睡的这块青石底下，压着一个千年的妖精，一直没有苏醒，它一旦醒来，掀翻这块石头逃出来，百姓就要遭殃。现在他就要醒来，我的法力小，斗不过它，向佛祖求助，佛祖说有一牧童，在石板上睡觉时，可请他在睡醒后念咒语：'天荒荒，地荒荒，石头石头长十丈'，连念六遍，石板就会变成火山，让妖精不得翻身。你醒来就照佛说的办吧。"香娃从睡梦中醒来，梦中发生的事如此清晰，他觉得好奇，便对着石头念起咒语，念一遍，石头长十丈，一直念了五遍，山已经够高，他就停了下来。但香娃少念一遍，山还长得不够高，这时妖精醒了，他伸了伸懒腰，山就已经摇摇晃晃了，土地爷一看，不得了，这小孩少念一遍，山就压不住妖精了，眼看妖精就要出世，他慌慌忙忙，又去找佛祖，佛祖只好自己坐在山上，才把妖精压住，没有跑出来。从此，因为大佛的缘故，这山就叫大像山。

0177 崎峪山

别　　称：无

级　　别：市州及以下级别

流布区域：甘谷及周边

传承现状：濒临失传

简　　介：传说鲁班带领工匠选定在当年大禹治水时劈开的渭河朱圉岭架桥，桥架成后人们的欢呼声惊动了天上的神仙。八仙中的张果老骑着黑驴来到凡间看个究竟。他一到桥头，问过往行人："这桥是谁造的？"鲁班闻声赶来，理直气壮地回答："我造的！"张果老认识鲁班，但鲁班不认识张果老。张果老想试鲁班的本事有多大，问道："我老汉今天要从这桥上过去，这驴很笨，你修的桥经得住踢踏吗？"鲁班还从没听人同他这么说话，生气地回答："大车大马一天不知过去多少，不要说一头小毛驴，就是你拉一座山过去也决不会出差错。""那请你到桥下仔细看着，万一桥要塌时，也好及时撑住。小心，我开始过桥了。"张果老说着暗施法力，就近移来四大名山，往驴背上一驮，吆上毛驴，慢慢走上桥。毛驴一上桥，桥面立刻发出"吱吱吱"的响声，鲁班一听马上跳到桥下，用肩膀扛住桥梁，张果老吆着毛驴终于过了桥。张果老本想看看鲁班的难堪，不料自己打算落空，心里十分惭愧，就在桥南半山崖的一个窑洞住了下来，准备将功补过。但过了几个月，因无有机会，返回天上。到现在三十铺南河东西两面的红土山崖上，传说还留有当年鲁班架桥留下的桥眼和张果老留在此地喂驴时的驴槽儿。

0178 大佛爷、倒佛爷和睡佛爷

别　　称：无

级　　别：市州及以下级别

流布区域：甘谷及周边

传承现状：濒临失传

简　　介：相传在很久以前，有一位神仙分管陇上。他共有三个儿子，眼看他们都长大成人，有一天，他把三个儿子叫到自己面前，对他们说："你们都已经长大，也该自谋出路了。我分管的这片土地，你们可以自己选择，选中哪里，就在哪里安身立命。"听完父亲的话，弟兄三人一起上路，寻找他们理想的家园。他们走到甘谷县境的时候，老大看到这里山川秀丽，远望朱圉山层峦叠嶂，近眺大像山挺拔俊秀，他喜欢上了这片土地。到了大像山，景色更加迷人。山上到处弥漫着紫丁香的芬芳幽香，珍奇的白皮松虬枝攀挂在万丈悬崖。遥望山下，绿柳花红，阡陌连村，渭河萦绕。老大对老二、老三说："兄弟，这里就是我永久的家园，是我安身立命之处。咱们就此分别，你们继续前行，都会找到自己的理想家园的。"弟兄三人挥泪而别，老二老三就继续往西走。老大永远地留守大像山，就是现在的大佛。老二老三刚刚走出大像山，西行不到二十里铺的山顶，老二不小心，失足掉下悬崖，摔断了一条腿，倒栽在山下，在摔下悬崖的一刹那，他也顿悟成佛，后来人们把此处称为"倒佛爷"。老三看到二哥摔下悬崖，悲伤不已，而又无可奈何，只好独自西行，寻找自己的理想家园。他走啊，走啊，走到了兰州，看到这里地势开阔，一马平川，南北两面山峰拱卫环抱，形成无数屏障，清清流澈的黄河水提供了灌溉和舟辑便利，是一个富饶美丽的地方，他深深地陶醉了，一路长途跋涉，使他十分疲惫，他决定先睡一觉，他侧身而卧，香甜地睡去，梦中，他微微含笑，由梦而悟，彻悟人生，觉悟成佛。他就是兰州市五泉山的"卧佛"。弟兄三个命运不同，选择不同，然而都殊途同归，觉悟成佛，找到共同的归宿。

0179 蔡家寺

别　　称：无
级　　别：市州及以下级别
流布区域：甘谷县城及周边乡镇
传承现状：濒临失传
简　　介：古时候有个姓蔡的富户，自称相爷，家住伏羌县城东北二十里。他想在村东修一个和京城一样的金殿。蔡相爷有一个女儿，生得端庄秀美，手脚麻利，在家伺候父亲，料理家务。家中养着一只大白狗，能幻化成一朵白云遮蔽住村庄，使别人无法偷窥。蔡相爷还养着一头牛，走路一天能从京城折个来回，牛尾巴上卵着一窝牛丝火燕儿。蔡相爷修金殿时，由于有了牛和狗，进展顺利。他由此觉得自己真成了相爷，便在当地欺官压民，不可一世。有一天，蔡相爷的女儿对父亲说："你把牛尾巴上的牛丝火燕儿掏掉，跑起路来不就更快了。""蔡相爷"听了女儿的话，觉得很有道理，就掏掉了牛丝火燕儿，可等再骑牛去京城时，跑到庄北山岭上，牛卧着不动了。后来人们把此山称为"卧牛山"。牛死后，大门口土台上的狗也不守了。有一次皇上用千里镜时，看见蔡相爷修建的金殿和京城的一模一样，疑心他有谋反之意，立即派官吏到甘谷抄了他的家，灭了他的族，只留下一个去北山谢家湾走亲戚的人逃脱了。他改蔡姓为谢，在谢家台子住了下来。后来他们在已修成的金殿内塑了神佛像，名曰"蔡家寺"，因此庄名也以蔡家寺取名。

0180 李则广遭贬题诗

别　　称：无
级　　别：市州及以下级别
流布区域：甘谷及周边
传承现状：濒临失传
简　　介：李则广，人称李爷，此人个头低矮，口大牙疏，但满腹经纶，出口成章，且天性诙谐，常以嘲弄富豪为乐。他二十岁上京赶考，中了进士，就等朝廷任用授官。可是，那时官场明讲才貌，暗通钱财，主考官相面时，一见李爷衣衫破旧，一副寒酸样子，心里就有八九分不快。待了半天，又不见他行大礼，送礼单，就勃然大怒，说："这号人还配做官吗？"袍袖一甩，把李爷刷了下来。十载寒窗，好不容易中了进士，却无故被贬，李则广大为不满，第二天一早，他背了行李，来到主考官住处，在墙壁上写了一首打油诗："云中烟雾沙中滩，说其容易画其难。"早知不及俗人眼，多买胭脂描牡丹。写罢，背上行李扬长而去。

0181 三娘娘

别　　称：无
级　　别：市州及以下级别
流布区域：甘谷及周边
传承现状：濒临失传

简　　介：三娘娘，系民间甘谷秀金山、梅林观及新兴刘家等村供奉的一位女神。在甘谷流传有很多与三娘娘有关的传说。比如三娘娘逃婚、三娘娘托梦回甘谷等。三娘娘逃婚讲的是，南宋年间，三娘娘出生于甘谷县金山乡郑家山梅林家。她的舅家在新兴镇刘家村。三娘娘自幼天资聪慧，皈依道法，对捻麻线由衷倾注。长大后父母将其许配于距本地十里之遥的何家山。结婚这天，三娘娘不愿结婚，拖着麻线跑至庙儿泉（金山村南山顶泉），麻线拉完了，遂脱掉外衣，钻进泉水后坐化。她向母嫂展示神迹，使火棍、苕刷顿时生根，发芽，长出谷穗。后护佑村民，村民在秀金山等地为其修建庙宇，并尊其为"九天圣母三后元君"。甘谷有位祖籍四川的县令，见识过九天圣母行雨神迹。雨毕，遂将官印在三娘娘泥塑像胸部上按了一下，后辞官回四川。甘谷县金山乡蒋家湾的"蒋脚户"赴川时，按三娘娘托梦时的吩咐将三娘娘带回了甘谷。

0182　艾家川饥食黑谷面馍

别　　称：无

级　　别：市州及以下级别

流布区域：甘谷县城及周边乡镇

传承现状：濒临失传

简　　介：康熙从觉皇寺出发，经伏羌城，一路来到艾家川。由于人烟稀少，康熙又只顾赶路，一天下来也没有吃喝，十分饥渴。终于找到个小村子，康熙看见一个老婆婆拿着一块黑馍在吃，更使他垂涎欲滴。康熙走上前，向老婆婆施礼，问道："老人家，我是过路客商，一路走来，已经大半天，到现在粒米未沾，实在饥饿难忍，请将你手中的馍卖给我，我在这里向你道谢了。"老婆婆就从家里拿了一大块黑谷面馍，对康熙说："这馍就送给你解饥，不是什么好吃的，是我们家家都有的。"康熙谢过老婆婆，接过来黑馍就吃，那味道，香甜无比，比那宫中御膳房里做的饭菜强百倍，一大块馍片刻之间便被吃了个精光。他问："老人家，你的馍是什么面做的，看起来不好吃，吃起来这么香。"老婆婆说："这叫黑谷面馍，你难道没有见过黑谷子？"康熙尴尬地说："老人家见笑了，我自幼经商，不知道这黑谷子长什么样。"他再三感谢老婆婆，临走时给了她十两银子，老婆婆从来没见过这么多银子，高兴得不知道说什么好。

0183　放羊娃吉凶石窝里

别　　称：无

级　　别：市州及以下级别

流布区域：甘谷县内

传承现状：濒临失传

简　　介：甘谷县安远镇有个地方叫石窝里。传说，有个放羊娃，一天，他赶着羊群到村外的一个山上去放羊。羊儿吃着嫩草，他轻快地唱着山歌，突然，传来一阵叫喊："放羊娃，我什么时候能出来？"放羊娃正高兴，就随口说："你就出来吧。"那声音又说："你把羊赶到安远去，我就来了。"放羊娃便赶着羊群到对面山上。这时，"轰隆"一声巨响，刚才放羊娃放牧的地方，土雾石块漫天飞，整个山陷了下去。当尘土落定，烟消雾散以后，人们发现，凹陷的地方有了一个很大的石像，据说，那是八海龙王，他就在刚才已经消失的山里住，他出山后，山就塌陷了。从此这里就叫石窝里。至此以后，放羊娃由穷变富，日子一天天好起来。后来，四海龙王又要出山，也想讨得放羊娃吉言。那天，放羊娃到山上放羊时，又听到一声叫喊："放羊娃，我什么时候能出来？"这次放羊娃正郁闷，就随口答到："等到碌碡曳蔓的时候你就出来吧。"声音刚落，就是一阵狂风暴雨，把放羊娃连同羊群一起卷走了。据说，这是四海龙王听了放羊娃的话，发现没有得到吉言，就大发雷霆，卷走了他。据说，石窝里人都信八海龙王，原因就在这里，直到今天，八海龙王的石像还在那里。

0184 王海涵摆宴谢恩师

别　　称：无

级　　别：市州及以下级别

流布区域：甘谷县内

传承现状：濒临失传

简　　介：王海涵（1858-1922）字镜潭，伏羌（今甘谷）县城关东街人，光绪十四年（1888）举人，光绪十六年（1890）中进士，任翰林院庶吉士，刑部主事，陕西高陵、泾阳县知县。王海涵自幼家境贫穷，但聪慧刻苦，学业超众，其师为杨家沟一老秀才，念其贫困，不收学费，且多有周济，供其食宿。王海涵后来考中进士，地方官绅齐来祝贺。他为了答谢，便择日请客，大宴宾客。这一天，宴席已摆好，众人皆入座等待开席，可是，时过午时，仍不见动静，大家都以为在等什么重要人物，正在大家等得有些不耐烦的时候，门口颤颤巍巍来了个老头子，一看就是一位酸秀才，王海涵一见老人进来，急忙上前搀扶，请他到首席首座，直到这时，宴席才开始，席间，王海涵对宾客介绍说杨老先生不仅是他的老师，而且是他的恩人。当年自己家境贫寒，没有杨老先生在生活上的接济和学业上的栽培，不要说中举、中进士，连秀才都没有机会考。说完，他把第一杯酒敬给他的老师。

0185 李则广重阳赋诗

别　　称：无

级　　别：市州及以下级别

流布区域：甘谷及周边

传承现状：濒临失传

简　　介：李则广被调到浙江奉化当知县，江南多才子，把西北人看不起，但毕竟是县太爷，也就不敢怠慢。奉化有座浮云山，这年的重阳节，士绅们邀请李则广登山望远，游览胜景，登山时，大家纷纷吟诗作对，互相攀比炫耀，有人提议请李则广也作诗一首。李则广正与士绅们登楼，便随口吟到："一步一步登高楼"，他说了第一句，大家一听，心想这是什么诗，俗不可耐，难怪西北没有人啊，进士的水平就这样。"手攀栏杆叩斗牛"，他说第二句时，人们一听，心里说：还不错，有点诗意。"不是浮云遮我眼"，他说第三句时，大家对他已经不敢。"望穿江南十九州"。当李则广说出第四句时，人们击掌叫好，从心里佩服他的文采，他的这首自然清新，气势不凡，浮云二字，一语双关，既是实情，又有哲理。在人才济济的奉化县，人们把李则广视为奇才。

0186 甘霖寺

别　　称：无

级　　别：市州及以下级别

流布区域：甘谷县城及周边乡镇

传承现状：濒临失传

简　　介：甘霖寺地处白家湾乡河沟村，始建年代无可考，据说"先有甘霖寺，后有善华寺，那么，根据善华寺始建年代，甘霖寺应在明天启年之前建。据说，远古时代，甘谷县白家湾乡河沟村一带森林茂盛，无人居住，为狼虫虎豹出没之地，下四川经商的人多在此丧生，群众叫苦不迭，南海普陀落伽山大慈大悲救苦救难灵感观世音菩萨看到这情况后，决心拯救这里的黎民，托梦于这里过往的商人，说："保得将军去，保得将军来。"从此，这儿再也没有狼虫虎豹伤人的事发生。下四川做生意者一路平安，生意红火。这些客商见其灵异，便在此地用三块大石垒一石坑，过往行人许愿留钱，结果，没过多长时间，石坑里堆满了金银珠宝，过往客商继续许愿存钱。就这样，循环往复，观音阁变成了一座闻名方圆的大寺庙。至今三块石头仍保留，一块在天爷殿，一块在八海龙王池，一块在涌济龙王池。观音寺后来虽经多次毁坏，但香火鼎盛，天旱时，周围群众多赴此地要雨，据说，祈雨每求必应。

0187 宋元成拳打"压五城"

别　　称：无
级　　别：市州及以下级别
流布区域：甘谷及周边
传承现状：濒临失传
简　　介：宋元成，民国时期的武术家，甘谷县西街人。宋元成自幼习武，深得传统武术的精髓。宋元成最拿手的是徒手拳"护膝捶。"这种拳由八方五步组成，共有四门，一三门相同，二四门相同。拳架走来气势凶猛，如大浪滔天连绵不绝，四正四角无处不到，稳扎稳打，十分协调。又因此拳在运动中进退躲闪，皆用拳护膝盖，故得名为"护膝捶。"1929年（民国十八年）元旦，当时驻防天水的是著名的爱国将领吉鸿昌，他为了增强国民体质，举办了"陇南国术比赛"。擂台上高手云集，名声最赫的是被人们称为"压五城"的一位选手。他接连打倒许多高手后，连续两天无人再敢应战。这时，在西和走江湖，靠摆场子为生的宋元成决定上场和"压五城"较量。一见面，宋就拱手施礼，说道："你是天水的'压五城'，我连甘谷一条街都压不住，咱们起个和拳。""压五城"点头含笑，算是答谢，接着随势起拳，向宋进击，宋也不敢怠慢，用"护膝捶"中的三摆手巧解攻势，随即猛击一头，打倒"压五城"。这次擂台赛宋元成获得冠军，为甘谷获得荣誉。赛后，吉鸿昌将军宋元成大刀一把，花枪一支，上刻"民国十八年春季陇南国术比赛大会，吉鸿昌赠"。宋元成回到甘谷时，群众自发组织起来，敲锣打鼓，夹道欢迎。

0188 麦垛山惊现金马驹

别　　称：无
级　　别：市州及以下级别
流布区域：甘谷及周边
传承现状：濒临失传
简　　介：甘谷县西川的渭河旁边，有个叫鸡嘴河滩的地方，河滩旁有两座东西相连的山，东边的叫麦垛山，西边的叫红土山。很久以前，山里常有一匹马驹出入，据说，这匹马是镇山的神驹。每当春耕秋播的时节，金马驹就在夜深人静的时候，拖着一副银套铜犁为穷人耕地。红土山下，有一个穷老汉，给财主饲养牲口。有一天半夜，他到马圈去添草料，突然听见山上传来清脆的马铃声，他以为牲口脱缰跑上了山，就一一清点圈里的马，数来数去，一匹也不缺。他觉得奇怪，就寻上山去。到了山上，他惊奇万分，明亮的月光下，一匹黄灿灿的马拉着一副银光闪闪的犁，正在耕地。老汉不敢惊动它，只是静静地看着。不大一会儿功夫，一大块地耕完了，金马驹又踏着碎步跑下山去。老汉想："老辈人曾说过这山上有一匹神驹，给穷人耕地，只是听说过，今晚自己亲眼看到了，看来人们的传说是真的"。他悄悄地跟着金马驹来到山上，看见它到渭河边喝水，然后走向麦垛山，扬脖昂首，一声长鸣，半山腰开了两扇门，神驹奋蹄飞腾，跳了进去，门随后关闭。山又恢复了原样。

0189 李则广巧讽知县

别　　称：无
级　　别：市州及以下级别

流布区域：大像山镇及周边乡镇
传承现状：濒临失传
简　　介：有年三月，一位新知县上任，按常规，请了许多地方名人来，想的不过是互相认识一下，表示对地方势力的认同和互相借助，李则广也在邀请之列。李则广赴会，出人意料地穿了一双烂靴子，在椅子上还专门抬起脚让人看，知县一见，觉得很奇怪，他讨好李则广说："你的靴子怎么烂成这样子呀？我有几双新的，送你一双吧。"知县满以为李则广会感谢两句，没料到在太师椅上的李则广却纹丝不动，只是摆了摆手说："不要，甭看我的靴子面子烂，可它的底子厚实着哩。"知县听了李则广的话不知怎的，脸和脖子一瞬间像秋天的辣椒一样红透了，后来人们才知道，这位知县的官是用钱捐来的。

0190　马三爷死后封将军

别　　称：无
级　　别：市州及以下级别
流布区域：甘谷及周边
传承现状：濒临失传
简　　介：马三爷，是甘谷特有的地方神灵。据说，他生前排行老三，故称其马三爷。其人为回族，生于清初，不知其名，家在石家大山，其家富裕，年少有德，在古坡有山庄，病逝在那里，托梦于乡人，乡人为神灵敬祈，颇有灵验。于是一传十，十传百，逐渐作为一个地方神灵被供养起来。后来，人们按他生前模样塑了金身，形象为戴回族小帽，穿马褂，骑一黑驴。一说马三爷为县衙三班小吏，所谓三班即快班、状班、皂班，分别负责狱政、治安、赋税。马三爷为快班小吏，为人仗义，好助人急难，有人遗失钱物，求之于马三爷，必能失而复得。又一说马三爷的来历是有一庙堂塑了金身，开光之时，要请真神，不想马三爷恰好路过，被迎为神明。马三爷又被称为马三将军，将军之职在神灵世界是地位较低的，而且马三爷的将军之称，无任何朝廷上"红头文件"封号，纯属百姓尊称而已。

0191　四县客人争热炕

别　　称：无
级　　别：市州及以下级别
流布区域：甘谷县城及周边
传承现状：濒临失传
简　　介：传说，一个甘谷人，一个武山人，一个陇西人，一个漳县人，四个住到一个店里，又都到一个客房，客房的大炕中间热，两头冷，四个人都想睡热处，可是谁也不让谁。在互相争执不下的情况下，有人出了个主意，比一比谁家乡的地势高，谁高就睡热炕，大家一听，觉得这是一个好主意，就互相比起来。武山人说："宁远有个大木塔，离天还有一丈八。"陇西说："陇西有个钟古楼，离天只有一个头。"甘谷人说："伏羌有个尖山寺，磨得天爷咯吱吱。"这时，漳县人往中间热炕上一躺，把瘿瓜瓜（即甲状腺肿）放在头上一枕，说："漳县有个瘿瓜瓜，糊里糊涂挺搭下。"热炕叫漳县人占了，死活不再让。

0192　九眼泉

别　　称：无
级　　别：市州及以下级别
流布区域：甘谷及周边
传承现状：濒临失传
简　　介：九眼泉所处位置地下水很丰富，处处有冒水泉出现，最大的一个九眼泉水向上喷水，形成一个大水塘，故名。即使是天旱年景，泉水仍不干涸，依旧供应周围数千群众的生活用水，地方群众称该泉为"神泉"。

据传说，该泉水系玉皇爷所赐的"神水"，发掘较早，故地方流传有："先有九眼泉，后有大庄名。""九眼泉"东二甲处，建有玉皇殿，为方圆群众供奉之神庙。据说，天旱时，方圆群众皆前来该庙向玉皇爷要雨，并将周围五庙四社神像全部集中于此，其规模声势之大，辐射甘谷、秦安、通渭3县72村。要雨时，地方乡老先向各神行香祷告后，手端香盘及水桶至"九眼泉"提水。距九眼泉一里处有一泉名叫"酒齐下"，平时用石板、黄土盖顶，过往行人不易发现。泉底冒眼周围用方砖砌筑，上面封口仅容一勺子舀水。提水时先由行香人刮去"酒齐下"上盖的附着物，但见泉水清澈见底，然后用勺子小心地从里舀水至桶，直到舀满为止。至泉水底部时，但见绿苔着生砖面，有麦秆粗的一股清水从砖缝内向上喷射而出，如一股喷泉，甚是好看。取完水后，又用石板等封口，并将盛入桶里的泉水向四周泼洒，以示玉皇恩赐的雨水泽佑万民。

0193 亮江寺

别　　称：无

级　　别：市州及以下级别

流布区域：甘谷县城及周边乡镇

传承现状：濒临失传

简　　介：亮江寺，位于新兴镇头甲村，古称金（经）莲台，晾经寺。相传是唐僧在此晾经之后所建，后因"晾经"与"亮江"字音相近，被人混淆，加之寺庙面对渭河，渭河波涛汹涌，浩浩荡荡，由西向东，如一大江，故称"亮江寺"。据说，唐僧西天取经来到渭河畔，只见波涛汹涌，一个漩涡接着一个漩涡，无法过河。忽然看见一大漩涡里冒出一团水柱，越冒越高，其里竟有一只巨大的乌龟。唐僧被惊，悟空举棒要打，乌龟高叫道："且慢动手，你们可要过河？"唐僧说："是要过河，去西天取经。"乌龟说："我驮你们过去，不过有一事相托，请师傅见到佛祖如来后，问我啥时能修行成仙？"唐僧应许后，师徒坐在龟背上过了渭河。光阴荏苒，唐僧师徒历尽千辛万苦，终于取回真经返回。一日，刚来到此沿河岸，只见乌龟游至江心，乌龟问："我托之事可否办成？"唐僧突然大悟，惭愧地说："实在对不起，我取经繁忙，真的忘了你托的事情。"乌龟见唐僧失信，十分气愤将身子猛向下一沉，把唐僧师徒甩到水里。幸亏八戒会水，拼命将唐僧背上岸，经书待唐僧的徒弟打捞出时，已有好多被水浸湿。他们师徒便来到一个不远处的平台，晾干了经书。

0194 粮半川由富变穷

别　　称：无

级　　别：市州及以下级别

流布区域：甘谷及周边

传承现状：濒临失传

简　　介：传说从前，甘谷金川子里的白家庄有一户富汉，姓梁，人称粮半川。他粮食多，运粮食时，每一集配清一色的十匹马，这一集配清一色的十匹白马，下一集配清一色的十匹黑马，再一集，配清一色的十匹红马。有一回，粮半川看见一个人（长工）大口大口地吃着糜面馍，就说："你咋吃得这么香，给我尝一口。"那人把一片糜面馍给了他，他一吃，在嘴里难下咽，赶紧吐了，还叫下人给他端了一碗净水漱了口。有一天，他到自己家的地里转悠，看着满地的豌豆说："若是发暴雨，把我的豌豆冲到金川沟，准能把金川沟里的水聚住。"他说了这话没过多少天，一场巨大的暴雨突然袭击了金川，洪水漫过了白家庄，把梁半川的地全冲毁了，一家人只剩他一人。他地里的庄稼真的把金川沟里的水聚了几天，从此，梁半川孤单一人，一贫如洗，只好到处要饭，乞讨为生。有一回，他到董家坪去讨饭，看见一个人在吃糜面馍，就上前讨要："把你的糜面馍给我吃一点。"没想到这正是给他当过长工的人，那人见到昔日吃了糜面馍吐了的东家，就说："给你一点馍能成，不过我可没有漱口水。"

0195 善媳妇和恶媳妇

别　　称：无
级　　别：市州及以下级别
流布区域：天水市甘谷县全境
传承现状：濒临失传
简　　介：传说有两家邻居，一家穷，一家富。穷家娶的媳妇，为人善良，孝顺婆婆；富家娶的媳妇，心地歹毒，常不给婆婆饭吃。人们把穷家媳妇叫善媳妇，把富家媳妇叫恶媳妇。善媳妇给一家富汉做饭帮工。她给人家擀面条、蒸馍时，故意在手上多粘面，然后跑回家里，洗了面手后烧面汤养活婆婆。有一天，善媳妇在回家路上，碰到一堆掉到狗屎里的红枣。她把红枣泡在水里洗，每洗一遍，就放在自己嘴里吮一遍，一直洗了七遍，吮了七遍，她觉得干净了才交给婆婆吃。善媳妇的善行感动了上苍，在一个雷雨天得到上苍赐予的金银珠宝，她从此富起来，再也不用当佣人，用手上的面养活婆婆了。恶媳妇发现邻居一下子由穷变富发了大财，富裕程度远远地超过了自己家。她百思不得其解，就到善媳妇家打探原因。善媳妇把自己的经历告诉了她，她一听，明白了邻居发财的原因。恶媳妇从此每天把做完饭的面手洗后水烧成面汤，让婆婆喝。又把家里的大枣放到狗屎里，洗一遍，吮一遍，一直洗七遍，吮七遍。有一天，天上降暴雨，电闪雷鸣，她坐在雨中，等待天上掉金银珠宝。一个闪电，一声雷鸣后她的手上挂满了长虫、癞蛤蟆，她被吓了个半死。

0196 跟班杨贵的"机灵"活

别　　称：无
级　　别：市州及以下级别
流布区域：甘谷及周边
传承现状：濒临失传
简　　介：传说杨贵是一位官员的跟班，一次他跟老爷出去作客。席间，另一官员的嘴唇边沾了一粒米，其跟班轻声提醒道："老爷，您的龙口一颗珠。"老爷一听，心里明白，轻轻用手帕一沾。席间众人心里都在说："这小子，真会说话。"杨贵的老爷看到别人跟班如此机灵，会说话，把尴尬难堪化为风雅，多叫人羡慕。就对杨贵说："跟班会说话，主人也长脸。以后学着点，记住了吗？"杨贵回答道："记住了，这么一点事，谁还干不了，不就是说一句好听的话么，我要遇到这样的事，比他还会说。"老爷听了高兴地说："那下次就看你的了。"再一次，杨贵又跟老爷出去坐席，宴席中间，老爷故意在唇边沾了一根粉条，他想让杨贵看见，也学一下人家的跟班，但杨贵狼吞虎咽只顾自己吃，根本没注意到老爷的一举一动，老爷实在无法，便在桌底下踢了杨贵一下。杨贵这才抬起头一看，老爷正瞅着他，他正要问为什么踢我，只看见老爷用筷子指了指唇边的粉条。杨贵这才想起来老爷的吩咐，便放下筷子，悻悻然大声说道："老爷你看，你的粪门一根虫。"席上众人听杨贵这么一说，哭笑不得，老爷气得脸都发白了。

0197 李则广题字贺寿

别　　称：无
级　　别：市州及以下级别
流布区域：甘谷县大像山镇及周边乡镇
传承现状：濒临失传
简　　介：伏羌城里有位姓佘的衙门班头，是地方一霸，时常狐假虎威，敲诈勒索，好事不做，坏事有余。这年，他父亲寿诞，因李则广是地方名儒，就用重金请到他家，席前，佘班头亲自研墨端砚，铺开红绢，请李则广题字贺寿。李则广思索片刻，欣然命笔，一气呵成写了"体悬起敬"四个龙飞凤舞的大字，博得众人齐声喝彩，各人们斟字酌句，品评玩味，都说李爷这四个字意蕴深奥，妙不可言。李则广听了众人的称赞，只是捋着胡须"嘿嘿"一笑。事后，一位老相好专程登门请教李则广，问这"体悬起敬"是什么意思。李则广哈哈一笑，诙谐地说："古人有两句诗，远看山有色，近听水无声，这几个字或许会远看而知其意，你不妨去试试看。"这人听了李则广的话，跑到佘家大门口抬头一看，不禁惊呆了，那正堂红绢上分明写着的四个字是：：本县走狗。"这人惊奇得不得了，揉了揉眼睛，向前走了几步，茅塞顿开，恍然大悟，脱口说道："原来如此，佩服，佩服。"

0198 瓜和尚坐化报恩寺

别　　称：无
级　　别：市州及以下级别
流布区域：甘谷及周边
传承现状：濒临失传
简　　介：故事一，瓜和尚（一作光和尚）是伏羌县城潘家巷人，童年即出家修行，在西安大雁塔受戒后留该处，任三年羯摩师，后归故里，在县城内北街的报恩寺任方丈。有一天，众弟子见他与往日一样坐功，久坐不起，便去叫他，发现他却已经圆寂。寺内各殿宇的钥匙原在他身上，这时却不知去向，众弟子把瓜和尚安葬于大像山大佛石窟西侧永明寺放戒碑旁的岩穴内。过了几天，有一个四川做生意的人寻到寺内，说受瓜和尚之托，到报恩寺交钥匙。众僧颇感疑惑，问明情由，来人说，他在四川遇到瓜和尚，瓜和尚对他说："我把钥匙忘交了，请你捎回去，务必交给报恩寺僧人。"众僧问到遇见之日是何日，恰是瓜和尚圆寂之日。故事二：甘谷话称呆为"瓜"。清康熙年间，伏羌县北街报恩寺有个紫光和尚，衣服脏污破烂，小孩向他吐唾沫，投掷石子瓦片瓜皮等物，他全然不理会。他说的话疯疯傻傻，多是人不能理解的疯话，就把他戏呼为"瓜和尚"。但瓜和尚却常常与有名的义士潘钦岳先生呱哒，人们感到奇怪。据说，民间遇到疫病流行，只要求瓜和尚祈禳，定能转危为安。后来瓜和尚坐化于大像山太昊宫前。僧众遂将他的肉身抬于大像山中腰的双明洞下，开窟以葬并立碑为志。碑至今尚存其处。

0199 魏绍武挺身解兵难

别　　称：无
级　　别：市州及以下级别
流布区域：甘谷及周边
传承现状：濒临失传
简　　介：一九二九年，吉鸿昌率领部队击退盘踞宁夏的马仲英部，担任了宁夏的主席。不久冯玉祥急调他出关。吉鸿昌离宁夏不到一个星期，马仲英部代理司令马谦，就来进攻宁夏。马谦补充马仲英残部，仍以万人之众，进至杨和堡一带。宁夏首府人心惶惶，预感大祸又要临头。魏绍武与省府参议郑海峰先生审度局势，认为应该先礼后兵，商定前往杨和堡面见马谦，疏通解决，确保人民安宁。魏绍武已经探知马谦之所以蠢然思动，乃因为河套地方穷苦，粮草缺乏，军饷困难，实有不得已的苦衷。经商得各方面的同意，俩人到了杨和堡。通过交谈，魏绍武见马谦青年机智，深明大义，又恐临时生变，乃进而以江湖义气打动他，提议与他刺血结盟，拜为异姓兄弟，马谦表示赞成。马谦说："大哥怎么讲，我都遵从，决不违命。"魏绍武说：“既然如此，我要同您约法三章：你部官兵进城购物，不能携带枪支武器，以免和苏雨生部发生冲突，此是最重要的事；再者您要约束部属，遵守军人纪律，与地方绅民各界联络情谊，和平相处。”马谦一一首肯。魏绍武和郑海峰回城以后，大家商议备办酒宴，开了个联欢会，消除了双方敌对情绪。粮草军饷，一一如约照办，一场风暴顿告平静，真是化干戈为玉帛。

0200 梢子坡

别　　称：无
级　　别：市州及以下级别
流布区域：甘谷县城及周边乡镇
传承现状：濒临失传
简　　介：在甘谷西南一带，有一地名叫"梢子坡"，又名"烧纸坡"。据说该地系唐先祖西魏柱国李虎，北周唐国公李昺墓所在地，在这里还流传一段关于唐太宗李世民祭祖的传说。据说，唐太宗李世民即位后，曾寻根问祖，因走错路到秦安，后由秦安至甘谷，当他得知先祖坟墓在甘谷南山一带时，让随从人员鸣锣击鼓，准备纸钱去祭祖。这日，他们行至南后山区时，晴朗的天空突然下起了大雨，他们因路滑泥泞行进受阻，只能将纸烧于祖坟下面的一长坡处。为铭记唐太宗寻根问祖的史实，当地人将这一长坡命名为"烧纸坡"。随着时间的推移，人们代代相传，名称发生了变化，"烧纸坡"演变为"梢子坡"。

0201 老黄牛变作饮牛潭

别　　称：无
级　　别：市州及以下级别
流布区域：甘谷及周边
传承现状：濒临失传
简　　介：传说，以前有个村庄，村里有个地主，十分霸道。王二小就放着他家九十九头大黄牛。早上王二小赶着牛村外去吃草，中午便赶牛到潭池去饮水。每当牛饮水的时候，王小二就看到牛群里好像多了一头牛。那年冬天，王二小的妈妈得了伤寒病需要吃牛黄炖鲤鱼才能治好。王二小没钱买药，就向东家去借，被东家赶了出来。他走到潭边，跳到水中抓鱼，冻得失去了知觉。等他醒来，发现一头大黄牛偎卧在身边，他正奇怪，牛却说话了："二小，你是个孝子，这几尾鱼，几块牛黄拿去给你妈治病吧。以后再用着我，就到潭边叫三声牛大哥，我就会来帮你，但太阳快落山时就得回去。"二小记住了黄牛的话。谁知这件事让东家知道了，他刁难王小二说："你欠了我的债，我要那牛给我耕一百天的地。"小二来到潭边依照牛大哥教的办法请来了大黄牛，并告诉它事情原委。大黄牛听了，答应给小二帮忙。大黄牛给地主耕了一百天的地，眼看太阳就要落山了，东家不让走，小二一再乞求东家，东家仍不让走，小二就用镰刀砍断了缰绳，黄牛驮上二小就跑，可是太阳落山了，牛回不去了，一头倒在潭水边，变成了一座山，二小掉进潭里淹死了。后来人们就把这座山叫卧牛山，潭叫饮牛潭。

0202 石蛤蟆托梦凿牙齿

别　　称：无
级　　别：市州及以下级别
流布区域：甘谷及周边
传承现状：濒临失传
简　　介：甘谷县城西的小沙沟沟脑（沟脑、方言意即沟头、沟入口之处），就是白家湾乡的宋家岔，宋家岔村庄下面，有一块比一间房子还要大的石头，形状像个爬在那里的癞蛤蟆。它的头朝南，尾朝北，静静地横卧在沟里。传说这个癞蛤蟆有灵性，它头朝南用很大很大的口在四川吃大米，尾朝北把粪屙在小沙沟里，这些粪被沟里的流水带到甘谷川道，肥了川道的田地。因此，甘谷川道的粮食亩产很高，就连号称天府之国的四川也赶不上。有一天晚上，石蛤蟆给甘谷川里人托梦，说："我现在牙齿老了，嚼不烂四川的大米，你们赶快请一个石匠，把我的牙齿凿一下，就锋利了，要不吃不下东西，就屙不出屎来，你们就要受穷。"许多人梦到这个睡梦，就互相转告，人们赶快找石匠。有一个石匠说他的手艺是独一无二的，凿石蛤蟆的牙齿不费吹灰之力。人们信以为真，就把凿牙的事交给了他。想不到这石蛤蟆的石质特别坚硬。石匠在众人眼前凿了三天，连一道印痕都没有凿出来。石匠凿着凿着生气了，举起铁锤，狠劲朝石蛤蟆的唇砸下去，石蛤蟆的下嘴唇掉在了地上。石匠也摔倒在地，一下死去。从此，石蛤蟆再也不能吃东西了。甘谷川里的收成也大不如以前了。甘谷说这件事的两句话流传了下来："砸掉石蛤蟆的唇，甘谷人才知道了穷。"

0203 神仙梁的传说

别　　称：无
级　　别：市州及以下级别
流布区域：定西市通渭县马营镇一带
传承现状：尚在流传
简　　介：神仙梁源于通渭马营境内的禅收于山，上衔"陇右明珠"兴隆山，下通通渭县东南，继续延伸又劈分为两支，平等并列，自西北至东南直插秦安境内。靠北面的一支称作"大神仙梁"（俗名四癸山），今称吊湾梁，梁长40多公里，主峰屹塔梁海拔1863.4米。中间的一条称"二神仙梁"或"小神仙梁"，自郭集至郭嘉、邵咀，梁长近20公里，海拔约为1600米。相传在唐朝初期，这里人烟稀少，水草丰茂，灌木丛生，奇禽异兽栖居于一片白云之间，是一个避乱修炼的好去处。传说当时有位名秦系，号"南安居士"的人，因避乱世，迁居到通渭县东南五十里的石峰山，穴居修炼。这里峰峦叠嶂，挺拔秀丽，谷幽水澈，林木郁郁葱葱，并有石洞、小桥等，确是"石磴登云原有路，山门迎旭别开天"。秦系在这里日出上山采药修炼，日没归穴憩息，逍遥自在，沐浴于烟霞泉石之间。松龄长岁月，鹤语记春秋。秦系经过磨炼与研习，集智慧与经验著成《老子经》。又过了若干年，他脱俗成仙了，常为灾难沉重的老百姓解除痛苦，消祸减灾，因而受万民景仰与推崇。人们称秦系为神仙，此山因之成了神仙岭、神仙山。后来，又称"神仙梁"。

0204 红崖山的传说

别　　称：无
级　　别：市州及以下级别
流布区域：民勤
传承现状：广泛流传
简　　介：传说苏武在北海牧羊时，其才学得到匈奴右贤王的赏识，其将掌上明珠红媛公主嫁给了苏武。婚后，他们育有二男一女，大儿子取汉名苏通国，小儿子取胡汉杂名苏布义或苏木依，女儿取胡名马兰花或那仁花。由于右贤王在战争中生死不明，他们一家便来到休屠王的领地生活。在这里红媛公主广施医术，受到贵族和牧民的爱戴。一次机缘巧合，还救了黑豹一家。后来，战争又爆发，休屠王国灭。红媛和匈奴难民重新建立了一个小小的五胡杂居的国家——红媛花儿园。万万没有想到的是，一帮汉人乘苏武及其长子上山采药之机，将他们绑架掳走。不久，红媛花儿园之事被霍去病知晓。红媛经过谈判，说服霍去病答应"只杀红媛一人，而让其他五族人众归顺保命"的条件。在行火刑之时，红媛被黑豹所救，消失得无影无踪。

后来，人们就把红嫒隐身的那座大山叫作红嫒山。再后来有人见红嫒山的山崖略显红色，便将红嫒山写成了红崖山。

红崖山风光

0205 苏武山的传说

别　　称：无
级　　别：市州及以下级别
流布区域：民勤县
传承现状：广泛流传
简　　介：大漠深处有个白亭海，白亭海畔有个牧羊泽，牧羊泽边有座山，它的名字叫苏武山。苏武山下传唱着一首古老的英雄赞歌。相传，西汉时天朝的北面有个匈奴国，他们仗着自己善于骑马射箭，经常与汉天子为敌。天朝派去的使者都被他们扣留了。但匈奴单于害怕汉朝趁机派出围剿，就派人送回了汉朝的使臣。汉天子为了答谢他们的美意，就让苏武带着珍宝丝帛，一并将汉人扣压的匈奴使者给他们送去。但是匈奴人不理解天朝的美意，误以为天朝害怕他们，反将苏武等又扣留了。匈奴人爱惜苏武是个人才，威逼利诱，企图迫使他投降。苏武既不为珍宝所动心，又不为酷刑所屈服。最终苏武被单于发配到北海边牧羊十九年。寒冷、饥饿、孤独都不能屈服他的心，唯独对天朝、家乡和亲人的思念，熬煎着他的心。他天天登高，年年送目，痴心不移。传说他的赤诚终于感动了天神，赐他以高山，助他远望家乡，此山便叫苏子岩。又赐他以甘泉，助他度过旱季，此泉便称作"蒙泉"。还赐他以芨芨草，助他补衣锥鞋（锥鞋，意即做鞋）。

苏武雕像

0206 青土湖的传说

别　　称：无
级　　别：市州及以下级别
流布区域：民勤
传承现状：广泛流传
简　　介：很早很早以前，青土湖以北的草原，都是王爷的领地。有一年，从外地来了一个戏班子，给当地牧民演唱，王爷听到后，派人把这个戏班子叫进府里演唱。后来索性把这个戏班子的人全部扣留下，供他一家人玩乐。在一个漆黑的夜晚，艺人们在后花园守门老人的帮助下，逃走了。第二天，王爷知道了，大为震怒，立刻派马队跟踪追赶。戏班子的人前面逃，马队随后追，一直追到青土湖边。戏班子的班主对大家说："我们如今是前临大湖，后有追兵，与其叫人家拿去受辱，不如我们一块儿死在湖里，大家以为如何？"所有的人都高声喊："好！"于是他们打开箱子，拿出乐器，吹的吹，弹的弹，拉的拉，唱的唱，一齐向湖水深处走去。马队追到岸边，只见戏班子的人正在快要没顶的湖水里吹拉弹唱，渐渐向湖中心走去。追兵不由得暴跳起来，领头的队长传令："拉开弓箭，给我射死他们！"忽然就地起了一阵大风，刮得飞沙迷眼，天日无光，湖里波浪滔天，掀起几丈高的水柱扑向岸边，把岸上所有的人马都卷进湖中淹死了。从此以后，每当风清月朗的晚上，湖心里就传出悠扬的音乐声音。这是戏班子的人英灵不泯，还在为当地的老百姓献艺哩！

青土湖

0207 抓山鸟和支山石的故事

别　　称：铁柜山的故事
级　　别：市州及以下级别
流布区域：古浪县
传承现状：良好
简　　介：这一故事在古浪的原名又叫《铁柜山的故事》，也叫《抓山鸟和支山石的故事》。20世纪50年代，古浪籍著名儿童文学作家赵燕翼先生根据铁柜山的故事和抓山鸟，支山石以及十二小磨推金子的故事改编创作了著名童话《金瓜儿银豆儿》。该童话曾被译为英、法、日、俄、越南等十几种文字，在世界童话界交流，影响很大。

0208 张四姐宝卷

别　　称：无
级　　别：市州及以下级别
流布区域：临泽城乡
传承现状：目前在临泽群众中继续流传。
简　　介：此卷出自宋朝年间，讲东京秀才崔文瑞，父亡，又遭火灾，家被焚毁。崔文瑞讨饭养母。仙女张四姐私自下凡与崔文瑞相配。崔文瑞受恶人王员外诬陷，张四姐大闹东京，最终一家回到天宫。此故事劝诫人要有孝心，不做坏事，要干好事。也反映了青年敢于冲破封建礼教束缚，人胆争取婚姻自主，追求幸福、自由的精神。

0209 乌鸦宝卷

别　　称：无
级　　别：市州及以下级别
流布区域：临泽城乡
传承现状：目前在临泽城乡群众中继续流传。
简　　介：此卷按体裁和内容划分，属于民间传说类，出自年间，京城百木村王晓泉自幼父母双亡，娶刘氏，小泉出门经商，托相龙带书信给妻子，相龙与刘氏私通，谋害丈夫，诬赖在父兄身上，买通官员把刘家父子屈打成招。包相爷查内情，真相大白，恶人受惩，好人蒙恩。此宝卷告诫人们莫行恶事，必定罪，做好事会得好报。

0210 劈山救母卷

别　　称：无
级　　别：市州及以下级别
流布区域：临泽城乡
传承现状：至今在临泽城乡群众中继续流传。
简　　介：此宝卷出自大唐武宗年间，讲的是商洲书生刘锡进京赶考，路经华岳庙，与华岳三娘结成夫妻。华岳三娘犯天条被兄二郎神困于黑云洞中。三娘想方设法助刘锡中得状元。娶相女、做太守，一边三娘黑云洞中产子沉相子，并交由刘锡与相女抚养。沉相子历尽磨难，劈山救母，最后与母归天庭，此卷以孝道为主题，反映了青年男女敢于冲破封建礼教束缚，大胆追求婚姻，追求幸福，具反封建异彩。

0211 杨家坟园的传说
别　　称：无
级　　别：市州及以下级别
流布区域：临泽新华镇
传承现状：从宋朝流传至今
简　　介：地处祁连山下的新华镇西柳沟村西的山坡上，有一座高大的坟园，俗称杨家坟园。相传北宋年间，杨家女将奉命征西夏，与西夏甘州守兵在此地展开血战。后因粮草不济，兵士水土不服，而遭重创。杨家女将从威狄堡率兵突围，路遇西夏回回骑兵部落，被回回兵全歼于此。当地百姓闻念杨家一门忠烈，将杨家女将埋葬于此处，并立石碑以昭示后人纪念。后因修渠筑路等原因石碑遗失，但杨家坟园却一直矗立在祁连山下的山坡滩上，历经山洪冲刷仍就挺立在岁月的洪荒中。

0212 张青贵宝卷
别　　称：无
级　　别：市州及以下级别
流布区域：临泽城乡
传承现状：目前在临泽群众中流传
简　　介：此宝卷出自大宋年间，讲东京有个叫张青贵的因家门败落，母病想吃肉，没钱买肉又赊不上肉，剐自己胳膊之肉奉母，因刀伤发作而亡，其孝心感动菩萨，遂救他还阳，宋天子感其孝心，遂封官，全家尽享荣华，后得知家中之人皆是落入凡间的星宿，终都归天宫，归原位。此宝卷以孝道为主题，突出对孝道思想传承的愿望。

0213 客人住店
别　　称：无
级　　别：市州及以下级别
流布区域：临泽城乡
传承现状：目前在临泽城乡群众中流传
简　　介：数九寒天，有一凉州人，一个肃州人，还有一位兰州人同时来到一家客店，住在一间客房。但客房的炕只有一方方是热的，四人争执不下。兰州人说："我们干脆对几句打油诗，谁对得好，热炕谁睡。"甘州人先作道："甘州有个木塔寺，离天还有七八尺。"凉州人说道："凉州有个柳墩，离天还有九分。"兰州人说道："兰州有个钟鼓楼，半截子插到天里头。"轮到肃州人，肃州没有啥名胜古迹，就说道："肃州啥也没个啥，这方方热炕我睡下。"说完，先睡到了热炕上。（注：一方方，即一块块。）

0214 民间轶文
别　　称：无
级　　别：市州及以下级别
流布区域：临泽城乡
传承现状：在临泽城乡群众中继续流传
简　　介：山上青松山下花，花笑青松不如它；有朝一日寒霜降，只见青松不见花。嘴里舌头嘴里牙，牙笑舌头不如它，有朝一日人老了，只见舌头不见牙。河里石头河里沙，沙笑石头不如它，有朝一日发洪水，只见石头不见它，书田丰收读的书多胜大丘，不需耕种自然收。白天不怕人来借，夜里不怕贼来偷。蝗虫水旱无损伤，快乐风流到白头。

0215 榆树城的来由
别　　称：无
级　　别：市州及以下级别
流布区域：临泽县城乡
传承现状：从明朝万历年间流传至今
简　　介：据民间相传，明朝万历年间，在丝绸古道沙河就有一座小城，叫榆树城。现在的沙河镇就是原先的榆树城。那时这座小城的城墙是用土筑起的，在西峰楼北侧的城墙上长着一棵样子奇特的榆树，枝叶茂盛。夏天，人们都到城墙上乘凉，闲谈。日子久了，本地人和东来西去的人都叫沙河城是榆树城，当时这个地名闻名河西。到后来，这棵榆树干枯消失后，榆树城才改叫沙河堡。

0216 临泽方言土语

别　　称：无
级　　别：市州及以下级别
流布区域：临泽城乡
传承现状：目前在临泽群众进行流传
简　　介：方言是流通于一域之言、一地之语。古人在阅读古书、训释古代词语而若疑于其义时，往往借助于方俗之言加以比对、参证，而使疑点涣然冰释。有许多先例，可见方言的价值。一个地方有一个地方的土语方言，必然会有一些独特的语汇，对临泽的方言，要是进行语言学上的研究，一定是件有意义的事。"语言也是历史，是民族无形的肤色。"有谁的心理上能不温热着一脉方言的气息呢？这些村言俚语，无论是语音，还是语源，都是言之成理，持之有故的，可以窥见许多临泽人的风俗民情和历史遗迹。有感于此，多年来在日常生活中注意搜集记录下了本地方言土语，分别归类，共有 14 类 1000 多条。临泽方言属汉藏语系汉藏语族北方话语支西北话语区张掖话语群临泽话点。自 20 世纪 50 年代以来，随着教育的发展普及，民族文化的提高及普通话的推广，民族共同语的影响日渐扩大，方言的作用逐步缩小，部分方言已经或正在消失。注意弄通方言，可以避免错觉造成的失误、笑话。

0217 青马传奇

别　　称：青马传奇
级　　别：市州及以下级别
流布区域：临泽县城乡
传承现状：从北宋一直流传至今
简　　介：在距临泽县城西北大约三十多里路的小屯古寨堡，有个西平滩。西平滩上有一个沙窝，沙窝里有一座沙坡，高有五六十米，方圆几十里。传说北宋仁宗年间，狄青为给仁宗母亲治眼睛，来到这里找凤凰屎，被鄱阳公主招了亲。凤凰屎没找到，狄青心中很着急，便拉着自己的马边放牧边想主意。历尽千辛万苦，凤凰屎终于到手了。为了不被鄱阳公主发现，狄青慌忙骑了鄱阳公主的马回京复命去了，自己的大青马却遗弃在这里。狄青走后，这匹马不吃不喝，每天走到沙坡上向东嘶叫，不久便忧郁而死了。传言自从这匹马死后，传言每当太阳落山的时候，远远望去，能看到沙坡上站着一匹大青马头向东，隐约还能听见马的嘶叫声。人们都说这马就是狄青的那匹马。

0218 仙姑庙的传说

别　　称：无
级　　别：市州及以下级别
流布区域：临泽县
传承现状：流传于临泽县城乡一带
简　　介：在距临泽县城以北约三十公里的板桥乡东柳村处有一座很有名气的老庙，叫"仙姑庙"，传说汉朝初期，张掖北门上有一个姓何的老汉，身旁只有一个相依为命的女儿。有一年，黑河发大水，冲毁了许多房屋田地不说，还淹死了许多人。因而这个姑娘便有了修桥的念头，乡邻和来往为此感念她行俚的路人也都纷纷帮忙修桥。就在大桥即将合拢时，黑河又涨了一次大水，桥被冲毁了，为此姑娘转而跳进浊浪连天的黑河，姑娘投河后，咆哮的河水渐渐变小了。两岸感念她善行的乡亲们将她掩埋了，并为她修了一座庙。汉武帝元狩二年，霍去病的队伍被困在黑河北岸，眼看匈奴追兵已到，情况万分危险。就在这时，忽见一白衣妇人在河上架了一个晶莹的冰桥，助霍去病等过了河。匈奴追兵却无法过河，但匈奴王怒气之下放火烧了仙姑庙。再说霍去病得胜回朝后，便将仙姑菩萨的功德向汉武帝如实回奏，并请求加封。武帝便赐"平天仙姑"金匾一块，追封何仙姑为"平天仙姑"。从此，每逢四月初八，西北各省都有许多香客前来朝拜，仙姑的名声越来越大。这真是："弱女惠及梓桑福，功昭日月垂千古。有志何许须眉郎，女杰伟绩惊天地。"

0219 郭巨埋儿

别　　称：无
级　　别：市州及以下级别
流布区域：临泽城乡
传承现状：从古代流传至今
简　　介：郭巨是个孝子，家里有点好吃的，总是留给母亲，可母亲每次又留给孙子吃。天长日久，郭巨没有办法，就决定把儿子埋了。一天，郭巨哄着孩子说："我们到外面游去（游去，方言意玩即玩去）。"就抱着儿子来到一座深山里，挖了一个坑。土地神看见郭巨为了母亲埋儿子，就撒了几个瞌睡虫，郭巨便躺倒睡着了。土地神告诉财神爷郭巨为了母亲要埋掉儿子、恳请他不妨赐给几个元宝，保他一家过安宁日子。财神爷觉得情理可通，就赐了五个元宝。土地神把财神赐给的五个元宝埋进坑底。郭巨醒来继续挖坑，一连挖出五个金灿灿的大元宝，心想："要不为埋儿哪能得到元宝哩，有了元宝，就可以好好的把母亲侍奉到来世。"便打消了埋儿子的念头，领着儿子高高兴兴回家了。

0220 马刨泉的传说

别　　称：马创泉的传说
级　　别：市州及以下级别
流布区域：临泽县城乡
传承现状：自西汉一直流传至今
简　　介：在板桥以北约三四十里的地方有一座山叫羊台山。从羊台山往北走三四十里地有一眼泉叫马刨泉。此泉虽在荒山野岭、戈壁大漠的包围之中，泉水却经常碧蓝澄清，香甜爽口，是过路人和骆驼、羊群的生命线。传说汉武帝时期，北方匈奴经常骚扰河西地区，闹得这一带人心惶惶。汉武帝便派骠骑将军霍去病即击败匈奴，平息骚扰。霍去病率兵不辞劳苦，千里征战，来到河西走廊中部的沙漠地带。由于初到此地，不熟悉地理情况，大军又迷了路，走进一望无际的合黎山区。那时正值五六月天气，烈阳似火，晒得地上白刺都干枯了，整个大地似乎都在冒烟，马在喷鼻吐气，军士们大汗淋漓，不少将士干渴难忍倒在地上站不起来。霍去病望着无边无际的沙漠戈壁，心中也很着急。就在这样的情况下，他还是坚持率领将士们继续前行。走着，走着，他的马也不听使唤，渴得引颈长啸，用前蹄刨沙石，不一会竟刨出了湿漉漉的沙子，再刨，清水便溢了出来。霍去病便令军士挖下去。不到一个时辰，一个澄清的小泉出现在军士们的眼前。军士们喝足了水，越过羊台山，经过粮草补充和休整后，又一次深入匈奴腹地，将匈奴赶了出去。后来人们知道这个泉是将军霍去病的马用蹄所刨，便将此泉叫作马刨泉。

0221 羊台山的来历

别　　称：无
级　　别：市州及以下级别
流布区域：临泽城乡
传承现状：从汉朝流传至今

简　　介：板桥平夷堡的北面沙窝里有一座小山，名叫羊台山。相传汉朝的时候，大忠臣苏武到北国和番，被番鞑子扣到北国，要逼他投降。苏武宁死不屈，丁是番王就把他发配到北海牧羊。那时候叫的北海，就是北边的大沙漠，苏武就在这里整整放了十八年的羊。羊台山就是苏武牧羊时休息的地方，山头上有一片很平很平的平台。为了纪念这位坚贞不屈的忠良，此后就把这个山头叫羊台山。

0222　骂老鼠

别　　称：无

级　　别：市州及以下级别

流布区域：临泽城乡

传承现状：目前在临泽城乡仍然流传

简　　介：有一个勤劳无知的老人，一天总是跟几头肥肥胖胖的猪打交道，整天为猪割草拌食，把猪喂得肥肥胖胖的。到了秋天，他把猪卖了，得了一大笔钱。钱到手后他高兴地用红布包起来。他儿子对他说把钱存到银行里，他说银行骗人，还是放在家里放心。儿子也就没说什么。于是他就将这些钱藏到一个墙缝里。过了几年给儿子娶媳妇要花一大笔钱，他小心地把手伸到墙缝里取钱，摸出来地却是满把纸沫。钱呢？被老鼠磕碎了。儿子埋怨老子不该把钱藏到墙缝里，老人却大骂老鼠不讲道德和仁慈。

0223　八月十五

别　　称：无

级　　别：市州及以下级别

流布区域：临泽城乡

传承现状：在临泽城乡群众中仍然流传

简　　介：过去有一个穷教书先生。有一天，他看见一个学生书包里装着几个雪白雪白的圆馍馍，想要点儿吃，又觉得丢面子。恰巧这一天讲的是月亮，上课时，他说："今天我给你们讲月亮，谁有圆干粮，拿出来做个例子。"这个学生就把馍拿出来给了教书先生。先生拿着馍对学生讲道："这像不像个八月十五的月亮，又圆又大？"学生齐声答道："像。"然后他把馍吃得只剩一个边边，对学生说："这像不像个弯弯月牙？"最后他把馍全部吃光了，对学生说："现在是过年的三十晚上，什么月亮也没有了，漆黑漆黑。"

0224　车夫状元

别　　称：无

级　　别：市州及以下级别

流布区域：临泽城乡

传承现状：自古代流传至今

简　　介：过去有一学士，受皇帝之命去京城主持科考。由于路途遥远，就雇了一辆车。当车子路过一个村庄时，学士看见两个人在拉木头。他从没见过这样的场景，就问车夫，车夫说："这叫士大夫往下扯。"学士从没听过这么个话，再问又觉得害羞，便又往前走。当车子路过一片烂泥滩，滩底的泥经太阳曝晒片片卷起，学士从没见过，就问车夫，车夫说："这叫日晒胶泥卷。"学士从没听说，还是不懂，再问又觉得丢面子。继续往前走，当车子路过一片沙枣林时，沙枣花香气扑鼻，树叶青里带白，学士从没见过，就又问车夫，车夫说："这叫金花银叶片。"学士还是没有听说过这么个东西，当然还是不好再问。到了京城，学士便一头钻到书房里找答案，找了三天三夜，也没找出来，就认为这是非常高深的学问。转眼到了考期，学士便将这三句话作考题，结果没一个人能答出来，学士就推荐这个车夫当了状元。

0225　二度梅宝卷

别　　称：无

级　　别：市州及以下级别

流布区域：临泽城乡

传承现状：至今在临泽群众中流传

简　　介：这部因果宝卷讲了这样一个故事：大唐肃宗年间有一清官叫梅魁，不畏权贵，被奸相卢杞害死，家破人亡，其子梅良玉历经磨难中状元，最终惩奸佞。突出了反对奸臣赃官污吏，民众对清廉政治的期盼。

0226　丁郎刻母

别　　称：无

级　　别：市州及以下级别

流布区域：临泽城乡

传承现状：从古代流传至今

简　　介：丁郎是个独生子，父亲死得早，是母亲辛辛苦苦的把他拉扯大的，还给他娶上了媳妇。可是，丁郎长大不但不报答母亲的恩情，反而经常无缘无故地毒打自己的生母。有一回，丁郎照常去村外耕地。他看到地埂外老榆树上有一个乌鸦窝，几只小乌鸦给大乌鸦喂食。他想："乌鸦都知道孝敬母亲，何况我是人。从今以后再也不打母亲了，要好好孝敬老母。今天老母来送饭。我要给母亲磕头赔罪。"过了一会儿，母亲送饭来了，丁郎三步并作两步跑了过去。母亲见儿子拿着牛鞭大步流星跑来，害怕又是一顿毒打，便一头撞死在老榆树上。丁郎万分悔恨，就把地旁的榆树放倒，刻了一尊母亲的像，献在桌上，年复一年，日复一日，上香磕头。

0227　鹦哥宝卷

别　　称：无

级　　别：市州及以下级别

流布区域：临泽城乡

传承现状：在临泽城乡群众中继续流传

简　　介：此宝卷出自大宋年间，讲相果山沙柳树上有一对黄莺，生了三只小鸟，公黄莺死后，母黄莺想吃香梨，三子鹦哥去张三园中为母盗梨遭恶人捕捉，几番脱困。后老黄莺死，鹦哥孝心感动观音菩萨，托它上普陀山，修善真性。此卷以孝道为主题，劝诫世人要孝敬父母，突出对孝道思想传承的愿望。

0228　羊台山的传说

别　　称：无

级　　别：市州及以下级别

流布区域：临泽县板桥镇

传承现状：现已列入临泽县第一批非物质文化遗产保护目录

简　　介：在距临泽县城以北约一百里路的合黎山前，有一座山叫羊台山。羊台山气势雄伟，巍峨连绵，是临泽八大景之一。传说很早很早以前，有两位仙人云游到羊台山下棋休息，山上一放羊老汉碰巧看到。两位仙人棋艺高超，放羊老汉看得不肯离去。山下的树叶黄了又绿，绿了又黄，老汉一点也没察觉到。突然两位仙人丢下棋盘登云而去，转眼已无影无踪。老汉正在纳闷，拿过放羊棍，发现棍的下半截已经朽了。放眼望去，哪里还有羊的影子。原来老汉只顾看棋，转眼在人间已过了两年。最后他便选择在羊台山苦心修练，终于在仙人的指点下得道成仙。至今，传言有人还在羊台山发现过棋盘和棋子。棋盘有一间房子大小，棋子有脸盆那么大。

0229　长工戏地主

别　　称：无

级　　别：市州及以下级别

流布区域：临泽县城乡

传承现状：从古代流传至今

简　　介：从前，有一个村庄里有两个地主，都是吃鬼，谁要是请上好好吃一顿就说谁家好，谁家要是不请他们吃喝，他们就无事生非。有一天，村里有个扛长工的穷苦人，一大早就把两个地主请到家里让到炕上面，并在炕旮旯里的箱子上放一个馍，然后就到灶伙（灶伙，方言，意即灶房、厨房）里去了。两个财主坐在炕上，听见灶伙里"吱啦""吱啦"地响，美美地想："今天又该吃一顿了。"两个地主从早上坐到晌午，"吱啦"声也从早上一直响到晌午，就是不见端饭菜来。他们显然等得不耐烦，但他们都猜长工一定是做了很多很多的好饭好菜，于是仍然耐心地等着，等着，等着。直到日头偏西，肚子饿得实在不行，见箱子上放着一个馍就分着吃了。长工暗中偷看地主把馍吃了，大惊失色叫道："老爷，不得了，那可是给老鼠放上的药馍。"两个地主一听吓得跳了起来，急忙问："有啥办法解药不？"长工说："办法倒是有，那就把老爷太委屈了。"地主说："只要能有解药，啥都行。"长工说："喝三马勺淘米水，就没事了。"地主为了活命，每人咕咚咕咚喝了三大马勺淘米水，把肚皮喝得遮住了脚面，哪还有心思等着吃呢？只好灰溜溜地回家了。

0230 紫荆宝卷

别　　称：无
级　　别：市州及以下级别
流布区域：临泽城乡
传承现状：在临泽群众中继续流传
简　　介：此宝卷出自唐朝玄宗年间，讲江陵员外田德生子三人，临终嘱告三兄弟不得分家，若分家，镇宅三宝——紫荆树、土地尊神、门口石狮将走失。谁料后来家道即将败落，三媳焦氏挑拨分家，田大、田二心地善良，做官荣耀，田三败落，终悔过，焦氏死于野郊，在神灵帮助下紫荆树复活，三宝复还，一家人合家而过，生活幸福。此卷告诫人们善有善报，恶有恶报。

0231 红江匣卷

别　　称：无
级　　别：市州及以下级别
流布区域：临泽城乡
传承现状：至今在临泽城乡群众中流传
简　　介：此宝卷出自大唐宗年间的海洲，讲红浓书生陈光蕊逢招贤，进京赶考并一举中得状元，娶殷丞相之女殷凤为妻。夫妇二人接寡母卜任途中，母病，留白花店养病，夫妇及仆人在江边，误上贼船。陈光蕊及仆人被扔江中，幸被龙王报恩救于龙宫，殷凤被水贼刘洪霸占并冒陈之名上任。殷凤产下一子被迫弃于江中被和尚所救，其十八岁得知身世，寻母，寻祖母，寻父。他寻到外祖父后才得绞杀刘洪，救了母亲，陈光蕊还魂，一家人团聚。此卷劝人行善，告诫人们不能作恶，否则害人害己，天地不容。

0232 花灯宝卷

别　　称：无
级　　别：市州及以下级别
流布区域：临泽城乡
传承现状：在临泽城乡群众中继续流传
简　　介：此因果宝卷出自宋朝仁宗年间，讲京城元宵节办灯节，柳金钗小姐看灯冲撞神灵，被李保夫妇谋害。柳小姐表哥颜查三被冤判，包相爷三下阴曹，为颜伸冤。真相大白，颜查三、柳金钗还魂结成夫妻，惩治恶人。此卷告诫人们要行善事，不作恶，善有善报，恶有恶报。

0233 黑河的传说

别　　称：无
级　　别：市州及以下级别
流布区域：临泽县城乡
传承现状：已列入临泽县首批保护的非物质文化遗产保护目录

简　　介："黑河如带向西来，河上边城自汉开。"黑河，《水道提纲》云："即古羌谷水也。"相传，远古时候，这里没有水，也没有人烟，是一座寸草不生的石头山，原因是没有水源。玉皇大帝降了一道圣旨，将天河水流到本地，长年激流不息。没过几年，这里就迁居了不少人家，生活过得很是美好，因得益于天河水，故名"通天河"。潺潺流水像山涧小溪那样清纯亮丽，清澈见底，游鱼可数。相传西汉骠骑将军霍去病，率兵西征，平定匈奴时，在通天河边安营扎寨，每个士兵独个做饭。每次做饭，成千上万的士兵就拿锅到通天河里端水；饭罢，又到通天河里洗锅。这样本是晶莹透亮的河水就被锅底的烟霉染污成黑水了。由此，人们便把通天河改称为黑河了。到现在，经过漫漫岁月，河水虽然碧蓝澄澈，但河的名称仍然叫黑河。传说毕竟是传说，客观事实是由养育黑河的祁连山褐黑色而得名的。黑河之所以叫黑河，《甘州府志》记载黑河"源出雪山，岩深石黑，故黑河"。

0234　孟姜女哭长城宝卷

别　　称：无

级　　别：市州及以下级别

流布区域：临泽城乡

传承现状：至今在临泽城乡群众中流传

简　　介：此宝卷说的是秦始皇主筑打长城的故事。美丽机智的孟姜女主动追求主管修长城的范郎，结成夫妻。新婚不久范郎被奸臣污蔑活打入长城。孟姜女历经千辛万苦寻夫不得，哭倒一段长城后、滴血认夫骨，抢棺沉海的故事。此卷反映了男女青年追求爱情，忠贞不渝的情操和对妇女优良品质的赞赏。

0235　白长胜逃难宝卷

别　　称：无

级　　别：市州及以下级别

流布区域：临泽城乡

传承现状：现在继续流传

简　　介：此卷出自唐朝年间，西京长安郊区白家庄白员外四十三岁得子白长胜，老妻病故，娶恶妻张氏，生子白长寿。张氏百般折磨白长胜，后白长胜在白长寿的帮助下逃难在外，遇李知县之女秀英并娶秀英为妻。白员外被张氏毒死，张氏被判点了天灯。兄弟二人并秀英回乡勤俭持家，和睦相处，过上了幸福的日子。此卷劝诫人们要贤良，兄弟要团结，家庭要和睦，这样就会过上幸福的日子。

0236　瞭马墩下一眼泉

别　　称：无

级　　别：市州及以下级别

流布区域：临泽县城乡

传承现状：已列入临泽县首批保护的非物质文化遗产保护目录

简　　介：很久以前，箭台的东南是一片草湖，草长的又稠又高。草湖边上有一个瞭马墩，墩下有一眼泉，周围的人们都把牲口吆[1]（吆，方言，意即赶）到这湖里去放。到了日落西山时，站在瞭马墩上一瞭，马在什么地方就看得一清二楚，顺着这方向一找，很快就找到了。一天下午，太阳快落山了，有一个老汉去吆自己的马，看到一匹很凶猛的马和他的马厮咬，自己的马竟被那匹马咬死了。而那匹野马奔向泉边，一晃就不见了。主人很伤心，回家的路上遇到一个云游道士，见他悲痛伤心，便说："施主，你有何为难之事，不妨向贫道一说。"老汉便将原情与老道说了。老道听了深表同情，并对老汉说："施主，你别难过，待贫道拿来那畜牲与你报怨吧。"几天后，道人引着徒弟，来到这眼泉旁，便对徒弟说："我下泉之后，待伸出一只手来，你就赶快把印递到我手中。"道人下泉后，不大功夫，泉中伸出一只簸箕大的手。小道吓坏了，赶忙把印搁到泉眼里，泉里的水红了，道人也没出来。传说，有一年，明麦渠刘家墩子的人把桶子跌（跌，方言，意即掉落）到井里。过了几天，他路过泉眼，看到自己的桶子竟在泉里。从此，刘家墩子的人桶子掉到井里，都到这泉中捞，你说怪不怪。

0237 护国卷

别　　称：护国佑民伏魔宝卷
级　　别：市州及以下级别
流布区域：临泽城乡
传承现状：继续在临泽城乡群众中流传
简　　介：按体裁和内容划分，此卷属于佛道教类。关公老爷在北京，大显神通，前朝保国，至今仍有忠心。在玄关显神通，鞑兵贼退；在都城，随朝护主。又扶民，又保安。忠直真烈，护国降魔。敕封降魔王，远震天尊，护国佑民。此卷中强调："有父母在堂时，活佛在世；敬父母，胜如是，口念世尊。"突出了对孝道思想传承的愿望。

0238 白马宝卷

别　　称：无
级　　别：市州及以下级别
流布区域：临泽城乡
传承现状：在临泽城乡群众中继续流传
简　　介：此因果宝卷出自河南偃师县。员外熊子贵娶妻杜金定，生子小玄玄，生女观音奴。熊子贵命薄，杜金定命贵，熊子贵恼怒之下休妻出门。杜金定骑白马与张三结为夫妻，买白马，家业逐渐盛大。其子小玄玄被熊子贵卖与山东张员外，张员外供小玄玄读书，做巡按。杜金定放河灯与子重逢，小玄玄河南寻妹，终相逢，一家人团聚享荣华，熊子贵死于破窑。一家人原是天上星宿下凡，老君县神手渡其上天宫。此卷奉劝世人要行善，要敬神，莫做恶事。

0239 何仙姑宝卷

别　　称：无
级　　别：市州及以下级别
流布区域：临泽城乡
传承现状：在临泽城乡群众中继续流传
简　　介：按体裁和内容划分，它属于佛道教类。此宝卷出自唐玄宗开元年间，讲吕洞宾三度持斋受戒，何仙姑苦修行，两人克服家庭阻力修成正果进入八仙行列的故事。此卷突出了对孝道思想传承的愿望。

0240 长工吟诗打官司

别　　称：无
级　　别：市州及以下级别
流布区域：临泽县城乡
传承现状：从古代流传至今
简　　介：主要反映了四个长工机智作诗和地主斗智斗勇，最后经县官判案，对财主打了四十大板的故事。

0241 康熙卷

别　　称：无
级　　别：市州及以下级别
流布区域：临泽城乡
传承现状：在临泽城乡群众中继续流传
简　　介：此卷出自大清康熙年间。山东六府地遭大旱十三年，民不聊生。山东官员奉章被奸臣国舅索奈公扣押，山东道台为民请命，被索奈公诬陷入狱。康熙听忠臣施不全之言，私访山东，历尽周折，还朝，惩奸臣，封忠良。此卷以反对奸臣、赃官、污吏为主题，突出了民众对清廉政治的期盼。

0242 绣红罗宝卷

别　　称：无

级　　别：市州及以下级别

流布区域：临泽城乡

传承现状：在临泽城乡群众中继续流传

简　　介：此因果宝卷出自大唐年间。济州府丹阳县员外张进荣娶妻杨海棠，年过四十未生养，三郎庙求子，三郎神赐子香哥。三郎神救香哥脱离大病，杨海棠绣红罗袍还愿，得神喜悦，下阴十二年奉命绣红罗袍四件。张进荣娶后妻沈桂英，后出外讨账被强人诬入监中。沈氏百般折磨香哥，香哥千辛万苦寻父。其孝心感动神灵，助其中了驸马，惩处恶人沈氏、赃官王连。一家团聚，一家四口被观音点化入仙境，回到天庭。此卷告诫人们行善事必有好报，做恶事必遭惩罚。

0243 农友冬咏

别　　称：无

级　　别：市州及以下级别

流布区域：临泽城乡

传承现状：在临泽城乡群众中继续流传

简　　介：几位农友冬闲炕头聚会，咏诗赋词，以助酒兴。约定每首诗的开头要用"桌儿四四方方"的一句话，结尾必须有《百家姓》中的一句话。谁要咏不上或咏的不合格，就罚酒一杯。大哥说："我先咏，桌儿四四方方，菜碟儿放在中间，筷头儿来来往往，来的客人是'周吴郑王'。"二弟接着说："桌儿四四方方，文房四宝放在中央，笔头儿来来往往，写出的文章是'柏水窦章'。"在旁侍候的三妹兴致顿生，不甘示弱，即兴咏出："桌儿四四方方，针线箩篮摆在中间，针头儿来来往往，绣出的针线活是'苗凤花范'。"

0244 绣红灯卷

别　　称：无

级　　别：市州及以下级别

流布区域：临泽城乡

传承现状：在临泽城乡群众中继续流传

简　　介：此卷出自唐朝年间。洛阳县员外温水林，妻亡，续恶人为后妻致使全家不宁。儿子温彦赞上京赶考，中状元被招驸马留在京城。儿媳杨月珍一心向善孝敬公公，倍受恶婆婆折磨。杨月珍善心感动神灵，助其几番死里逃生，进京寻找到丈夫并成为唐王义女，最终救出公公，惩戒贪官，历经磨难，最终一家人团聚的故事。此卷劝诫人们心存善念，善有善报，恶有恶报。

0245 侯梅英卷

别　　称：无

级　　别：市州及以下级别

流布区域：临泽城乡

传承现状：在临泽城乡群众中继续流传

简　　介：此宝卷出自大唐年间，一品功臣龙祥生子龙文景被侯知县之女侯梅英相中，王员外为其子去侯府求亲不成，联络赃官并贼寇诬陷龙家致使龙家老小坐牢。龙文景被乳母搭救，最终考上状元。侯梅英得郦山老母赐宝最终与龙文景团聚，蒙圣恩，申冤屈，封官享荣华。此卷突出了侯梅英机智勇敢和敢于冲破封建礼教束缚，大胆争取婚姻自主、幸福自由生活的气魄。

0246 平天卷

别　　称：无

级　　别：市州及以下级别

流布区域：临泽城乡

传承现状：在临泽城乡群众中继续流传

简　　介：按体裁和内容划分，它属于佛道教类。按组织方式来看，它是分节分段的，且每节都有标题。仙姑生于汉朝，因观现实黑暗，弃世向善，苦志修行。于黑河之上创金桥普渡众生，功德圆满上天界。仙姑设天桥渡汉兵，显神迹三殃夷人，造福世人、劝诫世人行善。此卷直接反映临泽人民历史生活，十分珍贵。

0247 牛魔王洞的传说

别　　称：无
级　　别：市州及以下级别
流布区域：临泽县城乡
传承现状：现已列入临泽县第一批非物质文化遗产保护目录
简　　介：合黎山麓的明沙堡附近有一个山洞。洞口封闭，呈拱形，后世人都叫它牛魔王洞。据说《西游记》中所写的孙悟空大战铁扇公主、三借芭蕉扇中的铁扇公主、牛魔王就住在此洞。很早以前，有一个拉骆驼的商人的狗进了牛魔王洞就不见了。而待商人到了嘉峪关，却看见自己的狗在嘉峪关，但狗身上的毛全变白了。从此，人们便说魔王洞一直通到了嘉峪关。

0248 苦节图卷

别　　称：无
级　　别：市州及以下级别
流布区域：临泽城乡
传承现状：在临泽城乡群众中继续流传
简　　介：此宝卷出自大明年间，江苏昆山县书生张彦父母双亡，听从婶娘谗言休妻白玉楼。白玉楼历尽苦难被当朝金驸马收为义女，驸马之女为白氏画苦节图，张彦找妻几年，中状元，偶观苦节图与白玉楼团聚，一家人尽享荣华。此卷告诫人们要行善，莫做恶人，作恶必遭天谴。

0249 争睡热炕的故事

别　　称：无
级　　别：市州及以下级别
流布区域：高台县
传承现状：流传至今
简　　介：有三个商人上省城采购年货，又同进一家客栈住宿。时值严冬腊月，天特别冷。三人都想睡热炕。同时用手一摸，炕冰得像一块石板，唯有炕洞前，有猫儿焐嘴的那么点儿热气。张掖商人提议，每人说一个本地的名胜，谁说赢了，谁睡热炕，另两人也同意。张掖商人抢先开了口："我张掖有个木塔寺，离天只有七八尺。"酒泉商人不甘示弱，放大嗓门说："我酒泉有个钟鼓楼，半截子入到天里头。"高台商人想苦中取乐，说："我们高台没个啥，这方方热炕我睡下。"言毕，随即躺在那热炕上。这可急坏了另外两个商人，他俩一人拽住高台商人一只胳膊，异口同声地说："你怎么耍赖，说出的名胜古迹赢不了我们，想睡热炕没门。"高台商人又笑又点头，咏了一首打油诗：三六年严冬响春雷，红军来到高台城；减租反霸打土豪，开仓放粮救穷人。马匪攻城兵六万，我军三千不挂零；浴血奋战连半月，阴风怒吼天地愁。将士英灵化彩虹，董军长踢开南天门；玉帝吓得直发抖，王母传令忙备酒。宴好请忠魂赴长空，化作星辰照宇宙；众星绕着北斗转，迎来解放天地新。有关高台财神楼，董振堂，红军的故事，他们也略有耳闻，经高台商人用地方名胜的典故一拨，越发熠熠生辉。这回两个外地商人心服口服。

0250 龙泉寺的传说

别　　称：无
级　　别：市州及以下级别
流布区域：高台县
传承现状：流传至今
简　　介：新坝乡暖泉村原有一寺叫"龙泉寺"，文革期间被拆毁。据传说，这个寺虽然小，但是寺的来历却深着哩。很久以前，暖泉村有个牧羊人，一次赶着一群羊到南山的山坡上放牧，眼看太阳就要落山了，可牧羊人却怎么也找不到下山的路径。就在这时，从南面刮来一阵清风，把牧羊人卷下山来。牧羊人轻轻摔倒在地上，他急忙爬起来，一边拍打身上的灰土，一边瞅羊群的下落。就在他瞅羊群的瞬间，见一条昂首长须，头上长着角，身上长着鳞甲，发着绿色金光的东西，扑通一声跃进暖泉里，溅起了一丈多高的水花。牧羊人把看到的一切告诉了庄寨上的老人们，老人们都说那是一条龙，又说龙是吉祥的征兆。这一传十十传百，惊动了方圆百里的人，每天来暖泉烧香叩头者络绎不绝。暖泉的掌头人找来当地的老者们议事，决定在此建造一座寺庙，供人们敬香叩拜求吉利。寺建成后，一老头将有三个金光闪闪斗大的字"龙泉寺"的匾牌挂上。人们夸口不绝地欣赏毕牌匾，回头酬谢悬匾额的老头时，那老头早已不见了。这时，只见南面天空上端有朵祥云飘过山顶而去。

0251 阎王爷失职

别　　称：无
级　　别：市州及以下级别
流布区域：高台县
传承现状：流传至今
简　　介：马屁精在人间尽好说瞎，吹胀捏塌，造谣生事，煽风点火，讨好上司，尽其能事，三寸不烂之舌胜似刀枪利剑，冤屈了不少好人。根据冤魂和小鬼汇报，阎王爷决定提审马屁精问罪。阎君在晚饭后，破例坐堂问案，无意中放了个响屁，恰逢马屁精被牛头马面押着，经过阴曹地府窗前听见，进门后就奉承说："方才我还以为神仙鲍叔牙再生，有觅知音，进门后香气四溢，还真有皇上御膳房飘出的气味。"阎君顿时心神大悦，觉得来人嘴甜心善，提前问斩实在冤枉了他，下令进餐后仍让他还生去吧。在还阳路上，马屁精对牛头马面说："你老兄两角弯弯像明月，一对大眼炯炯似灯塔，天庭饱满，地阁方圆，乃大富大贵之相，做个阴府衙皂太屈才了。"转面又对马面说："你老弟浑身锦锻，昂首阔耳，行如风，站如松，鸣如钟，天马的坯子，应在天庭掌管玉帝的天马。就这样，马屁精又回到了人间，继续祸害人民。

0252 传说

级　　别：市州及以下级别
别　　称："荣旺"的传说
流布区域：灵台县县内流传
传承现状：老一辈人知道
简　　介：荣旺村有一段来历。传说，早年荣旺这个地方主要有刘、王两个大家族，所以这里叫"刘王"。后来，因这里地广原阔，物阜民丰，在南北二原享有名气，有兴旺发达之气象，这里被改名为"龙王"，主要取了龙的神圣之意。"文革"开始后，由于当时的政治形势，赶上了破"四旧"的年月，这里又被更名为现在的村名"荣旺"，这个地名有着浓厚的时代变革色彩。新中国成立前，在该村荣旺社曾建有一座规模较大的龙王庙，与当今荣旺这个地名有较为深厚的历史关联。

采录《"荣旺"的传说》

0253 传说

级　　别：市州及以下级别
别　　称："龙翻头"的由来
流布区域：灵台县县内流传
传承现状：老一辈人知道
简　　介："龙翻头"这个名字不知起于何时何地何由，相传与这里的地理地貌有关。龙翻头村有一条山岭呈半圆状，远远看去像一条盘头曲身的卧龙，日夜看守着沟的两股清泉，龙头在阳坡红崖山头，那里一下雨就出现两股积水，像龙的两眼，有两棵核桃树像龙的双脚，有一园子似像龙须，阳坡是龙腰，大碹是龙尾，这条龙的脊梁可以绕得再远一点，从沟泉（龙头）开始经过寺湾（龙须）、南庄（龙胸）、北庄（龙腹）再到东山（龙尾），就形成了一条气势很大的巨龙，而且是一条盘头而卧的龙。最早人们把这个地方叫"龙盘头"，以后叫串音了，就叫成了"龙翻头"。如今的龙翻头村村名也是由此而得来的。

《"龙翻头"的由来》讲述

0254 传说

别　　称：东寺沟的传说
级　　别：市州及以下级别
流布区域：灵台县县内流传
传承现状：少数人会说
简　　介：相传，远在殷商的时侯，北伯侯崇黑虎在邵寨（古鹑觚县）安营扎寨，屯兵镇守。后来，周文王伐纣时，崇黑虎的军队被歼灭。崇黑虎投周后，被周文王封为邵公代守，邵寨也因此而得名。秦始皇统一六国后，命大将军蒙恬率军队西征，曾兵驻邵寨，太子扶苏被安排在蒙恬的军队里当监军，并在这里筑城以阻挡胡人。城筑好以后，举行了一个祭拜仪式。举行仪式的这一天，从远处飞来了一个鹑鸟落在觚上（觚是古代盛酒的器皿），于是秦始皇决定在这里设置鹑觚县。秦二世胡亥登基后，扶苏和蒙恬遭宦官陷害，鹑觚县也被撤掉，设立为邵寨镇。以后这里的百姓为了感念蒙恬御胡之功，就在这里建寺庙以示纪念，因为庙建在邵寨街道东面，并一直延续到原边下面一条大沟里，于是人们把这座寺庙叫东寺，东寺前一条大沟叫东寺沟，当时在邵寨街西还建有一座西寺，两寺之间有地道相通。至今，这个地道还能从东面走到西面。

0255 传说

别　　称：清溪寺的传说
级　　别：市州及以下级别
流布区域：灵台县县内流传
传承现状：少数人会说
简　　介：相传明洪武年间，匪患屡犯，杀人掠财，村里人进堡子藏身。在当地有两个堡子，一个是姚家河堡子，一个是姚家老庄堡子，两个堡子一南一北，相隔三里，遥相呼应。有一天，土匪将两个堡子团团围住，堡内百姓奋力抗击，雷石火炮投放一空，先是南面姚家河的堡子被土匪攻破，人员伤亡很大，北面姚家老庄的堡子也被土匪围攻多日，毫无撤退之意，堡内百姓很害怕，呼天喊地。这时堡子上空电闪雷鸣，云头上出现一个八尺大汉，赤面长须，卧蚕眉，单凤眼，手持青龙偃月大刀，从空中扑下直奔围困堡子的土匪，土匪丧胆而逃，百姓得救。人群中年龄最大的老人认得是关公显灵，率百姓叩头而拜，雨过天晴后，关老爷隐身而去。后来当地百姓为纪念关公救命之恩，在北面姚家老庄堡子的南侧一个两山环抱、溪水交汇之处修建了关帝庙，因庙前山下有溪流奔泻而去，故尔这个庙宇又叫清溪寺。听老人讲，清溪寺曾经规模宏大，有魁星楼、东殿、西殿和大雄宝殿等，新中国成立后破"四旧"时拆毁，当时有一把120斤重的关公大刀被埋封在大雄宝殿后的一个石洞内。清溪寺被毁，但与其相关的一些故事，一直在当地流传着。

0256 传说

别　　称：堡子的传说
级　　别：市州及以下级别
流布区域：灵台县县内流传
传承现状：少数人会说
简　　介：柴朝村北面的一个山顶有一座土堡城，当地人叫"堡子"，这个堡子峭壁陡立，三面悬崖，远处看去非常险峻，只有从山顶西面的一个斜坡上，才能走进这座堡城。堡城四面城墙以及堡子里面的房墙遗迹存留都比较完整，而发生在这个堡子里的陈年往事更是深深地留在柴朝村一些年龄较大的人的脑海里。传说清同治年间社会动荡不安，匪患四起。为了躲避乱兵匪患，当地人就在北面的山顶修筑了这座堡城。有一天，堡子城被围，堡城内避难的人奋力抵抗，三天三夜后终被攻破，100多名难民中有40余人被杀害。除兵患外，土匪更是经常侵扰，给当地人造成很大伤害。因此发生在这座堡子城内的一些血腥故事就一代一代传了下来。

0257 传说

别　　称：涧沟潭传说
级　　别：市州及以下级别
流布区域：灵台县县内流传
传承现状：老一辈人会说
简　　介：相传清乾隆年间，有两个西藏喇嘛来到涧沟潭，见潭水汪洋，深不可测。心想潭中必有宝物，于是师父对徒弟说："我入潭探宝，必定要与潭中妖怪斗法，如有黑手伸出水面，不要给剑，如有红手伸出，那肯定是我，就把宝剑递给我。"说完一头扎入潭中，潭中大王是一个妖怪，一见面就和喇嘛打了起来。喇嘛的徒弟在潭面上见有红手伸出水面，未及给剑，又见黑手伸出水面，错将剑送到黑手中。片刻，看见师傅的尸体漂上潭面。原来潭里的妖怪是潭底的千年老鳖，也叫鳖大王。徒弟见师傅被鳖大王杀死，大哭而去。三年后又回来报仇，鳖大王提前得知，就托梦给当地群众说："喇嘛的徒弟要来报杀师之仇，涧沟潭我不能逗留，想借你们的牛拉运潭水。"当地群众因为没有受到过鳖大王惊扰，就把牛借给了他，鳖大王用牛运潭水7天，涧沟潭决岸水走，所有的牛都卧圈不起，浑身是水，有的人认为牛生了病，把好多这样的牛杀死，活着的牛7日后复常。喇嘛的徒弟因没有见到鳖大王，随后，练成左道之术，手拿屠斧和麦芒毒针，发誓定要报杀师之仇。据说鳖大王用牛将潭水运到了四川的一个深沟。涧沟潭水干涸了，但涧沟潭的故事从此传开了。

采录《涧沟潭传说》

0258 传说

级　　别：市州及以下级别
别　　称："通气塬"的传说

流布区域：灵台县县内

传承现状：老一辈人会说

简　　介：西汉末年，汉权被王莽篡夺。为了巩固统治，王莽剪除异己。据民间传说，刘氏后裔刘秀被王莽兵卒追杀至灵台蒲窝中原，眼看着就要被捉，刘秀只得向一个正在耕地的农民求救。那位农民很快在耕过的松土处，刨开一个深壕，叫刘秀躺在里面，上面掩上一层土，因怕把他憋坏随手在地边折了一根麦秆，让刘秀噙在嘴里维持呼吸。追兵赶到时，不见刘秀逼问农民，农民咬定没有见到刘秀，使刘秀躲过一劫。因此，蒲窝中原被当地人传称为"通气塬"。

0259 故事

别　　称：烂牛湾和康王坟的故事

级　　别：市州及以下级别

流布区域：灵台县县内

传承现状：老一辈人会讲

简　　介：传说密国第六代国王是密康公，他年轻英俊，高傲气盛。他因"三女来奔"之事惹恼周共王，引起周共王对他的武力进攻。过了五日，密城眼看被攻破。康公全副武装，在街巷中徒步搏斗，且战且走，他逃入一家院落，发现院中有头大犍牛，便骑上牛杀出了北城门。出了城，康公骑着牛转向城南，走着走着，密山就出现在眼前。大犍牛不再向前走了，原来面前是一个沟口，一股不大的小河流出来，汇入北边的黑水，要逃到密山，就要从这里趟过去。后边的追杀声越来越近，康公用刀在牛背上戳了一下，大犍牛一疼，"嗖"地窜了出去，康公用力抱住牛的脖子，让自己的身体紧紧地贴在牛背上。脚下是一片泥沼，一亩多大，水流到这儿，懒洋洋地，汇聚成一个小小的泥潭。大犍牛"扑通""扑通"地往前狂跑，忽然蹄子像被什么吸住了，迈不开了，它"哞哞"地叫着，两只眼睛瞪得圆圆的，四蹄使劲地挣扎着，越挣扎越陷得深，一会儿就被泥潭淹没了。攻陷密城后，周军对密城进行了疯狂的破坏。密军几乎全部战死，康公家族120多户人被杀，密城一片狼藉。后来，密城人找到了康公尸体，却不见头颅，便打制了一颗金头，掩埋在今洞山的脚下，现称"康王坟"。大犍牛陷没的地方被称为"烂牛湾"。

0260 传说

别　　称：饮马嘴的传说

级　　别：市州及以下级别

流布区域：灵台县县内

传承现状：少数人会说

简　　介：据传在唐代，吐蕃兵叛，朝廷派出将军郭子仪征讨，郭子仪率军从西安出发，一路来到灵台境内后，在西屯桥子、北头等地屯兵，由于军队人数多，人畜饮水成了困难。有一天，郭子仪率部下来到西屯西南、什字镇东南的一个山边，这个山下面有一个沟叫暖泉沟，沟里有一眼水泉，水从半崖石缝中流出，甘甜可口，非常充足。郭子仪见此情景，随口说道："这真是一个好地方，就在这里饮军马吧！"于是这个地方成了郭子仪饮马、晾马的主要地方，也解决了军队和百姓的饮水困难。以后郭子仪饮了军马的暖泉沟附近又叫"饮马嘴"。现在什字镇有一个村就取名饮马嘴村。

《饮马嘴的传说》故事采集

0261 传说

别　　称：打春的传说
级　　别：市州及以下级别
流布区域：灵台县县内流传
传承现状：少数人知道
简　　介：传说古代帝王为了表示对天时的尊重，在立春的前3天开始戒斋，而各县为祈求风调雨顺，保佑百姓丰衣足食，衙门形成了"鞭打春牛"的习俗。立春的前一天，安排专人做成泥牛，拿到郊外，第二天由县太爷亲自鞭打泥牛，预示着六畜兴旺、五谷丰登，在将泥牛打碎后，群众都争先恐后地抢拾泥牛碎片，寓意争得好兆头，于是就有了"打春牛"的说法。后来因为做泥牛比较麻烦，就改成做纸牛代替泥牛，在立春的前日将做成的纸牛拿到郊外抽打成碎片，老百姓拾取纸牛片，也叫"打春牛"。时间长了人们就把牛字取掉，直接叫"打春"了。

《打春的传说》故事采集

0262 传说

别　　称：饮马沟的传说
级　　别：市州及以下级别
流布区域：灵台县内
传承现状：少数人会说
简　　介：相传当年，刘秀被王莽追兵一路赶到灵台独店塬西部，马跑到这里停住不往前跑，直冲下一条沟里，这条沟中间有一道山梁，形状像龙头，南北各有两个山梁，好像两个大龙爪，两爪弯处各有一眼水泉，很像龙的两只眼睛。刘秀的马跑到南面的泉里喝水，没有喝上几口，追兵很快就到了，他们认为这下就可以将刘秀抓住了，没想到刘秀的马很快从南面的泉边跑到了北边的泉里饮水，喝完水后，迅速从北面的一条山路上跑上了原面，王莽的追兵再也没有追上。从此，刘秀停马饮水的这条沟被传叫"饮马沟"。

饮马沟

0263 传说

别　　称：鸟鸟山的来由
级　　别：市州及以下级别
流布区域：灵台县内流传
传承现状：老一辈人会说
简　　介：在灵台县新集乡喂马村有一座雄伟壮丽的鸟鸟山，从远处看像一只鸟，人们至今念念不忘它的来历。据说很早以前，在这座山上住着几户人家，有一家只有母子二人，儿子叫孟娃，生的虎头虎脑，是个忠厚老实的庄稼汉。有一年天大旱，柴米涨价，孟娃一家难以糊口。一次母亲在各个粮囤底搜了两碗粮，给儿子烙了两个馍，叫他带上上山砍柴，可当孟娃砍好柴取馍时，馍却不见了，只得饿着肚皮回家，正当孟娃给母亲说这事时，从墙外飞进一只花鸟，落在孟娃的肩头上。原来这小鸟是来报恩的，孟娃的馍就是被它偷去给母亲治病了。母亲病愈，小鸟遵母之命前来答谢。这小鸟不但能说话，还会唱歌，羽毛五颜六色，十分好看，孟娃

0264 传说

别　　称：文王山的传说
级　　别：市州及以下级别
流布区域：灵台县内
传承现状：少数人会讲
简　　介：文王山也叫保岩山，在今灵台县邵寨镇石房村北面，前后有九个山峰围绕，其势峭拔，回旋古折，森林茂密，山脉隔达溪河与独店南塬相望，山下有瀑布温泉，地气兴旺。传说周文王伐灭密须国后，在今灵台县城筑"灵台"祭天安民，之后班师回朝，沿达溪河向东行止30里时，会被眼前的一座大山吸引住。只见此山突兀而起，耸立在云雾缭绕中，周围有八座矮山拱围着它，形如八卦。传说当年周文王传令三军安营扎寨，独自奔上大山主峰顶部平台，画卦占卜，心中酝酿讨伐纣王的用兵之策。他正在精心演化，突然狂风大作，雷电交加，仿佛卦象牵动了天机，感化了山神。在天相变化之中，他准确的找到了卦的定位，将八卦演化成六十四卦。后来人们为了纪念这件事，将这座大山称为文王山。山上松柏林立，庵宇亭台望之如画，灵台八景之一"瀑布春融"指的就是这个地方。

0265 传说

别　　称：千佛洞的传说
级　　别：市州及以下级别
流布区域：县内
传承现状：少数人会说
简　　介：百里乡芦子集村南川口西侧的悬崖断壁上有一处佛教洞窟，当地人称"千佛洞"。其所在地在喂马川与达溪河两水交汇处，坐西南向东北，高峻突兀。千佛洞置于距河床10米的崖壁上，有一处洞窟暴露明显，在西侧悬崖上还有许多造像的残留痕迹。当地传说，这里原有七个洞窟，东西排列，由于岩层自然风化，崖面坍塌损坏，存留下来的洞窟只有东侧一处。这个洞口坐西向东，平顶方型，洞深壁高都在2米左右，三面洞壁成排分为12层，每层高15厘米，雕浮佛像十尊，向止中1米左右的方形龛内，雕有一佛二菩萨。从千佛造像的风格看，该洞窟凿造的年代应该在唐代或宋代。从其现存规模看，千佛洞应该是当时达溪河中游香火旺盛的佛教活动中心场所。围绕千佛洞向南沿喂马川有寺沟，向西有寺嘴山，向东有莲花嘴等，这些地名均与佛教有关。如今，千佛洞虽往日风光不复，但与其相关的一些故事却世代流传下来。

0266 传说

别　　称：滚龙寺的传说
级　　别：市州及以下级别
流布区域：灵台县内
传承现状：少数人会说
简　　介：传说刘秀从家乡南阳逃往灵台，一天下午来到邵寨东原，眼看着天已经黑了，就住在一座围墙高大结实的寺庙里，一觉醒来，追兵把寺院团团围住。刘秀一心急，找不到藏身之处，想上魁星楼躲避，又一想如果追兵上楼来，岂不被抓住，这时寺外人喊马叫，敲门声不绝。危急之间，他咬紧牙关，一头向寺庙围墙上撞去，只听得一声巨响，金光一闪，围墙被撞了个大口子，狂风大作，飞砂走石，打得追兵低头弯腰，双目难睁，刘秀乘机逃出了寺庙。逃出寺庙后，只见庙外平地不足五尺，平地边下面是一个长满酸枣树的陡洼，真是前有险阻，后有追兵，进退无路，刘秀抱着一死的念头向枣树洼滚下去，无意间把手抓的酸枣树刺扯掉，从此这个山洼的枣树不长勾刺。这个枣树洼被当地人传称为"古滚龙"，而刘秀藏身的地方则被传称为"古龙寺"，也叫"滚龙寺"。

0267 传说

别　　称：马刨泉的传说
级　　别：市州及以下级别
流布区域：灵台县内
传承现状：少数人会说
简　　介：据传西汉末年，王莽篡权，为了巩固统治，排除异己，对汉室后代弱者抚之，强者杀之，刘氏后人刘秀曾被王莽追杀到了灵台，遇到了几次危险。一天黄昏刘秀骑马跑到今邵寨原西部，眼看天色已晚，就睡在一个围墙高大的寺院里，一觉还没睡醒，追兵就把寺院围个水泄不通，刘秀一时找不到藏身之处，心急之下，他下定决心，宁为玉碎，不为瓦全，双目紧闭，咬紧牙关，一头向寺院的墙上碰去，只听得惊雷一声巨响，围墙塌了一个缺口，刘秀乘机逃出了寺院。逃出寺院后，刘秀爬山涉水，挥马向北边逃跑。他跑得口干舌燥，人困马乏，心里想要有一个水泉该有多好啊，就在这时，他骑的马蹄子打滑一蹄下去，把一块石板刨开了一条缝子，石缝里流出了清水，刘秀跳下马一喝泉水觉得甘甜可口，就一口气喝了个够，又饮了马，稍微歇了一阵，就又上马继续逃跑，刘秀解渴饮马的地方被传称为"马刨泉。"

马刨泉

0268 传说

别　　称：鹿仓坡原的传说
级　　别：市州及以下级别
流布区域：灵台县内
传承现状：少数人会说
简　　介：传说在古代，朝廷决定在鹑觚（今邵寨西南部）的一个叫鹿仓坡原的地方建灵台县城，县城的地址确定后，当地府衙立即着手动员工匠民众，征集石块砖木，为开工修建做好全面准备，就在动土的前一天晚上，确定具体位置的旌旗被一只白狐狸拔出，衔在嘴里，一路向西跑去，修建的工匠发现后，随后紧追，追赶到20余里时，怎么也追不上，只好作罢。白狐衔着旌旗一直跑到了距鹿仓坡原西60多里的一个川道，这里四面环山，地势宽坦，周围的山腰里云雾缭绕，地气兴旺，宛如仙境。白狐跑到这里后，留下旌旗，不知去向。因白狐是传说中的仙狐，确定县城位置的旌旗既被白狐衔走，就说明鹿仓坡原这个地方不宜建县城，于是朝廷又决定把县城建在这个四面环山的川道里，也就是如今的灵台城。

鹿仓坡原

0269 谚语

别　　称：无
级　　别：市州及以下级别
流布区域：灵台县内流传
传承现状：少数人会说
简　　介：节气类谚语：三九天消了河，狗都吃的白面馍。一九二九暖，三九四九冻破脸。伏里雨，缸里米。九满一场雪，麦子拿犁揭。春寒不算寒，蛰寒冷半年。七月白露想着种，八月白露抢着种。夏至不过不暖，冬至不过不寒。三九不冷夏不收，三伏不热秋不成。天长不过四月，天短不过十月。谷雨种谷子，立夏种糜子。天气类谚语：烟筒小出烟，必定是雨天。蚂蚁搬家蛇过道，必定大雨到。太阳落到云口里，睡到半夜雨吼哩。早霞不出门，晚霞千里行。初三不下看十三，十三不下一月干。早上雾一雾，晌午晒死兔。南山戴帽，长工睡觉。七阴八下九不晴。早看东南，晚看西北。先雷后雨雨不大，先雨后雷哗啦啦。农业技术类谚语：深谷子浅糜子，荞麦种在浮皮子。脚蹬胡基手拔草，庄稼必定能务好，冷粪果木热粪菜，生粪上地根必坏。一个驴屎蛋，半碗小米饭。耕地耕得深，黄土变成金。粪是庄稼宝，缺它长不好。地挖三尺深，来年长黄金。谨慎的庄稼，消停的买卖。麦出牛工，秋出人工。人勤地似宝，收成年年好。过了惊蛰节，耕地不停歇。干打胡基湿上粪。农民有三忌，一忌哄功夫，二忌哄牲口，三忌哄地皮。

0270 传说

别　　称：西郊的传说
级　　别：市州及以下级别
流布区域：灵台县内
传承现状：老一辈人会说

简　　介：传说唐代永泰年间，大将郭子仪率兵西征吐蕃叛军来到灵台境内，在西屯桥子、北头等地驻扎部队，不到半年时间西屯这个地方由于驻军和百姓相对密集，军帐民房等建筑物增多，就自然形成了一个规模较大的集镇，加之当时郭子仪的总部就在今西屯街道一带，所以就有了东郊西郊之说。街东的桥子一带叫东郊，而街西至今什字镇的东部一带叫西郊。以西屯为总部，郭子仪与吐蕃兵交战的古战场，一直向西延伸到今上良乡的合集、右集、旧集等地。如今什字镇东面有一个村叫西郊村，这个村的村名大概就是由郭子仪屯兵西屯的历史而形成的。

西郊的传说

0271 故事

别　　称：母子恨
级　　别：市州及以下级别
流布区域：灵台县内流传
传承现状：少数人知道

简　　介：这是一个曾经在灵台广泛流布的故事。相传很久以前，有一个年幼的儿童到邻居家去玩耍，回来时偷了一根针，他的母亲一看很高兴，觉得自己的儿子能行，不但没制止，反而抱着孩子喂奶吃，鼓励孩子看能不能拿回更值钱的东西。一年一年过去了，这个儿童也长大成人，越偷越胆大，今天偷回一串蒜，明天偷回一只鸡。有一天，偷人家牛时被当场抓获，由于他偷的东西太多了，被官府判了死刑，不几天就要砍头，于是他要求官爷想和母亲见一面。母子相见时，相抱大哭。儿子对母亲说："我根本不想见你，但我做下这些不光彩的事，都是你鼓励的，第一次您为什么不制止我，还给我喂奶吃？我一个要死的人了，想再吃一次娘的奶，我死了也能闭上眼了。"母亲想，儿子都快要被处斩了，就答应他吧，也算为他送行。于是就将奶头喂到儿子的嘴里，儿子一闭眼，狠心咬下了母亲的奶头，母亲疼得晕死过去，再也没醒过来，儿子当天也被就地斩首。

0272 传说

级　　别：市州及以下级别
别　　称："三柱香"的传说
流布区域：灵台县内
传承现状：少数人会说
简　　介：邵寨镇光辉村北面的自洼社有一道山梁，西与文王山相望。传说当年周文王伐密在文王山演绎八卦，谋求安邦定国之策。文王在画八卦时，坐西向东，远望深思，发现文王山的东面有一个山梁奇伟峭拔，森林茂密，仙气腾升，他就产生了在这个山梁上设台拜天的想法，属下一致赞同，于是他就和随从跃马扬鞭来到这个山梁上，设置香台，进行祭拜。若干年后的一天，在周文王拜了天的地方，突然山梁塌崩，出现了三个高达30米左右的圆型土柱，从远处望去，形似三根巨香，从此这个地方就被当地人称为"三柱香"。岁月变迁，年更轮回，"三柱香"经过了数千年的风吹雨打，但仍屹然不动。时至1976年9月9日的上午，"三柱香"（三个圆土柱）突然倒塌了一个，人们甚为不解，但当地人很快把这根土柱的倒塌与一个伟人的死联系在了一起，因为新中国的开国领袖毛泽东就在这一天去世了。一个土柱的倒塌，一个伟人的去世同在一天，这就又给"三柱香"增添了一份神秘的色彩。从此"三柱香"更是人人皆知，远近闻名。

0273 传说

级　　别：市州及以下级别
别　　称："秀秀、丑丑"的传说
流布区域：灵台县内
传承现状：老一辈人会说
简　　介：传说在很久以前，邵寨北面的一座山上住着一户姓郭的人家，是个猎户，这户人家的主人是一对老两口，他们有两个儿子，大儿子长得俊样取名叫秀秀，二儿子长相比较难看，取名叫丑丑。他们的父母去世后，秀秀和丑丑继承了父亲的旧业，仍以进山打猎为生。有一天，秀秀和丑丑又打猎了，半天时间他俩啥猎物也没有打到，觉得很饥很饿。秀秀对丑丑说："先找点吃的，再寻找猎物。"这时他们发现有一户人家炊烟缕缕，他俩就上门讨吃，这家的主人见他们老实憨厚，就给他们每人端了一碗长面。两人刚动筷子，又来了一个白发苍苍的老人，这家的主人也给老人端了一碗面，三人边吃边说话。老人劝他们改行去做生意，说在后山的坪边有一只死野狐，你们把皮剥下后卖掉作为本钱。秀秀和丑丑到山后坪上一看，果然如此，就开始剥狐皮，剥的过程中，他们恍然大悟，原来和他们一同吃了面的白须老人是个仙狐。他们把狐狸皮拿到集市上卖了一个好价钱，以此为本开始做生意。后来他们娶妻生子，后代人丁非常兴旺，大部分以做各种生意为业。民国年间，邵寨镇街道有一个规模很大的商号叫"永成元"，就是秀秀和丑丑的后人开的门店。而现在邵寨镇光辉村正是当年秀秀和丑丑生长及打猎的地方。

0274 传说

级　　别：市州及以下级别
别　　称："双候子"的传说
流布区域：灵台县内
传承现状：少数人会说
简　　介：据说在唐代，有两个南方人，从进士考中状元，最后官至文部侍郎。这两个人去世后，他们的后人想找一个风水好的地方安葬，跟地脉跟到了灵台西屯白草坡这个地方。侍郎的后人就把他俩都埋到了这里，平地里行成了两个很大的坟茔圪垯，后来就叫"双候子"。因当时这两个侍郎官都曾主管文部事务，所以后来历朝历代，每年四面八方的学子上京考试前，都先到这里添土烧纸，上香，表示纪念，也祈求自己能考中。直至现在，每逢高考，考生都要在这里添土上香。一九九四年，群众自发在这里盖了一个二层的四角亭子，取名"天地日月亭"。亭内除供奉两位侍郎的神位之外，还设有文昌爷的神位。每年腊月三十到正月十五，人们都来这里上香。古历二月二，是文昌寿诞日，这里的添土上香、祭拜活动更是兴盛。每逢清明，人更多香火更旺，其间还有戏剧表演等民间娱乐活动，年年如此，流传不息。

"双候子"

0275 传说

别　　称：关公手印的传说
级　　别：市州及以下级别
流布区域：灵台县内
传承现状：少数人会说
简　　介：相传，三国鼎立，蜀国五虎将之一的关羽在配合诸葛亮北伐曹魏时，有一年大旱，他牵马路过灵台，人困马乏，便在蒲窝驻扎歇息。关羽派兵四处寻找水源，而方圆几十里没有水源，在这大热天，人马喝不上水，怎么能打胜仗？关羽不免有些焦虑，一人信步走出寨门，来到任家坡一座山脚下。微风吹过隐隐约约似带有"哗哗"的流水声，他侧耳细听，却不见泉水，只见一块巨石矗立在前，而这巨石却湿漉漉的，上面青苔鲜嫩，石头下小草绿生生的。关羽心里一喜，莫不是这石头下面有水？他拔出宝剑，放在石头上面，划了一个圆圈。忽然听见"轰"地一声响，那石块上面开出了一个圆形洞口，一股水泉喷了出来，水流在地上形成一汪清泉，在阳光下碧波荡漾。关羽因盔甲在身不能爬在地上喝水，只得一只手按住巨石，一条腿跪在地上饮水。由于用的劲很大，手指就深深地陷进巨石，于是那泉边的石头上就留下关羽的五指和一个膝盖印。关羽和他的军队喝饱水走了，那眼泉水却留下来。后来，无论天旱、水涝，泉水始终不溢不干，直到现在。人们为纪念关羽，就将此泉称为"老爷池"，那条沟就成"老爷沟"了。"关公手印"的故事也因此而千古流传。

0276 传说

别　　称：欢喜疙瘩的传说
级　　别：市州及以下级别
流布区域：灵台县内
传承现状：少数人会说
简　　介：西汉末年，王莽篡位，对刘姓皇室子孙，强者诛之，弱者扶之。汉室后人刘秀被迫西逃，他从家乡南阳一路逃到灵台县境内西屯原南部的一个山沟里。刘秀跑到这里时，追兵也随后而来。刘秀骑马顺山坡往北原上跑，看见前面有一个圪瘩梁，以为跑上这个圪瘩梁后，就能甩掉追兵，心里一阵高兴，这个圪瘩梁以后传称为"欢喜圪瘩"。结果刘秀跑上圪瘩梁一看，前面确是一个长长的坡弯，心里连连叫苦，随口说："这里真是个倒糟鬼地方"，于是这个坡弯被传称为"倒糟鬼弯"。刘秀爬上"欢喜圪瘩"，跑过"倒糟鬼弯"，直奔独店西原而去。如今，西屯乡穆村南部的一个山区有两处地方分别称为"欢喜圪瘩"和"倒糟鬼弯"。

讲欢喜疙瘩

0277 鸳鸯池的传说

别　　称：无

级　　别：市州及以下级别

流布区域：金塔县区域

传承现状：濒临失传

简　　介：相传，公元初盛夏的一天，西天瑶池王母脚踏五彩祥云，前往瀛洲要与东王公百年相会。路过祁连北麓，王母倍觉气候炎热，便从腰间摘下天鹅羽扇扇凉驱暑。忽然一声巨响似天崩地裂，王母大惊，即派随行仙吏仙女到人间查看究竟。原来是娘娘的如意鸳鸯坠掉落凡尘，撞击山岗，陷下一个大深池。当地老百姓都盼望池中有水，王母立即招来龙王商议，龙王派三太子嘲风前往解决。嘲风来至祁连山下，拈弓搭箭向着雪山高峰射去，顿时祁连雪水顺山坡而下，向大池方向流来。嘲风跟踪巡查，酒泉和金塔之间一个夹山却将水阻拦，嘲风抽出丈八宝剑，憋足拔山之气，顺着大池方向划开一道地沟，引水入池。从此，池漫水溢，涓涓不息，浇田耕牧，得以永年。因王母鸳鸯玉坠成池，故称其为鸳鸯池。嘲风回报，王母寻思，既为鸳鸯池，当应有鸳鸯，于是摘下玉坠，吹一口仙气，顿时间，两只小鸟飞身入池，一对鸳鸯游弋水面。这正是："鸳鸯本是玉雕禽，王母点化通灵性。为保池水不枯竭，生生世世结同心。"

鸳鸯池

0278 敦煌壁画故事

别　　称：无

级　　别：市州及以下级别

流布区域：敦煌全市九个乡镇

传承现状：濒临失传

简　　介：敦煌莫高窟是世界文化遗产、佛教艺术宝库。其中最引人注目的就是数量巨大，保存完好的55000平方米的壁画艺术。其丰富的内容更是包罗万象，涉足到佛国世界、天上人间。但人们最感兴趣的是众多的壁画故事。这些故事虽然宣扬的是佛教的生死轮回，因果报应，但剥去宗教的外衣，其实都是劳动人民创造的、长期流传在民间的口头文学。壁画故事通过讲述也就变成了口头文学。画在洞窟中的壁画故事是物质文化遗产，而这些故事通过讲述来传播，就成了非物质文化遗产。

阿修罗

0279 敦煌民间俗言俚语

别　　称：无

级　　别：市州及以下级别
流布区域：敦煌市全境
传承现状：在敦煌民间广为流传
简　　介：敦煌民间俗言俚语是当代普遍所使用的百姓俗言俚语。它以党河为界，分为河东俗言俚语和河西俗言俚语，也就是平常人们所说的河东话和河西话。河东俗言俚语是以甘肃东部地区及陕西俗言俚语为基础，吸收了蒙古、维吾尔、回族等民族的语音元素而形成的。河西俗言俚语是整个河西走廊的语音元素形成的。河东话和河西话是两种不同的俗言俚语话系。敦煌本地以河东俗言俚语为主。

敦煌俗言俚语

0280 合水民间谚语

别　　称：无
级　　别：市州及以下级别
流布区域：合水县各乡镇
传承现状：濒临失传
简　　介：谚语基本分为三大类。第一类：生产经验谚语，包括气象、时令、耕作技术、家禽饲养、手工制作等内容。如：早霞不出门晚霞行千里；重阳不下看二十三；收秋不收秋，单看五月二十六；高粱深、谷子浅、糜子闪了半边脸等。第二类：社会谚语，反映阶级压迫和社会人情世态等内容。如：挂羊头卖狗肉；有钱能使鬼推磨；财主算珠响，穷人泪珠响；攒下银钱是祸害，置下名望是地房等。第三类：生活谚语，总结日常生活方面的经验，反映人民的世界观，生活态度和道德观念。如：吃饭莫忘农人苦，穿衣莫忘工人忙；成家子，粪如宝，败家子，钱如草；七十二行，行行出状元。

谚语一本通

0281 合水民间谜语

别　　称：无
级　　别：市州及以下级别
流布区域：合水县各乡镇
传承现状：流传至今
简　　介：谜语是一种口耳相传的民间口头文学，在传承中文字资料极为鲜见，它的传承延续全靠传承人口传心授来完成，一旦传承中断或传承人过世，谜语就随之消亡。流传于合水县境内的民间谜语可分为四类：第一类：字谜。如"一字有四笔，无手又无腿，皇上见了下马，孔子见了作揖"（父）。第二类：物谜。"一物生的怪，是人一口菜，娘死才生他，他死娘还在"（木耳）。第三类：事谜。"十亩地里一箱子过来过去敲梆子"（耧）。第四类：歌谜。

猜谜

0282 民间故事
别　　称：无
级　　别：市州及以下级别
流布区域：正宁
传承现状：流传
简　　介：正宁民间故事是正宁民间文学中的重要门类之一，它是由正宁民众创作并传播的、具有虚构内容的散文形式的口头文学作品，有的地方叫"瞎话""古话""古经"等等。流传在正宁的民间故事以正宁民众的现实生活为创作基础，以奇异的语言和象征的形式讲述人与人之间的种种关系，题材广泛而又充满幻想。这些民间故事往往包含着超自然的、异想天开的成分。

民间故事

0283 民间故事
别　　称：无
级　　别：市州及以下级别
流布区域：宁县全县各乡镇
传承现状：依然保留着一定的影响力
简　　介：宁县民间故事其深远的文化意蕴，无尽的生活情趣，动人的艺术形象，奇妙的叙事艺术具有很高的艺术价值。宁县民间故事传说就其内容而言，它是民众生活和思想情感的真实反映，民间口头流传的一种表现形式。宁县范围内，各地的民间故事各有特色，流传不一，但都是以口头形式一代一代流传和继承下来的。比如"狄仁杰斩九龙"的传说，各地村名的由来传说，宁县八景的传说。

0284 民间笑话
别　　称：无
级　　别：市州及以下级别
流布区域：镇原全境
传承现状：濒临失传
简　　介：镇原民间笑话是镇原劳动人民在生产劳动中创造的民间文学形式，主要来源于人们的生产生活实践，内容包括天文、地理、历史、文化等各个方面。

收集的民间笑话手抄本

0285 民间方言
别　　称：无
级　　别：市州及以下级别

流布区域：镇原全境

传承现状：濒临失传

简　　介：镇原民间方言包括镇原地方流传和应用的特色语言，内容涉及天文、地理、历史、文化和生产生活的各个方面。

民间方言

0286 品字泉的传说

别　　称：无

级　　别：市州及以下级别

流布区域：渭源境内

传承现状：濒临失传

简　　介：在千古盛名的鸟鼠山，有三眼清泉，人们称之为"品"字泉，史料记载为渭河发源地，位于渭源县城西南20多里处。三泉分别名为"禹仰泉""吐云泉""遗鞭泉"。"禹仰泉"是在上古时代，大禹治理渭河时，途径此地正当人困马乏，难以支撑时，突然发现了这眼泉，便引导将士们饮水止渴，顿时精神振奋，士气高涨，一举战胜了洪水。为此，大禹在此设坛祭奠，称之为神泉。后来人们为了纪念大禹的功绩，将此泉尊称"禹仰泉"，从这里流出的水叫作"禹河"。品泉汩汩会渭川，浩浩荡荡奔潼关。"吐云泉"传说是渭河龙王行云布雨的"神池"。当遇到特大旱情时，当地官民求雨后，该泉吐放烟云，泉水不停冒泡翻腾，届时浓云密布，不时大雨滂沱，将会解除旱灾，便有"峰头烟锁空中月，滂沱大雨润陇原"。"遗鞭泉"是指唐太宗李世民西征时路过这里，在泉中饮水时不慎将马鞭掉入泉中，急忙打捞多时也未能看见，便在泉旁大石上写了"遗鞭"二字做记号。待他回到长安，有人从渭河中捡到了他遗失的马鞭，油然感慨："高山品泉是龙眼，鞭落探源泻长安。"原来渭河不但有地上明泉，还有着丰富的地下水资源。地下水有多大？谁能知道，当真不可思议。

0287 白马峡的传说

别　　称：无

级　　别：市州及以下级别

流布区域：渭源境内

传承现状：濒临失传

简　　介：白马峡位于渭源县城西北约二十五公里处，在北寨镇与秦祁乡接壤的白土坡村地界。相传，明末清初，四川闹灾荒，有个名叫蛮蛮的青年，逃荒来到地广人稀的渭北镇白土坡村，给一家姓杨的富户打工放羊。他早出晚归，精心饲养，养的羊膘肥体壮，很快由一群增加到十几群，杨家十分高兴，就给蛮蛮配备了一匹白马，让他骑马管理羊群，邻村的放羊娃都叫他蛮蛮大王。蛮蛮对杨家给的白马十分疼爱，天热放羊时，让马卧在洞里纳凉，他在洞口堵蚊蝇。杨家给他一天的干粮，他分一半给白马吃，白马也很通人性。但不幸的事发生了，有一天白马在山上吃草时，不慎摔下百丈悬崖。蛮蛮一见白马死了，他一个人活在世上还有什么意思，一气之下，也呜呼哀哉。杨家因为蛮蛮对自家养羊业发展有贡献，加上庄间老人的心意，把摔马处命名为白马峡，并在峡里修了一座蛮蛮大王庙。蛮蛮曾在白马峡显示过诸多神迹，通过人们的讲述一代代流传下来。

0288 石义的传说

别　　称：无

级　　别：市州及以下级别

流布区域：渭源境内

传承现状：濒临失传

简　　介：很早很早以前，渭水源头，品字泉边，住着一户姓石的人家，世代靠打柴为生。老俩口只有一个儿子名叫石义，长得聪明伶俐，有胆有识。十岁的时候，父亲去世了，从此他便天天进山砍柴，养活老母亲。这时候，渭源出了一件大事情。据说县城以北九十九里，有座马合山，马合山出了一条恶龙，天天腾云驾雾骚扰渭源，见人吃人，见牲口吃牲口，动不动发雷阵雨，下冰雹，搞得这一带人荒马乱，不得安宁。石义凭自己的智勇惩治了恶龙。后来又因这件事和米兰产生了一段姻缘。

0289 鸭子上架河倒东

别　　称：无

级　　别：市州及以下级别

流布区域：渭源境内

传承现状：濒临失传

简　　介：相传在很早很早以前，官堡（今会川镇）的老堡子往北五里有一个村庄叫毕家巷。庄里有个姓毕的大财主，他剥削穷人又毒又狠，尤其会说大话。因此，穷人们给他起了个浑号"夸海口"。夸海口家长工中有兄弟俩，哥哥叫牛娃，弟弟叫羊娃。一天，牛娃进山烧炭途中救了龙王的女儿，获赠一颗宝珠。拿着这颗宝珠能听到天上和人间的重要消息，但千万不能告诉别人，否则自己就会立刻变成一块石头。有一天，夸海口在六十大寿那天，又夸下海口："若要我毕家穷，除非鸭子上架河倒东。玉皇大帝其奈我何？"玉皇大帝知道了这事，大发雷霆，传旨四海龙王："明晨寅时放大水淹死夸海口。"这话让拿着宝珠的牛娃听到了，他偷偷地告诉了老百姓，可牛娃却变成了一块大石头。夸海口一家葬身鱼腹。羊娃则被龙公主所救。大水过后，老堡子和斗巴山已被冲断了，堡子西边的漫坝河改道在堡子以东了，宽阔的西河滩至今是大片肥沃的良田。

0290 犀牛江的传说

别　　称：无

级　　别：市州及以下级别

流布区域：成县索池乡境内

传承现状：极少流传

简　　介：传说很久以前，在康县赵家那山脚下，有一犀牛潭，犀牛潭里有一大犀牛，平时不出来，其他人见不着，只有半山腰有一家柴商户，家中有一十二岁小孩，此小孩去犀牛潭边，犀牛就会出来和他玩耍。有一次，小孩骑在犀牛背上戏水，有一神仙路过此地，说犀牛潭是风水宝地，将要出一代帝王之人，将相之后，当地赵柴二家听说后，赶紧将祖坟先人整理包裹，要小孩放进犀牛口中，杨家听说后也立马把自家的祖先仙骨让小孩放入犀牛口中，但犀牛口中已满，此时犀牛发怒，不和小孩玩耍，小孩忙将杨家东西搭在犀牛角上，因此传说赵家出了赵匡胤，柴家出了柴世忠，杨家出了杨继业，因杨家的东西未放到犀牛口中，所以没出一代帝王，成挂角之将，为人将相，由此大川的河叫犀牛江。

0291 丢儿坡的传说

别　　称：无

级　　别：市州及以下级别

流布区域：成县抛沙镇境内

传承现状：继续流传

简　　介：传说杨家将征西时，一个将领把孩子丢在了广化村与丰泉村交界的一个小山坡上，从此以后这个小地名就被叫作了"丢儿坡"。（军队前行到康县与武都交界的地方时，这名将领曾经回头看过身后自己的孩子，这里就是如今的"望子关"）。

丢儿坡

0292 杜甫"圣药"疗民疾

别　　称：无

级　　别：市州及以下级别

流布区域：成县境内

传承现状：广为流传

简　　介：唐乾元二年（759年），唐代大诗人杜甫在流寓四川途中，曾于成州同谷县（今成县）凤凰台下飞龙峡口结茅以居，度过了他平生最艰难的一段日子。传说，当时杜甫在生活极端艰难的情况下，仍体恤百姓的疾苦，利用当地出产的中草药为穷苦苍生疗疾医病。杜甫在飞龙峡口住下后，常到附近山中采集中草药，到城中出售。时日一久，便和附近凤凰村里的布衣老少相熟。一天，杜甫得知村里的一位老者脖颈上生一痈疽，因无钱医治，病情日渐沉重。杜甫便亲往其家，察看了病情，心中便有了主意。他对老者及家人安慰了一番，上山采来了一种当地叫臭牡丹的中草药，取其梢叶，焙干碾成末，再入臼中，研成粉状，用崖蜜调成滋膏，敷贴疮疡。不几日，老者脖颈上的痈疽即脓除肌生，渐渐痊愈。这种叫臭牡丹的木本药材就生长在飞龙峡一带的山坡崖畔，因放花时呈现蔷薇红色，故土人又叫大红袍，俗称牡丹花，七至八月开花，九至十月成熟。谙熟中草药的杜甫知其根、茎、叶、枝杆均可药用，具有消炎、解毒、化腐、生肌的功效。此物至便至贱，但疗效胜过名贵丹药，敷在疮上妙在毫无痛苦。此后，杜甫又用此药先后在村里治愈了小儿疳积，跌打损伤几例病症，其效如神。

0293 索池谚语

别　　称：无

级　　别：市州及以下级别

流布区域：成县索池乡

传承现状：较流传

简　　介：1.清明要晴哩，谷雨要淋哩。2.立夏不下，杠头高挂。3.惊蛰刮一风，倒冷四十五。4.惊蛰滴一点，九九倒回转。5.瓦子云，晒地胯子疼。6.扫帚云，泡死人。7.早上雾一雾，中午晒破肚。8.清明前后，点瓜种豆。9.蚂蚁搬家，蛇过套，必有大雨到。10.二月二晴，黑霜落两层。11.立夏不下就欠收，庄稼只能一半收。12.头月下了二十五，后月没干土。13.七阴八夏九不晴，初十下个大天明。14.夏至漫山黄，黄八成，收十成。15.日头上墙，奶娃寻娘。

0294 蘑菇石的传说

别　　称：无

级　　别：市州及以下级别

流布区域：陇南成县宋坪乡

传承现状：继续流传

简　　介：很早很早以前，在一座山下不远的山湾里，住着寥寥几户农家。其中一家只有青年夫妇俩，男的朴实厚道，女的却凶狠自私。他们有一个男孩，取名玉柱，后来又收养了邻居田寡妇的孩子兔生，兔生比玉柱小一岁。玉柱娘平日趁丈夫不在，时常虐待兔生。就在玉柱10岁那年初冬，狠心的玉柱娘揪着兔生的小耳朵说："听着，今天你给我上山采蘑菇去，采不到蘑菇就不要回来了。"太阳已经偏西，玉柱始终不见弟弟回来，心里万分焦急。他趁母亲不注意的当儿，溜出家门，顺着弟弟上山的方向追上去。最后在黄昏时分总算找到弟弟了，只见弟弟因饥饿疲劳昏倒在竹木茂密的山梁边，玉柱唤醒兔生让他一同回家时，兔生用颤抖的哭声说着："柱子哥，没采到蘑菇，我不敢回家。"天早已黑了，远处不时传来豺狼虎豹的怪叫，半夜时分，玉柱突然用沙哑的声音喊："我要变成大蘑菇。"说来也怪，当他喊完第三遍时，一声炸雷，一道闪电，玉柱真的变成了一个巨大的蘑菇，漆黑的山野只有兔生呼叫"柱子哥"和野兽的惊叫遥相呼应。黎明时分，追寻了一夜的夫妇俩终于找来，兔生讲出了事情的原委后，夫妇俩顿觉眼前发黑，双双跌倒在石蘑菇旁。蘑菇石由此得名。

0295 背娃崖

别　　称：无
级　　别：市州及以下级别
流布区域：成县抛沙镇磨坝村
传承现状：流传至今

简　　介：传说如今的抛沙镇磨坝村磨坝峡水库出口南上方的乱石窑，在很久之前叫黄家庄。村里的老人们说，几千年前黄家庄在一次地震中被淹没，村里的一个媳妇背着娃儿回娘家，幸免于难。当她回到村里，往日的黄家庄已成为废墟，女人伤心不已，背起孩子走上了山头，一去再没有回来，在那山顶站成了永恒的石像。自此，这座山顶的旁边就多了一个背娃崖在那。

0296 女豪山的传说

别　　称：无
级　　别：市州及以下级别
流布区域：陇南成县宋坪乡境内
传承现状：至今仍在当地流传

简　　介：相传很早以前，石门村里住着三十多户人家，那时生产落后，村民所收粮食给地主交过租子后，年年青黄不接，村民们生活十分困苦。村落蔡家沟的蔡一脚拥有大量的土地，他仗着自己的田园家产和家奴，在村落里抢夺财物，见到穷人就是一脚，村民吃尽了蔡家的苦头。村民们被逼得无法生活，有的已准备扶老携幼去外地逃生。此时，居住在杏树湾左山梁的华虎和夏玉梅夫妇，愤然行动，组织动员村民团结起来和蔡一脚斗争。第二天晚上，村民们在夏玉梅夫妇的带领下，个个手持铁锨，包围了蔡家，吓得蔡一脚面如土色，不住地发抖。夏玉梅指着蔡一脚的鼻子大声问到："蔡一脚，地租减半，不许你再在村子逞凶霸道，抢夺财物，你答应这些条件吗？"蔡一脚趴在地上点头如捣蒜，连连说："我答应。"从此，村子里的村民过上了平安的生活，人们为了赞赏夏玉梅的勇敢机智，于是把她居住的那座山叫成了女豪山。女豪山由此得名。

0297 陆游留诗成州

别　　称：无
级　　别：市州及以下级别
流布区域：成县境内
传承现状：广为流传

简　　介：在南宋抗金战争的艰苦岁月，伟大的爱国诗人陆游在戎马秦陇时，曾有幸和成州（今成县）结缘，与时任都统制、主管侍卫步军司公事的大将吴挺不期而遇，并成为知音。一天，陆游应邀去参加吴挺在成州举行的私宴。为增添欢乐气氛，吴挺提议每人即席赋诗。陆游向以诗词闻名，当轮到他时众人倾目相注。陆游酒下气轩，撩衣捉笔，一挥而就：参谋健笔落纵横，太尉清蹲赏快晴；文雅风流虽可爱，关中遗虏要人平。此诗以赞美参谋高子长的笔法和都统制吴挺饮洒赏天的潇洒风度开头,接着语气一转,说你们这些文雅风流人物是可爱的,但不要忘记关中地区还有残余金兵;不要忘记收复失地、拯救百姓的神圣职责。陆游忧国忧民的满腔热情,受到参加宴席的文武官员的赞同。这首文情并茂的七言绝句,成为爱国诗人陆游在古成州大地上留下的唯一诗篇。陆游的战斗诗篇,在表达人民抗金意志的同时,常常贯穿着诗人以身许国的雄心壮志,展现了诗人崇高的爱国者的形象。时时怀念被金国占领的中原,渴望参加抗金战斗,立志为祖国的统一而献身,这种饱满的战斗热情,构成了陆游诗歌慷慨激昂的基调,显示了诗人特有的思想性格,也是陆游留给成州人民最突出最鲜明的印象。

0298 响石头的传说

别　　称:无

级　　别:市州及以下级别

流布区域:成县抛沙镇境内

传承现状:至今流传

简　　介:宋末时期,当地村民发现此石,称之怪石,因为用石头或较坚硬的东西敲打此石,就会有回声,后来慢慢被人们叫作"响石头",至今当地人仍保存着这块大石头。从宋末开始,当人们遇到不顺心事或者病灾时,就纷纷到此敲打响石头,相传可以消除不顺心或病灾,给敲打之人带来幸运和福气。

响石头

0299 五龙山的传说

别　　称:无

级　　别:市州及以下级别

流布区域:成县境内

传承现状:继续流传

简　　介:传说位于抛沙镇强坝村的五龙山是祖师爷庙的发源地。祖师爷相传是净乐国王子。又传净乐国王子出游,在东、西、南、北门遇见了生、老、病、死四种及其苦难的子民。故此有"太子大马游四方,出门碰见四种人"的传说(所谓的生、老、病、死)。然后太子颇有感悟,自此出家来到五龙山修行("辞父母别六院成其正果,出皇宫入武当练就金身")。后来观世音化作女儿身前来试探祖师爷。祖师爷大怒,跳崖自尽,祖师爷身体落下时被树枝划破肚皮,祖师爷的肠和胃化作了神龟和神蛇(脚踩龟蛇二神将),真魂上天成为"玄天上帝",尸体被五条龙托起(五龙捧圣)。这就是五龙山的来历。

五龙山

0300 一天门的传说

别　　称:无

级　　别:市州及以下级别

流布区域:成县红川镇

传承现状:仍在流传

简　　介:一天门位于成县红川镇西柳十社,传说:嘉靖皇帝,迷信道教,不理朝政,晚年更甚。一日，忽梦见一皇冠老者，手拿白色合欢花，与帝驾云同游于野，见一山，三峰并立，形似笔架，中高者上有古刹一座，内塑帝后二像，同游老者忽然不见。帝像与来人颇像，嘉靖礼拜后，游于庙后，见山前迷雾茫茫有江水之声，山后坵亩麟比，村舍相接，庙侧有合欢树一株，上挂皇冠一顶，玉带一条，嘉靖向前摘取时，猛然一醒，乃是一梦。虽经庙堂多人解梦，但均不如意，后被海瑞将梦破开：白色，指西方，西属金，白色。合欢花者，好合之意内涵长治久安，符合成州。嘉靖皇帝后用圣旨的方式，交待于近臣徐陛，赴成州找地，徐终于在成州南凤凰山东起的中部，找到符合嘉靖梦中景象的地方。徐陛回京以后上报嘉靖皇帝，嘉靖皇帝下旨命高拱为钦差大臣带银两万两，赴成州县全力修建三尖山庙院，竣工后原拨银两万余额全被高私吞。高回京后上报说修建驿站、楼台、亭榭、殿堂之门竟达一千。当时瞒过了皇帝，却瞒不过众臣百姓。群众就叫一千门，今天"一千门"又叫成了一天门。

0301 牛心山传说

别　　称：无
级　　别：市州及以下级别
流布区域：成县二郎、陈院周边
传承现状：接近失传
简　　介：传说在仇池国时期，仇池国公主比较迷信，因常年身体虚弱，故国王广招名医医治，但总不见好转。有一天夜间，公主做一怪梦，梦见有一座形似心形的高山，山上有一位白发老者，对她招手并召唤她来此地，但是必须要乘坐牛车前往才可将公主之病治好。于是，公主半夜醒来之后，叫醒国王让给她派车、派随从，随前去拜祭。第二天天刚亮他们就出发了，经过长途跋涉终于来到了山下。众人便徒步上山，到了山门口被看护山门者挡在山门外，说只许祭拜者一人入山，公主便一人前往。等公主把各个庙宇祭拜结束之后天色已晚，下山已经不可能了，于是住持建议就此住下，明日下山即可。公主几经斟酌决定借宿一晚，还付给了住持丰厚的店钱，由于山上修道之人甚少，夜间住持对公主起了色心，在威迫下将公主玷污。第二天公主哭啼着下山，回国后整日不语，饭食不进。国王担心发生了什么让公主伤心之事，便招来随从问之，得知此事之后便派出大军前去一把大火将此山烧为一片灰烬。由于山形似牛心，又有公主驾牛车祭拜的故事，后人便将此山称为"牛心山"。

0302 张员外的传说

别　　称：无
级　　别：市州及以下级别
流布区域：成县纸坊镇
传承现状：正在继续流传
简　　介：相传在明末清初时期，纸坊镇府城村现地处西街社的夏家山上住着一位张姓员外。家中十分富有，牛羊成群，财物不计其数。虽然张员外家中十分富有，却是一个为富不仁之人，平时欺压乡里，鱼肉百姓，无恶不作。后来，上天知道了张员外的恶事，于是想惩治一下这种恶人，派神仙下凡扮作乞丐来到他家行乞，不料张员外却叫伙计铲了一锨大粪来让神仙吃，神仙说："员外，你这样做会欺天的，上天一定会惩罚你的！"神仙上天后汇报给玉帝，玉帝大怒。第二天早上，天空突然乌云密布，雷鸣电闪，狂风大作。瞬间，倾盆大雨直接泼向夏家山，不一会儿，张员外全家的金银财宝眼看要保不住了，但又不舍得丢掉。于是，他大喊道："谁救张员外金银两皮袋。"这时附近的百姓，便都有点动心去救，忽听天空雷鸣般的响声说到，谁救张员外连他一起带。于是，夏家山半山头连同张员外家全部财产顷刻间被大水席卷而去。这时人们看到，天空依旧是火红的太阳，被雨水冲剩的半个夏家山至今依旧矗立。张员外的为富不仁被上天惩罚的传说至今还在纸坊镇内广泛流传。

0303 白马洞的传说

别　　称：无
级　　别：市州及以下级别
流布区域：成县红川本地
传承现状：仍在流传
简　　介：白马洞位于红川镇墁坪村，传说很早以前，白马爷的母亲白影菩萨在此洞修行，此洞由此得名。

白马洞

0304 大湾堡子的传说

别　　称：无
级　　别：市州及以下级别
流布区域：成县索池乡境内
传承现状：广泛流传
简　　介：在索池水库靠公路边的那座山，叫大湾堡子，此堡子是一个值得说道的地方，可以说是一个战略要地。土匪闫俊山在柑柏树沟建立大本营的时候，曾在此堡子建立民团三营，营长由现大湾社人担任。此地算是柑柏树沟大本营的前哨，有部队小川向西过来，就有消息立马传到柑柏树沟。红军经过索池地带，曾在此堡子扎营一夜，与国民党后追部队在此对峙，现在堡子里还有当时挖的单兵防御坑道。由于从西和传来消息，红军大部队由西和到达成县，国民党追兵未敢开战，红军小股部队第二天顺利到达成县与之汇合。所以说，大湾堡子是个传奇的地方。

0305 成县民间谚语

别　　称：无
级　　别：市州及以下级别
流布区域：成县境内
传承现状：仍在流传
简　　介：这是一套关于天气变化的民间谚语，至今还在成县境内广为流传。其具体内容是：1.四六(日)不开天，开天一半天。2.七(日)八下九不晴，初十下到大天明；初一初二的回头雨，再看初三初四晴不晴与。3.早韶一点红，晚韶不出门。4.云扯南(方)，下成潭；云扯北，晒成灰。

0306 高桥不唱水淹金山寺

别　　称：无
级　　别：市州及以下级别
流布区域：成县抛沙镇高桥村境内
传承现状：继续流传
简　　介：相传在民国17年时，当时正值当地的戏曲表演时间，在那时唱了一个名叫水淹金山寺的戏曲。然后，发生了三年水灾。当地政府免粮三年，从此之后就流传高桥不唱水淹金山寺。

0307 宋川陕秦陇保卫战

别　　称：无
级　　别：市州及以下级别
流布区域：成县境内
传承现状：广为流传
简　　介：宋高宗建炎四年(1130年)9月，宋金富平之战后，吴玠吴璘兄弟在与南宋朝廷失去联系的情况下，扼守和尚原（今陕西宝鸡西南）一线。有人劝其退守汉中，扼守蜀口。吴玠说："我在这里，敌人害怕我从后面袭击，绝不敢越过这里南下，这是保卫巴蜀的最好办法。"并和将士歃血为盟，将士深受感动。绍兴元年（1131年）3月，金国大军兵分两路进击，一路杀奔箭舌关，一路从阶州、成州绕道出大散关，夹击和尚原。吴玠指挥若定，鼓励将士坚守阵地，据险交替出战。仙人关大捷后，吴玠、吴璘于兴州至成州一线布防，成州上城为吴氏驻节之地。绍兴中，金人败盟，进犯秦州，儿子吴挺破治平砦，大败金兵。以战功封为涪王、信王、武功郡开国公的吴玠、吴璘兄弟及子挺，统帅数十万大军多次大败金兵，使陇蜀边境始终未被金军攻破，从而粉碎了金军由陕入川，进而顺江东下覆灭南宋的阴谋，保卫了川陕秦陇地区，确保了南宋的抗金兵源和重要军需供给地，沉重地打击了金军的嚣张气焰。

0308 龙门镇传说

别　　称：无
级　　别：市州及以下级别
流布区域：成县纸坊镇境内
传承现状：继续流传
简　　介：龙门镇就是今天府城村。传说在唐朝都城西安，有一个大臣名叫许龙门，他是一个德才兼备、亲政爱民的好官，为朝廷立下了汗马功劳，然而由于受小人的诬陷，被皇帝罢免驱逐出朝廷。几年后，他流落到今府城村，住在一小山顶上，与当地老百姓同甘共苦，用一颗报国之心帮助民众，在当地民众中留下了非常好的印象，大约过了几年，朝廷为许龙门平反，降旨召他回京任职。于是，他与大家一起修建了一座寺庙，完工之后在寺院大门上，刻下了自己的名字"龙门寺"，背后刻有"出入寺门"字样，后来人们把村名定为龙门镇。为了纪念修建寺庙的人，有人刻六棱碑一块，上面记述了修庙经过及修建人名单，此碑在新中国成立后修粮站时，被破坏压进了地基。另有公元759年，唐代伟大诗人杜甫经过此地时，曾住过龙门寺。相传后人为龙门镇撰写藏头诗对联一幅，并木刻于寺院门上，后来失散，藏头诗对联为："龙喷玉泉甘露遍洒三千界，门迎瑞气祥云普护十八村。寺观雄壮民地丘令寺言志，院落故址胜迹犹忆杜公题。"此诗头四字为"龙门寺院"。另一联为："寺对西山瞥眼霞光逢古院，龙潜东水从头碧波引佛门。"此诗首尾一字相接为"寺院龙门"。这些都是至今流传的龙门镇的来历故事。

0309 云梯崖传说

别　　称：云梯古寺
级　　别：市州及以下级别
流布区域：成县二郎、陈院周边
传承现状：濒临失传
简　　介：传说在唐宋时期，太君大人在此修炼。因此地偏僻很少有人居住或是过往，只是山下居住的农人有时会上山打柴，无人知晓有人于此修炼。在一个雨过天晴的早上，有位农人上山打柴，透过云雾发现有位酷似仙人之人在山间打坐修炼。农人以为是自己的幻觉，急忙磕头拜之，回家后心神不宁。又等到雨过天晴，早上他又去此地打柴，发现跟之前看到的景象一致，他便此认定这位定是仙人下凡在此修炼。于是回家之后叫大家都不要在此山打柴了，不要打扰到仙人修炼。由于石崖形似梯状，雨后登上山顶似有仙境之意，传说太君大人是在雨后由此石梯崖上天修炼，最终修炼成仙。后人对太君大人修炼之故事加以渲染，历时演变，此崖由此而得名。

云梯古寺

0310 成县古今楹联

别　　称：无

级　　别：市州及以下级别

流布区域：成县境内

传承现状：少数人知道

简　　介：甘肃成县，古称成州，地处华夏腹地中心，历史传统悠久，文化积淀厚重。在现存的名胜古迹中，都有文人雅士的楹联。由于这些题联许多是咏物明志，富于哲理，宣扬爱国主义，讴歌大好河山，因而赢得历代人民和文人墨客的崇仰与传颂，使这些楹联与山川同在，与胜迹共辉，成为成州大地艺术长廊中的瑰丽画卷之一。这些楹联不仅具有生动的艺术感染力，而且对名胜古迹起着历史见证的作用，一向为世人所珍重。在古成州大地上，散见于名胜古迹处的楹联，不论是刻于石上，还是锲于楹柱，其内容大都与历史陈迹和山川风光相联系，所咏颂的往往也是历史名人的轶闻趣事、风物传说和名山古刹的壮观景色。

0311 《伏羲与女娲》

别　　称：无

级　　别：市州及以下级别

流布区域：流传于西和全县

传承现状：广为流传，收录于地方文献

简　　介：很久很久以前，西和还是一片汪洋大海。海东南有一座孤岛，岛上长有梧桐、栎树、云杉、桂花等珍贵树木，常有凤凰和吉祥鸟栖息在上。这天，忽然天河注水，汪洋决开了口子，海水滚滚东流，西和大海变成了一泓浅湾。从上游漂来一只瓜瓢，落到小岛的岸上，海水急剧下降，水岛越发显露出真面目，形如一只搁浅的木船。瓢把断裂，蹦出一男一女两个孩子来。俩孩子受天地之精气，很快长成大人。不知过了多少年，西和海变成了石山、黄土，沧海成桑田。他俩感到寂寞无聊。男孩向女孩求婚，女孩向男孩提出两个条件。先是藤穿针，后是合盘石。男孩都按要求做到，于是两人搬到一处居住。俩人合居那天，百禽赶来庆贺，群兽赶来道喜。从此后，男的在外种籽实、采野果，女的在屋内织网结绳，生儿育女。这男的就是伏羲，女的就是女娲娘娘。他们就是至今人们供奉的人祖爷。那小岛就是西和的仇池山。

《话说仇池山》封面

0312 晒经石的传说

别　　称：无

级　　别：市州及以下级别

流布区域：西和全县

传承现状：流传了几百年，基本是当地人皆知。

简　　介：传说唐三藏取得真经，路过此地。由于经书受湿，于是在烈日之下，晒经于巨石之上。晒经石由此而得名。如今抬头仰望，晒经石陡峭挺拔、庞大有形，已成悬崖之势。历经岁月风霜，她已经和大自然融为一体，旁边众木丛林，郁郁青青，幽雅恬静。晒经石下方，有一祠窑，旁有彩旗，一眼看去里面坐落着一尊身材较小、威严端庄的白色佛爷，供当地人烧纸焚香祭拜。从晒经石下边的右边沿着曲折小道而上行，便可到达晒经石上方，能感觉到石体坚硬而庞大，无形而有力。晒经石不仅拥有着石的文化，也有着精神的文化。它可以激励人民奋发向上、追求不息，了解村民祭祀神祖，祈求风调雨顺的精神。每一段传说都是对历史的诠释，每一块名石都是对文化的见证。晒经石作为晒经乡的第一大象征，标志着此地繁衍不息、历史悠久。

晒经石

0313 西和民间歇后语

别　　称：无
级　　别：市州及以下级别
流布区域：西和全县
传承现状：广为流传，收录于地方文献
简　　介：西和县民间歇后语：先人卖醋——后背都酸了。瞎子点灯——白费油。马尾串豆腐——提不起。聋子的耳朵——摆设。哑巴吃黄连——苦在心里。西番的牦牛——认下一座账蓬。老鼠拉锨把——大头在后头。老鼠钻着风匣里——两头受气。羊圈里的骡驹——数他大。筐箩里睡觉——人要圆了。秃子头上的虱——明摆着里。正月十五贴门神——迟了半月。六月里穿皮袄——热报冷仇。茅坑里拾个手巾子——咋敢揸（开）口哩。阿屎寻虱——一举两得。油客不带秤——有个老量子。狗进佛堂——有唧蜡之心。打的野鸡还愿哩——家财不舍。大腿上扎刀子——离心远着哩。老鼠拉称砣——自堵窟窿门儿。烟筒眼里掏雀儿哩——没在外里头。提着碌碡打月亮哩——摸不着高低了连轻重都掂不来。三张麻纸糊个驴脸脑——好大面子。叫化子揣烧饼——三步两摸。

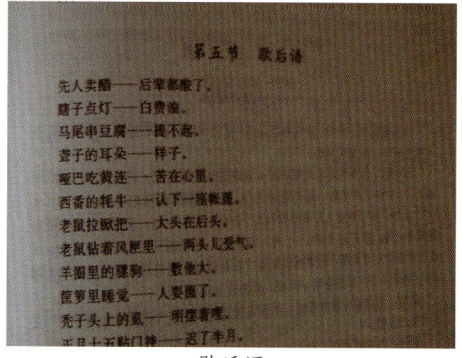

歇后语

0314 《琼花与春林》

别　　称：无
级　　别：市州及以下级别
流布区域：流传于西和全县
传承现状：广为流传，收录于地方文献
简　　介：古时候，汉水源头的土番冢山下，住着一位瘦骨嶙峋的老太婆，靠织麻布和土布拉扯女儿过日子。七个女儿中，琼花最小，她身姿苗条，尊老敬贤，心灵手巧。乡邻小伙子、姑娘们喜欢称她叫"巧姐"。离开琼花家向北走，翻八架山，过八道岭，趟八道河，森林深处住着十多户半猎半农的人家。其中一户人家有个名叫春林的单身小伙，肌腱发达，身似铁塔，为了偿还掩埋爹娘时欠下的阎王债，被山霸抓去长年做苦工。后来，春林和琼花互相往来，彼此爱慕，在母亲的安排下结为夫妻。山霸见春林娶了个天仙般的女子，屡出恶计陷害春林，要霸占琼花。结果被琼花一一破解，山霸也被烧成了焦炭，山霸府也在火中化为乌有。人们过上了安稳舒适的日子。天长地久，琼花将自己平生的纺织技艺也无私地传给了姐妹和侄女们。一轮甲子过去，琼花无病身亡。临终时琼花对春林和乡亲们说："林郎，我乃仙女转世，如今和各位缘分已尽，明年七月初一，我再来看望大家……"从此，每年七月初一，人们都来到村外，手拉手边载边扭，迎接琼花（巧娘娘）旧地重游。一直欢乐相聚七天，直到初七才恋恋不舍地送琼花的灵魂返回天庭。由此，形成了西和的七夕乞巧习俗。

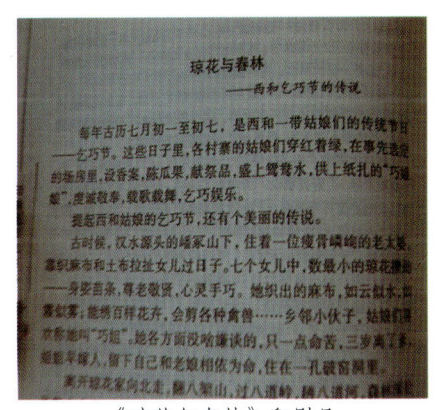

《琼花与春林》印刷品

0315 华胥氏之国

别　　称：无

级　　别：市州及以下级别

流布区域：西和全县20个乡镇

传承现状：广为流传

简　　介：传说古代，仇池山东崖有一幽深险怪的"池穴"，当地人叫"麻姑仙洞"，洞里住着华胥氏姑娘。一天华胥氏觉得心慌意乱，便下了天桥，溯西汉水而上，到了山明水秀的雷坝（今礼县大潭）。她正玩得开心，忽然在河滩发现一个大人足迹。由于好奇，便去踩这个脚印，脚刚按下去，觉得心有所动。返回仇池，身怀有孕，后生子叫伏羲。伏羲长大后与女娲成婚，并繁衍人类。人伙日众，便建立了国家。为了纪念伏羲的母亲华胥氏，这个国家命名为"华胥氏之国"，国都就设在仇池山。仇池四壁陡绝，三面环水，有"上下于天"的天桥，直通"天门"（仇池北峰山垩）。华胥氏之国的国民，男女成婚后，可以下天桥，到四野居住，成为人类的祖先。

《华胥氏之国》印刷品

0316 环环·门扣·顶针

别　　称：无

级　　别：市州及以下级别

流布区域：在西和当地农村流传

传承现状：广为流传，收录于地方文献

简　　介：从前，在一座高山深林中住着一家人：娘和她的三个娃，大女儿叫环环，二女儿叫门扣，小儿子叫顶针。有一天，娘煎了一篮子油饼，对孩子们说："娘要到你舅舅家去，明晨才回来，山上可有专吃娃娃的野狐精，我走了以后，你们关好门，谁叫也莫开。"谁知娘走到半路被野狐精吃了。野狐精变成娘的样儿，回转家来要吃三个孩子。

野狐精哄骗顶针开了门，晚上又吃了顶针。等野狐精睡熟了，环环和门扣发觉娘是野狐精变的，小弟弟顶针已经被她吃了。她俩悄悄商量："要想办法赶紧逃走。"姐妹俩用计谋逃脱出去，天亮后野狐精追来，姐妹二人又运用智慧齐心合力把野狐精甩进河当中的深水里淹死了。

《环环、门扣、顶针》印刷品

0317 太石河和石堡城的传说

别　　称：无

级　　别：市州及以下级别

流布区域：流传西和全县

传承现状：广为流传，收录于地方文献

简　　介：相传，鲁班修罢伏羲庙，来到仇池山下的牛儿滩，行走在古栈道上。但见奇峰入云，惊涛拍岸。"啊，好一险境！我何不在此建一桥梁，造福人民。"正在他勘测建桥之时，二郎神也来相帮。是夜，鲁班和二郎分头行动，二人商定在鸡叫前建成桥梁。正当鲁班和二郎忙乎之际，居住在寒峡口的山神可吓破了胆。山神心想："山若长在一起，我往哪里住？"于是，绿豆眼骨碌碌直翻，心生一计，便拿起一只烂簸箕，站在山顶使劲扇起来，嘴里还不停地学着公鸡的啼叫声。顿时，山下各村的公鸡，纷纷也跟着啼叫起来。这一来，可坏了事：鲁班肩上的桥墩石再也担不动了、二郎赶的山也停下不走了。二人气愤地来到栈道上，一看时间尚早，只见树后一个丑陋的山神偷偷地在笑，顿时明白了一切。愤怒至极，他俩一齐向山神扑去。山神见势，做贼心虚，慌忙逃窜。刚跑到寒峡口，便被二郎一鞭打在石崖上，再也动弹不得。第二天，杜家凤山的河边前出现了两块奇特的桥墩石，那是鲁班担在半路上的，因来自太白山，所以人们称为"太石"，将河称为"太石河"。把二郎赶山堵水的地方（没有堵成功），叫作"势不成"，后来叫成"石堡城"。

太石和石堡城的传说

0318 青羊峡和白兔石

别　　称：无

级　　别：市州及以下级别

流布区域：西和全县

传承现状：广为流传，收录于地方文献

简　　介：西和长道镇东街，有一块状如惊兔的巨石，叫"白兔石"。县南有一条山势陡峭、水流急湍的峡谷，叫"青羊峡"。相传青羊峡是因有一只青羊经常奔跑而得名。"白兔石"却是一只白兔变化而成。对青羊峡和白兔石，民间传说是三国蜀汉丞相诸葛亮六出祁山征伐曹魏时，青羊、白兔感念诸葛亮恩德，在他危急时刻向他报恩所化。

《青羊峡和白兔石》的故事

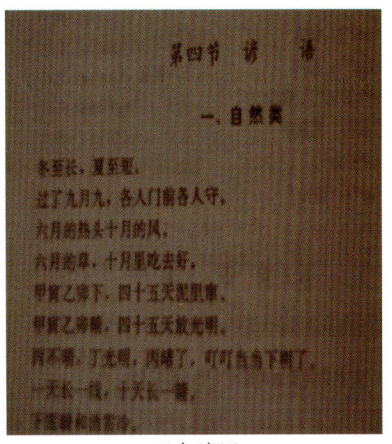

西和谚语

0319 西和县民间谚语

别　　称：无

级　　别：市州及以下级别

流布区域：西和全县20个乡镇

传承现状：广为流传，收录于地方文献

简　　介：西和县民间谚语：1.自然类：冬至长，夏至短。过了九月九，各人门前各人守。二十一二三，月出鸡叫唤，二十四五六，月出遍地牛。一天长一线，十天长一箭。离了白雨不得下，离了白雨不得晴。阴阳山戴帽儿，一滴一个大泡儿。白雪下（雨）路白下（雨）。农事活动七十二行，庄稼为王。一年庄稼两年务。庄稼一朵花，全靠粪当家，若要不信，粪窠子作证。人哄地一天，地哄人一年。种庄稼没粪，犹如点灯盏没油。人无洪财不富，马无夜草不肥。2.其他：受得苦中苦，方为人上人。小时偷油，大了偷牛；小时偷针，大了偷金。一步走错，百步撵不上。三家斯靠，靠倒锅灶。三懒夹一勤，要勤不得勤。宁吃仙桃一只，不吃苦李子八背斗。熟处好吃饭，生处好挣钱。做贼的不富，待客的不穷。板凳上睡觉，难翻身。捎话捎多，捎东西捎没。跟好人，学好人，跟上师公子跳小神。拉账要忍，还账要狠。老子烧砖儿子不离窑门。

0320 二郎斩蟒

别　　称：无

级　　别：市州及以下级别

流布区域：西和全县

传承现状：广为流传，收录于地方文献

简　　介：西和石堡乡刘家河东岸，一刀切齐的石壁上，离地面10米处有一石洞，人们称它"斩蟒洞"。此洞口径3米，洞长据说约有50里，直通塔子山巅。塔子山，顶峰直插云霄，为西和群峰之冠。传说从前有一条巨蟒成精，在此洞穴居住。它兴风驱雾，善于变化，时时伤牲害命，作恶多端。因妖蟒残害，石堡一带人烟稀少，到处一片荒凉景象。一天，二郎杨戬的妹妹，途经此地，遭遇巨蟒引诱。二郎妹妹识破妖术，与之搏斗，战败被吃。二郎闻此噩耗，肝胆欲碎，决计报仇。杨二郎乃仇池白马氏族的牧羊神。额开立眼，手执三尖两刀叉，前驱哮天猎犬，神通广大，法力无边。他含恨策马，来到洞前，恰遇蟒妖行虐。二郎与妖蟒拼死相搏，结束了妖蟒的性命。由于二郎一见妖蟒，怒火中烧，用力过猛，在石崖上也砍下五道印痕，至今犹存。二郎为民除了大害，驱散了笼罩在刘家河的愁云惨雾。二郎神斩蟒休息过的那块巨石能驱邪避魔，消灾免祸。

甘肃省文化资源名录 第二十二卷 非物质文化遗产 I

民间文学

115

二郎斩蟒的故事

0321 伏羲仙崖

别　　称：无
级　　别：市州及以下级别
流布区域：西和全县20个乡镇
传承现状：广为流传，收录于地方文献
简　　介：西和县大桥乡的仇池山上，有座伏羲庙。传说天地分开的龙生年代，仇池山根形似八卦，状如覆壶，是座米粮山。那时节，山下河水卷狂澜，周边村深无人烟，山上土沟八道梁，龙子龙孙大繁衍。有一天，一阵闷雷似的声响过后，大地颤抖，接着又是数声巨响，仇池山裂开数道口子，从里面喷出无数火浆。烈火整整燃烧了四十九天，龙死兽亡，鸟飞草枯，山石变色。这天，从断裂的山头上忽然站起了一位人首蛇身的巨人，止住洪流，他便是伏羲。伏羲在崖头诞生，从此便开始忙于治理这里的自然环境。每天种草栽树，精心浇灌。一年又一年，仇池山换了人间，成了景色迷人的仙天福地。后来，女娲出生，历经重重磨难，兄妹终于结为夫妇，繁衍人类。伏羲的一举一动，感动了天帝。天帝打发仙鹤仙童下凡，来协助伏羲治理人间山水，造福人类。现今山巅有高三米许，深达四米的石洞，透过石缝仰望，白昼可见满天星斗。这便是传说中当年伏羲经常仰观天象，演绎八卦的去所。因紧靠山崖，又是当年大地震助伏羲出生的地方，至今人们一直叫"伏羲仙崖。"当地人称伏羲为"人宗爷"或"人祖爷"，称伏羲庙为"人宗庙"或"人祖庙"。

伏羲仙崖

0322 河池的传说

别　　称：无
级　　别：市州及以下级别
流布区域：徽县
传承现状：流传广泛
简　　介：徽县古名河池。地处秦岭南麓的徽成盆地，人类远古时就在这块肥沃的土地上繁衍生息。河池是古文化发祥地之一，而正是这种潜在因素，为大量民间文学产生提供了肥沃的土壤。徽县民间故事从不同角度折射了徽县古朴的历史和风土人情，是河池古文化的丰硕沉淀和结晶。这些颇富情趣和包涵哲理的传说，不仅具有民间文学的艺术性和可读性，而且具有了解、研究徽县文物、历史的资料价值。

河池的传说

0323 张果老的传说故事

别　　称：无
级　　别：市州及以下级别
流布区域：两当县
传承现状：广为流传
简　　介：故事讲述的是张果老和赵巧儿在善桥斗法的事。张果老和赵巧儿都爱和人打赌，争个高低输赢。一天，正在善桥上忙碌修桥的赵巧儿遇到路过此地的张果老。二人打赌，如果张果老赢了，赵巧儿不再拜鲁班爷为师，即刻回家种田去；假如赵巧儿赢了，张果老就得倒骑驴儿从原路上回去。赌的内容是赵巧儿用手中的长尺给张果老铺桥面，张果老需要把河对面那三座药山担过善桥。结果张果老输了。这时鲁班爷从天而降出现在张果老和赵巧儿面前，他急忙给张果老赔了个不是，从赵巧儿手中接过折尺看了看说："徒儿你出师了，这折尺就叫赵巧儿三角尺吧！你娃儿还站在这里等什么呀，还不赶快到海那边的东瀛岛送台灯去？"赵巧儿领命后，向师傅和张果老分别行了礼，拿起折尺朝东方走去，张果老看着远去的背影又长叹了一口气，他知趣地倒骑着毛驴儿追赶赵巧儿去了，鲁班爷回过身来替徒弟修建起了善桥。上述故事中提到的善桥，至今还屹立在故道川红崖河畔。

张果老睡像

0324 五山池的传说

别　　称：无
级　　别：市州及以下级别
流布区域：临夏县西南片
传承现状：濒临失传
简　　介：五山池在藏语里称"达里加措"，意为众山之王的神池。关于五山池，还有一个神秘的传说。很久以前，在甘青交界西南隅的山峁上有一户贫苦人家，母子二人相依为命。秋后一天夜里，老母梦见嫦娥仙子下凡对她说，想用重金购买她家的豆地。老母梦中惊醒，将梦境告诉了儿子，儿子听后将信将疑，接着下地去收割豆子。当他拔起最后一片豆子时，发现有一锭大大的银元宝。见老母的美梦成真，儿子欣喜若狂，跪拜在地上，感谢嫦娥仙子的恩赐。当他捧起元宝时，有一股清泉喷涌而出。很快，豆子地便涨成一潭碧波荡漾的池子。自从有了这潭池，方圆百里的百姓多沐其泽，久旱便雨，雨足即晴，风调雨顺，丰衣足食。百姓们感念池神之德，焚香跪拜。远方的乡民们抱怨池神偏袒一方，施惠不公，与附近百姓产生纠纷，矛盾激化。为了不致发生流血冲突，池神不得已决定出走，最终移到西南海拔

4636米的达里加山雪峰之间，周围群峰环列形似五指而得名"五山池"，池水澄清，久旱不涸，久涝不溢，四周野花遍地。池神未忘记百姓之诚，临走时在山脚下留下一眼清泉滋养他们，后世传说是嫦娥仙子引来的"龙泉"。

五山池湖水

0325 太子山的传说

别　　称：无

级　　别：市州及以下级别

流布区域：临夏县西南片

传承现状：濒临失传

简　　介：据说太子山之名来源于一个凄美的传说。很久很久以前，天上有个仙女，她不但人长得漂亮，而且心地善良、天真活泼，非常喜欢唱歌。仙女有一个哥哥，他很疼爱自己的妹妹。后来仙女与一位擅唱"花儿"的英俊少年互生爱慕，结为夫妻，过起男耕女织的田园生活。仙女的哥哥知道妹妹下嫁凡间后，很不放心，就幻化成龙形，潜隐于山间池水中，守护妹妹。有了神龙的庇护，当地晴雨有间，风调雨顺。天长日久，有些人就任意糟踏水源。渐渐地，池水旱了，泉水枯了，天热地燥，禾稼不生，花草不兴。有人分明看见过，在一阵狂风浓雾之中，龙悲愤地从仙池中向天空升腾而去。哥哥为了自己受到那么大的委曲，仙女心痛地流下了眼泪，夫妻二人瞬间化为两座青山，被乡民敬称为公太子山、母太子山。后来，母太子山个头长得越来越高，超过了公太子山。公太子山见状，心生嫉恨，且又猜忌母太子山有不忠不贞行为，就残忍而恶毒地削掉母太子山的"头顶"。母太子山从此便成了一副"平顶"模样，而公太子山自己却突兀而尖耸，傲然举首向天。神龙听说此事，痛苦万分，又回来守候。有了原前的旱灾殷鉴，山里人祖祖辈辈特别懂得珍惜水源，这里又变得风调雨顺，五谷丰登。

0326 永靖嘛呢经

别　　称：无

级　　别：市州及以下级别

流布区域：永靖汉族聚居村

传承现状：仅在农村中老年妇女中流传

简　　介：嘛呢经是分布于甘肃永靖汉族聚居村的一种口头文学。它以敬神、劝善、劝孝为主要内容，以唱诵为表现形式。表达人们对神灵的敬仰，期盼风调雨顺、五谷丰登、国泰民安、家庭和睦的美好心愿，寄托了人民群众发自内心的喜怒哀乐，反映了他们的宗教信仰、精神需求和道德取向。唱诵人群以中老年妇女为主。大部分经文句式整齐，讲究押韵，有一定的文学性。同时，它的曲调优美，音韵和谐，又有一定的节奏感和音乐性。唱诵的时节主要有：节令、庙会期间在寺院庙观，初一、十五在群众家里。嘛呢经"因其通俗易懂，寓教于乐，深受农村妇女的喜爱。但因未摆脱宗教信仰的影响，始终将"因果报应""劝善积德""修心养性"作为创作、使用、流传的宗旨，具有以修福说教为主题，公式化、概念化的弱点，加之艺术创作内容、表现手法上的保守局限性，面临着新艺术的考验。

嘛呢经爱好者在演唱嘛呢经

0327 永靖传说故事

别　　称：无
级　　别：市州及以下级别
流布区域：永靖县三原镇、岘塬镇、刘家峡镇、太极镇、关山乡、徐顶乡等地
传承现状：永靖传说故事数量多、分布范围广，具有极高的艺术价值。但讲述者大都年事已高，讲述人越来越少，亟待保护。
简　　介：永靖传说故事内容丰富，形式多样，有很高的艺术性，是一朵民间艺术的奇葩。就内容来看，都与本地宗教信仰有关，神树岘、吧咪山的传说讲述了吧咪山供奉神灵金花娘娘得道成仙以及显圣的故事。罗家洞的传说讲述了罗家洞双运成就佛的来由。故事中涉及的主人公都是永靖民间广泛信仰的神灵，信众广泛，影响深远。故事本身具有叙事性、传奇性，文学意味深厚，代表了永靖佛道两家大众久远的文化传承心理。而故事的讲述者大多年事已高，永靖传说故事面临失传，亟待整理保护，使其不断流传下去。

佛教圣地吧咪山门

0328 告禀

别　　称：无
级　　别：市州及以下级别
流布区域：永靖地区除王台、川城、小岭之外的十四个乡镇
传承现状：据统计永靖地区说告禀者不上一百五十人。年轻人不愿学习告禀，此艺术面临人亡鼓息、人去艺绝的窘地。
简　　介：告禀，是指在特定的场合，陈述内心情怀，以表达感激，或祝福，或报歉之意的一种民间口头文学。在喜宴上说的一般叫"喜话"，丧仪上说的叫"陪侍话"。永靖各乡镇村落都有告禀习俗。1.婚宴上说的喜话。其内容主要以答谢媒人，祝福新人，赞颂美好姻缘为主。上亲中也有人说些答谢和谦虚的话。2.满月宴上说的喜话。内容主要以祈福小孩长命百岁，谋事得到，荣宗耀祖，为国争光之类的话。3.上梁时说的喜话。内容主要是祝愿主人住上新屋，百事顺心，财源滚滚，万事如意的话。4.踩财门时说的喜话。说的内容大致是这样的："我是天上的文曲星，玉帝打发着踩财门，左提金，右提银，荣华富贵带进门，福财子禄满堂红。"5.丧事上陪侍外家的话。内容主要是称道子女孝顺，赞扬亡人一生的为人，陪侍外家之类的话。请高公诵经时的禀说词主要是请求高公使亡人在阴世得到如意人生，早得超生之意。

艺人在告禀

0329 太子寺传说

别　　称：无

级　　别：市州及以下级别

流布区域：仅在广河县城周边流传

传承现状：除了在一些有关广河史志的文献上多有记载外,大部分民众对此传说一无所知。

简　　介：该传说在历史上有几种说法,现在成文的传说流行于明清时期,在广河的一些有关文献上也有此传说,作为一种文学形式流传至今。此传说仅流传在广河县城周边,因为过去此地就叫太子寺,所以在一些老人中这种传说流传较广泛,说法也各有不同。一种说法是传说此寺曾有亲太子扶苏,在此驻扎,故得此名。还有一种说法是,此秦太子并非扶苏,而是西秦太子乞伏炽磐。乞伏炽磐在做太子的 20 年中,在广河一带建功立业,老百姓感念他的作为,便把这座古刹叫做太子寺。此传说主要讲了"太子寺"这个地名的来历。通过这个传说,生在县城的人特别是上了年纪的人对"太子寺"这个名字的来历有了大概的了解,对更进一步认识本地名称的传承和变化有一定的参考价值。

太子寺传说的知情者

0330 石郎官爷爷的故事

别　　称：无

级　　别：市州及以下级别

流布区域：广河、康乐

传承现状：以五十岁以上讲述者最多

简　　介：《石郎官爷爷》等民间故事的流传是从过去汉族人居住时遗留下来的,故事的情节带有浓重的汉文化色彩。说的都是人生哲理,回族、东乡族都有传承。石郎官爷爷的故事在广河山区流传较多,周边县市也有传承和流行。目前,这个故事的传承停留在了 60 岁以上的老人口中,它正在逐渐被人们淡忘。

《石郎官爷爷》的故事讲述者

0331 齐城皇的传说

别　　称：无

级　　别：市州及以下级别

流布区域：广河县

传承现状：民间传承

简　　介：该传说流传在齐家坪周围。因为此地有着大量的齐家文化古迹,也是齐家文化的发祥地,从文物史料上也可证明此地为前人居住和生活的重地。这个传说故事流传很早,但没有文献记载。该传承人马如山也是听前人传说传承的。这个传说的主题是说很早以前这里居住的人很聪明,而且武艺高强,射箭可射到几千公里外的目标。当时皇帝发现此地后很不安,怕这些人与他争雄,用迷信的方法派人到这里来看了地貌山型，并出巨资把齐家坪周围山脉全部斩断（这些痕迹现在也能见到）。从此这里人再也没成什么气候，皇帝也安心了。这个传说的流传地仅为齐家坪周边，其他乡镇未曾听见，能完整说出这个传说的人现在也不多了。

齐家坪遗址

0332 羊头将军的传说

别　　称：无

级　　别：市州及以下级别

流布区域：临潭地区

传承现状：民间群众流传至今

简　　介：传说，宋朝杨家将大部被潘仁美用毒计害死在金沙滩，唯四郎死里逃生。后来潘美仁奸计败露，宋王启用了杨四郎，令捕杀潘仁美父子，潘家父子带残兵往西逃走。逃到岷州时，潘家已伤亡惨重。潘仁美丢铠弃甲，狼狈逃窜，但跑到洮州三岔时仍布兵埋伏。当杨四郎追到时，埋伏的挠钩手窜出，一刀砍下杨四郎的头来，但杨四郎俯身拿起一个羊头，安在脖颈，继续与潘仁美作战。在黑松岭山顶，杨四郎手持双剑将潘仁美一剑斩于黑松岭上（后潘仁美的鞭被埋在"盖鞭沟"，尸体葬在黑松岭上）。这时，杨四郎还没发现自己安的竟是一只羊头。走到山下，一妇女见状，惊呼羊头将军，才头落身亡。从此，当地群众为纪念杨四郎将军，便修庙雕身，每逢四月十四日，三岔庙会上，群众抬着四郎爷上黑松岭踩踏潘仁美的坟堆，并演戏纪念。

羊头将军的传说

0333 麻娘娘的传说

别　　称：无

级　　别：市州及以下级别

流布区域：临潭东路一带

传承现状：民间群众流传至今

简　　介：镇守洮州的李达，生有六子八女，六子皆有功名，八女唯六女早夭。除了第三个女儿，其他六个女儿所嫁皆门当户对。三女李金花才貌超群，与众不同。李达十分担忧，唯恐她被朝廷发现，选在深宫冷院当妃子。所以，他叫金花入凡出进就戴上丑陋的麻脸外套以掩人耳目，人都叫她"麻娘娘"。后来金花被选作仁宗妃子。再后来，仁宗驾崩，朝廷倾轧，李妃百忧交煎，毅然要求回乡奉养双亲。这时，李达也身老多病，朝廷就答应了她的请愿。李妃便提出给故乡洮州免去征税，并要求洮州地区修房、婚姻、丧葬、服饰等仪如皇家，可修扦的四合院，顶盖阴阳瓦，屋脊安吉兽，大门落三彩、悬倒提柱，门口蹲踞狮子。妇女可佩金戴玉，绾高髻戴凤冠。丧葬可扎全副纸货，挂八吊穗或六吊穗纸，画龙凤棺，棺外带橚、廓等。因此，李妃乘辇回家伺奉双亲，老死家乡，名字也未载入朝廷史册之中。只有洮州人民怀念这位有恩泽的"麻娘娘"，便将她的故事世代传了下来。

0334 洮水流珠的传说

别　　称：无
级　　别：市州及以下级别
流布区域：临潭
传承现状：在民间群众中流传至今
简　　介：故事讲的是很久以前，洮河的东岸有一个叫阎王庄的村子。村里住着一户大财主，人称马阎王。马阎王有个摆渡工叫雷成河，擅丝竹弹唱。雷成河老两口只有一女，取名鲛鲛，年方16岁，是远近闻名的俏闺女，又会吹笛。雷成河在马阎王家积劳成疾，一病不起，鲛鲛母女前去探望，被马阎王看到，便要强行霸占鲛鲛。鲛鲛不从，雷成河在与马阎王拉扯中被马阎王当胸一脚给踢死了。鲛鲛的心上人——青年摆渡工虎子得知鲛鲛家出了事，带了伙伴，手执长矛大刀与马阎王搏斗，将鲛鲛母女和雷成河的尸体带回了家。第二天马阎王又把鲛鲛和虎子抓了回去。鲛鲛用计与虎子联手杀了马阎王。其后，虎子被马家狗腿子杀死在乱刀之下，鲛鲛跳入洮河而死，只剩下鲛鲛娘每天坐在河边哭泣。有一天，鲛鲛娘又在河边痛哭，河面浪尖上涌出一个人来，面似鲛鲛，身材却像鱼，朝鲛鲛娘放声大哭，泪珠滚滚，滴进水中，越聚越密，竟然覆盖了河面。打这以后，每当数九寒天，洮河水面上便流动着像泪珠一样的冰珠，传说是鲛鲛娘俩的眼泪。这就是今天人们所说的洮水流珠。

洮水流珠

0335 石门金锁的传说

别　　称：无
级　　别：市州及以下级别
流布区域：临潭东路一带
传承现状：在民间群众中流传至今
简　　介：临潭县的石门乡石门口，是洮河流过的地方。很早以前这里山崖连绵不断，洮河水流到这里，淌不过去，年久日深，最后把村子里老百姓的房子也淹了。后来，鲁班爷施展法力给老百姓重盖新房，又用斧头把石山崖劈开了个豁冄。山崖虽然劈开了，可洮河水还不能畅流，鲁班爷飞起双脚向两边一踢，山根又被踹开了好多，只见石山像开了两扇大门，洮河水哗啦啦地往下流。这时，忽然吹来一阵风，鲁班爷在人们的欢呼声中不见了！人们为了纪念鲁班爷就在右边半山崖上修了一座庙，供起了鲁班师爷，至今香火不断。石门口的景色，也比以前更为迷人。你看，两岸崖壁峭立，百仞如切，山上苍松翠柏，鸟语花香。洮水在这里似流非流，平静如镜，清澈碧透，倒映峰峦。尤其在月华初上之时，崖罩轻纱，河水泛银，那鲁班庙里灯火辉煌，恰似挂在两扇石门上的一把金锁。崖两边，还留着斧凿之痕，山底下有几处脚印，相传为鲁班所为。于是洮州人把这里称为"石门金锁"，并列入洮州八景。

石门口

0336 周茂周措传说

别　　称：周茂姑娘

级　　别：市州及以下级别

流布区域：杓哇土族乡

传承现状：较好，民间口头流传至今。

简　　介：相传在今杓哇土族乡拉巴村有位名叫周茂的姑娘。她在山上放牧时，总能听到石崖大声的问话："开不开？"她不知道该怎么办，就把这事告诉了阿爸。阿爸让她回答说"开哩"，试试看会怎么样。于是第二天，石崖再次问话时，周茂就回答说："开哩！"结果惊天动地一声巨响，石崖分成两半，变成了一座石峡。周茂吓坏了，跑回村里把这件事告诉给乡亲。大家过来一看，原来的溪水被石峡拦住，已经形成了一片翠湖。而后周茂姑娘也不知所踪。后来，有一天晚上周茂给她阿爸托梦，告诉阿爸说她已经和常遇春结了亲，并请阿爸到他们的湖中府邸做客。阿爸跟周茂和女婿常遇春在湖中住了几天，临走时女婿常遇春还给他送了礼物。从此以后，当地土、藏、汉群众，将此湖尊称为"常爷池"，藏族又称其为"周茂周措"。当春暖花开时，池水碧澄，波光潋滟，令游人流连忘返；当数九寒天时，山头银妆素裹，池面如镜，呈现出千奇百怪的图案，形形色色，惟妙惟肖。站立水边，仿佛身临水晶迷宫、珍宝展馆，无不令人惊叹。这就是被称为洮州八景之一的"冶海水图"。它属于卓尼县级非物质文化遗产项目，这一民间故事的资料在进一步挖掘之中。

常爷池

0337 东部藏巴哇语群

别　　称：无

级　　别：市州及以下级别

流布区域：卓尼县洮砚、藏巴哇一带

传承现状：较好，至今流传引用

简　　介：东部藏巴哇语：包括洮砚、柏林、藏巴哇三匝地段。其藏语可属境内之方言孤岛，介于康方言和卫藏方言二者之间，并分别保留了二者的部分语音特征。当地称其为"藏巴哇话"。现在由县文化馆牵头，对东部藏巴哇语进行资料挖掘、搜集，拟定保护计划，建立保护研究中心，扩大研究队伍；申请资金进行全方位的保护。卓尼藏语属汉藏语系缅语族安多方言的次方言。由于卓尼地处偏隅，长期脱离本民族大本营而构成其独特的土语群和方言孤岛。从他门的语言整体来看，虽属安多方言体系，但语音、词汇、句式等构成特色又与卫藏、康方言有着及其相近的渊源关系，有些地方还保留了藏语二次厘定前的古词语，声、韵发音也与安多方言有较明显的差异。此地由于长期与汉族、土族、蒙古族聚居通化，方言中夹杂了不少其他语言的措词。总之，卓尼藏语在安多方言中非常典型，属其最外层的方言区边缘的带，极富语音特色。就卓尼境内而言，可分为3块不同的土语群，即东部藏巴哇语群、北山完冒语群和洮河沿岸语群。

0338 北山完冒语群

别　　称：无

级　　别：市州及以下级别

流布区域：卓尼县、夏河县

传承现状：较好，至今流传引用

简　　介：北山完冒语群：包括完冒、纱冒、恰盖、阿子滩、康多、申藏等与夏河县下巴沟、美武等地接壤地区，其语言特征属较纯正标准的安多方言，本地称其为"召盖话"。

现在由县文化馆牵头，对北山完冒语群进行资料挖掘、搜集，拟定保护计划，建立保护研究中心，扩大研究队伍，申请资金进行全方位的保护。

0339 洮河沿岸语群

别　　称：无

级　　别：市州及以下级别

流布区域：卓尼县嘛路至纳浪地段

传承现状：较好，至今流传引用

简　　介：洮河沿岸语群：上自嘛路，（包括车巴沟）下至纳浪地段，包括大峪沟、卡车沟及河阳洮河沿岸地区。语音介于牧、农区之间，属半农半牧区的语言体系，当地称之为"河边话"。现在由县文化馆牵头，对洮河沿岸语群进行资料挖掘、搜集，拟定保护计划，建立保护研究中心，扩大研究队伍，申请资金进行全方位的保护。

0340 族源史故事

别　　称：无

级　　别：市州及以下级别

流布区域：卓尼县纳浪乡

传承现状：较好，民间口头流传至今

简　　介：族源史故事流传在各个部落中，既是故事，又是一个民族、一个家族、一个部落的历史。它不是以史书、家谱的形式留下来，而以故事的形式流传于世。这类故事，有点像经过演义了的史书，它们并不是枯燥无味的编年体、记叙体历史志，而是经过历代的口头流传、修饰、着色和渲染，变成了优美动人的民间故事。如流传在纳浪乡西尼沟地区的《三个先人》和邻村小板子的《六月六冻冰》等。现在由于文化馆非遗经费紧缺，没有更进一步挖掘族源史故事的有关资料，现在属县级非遗名录项目。

族源史故事采录

0341 藏族民间谚语

别　　称：无

级　　别：市州及以下级别

流布区域：安多藏区

传承现状：较好，至今流传应用

简　　介：藏族谚语是藏族民间文学宝库中的一颗明珠，是藏族人民社会实践和生活积累的结晶，是藏民族语言的精华。它以简洁生动、节奏鲜明的语句，从不同角度反映了藏族人民广阔的社会生活，表达了他们真实的思想感情。在藏族人民的日常生活中，随时可以听到寓意深刻、是非分明、语言通俗、含意贴切的谚语，有歌颂的、赞美的、揭露的、训诫的，也有蕴含真理、传播知识的。可以说，在藏区，上至日月星辰、下至江河湖海，几乎世间万物都包含在丰富的谚语中。这些短小、精辟、幽默、优美的、包罗万象的谚语，对弘扬民族文化、移风易俗起着重要作用。

0342 战斗故事

别　　称：卓尼土司

级　　别：市州及以下级别

流布区域：卓尼县境内

传承现状：较好，民间口头流传至今

简　　介：卓尼为历代弯弓跃马的战场，从周羌戎、悍马防到唐哥舒翰、宋王韶、明沐英、清左氏，还有各民族间、部落间大小战事不断，为这类故事提供了相当丰富的创作素材，很多故事几乎就是战场纪实。这类故事中尤以杨土司家族的战斗故事为多。现在由于文化馆非遗经费紧缺，没有更进一步挖掘战斗故事的有关资料，现在属县级非遗名录项目。

杨土司家族的战斗故事

0343 宗教故事

别　　称：无

级　　别：市州及以下级别

流布区域：安多藏区

传承现状：较好、民间口头流传至今

简　　介：宗教故事是寄托人们对幸福生活的美好祝愿和憧憬，歌颂真善美，诅咒假恶丑，代表着人民的美好愿望。卓尼地属少数民族聚居区，且以藏族为主，有浓厚的宗教基础和习俗，宗教传说故事在民间有相当的生命力。现在由于文化馆非遗经费紧缺，没有更进一步挖掘宗教故事的有关资料，现在属县级非遗名录项目。

0344 石媳妇传说

别　　称：无

级　　别：市州及以下级别

流布区域：卓尼县木耳镇

传承现状：较好，民间至今口头流传

简　　介：传说洮河北岸今木耳镇西路沟有姐妹俩，被迭部生番头人抢去做妾。头人的大老婆十分凶恶，对姐妹俩百般虐待。姐妹俩不堪忍受其苦，天天祷告神灵解救，终于感动了上苍。就在姐妹俩去背水时，碰见一个白胡子老汉帮助她们，并叮咛她俩必须在鸡叫前渡过洮河，不得延误，否则她们就会变成石头。姐妹俩跨着马鞭子越过迭山，到达洮河岸边，发现滚滚流珠顺河而下，她们想利用这些冰珠给两岸的乡亲们搭两座冰桥，于是将神马鞭抛在河里。一刹时，神鞭截住冰块，河面上顿时结成了两座冰桥。此时鸡叫了，姐妹俩留恋地望了一眼对岸的娘家村寨后，就变成了两座石峰。石媳妇传说属于卓尼县级非遗项目，这一民间传说的资料正在挖掘之中。

石媳妇

0345 二郎缸的传说

别　　称：无

级　　别：市州及以下级别

流布区域：卓尼县纳浪乡朝勿村

传承现状：较好，民间口头流传至今

简　　介：民间传说有利于人们深刻理解乡土文化和民族精神。具有浓郁地方特色的民间传说在叙述人物，刻画景物，解释风俗时，讲述者的语言常常是自豪而亲切的；尽管传说质朴纯真，充满着乡土气息，但是这些极富韵味的方言土语却将沉寂的山水描绘得灵光四射，使民众从传说的字里行间中自然升腾出热爱故园的乡土情结。现在二郎缸的传说属于卓尼县级非遗项目，这一民间传说的资料正在挖掘之中。

0346 民间传说

别　　称：无
级　　别：市州及以下级别
流布区域：以舟曲县为中心，周边离城区较近的乡镇和村庄。
传承现状：此民间传说来自民间群众讲述，现保存较差。
简　　介：相传很久以前舟曲曾是一片草原，这里的人们主要以围猎为主，部落间常因争猎场而争斗。后来，有一个青年叫男山，自小识得草药，每当部落争斗后常给受伤者疗伤，被部落间视为和平的使者，因为有男山的调节部落间的争斗渐渐少了。一天，男山到一水潭中游泳，正行久居天宫的七仙女正在天上追逐嬉戏，其中一个叫翠云的五姑娘胸前九十九颗碧水晶珠项链不慎被云钩挂断而洒落舟曲大地，翠云姑娘急忙落下云头寻珠，哪知此珠一落地便化成一汪汪清泉，翠云万般焦急，巧遇正在水中游乐的男山，于是向他走去请求帮助，这时一条毒蛇向翠云扑去，男山见状飞快跑过去，把毒蛇赶走，救下美丽的翠云姑娘。为了报答男山的救命之恩，姑娘决定留在人间，嫁给男山，享受人间的快乐，不久两人举行了盛大的婚礼。后来，当天庭知道此事后，玉皇大怒，操起案上笔架向凡间翠云姑娘掷去，在这万分紧急的关头，海龙王儿子白龙猛然推开翠云，自己却被笔架打中，受到重伤，男山被压在笔架底下。从此以后，男山便变成南山，也叫笔架山，受到重伤的白龙化成了白龙江，伤心欲绝的翠云被玉皇推倒的御案压在东边，只露出美丽的脸与南山隔江相望。

0347 舟曲藏族神话故事

别　　称：无
级　　别：市州及以下级别
流布区域：舟曲藏族神话故事主要分布在舟曲县巴藏乡、憨班乡等村寨内。
传承现状：被调查人介绍，此故事由祖父讲给父亲，由父亲讲给被调查人。现保存较差。
简　　介：相传很早以前，有一个叫赛布的地方，这里高山雄峙，山间树木苍翠，谷底小溪清澈，草地上开满了五颜六色的花朵。有一个叫热赛的孩子，他聪慧勤奋、尊老爱幼，十分可爱。在他很小的时候阿妈就去世了，从此阿爸和他辛苦地种庄稼度日。一天清晨，他跟着阿爸到庄稼地割麦。整整一天，父子俩割了很多麦子，累得准备回家。正当他俩在回家的路途中，发现了一只野羊。由于野羊很沉，父亲没有把野羊按住在地。他连忙叫儿子热赛，父子俩使出了全力才按住。老阿爸无比喜悦地对儿子说："孩子，运气好啊！机遇也很好。"说完高高兴兴地回家了。忽然，那只野羊开口说话了，它说："大恩大德的孩子，放了我吧！我还有孩子呢。"山林中顿时便传来很长的声音，齐声求道："大恩大德的庄稼人，放了我们的阿妈吧。没有阿妈我们怎么生活？以后一定报答你。"它们不停地求饶。热赛心中非常可怜它们，于是便放走了它。藏族神话故事是舟曲境内历史上遗留下来的一种带有藏民族善良、聪明、豪放精神的故事，同时歌颂了热赛的善良和可爱。

0348 舟曲藏族民间故事

别　　称：无
级　　别：市州及以下级别
流布区域：舟曲县藏族聚居区的藏汉民族村寨。
传承现状：年代久远，无文字记载，面临失传
简　　介：北宋年间，安多地区的若尔盖来

了一位苏桑叉魔，穷凶极恶。藏家的好儿女有好多都被他活食吞咽下肚。此时若尔盖有一位老人，叫琼杰让。他不堪忍受此疾苦，就煨桑祷告上天。于是天国托梦于他，指了一条出路。他从遥远的岭国请来月亮神，照亮了若尔盖的黑夜，打败了苏桑叉魔。苏桑叉魔失败后，他歇斯底里地吼道："格萨尔王，好你个格萨尔王！我一定要回到若尔盖，抽你的筋，喝你的血……。"过了几天，格萨尔王要走了，头人再三挽留。到了晚上，他们酒宴歌舞。当五更时，突然雷声大作，狂风呜呜，暴雨下泻。珠牡（格萨尔王夫人）叫醒格萨尔王，庄园头人急忙跑来汇报："大王，苏桑叉魔的魔王抢去了本庄园的九个美丽姑娘。"恼怒的格萨尔王出去营救，突然间北面传来了女人的惨叫和呼救声。格萨尔王与魔头打了三十多个回合，将魔头击败，其躲进一条沟里直吐黑血，黑血变成了黑水，永不止尽，最终形成了今天巴藏黑水沟。战胜魔王后，藏家九姐妹得救了。萨格尔王率领部队到巴藏、立节、花年城、占单等地，为百姓排难，重建家园。至今，此民间故事还流传于世。

0349 碌曲民间故事

别　　称：无

级　　别：市州及以下级别

流布区域：碌曲县五乡两镇

传承现状：正在挖掘相关的文章，记录年代、地点、人物。

简　　介：在地处高原的安多碌曲藏区，格萨尔王的故事成为他们生活中不可替代的精神食粮，县内有些文学爱好者曾对农牧区流传的民间文学进行搜集整理。

讲故事

甘肃省文化资源名录
第二十二卷 非物质文化遗产 I

民间音乐

0350 唢呐艺术

别　　称：陇东唢呐

级　　别：国家级

流布区域：以西峰区为中心的庆阳市各县区

活动场所：庆阳唢呐具有较广泛的民俗应用。每逢娶媳嫁女、丧葬祭奠、乡村庙会、节庆典礼、新居乔迁、贺寿扫墓、给婴儿过满月等民间活动都少不了请唢呐班子前去助兴。因此，其表演场所主要在民俗活动的现场。

代 表 作：庆阳唢呐曲牌，内容丰富，意味质朴，自成体系，独具风格。经普查采录的就有1200余首，经筛选入编《庆阳地区民间器乐曲集成》达496首。这些曲牌按源流沿革可分为器乐化程度较高的传统曲牌，民歌变化类与地方戏曲相关类。就习俗应用可分为通用曲牌；红事曲牌，如《粉红莲》《银扭丝》《闹五更》《地里兔》等；白事曲牌，如《抱灵牌》《哭长城》《祭灵》《柳青》《雁落沙滩》等。

传承人：马自刚

传承人简介：马自刚，男，汉族，生于1962年6月，师承于宁县著名唢呐艺人郭彦儒和原庆阳市群艺馆梁平正老师，演出之余开班授课，为继承和发展陇东唢呐艺术尽心尽力。2012年12月，被批准为唢呐艺术项目的国家级代表性传承人。

传承谱系：郭广顺→郭彦儒→马自刚→毛来红、毛建军、王永乐、朱虎生、卜刚荣、任彦怀、马增权、李予彦（女）、齐雪如（女）、孙磊。

传承现状：唢呐艺术在庆阳的婚丧嫁娶等民俗活动中应用广泛。随着非遗宣传、赴京、出国展演和代表性传承人的推荐申报，民间唢呐艺人的社会地位得到提高，经济收入好，庆阳唢呐艺术走进了专职课堂，不少女学生也加入了唢呐的学习和演奏行列，庆阳唢呐艺术项目呈现出良好的发展态势。当然，良好发展的势头下也有隐忧：原先的唢呐班社变成了小演奏团，吹唢呐的时间相应减少，一些难度强、乐章性的唢呐曲牌能吹奏者已不多了，抢救回来的艺术珍品有复失的可能。庆阳唢呐艺术虽然已经进入了学校和课堂，学吹唢呐的青年人明显比过去多了，但现在仍处于如何吹唢呐的初级阶段，而掌握陇东唢呐的吹奏技巧实非一日之功，还需举办庆阳唢呐艺术的中、高级研习班进行提高。对唢呐艺人的演奏曲牌数量和质量进行划分定级，采取相应的激励措施，保障优秀传统曲目的传承。这些对我们的保护工作提出了更新、更高的要求。

简　　介：庆阳唢呐又叫"陇东唢呐"，是以唢呐为主奏的民间吹打乐，也称鼓吹乐，属木制管乐器。它的特点是音量大，音色嘹亮纯净。感情细腻委婉，演奏技巧丰富，声响连贯顺畅。明人沈德符所著的《野获篇》曾言，嘉靖、隆庆年间所兴《寄生草》《粉红莲》《银扭丝》等曲牌，在庆阳唢呐中也有同名曲牌。庆阳唢呐演奏中的配器有"大件的""小件的"两种组合形式。其中，"大件的"组合乐器中由两支筒者为中音的唢呐领头，伴有打击乐堂鼓一面，铙钹、京镲各一付，钌锣、小锣各一面。"小件的"也叫"细乐"，组合乐器配备：由一支筒音为高音的唢呐领头，伴有板胡、二胡、杨琴、笛子、三弦，有时还加用自制的土管子（音域在一个八度之内），打击乐配干鼓、暴鼓各一面，牙子、梆子、小锣各一副等。曲牌中上下重叠式、一部式、二部式和各种自由式。除符合我国传统的民族民间器乐曲结构原则外，还具有独特的程式性特征。其中，俗称的"帽子"，即引子，"身子"即一首曲目的主题旋律，"罢子"即尾声，"平吹"与"挂音"两个声部的支声织体特征及"对口"旋律的频繁出现，还有演奏中散、慢、中、快的速度规律也都比较明显。

传承人在埃及参加开罗"中国文化年"活动

0351 花儿（莲花山花儿会）

别　　称：无
级　　别：国家级
流布区域：康乐县景古、莲麓、五户
活动场所：莲花山、紫松山、斜角滩、王家沟门、汪子沟、庙会现场、比赛现场。

代 表 作：《一年一趟莲花山，娃娃不引门不看》《你是花儿头一朵》（花儿对唱）、《把花儿辈辈传承呢》。
传承人：汪莲莲
传承人简介：汪莲莲，女，汉族，1958年出生于康乐县莲麓镇，自小受"花儿"妈妈的熏陶，生就喜爱莲花山花儿。自从1984年成为省民协会员后，年年参加各种花儿赛事活动，参加各个花儿场演唱。曾获国家级奖励一次，省级一等奖6次，二等奖2次，三等奖2次；地、州、市级特等奖1次，一等奖1次，三等奖1次；县市级奖8次。
传承谱系：汪莲莲传承于80年代，1958年出生，女，汉族。
传承现状：通过授徒、在花儿会期间组织莲花山花儿对唱等形式传承。
简　　介："莲花山花儿"是康乐民间艺术瑰宝，内容有"散花"与"整花"。唱腔有"单套""双套""三转腔"。从韵脚上分：一韵到底，为单套，一首花儿中，一腔两句，两句两韵，即一、三、五一韵，二、四、六一韵为双套。一首花儿中出现三韵者，谓之三转腔。莲花山花儿的演唱形式一般为对唱，一问一答。位于康乐县南端的莲花山，1988年至今举办了多场花儿大奖赛。2004年康乐县被中国民协授予"中国花儿保护基地"。2006年莲花山花儿会被国务院公布为首批国家级非物质文化遗产项目。

莲花山花儿会现场

0352 花儿（松鸣岩花儿会）

别　　称：无
级　　别：国家级
流布区域：临夏州和政县及周边的广河县、东乡县、康乐县等
活动场所：松鸣岩风景区
代 表 作：《河州大令》《河州二令》《河州三令》
传承人：马金山
传承人简介：马金山，男，东乡族，1949年生。自幼爱好民间音乐，七八岁时便能与人对唱花儿。长期学习、传授以花儿为代表的地方民间音乐。
传承谱系：从马金山算起，其传承谱系至少可上卜追溯四代。马金山的父母能拉会唱，具有良好的民间音乐修养，尤其是其母亲，是唱花儿的"把式"，成为马金山唱花儿的启蒙者。长大后马金山又专门找老师学艺。学成后又把花儿向下传承，他的子女、孙子都能唱花儿。他还专门办了一所花儿学校，无偿教授青少年演唱花儿。
传承现状：正常活动
简　　介：松鸣岩是甘肃省著名的花儿三大会场之一，河州花儿的发祥地、河州花儿的南乡大本营，也是临夏地区，甘南州卓尼县、夏河县以及兰州、定西等地区歌手如期参加的传统花儿会，是各民族花儿歌手互相学习、交流的大舞台，是孕育河州花儿歌手的摇篮。松鸣岩花儿会于每年农历四月二十六至二十九日举行，成为民间的狂欢节。松鸣岩花儿曲调，以悠扬、辽阔、高亢、奔放为特点，曲调自然，耐人寻味，一般都有经长期流传的固定调子，称为"令"。据统计，经音乐工作者整理的花儿曲令，有100多种，和政地区流行的曲令就有30多种。有独唱、对唱、齐唱、咪咪、唢呐、四弦子等乐器伴奏或独奏形式，其内容有对新生活的赞美，有对生产劳动的颂扬，有历史故事，更有那美丽动人的情歌。2004年8月，松鸣岩被中国民协授予"中国花儿传承基地"的称号。2005年6月被西北民族大学确定为"民俗学/民间文艺学教学科研基地"。2005年、2006年和政县成功举办了两届"中国西部花儿邀请赛"。

0353 花儿（二郎山花儿会）

别　　称：无
级　　别：国家级
流布区域：岷县及周边的宕昌、卓尼等地
活动场所：岷县二郎山以及由二郎山花儿会所辐射的众多岷县花儿会会场
代 表 作："阿欧怜儿""阿花儿""扎刀令"
传承人：刘郭成

0354 佛教音乐（拉卜楞寺佛殿音乐道得尔）

别　　称：无
级　　别：国家级
流布区域：甘南州夏河县
活动场所：寺院
代 表 作：《姜怀希索》《万年欢》《五台山》《喇嘛丹真》《智钦嘉居》《仁钦恰尔山帕》《巴火尔》《投吉钦宝》。
传承人：成来坚措。
传承人简介：成来坚措，男，藏族，生于1969年，夏河县拉卜楞寺僧人，国家级非物质文化遗产传承人，技艺传自师父索南，徒弟有毛兰木、次成木等。
传承谱系：拉卜楞寺佛殿音乐以师徒传承为主，先入门者带后入门者，代代相传，距今已有二百多年的历史。
传承现状：良好
简　　介：拉卜楞寺佛殿音乐——"道得尔"，以宗教音乐为主。主要演奏乐器的有主管2人、笙2人、管子2人、九音云锣2人、钹

2人、海螺2人、骨笛1人等，乐队组成共21人，从拉卜楞寺院的六大学院僧人中选调，即闻思学院（大经堂）10人，其他五大学院各2名。除此之外，再从技艺高超的僧人中选出第二十一人。1980年11月，为迎接十世班禅大师，据六世嘉木样旨意，组建新乐队。主要演奏曲目有《姜怀希索》《万年欢》《五台山》《喇嘛丹真》等。其中大多源自西藏属纯粹之宗教乐山，另有部分内地寺庙和宫廷音曲，如《万年欢》与《五台山》。

佛殿音乐道得尔

0355 道教音乐（清水道教音乐）

别　　称：无
级　　别：国家级
流布区域：天水及周边地区
活动场所：清水县小华山庞公庵、清水县云台观、清水县红崖观。
代 表 作：清水县道教音乐
传承人：王建明
传承人简介：王建明，男，1962年生于甘肃清水，1986年投新城傅至善学艺，现为清水道教音乐省级代表性传承人，清水县道教协会会长。自学艺以来，一直从事道事活动，"写、唱、吹、打"样样精通，并且技艺不私藏，至今已带出一大批从事道事活动的门徒。
传承谱系：第18代，赵元真，男，1813年；第19代，陈明镶，男，1871年；第20代，傅至善，男，1930年；第21代，王建明，男，1961年；第22代，赵宗祥，男，1966年。
传承现状：较好
简　　介：清水县道教音乐是甘肃省天水市的汉族宗教音乐，归属于中国全真道派的道教科仪音乐，也称斋醮音乐或道场音乐。清水道教音乐的产生、流布、传承，至今已有500多年的历史，其在道教音乐的风格与特征上突显着鲜明的地域特色。清水道教音乐的突山特点是以仝贡正韵作为"龙门"与"华山"支派宫观的统一范本，在初创时便已是声腔、器乐、打击乐并用的综合表演形式。因经词是配以音乐曲调且在打击乐的伴奏下唱出的，因此清水道教音乐注重的是"一写二念三吹打"。清水道教音乐以经韵唱诵为主，伴奏主要用打击法器，并有吹奏管乐笙、管、笛、箫等，丝弦乐器的运用比较少见。其常用的经词约有60部180多卷，句式多为四字、七字和十字句，祈求国泰民安、五谷丰登、幸福吉祥是其主要内容。每逢规模较大的道场，清水道教音乐所营造的道场气氛，气势恢宏，庄严肃穆，形成了一套完整的、独具风格的道场音乐体系，在人民群众中有着广泛的影响。

清水道教音乐

0356 藏族民歌（华锐藏族民歌）

别　　称：无
级　　别：国家级
流布区域：武威市天祝藏族自治县及周边地区
活动场所：盛行在各种集庆宴会和多重性质

的生活场合

代 表 作：《福禄绵羊歌》

传承人：马建军

传承人简介：马建军，男，藏族，1946年生，甘肃天祝人，第二批国家级非物质文化遗产项目藏族民歌（华锐藏族民歌）代表性传承人，中华杰出英模人物。1960年起学习华锐藏族民歌，青年时代已是当地颇有影响的华锐藏族民歌代表性传承人，中年阶段为华锐藏族民歌的传播、发扬与保护做出了不可磨灭的贡献，现在潜心研究华锐藏族民歌业有所成，已成为当地家喻户晓的华锐藏族民歌的权威人物。丰厚的民俗文化知识奠定了他在华锐藏族民歌领域内夯实的地位与独一无二的权威性，他是许多华锐藏族民歌材料的第一手撰稿人。他一生至力于华锐藏族民歌的研究，几十年笔耕不辍，编写了一大批倍受关注的华锐藏族民歌作品。经他搜集整理并完整保存下来的代表作品颇具影响的有《珠东会战》《孔雀羽衣赞》等。

传承谱系：第一代，才华，尼玛，嘉央吉；第二代，华旦；第三代，三智；第四代：拉卜旦；第五代：马建军。

传承现状：随着文化社会的发展与变迁，华锐藏族民歌的原生态文化土壤日渐流失，传唱艺人大都年事已高，青年一代在传承上还缺乏应有的传承认识，这就导致民族传承能力的整体退化，再加上多元文化的不断发展，华锐藏族民歌的广泛形态在各个领域内都面临失传和湮没的危险。但从它历史传承的特点来看，还是具有很强的地域性与时代连接的特点，直到今天，华锐藏族民歌对其本土及周边地区，乃至对整个藏区仍具有一定的亲和力及深远影响。

简　介：华锐藏族民歌代表了华锐藏人的主流文化，同时也涵盖了华锐藏人的边缘俗文化，已成为包容文学、音乐、舞蹈、说唱乃至民族认同、宗教信仰等各种文化成分和文化形态的同义词。它的内容涉及宗教文化、历史地理、风土人情、社会生产及思想感情等方方面面，也有言及婚姻爱情生活。其浓厚神话色彩的特点，更具有广泛的文化身份认同的意义。华锐藏族民歌的节奏、旋律、调式及结构复杂庞大，包括独唱、对唱、齐唱、载歌载舞及问答式等多种演唱形式。在基本框架下的自由放任是华锐藏族民歌的独到之处，各歌唱套路间的不断更替又是它旗帜鲜明的表达方式。在词曲上既有意味深长的精湛表达，又有短促精炼的明快节奏，更派生出瞬息万变的辞赋更替。华锐藏族民歌主要包括叙事曲、情歌、哭嫁歌、讽喻歌、劝解曲、诙谐歌、迎宾曲、歌舞曲、赞歌、酒歌、问答曲、报恩歌、吉祥祝福歌、挤奶歌、儿歌、玛尼歌、送亡歌等。

歌手参加传习活动

0357 藏族民歌（甘南藏族民歌）

级　　别：国家级

流布区域：甘南州境内

传承人：华尔贡

传承人简介：华尔贡，1948年出生，藏族，玛曲县尼玛乡人，大专文化，中共党员，外科主治医师。华尔贡在搞好本职工作之余，酷爱藏族弹唱艺术。他在长期于牧民畜群点帐圈行医的过程中，搜集整理大量的民族，加以不断地完善升华，使藏族古老的弹唱艺术焕发新的活力。他公开发行的两盘磁带《华尔贡弹唱专辑》和四盘以他为主的藏语民间弹唱磁带，风靡藏区，一度流传到印度、尼泊尔、加拿大、香港、台湾等地，受到海外藏族侨胞的喜爱。同时，培养出德白等一批优秀弹唱人才，很大程度上推动发展了甘、青、川藏区的民族弹唱艺术。

0358 裕古族民歌

级　　别：国家级
流布区域：萧南县境内
传承人：杜秀英、杜秀兰

0359 嘉峪关民间小调

别　　称：无
级　　别：省级
活动场所：田间地头以及表演舞台等
代　表　作：《摘棉花》《黄姑娘闹张哥》《孟姜女》《五劝人》《毛主席就是照明灯》等。
传承人：赵帅珍、李守财
传承人简介：赵帅珍，男，生于1945年，嘉峪关市文殊镇人。赵帅珍自幼酷爱乡村文化，吹、拉、弹、唱样样精通。在家乡组织乡邻学唱、排练嘉峪关民间小调，促进了这一民间文艺的传承。
传承谱系：赵帅珍唱小调师承于其祖父，跟随赵帅珍学唱小调的有张百泉、老毛及众多乡邻。
流布区域：嘉峪关周边城镇
传承现状：现有省级传承人两名
简　　介：小调是中国民歌体裁类别的一种，小调又称"小曲""俚曲""时调"等，是人们在劳动之余、日常生活当中以及婚丧节庆，用以抒发情怀、娱乐消遣的民歌。小调流传面较广，遍及城市和乡镇，其内容广泛涉及社会各阶层人民的生活。嘉峪关小调节奏规整，歌唱形式以独唱为多，其次为对唱和一人领唱众人和唱等。歌词格式多样，除七字句外，也有长短句式；除二句、四句常见外，也常有非对偶的三句、五句等结构，加上衬词的丰富多变和格律化，使小调的曲式结构较之号子、山歌更为成熟且富于变化。小调题材广泛，从重大政治、社会事件至日常生活、风俗、爱情等，涉及社会生活的各个方面。

群众在劳作间歌唱小调

0360 永昌曲子

别　　称：无
级　　别：省级
流布区域：金昌市永昌县域
活动场所：多在社区、乡村，也有舞台演出
代　表　作：《永昌民间俗曲》《金昌俗曲》《金昌小戏》
传承人：暂无省级传承人
传承现状：永昌曲子在永昌民间广泛传唱，目前有较好的传承群体。
简　　介：永昌曲子，是流传于甘肃省永昌县的民间演唱曲调的总称。永昌曲子主要分为演唱曲和演奏曲两类，演唱曲包括小调、花儿、社火曲、曲子戏、贤孝演唱曲、念卷曲调等；演奏曲则包括弦乐演奏曲牌、祭祀和婚丧嫁娶用的唢呐吹奏曲等。永昌曲子是一种传统民间演唱形式，流行地域遍及城乡各个角落，风格和内容有很强的地域特色。曲子的曲词大致可分两种，一种是传统长期流传的词儿。一种是群众创作的。从题材看，取材范围很广，民间传说、历史故事、劳动生活、人情习俗、自然风物都有涉及。从内容看，爱情、生活、人物、历史、时事、风物都是主要表现对象。曲词大多使用形象生动的口语，地方色彩鲜明，生活气息浓郁。因此，在民间流传广泛且久唱不衰。在形式和演唱风格上，永昌曲子的故事性和叙述性都比较强，曲词句式比较规整，大多七言四句，层次分明、结构完整、词曲固定、统一和谐、讲究押韵，多采用传统的比兴和夸张对比手法。有的含蓄深沉、寓意深刻；有的平铺直叙、一语破的，体现了民间文艺作品的特点。永昌曲子的曲调优美，节奏感强，适于演唱较长内容和叙述故事。有的阳刚豪放，有的柔婉细腻，总体感觉高亢激越，充满奔放雄浑之气，具有北方人的豪爽和沉雄。

0361 白银寿鹿山道教音乐

别　　称：无
级　　别：省级
流布区域：白银所辖的广大农村，并辐射周边地区。
活动场所：庙会、一些道教活动场所、道观等
代 表 作：所有传承曲目
传 承 人：曹守国
传承人简介：曹守国，45岁，甘肃省白银市景泰县人。
传承谱系：正一道铁师派字辈班社代表人如下。第13代，"宏"字辈，王家文（道名宏愿）；第14代，"志"字辈，陈重候、包万全、柴万禹；第15代，"远"字辈，陈尚书、王锡、王权、李成祯、王崇贤、柴友贵、柴衡新（道名远衡）、王重文；第16代，"必"字辈，王继孔（必林）、王继月（必应）、王万重（必感）、王列中（必？）、曹亦三（必灵）、王世清；第17代，"可"字辈，王扶隆、王扶林（可树）、曹继位（可昌）、曹继相（可升）；第18代，"达"字辈，王登朝、王自农、王自才、曹本国（达远）、曹守国、曹友国（达道）、曹护国（达运）、李四海。
传承现状：随着时代的变迁和现代强势文化的冲击，白银道教音乐这一古老的民间音乐正在不断走向衰落。现代化进程的加剧，民众思想观念的改变，民间信仰淡化，原来的庙会难以维持生存，一些道教活动，传统的节日庆典、习俗、程序、礼仪、规范等渐渐失传。
简　　介：道教在白银地区流传很早，如今道教音乐班社主要分布在寿鹿山周边地区及平川接云观周围乡镇。接云观道乐曲目丰富、地域特色鲜明，经卷存量有数百本之多，且有大量早清时期线装木刻印制版本。寿鹿山道教音乐由曲牌、经韵和锣鼓曲三大类曲目组成，现存的曲目约在160余首左右。乐队组合及演奏形式多样。曲牌为道教音乐的器乐部分，分"欢音"和"悲音"两种，"欢音"流畅明亮，"悲音"柔美阴暗。经韵是道都音乐的声乐部分，曲目丰富，众多曲目各有具体名称。其曲名之来源，或依据音乐体裁、唱词内容、唱词字数，或据唱法特点、伴奏类型、科仪名称，分类烦杂，不尽一致。锣鼓曲是专供打击乐演奏的曲目，它在法事活动中一是能够起到明确科仪内容的先导作用；二能渲染气氛；三是具有承上启下和转换曲目的功能。道教乐队编制一般为7至9人，如遇庙会或大型祭祀活动，人数可达20以上。道教音乐主要是吹管乐器与打击乐器的组合，而打击乐器的组合方式又有大件组合、小件组合、大小件交错组合、全体打击乐器的组合。其演奏形式有坐奏式、立奏式、行奏式、立奏行奏结合式。道教音乐伴随道教法事活动而存在，道教法事

按内容性质的不同分为"清醮道场"和"幽醮道场"。

白银寿鹿山道教音乐

0362 陇中民歌（会宁民歌）

别　　称：小曲儿

级　　别：省级

流布区域：白银市会宁县境内

活动场所：各文化活动大院、广场；劳作之余，田间地头都是会宁民歌的演唱场所

代 表 作：代表性民歌作品《会师山歌》，主要演唱民歌有《你妈妈打你为啥哩》《打马的鞭子核桃花》《绣荷包》《十盏灯》《王祥卧冰》《十杯酒》《石榴子》《十柱香》《太阳上来慢悠悠》等。

传承人：马克选、张玉兰

传承人简介：马克选，男，汉族，生于1964年，会宁县人，白银市音乐家协会副主席、会宁音乐家协会主席、会宁县教师进修学校音乐教师。从事音乐教学与研究20多年，期间曾多次组织和参与省、市、县各级音乐展演活动，历任白银市艺术等级评定委员会委员。

传承谱系：第一代：姬发贵、孙绳祖、丁玉林；第二代：周乃麒、董应麒、张秀兰；第三代：袁庭义、姚有禄、冉清华；第四代：马克选、张玉兰。

传承现状：随着时代的变迁和现代音乐、影视等强势文化的冲击，会宁民歌这一古老的民间音乐正在不断走向衰落。

简　　介：自明清以来，会宁民间创作了《绣荷包》《摘棉花》《牧牛》《夯老汉》《王家哥》《镰刀割了手》等一人批优秀的民间歌谣。到20世纪60—70年代，民间艺人整理、记谱、编纂了《会宁民歌集》，辑录会宁民间歌谣、小曲等200余首，是会宁民歌之集大成。最早的民歌可追溯到《诗经》中的"国风"，它是当时北方15个地区的民歌汇集；战国时期的《楚辞》、汉魏六朝的《乐府》，都是著名的诗歌专辑；唐代的诗歌，宋代的词，元代的曲，既是文学作品，又是音乐作品，出现了"童子解吟长恨曲，胡儿能唱琵琶篇"和"凡有水井处皆有柳词"的盛况。民歌的传唱上，男声粗犷，女声细腻；其词雅俗皆有，用比兴、双关、重复的手法，以叙事为主，纯属真情之流露，自然之表白。一人可唱，男女可对唱。不用丝竹管弦，劳作之余，田间地头，都民歌传唱的舞台。

会宁民歌演唱现场

0363 陇中民歌（陇西民歌）

级　　别：省级

流布区域：陇西县境内

传承人：王健、白好寿

0364 陇中民歌（静宁阿阳民歌）

级　　别：省级

流布区域：静宁县

传承人：杨生泮、黎秀华

0365 花儿（张家川花儿会）

别　　称：无

级　　别：省级

流布区域：天水市张家川西部

活动场所：山间野外和花儿传习所。

代 表 作：《扬燕麦》《十对花》《骂媒人》《五更月》《五对花》《好像是朵绽开的牡丹》《二细的草帽双飘带》《想你者转了两天》《不走大路走塄坎》。

传承人：马如意、杨国祥

传承人简介：马如意，男，回族，生于1919年。张家川"花儿"项目省级传承人。自幼双目失明，跟马明文学唱"花儿"。

传承谱系：马明文，1897年生，回族，已卒；马如意，1919年生，回族；马宝珍：1956年生，回族。

传承现状：张家川花儿这一民间音乐，流传数百年，经久不衰，倍受城乡广大民众青睐。但随着社会文化的发展，传承古朴民间音乐受现代文化和高科技技术的影响，张家川花儿的传授技巧难度较大，不易掌握，导致传承开始断代，部分年事已高的艺人传承受限，张家川花儿的发展前景令人堪忧。

简　　介：花儿是主要流布于我国西北地区回族聚居区的一个民歌品种。在甘肃省天水市张家川回族自治县更是历史悠久，传统深厚。它采用当地的语音、语调无伴奏清唱，音乐结构属曲牌体，唱腔曲调多为商调式和徵调式，唱词格式为长短不等的杂言体，衬词衬字较多而且意味独特；题材内容多表现爱情，也有赞美山川风物和表现生活与生产劳动的。张家川的花儿既有西北地区花儿的一般特点，也有自身的独有特征。唱法上真假嗓灵活运用，润腔上颤音较多且装饰音丰富，音型上唱腔与唱词语言结合紧密，且因当地语音的关系而鼻音十分浓重；在流传发展过程中，受到过当地秦腔和小曲的影响，形成了深情、高亢、悲怆、幽怨的风格特点。

张家川花儿舞台表演

0366 花儿（新城花儿会）

级　　别：省级

流布区域：甘南州临潭境内

0367 花儿（莲花山花儿会）

级　　别：省级

传承人：文香莲

0368 花儿（松鸡岩花儿会）

级　　别：省级

传承人：雷兰芳

0369 花儿（二郎山花儿会）

级　　别：省级

传承人：姜照娃、白绪娥

0370 临洮花儿

级　　别：省级

流布区域：临洮县境内

传承人：周仕芳

0371 河西民歌（民勤民歌）

别　　称：无

级　　别：省级

流布区域：武威市民勤县全境

活动场所：无固定活动场所

代 表 作：《闹土匪》《闯山关》《出斩》《走宁夏》《小白菜》《放骆驼》《闹元宵》《想亲人》《看郎》《留哥哥》《十里亭》《十杯酒》《十盏灯》等。

传承人：曹宗让

传承人简介：曹宗让，生于1944年，系民勤县人，在家务农。自幼爱好小曲戏、民歌演唱。1964年学唱秦腔、眉户，改革开放后参加过历次乡镇交流大会的演出。曾多次前往左旗商业演出，擅长丑角的表演，曾饰演过刘备、穆瓜、栾平、娄阿鼠、苍娃等角色。多次参加县文化界的各项活动，并多次组织戏班赴左旗演出，受到登报宣扬。2001年获"惠民杯"秦腔、眉户、地方小曲大奖赛优秀节目荣誉证书。2006年获春节调演"优秀演员奖"。

传承谱系：中华民国时期：高培阁、张鹤仙、李百祥；新中国成立初：杨吉州；新中国成立后：杨澄远、王步文；新时期以来：李恒润、曹宗让。

传承现状：随着生产发展，人民生活水平提高，新事物取代旧事物已成定势。民歌这种口头文学，传人较少，一些老艺人相继去逝，青年一代多受流行歌曲影响，特别是儿童一代会唱的不多。这几年文化馆进行了及时抢救性整理、保护，并举办了民歌大赛，民歌传唱蔚然成风。

简 介：民勤民歌千百年来在民勤城乡广泛流传，代代有传人。民勤素有"歌舞之乡"美称。不论男女老少、大人小孩，行走时习惯不着调地喊上几句，吼上两腔，用于调整心态，发泄情感，久而久之，自然形成了民勤特有的地方民歌。民勤民歌词曲结合较为固定，曲调优美，节奏顿挫分明，适于反复歌唱，有很多曲调接近眉户风格，从调式色形可分为"花音"与"苦音"两类。广为流唱的民勤民歌有《闹土匪》《闯山关》《出斩》《走宁夏》《小白菜》《放骆驼》《闹元宵》《想亲人》《看郎》《留哥哥》《十里亭》《十杯酒》《十盏灯》等，以反映人们生活为主题，唱段优美，委婉动人，如泣如诉，深受广大群众的喜爱。1984年以来，民勤县文化馆已组织整理编纂了一部分代表性民歌，还有许多需要进行抢救性整理。否则，随着时间的流失，这些珍贵的历史文化将被淹没。

民勤民歌演唱

0372 唢呐艺术

级 别：省级

别 称：民勤县唢呐曲牌

流布区域：武威市民勤境内

活动场所：民勤唢呐演奏用于乔迁新居、添丁加口、开张庆典、婚嫁宴席、寿诞喜庆等喜丧事，表演并无固定场所。

代 表 作：《满天星》《流琴》《大开门》《上马墙》《大红袍》《纱帽翅》等。

传承人：潘竟瑞

传承人简介：潘竟瑞同志生于1961年，现年53岁，1968年至1972年在东大小学读书；1973年至1976年在大滩中学读书。从8岁起就爱好乐器，有二胡、板胡、口琴、唢呐等。中学期间参加学校文艺宣传队，1978年至1982年在大滩营业所工作，1983年至1984

年任生产队队长，1985年至2008年参加民勤民间唢呐音乐团队。

传承谱系：民国时期：杨多堂、胡俊德；新中国成立后：杨澄远、潘竟瑞；新时期以来：杨多冠、赵瑞章。

传承现状：民勤唢呐艺术由于广泛用于乔迁新居、开张庆典、婚嫁、宴席、寿诞喜庆等喜丧事，与群众生活息息相关，所以在民勤境内流传十分广泛，传承状况良好。

简　　介：民勤唢呐艺术，根据不同的场景分为"甜音"和"苦音"两大类。其"甜音"多用于指乔迁新居、开张庆典、婚嫁、宴席、寿诞喜庆、状元及第、官运亨通、添丁加口等，当主人把"吹响"（过去叫"吹响"，现在叫演奏艺人）择吉日邀请到家，按照规模、档次、家庭经济状况，指定演奏精选曲牌，如《大开门》《沙帽翅》《大福寿》《步步高》《满天星》《金流水》等曲牌。苦音多用于丧葬仪式和在民勤小曲悲伤的气氛中，吹奏时把曲牌用得低沉、郁闷、悲切、哀痛，如《祭灵》《劝亡人吃饭》《灵音调》《流清》《上马墙》等曲牌，哀婉悲怆。在吹奏形式上有一种古老的"鼓腮循环换气法"，它和音乐学院派的吹奏法截然相反，它不讲究停顿，不吹奏吐音，而多用花舌、颤音一口吹完，这种技巧一般人不易掌握。它的方法是：用小腹的力量控制呼吸，吸气用鼻，呼气用口，吹奏时两腮鼓起，小腹收缩，使气息向上运行，也就是用小腹的压力把气送到口腔内，然后根据需要量，把两腮的气息随着节奏逐渐往外排出。随着吐气，小腹肌肉也逐渐放松，吸进第二口气时，再重复上述同样的过程，如此周而复始，这种换气法非短期内能掌握的。

庙会上的唢呐演奏

0373　唢呐艺术

级　　别：省级

流布区域：陇南市康县境内

传承人：王金贵

0374　唢呐艺术

级　　别：省级

流布区域：天水市秦州区

传承人：邢月拜、邢天安

0375　甘州小调

别　　称：无

级　　别：省级

流布区域：张掖市甘州区及周边地区

活动场所：甘州区城乡、社区、村社广场

代 表 作：：《花五月》《黄姑娘》《冻冰》《锈荷包》《织手巾》《苦媳妇》《姑娘怨》《拉骆驼》《沙娃上工》《熬长工》《十二月忙》《小放牛》

传承人：李建成、闫长福、陈学军

传承人简介：李建成，男，生于1957年，高中学历；受家庭的影响，9岁开始随父辈学艺，擅长《甘州小调》《张掖社火》等曲目，整理研究并出版了《甘州民歌小调精选》《张掖民间小曲子》CD光盘、《张掖小曲子》《张掖民歌》VCD和书籍《甘州民歌》；闫长福，男，生于1927年，文盲；陈学军，男，生于1957年，初中学历。

传承现状：甘州小调虽然在区委、区政府的大力支持下，做了许多发掘、抢救、继承、弘扬、保护工作，但仍然存在着不少问题：1. 甘州小调赖以存在的社会基础发生了变化。2. 甘州小调赖以传播创新的人才队伍青黄不接。3. 随着时代的发展和人民群众生活水平的提高，人们的审美标准也发生了变化，甘州小调逐渐失去了赖以生存的社会环境。

简　　介：甘州小调是一种历史悠久、深受当地群众喜爱的民间音乐演唱形式。它由曲牌和曲子组成，名目庞大，数目繁多，自成体系，既有对古代张掖音乐的继承，也有对民歌、时令小调等的广泛吸收。同时，还将本土乐曲、外来乐曲相互融和，其语言朴素、诙谐，易于上口，富有浓郁的乡土气息。演唱时通常由乐队伴奏，多人演唱，也可以由一人弹唱，走乡串村、沿街就地表演。其最大的特点是表演的即兴性，即表演者可依据不同的环境，针对不同的事物即兴编演唱词，使其在不同的历史时期不断地被赋予了新的内容。另外，传统与个人创造的巧妙结合，也给甘州小调注入了强大的生命力，使其具有广泛的群众基础，不论是岁时节庆，还是婚丧嫁娶，都有反映当地社会生活和人民群众精神生活的甘州小调。它承载着甘州区多元文化的历史信息，是反映甘州人民在不同历史时期精神风貌的一部百科全书。

甘州小调

0376 肃南蒙古族民歌

别　　称：无

级　　别：省级

流布区域：张掖市肃南县白银乡

活动场所：民俗活动场所

代 表 作：《夏日塔拉琪琪格》《盛开在金黄色草原上的花儿》

传承人：高秀兰

传承人简介：高秀兰，女，19世纪30年代末出生，蒙古族。

传承谱系：第一代：杜贵，女，1888年生。第二代：秦秀芝，女，1923年生。第三代：裴力杰，男，1935年生。安立明，男，1935年生。高秀兰，女，1938年生。

传承现状：肃南蒙古族民歌由于受地域和语言的限制，加之现代生活的冲击，大部分已失传，会唱歌基本上都是老人。

简　　介：肃南蒙古族民歌与我国其他蒙古族民歌有一些不同之处，主要以长调为主，同时还有短调，在演唱中长调与短调结合，既具有喀尔喀民歌的特点，又具有本地域自己独特的文化特征。蒙古族长调民歌与草原、蒙古民族的游牧生活方式息息相关，承载着蒙古民族的历史，是蒙古民族生产生活和精神性格的标志性展示。2005年，蒙古族长调被蒙古国和中国蒙古族自治区联合申报为"世界非物质文化遗产"。保护传承肃南蒙古族民歌，将对今后研究蒙古族民歌，尤其是长调的挖掘研究起到重要的作用。近年来，肃南县高度重视肃南蒙古族民歌的传承和保护，积极开展普查、挖掘工作，组织参加了全国八省区首届蒙古族原生态民歌大赛，1名老人获得了传承奖。主要代表作有《夏日塔拉琪琪格》《盛开在金黄色草原上的花儿》等，传承人有高秀兰、图古尔措、蔡玉花。

肃南蒙古族民歌

0377 河西民歌（高台民歌）

级　　别：省级
别　　称：高台小曲子
流布区域：张掖市高台县境内
活动场所：民俗活动场所
代　表　作：高台民歌按内容大致可分为：生活歌，如《放风筝》《十劝人》《十样景》《十盏灯》《十月怀胎》等；劳动歌，如《放牛羊》《卖饺子》《织手巾》《拉骆驼》《夯歌》等；历史传说歌曲，如《珍珠倒卷帘》《韩湘子出家》《郭巨埋人》《王祥卧冰》《马保珠借当》等；爱情歌曲，如《兰桥相会》《姐儿出嫁》《十月探妹》《害相思》等。
传承人：杨希禄、闫占祥、王崇教、杜发会、郭永生。
传承谱系：暂未梳理
传承现状：近年来，本县多次举办民歌大赛，有效促进了高台民歌的传承和创新。
简　　介：高台民歌，其体裁形式可大致分为小调和劳动号子。小调又称"小曲""俚曲"等，是民歌中流传最广的一种题材，当地人习惯将其称为"小曲子""老曲儿"等。高台民歌中的劳动号子主要有《夯歌》《拉大牛》等。高台民歌以徵调式为主，商调式次之，其他调式并存。在不少歌曲里面，还有"升4"和"降7"两个音。调式音阶以五声调式音阶为主，也有以五声性为基础的六声音阶或七声音阶。在旋律中出现清角或变宫这些偏音往往是过渡性的和装饰性的，它们以经过音、辅助音、倚音的形式出现，对表达情感、润色旋律以及丰富高台小调的地方特色等发挥了极其重要的作用。高台小调音乐的主干音大多以 Re、Sol、La 为主，音乐的进行是以五声音阶的级进和跳进并存，其中四度、六度的音程跳进是高台小调最具有特征性的音程。高台民歌的伴奏乐器主要有板胡、二胡、三弦、木鱼、碰铃等，所用的道具主要有手帕、扇子等，穿着以古代民间服饰为主，很有地方特色。演唱时有独唱，也有一人领，众人伴的鱼贯式等。歌词朴素、泼辣、泥土气味浓重，比兴手法广泛应用，写景、状物抒情形象、生动贴切，衬词、虚词大量运用，加强了歌曲节奏的明快感。

河西民歌（高台民歌）

0378 陇东民歌

别　　称：无
级　　别：省级
流布区域：平凉市崇信县城内外
活动场所：崇信县全境
代　表　作：《扬燕麦》《兰桥担水》《贤妹打锤为小哥》《十盏灯》《绣荷包》《下四川》《放羊》《割麦子》《腊花姐》等。
传承人：李效奇
传承人简介：李效齐，男，汉族，生于1933年，崇信县人。自幼酷爱音乐，12岁时跟随父辈学唱民歌，学习了很多民歌小调。积累了丰富的演唱技巧和经验，是陇东民歌代表性传承人之一，传唱民歌60多年，演唱风格古朴纯真，别具一格。

传承谱系：以李效奇为主的黄花乡、新窑镇传承谱系；以高宝兰为主的木林乡传承谱系；以关富汉、崔雪为主的锦屏镇、黄寨乡、柏树乡传承谱系。

传承现状：陇东民歌已传承至第五代，传承状况良好。

简　　介：崇信是农耕先祖公刘故里，农耕文化传承鲜明。陇东民歌以农耕文化为基础，全面、完整、生动地体现着陇东人民的文化传统和生活习俗。陇东民歌是流传于民间的一种音乐，俗称"山歌子""曲曲"，包括小调、劳动号子、秧歌、山歌和其他类别等5大类，是集歌、舞、乐于一体的综合艺术形式；既有叙咏歌，又有叙事歌；音乐形态多样，拥有多种调式，吸收了西北地区多种音律；可独唱、齐唱、合唱；歌词乡土气息鲜明，贴切精彩；伴奏乐器有二胡、板胡、笛子、三弦、牙子、叭啦鞭等；表演时可附有道具，如旱船、扇子、头巾、桌椅、凳子等。贾存福演唱的《放羊》《贤妹打锤为小哥》，柳耀仁演唱的《腊花姐》三首被选入国家级民歌宝典《中国民歌集成·甘肃卷》。《贤妹打锤为小哥》曾荣获省神剑文艺演唱比赛优秀音乐奖。2006年平凉民俗专家马长春、杨柳搜集整理出版《崇信民歌》一书。2007年陇东民歌被批为平凉市第一批非物质文化遗产保护项目。2008年6月陇东民歌被批为省级第二批非物质文化遗产保护项目。2009年被批为崇信县第一批非物质文化遗产保护项目。

陇东民歌演唱

0379　华亭打乐架

别　　称：无
级　　别：省级
流布区域：平凉市华亭县
活动场所：主要在甘肃省内活动
代 表 作：《春到玉门关》
传 承 人：王有福

传承人简介：王有福，甘肃省庄浪县人，1931年生，中共党员，小学学历，华亭县文化馆退休干部。

传承谱系：王有福为华亭打乐架代表性人物，之后传给其儿子王和平。

传承现状：现今只有两个儿子利用业余时间跟随他学习打乐架的演奏，但演出次数已经很少。

1974年王有福在平凉街道里演出宣传毛泽东思想和党的政策

0380　河西民歌（肃州民歌）

别　　称：无
级　　别：省级

流布区域：酒泉市肃州区

活动场所：家庭、院落、田间、地头、夏日傍晚的村舍路边，或邻居家

代 表 作：《茉莉花》《绣香袋》《小货郎转担》《十杯子酒儿》《大保媒》《檀香女种瓜》《十劝人》《小儿子出兵》《六月花》《嫁女》《老鼠告状》《十里亭》《割韭菜》《砸烟灯》《小放牛》《钉缸》《十八摸》《珍珠倒卷帘》《下四川》《大赐福》《姐儿摆灯》《织手巾》《旱船曲》《猜花曲》《花灯》。

传承人：孙进仁

传承人简介：孙进仁，1946 生，汉族，小学文化，1961 年小学毕业后在本乡务农至今。一直为本乡本村文艺骨干。2010 年 8 月"河西民歌·肃州"被甘肃省政府公布为第三批省级非遗保护名录。肃州区东洞乡孙进仁，同时被公布为"河西民歌·肃州"传承人。

传承谱系：孙进仁被确立为传承人之后，他重点培养了孙文德作为他的弟子。

传承现状：肃州民歌在很长一段时期内，受到各种因素的影响，没有得到应有的重视，使其长期处在"自生自灭"的环境之中。全区会唱民歌的艺人越来越少，且大多为六十岁以上的老者，会唱的民歌也不过几首或十几首。还由于种种原因，特别是社会生产方式和人们生活方式的巨大变化，随着时间的推移，一大批会唱民歌的老人已相继去世，大部分民歌已不再有人会唱或传唱。许多民歌如《檀香女种瓜》《小老鼠告状》《旱船曲》《割韭菜》《猜花曲》《花灯调》《十八摸》等，都已接近失传，演唱者后继乏人。

简 介：肃州民歌是肃州人民群众在长期的劳动生产和社会实践中为表现自己的生活、抒发自己的感情、表达自己的意志和愿望，由群众自己即兴编创、口头传唱而逐渐形成和发展起来，反映当地人民社会生产和民众生活的歌曲艺术。肃州民歌深受人民群众的热爱，它曲调古朴无华，诙谐风趣，简爽而不失淳厚，歌词真切细腻，寓挚烈于含蓄之中，很好地承用了赋、比、兴的表现手法，尤其在"比"上有其独到之处，令人反复咏叹、余味无穷。肃州民歌，主要分布在农村。民歌内容丰富，形式多样，唱起来或活跃或含蓄，节奏上或规整或自由。有的还配有三弦，边弹边唱，音调高亢、嘹亮，是反映当地民众生活和当地民间习俗、风情的主要艺术文化形式。从收集整理的 200 余首肃州民歌看，大致可以分为劳动类、爱情类、生活类和其他类。根据酒泉"肃州民歌"改编创作的歌舞《十朵花》《肃州韵》在许多场合演出，受到广泛好评，参加市区文艺调演获多项奖励。肃州区文化馆组织人力整理编纂了《肃州民歌》一书，并公开出版发行。

肃州民歌演唱

0381 河西民歌（瓜州民歌）

别　　称：无

级　　别：省级

流布区域：酒泉市瓜州县

活动场所：瓜州县文化馆、各社区

代 表 作：有《十颗子》《十朵花》《小货郎》《马秀英》《小儿子当兵》《丝绸线》《织手巾》《抬亲》《怕老婆顶灯》《想亲娘》《新媳夕刁浪会》《湘子渡林英》等。

简 介：瓜州民歌是瓜州民众在长期的生产、生活中创作、享用、传承的一种民间音乐形式。它以小调为主要类型，以曲折

的故事情节为主要表现手段，运用诙谐的地方方言，在勤劳、善良和智慧的瓜州人民的口中传唱。瓜州民歌在演唱时还会有民间乐器伴奏，比如金钱鼓、牙子、响木、二胡、三弦等。

传承人：杨生秀

传承人简介：杨生秀，1944年生于瓜州一个普通家庭，从小随母进行伴唱，母亲到哪里唱歌她就跟到哪里，学会不少民族和现代歌曲，加上一副天生的好嗓音，60年代就是当地的业余文艺分子。随后学习和传承了本地方的民歌和民间小调，成为瓜州民歌传承者与喜爱者。

传承谱系：1. 杨生秀，女，生于1944年，由母亲传授，再上已无法追溯。2. 吴朝国，男，生于1924年，由父亲传予，又由其祖父传授，再上已无法追溯。3. 王华玉，男，汉族，生于1952年，由父亲王朝庭传授，王朝庭又由其父传授，再上已无法追溯。4. 王玉芳，女，生于1943年，没有专门拜过师，听过多位歌手演唱后自学而得。

传承现状：良好

演出《十朵花》

0382 河西民歌（敦煌民歌）

别　　称：无
级　　别：省级
流布区域：酒泉市敦煌地区
活动场所：闲滩空地、舞台等各种场所

代 表 作：第一类是以当时的现实生活为题材，反映了社会最下层劳动人民的生产生活，民俗风情，思想感情。如《小儿子当兵》《织手巾》《十月怀胎》《小寡妇上坟》《光棍哭妻》等。第二类是以爱情婚姻为题材。这是敦煌民歌反映最多的题材。有诉相思之苦的，如《等郎君》《想情人》；有送亲人的，如《送大哥》；有青年男女相互传情的，如《对花》《闹王哥》；有反映封建买卖婚姻的，如《尕女婿》等。

传承人：陈正清、陈秀芳

传承人简介：陈正清，从十一岁开始学习演唱敦煌民歌，二十六岁时登台演出，从四十岁开始带领杨家桥乡自乐班演唱敦煌曲子戏、敦煌民歌，至今传唱民歌不断。陈秀芳，从十二岁开始学习演唱敦煌民歌，1985年登台演出敦煌民歌，2004年参加敦煌市文化馆举办的敦煌民歌演唱培训班，2007年参加敦煌市文体局举办的敦煌民歌骨干培训班。

传承谱系：第三代民歌传承人（1963—1978年）：夏秀兰，居于肃州庙，农民。第四代民歌传承人（1978—2009年）：陈振清，居于中渠，农民。陈秀芳，居于土塔，农民。

传承现状：自改革开放以来，敦煌民歌真正获得了新生，不仅广泛传唱，有的还搬上舞台演唱。有的农家园将民歌手请来为外地、外国游客演唱敦煌民歌，对传播敦煌文化、弘扬敦煌文化发挥了不可估量的作用。

简　　介：敦煌民歌是勤劳朴实的敦煌人民在长期的生产生活中创作的，生活气息浓厚，曲调优美动听，歌词朗朗上口。敦煌民歌流传下来的作品主要有《闹王哥》《绣荷包》《等郎君》《送大哥》《放风筝》《担水》等。敦煌民歌以歌唱爱情为主要题材，也有神话故事、历史传说、社会生活等方面，许多作品以歌颂爱情为主，久演不衰，为研究千百年来敦煌社会风貌、风土人情、乡俗民规、婚丧嫁娶，提供了生动、丰富、详实的资料。现在，敦煌一些民间自乐班还在旅游景点、宾馆饭店为中外游客演唱敦煌民歌，很受中外游客的喜爱。敦煌民歌已成为传播敦煌民间文化、宣传敦煌新的媒介，敦煌民歌的演唱已成为宣传敦煌的重要平台。

0383 唢呐艺术

别　　称：喇叭
级　　别：省级
流布区域：庆阳市环县及周边地区
活动场所：环县唢呐是人民群众在劳动生活中创造出来，是日常生活的真实反映及心理感受的高度凝练和升华，并通过口传心授、世代流传并逐渐改革发展，同时，这种艺术又服务于当地民众。环县唢呐大体可分为在道情皮影戏中伴奏和红白喜事中演奏两大类。在环县，红白喜事，都少不了唢呐，婚事上，唢呐吹奏喜庆曲，热热闹闹；白事上，唢呐呜咽人们怀念和悲切的苦调。在当地，唢呐成了"过事情"的灵魂，少了唢呐，"事情"就过得没意思，人们都认为没过好。
代 表 作：环县唢呐曲有曲牌70多种，小曲30多种。
曲牌有：《高调》《平调》《担水》《慢担水》《背宫担水》《流水》《干板流水》《小开门》《九连环》《杨满堂征西》《抱灵牌》《祭灵》《山拉拉》《雁落沙滩》《秦雪梅吊孝》《菩萨祭子》《地里兔》《白鹤献蜡》《银钮丝》等。小曲有：《割韭菜》《珍珠倒卷帘》《女望娘》《梁山伯》《拔胡麻》《十劝郎》《张大嫂挡狗》《冻冰》《哭大大》等。
传承人：暂无省级传承人
传承谱系：环县老唢呐手绝大多生活在农村，据初步统计有二百多人，传承多少代，无从考证。这里提供的主要是在民间影响较大的"老艺人"和技艺较高的青年艺人。龚志贵，男，环县环城镇人，现年51岁，16岁师从父亲学习演奏唢呐，祖父龚文焕、父亲龚成祥都是唢呐艺人，能吹奏唢呐曲80多首。沈廷英，男，环县环城镇人，现年70岁，11岁师从舅父裴万里学习吹奏唢呐。能吹奏唢呐曲70多首，带徒弟4人。王继财，男，环县环城镇人，现年60岁，14岁师从李彦明、刘学贤学习吹奏唢呐。有一段时间在皮影戏班中担任"三吹"，能吹奏唢呐曲70多首，带徒弟4人。马彦举，男，环县樊家川乡人，现年45岁，15岁师从舅父沈俊岳学习吹奏唢呐。能吹奏唢呐曲60多首，在皮影戏班中担任"三吹"。冯银昌，男，环县耿湾乡人，现年66岁，17岁师从邓文焕学习吹奏唢呐。能吹奏唢呐曲100多首，带徒弟20多人。梁建柱，男，环县耿湾乡人，现年39岁，12岁师从冯银昌学习吹奏唢呐。能吹奏唢呐曲100多首，带徒弟9人。吴世敏，男，环县罗山川乡人，现年43岁，17岁随周围老艺人学习吹奏唢呐，能吹奏唢呐曲50多首，带徒弟2人。

传承现状：传承状况堪忧。
简　　介：环县唢呐是以唢呐为主奏的民间吹打乐，也称鼓吹乐。就环县而言，按地域分布和演奏特点可大致分为三个派系：一是耿湾乡、山城乡等乡镇流行的大杆唢呐（杆长0.3米左右）和长杆唢呐；二是环城、木钵、樊家川、八珠等乡镇流行的中长杆唢呐（俗称"二杆子"，杆长约0.27米多）；三是在道情皮影戏班中演奏的短杆唢呐（杆长约0.2米），俗称"笛呐"，在戏班中以演奏主旋律为主。按照唢呐吹奏的内容和用途可分为两大派系，一是在红白喜事上吹奏的唢呐，曲牌有相对固定的用途；二是在道情皮影戏班中伴奏的唢呐，有专用的板式、曲牌和固定的场合。虽然可大致分为几个派系，但有区别的同时又有联系，有些艺人既在戏班中唢呐伴奏也在红白喜事上吹奏。环县唢呐曲牌，内涵丰富，意味质朴自然，自成体系，独具风格。经普查采录牌子曲有100多种，小曲子60多首，现代歌曲近百首。环县唢呐曲牌，不论从何时何地传入，或是何时自创，随着地区疆域的变迁，地方历史的沿革，在流传中又经历代艺人们不断继承发展，已成为有浓郁乡土气息的环县"音乐方言体系"，成为环县唢呐这一乐种有别于其他鼓吹乐的主要特征。

0384 唢呐艺术

级　　别：省级

流布区域：庆阳市西峰区

传承人：辛政财、王贵有、吴正强

0385 陇东民歌

别　　称：小曲子

级　　别：省级

流布区域：庆阳市环县的大部分地区

活动场所：环县民歌一般是人们在田间地头、庭院灯下即兴演唱的。每年的春节社火中与民间舞蹈相结合，形成视听俱佳的表演节目。在社火中常演唱的民歌有《钉缸》《杨燕麦青》《十八姐担水》《绣金匾》《珍珠倒卷帘》等。

代 表 作：1.《高老八》《哭长城》《尘世间穷人多哪一个像个我》（高述演唱）；2.《凤凰展翅》《光棍哭妻》《秀女骂媒人》（许鸿斌演唱）；3.《太阳当天过》《我是个青年团员》（王秀珍演唱）；4.《送情郎》《大红果子剥皮皮》（姚智彩演唱）；5.《六月里天气大》（邓贵英演唱）；6.《兰花花》《王祥卧冰》（郭兰英演唱）；7.《表兄哥》《玉姐想郎》（郑艳琴演唱）；8.《十对花》《调兵》（郑中勤演唱）；9.《旧中国》《十八个骡子走庆阳》（高清治演唱）；10.《珍珠倒卷帘》（何克忠演唱）。

传承人：暂无省级传承人

传承谱系：环县车道代掌村社火队中的领旺子（唱民歌）艺人传承顺序为：孙赵兴（已故）、陈志超（70岁）、滑金鼎（69岁）、刘俊富（45岁）、王生龙（36岁）。另外，环县老民歌手大多散落在民间，据初步统计有一百多人，以上是民间社火的导演（"社火模子"）和一些经常演唱民歌的艺人。

传承现状：随着社会的快速发展，特别是农村生产方式和生活观念的改变，致使环县民歌所依附的农耕文化和文化空间出现危机，长期伴随环县人民生活的文化环境受到冲击，现代人特别是年轻人对传统的记忆在逐渐淡化，环县传统民歌的流传已经出现断代。加之现代影视等传媒在农村快速普及，现代文化娱乐方式的多样化，使人们已无暇顾及那些劳作之余、寂寞之际而自娱自乐的民间小调。随着一批又一批的老民间歌手的故去，环县民歌已经濒于消亡。

简　　介：环县民歌历史源远流长。环县民歌的发展大致可分为三个阶段，即民国以前几千年的封建时代人民所唱的传统民歌；20世纪20年代末，中国共产党领导的革命斗争在环县山区蓬勃兴起，尤其是1936年环县解放后，受陕甘宁边区的影响，由人民群众自发创作的红色革命歌谣；新中国成立至今天，反映社会主义建设和人民群众美好生活的新民歌。环县民歌采用比兴、夸张、重叠、谐音等表现手法，唱词多以七字句为主，也有三字、四字、五字、六字、八字的，若有四句唱词，则一、二、四句押韵，两句唱词的，句句押韵。其音乐曲调多为民族徵调式，商调式、宫调式、羽调式的较少，曲式结构多为二乐句单乐段体或四乐句单乐段体，二乐句体现为对称性特点，四乐句则体现出起、承、转、合民族音乐的结构特点。环县传统民歌主要包括诉苦歌、劳动歌、生活歌、婚姻歌、爱情歌、历史传说歌、仪式歌等。环县民歌数量众多，内容十分丰富，但从表现形式上来讲，主要有劳动号子、小曲和信天游三大类，尤以小曲子最多见，以信天游最具特色。

0386 陇东民歌

别　　称：无
级　　别：省级
流布区域：庆阳市华池一带
活动场所：田间地头、山梁沟畔、乡村舞台、大型展演
代 表 作：《跟上刘志丹上南梁》《五哥放羊》《军民大生产》《冻冰》。
传承人：暂无省级传承人
传承现状：从业者甚少，传承担忧。近年来通过政府扶持，情况好转。
简　　介：华池民歌乡土气味浓厚，语言淳朴、真切、生动，由于华池地处陕、甘、宁交界之处，境内居住的农民大多都是从宁夏、内蒙、陕北等地迁来的移民，民歌在其演变过程中，形成了不同的风味，一类是以东北部的山庄、紫坊畔、南梁、林镇、乔河为主的具有陕北风味的民歌；一类是西北部和中南部的悦乐、王咀子、上里原、五蛟、元城、怀安为主的具有陇东道情风味的民歌。华池民歌内容极为丰富，形式多样。有反映劳动生产场面的劳动号子，有时政歌、情歌、生活歌、历史传说歌、儿歌、红色革命歌、酒歌等。在演唱形式上有劳动号子、信天游、小调、对唱、说唱等。华池民歌的歌词以当地语言为主，华池方言极为丰富，比喻形象生动。大多是农民即兴创作、演唱。远在周代，华池一带就产生过《豳风·七月》《豳风·东山》《大雅·公刘》《小雅·采薇》等吟咏古豳先民日常生活、劳动生产和社会风貌的民歌。目前，华池农村中会唱民歌的多为老年人，年轻人并不是很多，传承空间日益狭窄。要继承和发扬这一优秀的民族文化遗产，必须采取措施，进行抢救和保护。否则，随着现代文化的不断繁荣和发展，年轻人的文化爱好逐渐转移，唱民歌的人将会越来越少。

陇东民歌

0387 康南毛山歌

别　　称：无
级　　别：省级
流布区域：陇南市康县南部
活动场所：没有固定场所
代 表 作：《幺幺妹》《康县民歌》
传承人：唐太芝
传承人简介：唐太芝，男，汉族，生于1968年，小学文化，家住康县，1981年随父尹万银学唱毛山歌至今。
传承谱系：暂未梳理
传承现状：2006年，县政府投入1.5万元，用于对康南毛山歌的普查。2008年6月，康南毛山歌被列入省级非物质文化遗产保护名录，唐太芝被确定为传承人。近年来，县政府又拨付专款2.5万元对康南毛山歌进行保护。县文体局邀请省市电视台对康南毛山歌进行了专题片拍摄，制作了音像资料，对该项省级非物质文化遗产项目的保护起到了积极作用。
简　　介：康南毛山歌主要分布在甘肃陇南市康县的阳坝镇、两河镇、白杨乡、铜钱乡、三河乡等地。康南毛山歌有独唱、对唱、合唱，基本内容有唱旧社会广大百姓苦难生活的，有揭露地主阶级压迫穷苦人民的，有反

应劳动生产的，反映忠贞爱情的，改革开放包产到户以后，不知情的人唱："辛辛苦苦几十年，一夜退到解放前。"但广大党员特别拥护党的政策，有首歌唱道："农民插秧在田间，面朝黄土背朝天，手拿五株稻谷秧，退步原来是向前。"康南的人们世世代代生活在这片土地上，祖祖辈辈唱着毛山歌，没有歌本，祖祖辈辈流传唱着生产生活、男女爱情、山川河流，毛山歌在康南人的心底扎根引蔓、绵延不绝。但是随着人民群众物质生活的提高和现代流行音乐的冲击，年轻一辈的人们已对毛山歌没有特别的兴趣了，加之老一辈歌手相继去世，康南毛山歌也面临着难以延续的尴尬局面。近年来，康南毛山歌在政府的高度重视下，有了更进一步的保护和发展壮大的局势，并于2007年被定为省级非物质文化遗产项目。通过近几年采取的保护措施，康南毛山歌不但没有消失，反而呈现出发展壮大的喜人局面。

康南毛山歌

0388 康县锣鼓草

别　　称：无
级　　别：省级
流布区域：陇南市康县南部
活动场所：田间地头
代 表 作：《牧牛打虎》《八仙图》《十二枝花》
传承人：马贵祥
传承人简介：马贵祥，男，汉族，生于1962年，小学文化，家住康县，1978年学习、演唱、传承至今。
传承谱系：暂未梳理
传承现状：康县南部地区的阳坝镇、铜钱乡、白杨乡、秧田乡等乡镇的村社，曾普遍盛行这一民间活动，有影响的传承人约有65人，现以马贵祥为其传承代表。
简　　介：康县牛头山以南的地区（统称康南）习惯于打锣鼓草。康南地广人稀，农田草荒严重，争取丰收，人们在生活和长期的劳动中，把生活中的敲锣打鼓、喜庆欢乐的场面与劳动号子相结合，久而久之，民间出现了在田间地头大家集体劳动时，按锣鼓节奏，边演唱、边劳动，相互帮助，齐心协力，这演化成了欢快高效的极具地域特征的劳动习俗——打锣鼓草。打锣鼓草是一人敲锣，一人打鼓，唱锣鼓草歌，大家随锣鼓手的指挥边干活边唱歌薅草，表演大致分为：牵线子、扎盖子、起歌头、安五方、说正方、耍歌子、办交接等步骤。曲目有《牧牛打虎》《八仙图》《十二枝花》等，节拍有：九拍、十二拍、花拍子几种。唱词分五字、七字、十字等。薅草时整片推进，一面山自下而上，不论遇上哪一户都要依次向前，薅完为止，体现了山里人友善共处，帮贫济困的纯朴民风。同时，群众还可以在锣鼓草的欢乐中得到愉悦的享受，从而驱散疲劳，鼓舞劳动干劲，提高劳动效率。锣鼓草演唱可以按照固定的唱本唱，也可以根据环境情景的变化，现编现唱，歌词通俗易懂，富有诗意、情趣横生。具有率真质朴的音乐个性，拥有数千首曲目的丰富蕴藏量，保留了古代劳动活动中的音乐信息，具有较高的学术研究价值。

康南锣鼓草

0389 两当号子

别　　称：无

级　　别：省级

流布区域：陇南市两当县城以南的云屏、广金、站儿巷、西坡及泰山等乡镇

活动场所：两当县健身广场、两当县云坪乡黄各达。

代 表 作：2011年两当县文化体育出版局编辑出版《两当民歌集成》。

传承人：暂无省级传承人

传承谱系：赵登科（已故）→袁正友（已故）→张华王→余福民、马荣、茅志明；张庆民（已故）→陈忠义（已故）→简逢春→林明亮、李发明、梁忠强；赵兴华（已故）→李兴章→李炳荣→庞志发、毛志明、周邦民；赵兴华（已故）→张应才→周海仁、伍永生。

传承现状：1.时代的变迁，人群的更替，科技的进步，生产的发展以及人民群众生活理念的改变，传统民俗日益淡化，独具特色、流传悠远的两当号子急需注入中坚力量。2.一些有代表性演唱者因年事已高，逐步退出舞台，有的相继离世，中青年演唱优秀人才缺乏，断代严重，能独树一帜的演唱艺人事业后继乏人。3、随着科技的进步和市场经济的发展，人们的文化生活日益丰富，年轻一代对两当号子的兴趣越来越淡，喝唱号子的人员越来越少，抢救、保护这一绚丽的民间艺术瑰宝已迫在眉睫，势在必行。

简　　介："两当号子"有"花号子"和"排号子"两大类。"花号子"曲调高亢，音域宽广，旋律跳跃幅度大，音调变化多，行腔华丽，没有唱词；"排号子"曲调平缓，旋律起伏较小，节奏方正套有唱词。两当县地处甘肃东南边陲之南北秦岭交汇的狭角处，山大沟深，水险林密，沟壑纵横，奇峰突兀。境内人口稀少，交通较为闭塞，文化相对滞后。自唐代以来从广东、广西、湖南、湖北、云南、贵州和四川等地因战乱、避疫、逃荒而来的后裔，他们保持了南方少数民族的生活习俗，长期以来与当地居民和谐相处，在劳动中把山歌的词与号子的曲调进行了巧妙地艺术融合，使多种唱腔融为一体，形成了独具特色的两当号子。1957年，"两当号子"曾作为甘肃"土特产"赴北京参加全国民间歌曲汇演；1975年，两当县业余文艺演出队以"两当号子"为基调创作的男声小合唱《丰收号子飞满山》，女声独唱《银耳献给毛主席》参加省地两级文艺调演，被评为优秀节目，得到专家学者的高度好评。2013年10月实现了两当号子实景演出。

两当号子在云坪乡实景演出

0390 卓尼土族民歌

级　　别：省级

别　　称：卡西和鲁西

流布区域：甘南州卓尼县杓哇乡

活动场所："鲁西"可在一切庆典的酒宴上

演唱。"卡西"则按照当地风俗，要在远离村寨的山野、森林等场合演唱。

代 表 作：无

传 承 人：开龙布

传承人简介：开龙布，男，藏族，现年70岁。

传承谱系：由杓哇乡开龙布口传心授给下一代，传承谱系为老传少，一代传一代。

传承现状：较好，属省级非遗项目，已经被保护。

简　　介：卓尼县"县志办"投入资金5000元，对卓尼土族民歌进行了调研；卓尼县文体局先后投入了1万元资金对卓尼土族民歌"鲁西"和"卡西"资料及传承老艺人进行了调查了解；帮助传承老艺人，发放生活补贴；挖掘整理卓尼土族民歌"鲁西"和"卡西"的唱词、唱腔、音乐，对其进行整理归档；建立卓尼土族民歌"鲁西"和"卡西"的保护传承中心；举办卓尼土族民歌"鲁西"和"卡西"研讨会，编写教材，出版相关音像资料。1990年，卓尼县县志办对土族民歌"鲁西"和"卡西"资料进行了调研，并在《卓尼县志》中部分收录。制定了五年规划，成立卓尼土族民歌保护领导小组。经甘南州非物质文化遗产保护项目专家委员会于2007年8月5日会议讨论通过，将"卓尼土族民歌"申报为省级第二批非物质文化遗产名录。其后，卓尼土族民歌入选甘肃省非物质文化遗产名录。

卓尼土族民歌

0391 甘南藏族民歌

别　　称：无

级　　别：省级

流布区域：甘南州夏河县

活动场所：在寺院和周边地区有大型活动时巡回演出。

代 表 作：主要曲目有《我在唱欢快的歌》《祝福歌》《礼仪歌》。

传 承 人：达老、张可吉

传承人简介：达老，男，藏族，生于1938年，夏河县非物质文化遗产省级传承人，师从才老和尕藏，现有徒弟扎西东珠、豆格草（女）等。张可吉，女，藏族，生于1935年，夏河县非物质文化遗产省级传承人，师从父母，现有徒弟卓玛加等。

传承谱系：第一代：才老、尕藏。第二代：达老。第三代：扎西顿珠、豆格草等。

传承现状：良好

简　　介：民歌即"勒"，是夏河地区最普及、最常见的歌唱形式。民歌曲调委婉动听，内容风趣生动，具有浓郁的生活气息和草原风貌。其特点是：自由、辽阔、粗犷、高亢、活泼、流畅。其形式有：颂歌、悲歌、对歌、吉祥歌。民歌手在夏河人员众多，真可谓是"能说话就会唱'勒'"。民歌演唱可谓"有歌必有舞"，通常有舞蹈陪衬。

藏族民歌演唱

0392 牛角琴演奏
级　　别：省级
流布区域：玛曲县境内
传承人：青知布

0393 敦煌艺术——音乐技艺研承
级　　别：省级

0394 佛宫音乐"道得尔"
级　　别：省级

0395 清水县道教音乐
级　　别：省级
传承人：王建明、安宝惠

0396 裕古族民歌
级　　别：省级
传承人：白金花、贺俊山、郭金莲

0397 天祝藏族华锐民歌
级　　别：省级
传承人：马夹章草

0398 麻家集高石崖花儿会
级　　别：省级

0399 灵台唢呐
级　　别：省级
传承人：姚九录、董金文

0400 石佛沟花儿会
别　　称：无
级　　别：市州及以下级别
流布区域：兰州市阿干镇
活动场所：花儿会
代 表 作：多种花儿曲令
传承现状：多元文化兴起、繁荣的同时，也带来了传统文化的瓦解状况，石佛沟处于兰州近郊，周边农村城市化的进程加快，人口流动性大，方言渐微，对花儿演唱造成了很大的冲击。张玉姐的姥姥、妈妈都是山歌、花儿爱好者，从小受她们影响，喜欢唱歌，后来业余演唱过秦腔，随着年龄的增加渐渐喜欢上了花儿，先是自己摸索学习，后来随着演唱的水平提高，交了一些花儿爱好者和专家朋友，后来与马永华老师相识，得到了他的帮助和指导，技艺提高很快，从2001年开始参加正式演出，曾在莲花山、松鸣岩、冶力关、石佛沟、水车园、临夏、永登、榆中、皋兰、银川等地交流、演出。

简　　介："花儿"是流传于甘肃、青海、宁夏广大地区的民歌。根据研究，花儿最早的雏形为秦汉时期羌汉民歌，后经南北朝时期，与羌、汉、鲜卑民歌相互影响而趋于成熟，唐中期吐蕃进入河州地区后，通过对各民族的语言同化和音乐融合，最终形成了"花儿"独特的歌唱形式，元明以后，经汉、回、土、藏、撒拉、东乡、保安和部分裕固族的演唱和传播，使其得到进一步发展。现在已成为广大群众共同喜爱的山歌。"花儿"之名明确出现在史籍中是明成化年间（1465-1487年）曾任河州儒学教授的高弘写的一首诗："青柳垂丝夹野塘，农夫村女锄田忙，轻鞭一挥芳径去，漫闻花儿断续长。"石佛沟是乘凉、旅游的好去处。总面积6376公顷，属温带高山森林、草甸地貌，园区东连榆中县兴隆山，西接关山森林公园，南与临洮县为邻，四周林海绿涛，葱茏青翠，树木茂密，浓荫蔽日，每年农历"六月六"兰州、临夏及青海、宁夏周边的花儿艺人、爱好者自发地齐聚石佛沟，交流、观摩、赛歌，形成了一个民间传统盛会。在以"河州花儿"流派为主调，并蓄宁夏花儿、青海花儿为一炉的石佛沟演唱会中，有一支曲令被称之为"阿干令"。多为中老年妇女传唱,曲调原始古朴、高亢婉转中带着苍凉,可称是花儿的活化石。

石佛沟花儿歌手

0401 红古民间小调

别　　称：无
级　　别：市州及以下级别
流布区域：兰州市连城、河桥、窑街、海石湾
活动场所：田间地头,春节社火表演,庙会,丧葬祭祀场合,民间家庭聚会。
代 表 作：《绣荷包》《尕妹好比荷包儿》《烧香经》《点灯经》《十重深恩》《十柱香》等。
传承现状：红古区民间小调流传范围较广,基本每个村都有一二十人会唱。他们大都是由上辈口传,或者年长者言传身教得以延续,文字大都以手抄本形式出现。
简　　介：红古民间小调可以分为劳动歌、民间仪式歌、历史传统歌、情歌、庙会社火歌等。主要内容以历史人物、教派名人、传颂社会主义新风尚为主,一般演唱时以二胡、笛子、扬琴、风琴伴奏为主。1.劳动歌：这类歌曲是过去传统的以农业耕作方式中,配合具体的劳动形式演唱的歌曲,一般没有乐器伴奏,形式以一人领唱,众人和之为主。这类歌曲主要有：夯歌、船歌等。2.生活歌：这类歌曲反映普通民众的日常生活,如：穷人歌、家务歌、十件宝等。3.情歌：这类歌曲数量最多,主要表达男女之间情感,曲调大多受河湟花儿的影响。如：《尕妹好比荷包儿》《人眼睛》《双双对对的牡丹花》《出门的阿哥孽障大》《尕妹好比清清水》等。4.民间仪式歌："嘛呢"调。红古地区自古就是通往青藏的要冲。明代,这里亦成为西藏喇嘛教活佛往来于青海塔尔寺的途经之路,并在此地建"通京达布尔永宁寺",历经各种变迁已易名为现在的张家寺。

红古民间小调

0402 红古社火调

别　　称：无
级　　别：市州及以下级别
流布区域：兰州市红古区的红山、岗子、王家口、洞子、王家庄、新庄
活动场所：每年的春节前的腊月,农事基本结束,艺人们自发聚集一起开始组织社火排练。确定各表演队人员、演唱的曲目,购置相关器具、服装等。正月初八开始组织表演,可以走街串巷,也可以走村串户,还要到相关单位表演,接受单位或人家的答谢。正月十五结束表演,组织者(俗称社火头儿)举行谢村仪式,将社火表演所得礼金或礼物公布,并分发给演出人员。
代 表 作：《上香歌》《倒扳桨》《十把扇子》《孟姜女小调》《送大哥》《数字歌》《大红袍》《柳叶儿轻》《八谱》《小姑贤》等。

传承现状：当地人受传统的影响，一些喜欢唱的人跟老艺人们学唱。

简　介：红古社火调是生活在红古地区的先民们在生产和生活中经过艺术加工形成的，伴随春节社火的表演传唱的各种歌谣、小曲。出社火队时有仪式歌，如《上香歌》，进入一定的场合，即兴而唱的《祝贺歌》。这些歌谣的词句大多是因社火队进入的场合不同而不同，即兴而发，如果进入一般家庭的院落即祝福主人家多福多寿、吉祥如意、发财兴旺等等，一般是说唱结合的形式，曲调不变。表演若是围了场子，就有各种表演，这些表演都要有相应的歌曲演唱。如舞扇时，大多唱一些民间流传的小曲，这些小曲有的《十件宝》《绣荷包》《十把扇子》《孟姜女小调》《送大哥》《数字歌》等。还有就是有情节的表演，所唱曲调是吸收了当地语言、民间歌谣的眉户。所唱曲目有继承下来的，如《小姑贤》《三娘教子》；也有当地民众自创的，如《夺权》，是20世纪50—60年代，窑街民间艺人海水、阎好善等结合当时的形势创作的。民间艺人海水扮演地主非常有名，并且海水装扮坏人尤其出色。表演时随场合、队伍不同，演唱曲目也不一样，一般舞扇队担任小曲演唱，表演有一定故事情节内容的"小戏"时，有固定人员演唱。仪式类的有专人担任说唱角色。

红古社火调

0403 榆中小曲

别　　称：无
级　　别：市州及以下级别
流布区域：兰州市榆中县境内
活动场所：庙会节庆、农家娱乐
代　表　作："小曲子"常演剧目音乐有两类，一是用固定曲式演唱的越调剧目，如《卖水》《大捡柴》《小捡柴》《小放牛》《下四川》《哭五更》《大保媒》《闹书馆》《钉缸》《项梁打柴》《怕老婆顶灯》《张琏卖布》《二瓜子吃车》《两亲家打架》等，这些都是"小曲子"的常见曲目。二是用西京调或枇杷调贯穿到底的演唱剧目，多是从秦腔移植过来的，如《二进宫》《调寇准》《断桥》《走雪山》《花亭相会》《三回头》等。

传承现状：榆中小曲的传承现存在危机，由于传唱的人越老越少，一些传统剧目及唱段流失严重，亟待发掘保护。

简　介："榆中小曲"有广泛的群众性，在榆中县的山山峁峁、沟沟岔岔到处传唱。至今榆中不少地方都能见到"榆中小曲"演唱的专用乐器大鼓三弦。"榆中小曲"因演出条件的限制，不推大本，只演折子戏，在榆中小曲演出史上虽演过《火焰驹》的本戏，却是秦腔脚本。"榆中小曲"的曲调分为越调类和北宫类。北宫类接近兰州鼓子，比较难唱，普及面不广。群众经常演唱的是越调类，越调类的一般程式是越调起，尾子落，中间根据剧情发展和人物性格选用曲调。戏的开场前奏曲，有欢乐气氛的八谱，忧伤情景的柳青。《大红袍》《花柳青》《沙帽翅》《满天星》等曲牌则为间奏曲，用于演员动作表演的伴奏。经常用于演唱的曲调有《五更调》《彩花调》《紧诉》《慢诉》《渐渐高（银钮丝）》《摔节子》《三朵花》《咿儿吆》《盘山调》《枇杷调》《西京调》《东京调》《一串铃》《叠断桥》《金钱花》《清风调》

《大路调》等。这里值得一提的是榆中"小曲子"的演唱揉进了兰州鼓子的不少曲调，融合榆中乡土特色的曲调，具有浓郁的榆中地方气息。

传承人表演榆中小曲

0404 三弦

别　　称：无
级　　别：市州及以下级别
流布区域：中国西部地区兰州阿甘镇
活动场所：无固定场所
代 表 作：《拷红》《空城计》《单刀赴会》
传承现状：传承有序。
简　　介：三弦子是民间流传的一种古乐器，从很早以前就传承下来。传说在秦始皇时期，征集大量民工修筑万里长城，苦役们在艰苦的劳动之余，将西部流行的一种小响鼓经改制变成了可演奏旋律的弹拨乐。三弦主要用于各种地方戏、曲艺的伴奏。如兰州鼓子，说唱等。特点：节奏清晰、明快，声音铿锵有力。爱好者一般是自弹自唱，每逢过年过节、朋友聚会便会弹唱娱乐，是民间娱乐的一种乐器。主要运用于地方戏种的伴奏，代表曲目有：《拷红》《空城计》《单刀赴会》，器乐：三弦子、二胡、扬琴。

0405 社火中的上香歌

别　　称：无
级　　别：市州及以下级别
流布区域：兰州市西固区柳泉乡
活动场所：只有每年社火上山敬香时在寺庙里歌唱。
代 表 作：《上香歌》
传承现状：随着时光的流逝，老一辈艺人先后去世，现在能唱者无几，有其词而无唱者。
简　　介：社火中的上香歌是一门绝唱，人们爱听。农民廖鸿孝老人是传承人，他的嗓音高昂洪亮，唱出的传统歌词以袁古为内容，原汁原味，流传至今。在每年春节群众办社火朝山敬香时高声歌唱此歌，有太平鼓相间伴奏。具有文化传统及欣赏价值。

0406 竹马四季歌

别　　称：无
级　　别：市州及以下级别
流布区域：兰州市柴家台村及梁家湾、张家台、幸福村。
活动场所：柴家台村
代 表 作：无
传承现状：濒临失传
简　　介："新年社火阵堂堂，锣队高跷杂剧妆"。在热闹非凡的社火队里，活跃着一支"车辚辚，马萧萧"的竹马（队），俗称竹马子。竹马（队）以竹蔑或铁丝扎成马型骨架，用青、黄、赤、白、黑绸布缝成马身，竖起马耳、马鬃、贴上马眼、鼻子和鞍、带、嚼子、缰绳，重吊马尾。扮演者由8—10岁左右、活泼好动的少年儿童组成，一般为5—9人，各个身穿战袍，背插战旗，手执马鞭，斜披或腰系一串铜铃，装扮成杨家将的各种人物，由一手执彩棍的"将爷"领队。表演时，战鼓擂响，马铃铿锵，先跑圆场，而后穿插绕套，跑四门，时作登山慢行，时如平原驰骋，时排纵队，时变一字长蛇阵，忽前行，忽后退，从西、北、东、南四方向观众表演，配唱"竹马四季歌"，使人忆起古代沙场上壮烈征战的豪迈场面。

0407 太平歌

别　　称：无

级　　别：市州及以下级别

流布区域：兰州市柴家台、西固村、梁家湾、马泉、张家台、河口村、达川等。

活动场所：无

代 表 作：传承人50年来，利用节假日主动协助村文化室开展活动。每逢社火出动，誊抄太平歌多首，分发给喜欢唱太平歌的村民，随社火选唱，广大群众因此拍手称赞。2007年整理写出太平歌百首。

传承现状：随着时光的流逝，老一辈传承人先后去世，现在能唱者无几，有其词而无唱者。

简　　介：太平歌又称"兰州太平鼓曲子""社火武曲子""煞鼓曲"。兰州太平鼓在当地的群众基础十分广泛，有些家庭祖孙三代，婆媳妯娌全户投入角色，当他们看到自己亲人容光焕发地活跃在有意义的社会活动中时，心里更是自豪无比。兰州太平鼓为兰州的社火之先导，起着主力军的作用。太平鼓融入彩旗仪帐、春官老爷、龙舞、狮舞、旱船、高跷、竹马、推车、铁芯子、黑毛驴、秧歌、大头罗汉、武术表演等，形成了男女老少齐上阵，各显其长的热烈壮观场面。也有人把社火俗称为"秧歌儿"，因此，又把太平歌称为"秧搅儿"。太平歌的歌词，多由地方文人和演唱者即兴现编，内容丰富，出口成章。大多为祈祷来年风调雨顺，五谷丰登，祥和吉利，颂扬真善美，批驳伪恶丑，属拜年祝贺之词。有给邻村、机关、厂企、驻军送社火，也有集体、商铺、个人接社火。太平歌随着太平鼓的打击点儿，形成紧中有缓，缓中取急的起伏浪潮，唱起来朗朗上口，情节生动，极大地丰富了社火的涵盖内容，构成民间鼓、锣、钹、号、舞、唱、打为一体的和谐热闹气氛，有浓厚的地方特色，细细品味，韵味深长。太平歌的曲调因鼓、锣等打击点儿的不同而显各异，唱法也略有不同。

0408 红古吒什圣典仙韵

别　　称：无

级　　别：市州及以下级别

流布区域：兰州市海石湾、窑街等地的藏传佛教寺院。

活动场所：寺院

代 表 作：《诸佛妙法》《迎请偈》《献浴偈》《愿望善会》《金刚勇士》《三宝法宝》《释迦根》《法界》《酬谢仪轨》《仙佛驾云偈》《释迦牟尼》《八大菩萨偈》《卓玛偈》《如来偈》。

传承现状：良好

简　　介：吒什圣典仙韵是佛教活动过程中演奏的一种民间音乐。曲调特点是：诵经、藏经歌曲式，近似秦腔的板路。文学特征是：梵藏韵，独一无二。藏情风俗，憧憬佛祖为民赐福，众仙逍遥下凡之景象。每年释迦牟尼圣诞农历四月初八，艺人们就聚集在三宝殿等地，身穿袈裟，头戴班尼开始演奏。花庄圣典仙韵早在清代就流传于此，共传承十二代，分别为：嘉、天、守、正、扶、恩、山、有、治、国、安、帮。现已传承到"治"。演奏乐器有：唢呐、大鼓、铃、木鱼、钹、手鼓。演出道具有：金刚杵、天杖、剑、人骨号角、海螺、俗珠、宝瓶、钢镜、曼扎等。在普查过程中，重点普查了传承人王选治，他把原来的口头传教谱成正规曲谱，即简谱形式，并刻录成光盘以便后人学习。

红古吒什圣典仙韵

0409 榆中民歌

别　　称：无

级　　别：市州及以下级别

流布区域：兰州市榆中县各乡镇

活动场所：劳动场所、社火、喜宴等。

代 表 作：《孟姜女》《南桥担水》《撒金扇》《三斗三升菜籽》《韩三郎》《姐儿转娘家》等。

传承现状：尚传承，但后继乏人。

简　　介：民歌名类繁多，有为生产劳动服务的劳动号子、夯歌、船歌、伐木歌等；有喜庆筵宴上祝酒的《猜拳歌》《十个麻雀》《祝酒歌》《尕老汉》等；有表达哀思、祝福、劝善的《七岁的皇姑要出家》《青羊泪》《五更攀道》《王祥卧冰》《十二贤孝》等；有叙事歌，如《孟姜女》《南桥担水》《撒金扇》《三斗菜籽》《韩三郎》《姐儿转娘家》等。有表达爱情的山歌，也叫情歌，这是在民间流传既广且多的歌曲，主要赞颂、描绘男女爱情和爱情生活，有单唱和男女对唱两种形式，如太平歌，又名"押鼓曲"，表达群众对太平生活的向往，在榆中县普遍流行。"社火曲"在榆中南山更为流行，演唱者由二十岁左右的小伙扮成"姑娘"手持彩扇，伴随着旱船和太平锣鼓的姐姐边走边舞边唱。歌曲有《刮地风》《十道黑》《十盏灯》《出闺花》《禁洋烟》（又名《鸦片烟》）"绣荷包""倒板桨""杨燕麦青""织手巾""庄农歌""放风筝"等多种，还有属于说唱形式的"打八方"，传唱的是民国十六年刘郁芬率国民军打马三少军的情景。

榆中民歌

0410 地方小曲

别　　称：西厢调

级　　别：市州及以下级别

流布区域：白银市靖远县、景泰县，以及黄河流域的榆中、皋兰、兰州、永登、西宁、中卫、银川、定西、临洮等地区。

活动场所：水川镇大川渡村

代 表 作：《游寺》《借厢》《酬韵》《请宴》《传柬》《递柬》《越墙》《拷红》《渔舟》《赠伞》《卖水》《射雕》《富贵图》《写扇》《戏叔》《挑帘》《狐配》《打樱桃》《小放牛》《小姑贤》《玩会》《会亲》《三奶奶和合》以及《华亭会》《换亲》《训子》《钉缸》《卖翠花》等。

传承现状：1."文革"前后，经多次运动和八本"样板戏"主宰文艺界，我国许多地方剧种始终抬不起头来，《西厢调》小曲更是石沉大海，久不见踪影，不仅其文本的经典性被湮没，曲调的古雅性濒临失传，就连其大众化的传承性也开始断裂。2.1990年后，失传50余年的《西厢调》小曲的传承虽然得到一定的恢复，但因社会现代化进程的加快，电视、电影等影视的普及，行业的变化，居住区的迁移，使原生形态《西厢调》小曲出现生存危机。能真正用古调雅音演唱的人越来越少，《西厢调》小曲的承传人相继谢世，老艺人所剩无几，传承后继乏人，濒临失传。3.因资金匮乏，呈现着保护乏力，演唱活动越来越少，流传范围越来越小和难以为继的现象。现亟待采取强而有力、行之有效的保护措施，使用古调雅韵演唱的原生形态《西厢调》小曲能够传承下去。

简　　介：1870年，对元曲颇有研究的"甘肃白银大川渡举人"张海润（字晓霞）入国子监期间，为活跃家乡文化，丰富民间娱乐，研读《西厢记》及其他戏曲作品，并以此为鉴，大胆创新，移风易俗，集民歌，搜古调，唱地傩，闹丰年，精心研读，创作编写出了二十七种西厢调和八出歌舞小曲，冠名《西厢调》小曲。该曲分为《游寺》《借庙》《酬韵》《请宴》《传简》《递简》《越墙》和《拷红》八个部分，共5000余字，配曲调近30阕。1875年该曲在甘肃白银大川渡首次登台演出，深受当地及地方文化人士的赞扬，从而好评如潮，一炮打响。以至于从清光绪初年到民国前夕的三十多年间，出现了"每至春节，排演乡傩，以闹丰年"的局面。后经高映珠等当地艺人的完善传承，使《西厢调》小曲得以发展流传。直到新中国成立前夕，《西厢调》小曲还盛行于今白银水川黄河两岸和甘、宁、青等地区，深受人们喜爱。作为白银地区民间一度繁荣的地方戏曲，大川渡《西厢调》小曲已经在民间流传了近130余年，至今逢年过节，民间仍有小规模演出。有研究表明，尽管在内容上有所演变，增加了民间的创新内容，但在已经形成自己风格的基础上，仍保留有大川渡《西厢调》中的曲子词和曲调，这使得元曲文化的余脉在民间以延续。

地方小曲表演

0411 吹唢呐

别　　称：无

级　　别：市州及以下级别

流布区域：以白银市平川区为代表的甘肃中部、黄河上游流域。

活动场所：不定

代 表 作：暂未梳理

传承现状：至今保存完好

简　　介：陈作俭在继承先辈技艺的基础上大胆创新，集纸火制作和吹鼓手于一身，形成了自己独有的流派。并把他的绝技传给了他的后代，使这种古老的技艺得到很好的传承。他经常受邀为婚丧嫁娶、秧歌庙会等活动演奏助兴，是当地有名的吹鼓手。他能够熟练演奏的唢呐曲牌近百种，适宜吹奏的场合非常宽泛。一些唢呐古调是他独有的，也就是说这些唢呐曲除他之外再无人会吹。除此而外，陈作俭还掌握精练的纸火制作技艺，在他家里设置了专门的制作室。当前这种纯手工的纸火制作技术也已经很少见了。

0412 古琴演奏

别　　称：无

级　　别：市州及以下级别

流布区域：白银市靖远地区

活动场所：家庭

代 表 作：《高山》《流水》《广陵散》

传承现状：传授给其女党静

简　　介：在中国古代社会漫长的历史阶段中，"琴、棋、书、画"历来被视为文人雅士修身养性的必由之径。古琴因其清、和、淡、雅的音乐品格寄寓了文人风凌傲骨、超凡脱俗的处世心态，而在音乐、棋术、书法、绘画中居于首位。"琴者，情也；琴者，禁也。"吹箫抚琴、吟诗作画、登高远游、对酒当歌成为文人士大夫生活的生动写照。春秋时期，孔子酷爱弹琴，无论在杏坛讲学，或是受困于陈蔡，操琴弦歌之声不绝；春秋时期的伯牙和子期"高山流水觅知音"的故事，成为广为流传的佳话美谈；魏晋时期的嵇康给予古琴"众器之中，琴德最优"的至高评价，其最终在刑场上弹奏的《广陵散》作为生的绝唱。

古琴演奏

0413 唢呐

别　　称：无

级　　别：市州及以下级别

流布区域：白银市靖远及周边地区

活动场所：红、白喜事和庆典、庙会、奠基等活动中。

代 表 作：《割韭菜》《孟姜女哭长城》《大开门》《小开门》《流水空城》《地流》《男鳏夫上坟》《四合四》《满天星》《八板》等。

传承现状：良好

简　　介：传统唢呐的管身一共有八个孔，分别由右手的食指、中指、无名指、小指，以及左手的大拇指、食指、中指、无名指来按，以控制音高。发音的方式，是由嘴巴含住芦苇制的哨子，用力吹气使之振动发声，经过木头管身以及金属碗的振动及扩音，成为唢呐发出来的声音。传统唢呐按音域及乐器大小可区分为小唢呐、一般高音唢呐，以及大唢呐，但其中又可分为各种调性的唢呐，所谓的调性是指放开最下面三孔时所吹出的音。一般而言，传统唢呐的常用音域为十七度音，以最常用的D调高音唢呐而言，其音域由低音A至高音A。唢呐的结构非常简单，由哨、气牌、芯子、杆和碗五部分构成。木制圆锥体杆上开的8个音孔，前七后一，错落的排列着；杆子上装的铜质芯子，芯子上面套有气牌和芦苇做的哨，杆下端安着碗。

就是这样朴实，甚至有些简陋的结构，却几乎涵盖能演奏所有管乐的技巧，甚至能模仿人的唱腔、鸟的鸣叫等奇妙的声音。把唢呐的几个部分拆开吹奏，能分别模仿不同的人物角色，老生的苍老低沉，花旦的俏皮灵动，武夫的粗鲁莽撞……这样一个小乐器，竟能独自演绎出人世间的喜怒哀乐。

唢呐音符

0414 唢呐曲

别　　称：小喇叭曲

级　　别：市州及以下级别

流布区域：白银市会宁县及周边地区

活动场所：红白喜事场合，过年、拜寿或者乡村戏台。

代 表 作：比较著名的有《百鸟朝凤》《一枝花》《打枣》《全家福》《六字开门》《黄土情》《天乐》《地里兔》等。

传承现状：据牛树林讲，传统的唢呐艺人都是口传心授。师傅吹奏的时候，徒弟在旁边自己揣摩，得闲了就吹给师傅听，哪里不对劲儿了师傅就指点一下。多年来，牛树林将所学运用于实践，逐渐在传承的基础上形成自己的独特风格。不仅如此，他还对当地喜欢唢呐的人们悉心指教。

简　　介：唢呐，是以唢呐为主奏的民间吹打乐，也称鼓吹乐，距今已有400多年历史，其曲牌内容丰富，地域特色鲜明，是我国民间音乐中的一个独特乐种。唢呐的曲牌溯流寻源，大致来自三个方面：传统曲牌的继承、民间歌曲的衍变及地方戏曲相关类。而曲牌按习俗应用，可分为通用曲牌、红事曲牌和白事专用曲牌。"通用曲牌的大部分乐曲所表达的意境往往不能从名目上得到完整启示，却能从音乐演奏中领会其形象意趣，实际上是一种'无标题'的纯器乐曲，如果不专注地去欣赏，也可作为一种'背景音乐'。""白事曲牌旋律悲哀凄凉，节奏平稳缓慢，与肃穆痛苦的祭奠场面配合贴切，相互感应。"用于喜庆场面的红事曲牌则常常透出欢快奔放、活泼明快的气氛。如，其中最具代表性的《地里兔》，就是描绘野兔在广阔田野里欢腾嬉戏的场面。唢呐以前有"一人一把号，各吹各的调"的说法，一些传统曲牌也在漫长的流传过程中，衍生出不同的演奏形式。这其中，便渗透着诸多的生活感悟。就这样，许多古老的曲牌植入了浓郁的当地生活气息，成为颇具特色的"音乐方言"，延续着它的艺术生命。

唢呐曲

0415 景泰花儿

别　　称：无

级　　别：市州及以下级别
流布区域：白银市景泰县正路乡一带
活动场所：室内外
代 表 作：《敬酒曲》《十杯酒》《十二古人》《十二约会》《珍珠倒卷帘》《八扇围屏》等。
传承现状：保存完好，继续传承。

简　　介："花儿就是心头肉，不唱由不得自家"，景泰当地花儿委婉动听，基本调式和旋律有十多种，变体甚多。形式上有慢调和快调。慢调多为4/4或6/8拍，唱起来高亢、悠长，曲首曲间和句间多用衬句拖腔，旋律起伏大，上行多用四度调进，高音区多用假声。快调多为2/4或3/8拍，相对紧凑短小。景泰当地花儿多为五声徵调，在文学上自成体系。一般每首词由四句组成，前两句常用比兴，后两句切题。字数上单双交错，奇偶相间，自由畅快。山花儿在旋律上起伏较小，较多地应用五声羽调和角调，衬词衬句使用较少，段尾或句末用上滑音。演唱形式有自唱式和问答式，属抒情短歌。花儿音乐高亢、悠长、爽朗，民族风格和地方特色鲜明。不仅有绚丽多彩的音乐形象，而且有丰富的文学内容。反映生活、爱情、时政、劳动等内容。用比、兴、赋的艺术手法即兴演出。虽然大部分花儿的内容与爱情有关，但在歌颂纯真的爱和控诉封建礼教及社会丑恶现象给恋人造成生死苦难的同时，深刻反映了社会生活的各个方面，而且语言朴实、鲜明，比兴借喻优美，有较高的文学欣赏和研究价值。

景泰花儿演唱

0416 民歌

别　　称：小曲

级　　别：市州及以下级别

流布区域：白银市景泰县寺滩、正路、中泉、大安

活动场所：广场等空旷的场地

代 表 作：《大古人》《十二月会》《珍珠倒卷帘》《十克字儿》《子龙保太子》《薛仁贵征东》《十三大将》《庄农歌》《十样景》《十月怀胎》《绣兜兜》《刮地风》《喜今年》《新大的庄子》《李三娘推磨》《十劝人心》《十重深恩》《王祥卧冰》《九杯酒》《十盏灯》《庄稼人》《八洞神仙》《分家曲》《南桥相会》《林英降香》《绣荷包》《小情郎子歌》《五哥放羊》《十二离情》《十里亭》《五点红》《十唱毛主席》《十大元帅》《气壮山河西路军》《西路军在景泰》《万水千山长征路》《解放大西北》《歌唱李培福》《十唱景泰川》《十五劝》《病五更》《民间小曲》《孝敬词》《送情郎》《未婚妻送丈夫》《老来难》《戒毒谣》《十绣景泰川》。

简　　介：景泰民歌，主要分布在寺滩、正路、中泉、大安等地，它来自于民间，俗称小曲。民歌内容丰富多彩，分别有反映古代英雄人物历史传说、地方风土民情、诲人教化、婚姻制度、新中国成立后歌唱祖国以及赞美家乡巨变和反映新生活的民歌。代表作品根据内容可分为以下几种。历史传说：《大古人》《十二月会》《珍珠倒卷帘》《十克字儿》《子龙保太子》《薛仁贵征东》《十三大将》；风土民情：《庄农歌》《十样景》《十月怀胎》《绣兜兜》《刮地风》《喜今年》《新大的庄子》《李三娘推磨》；诲人教化：《十劝人心》《十重深恩》《王祥卧冰》《九杯酒》《十盏灯》《庄稼人》《八洞神仙》《分家曲》；婚姻制度：《南桥相会》《林英降香》《绣荷包》《小情郎子歌》《五哥放羊》《十二离情》《十里亭》《五点红》；赞美生活：《十唱毛主席》《十大元帅》《气壮山河西路军》《西路军在景泰》《万水千山长征路》《解放大西北》《歌唱李培福》《十唱景泰川》《十唱寿鹿山》《十五劝》《病五更》《民间小曲》《孝敬词》《送情郎》《未婚妻送丈夫》《老来难》《戒毒谣》《十绣景泰川》。

民歌表演

0417 唢呐

别　　称：无

级　　别：市州及以下级别

流布区域：天水市秦安县魏店、安伏、西川、千户等乡镇

活动场所：民间婚嫁、丧葬、庆礼、社火。

代 表 作：《将军令》《朝天子》《大开门》《福禄寿》《紧八谱》《抬花桥》《顶缸》《柳青娘》《孟姜女》《雁落沙滩》等。

传承现状：民间唢呐的生命力正在日渐逝去，农村唢呐组班现象已极为鲜见，明显呈濒临失传状况，由原来盛行的10余个乡镇，变为现在的一二个乡镇偶尔在演奏。

简　　介：秦安民间唢呐主要分布流传于魏店、安伏、千户、西川等乡镇。秦安民间唢呐具有悠久的历史与深刻的文化内涵，它以实用与娱乐的表现形式，体现了秦安大地湾子民的生活情感与民风民俗，具有人类文化学、民俗学、宗教学、音乐礼制等重大的历史意义与价值。秦安民间唢呐历史上农忙劳

作，农闲演出，鼎盛时期曾组班数百个。秦安唢呐在民间为人民群众喜闻乐见，主要用于婚嫁、丧葬、庆礼、社火等活动中，以民间班社形式存在，流传下来的曲牌多达40余种。

乐队表演唢呐

0418 劳动号子

别　　称：无
级　　别：市州及以下级别
流布区域：天水市甘谷县境内
活动场所：在集体劳动或夯打地基、坝堰时喝唱
代 表 作：劳动号子都是即兴创作，无固定格式，亦无固定内容。
传承现状：随着建筑科技的发展，大型劳动的场面已不多见，人们多已不再喝唱劳动号子。
简　　介：劳动号子起源于古人的生产劳动活动。《左传》载："前乎哟呼，后以应之此举众劝力之歌也。"此为劳动号子之起源。新中国成立后，兴起大规模生产建设热潮，在农田水利建设中，多人集体劳动，形成以夯歌为主的劳动号子。劳动号子的基本形式是二至多人举一木夯或石夯，打坝堰时，一个起，"哎嘿哟号"，多人随着应和，"哎嘿哟号"，以起助力作用。其领头有时一起举夯劳动，有时单独站立专司引喊。劳动号子随口即兴，见物即喊，如，"一老人干劲足哟，——哎嘿哟号。"有些劳动号子除铿锵有力外，还是有一定乐感，悦耳动听。

0419 甘谷唢呐

别　　称：吹响
级　　别：市州及以下级别
流布区域：天水市甘谷全境
活动场所：甘谷唢呐主要用于婚丧嫁娶和民间祭祀活动
代 表 作：《大开门》《升官图》《将军令》《爹落亲》《水龙吟》《哭南山》《雪梅吊孝》《五更盘》《黄草坡吊孝》《姜维招魂曲》《割麦》等。
传承现状：由于西方和外来音乐的不断冲击，特别是多种娱乐形式和多元文化带来的人们审美观念的变化，同时因为对传统唢呐曲牌缺乏整理研究，造成一些优秀曲牌的不断消失，一些老艺人的相继故去造成的人亡艺绝的现象，传承形势十分严峻。
简　　介：唢呐，又称吹响，吹打，原流传于阿拉伯一带，金元时传入中原，唢呐是盛行中国北方吹歌中的主要乐器，唢呐演奏可上溯到汉代以前，与鼓吹乐有直接关系。而鼓吹乐，又源于北方少数民族，汉初边军用之，以壮声威。后用于朝廷，传于民间。唢呐长期盛行于甘谷，与宋代以来甘谷作为朝廷在西部最重要的边防守地因素不无关系。甘谷唢呐主要用于婚丧嫁娶和民间祭祀活动，但在使用频率方面略有差别，在乡村，一般婚丧嫁娶和民间祭祀活动皆用唢呐；在城里，嫁娶时一般不用。甘谷唢呐特点有四：一是队伍多，唢呐少则数村一支，多则一村一支，人员皆自由组合；二是规模小，一般每支唢呐队有二名吹手，一名鼓手，一名锣手；三是应用范围广，一般红白事及民间祭祀都用；四是气势雄壮，威武昂扬，外出表演时，列成长队组成方阵，边行走边吹奏，数十名演奏者头顶火种图，身穿皂色伏羲服，胸别太极图案，身背八卦草帽，脚下穿红穗麻鞋，迈着矫健的步伐，交换吹奏各种曲调。

甘谷唢呐

0420 甘谷小曲

别　　称：无
级　　别：市州及以下级别
流布区域：天水市甘谷县内渭河沿岸及乡镇
活动场所：甘谷小曲主要在逢年过节或农闲时候在农家院落演唱
代 表 作：《哭周郎》《天官赐福》《状元游街》《双官诰》《刘多定下南堂》《鸳鸯扇》《摘葡萄》《伯乐抚琴》《八福奏》《出玉关》《戴荷包》《升官图》《扬家表话》《董永招亲》《古人图》《南桥相会》《八仙上寿》《陈郎攻书》《农船》《草船借箭》《夸官》《酒金钱》《刘堂家过关》《割麦》等。
传承现状：随着社会的发展、人们娱乐形式的多样化，小曲已不被人所唱，传承形式严峻。
简　　介：甘谷小曲原为一种地方"眉户戏"，从清代开始广泛流传于甘谷境内。甘谷小曲因地域而分为东、西川和南北山区两种风格，民国时颇为盛行，城乡均有眉户班子，其中渭河北岸的头甲、七甲、土桥等村的班子较大。甘谷小曲用本地方言演唱，以甩子敲击节奏，以三弦、板胡、二胡、杂以四片瓦等乐器伴奏，有的还加有笛子、胡琴伴奏。演唱坐场子，也有连场子。有自始至终全为唱词无道白的，也有剧情道白夹杂清唱的。小曲在甘谷城乡有着广泛的群众基础，几乎每个村庄的秋歌班子都会演唱，甘谷小曲从其思想内容看，有叙述历史故事和典故的，有表现爱情故事的，有表现当时社会生活、家庭生活的，还有宣扬封建思想道德的。甘谷小曲保留着浓郁的地方特色，其表现细腻，曲调婉转，节奏严整，速度平稳，旋律流畅，悠扬抒情。

甘谷小曲

0421 甘谷儿歌

别　　称：甘谷童谣
级　　别：市州及以下级别
流布区域：天水市甘谷全境
活动场所：无固定场所表演，儿童相聚时演唱
代 表 作：《风来了》《咕噜雁》《背半半》《烟瓶烟》等。
传承现状：随着科技尤其是多媒体的发展、儿童娱乐方式的多元化，儿歌的传承已面临失传的境地。
简　　介：有记载的甘谷儿歌最早出现在《后汉书·五行志》中。在旧社会被压迫阶级借儿歌讽刺现实，表达理想。也有统治阶级拟作的，成为宣扬统治阶级思想的工具。新中国成立后，甘谷儿歌增添了赞扬社会主义的新内容。儿歌指流传于儿童中间的歌谣，在旧社会被压迫阶级常借儿歌讽喻现实，表达理想，故带有较多的幻想和讽刺的因素。甘谷儿歌朴实无华，用词简洁，韵律响亮，内容短小，生动活泼，朗朗上口，易学易记，深受儿童们喜爱。《甘谷民俗》《甘谷史话》《甘谷历史文化概览》等书均对甘谷儿歌的内容、流行有着详细的记录。

0422 甘谷山歌

别　　称：无
级　　别：市州及以下级别
流布区域：天水市甘谷县磐安、礼辛等乡镇
活动场所：一般在田间地头、山坡旷野，劳动间歇时演唱
代 表 作：《上山里打了梅花鹿》《你说你来我等着哩》《十八辆车子拉茴香》《羊羔儿哑奶双膝跪》
传承现状：随着社会的发展、人们娱乐形式的多样化，山歌已不被人所唱，传承形势危险。
简　　介：甘谷山歌是当地农民群众在劳作或休息时所唱的一种歌曲，起源何时已不可考，主要用来抒发对大自然的热爱，表达对爱情的追求和对未来的憧憬。随着时代的发展，还增添了对改革开放和社会主义建设成就的歌颂。甘谷山歌主要流行在甘谷礼辛、磐安等乡镇。当地农民在劳作或休息的时候，在田间地头，旷野山坡，引吭高歌，表达对自然的热爱，对生活的赞美，对爱情的追求，对未来的向往和憧憬。甘谷山歌歌词以七字为多，节奏比较自由，多是因时因地现编现唱，因而一曲多词现象比较普遍，曲调或高亢凄婉或悠扬缠绵，极富美感。

0423 武山唢呐艺术

别　　称：吹响
级　　别：市州及以下级别
流布区域：天水市武山县周边地区
活动场所：婚嫁、丧事、祭祀庙会场合
代 表 作：《蝴蝶报喜》《公车》一至四曲、《哭皇天》《小哭调》《上坟》《趴门槛》《麦娥儿》《碗娥儿》《柳生芽》《梳妆台》《孟姜女哭长城》等。
传承现状：危急
简　　介：唢呐（当地称吹香）在武山县的流传历史悠久，听古人讲是从山西大槐树引进来的。从汉代起在军事征战和朝廷盛典中被运用，明代以后"入住"民间，明清至民国时期唢呐艺术长盛不衰；新中国成立后，特别是改革开放以来，武山各地都有吹奏班子，并且焕然一新。乐队班子坐式合奏，边走边吹，有独奏、合奏、齐奏、器乐协奏等形式，一般情况为一班人吹，小班四人两打两吹，中班为八人四打四吹，大班为八打八吹。喜庆类唢呐吹奏曲，会增强热闹欢乐气氛；丧葬悲哀唢呐曲吹奏，会增强凄凉、悲伤氛围；庙会祭祀类吹奏曲，会增加优雅清心的氛围。

武山唢呐艺术

0424 武山山歌

别　　称：无
级　　别：市州及以下级别
流布区域：天水市武山县及附近地区
活动场所：田野
代 表 作：《不变心的尕妹子》《白麻纸糊的窗亮子》《马五哥哥的好心肠》《一碗凉

水半碗蜜》。

传承现状：良好

简　　介：山歌也称"山野之曲"，它是武山民歌中富有特色的歌种之一，歌词内容多样，较自由，每首四句，基本调有慢快两种，可分为"山曲""花儿""信天游"等类型。在漫长的历史岁月中，劳动人民创造了丰富多样的群众性民间文化娱乐活动，山歌是其中的一种，它流传于人民群众的口头，世代传唱，作为表现自己思想感情文化交流的一种载体，是武山劳动人民勤劳智慧的结晶，是祖国民族、民间文化艺术宝库的一个组成部分。

0425 麦积酒歌

别　　称：无

级　　别：市州及以下级别

流布区域：天水市麦积区中滩镇、元龙镇、东岔镇、三岔乡、伯阳镇。

活动场所：饮酒娱乐场所，多在家中

代 表 作：代表曲目：《绣荷包》《种韭菜》《提螃蟹》《尕老汉》《数鸟鸟》《闹五更》《大吉利》《抹青稞》《送哥哥》《割韭菜》等。

传承现状：麦积酒歌由于在民间流传，一直以来没有固定的传承人。随着现代社会生活方式的改变，喝酒猜拳形式的多样化，许多人又不注重传统的酒歌和音律，所以传承人越来越少，现面临失传。

简　　介：麦积酒歌既受三秦文化影响，又吸收了青海、宁夏花儿的演唱特点，形成了自己独到的味道，在旋律、节拍上与花儿有很大差别。很多酒歌都是人们酒过三巡后即兴演唱的。因此，酒歌的唱词，自然形成联章复叠的形式，此唱彼接，衔接对唱，或一人唱众人和，用一个简短优美的曲调充分地抒情达意，不但可以助酒兴、增强情感，还可以考验人的反应和协调能力。唱酒歌主要需要的道具有酒、酒壶、酒杯、天水酒碟（凉菜）、筷子、酒桌，一般四人以上歌唱。麦积酒歌反映了麦积人民在文化、生活、生产方式上数千年的演变状况，真实地记录了历史。

麦积酒歌

0426 秦安佛教梵乐

别　　称：无

级　　别：市州及以下级别

流布区域：天水市秦安县刘坪乡何湾村

活动场所：因陇上宗教传统在群众中的影响力，在民间祭礼婚嫁、庙会等活动中演奏频繁，受到广大农民群众的喜爱，成为活跃人民群众文化生活一个重要组成部分，随着进一步的优化与开发，即将搬上舞台，让更多的人欣赏其纯朴、雅静的韵律。

代 表 作：有以经词命名的，如《七如来》《水月赞》等；有以宗教仪式命名的，如《香花献》《和南清》《上莲台》等；还有些调名如《浪淘沙》《梅花引》等。其中以竹笛、云锣演奏的有17种，竹笛独奏约有5种，其他均为混合乐器合奏。

传承现状：面临失传，后继乏人

简　　介：秦安为古城际地界，素有"羲里娲乡"之称，不仅是人文始祖伏羲、女娲的故里，而且是诗仙李白、唐王朝李氏的祖地，秦安佛教文化同样源远流长，出土了大量的佛教文物，其元代建筑兴国寺属国家级文物

保护单位，历史可溯到唐朝以前，而西番寺、龙泉寺历史更加悠久，留下了大量的魏朝石刻和石碑，而这些知名古刹正是秦安佛教梵乐流传并发展的基石，一代又一代地传承着古老的宗教文化。秦安佛教梵乐以轻韵唱颂为主，采用当地音演唱，伴奏主要以打击乐器和管乐竹笛为主，分为三火道场。最初曲调有200多种，目前只流传60种，命名形式多样，有以经词命名的，还有些调名如《浪淘沙》《梅花引》等，其中以竹笛、云锣演奏的有17种，竹笛独奏约有5种，其他均为混合乐器合奏。据调查，县城周边已没有人会演奏，或者由于人少而不成体系，唯独刘坪乡何湾村，由于秦安县民族宗教局、秦安县佛教协会成立了何湾村佛所筹备小组，还能够完整地进行演奏，但仍然逐渐势微，老艺人减少，青年爱好者难觅，后继传承乏人。因此，秦安佛教梵乐作为中国传统宗教音乐中的瑰宝，抢救和保护已刻不容缓。

秦安佛教梵乐

0427 凉州民歌

别　　称：无
级　　别：市州及以下级别
流布区域：武威市凉州区所有乡镇、村落及城区街道居民社区
活动场所：在凉州区所有乡镇、村落及城区街道居民社区，时有爱好者围聚一起演唱凉州民歌。
代 表 作：有《王哥放羊》《姐儿上彩楼》《妹子开门来》《十来花子》《割韭菜》《拉骆驼》《挑大葱》等。
传承现状：能够演唱较多数量凉州民歌的民间歌手越来越少。
简　　介：凉州民歌是流传在武威市凉州区城乡人民群众当中的一种民间歌曲，是凉州劳动人民集体智慧的结晶。凉州民歌的内容丰富广泛。主要以反映劳动群众的生产、生活及爱情题材为主。歌词多为民间方言土语，生动活泼，特色鲜明。音乐曲调优美动听，旋律流畅。深得广大群众喜爱，在凉州民间流传极广。

凉州民歌表演

0428 民勤县打夯号子

别　　称：民勤县打墙号子
级　　别：市州及以下级别
流布区域：武威市民勤全境
活动场所：建设工地
代 表 作：慢杵、快杵
传承现状：随着农村、城市建筑水平的不断提高，近年来部分青年人受流行音乐的影响，会唱的已逐步减少，特别是少年儿童基本没有学习的机会，需加大力度保护、传承。
简　　介：民勤县位于河西走廊东端，石羊河下游。南接武威市，西南毗邻金昌市。西、北、东三面被巴丹吉林和腾格里沙漠包围。总面积1.6万平方公里。民勤历史悠久，早在2800多年以前，这里就有人类生息、繁衍。民国十七年（1928）年，因人民勤劳朴实改名为民勤县。民勤人在生产劳动中创造了多种文化，为了防治风沙，农家用泥土打桩子建堡院，逐步形成了一种习惯。一些地主阶层的人都要打建厚实的宅院，因为打墙过程很耗神，所以慢慢形成了人们能同时用力的打夯号子。民勤流传的打夯号子，又称"提杆号子"颇有特色。声调高亢，粗犷悲壮，此起彼伏，反复吟唱。民勤打夯号子的特点是上下两种曲调对称，打墙时有两组人员对唱，不用词句，只用曲子，节奏慢，拉长者为"慢杵"，快而紧者为"快杵"，根据不同的力度而定。土墙低处用"慢杵"，夯力较大，墙打高后则用"快杵"，夯力较小。近年来，楼房和砖木结构建筑已在民勤普遍崛起，而土墙只用在日光温室建设方面，因此"打夯号子"这种民间音乐也面临失传，必须争取措施抢救。

打夯场景

0429 土族民歌

别　　称：无
级　　别：市州及以下级别
流布区域：甘肃省、青海省大通河流域
活动场所：家庭、宗教祭祀场所、野外
代 表 作：《拉仁布与吉门索》《祁家延西》《太阳光辉照遍了》《格萨尔》。
传承现状：由于土族只有语言，没有文字，现会传唱的人越来越少。
简　　介：土族民间音乐不仅品种纷繁、曲目众多，而且由于地域、民族文化转化和积淀的特殊过程，使得其文化内涵丰富，可称得上是我国民族音乐中的一朵绚丽的奇葩。土族民歌除保存有蒙古族诸民族民歌的许多特点，如抛物线型旋律线、五—四度骨架等外，还有一些民歌的曲调与西部裕固语（属突厥语族）的裕固族民歌曲调十分相似，与其他突厥语民族的民歌有着属于底层因素的共同因素，主要表现在四—五度骨架及相近的风格、曲调相似方面。土族民歌虽受汉族、藏族民歌的影响很大，但主要表现在表层因素上，目前这些表层因素正日趋向底层转化。

土族民歌收集整理

0430 临泽民间儿歌

别　　称：无
级　　别：市州及以下级别
流布区域：张掖市临泽城乡
活动场所：田野或者家中
代 表 作：《太阳歌》《上学歌》《吃果果》《打箩箩》等。
传承现状：目前濮生荣年事已高，面临后继无人的境地。
简　　介：儿歌是民间歌谣中的一个品种，又叫"孺子歌"或"童谣"。它是少年儿童们在日常生活中，对所遇的某一事物的意境感受，灵感即生，不假思索说唱出来的儿童作品。显得天真烂漫，自然真切，倾吐出他们的愿望、心态，表现出他们幼小纯真的心灵天地，只要引发同伙们的共鸣，即一人唱出，大伙交口呼应。时间一长，便形成众口流传的儿歌，此举几例：数九寒天，早饭后，红日高照，两三个儿童光着屁股，赤着脚丫，在南墙弯里晒太阳，脚丫踏在冰地上，嬉戏逗笑。一会儿，右脚踩在左脚面上，过一会儿左脚踩在右脚上，轮换晒脚。刚刚晒得暖哄哄的，忽儿几朵白云遮住了太阳，便唱《太阳歌》：太阳、太阳你出来，我给你烙个香油饼子你吃来，你吃得胖胖的，我晒得烫烫的。听这天真烂漫的童音，令人心生怜爱。儿歌中较为普遍的特点是大量运用反复、重叠和对答形式，以及拟人、比喻、夸张等修辞手法，其章句无定格。

0431 社火小场打搅儿

别　　称：无
级　　别：市州及以下级别
流布区域：张掖市临泽城乡
活动场所：在河西地区，从农历腊月二十到正月十五，在各村社、农户家、渠镇、渠口演出
代 表 作：《老大夫给你嚷白话》《庄稼婆姨庄稼汉》《一肚子养了十个娃》《马秀英吊孝》《小气鬼张老五》。
传承现状：仅在春节前后演出，随着老艺人的逐渐减少，年轻人受现代文化艺术传媒的影响，很少有人了解这一民间传统艺术，处于后继无人的状况。
简　　介：社火小坊打搅儿又叫嚷别话，卖膏药，西北农村从有社火起就有打搅儿。它主要在表演社火时候用于助兴，增强喜庆气氛。

0432 临泽酒歌

别　　称：无
级　　别：市州及以下级别
流布区域：张掖市临泽城乡
活动场所：家中

代 表 作：《老汉拳》等
传承现状：目前传承人年事已高，面临后继无人的境地。
简　　介：临泽地处偏僻，民风淳朴，热情好客，酒风盛行，表现出浓厚的酒文化。自古至今，从商贾富翁，乡村豪绅，文人雅士，社会贤达到平民百姓，尚酒崇俗。即使是村野饥民，也要欠债赊酒，有道是"醉里乾坤大，壶中日月长"。喝酒器皿各式各样，酒壶酒杯质料有别。喝酒的名目繁多。喝酒的方式方法多种多样、五花八门。流行于临泽民间的酒歌小令，通俗易懂，自然形成集赋、比兴于一身，以其寓教于乐，富有韵调、风趣的艺术特色，广为流传。临泽民间酒歌小令与其他形式的民间文学样都是土生土长的自然产物，是广大劳动人民在逢年过节、聚亲会友的一种文化娱乐活动。临泽酒歌的形成和流传有自然的、历史的原因。地处河西走廊中部的临泽，历史上是一个多民族杂居的地方，各族人民共同创造了光辉灿烂的民族文化。酒歌也不例外，是汉、蒙、回、满、藏等各族人民共同创作发展的民间口头文学。

0433 临泽小曲

别　　称：无
级　　别：市州及以下级别
流布区域：张掖市临泽县
活动场所：家庭院落
代 表 作：《小放牛》《放风筝》《拉骆驼》《绣荷包》《钉缸》《摘椒》
传承现状：在临泽城乡，60岁以上的老人大都能唱几首小曲。上代艺人中最著名的是临泽平川镇四二村的杨应家，人称"杨大肚子"（意指肚子中装有许多小曲），据说能够唱流传于临泽的所有小曲。目前在临泽能够演唱小曲20首以上，且保存有词曲谱的艺人

有 2 名，其他艺人大都只能演唱 10 首左右。

简　　介：临泽小曲过去主要在农历正月，或民间节日由艺人随社火表演在小乐队的伴奏下演唱，其调式和河西地区流传的小曲接近，但歌词内容有所不同。目前在临泽流传的小曲近 50 首，已经整理的完整词曲谱有 26 首，曲名是：《放风筝》《珍珠倒卷廉》《绣荷包1》《绣荷包2》《绣龙袍》《割韭菜》《五哥放羊1》《五哥放羊2》《闹王哥》《闹五更》《十劝人》《姐儿浪街》《织手巾1》《织手巾2》《织手巾3》《十月怀胎》《小寡妇上坟》《小寡妇务农》《小放牛》《兰巧担水》《冻冰》《下四川》（又名《下扬州》，民间小剧）《大包媒》（又名《二姑娘害相思》，民间小剧）《刮地风》《等郎君》《茉莉花》。临泽小曲表现的内容主要是奉劝世人弃恶扬善，也有个别小曲内容色情，不够健康。传承方式是代代传唱，在传唱的过程中，内容有新的变化。

临泽小曲

0434　王希孔唢呐曲

别　　称：无

级　　别：市州及以下级别

流布区域：张掖市临泽城乡

活动场所：在农户家举行丧葬仪式

代 表 作：《苦六琴》《菠菜根》《满天星》《上彩楼》《祭灵》《将军令》《小桃红》等。

传承现状：良好

简　　介：王希孔唢呐曲主要用在为农户家丧葬仪式伴奏。

0435　道教音乐

别　　称：无

级　　别：市州及以下级别

流布区域：平凉市

活动场所：道教寺庙

代 表 作：《皇帝问道》

传承现状：良好

简　　介：道教音乐是一种具有中国地方音乐特色的宗教音乐，古时道教音乐已有一定的艺术水平。道教音乐分为两种形式，其一是由人唱诵的"经韵音乐"，其二是由乐器演奏的"曲牌音乐"。

0436　灵台唢呐

别　　称：百事唢呐曲牌

级　　别：市州及以下级别

流布区域：平凉市灵台县城

活动场所：红白喜事

代 表 作：《祭灵》《春雨如雷祭英雄》《想念之情情难忘》《辛酸血泪何时休》《泪花汪汪奠故人》《草滩哭长城》《柳青娘》《十柱香》《兰巧担水》《雁落沙滩》《王祥卧冰》

等。

传承现状：姚九录师承本地老艺人王统儒（已故），而王统儒则从师于他的父辈王文科（已故），姚九录应为白事唢呐曲牌的第三代传承人，而杨科娃、仇林科、连勤利、杨建红、薛哲学、郭勤昌、张立家等9人则是第四代传承人。

简　　介：灵台唢呐是以唢呐为主奏的民间吹打乐，也称鼓吹乐，属木制（也有部分为竹制）管乐器，它的特点为音量大，音色嘹亮纯净，细腻委婉，演奏技巧丰富，声响连贯顺畅。经历代艺人不断传承加工，以其为数众多的曲牌、庞大的演奏队伍、丰富的民俗内容和浓郁的地方特色而成为灵台民间音乐中一个独特的乐种。灵台人过事（指红、白喜事）最讲究的是请全班子。所谓全班子，即人数由6～8人组成，由两支唢呐吹奏，伴以堂鼓、钩锣、小锣各一面、钹、小钹各一副的演奏；也有由一支小唢呐领奏，伴以土管子、竹笛、板胡、二胡、三弦、低胡、牙子、板鼓、梆子、小锣、小钹等组班演奏的。一般乐队成员都会演奏两件以上的乐器，可根据需要在人员不变的情况下随意调配。灵台唢呐曲牌世代流传，名目繁多、内容丰富、意境深邃，约有曲牌300多个。每个曲牌都有鲜明的音乐形象，有的幽默诙谐，有的委婉纤弱，有的情悲意哀，有的欢天喜地。如办喜事时奏红事曲牌；遇丧事时奏白事曲牌；娱乐时奏各种民间小调，如《绣荷包》《珍珠倒卷帘》《兰玉莲担水》《纺线线》等。如今，在红白喜事中，人们还可听到由歌曲改编的新曲牌，如《东方红》《军民大生产》《社会主义好》等。

灵台唢呐

0437 花儿

别　　称：无
级　　别：市州及以下级别
流布区域：平凉市庄浪县南坪乡史坪村
活动场所：生产劳动的田野或花儿会、花儿赛场
代 表 作：《想哥哥》
传承现状：近年来演唱者甚少，优者更是凤毛麟角。

简　　介："花儿"是流传在西北部分地区的民歌中的一种。明代有"农夫村妇锄田忙，漫闻花儿春续长"的诵唱，清代有"闻歌不见人，山谷闹哄哄"之说。庄浪"花儿"起源于古丝绸之路上的商旅队伍中、贩马贩茶的商客、脚户，他们因离家日久，忍受不了荒凉偏僻的寂寞和思念亲人之苦，而随口唱出旋律。庄浪"花儿"就是在这种特定的环境下产生的。庄浪数代人进行了再创造，使内容更充实完善，题材更广泛。庄浪"花儿"经历了由衰到兴、由落后到进步几个阶段，有300多年的发展历史。庄浪"花儿"是以呼唤爱情为核心的民歌中的一种，主要有追求爱情自由、婚姻自主、别离思念之情和反抗封建压迫等内容。还有新的赞歌、历史典故和远古时代的传说等内容。花儿的兴起，丰富了民间文化，陶冶了人民的情操。庄浪是"花儿"的故乡，随着历史的演变，经济社会的发展，年轻一代对民间文化艺术没有深入的了解，又无兴趣接触，甚至认为"花儿"已经过时，跟不上时代发展的步伐，随着民间老艺人的相继谢世，这 民间文化艺术有将退出历史舞台，濒临失传的状况，亟待抢救保护。急需采取完善的抢救保护措施，使这一文化遗产永存于世，为中华民族灿烂的文化增色添彩。

0438 唢呐艺术

别　　称：无
级　　别：市州及以下级别
流布区域：庆阳市庆城县境内
活动场所：逢年过节或普通人家的婚丧嫁娶、庆典、祭祀之地。
代 表 作：白事曲牌：《祭灵》《鬼推磨》《抱灵牌》《秦雪梅吊孝》《雁落海滩》《钻烟筒》。红事曲牌：《小开门》《粉红莲》《地里兔》。现代曲目：《大生产》《绣金匾》《好日子》《庆回归》《中国大舞台》。《宫调》《祭灵》《平调担水》《小开门》《担水》《绣荷包》《哭长城》。
传承现状：庆城唢呐传人随时吸收唢呐爱好者，目前带徒数十人。其中龚天福所带徒弟多为家门中的堂兄弟，人称"龚家班"。
简　　介：唢呐，又名喇叭，小唢呐称海笛。唢呐音色明亮，音量大，管身木制，成圆椎形。唢呐的木制锥形管上开八孔（前七后一），管的上端装有细铜管，铜管上端套有双簧的苇哨，木管下端有一铜质的碗状扩音器。唢呐虽有八孔，但第七孔音与筒音超吹音相同，第八孔音与第一孔音超吹音相同。

唢呐吹奏

0439 民歌

别　　称：民谣
级　　别：市州及以下级别
流布区域：庆阳市庆城县境内
活动场所：劳动生活中、逢年过节时的社火表演中。
代 表 作：《卖杂货》《送丈夫当兵》《卖樱桃》《十二月古人》《八仙请寿》《十五观灯》《冻冰》《好一座青山》《卖花线》《摇摇摆》《走南阳》。
传承现状：传承人利用业余时间向周围爱好民歌的群众传授技艺，共带徒200多人。
简　　介：民歌，流传于庆城的民歌，是庆城民众在长期的生产生活实践中创作并传承下来，它是庆城民众集体智慧的结晶。庆城民歌传承历史悠久，它记录了庆城的发展历程，体现了庆城的文化特色。

民歌谱子

0440 华池唢呐

别　　称：无
级　　别：市州及以下级别
流布区域：庆阳市华池一带
活动场所：婚丧嫁娶的农家小院，田间地头，乡村舞台，大型展演
代 表 作：《粉红莲》《银纽丝》《闹五更》《抱灵牌》《哭长城》《祭灵》《柳青》《雁落沙滩》
传承现状：欣欣向荣
简　　介：华池唢呐是以唢呐为主奏的民间吹打乐艺术，也称鼓吹乐。因其有积淀雄厚的曲牌音乐体系，庞大的演奏群体，广泛的民俗应用，独特的演奏技艺和浓郁的地方风格，成为我国浩瀚的民族民间音乐中一个独特乐种。据明《庆阳府志》记载，鼓乐已是明代婚丧习俗礼仪中的一部分，明人沈德符《万历野获编》曾言，嘉靖、隆庆年间所兴《奇生草》《粉红莲》《银纽丝》等曲，在华池唢呐中也有同名曲牌。可见华池唢呐音乐在明代已广为流传。华池唢呐艺术从清代开始逐步成熟，至民国达到兴盛期。建国初又有了新的生机。"文革"期间却被当作"四旧"扫除，陷入沉寂期。20世纪70年代末，文化部门开始修撰集成，进行挖掘抢救，为复苏期。80年代初至今为振兴变革期。从复苏期至今在各级政府的支持下，经几代人的努力，华池唢呐艺术已以新的姿态活跃在陇原大地。在庆阳市，按地域分布和器乐演奏特点现有三个唢呐派系：华池流行的大杆唢呐，其低音迂回深沉，高音粗犷奔放，演奏技巧多样，表现力丰富，与陕北唢呐是同一派系。部分乡镇的木杆（也有竹杆的）b_B调唢呐，音色嘹亮纯净，细腻委婉，演奏技巧丰富，声响连贯顺畅，华丽质朴，曲牌蕴藏量大，是庆阳唢呐艺术的代表派系。

华池唢呐演奏

0441 合水唢呐曲

别　　称：无
级　　别：市州及以下级别
流布区域：庆阳市合水县内各乡镇
活动场所：红、白喜事
代 表 作：《宫调担水》《大祭灵》《小祭灵》《雁落沙滩》《南乡祭灵》《地里兔》《哭长城》《打锤》《西风赞》《百鸟朝凤》《男寡妇上坟》等。
传承现状：师徒传承，状况较好。
简　　介：合水唢呐起源于明代，至今已有五百多年的历史，从清代开始逐步成熟，民国时期达到兴盛。经过数百年的的演变，演奏技巧丰富多彩。唢呐曲可分为开门系列、宫调系列、担水系列、祭灵系列、小调系列和其他系列。在合水的各个地方，每逢娶媳嫁女，节日庆典等，都离不开唢呐艺人为其吹奏助兴。

合水唢呐曲演奏

0442 民歌

别　　称：无

级　　别：市州及以下级别

流布区域：庆阳市正宁县

活动场所：日常劳动生活和家庭生活中都可随时即兴演唱。

代 表 作：《绣荷包》《情人会》《十爱姐》《干妹子送干哥》《白头到老不分离》《十二月花》《劳动歌》《磨豆腐》《过年歌》《放羊歌》《麻花谣》《女望娘》《待客仪式歌》《姑娘哭》，《跑旱船》，《十绣金匾》《表顽固》《拉壮丁》《鬼子啃瓜皮》《新正来了个刘志丹》《慰问咱红军》《骂敌人》等。

传承现状：据《正宁文史资料》记载，解放前后，受汪庭有言传身教影响，民歌在当地很盛行。20世纪60年代以后，状况日渐衰退，到现在已很少有人在唱民歌。根据走访调查，现有马生魁夫妇（回族）、杨自珍（80岁）、喻灵芳（女60岁）、王小雄等少数人时有演唱。

简　　介：正宁因与陕西毗邻，正宁民歌在长期演化过程中，其音乐风格除吸收了当地传统戏曲、曲艺、民间小调中的精华外，还吸收了陕西弦板腔、碗碗腔、秦腔、眉户、道情等艺术形式的风格特点，从而形成了乡土气息浓郁、语言朴实生动、带有浓厚地方特色的艺术风格。正宁民歌内容丰富，形式多样。有抒发相思之情、表达赞美之词、宣扬纯真爱情和追求幸福生活的情歌，有反应人民群众日常劳动生活和家庭生活的生活歌，有充分体现民族特点、反映人民群众生活礼仪习俗和信仰习俗的习俗歌，有反映时代特征、表现人民群众对某些政治措施、政治事件、政治人物及相关政治形势的态度、阶级立场、好恶感情的政歌。演唱曲目大都是人民群众在长期生活实践中积累、提炼出的精华，多为即兴演唱。目前，在正宁农村会唱民歌的多为老年人，年轻人几乎无人会唱，也无人愿唱，传承空间日益狭窄，传承形势日趋严峻。要继承和发扬这一优秀的民族文化遗产，必须采取紧急措施，进行抢救性保护，否则，随着现代文化的不断繁荣和发展，群众文化生活日趋多样化，年轻人的文化爱好逐渐现代化，民歌这一优秀传统艺术形式将会消失。

0443 唢呐

别　　称：无

级　　别：市州及以下级别

流布区域：以庆阳市正宁县为代表的西北陇东地区

活动场所：婚礼，葬礼，祭奠，庙会，节庆，贺寿、过满月等

代 表 作：李富春代表作《两亲家打架》《双放牛》《打鞭子》《秋季牛》等。辛正才代表作《雁落沙滩》《百鸟朝凤》《百相承让》《孟姜女哭长城》等。

传承现状：正宁唢呐自清代以来，已有400多年历史，至今传承了多少代已无可靠的依据。因本乐种为同一派系，艺人们可相互组合，所以也没有固定的班社。

简　　介：唢呐，是我国古代的吹奏乐器，原流传于波斯、阿拉伯一带。"唢呐"即波斯原名的音译。金元时期传入我国，至今已有一千多年的历史。是民间主要的吹打乐器。据考，唢呐传入西北陇东地区，最晚应该在明代，至清代已经比较普遍了。因为至清代中叶，陇东的秦腔、道情、说唱、民间社火、民间小戏等各类民间演唱形式日趋成熟，并逐渐定型。以道情、秦腔而论，清代初期在正宁以及与正宁毗邻的宁县、合水、西峰董志原均有秦腔班社，广泛活动于民间，而唢呐此时已进入民间班社乐队，作为伴奏乐器，在环县道情中还作为主奏乐器。从民间文化

民发展顺序来看，应该是先有唢呐自乐，后才被道情和秦腔纳入，成为其伴奏乐器。唢呐在正宁民间兴盛于民国时期，新中国成立后又有了新的生机和发展。"文革"期间被当作"四旧"扫除，逐渐沉寂，一部分演奏艺人遭迫害，多数艺人被迫改行从事其他职业。"文革"后唢呐艺术重获新生。1988年，县文化馆组织专业人员经过一年的辛勤努力，深入农村走乡串户、挖掘、搜集、整理撰写，编印了《三集成》，使正宁唢呐艺术，唢呐手，一代一代传承不息，人才济济。老一辈唢呐艺人德高望重，技艺超群，新一辈唢呐手，精益求精，出类拔萃。

0444 唢呐艺术

别　　称：无
级　　别：市州及以下级别
流布区域：庆阳市宁县南义乡，合水县
活动场所：农村红白喜事现场
代 表 作：《担水》《祭灵》《绣荷包》《辞朝》《秋季生》《小开门》《地里兔》等。
传承现状：老一辈唢呐手技艺超群，但年事已高，新一代唢呐手逐年减少，且技艺一般。
简　　介：宁县唢呐明代就有流传，从清代开始逐步成熟，至民国达到兴盛。经历史的熔铸与历代艺人的发展传承，宁县唢呐以其独特的曲牌音乐体系，庞大的演奏群体，广泛的民俗应用，浓郁的地方风格，悠扬悦耳的众多曲牌，独特的演奏技艺，成为民族音乐中不可缺少的精神财富之一。

0445 镇原民歌

别　　称：无
级　　别：市州及以下级别
流布区域：庆阳市镇原全境
活动场所：田间地头、农家庭院、街道广场、庙宇剧院等。
代 表 作：《采花》《冻冰》《看妹子》《报春》《孟姜女江边吊孝》等。
传承现状：随着市场经济发展，人口流动比较大，民歌已出现断代，后继乏人。
简　　介：镇原民歌曲是镇原人民在长期生产生活实践中，经过长期而广泛的口头传唱所形成和发展起来的集体创作，是人民群众表达自己的思想、感情、意志和愿望的一种艺术形式。包括劳动号子、山歌、小调。

民歌现场

0446 合水民歌

别　　称：无
级　　别：市州及以下级别
流布区域：庆阳市合水县内各乡镇
活动场所：主要参加乡村组织的各种社火演出，同时参加各种民间艺术活动。
代 表 作：《初一捎话十五来》《打夯歌曲》《十劝郎》《一十三省挑了个你》等。
传承现状：面临失传
简　　介：合水民歌历史悠久，流传甚广。早在春秋时期，祭祀的巫歌已成为民歌的雏形，随着时代的变迁，民歌得以不断传承和发展，题材更加广泛，内容日益丰富。合水民歌表现了人民群众的爱和恨，也是古代劳动人民智慧的结晶。合水民歌在80年代初非常盛行，特别在太白、蒿咀铺、城关、板桥、固城这一带流传较广。合水文化馆在80

年代初收集、整理合水民歌近千首，2008年正式出版发行。

0447 镇原红歌

别　　称：镇原革命歌曲

级　　别：市州及以下级别

流布区域：庆阳市镇原县平泉、马渠、庙渠、方山、三岔、孟坝等地

活动场所：民间节庆文化活动场地

代 表 作：《长大我要当红军》《纳军鞋》《我送哥哥去当兵》等。

传承现状：面临失传

简　　介：镇原红歌是流传在镇原一代，反映革命战争、抗日战争的歌曲。是由国内革命战争和抗日战争时期，镇原劳动人民创作的，用于抒发镇原人民的爱国热情。主要是纪念革命先烈，缅怀革命事迹，描写斗争生活，以起到宣传教化，激发生产斗争热情的作用。

0448 经韵

别　　称：阴阳唱经

级　　别：市州及以下级别

流布区域：庆阳市镇原县及陕甘宁三省

活动场所：庙堂、农家、墓地

代 表 作：丧调、祈调，节奏鼓点有《大圣》、《三点》、《小三点》、《香山》、《过街》、《洪圆》。舞蹈有《分灯》、《拜斗》、《告庙》、《跑城》、《过奈何桥》等。

传承现状：良好

简　　介：镇原经韵经过师承传授和演变发展形成了自己独特的风格，自成一体。曲调优美，节奏明快，韵味十足。它主要有京科和川科两大类。其中京科旋律优美、抑扬顿挫，主要分布在郭原、武沟、开边和茹河以北区域；而川科则曲调深沉、节奏平稳，主要分布在茹河以南的其他区域。镇原经韵是通过对经文的唱、念、表演等形式及相关乐器伴奏而形成的综合艺术类别。因此，经文是经韵的载体，而经韵则是经文最佳效果的具体体现。经韵基本以道教经文为主要内容：或颂扬天仙地神，祈求赐福降祥，避灾免祸；或教化人们要弃恶从善，尊老爱幼，热爱家园，能够使听者感受生活美好，涤荡心灵。同时，由于演唱者对经调的调式、旋律、速度以及节奏的掌握非常娴熟，演唱时运用自如，听者常会有在雪域高空徘徊之感，令人听之神往，经韵一般随经文、环境和用途的不同而不同。镇原阴阳念经一般由单人或多人等组成，所念经文主要用于打醮和农村刷扫地方、孩童赎身等方面。根据阴阳先生所念的经文内容不同，其音调、旋律等都有许多不同的讲究。

经韵词

0449 陇中秧歌铰儿

别　　称：秧歌铰子

级　　别：市州及以下级别

流布区域：陇中地区

活动场所：刘山三陇曲剧团

代 表 作：《秧歌铰儿曲一》（快）、《秧歌铰儿曲二》（慢）

传承现状：新收学员24人

简　　介：据《中国戏曲剧种大辞典》记载，从秧歌发展、演变成的戏曲剧种，在全国剧种中所占的比例之高，是相当惊人的。可以说，秧歌为百戏之源。秧歌起源于插秧耕田

的劳动生活，它又和古代祭祀农神祈求丰收，祈福禳灾时所唱的颂歌、禳歌有关，并在发展过程中不断吸收农歌、菱歌（民歌的一种形式）、民间武术、杂技以及戏曲的技艺与形式，从而由一般的演唱秧歌发展成为民间歌舞，至清代，"秧歌"已在全国各地广泛流传。陇中秧歌铰儿，又称秧歌铰子。它是陇曲的一种独特的表现形式，一是它有固定的唱调，但曲调很少，目前只收集到两个曲调；二是演唱时只用铰子击打节奏，不要乐队伴奏；三是演唱形式属于齐唱，或者是合唱；四是唱词丰富多彩，大多数由秧歌把式即兴编四句词说给大家，在秧歌队进村和演出结束即将离开时由全体秧歌队员齐唱。

刘山三中老年陇曲班的秧歌铰儿合唱

0450 陇阳红白事唢呐

别　　称：无
级　　别：市州及以下级别
流布区域：定西市通渭县陇阳乡、陇山乡、陇川乡、寺子乡、北城乡、新景乡、鸡川乡、义岗镇、平襄镇
活动场所：《农家院舍》、《村落》、《舞台》、《寺院庙宇》等丧事、婚嫁、迎神、接佛场合。
代 表 作：《陇阳红白事唢呐欣赏》《陇阳姜周维唢呐笛子纪实》《陇阳姜周维唢呐笛子专辑》书籍《陇阳红白事唢呐曲谱》。
传承现状：尽管陇阳红白事唢呐的余音仍然回荡在村村社社，但其规模与受众群体已大不如从前，失传的可能性很大。

简　　介："陇阳红白事唢呐"是流行于甘肃通渭县家家户户丧事中必不可少、红事中常用的民间传统乐器。"乐"在祭祀中起着极为重要的作用，有"礼"必有"乐"，无"乐"不行"礼"，所以谓之"礼乐"。其主要内容由两部分组成，即：唢呐与笛子的顺音（哀乐）、花音（喜乐）曲调。现已搜集、整理的曲调有35个，曲牌20多个。其丧葬礼乐器主要有：唢呐、笛子，并配有鼓、小钲子、小铜锣。在丧礼过程中，由"乐"配合礼生的演奏，把孝家引入沉重的悲恸之中，不悲则悲，悲恸和凄凉充满了整个丧葬过程，使孝子尽到了"孝"的最后义务。陇阳红白事唢呐的主要表现有三个方面：1.原生态传统乐曲的传承；2.民间小调、小曲的衍变；3.戏曲唢呐曲牌的套用。如《将军令》《朝天子》等曲牌近似于戏曲同名曲牌；《孟姜女》《跌落巾》等曲调与民间小曲、小调完全相同。新婚嫁娶的"红事"唢呐、笛子曲牌，大部分来源于民间小调、小曲中的吉祥欢快曲调，如《大红袍》等。在乐曲的演奏技巧、节奏等方面更是异彩纷呈、各显其能。

陇阳红白事唢呐

0451 盐川秧歌

别　　称：秧歌
级　　别：市州及以下级别

流布区域：定西市漳县13个乡镇的100多个村庄

活动场所：春节、传统庙会及"送文化下乡"演出场所。

代 表 作：《姐妹走漳县——赞民间民俗文化》被辛飞达等人制作成光碟出版。

传承现状：秧歌至少需要30人才能开展演出，因团队庞大而无人接待，失去了市场及观众。盐州秧歌活动已陷入逆境30多年。

简 介：盐川秧歌泛指社火，盛行于各乡镇的春节文化活动。以盐井、三岔的规模最大。盐川秧歌中含有多项非物质文化遗产，可分列成单项申报，如：舞狮、舞龙、跑灯、小调、纸马、旱船、高跷等。

盐川秧歌演出

0452 漳县花儿

别 称：无

级 别：市州及以下级别

流布区域：定西市漳县13个乡镇的100多个村庄

活动场所：春节社戏戏台、庙会、"送文化下乡"场所。

代 表 作：《五更鸟》、《十二月牡丹》、《想亲人》、《碾场》、《荡秋千》、《放马》。

传承现状：良好

简 介：漳县花儿已有一千多年的历史，分为金钟花儿和盐川花儿，分布在金钟和盐川，传承人的年龄均已超过60岁，且寥寥无几。金钟花儿表表演场所主要是在石崖寺的花儿会（在每年的农历六月六日）。盐川花儿的场所在田间地头，如今亦很少有人唱。

盐川花儿演唱

0453 会川本庙周家吹响音乐

别 称：本庙吹响

级 别：市州及以下级别

流布区域：定西市渭源南部乡镇

活动场所：庙会礼仪，家庭红白喜事，商店开业庆典演出。

代 表 作：《迎神曲》《行乡令》《王祥卧冰》《孟姜女哭长城》《迎宾曲》《春节序曲》《步步高》《欢乐颂》等。

传承现状：主要是家族传承，但目前很难找到传承人，传承状况不乐观。

简 介：1980年，张孔修开始创建乐队，当时有6名队员。主要进行庙会礼仪、丧事吹响、开业庆典等场合演出，以唢呐、鼓、钹、锣、号、干鼓、笛子、二胡等中国传统乐器为主要演出工具，后由于演出需要，逐渐加入西洋乐器。演奏曲目主要分三类：一是庙会曲目，以每年五月二十五的会川本庙庙会为主要演出场所，演出曲目有《迎神曲》《行乡令》等；二是丧事吹响，具体可分为两种：一种是老年人逝世的丧事；另一种是年轻人逝世丧事。这两种演出剧目有所不同。主要以二十四孝曲目以及《孟姜女哭长城》等曲目为主；三是庆贺典礼，主要是给商店开业等庆贺典礼上的助兴演出。演出一些比较喜庆的曲目《迎宾曲》《步步高》《春节序曲》等。现在乐队演出人员发展到6—12人，最多时达到20—30人。每年演出场次达到180。

会川本庙吹响音乐

0454 唢呐

别　　称：无

级　　别：市州及以下级别

流布区域：陇南市武都区的郭河乡，三河乡、玉皇乡、透坊等乡镇。

活动场所：村庄、街道、庙会等地

代 表 作：《毛主席的光辉》《送军歌》《东方红》《绣荷包》《南泥湾》。

传承现状：一、随着社会的发展，在现代文明多元化的冲击下，传统民俗文化有所淡化，架子鼓、小洋号、电子琴等西洋乐器、现代电子乐器逐步缩小了唢呐的生存活动空间。二、一些资深年老的唢呐艺人因年事已高相继去世，很多个人绝技难以得到传承，不少年轻唢呐手急功近利，不注重艺术的厚积薄发，故享有众望者居少。三、活动经费短缺，无力对全区内唢呐艺人进行思想和业务多方面的指导、集体培训。四、唢呐技艺很难使唢呐艺人走上一项生存养家之路。另"低贱的行业"意识仍然在一些人的头脑中存在。故从少年开始学艺者很少。

简　　介：唢呐，俗称"喇叭"。在我国各地广泛流传，发音高亢、嘹亮。过去多在民间的吹歌会、秧歌会、鼓乐班和地方曲艺、戏曲的伴奏中应用。经过不断发展，丰富了演奏技巧，提高了表现力，已成为一件具有特色的独奏乐器，并用于民族乐队合奏或戏曲、歌舞伴奏。唢呐音量宏大有力，音色高亢明亮，常用作室外演奏，是民间婚丧仪仗和吹打合奏中的主要乐器。唢呐的独奏曲目多源自民歌、地方戏曲、民间小曲和戏剧曲牌，具有浓厚的乡土气息和民间风味。

唢呐

0455 文县土琵琶弹唱

别　　称：无

级　　别：市州及以下级别

流布区域：陇南市文县，四川的九寨、平武等地

活动场所：较为多样

代 表 作：《十杯酒》《送郎歌》《月儿高照》《进兰房》《王歌》《送裹肚》《织手巾》。

传承现状：面对当今时代变迁和娱乐形式多样化，文县土琵琶弹唱，这一古老的民间文化活动正面临逐渐消逝的危机。近年来，随着农村产业结构的改变，农民的生活方式和娱乐情趣有了较大改变，传统文化不再占主导地位。加上大众传播媒介的普及、社会成员流动性增强，使得农村变成空壳，老年艺人不断离世，青年人很少在家，这种变化加剧了文县琵琶弹唱活动的衰退。这一古老的民间文化活动将面临着逐渐消亡的危险。

简　　介：阴平琵琶弹唱是一边弹自制的土琵琶，一边唱小曲。这是农耕时代封闭的山区农民苦中求乐的产物，是一种魅力独具、成本低廉、易教易学的自娱自乐的艺术形式。"阴平琵琶弹唱"表演形式多样，有自弹自唱，一人弹多人合唱，多人弹多人唱等形式。从使用乐器看，有单用琵琶的，有用碟子或竹瓦片为琵琶伴奏的，还有用二胡或板胡，再加上三弦、碟子和竹瓦片为琵琶伴奏的。从表演场合看，家庭和公共场所皆宜，婚丧嫁娶和喜怒哀乐时都用，有的人上山劳动也带着琵琶自弹自唱。阴平琵琶为各地艺人自制，采用上好的椴木等材料制作，发音清澈透亮，安装有3根弦，其中外面的一根叫"子弦"，内面的两根称"啷弦"，内外弦为五度关系，两根内弦同音同高，多用骨角做的拨子弹奏，也有用指甲弹奏的。来回拨弦称作弹拨。琵琶小曲旋律优美动人，据已采录到的曲谱分析有近百种之多，歌词感人肺腑。文县小曲大多使用52弦、63弦和26弦演奏。凡是26弦演奏的曲子，叫"背工调"，一般用三弦加二胡伴奏。"背工调"在曲调、曲式结构上是曲牌体和有一定的联缀规律的联曲体，如《皇姑出家》。

0456 白马歌曲

别　　称：无

级　　别：市州及以下级别

流布区域：陇南市文县铁楼乡

活动场所：较为多样

代 表 作：白马人《敬酒歌》

传承现状：随着科学技术的进步和市场经济的发展，人们文化生活日益丰富，审美需求提高，特别是影视文化的普及，以及外出打工的盛行，青年一代对"白马人的歌曲"的兴趣逐渐淡薄。

简　　介：生活在文县大山深处的白马人，世代以歌曲传唱他们古老的历史和生活，他们的全部生活及情感都以歌曲的形式来表达，包括战争、祭祀、劳作、爱恋、憎恨等。目前能完整传唱的达2000多首。而且流传范围特别广，几乎所有白马人都会唱敬酒歌、劳动歌。还有专门擅长唱歌的被称作"乐百"，每个村寨都有著名的乐百。白马人的歌曲中大量包含白马人历史、劳动、审美及思想信息，这对于研究白马文化具有相当重要的价值。每首歌还用比兴手法，节奏和音调都很美，可以称的上是古老诗歌的活化石。

0457 锣鼓草

别　　称：无

级　　别：市州及以下级别

流布区域：陇南市文县碧口镇、中庙乡、范坝乡、口头坝乡。

活动场所：田地里

代 表 作：无

传承现状：在碧口锣鼓草的歌郎中有许多老人都已经渐渐老了，不能参加锣鼓草的劳动了。年轻的人们，一般出门打工，不愿意再做这样庄稼活了。因些，锣鼓草的传承情况也受到了一定的威胁。

简　　介：文县的碧口地区，气候湿润，一年四季杂草最容易生长，当地农民把一年的劳动时间有相当多一部分都放在了除草上，包谷要除三次草，黄豆要除一次草，小麦、荞都要简单地除地埂上和沟涧边的杂草，当地称作"薅草"。"锣鼓草"一般都是在薅草时演出的，主人家先定于某日打锣鼓草，四方乡邻知道后，将会准时到主人家的庄稼地里，就连很远的村里的人也会响应而来。

主人就会拿上酒去请两位歌郎，歌郎必是两位聪明伶俐的小伙子，有一副好嗓子、还有应变能力，能见到什么唱什么，融景入情。早上，露水未褪时，男女老少来到了庄稼地里，包括小孩子都可以参加，统统站在地脚上成一线，这个俗称"盖子"。两位歌郎一人拿锣、一人持鼓，相互唱和，一般开头都有固定的开场白和唱词，说些吉祥话，众人开始劳动，一边薅草，"盖子"也就一边往上移动，两位歌郎也就在前面压阵，作用有两个，一是督促大家提高劳动效率，在唱词中要随时对薅草的人作一些评价，表扬先进，鼓励后进。二是以娱乐的方式，轻松的歌唱，达到消除疲劳，振奋精神的作用。"锣鼓草"的腔调很优美，基本是当地小调、山歌等的融合，唱腔随意很大。

0458 宕昌县三弦弹唱

别　　称：三弦弹唱
级　　别：市州及以下级别
流布区域：陇南市宕昌县境内
活动场所：没有固定的活动场所
代 表 作：《绣金匾》
传承现状：正在传承
简　　介：1.多样性：唱词中既有民间歌谣，也有古典文人诗作，包括哲人箴言、先知告诫、民间故事、地方传说等；形式多样，有乐（三弦琴独奏、重奏、齐奏、合奏）、有歌（包括叙咏歌、叙事歌）、有舞（单、双人或集体表演舞）；2.综合性：体裁上，集歌、舞、乐于一体；风格上，宕昌曾是古宕昌国，居民由羌、藏、汉、回等多民族融合而成，其音乐文化基因复杂多样；3.完整性：宕昌三弦弹唱有着相对规范的结构、曲式，各套中的调式、旋律、节奏、速度，各有一定规矩。4.即兴性：宕昌三弦弹唱民间艺人以"口传心授"为主要方式，在选用歌词、段落反复、伴奏手法、旋律装饰等方面，都有大量的即兴创作。5.民众性：宕昌三弦弹唱是当地民众生活中不可缺少的一部分，乡村四处都飘荡着三弦弹唱的旋律，更与民间礼仪息息相关。

0459 宕昌县社火

别　　称：社火
级　　别：市州及以下级别
流布区域：陇南市宕昌县境内
活动场所：民居集聚
代 表 作：舞龙灯、跑旱船、耍狮子、踩高跷、唱"小曲"、演"大戏"、武术表演。
传承现状：正在传承
简　　介：社火，是汉族群众喜爱的一种民间歌舞形式，《风俗通》中说："百日之劳，一日之乐，集社燃火，群歌群舞，集社燃火而舞之蹈之，祈于天而祷于地，以获吉也。"由此可见，最初民间办社火的目的，一是为庆贺丰收娱乐助兴，消除疲劳，鼓舞情绪；二是敲锣打鼓，舞龙耍狮，驱赶邪魔，保佑村庄人口清吉平安；三是祈求天地神灵赐福降祥，渴望生活幸福安康。这一古老的文艺活动一直延续至今。生存环境：1.由于广播电视的普及推广，影视文化逐渐代替了民间传统文化，活动空间越来越少；2.民间社火爱好者越来越少，原有的社火大师相继退出或谢世，而无传人，有些绝技难以得到传承；3.随着科学技术的进步和市场经济的发展，青年人在外面寻找丰富的文化生活，参加社火活动的愈来愈少。有些村庄的社火无人参演，无人观演，有些已经停演。表现形式：舞龙灯、跑旱船、耍狮子、踩高跷、唱"小曲"、演"大戏"、武术表演等。代表人物：王普、严忠义、张汉各、张叶茂、董缠才。艺术特征：各种道具制作匠心独运，反映了千百年来广大群众的想象力和创作才能；词曲的编写和表演形式具有丰富的文学艺术和戏曲艺术的特点。

宕昌县社火

0460 梅园叶笛

别　　称：无

级　　别：市州及以下级别

流布区域：陇南市康县南部

活动场所：无固定场所

代　表　作：《幺幺妹》等当地山歌。

传承现状：梅园沟祖辈人就有用树叶吹奏模仿鸟虫叫声的习俗，代代相传，传至张世清时，他潜心研究，吹奏成曲。

简　　介：古时候，梅园沟地广人稀、草茂林密，百姓生活十分艰苦。梅园叶笛就是当地群众在劳动间隙，为消除劳累和排遣寂寞，从田间地头的树木上摘下树叶放在嘴中吹出模仿虫鸣鸟唱的声音，随着音调的起伏变化，进而吹奏《幺幺妹》等当地山歌。其声音清脆亮丽，委婉动听，加之就地取材十分方便，代代相传，历史久远。梅园叶笛表演十分简单，只要摘下适合吹奏的树叶，就可以在任何地方吹奏。它的声音悦耳动听，有着委婉细腻的地方乐曲特色，具有极强的民间性。

梅园叶笛

0461 康县土琵琶弹唱

别　　称：无

级　　别：市州及以下级别

流布区域：陇南市康县中部

活动场所：无固定场所

代　表　作：《打戒指》《望哥》《看郎歌》《大酒曲》《小酒曲》《十二大花》《十二小花》《十二大将》《十二小将》《十三杯酒》《十杯酒》《九九算》《十盏灯》《十里墩》《南桥汲水》《洛阳溜溜桥》《织手巾》《开财门》《进状元》《送报条》《梅香进花园》。

传承现状：现年81岁的崔怀玉为最年长的传承人，没有明确的师承。李兴举（1938年生）、万顺山（1932年生）、柴胜德（1928年生）为崔怀玉第二代传人。传承人员年龄呈现严重老龄化倾向，土琵琶弹唱传承出现青黄不接的状况。

简　　介：康县土琵琶弹唱的覆盖区域主要位于甘肃省东南部，嘉陵江上游，西汉水之滨。康县土琵琶弹唱表演形式随意，一两人至六七人手抱琵琶均可表演，完整的表演形式还要配以碰铃、木鱼、快板等节奏乐器。

康县土琵琶弹唱

0462 仇池山歌

别　　称：无

级　　别：市州及以下级别

流布区域：陇南市西和县全县20个乡镇

活动场所：田间地头、娱乐场所等地方随处演唱。

代 表 作：《麻杆点的亮来了》等。

传承现状：近年来，西和县成功举办了六届文化艺术节，仇池山歌已在西和境内广为流传。

简　　介：西和仇池山歌的演唱形式分为独唱、对唱、集体合唱三种表演形式，采用比兴、夸张、重叠、谐音等表现手法，唱词多以七字为主，也有三字、六字、八字的，每首山歌多以两句为一小节。一般多为清唱，很少有伴奏，只有与社火、秧歌等民间艺术结合才加入伴奏，融入一些舞蹈边跳边唱。山歌的题材广泛，有诉苦歌、劳动歌、爱情歌、婚姻歌、历史事件歌、政策法规宣传歌，但主流是爱情歌。山歌中的爱情歌唱出了人类最真挚、最执着、最美好的一种情感，这种情感是无法替代的，是不可或缺的。山歌多为抒情歌曲，是在农村繁重体力劳动下，经济落后、文化沉寂、生活无着落的物质和精神枷锁下农民心声的反映。其唱腔优美动听、清脆悦耳，犹如天籁之音。随着人类历史的发展，阶级分化和社会制度的更新，山歌的涉及层面越来越广，内容越来越丰富。

在改革开放前，仇池山歌被认为愚昧、低俗而难登大雅之堂，一度出现衰落。近年来，在政府的高度重视下，在文化主管部门的扶持引导下得以复苏发展。2007年2月，仇池山歌被西和县人民政府公布列入第一批县级非物质文化遗产保护名录。2007年11月，被陇南市人民政府公布列入第一批市级非物质文化遗产保护名录。代表性传承人有杨克栋、周进选、乔凤英等人。

仇池山歌演唱

0463 西犬丘坛祭词曲

别　　称：无

级　　别：市州及以下级别

流布区域：陇南市礼县滩坪乡、王坝乡、雷坝乡、肖良乡、龙林乡等地区。

活动场所：农村的大一点的平坦地带均可。

代 表 作：《打转场子》《开坛场》《迎喜神》《走莲台》《巧娘娘》《开财门》《送吉祥》《送春歌》《织手巾》等。

传承现状：目前传承人情况不容乐观，面临断代困境。

简　　介：第一场：乱世三母开天、三皇治世打转场子，所有的表演者（100人左右）举各种旗，各种道具转场。打转场子有龙抬头（原名太极八卦龙阵）、蛇倒退（原名太极八卦阵）、一个印（原名太极八卦四门阵）、蛇窜七窍（太极八卦七窍阵）。这些场子都是上古年间打仗时用的阵法，后来人们把这些阵法慢慢变成了祭祀活动表演。开坛场：表演者有的手举各种颜色旗，中心旗（旗上面有一团火焰），其他是火焰旗玉皇旗。龙放大旗，龙旗，凤旗。有的手拿虎头牌，八卦牌。有的敲打羊皮扇鼓，右手执鼓鞭，一手鼓之，一手摇之嘭嘭有声，呛啷啷响，边鼓边唱除了羊皮扇以外，还有锣，唢呐等乐器。人物穿着：头戴三母冠，三皇冠，五帝冠。女穿七星娑罗裙，男穿兽皮。女演员戴两个红辣椒，脖子戴各种动物牙齿，手脚戴狗牙珠（狗牙珠是"立眼人"坟墓里出土的一种东西）。

0464 社火调

别　　称：无
级　　别：市州及以下级别
流布区域：盐官镇等地
活动场所：陇南市礼县全县境内的农村
代 表 作：《十对花》《二十四孝》《放风筝》《十大将》《南桥担水》《采茶》《十二梅花》《珍子倒卷帘》《王祥卧冰》《状元夸官》《绣荷包》等。
传承现状：在各种因素的作用下，种类繁多、表演形式各异、以口头传承方式流传至今的礼县民间社火调却面临失传的境地。
简　　介：礼县社火调的来历，最早可以追溯到明朝初期。当时，因移民和商贸原因，大批山、陕商人在礼县经商，他们把具有本地特色的民间小调引入了礼县。经600多年的演变形成了独具特色的民间社火调。礼县社火调在社会演出中往往要组成多人的小唱班子，演唱时，配合跑旱船、舞龙（夜间舞龙灯）、舞狮（夜间舞狮）、秧歌等表演形式，分为文场面和武场面，社火调是文场面，文场面一完，紧接着就是武场面，武场面就是音乐配以各种社火表演形式。社火调的主要调子有八谱、柳叶儿青、满天星等。社火调的演唱内容很丰富，有二十四孝系列，十对花系列等等。

0465 长鼓

别　　称：长坂鼓
级　　别：市州及以下级别
流布区域：陇南市礼县红河乡
活动场所：红河乡主要街道
代 表 作：无
传承现状：濒临断代
简　　介："长鼓"又名"长坂鼓"，描写的是建安十三年（208）年，刘备在当阳长阪坡惨败于曹操，丢下妻子南逃。在此危难之时，赵云奋不顾身，力敌众将，舍命把后主刘禅从敌兵中抢救而回的故事。"先主为曹公所追于当阳长阪，弃妻、子南走，云身抱幼子，即后主也，保护甘夫人，即后主母也，皆得免难。"《三国演义》把它加工成"赵子龙单骑救主"的故事。长鼓的击鼓动作有72套，现在大多被引申为表现生产、生活内容，如建房造屋、犁田种地、横仿禽兽动作等，形象生动，富有生活气息。击鼓有文打武打之分。文打动作柔和缓慢，武打粗犷豪放；有2人对打、4人对打，也可大群人围成圆圈打，气氛热烈，鼓声洪亮。演奏者大多是壮年男子。

0466 徽县山歌

别　　称：无
级　　别：市州及以下级别
流布区域：陇南市徽县县域农村地区
活动场所：山歌的演唱与其他地区山歌一样，受地点的制约，一般在山野、田间等非公众场合自娱自乐的独唱或较远距离的对唱，多不分男女，所唱内容有很大的随意性，无须伴奏，形式简单，亦不作有意或无意性表演，边劳作边歌唱，能激发情感，自解沉闷，活跃劳动气氛。

代 表 作：《镰刀割了老棉蒿》《因特网通到了五徽窑》（成子恒创编）

传承现状：徽县山歌曾在全县各地，尤其南北二山普遍流行，代代相传。今会唱山歌者唯住在文化信息相对闭塞的山区的老年人，主要在南北二山曾以山歌为爱好的人。徽县山歌的生存环境体现在人们赖以生存的地理环境、生产生活方式与民风民俗等方面，并因之改变而改变。

简　　介：徽县山歌是一种草根艺术。劳动产生山歌，山歌扎根民间乡土，密切联系社会生活实际。它既能抒发劳动人民的感情，诉说自己的欢乐与痛苦，又能陶冶性情、解除疲劳。对唱是徽县山歌中最常用且最具特色的表现形式，歌手特定场合互相比试才艺，具有强烈的对抗性、竞赛性。每逢对歌，双方你唱我和，即兴创作，临场发挥，出口成歌。

山歌《镰刀割了老棉蒿》演唱

0467 唢呐

别　　称：无
级　　别：市州及以下级别
流布区域：陇南市成县索池乡及周边地区
活动场所：乡村婚嫁及丧葬场所
代 表 作：传统曲牌
传承现状：目前邓步刚尚在演奏，传承较为良好。

简　　介：民间乐师邓步刚，1969年生，从业三十余年。其技艺主要以师徒相传。一名乐师一般都要掌握二十余种民俗曲调，行内称为"排字"。常用乐器为大小唢呐，长号，二胡，笛子，锣鼓等。其高中低音各有一套自己的规律。农村主要以红白喜事吹奏为主。其调子分早堂，午堂，夜堂，安劳堂等。

唢呐

0468 唢呐

别　　称：无
级　　别：市州及以下级别
流布区域：陇南市成县抛沙镇境内
活动场所：乡村婚嫁及丧葬（乡村红白喜事）
代 表 作：红事曲目《双探妹》《绣荷包》《十月怀胎》《开门红》《打开门地调》《出门调》《缘柳合》《汉中赢钱》；白事曲目《祭灵》《张良祠朝》《柳生芽》《哭长城》《两道半》《大开门》《小开门》。
传承现状：目前王西成、马正军继续传承，传承状况良好。

简　　介：民间乐师王西成，1969年出生于抛沙镇小湾村任院社，祖上西和县西高山羊马城人。王西成自幼跟父亲学艺，14岁出师，至今从业三十年。其技艺主要以家族相传方式进行民间乐师马正军，1979年生，从业二十余年。其技艺主要以师徒相传方式而得。

唢呐

0469 中庙唢呐

别　　称：无

级　　别：市州及以下级别

流布区域：陇南市文县中庙乡

活动场所：结婚娶亲

代 表 作：《长信牌子曲》《蚂蚁上树》《娘送女》《隔河叫》

传承现状：随着经济和社会的发展，唢呐也和其他的传统文化现象一样受到了冲击，在李家坝唢呐世家、名家的后代现在大多都已经改行去做其他的事了，只有少数的真正热爱唢呐的人们还在顽强地坚守保护着这一古老的艺术。

简　　介：中庙乡是一个真正地处陕甘川交界的乡镇，地方山青水秀，景色宜人，民风淳朴，保留着古老的传统，唢呐就是他们保留至今的一种群众性演奏形式。唢呐主要是用于结婚娶亲等喜庆的活动中，中庙吹唢呐的地方主要有李家坝、干沟子、强坝、肖家沟、后渠村等几个地方，唢呐艺术也一直传承延续，在群众生活中占有重要的位置。

0470 唢呐

别　　称：无

级　　别：市州及以下级别

流布区域：陇南市宕昌县境内

活动场所：无固定场所

代 表 作：《王祥卧冰》《雁落沙滩》《放饭》《吊孝》《长山流》；民间佛教《太平调》《拾金（经）锁》《十月怀胎》《十主十恩》；三年孝满喜事吹奏，宕岷小调《南桥卖水》《织手巾》《货郎卖布》。

传承现状：正在传承

简　　介：民间艺人以"口传心授"为主要方式传承。在旋律方面，都有大量的即兴创作。唢呐吹奏是当地民众生活中不可缺少的一部分，红白喜事，举家同村共悲共喜，乡间飘荡着唢呐吹奏的旋律，更与民间礼仪、习俗息息相关。

0471 和政"咪咪"

别　　称：无

级　　别：市州及以下级别

流布区域：临夏州和政县

活动场所：传统的花儿会场。

代 表 作：《河州三令》《河州二令》等河州花儿曲令

传承现状：第三代传承人张廷忠以和政县花儿学校为平台，为中小学生传授"咪咪"演奏技艺。

简　　介：和政县花儿山场上，歌手们演唱花儿时除用唢呐、二胡、四弦伴奏外，还有一种流传久远的民间自制吹奏乐器，当地叫咪咪。它是用细毛竹做成，长约16.7厘米，竹身上钻有四个发音孔，一端安上用柳枝、白杨、毛刺、麦杆等嫩皮作的哨子。多有单管，也有双管。因用嫩条做哨子，吹奏随意，吹奏时发出"咪咪"的声音，因此被当地俗称为"咪咪"。吹奏时把管竖起来，用双手大拇指和无名指分上下固定竹管，再用左右手食指和无名指按管上面的四孔，单管、双管相同。吹奏时单管发出的音色纯真、细腻，双管发出的音色宏厚、纯朴，由于竹管细而管身短，不论单、双管同有高亢、响亮的独特韵味，独领风骚，其音量远大于横笛。咪咪原为单管吹奏，后模仿羌笛便改为双管并连吹奏，这种吹奏形式至今在临夏州内和政花儿山场及山野间牧人中随处可见。咪咪从结构上看，与羌笛基本相似，均为竖吹，不论单、双管均为四孔发五个音，而羌笛原型也为四孔发五音，其结构相同，特别是双管咪咪，发出的声音同为双声，音色相近于簧管，后汉时羌人与汉、藏、回等民族杂居时，羌笛得以发展，由四孔变为五孔。

0472 牙塘酒曲

别　　称：无

级　　别：市州及以下级别

流布区域：临夏州和政县买家集镇

活动场所：酒宴、朋友聚会等场所

代 表 作：《白膺盗桃》《湘子出家》《太子游四门》《酒是喷喷香》等

传承现状：传承人罗克明年事已高，他掌握的传统酒曲，濒临失传。

简　　介：酒，作为一种文化现象，和人类物质文明有着密切的联系，经过长期的劳动实践，和政的古人们较早掌握了土法酿酒的技术。因和政地处高寒阴湿地区，喜爱饮酒的人特别多，尤其是牙塘一带，地处太子山下，更是山高地凉，当地百姓更喜饮酒，和政被谑称为河州"醉乡"。牙塘地区的百姓在茶余饭后、喜庆之际、亲朋好友聚会之时，常常用酒招待客人，在待客中，行令饮酒，颇有情趣，但最有趣的当属酒酣耳热之际，以唱酒曲助兴。一般情况下，民间小调可用来侑觞，但牙塘地区流传的酒曲，唱起来非常独特，音调朴实简洁，唱词既有说古道今、历史典故，亦有农事趣谈、民俗俚曲，唱起来别有一番韵致。还有《湘子出家》《太子游四门》等，均为历史故事。再如《酒是喷喷香》："酒是汽溜溜水，先闹了胳臂后闹了腿，嘴里胡念了佛呀，眼睛里活见面了鬼。酒是个喷喷香，手拖了手来进酒房，有钱的酒桌上坐呀，没钱的门前站。酒是喷喷香，站来站去两眼泪不干，要得欠壶喝呀，人家要现搭拉现。"把一个贫困潦倒想要赊欠酒喝但酒店主人不许的醉汉形象逼真地展示了出来。牙塘酒曲，一直保持着自己的地域特色，与和政县其他地方的酒曲唱法完全不同，即便是同样的唱词，其唱曲却大相径庭，保持着牙塘地区特有的风格。

0473 积石山花儿

别　　称：民歌

级　　别：市州及以下级别

流布区域：临夏州积石山县保安族、东乡族、撒拉族自治县大河家镇、刘集乡以及周边地区

活动场所：人民群众在田间劳作或在山林中踏青"浪山"时口头传唱的；一些传统民俗如："三月三""五月五""六月六"的会场。

代 表 作：《白牡丹令》《金点花令》《保安令》《东乡令》《水红花儿令》《撒拉令》《哎唏干散令》《尕连手令》《积石山县民歌集成》（油印本）、《积石山县爱情花儿2000首》《保安族传统花儿》《积石风韵》《中国西北角的旋律—积石山寺歌选集》《积石史话》等作品。

传承现状：由于其特有的情歌性质，在民俗生活中歌唱的禁限范围和禁传范围仍然没能突破，使其传唱的范围受到了比较严格的限制。随着科学技术的进步和市场经济的发展，爱情花儿赖以生存和发展的社会环境、物质基础、传播条件发生了深刻变化。人们文化生活的日益丰富，审美需求不断提高，对花儿的兴趣越来越淡漠，很多花儿歌手外出打工，"浪山"参加花儿会，唱花儿的人越来越少。

简　　介：积石山花儿属于河州型花儿的范畴，具有比喻贴切、语言生动等特点，"令"即"花儿"的曲调，不同的"令"在演唱时的曲调不同，所加的衬词、衬句也不同。比如，保安族花儿的"令"通称"保安令"。它以"保安令"为主调，辅之以其他调令，如《大眼睛令》《拔青稞令》《水红花令》《六六二三令》（三三儿马溜）。其中，《水红花令》是比较经典的积石山花儿。从现有的花儿词令来看，积石山的花儿或是反映对美好爱情的讴歌，或是反映对黑暗社会的控诉以及对美好生活的赞颂。花儿的语言，运用的是河州地区的汉语方言。这种方言也是积石山人民同周边其他民族交流的语言。因此，即使拥有自己语言的保安族，从花儿的歌词上很难找到与县内其他民族的差别，但在演唱时，保安族花儿以它的声调和衬词（衬句）突出了特色。保安族因生活区位的缘故，在日常生活中不仅与回、汉等民族关系密切，更因历史的原因与藏、土、撒拉等民族情谊深厚。所以，保安族花儿的主词虽然是汉语，但垫词衬句却吸收了很多保安语，或是藏语和撒拉语。使其歌词朴素直爽，曲调既刚直豪放，又抒情活跃。

积石山花儿会现场

0474 永靖花儿

别　　称：无

级　　别：市州及以下级别
流布区域：临夏州永靖县
活动场所：道观寺庙庙会、田间地头
代 表 作：《河州大令》《水红花令》《三闪令》《河州三令》《尕马儿令》《白牡丹令》。
传承现状：花儿传承境况窘迫。
简　　介：花儿是流传于甘肃、青海、宁夏、新疆等广大地区的一种民歌，歌词的中心主旨是表达男女之间的情与爱。在漫长的历史长河中，由于封建文化的专制，对于含有情爱色彩的歌舞，视为"下九流"的鄙俗言行，花儿也被斥之于文化大雅之堂以外，只能在郊外、田野、山坡、沟壑、远离村庄的地方唱，所以也叫"野曲""山歌"。在永靖，花儿主要分布在西部山区和川原区。从花儿歌词的内容、艺术特色、修辞手法看，花儿和《诗经》有着一脉相承的渊源关系，可见花儿有着悠久的历史。花儿在永靖传唱始于何时，无从考证。近几年，通过举办各种形式的演唱会、比赛，使花儿歌手层出不穷，歌唱水平不断提高。花儿的表演形式主要有三种：对唱、独唱、联唱。花儿的特点：1.花儿是广大劳动人民在生产生活过程中创作并流传下来的一种民间艺术形式，内容源于生产生活，故具有淳朴的乡土气息，浓郁的泥土芬芳；2.花儿是劳动人民心声的反映，感情的流露，故具有感情真挚、强烈，语言生动、贴切，言有尽意无穷的特点；3.花儿的句式工整，合乎韵律，富有文学性和艺术性；4.花儿曲调高昂悠扬，旋律优美动听。

花儿对唱

0475 永靖宴席曲

别　　称：无

级　　别：市州及以下级别

流布区域：临夏州永靖县

活动场所：宴席场所

代 表 作：《张良卖布》《牧童放牛》《小白菜》《落难记》《绣荷包》《王大妈》《上河里担水》《索菲亚诉苦》《高大人领兵》《韩启功拔兵》。

传承谱系：第一代：马全成，生于1910年（已故），男，文盲，1928年从艺。第二代：刘永阳，生于1940年，1948年入学，期间放羊、务农。第三代：马玉林，生于1955年，男，粗识字，1970年从艺。第四代：马玉海，生于1976年，男，粗识字，1993年从艺。

传承现状：宴席曲作为一种民间文化艺术形式，后继乏人。

简　　介：居住在永靖县西部山区的回族、东乡族、土族和部分汉族群众，在婚嫁宴席上，为渲染喜庆气氛，酒过三巡之后，一般用歌唱跳舞的形式表达喜悦、庆贺之情，这种歌舞称之为"宴席曲"。宴席曲在永靖传唱始于何时，准确年代无从查考。据推算，在永靖唱宴席曲至少有100多年的历史。在几个民族的宴席曲中，最著名的是回族宴席曲。按传统的习惯，在女儿出嫁的头天晚上和新媳妇进门的当天晚上，要用唱歌跳舞的形式进行庆贺，当地人把参加这一活动称为赶"宴席场"或"浪晚艺"。宴席场从傍晚开始，被邀请的"浪晚艺"的各路唱把式结队而来，许多凑热闹的大人小孩也尾随其后。演唱者一领众和的唱着"来了，来了，都来了"的进门曲涌进主人家院子。主人早在院子里摆好桌凳，沏茶端馍热情招待唱把式们。近年来，随着人们生产方式的不断改变，生活内容不断丰富，宴席曲有了新的发展，特别是新一代有文化的演唱者们，在继承传统的宴席曲舞蹈基础上大胆革新，把"花儿"的一些音乐元素及词句与宴席曲融为一体，使回族宴席曲的民族风格、地方特色更加浓郁，越来越受到观众的欢迎和好评。汉族宴席曲的主要曲目有：《尕老汉》《数麻雀》《担杯》，可在任何喜庆的场合演唱。

宴席曲演唱

0476 民歌拉伊

别　　称：无

级　　别：市州及以下级别

流布区域：甘南州合作市及周边藏区

活动场所：放牧、行程、打猎、田间劳动、过节、收获喜庆。

代 表 作：《我心中的白马王子》《美丽的姑娘》《康巴汉子》《心爱的姑娘》等

传承谱系：藏族群众大多都会唱民歌，民歌都是在放牧、打猎、田间劳动时唱的爱情歌曲，在祖上世代相传的基础上，普花草在佐盖曼玛乡是优秀的传承人之一。

传承现状：已面临失传，要及时加以保护。

简　　介："拉伊"之"拉"，意为"山"；"伊"，意为"歌"，顾名思义就是山歌。从思想内容来看，有对放牧劳动中产生的深厚爱情的表白，有对封建婚姻表示反抗的大声疾呼，有对父母把儿女当作商品买卖的强烈不满，有劝长辈或姑娘不要受骗的忠告，也有冲破枷锁、实现婚姻自由、寻求幸福的呐喊。其感情奔放，音调或高亢，或柔和细腻，语言坦率朴实，在民歌中独具风格。"拉伊"的唱词一般为三段体，两段比喻，一段本意。也有两段体的，其中一段比喻，一段本意。每段四句或两句，每句比较固定的是六个字，也有七字的。曲头衬词多以"阿拉若嗨"（意为"朋友哎"）起始，调式多以羽、商、徵为主。音调高亢辽阔，柔和细腻，坚贞朴实，在民歌中独具风格。拉伊种类丰富，数量浩繁，完整的对歌设有一定的程序，如引歌、问候歌、相恋歌、相爱歌、相思歌、相违歌、相离歌和尾歌等。拉伊的曲调因地域不同而形成多种风格，有的强调音乐的语言性，节奏比较紧凑；有的旋律深沉、悠扬，形成自由、婉转的悠长型山歌风格；有的旋律甜美，节奏规整，形成雅致、端庄的抒咏风格等。

民歌拉伊

0477　合作民间音乐通俗弹唱

别　　称：无

级　　别：市州及以下级别

流布区域：甘南州合作市及周边藏区

活动场所：婚礼、节庆、民族娱乐活动等

代 表 作：《慈祥的母亲》《敬你一碗青稞酒》《母亲的爱》《玛吉·阿米》。

传承现状：为广大的藏族农牧民所喜闻乐见。

简　　介：弹唱藏语称"栋令"，它的种类分为"仲勒""热合""白格尔""阿日扎年勒"，广泛流传在整个安多牧区。唱词为多段体叙事诗，每个都有它固定简单的曲调，两个乐句加引子，基本属引乐段，来回反复，有唱有白。弹唱主要乐器是"阿日扎年勒"，即龙头琴。边弹边唱，节奏整齐，活泼流畅。内容广泛，有对壮丽的雪域高原的赞美；有对可爱故乡的眷恋；有对美妙传说的叙述，有对幸福生活的祝愿。弹唱已成为合作藏族地区风格独特、曲调明快的一类民间艺术，边弹边唱的演艺技巧充满豪迈性和灵活性。

弹唱表演

0478　藏鹰笛演奏技艺

别　　称：秀郎

级　　别：市州及以下级别

流布区域：甘南州碌曲县沿洮河玛艾、西仓、拉仁关、双岔、阿拉各乡镇部落。

活动场所：无

代 表 作：无

传承现状：藏鹰笛不仅丰富了藏族人民群众的文化生活，提高了藏族人民群众的艺术素养，同时藏鹰笛演奏技艺对丰富中国民族音乐和民间文化起到一定的推动作用。

简　　介：藏鹰笛用秃鹫（俗称"骨叉"）的翅膀制作而成，有三指、四指、五指、六指孔之分。藏语中称之为"秀朗"，是藏族高老的一种演奏乐器。碌曲县藏鹰笛演奏以自娱自乐为主，主要流行于牧区，很受广大牧民群众的欢迎，形成了碌曲藏区独有的演奏风格。

藏鹰笛演奏技艺

0479 藏鹰笛演奏技艺

别　　称：无
级　　别：市州及以下级别
流布区域：甘南州夏河县
活动场所：舞台、乡村表演、聚会等
代 表 作：鹰笛独奏《草原雄鹰》
传承现状：濒临失传

简　　介：鹰笛是用秃鹫（俗称"骨叉"）的翅膀骨制作而成，有六个发音孔在一个水平线上。鹰笛无专门制作作坊，完全靠自制手工而成。鹰笛采用竖吹方式，音阶同普通竹笛的音阶一致。鹰笛最初是当地牧人在放牧时自娱自乐的工具，后逐步演化成一定程式，并走向舞台。其音色清脆、高昂、似雄鹰飞翔长鸣。

藏鹰笛演奏技艺

0480 巴热

别　　称：无
级　　别：市州及以下级别
流布区域：甘南州卓尼县境内
活动场所：在野外唱，群众在收割青稞时唱
代 表 作：无
传承现状：较好，民间至今流传。

简　　介：巴热是藏族群众收割青稞时唱的一种带曲调的劳动号子，亦称"波里乍""尼玛来""拉在格"。这类号子的歌词相当简单，如巴热中只有一句四个字："卓和拉卓"，其中除"卓"意为"割"而有实际意义外，其余均为衬词，也可理解为全词中只有一个主词——割！藏族劳动号子的曲调非常工整，节拍强弱对比鲜明，节奏明快，轻巧敏捷，速度中快，曲调起伏适中。它属于卓尼县级非物质文化遗产项目，详细资料正在挖掘之中。

巴热

0481 拉依

别　　称：无

级　　别：市州及以下级别

流布区域：甘南州卓尼县境内

活动场所：在野外对唱或独唱山歌、情歌

代 表 作：无

传承现状：较好，男女青年在谈恋爱中对唱、歌曲民间至今流传。

简　　介：拉依意为"山花"，体裁属山歌类，内容属情歌。主要流行在尼巴、刀高、扎古录、完冒、恰盖、卡车、康多等地，分为独唱、对唱等形式。"拉依"的歌词每首3段，每段4句（也有2句、3句、6句的）。句式多为藏语七音节句和八音节句。曲首基本为带曲首的双乐句结构，节奏较为自由。演唱时采用华丽的颤音装饰。它属于卓尼县级非物质文化遗产项目，详细资料正在挖掘之中。

拉依

0482 强勒

别　　称：虾米

级　　别：市州及以下级别

流布区域：甘南州卓尼县境内

活动场所：在室内宴席、酒会上演唱。

代 表 作：无

传承现状：较好，在喜庆酒会上至今流传，独唱、对唱强勒。

简　　介：强勒是当地藏语中对其洒歌的一种称谓，亦称为"勒"。主要在宴会上和酒会上演唱，演唱形式多样，可独唱、对唱等。流行于全县所有藏区。"勒"的歌词句式与"拉依"相似，曲式多为双句体，大部分曲调都带曲首。节拍为散板与有板相穿插，节奏以自由与规模相结合。调式亦多为五声商、羽、徵调式。有些调式中往往出现以"变宫"为"角"或以"清角"为"宫"的暂转调。旋律以级进为主，乐句多在一个八度内起伏，较平稳。强勒不仅表现出藏族人民朴实而真挚的情感，而且其中还蕴含着这个民族独特的文化因素，属于卓尼县级非物质文化遗产项目，详细资料正在挖掘之中。

强勒

0483 花儿

别　　称：无

级　　别：市州及以下级别

流布区域：舟曲藏汉民族村寨。

活动场所：在山林之间

代 表 作：《噢依》《呃》《喔哎》

传承现状：随着现代媒体的不断深入，这一民俗文化面临失传的危险。

简　　介：舟曲藏族花儿主要分布于居住和生活在这片土地的藏汉民族。当地少数民族有自己特有的方言服饰和生活习惯，创造了许多质朴淳厚、韵深味浓、具有鲜明的民族色彩和独特地方风格的花儿音调。在舟曲藏族音乐中极为引人注目的花儿，深受大家的喜爱。博峪花儿，主要是对唱、独唱为主，

甘肃省文化资源名录 第二十二卷 非物质文化遗产 I 民间音乐

也有二人齐唱和人数众多的合唱。唱时呼唤词如"噢侬""呃"等，为适应唱词的长短变化而需要即兴变化的。舟曲藏族花儿，题材广泛，类别繁多，内容丰富。有情歌、牧歌等。但由于地方习惯、习俗、生活语言等各种因素的差异，形成各种不同的艺术特色。至今还广为流传于民间。

0484 舟曲劳动号子

别　　称：无
级　　别：市州及以下级别
流布区域：舟曲藏汉民族的村寨内
活动场所：在拉运木料时、修房或挪动东西时所唱的一种歌。
代 表 作：《打夯歌》《拉木头》
传承现状：舟曲劳动号子由于时代的变迁，人民生活不断提高，在农村感受不到那往日的气息，现保存较差。
简　　介：舟曲劳动号子是具有鲜明的民族色彩和独特地方风情的劳动号子音调。如打夯歌，集体打夯、拉木头等多用。歌词："夯儿么抬起来呀！哎哟嘿呀！边上么牢牢地打呀！哎哟嘿呀！边上么打不牢呀！哎哟嘿呀！我们就麻烦了呀，哎哟嘿呀！"还有："拉木头嗷，上来，嗷，上来鼓一把劲啊嗷。嗷，上来！木王爷大了，嗷，上来！拉木动啊，嗷，上来！千树中间，嗷，上来！万人伙里，嗷，上来！造下的料哎，嗷，上来！"舟曲劳动号子，题材广泛，类别繁多，内容丰富，有打夯歌、拉木头等。但由于地方习惯、习俗、生活语音等各种因素的差异，形成各种不同的艺术特色。至今还广为流传于民间。

0485 口弦演奏技艺

别　　称：舟曲弹口口儿
级　　别：市州及以下级别
流布区域：甘南州舟曲拱坝、大年、铁坝、江盘、上河和博峪等周边地区。
活动场所：田间、打麦场、树林丛中等。
代 表 作：暂未梳理
传承现状：随着时代发展，口弦琴演奏技艺也发生着很大变化，原生态的弹奏技艺也逐渐被人们遗忘，濒临失传（其中包括工艺流程、曲谱等）。
简　　介：口弦琴又称"弹口口儿"，是舟曲藏族民间传统器乐。相传在很早的时候，有一对年轻的夫妻，丈夫非常英俊，拿起猎枪是一个好猎手，下到地里是个能干的庄稼汉，而且能歌善舞，媳妇则美貌过人，聪慧善良，两人过着幸福美满的生活。一次，丈夫去林中砍柴时顺手剁了一块竹片，制成一个能吹出声音的东西带回来送给心爱的妻子，俩人闲暇时就常常用竹片来表达对生活的热爱。说来也怪，这竹片会随着天气的变化、心情的起伏发出各种优美的的曲调。不幸的是一日小伙子去狩猎时摔到山崖下，离开了心爱的妻子。此后每当想起丈夫，妻子就吹起这口弦来，以倾诉对丈夫的思念。慢慢地，山寨的女人人人手中有了口弦。口弦琴是用整块竹片制成的微型乐器，长约10厘米，竹孔镶嵌一簧片，右边拴一线绳。平时藏于竹筒，挂在胸前，演奏时，左手握柄，按在嘴唇，右手轻轻拉动线绳，以微气控制，吹奏优美的旋律。平时、节日或闲暇时几人围拢一起齐奏，表达了藏寨妇女对生活的热爱。

弹奏口弦

0486 藏族拉依

别　　称：山歌

级　　别：市州及以下级别

流布区域：甘南州舟曲县拱坝乡、博峪乡、上河等村寨内。

活动场所：山中

代 表 作：暂未梳理

传承现状：现保存较好。

简　　介：舟曲藏族拉依主要分布于居住和生活在这片土地的藏汉民族中，当地少数民族有自己特有的方言服饰和生活习惯，创造了许多质朴淳厚、韵味悠长，具有鲜明的民族色彩和独特的地方风格的藏族拉依音调，深受广大群众的喜爱。舟曲藏族拉依，题材广泛，类别繁多，内容丰富。有情歌、山歌、牧歌等。

0487 金塔民歌

别　　称：金塔小调

级　　别：市州及以下级别

流布区域：酒泉市金塔县西坝乡区域

活动场所：广场、剧院、农家小院等场所

代 表 作：《绣荷包》《割韭菜》《十道河》《对花》《王哥放羊》等流行民间歌曲。

传承现状：由于社会的不断发展，现代多种时尚流行音乐不断影响力扩大，而传统的民间歌谣受到冷落而传承者只局限在中老年人中传承。金塔民歌传唱的老艺人们相继去世而年轻人受现代流行音乐的影响，不愿传唱传统民歌，金塔民歌面临失传。现如今，市县政府部门每年举办民间民歌演唱会和民歌演唱大赛等活动，积极调动民间民歌艺人的演唱积极性，通过各项活动的开展，有助于提高其在社会上的影响力，使古老的金塔民歌重放异彩。

简　　介：金塔县位于河西走廊中端北侧，从远古时期开始，这里就是人类文化的通道，居住在这里的各族劳动人民，用勤劳的双手发展生产，创造了灿烂的文化，自汉唐以来，这里就成为中西经济文化交往的要道，驰名的居延丝绸古道，就从金塔境内通过。丰富的民族民间文学艺术遗产，从侧面记载了金塔劳动人民千百年来的传统风俗和历史文化，其中民歌就是重要的一个方面。金塔民歌的起源发展可追溯到明朝年间，朱元璋为了巩固边疆，从山西迁来大量移民，他们的到来加快了边疆建设，同时外来文化也得到传播，使得当地文化与之融合。在长期的生产劳动过程中，如山西民间小调，与陕甘民间歌曲互相渗透，互相影响，最终形成了独具特色的民间文化形式——金塔民歌。《金塔民歌集成》共收录了在金塔民间广为流传的78首民歌，从内容上看：有情歌、劳动歌、时政歌、生活歌、儿歌等。最多的还是情歌如：《绣荷包》《割韭菜》《十道河》《对花》《王歌放羊》等；从形式上看，有歌也有谣，句式有长也有短。语言幽默，乡土气息浓厚，有着浓郁的地方生活气息。主要有民间小调和劳动号子两种形式，金塔民间小调受戏曲音乐的影响，这些小调曲调较短，词较长，多为正规乐句，以重叠句为主，调性多变，从编写情况看，征调式c、d调域，占61%以上，而且多为五声阶，容易为群众所掌握并广为流传。

金塔民歌

0488 玉门民歌

别　　称：民间歌曲

级　　别：市州及以下级别

流布区域：酒泉市玉门

活动场所：田间地头，砍柴放牧、农闲时节等。

代表作：《绣荷包》《一个马儿的竹竿》《十二愁》《等郎君》《五哥牧羊》《闹五更》《探妹子》《小寡妇上坟》《盼情郎》《一对对山羊》《秋姐情胎》等。

传承现状：濒临失传

简 介：玉门民歌无论从形式、内容和风格来说都比较丰富，经剔除糟粕，现存歌曲一百八十余首，是用独特形式反映玉门人民喜怒哀乐、生活习俗和精神风貌的"百科全书"，内容包括文学、音乐、舞蹈、说唱、戏曲等。玉门民歌音乐多为单乐段结构，其调式结构以四声或五声徵调式居多，其他依次为羽、商、宫调式，旋律优雅朴实。其文学特性主要是用了比兴手法，再运用起承转合展开全部思维，既具有现实主义的生产和生活的功能性，又充满了浪漫主义的幻想色彩。其语言朴实、简练、自然、流畅。歌曲从内容上看，有描写自然景观和生产、生活场景，抒发美好心情的，有抒发恋情、追求婚姻幸福，有抵制封建礼教的，也有调侃对唱行、酒令，用以消遣娱乐的，主要取材于历史故事、神话传说和民风民俗。有独唱、对唱、合唱等，表演风格或委婉庄重或诙谐幽默，玉门民歌不仅记录了玉门的人文时代生活现状、风土人情礼仪，它还负载了历史变化、风俗礼仪、道德规范以及劳动技能代代相传的功能，成为社会教化传承的主要工具，其文学性、哲理性、歌唱性和通俗性以及民歌的格律、方言声韵与声腔的关系是值得研究的。

歌手参加酒泉民歌大赛

0489 裕固族民歌

别 称：无
级 别：市州及以下级别
流布区域：酒泉市肃州区黄泥堡乡
活动场所：家内院落、聚会场所等。
代 表 作：《萨拉玛》《敬酒歌》《西至哈至》《离家歌》《黄黛琛》。
传承现状：本民族的人都会唱
简 介：主要是唱，旋律优美婉转，唱词生动好听。歌曲有忧伤，有欢乐，也有祝愿的，也有叙述的，内容丰富。一代代传唱下来，大多数裕固族妇女都会唱。大多都在重大节庆活动或给客人敬酒时演唱。

裕固族民歌

0490 哈萨克族民间音乐呼麦

别 称：无
级 别：市州及以下级别
流布区域：酒泉市阿克塞县境内
活动场所：生产劳动场所、舞台
代 表 作：一是咏唱美丽的自然风光，诸如《阿尔泰山颂》《额布河流水》之类；二是表现和模拟野生动物的可爱形象，如《布谷鸟》《黑走熊》之类，保留着山林狩猎文化时期的音乐遗存；三是赞美骏马和草原，如《四岁的海骝马》等。
传承现状：良好
简 介："呼麦"，是哈萨克复音唱法潮尔的高超演唱形式，是一种"喉音"艺术。呼麦是一种古老的歌唱方式，声音从喉底发出来，悠悠远远地往一个很深很深的隧道里面钻，那个隧道是时间的记忆。据说，呼麦已经有千年历史，而今已是哈萨克斯坦珍宝级的艺术，在全世界独一无二。呼麦唱法是在特殊的地域条件和生产、生活方式下产生的，其发声方法、声音特色比较罕见，不同于举世闻名的哈萨克族长调的唱法。有关呼麦的产生，哈萨克人有一奇特说法：古代先民在深山中活动，见河汉分流，瀑布飞泻，山鸣谷应，动人心魄，声闻数十里，便加以模仿，遂产生了呼麦。新疆阿尔泰山区的哈萨克人中，至今尚有呼麦流传。呼麦的曲目，因受特殊演唱技巧的限制，不是特别丰富。从其音乐风格来说，呼麦以短调音乐为主，但也能演唱些简短的长调歌曲，此类曲目并不多。从呼麦产生的传说，以及曲目的题材内容来看，"喉音"这一演唱形式，是本民族山林狩猎文化时期的产物。

呼麦

0491 东乡族花儿

别　　称：河西走廊的民歌之声
级　　别：市州及以下级别
流布区域：酒泉市玉门市小金湾东乡族乡
活动场所：田间地头，农闲时节都有"花儿"的歌声。但演唱"花儿"最有民俗特点的是驰名的"花儿会"。
代 表 作：《白牡丹令》《东乡语爱你》等
传承现状：濒临失传
简　　介：在小金湾东乡族乡，玉门市这块古老而神奇的土地上，居住着回族、东乡族、汉族等十多个民族。"花儿"——这支融入了许多小金湾民族文化的艺术之花，地方色彩浓郁，风格十分独特。每一首"花儿"都是劳动人民喜怒哀乐的真情流露。现在每年举办"花儿会"，这里汇集了来自青海、甘肃临夏回族自治州及当地数万的老百姓去演唱发自内心的"花儿"，各民族"花儿"歌手引吭高歌，激越动听，低回婉转，惟妙惟肖，真是响彻云霄，震撼人心。而情歌是"花儿"的主体，是"花儿"中最精彩，最动人、最丰富、最有价值的部分，它保留了远古以来许多爱情语言的精华，在歌唱流传中，随着时代的变化又在不断发展，是历代劳动人民的集体创作的结晶。东乡族花儿从内容上看，有描写自然景观和生产、生活场景，抒发美好心情的，有抒发恋情、追求婚姻幸福、抵制封建礼教的，也有调侃对唱行、酒令，用以消遣娱乐的，主要取材于历史故事、神话传说和民风民俗。有独唱、对唱、合唱、演奏等，表演风格或委婉庄重或诙谐幽默。东乡族花儿，以东乡族方言为特点，咬字吐音较重，声调较大（俗称大嗓子），音域较宽，演唱时高低起伏，抑扬顿挫，反映了本土民间特定文化语境。

歌手在演唱

甘肃省文化资源名录
第二十二卷 非物质文化遗产 I

民间舞蹈

0492 高跷（苦水高高跷）

别　　称：苦水跷子、苦水高高跷
级　　别：国家级
流布区域：永登县庄浪河川乡镇
传承现状：完好
服饰道具：秦腔古装、跷子、大刀、扇子
简　　介：苦水高高跷表演历史悠久，作为苦水二月二龙抬头社火不可分割的内容，与二月二一样有着非常重要的文化价值。苦水街高高跷秦腔戏曲表演艺术，近年来在兰州市、永登县、苦水镇三级党委政府的大力扶持下做了许多挖掘、抢救、传承、弘扬工作，活动开展良好。2006年公布列入国家级非物质文化遗产保护名录。但仍存在着不少难以解决的问题：1.由于苦水街高高跷秦腔戏曲表演艺术和一年一度的苦水街二月二龙抬头社火表演，影响越来越大，表演活动都是过街式进行，所以观众人数的大量增多，严重制约了表演活动的顺利进行，而且也带来了极大的安全隐患问题。面对这些问题，面对国家对民间民俗文化发掘、抢救的大好形势，目前保护基地建成，但筹集维护经费较困难。2.以前的服装都是包裹存放，这样极易受潮，霉变损坏。目前急需一批服装木箱。3.若搞较大的演出活动，还急需大量的高高跷、龙袍、蟒袍等各式秦腔戏曲服装，以及头饰、官帽、大刀、长矛、宝剑、胡须、马鞭等一系列道具。

苦水高高跷

0493 鼓舞（武山旋鼓舞）

别　　称：旋鼓、武山旋鼓舞
级　　别：国家级
流布区域：天水市武山县，滩歌镇、马力镇、山丹乡、洛门镇、东顺乡、龙泉乡
传承现状：良好
服饰道具：白衣黑夹灯龙裤，"十八旋"草帽，红绒球的麻鞋，羊皮扇鼓。
简　　介：武山旋鼓舞，又称扇鼓舞或羊皮鼓舞，留传年代久远，起源有牧羊人震狼说、祭祀起源说、军事起源说等，后来发展为民间祭祀，赛社娱乐活动。20世纪80年代，武山旋鼓舞被"丝路风情"录制队搬上电影、电视荧屏，故事片《追索》就以旋鼓舞开场。春末夏初，先由牧童稚子在各村寨敲鼓，先行娱乐，致兴酿潮，端午节为"旋鼓"高潮。旋鼓舞队一般为几十人至几百人，旋鼓手为青壮年男子，动作技巧性强，步履腾挪要求高，套路有"二龙戏珠""白马分鬃""太子游四门""丹凤朝阳"等，表演典型动作有"喊山岳""千斤压顶""旋风骤起"等。羊皮鼓是武山旋鼓舞的主要乐器，其形似扇非扇，似芭蕉叶面，属单面打击乐器，相关制品有鼓槌、钹、锣、响铃、幡、彩旗、独特的服饰等。古代围火堆旋鼓（当地称"点高山"）、"撺神"、"司公子跳大神"是主要表演内容，在漫长的演变中，武山旋鼓舞形成南部山区和北部川区不同风格的"旋鼓"形式。武山旋鼓舞兴盛于20世纪80年代和90年代后期，由于受文化、经济多元化冲击和生产、生活方式的改变，群众原生态展演活动出现生存危机。

武山旋鼓舞表演

0494 鼓舞（凉州攻鼓子）

别　　称：攻鼓、凉州攻鼓子
级　　别：国家级
流布区域：武威市凉州区四坝镇及永昌镇、大柳乡、下双乡等地，以四坝镇为主。
传承现状：市场经济的发展，使大批青壮年外出，不能系统的练习，老一辈艺人年龄偏大，表演质量下降。
服饰道具：乐器为红色羊皮长鼓、小鼓；服饰为黑色十三太保衣、黑色灯笼裤、圆口黑布鞋，戴黑色幞帽，上插野鸡翎。
简　　介：甘肃省武威市凉州区四坝镇攻鼓子，是当地民间组织杨家会传承至今的民间艺术。是一直流传在凉州区四坝镇及其周边地区的一种民间鼓乐舞蹈，是一种汉唐军旅出征乐舞的遗存。据有关专家考证，已有近2000多年历史，并在《中国民族民间舞蹈集成—甘肃卷》一书的明确记录。攻鼓子的产生、发展与西凉乐舞的历史同步。在古代西凉乐舞中，鼓是最重要的乐器，也是古代河西少数民族音乐、舞蹈艺术中最常用的乐器。据此，可判定攻鼓子亦为古代生活在河西地区的月氏或乌孙等某个少数民族的一种鼓乐舞。攻鼓子与一般的鼓舞迥然不同，它从化妆到表演，都给人以威武雄壮、粗犷豪放的美感。它以鼓为道具，以滚法为主要击鼓表演手段。攻鼓子表演时主要表现在手到、眼到、神到，各种多变的鼓点，形成了稳健、古朴、苍劲、浑厚的风格，速度快慢协调，花点多、音乐悠扬清脆，动作沉稳优美，沉着而稳健的步伐，冷峻而刚毅的神情，力贯千钧，震人心魄的敲击，充分表现了古代武士英勇彪悍，勇往直前的阳刚之美。

攻鼓子在沙漠中表演

0495 傩舞（文县池哥昼）

别　　称：鬼面子、文县池哥昼
级　　别：国家级
流布区域：文县铁楼藏族乡和石鸡坝、天池等地
传承现状：经过国家民委和省、地、县各级政府部门的挖掘、整理、研究，得到了较大发展。

服饰道具：山神木面具，金鸡羽毛，白羊皮袄，腰铃，毡靴，绑腿，麻鞋，牦牛尾巴。

简　　介：文县傩舞"池哥昼"，又称"鬼面子"。因表演时头戴面具，亦称"白马面具舞"。在白马藏族语言里，"池哥"意思是山神，"昼"就是舞蹈。"池哥昼"是山寨群体性活动，有固定的表演形式。以舞蹈贯穿始终，表演服饰、道具、形式、舞姿有别于其他歌舞，充满了神秘的宗教气氛和浓郁的娱乐色彩，是集"舞、歌、乐"于一体的民族民间艺术。"池哥昼"舞队一般由九人组成，其中四人扮成山神，又叫"池哥"。两人扮成菩萨，又叫"池姆"。两人扮成夫妻，又叫"池玛"。还有一个十多岁的儿童扮成"猴娃子"。四个"池哥"和两个"池姆"均戴面具，作夫妻两人一般装束，"猴娃子"脸抹锅墨，颇似舞台丑角。每年春节期间，由各村的"乐佰"（传承人）组织祭祀活动，逐村逐户地为村民除恶驱邪，祈求吉祥。

文县傩舞

0496 傩舞（永靖七月跳会）

别　　称：七月跳会、永靖七月跳会

级　　别：国家级

流布区域：甘肃省永靖县杨塔、红泉、王台三乡（镇）及周边三原镇、镇地区

传承现状：全县能表演傩舞者不足300人，且表演者大多年事已高，技艺近乎失传，人亡歌息，人去艺绝的现象十分突出。

服饰道具：舞者身穿黑袍或云纹八卦衣，手持刀斧剑戟，头戴面具，由鼓、钹等乐器伴奏

简　　介：永靖傩舞戏，民间俗称"七月跳会"。跳会是为当年五谷丰登酬神还愿，祈求来年风调雨顺，人富平定而举行的。故丰收年跳会，歉收年则不跳会。流传于甘肃省永靖县西部山区的杨塔、王台、红泉和三原等乡镇，汉族聚居村，至今延绵不断。"傩"即假面跳神，是古代驱逐疫鬼的仪式，它是原始狩猎、图腾崇拜、头颅崇拜、巫术崇拜、部落争战和原始宗教祭祀仪式的产物。据北魏《水经注》记载，杨塔、王台一带的小积石山岩堂之内，就有"鸿衣羽裳"的"神人"活动，被羌人称为"唐述山""唐述窟"。永靖跳会由下庙、献盘、献牲、会手舞、发神舞、面具戏、赛坛等祭祀仪式组成。各庙使用面具有18副或36副不等。最精美、最古老的要数杨塔焦壑庙面具：质地为布，胶塑而成，历经沧桑，形象生动。演出的傩戏内容多为封神、三国、家事等，主要剧目有《五将》《杀虎将》《庄稼人》等20多个。

永靖傩舞戏《各显神通》

0497 巴郎鼓舞

别　　称：沙目舞

级　　别：国家级

流布区域：卓尼县洮砚乡

传承现状：很好，民间至今流传。

服饰道具：马靴、藏服、毡帽、羊皮鼓。

简　　介：实地调查"巴郎鼓"舞业余团队11个，挖掘整理"巴郎鼓"舞传统唱词、唱腔、曲目音乐5个，召开"巴郎鼓"舞保护传承和发展交流研讨会2次，记录代表性传承人1人，组织开展"巴郎鼓"舞史料收集、整理工作。"巴郎鼓"舞是吐蕃古老民间宗教文化的遗存，作为当地群众继承至今的神舞，对研究中国少数民族民间音乐舞蹈史有不可替代的作用。"巴郎鼓"舞的曲调极有特色，曲式结构均为带曲首单句体和双句体。歌词的填法尤为特殊：单句体曲调要反复一次才能填一句主词，即第一句填前4个音节，第二句填后3个音节，调式较统一，均为民族五声徵调式，不时出现以"清角"为"宫"的暂转调，并将商调式以上四度方式穿插其中，旋律起伏较大。比起境内其他几类藏族民歌的旋律，四度跳进明显增加，并插入一些五度，甚至七度的大跳。

0498　多地舞

别　　称：无
级　　别：国家级
流布区域：舟曲县上河、山后及博峪乡一带的少数民族村落。
传承现状：随着时间变迁和媒体的不断发展，多地舞活动衰退，使得这一藏族民间文化面临失传的危机。
服饰道具：藏服、马铃、鼓、钹等。
简　　介：舟曲县多地舞是目前整个甘南地区的民间艺术中保存较完整，且内容丰富，形式多样，风格各异，古朴自然，原生态文化风味浓郁的藏民族民间舞蹈艺术之一。自形成以来，主要流行于甘南州舟曲县、迭部县等藏族聚居区，是当地藏族群众在喜庆、丰收、祭礼等传统节日活动期间跳的舞蹈。多地舞即罗罗舞，而且，罗罗也是古羌语，多地舞的种类有赖萨多地、格班多地、贡边多地等10余种之多，不同的舞蹈都有着不同的表现形式和意义。它融诗、歌、舞为一体，属群众性歌舞表演。多地舞具有多元一体的特性，正是自古以来茶马古道和藏族传统文化交融的集中体现，反映了当地人崇尚自然、安于天命的精神特质和对美好爱情、幸福生活、六畜兴旺心愿的执著追求，是舟曲藏族人民凝聚力的实质体现，也是藏民族精神的纽带。主要内容分为："多地""嘉让""甸录"。"地舞是典型的羌文化融入藏文化的舞蹈表现形式，它对研究藏羌文化的起源、发展有很大的帮助，是舟曲人民凝聚力的体现，是藏族人民审美心理最重要的依据，由于大众传媒的普及，多地舞赖以生存的空间越来越小，使得这一舟曲藏族民间文化面临失传的危机。

博峪乡群众表演多地舞

0499　兰州太平鼓

级　　别：国家级
流布区域：兰州市

0500　巴当舞

级　　别：国家级
流布区域：岷县境内

0501　傩舞（西固军傩）

别　　称：巫舞
级　　别：省级

流布区域：兰州西固区、白银等地
传承现状：濒临失传
服饰道具：面具有木制面具、瓷面具、玉面具、纸面具；服饰各不相同。

简　　介：军傩源于原始狩猎，是原始"巫舞"的演化。军傩演出时无唱词，无音乐伴奏，表演时表演者自始至终大声齐喊"咳！咳！咳！"行步有固定的姿态，表演者戴着傩面在鼓声中舞蹈。军傩的主要内容是狩猎、征战、祭祀英烈、庆贺胜利等。跳军傩古舞，是一件非常神圣庄严的大事。在举办前，首先是组织跳军傩的"会首"（会长），先要到当地庙宇神位前面"拨卦""领羊"，求得神灵的许可保佑。扮演军傩神的表演者，要挑选当地道德品质高尚的人来担当。选定了的傩神表演者，前一天要沐浴洁身，要在神灵位前，戴上傩面，才算为"傩神"。戴上傩神的面具人，不能和任何人说话。军傩舞分为其一村寨集体跳的神舞，这种军傩舞人数多，规模宏大；其二为村寨各家各户跳的军傩舞，只需要把军傩舞中的主要神祇请到家里，主要傩神均是手举火把、戈矛武器，非常认真的为家家户户去除妖魔灾难，必须要将妖魔灾难送到附近的深山老林没有人烟之地，也有送到附近大河深水里。

0502　永登硬狮子舞

别　　称：狮子舞
级　　别：省级
流布区域：永登西部各乡镇
传承现状：濒临失传
服饰道具：硬狮子、鼓、锣、钹。

简　　介：永登硬狮子舞是舞狮表演中的独特项目，表演内涵丰富、寓意深厚，其制作表演、引狮人的服饰、脸谱都很独特，被称为狮子舞的活态艺术。永登是古丝绸之路上的重镇，永登硬狮子舞传自古印度，引狮人的服饰带有古印度遗风。永登硬狮子舞在永登也仅在西部山区的金嘴兰草、中堡何家营以及城关等少数地区保存。据考证原永登社火中的舞狮均为硬狮子。2007年，永登县政府将硬狮子舞公布列入第一批县级非物质文化遗产保护名录，上报市保护中心后引起专家委员会的极大兴趣，同年被列入兰州市第一批市级保护名录。硬狮子舞的挖掘、传承、制作、表演者冯德培在兰州市首届农民艺术节上被市委、市政府授予"农民艺术家"称号是一位热心于民俗文化的艺术家。硬狮子舞一经挖掘出场表演，就引起观众的极大兴趣。2007年7月兰州市第二届农民艺术节在榆中县城举办，永登舞狮过街表演，被誉为"永登狮子王"。2008年春节在兰州金城关春节文化庙会、东方红广场表演，并参加了安宁区举办的"中国狮王、鼓王大会"获得好评。永登硬狮子舞越来越受到社会好评和青睐，社火中舞狮也被搬上了文艺舞台。2011年公布列入甘肃省非物质文化遗产名录。

永登硬狮子舞

0503　何家营滚灯

别　　称：滚灯
级　　别：省级
流布区域：永登县中堡镇
传承现状：濒临失传
服饰道具：滚灯、古装、锣、鼓、唢呐。

简　　介：何家营滚灯具有典型的传统性、历史的悠久性、剧目的丰富性和表演的灵活性。近年来，政府对滚灯表演做了大量工作，申报、传承、挖掘，整理了文字、音像资料，确定了传承人，落实了传承人生活补贴。何家营滚灯现状令人堪忧，随着现代文化的冲击和年青人外出务工，本土文化意识淡化，滚灯表演后继乏人，仅有的几位老艺人、热心人随着年龄增长和自然去世，其滚灯表演中的阵法套路无法传承而失传，现在已有几套阵法失传，器乐演奏也渐渐失去原有韵味，滚灯在近千年历史中展演兵法深奥奇妙的阵法表演将随着社会的发展濒临失传。其原生态的传统性技艺也将失传或被改变，需尽快抢救保护，让记载永登历史文化的传统性节目得以传承延续，为当代社会经济服务。2011年公布列入甘肃省非物质文化遗产名录。

何家营滚灯

0504　马啣山秧歌

别　　称：无

级　　别：省级

流布区域：兰州市榆中县南部山区

传承现状：每年春节期间进行表演。

服饰道具：假发辫、妖婆头套、彩灯等。

简　　介：兰州市榆中县马啣山秧歌历史悠久。据考，它起源于明代，已有600余年的历史，与当地曾驻扎过蒙古军队有关，最初用于战争，角色都由青年男性扮演，表演时的蒙古族服饰传统一直保留至今。经过传承和发展，又演变为一种村落的祭祀活动。马啣山原生态秧歌均由20岁左右的男青年装扮表演，一般的表演队伍由20—60人组成不等。秧歌表演是随着太平鼓的节奏起舞，主要舞步是十字步、撒金钱、鸽子翻身，边走边唱，边唱边舞，以唱为主，唱舞结合；演唱的曲目主要有《鸦片烟》《十劝人心》《姐儿怀胎》《孟姜女哭长城》《织手巾》《绣荷包》《倒板江》《出闺花》等50多种曲牌，唱词内容丰富，曲调优美动听。马啣山原生态秧歌主要分为"过街"（意为行进表演）和"跑场"两部分。马啣山原生态秧歌从传唱的曲目与表演的风格和形式来看，具有体轻、气提、腿沉、含胸、腰柔、肩活、腕灵、抱臂、眼有神等艺术特点，对研究马啣山麓民间的文化有着积极的作用。

表演中的马啣山秧歌

0505　道台狮子

别　　称：无

级　　别：省级

流布区域：兰州市榆中县青城镇

传承现状：在一些节庆、节会中进行表演，在青城镇有一定的影响力。

服饰道具：猴子、猩猩面具，狮子皮，"猴子"拿的棍棒，"猩猩"拿的拂尘与蒲扇，方桌，长条凳等。

简　　介：青城道台狮子相传有一百多年的历史。起初，这种狮子的玩法是以它本身的表演道具——"柴山狮子"，后因老百姓尊重传承此艺的张道台又将其冠名为"道台狮子"。"道台狮子"是一个高空高难度的表演技艺。因此为了确保安全，表演这一技艺时，便有"供庄公"之规矩说，庄公是过去人们想象保佑一庄平安吉庆的尊神。此时有社里头人出面将庄神请在玩狮现场，上香鸣炮，焚黄祈求顺利安全的表演，其次新上场的表演人员必须在"庄神"前焚香、磕头，然后才能进行表演。"道台狮子"是一种以雄狮、猩猩、猴子为表演角色，相互配合，利用桌凳等道具及武术器械作各种戏耍、打斗、跳跃动作。它分别有四大套路：柴山、翻天印、一字大板桥、五攒梅。青城"道台狮子"在漫长的发展、传承过程中，逐步完善着它自身的文化价值，它不仅仅是一种表演艺术，更是一种包含大量人文信息和文化精神的独特艺术。在这一百多年里，几乎一直在延续着，但由于时代的原因，新中国成立后，尤其是"文革"期间，中断了数十年，改革开放以来青城作为一个文化古镇，对这一民间艺术作了重新的延续，使得一些钟爱此艺的老艺人，激发了热情，又复活了这一传统而古老的表演艺术。

正在表演的道台狮子

0506 太符灯舞

别　　称：无

级　　别：省级

流布区域：兰州市榆中县和平镇

传承现状：至今在节庆庙会上流传。

服饰道具：太符灯舞的服装以红和黑两种颜色的长袍——"将襟"戏装为主。另有太符、花灯等。

简　介：太符灯舞是一种威猛与柔美相结合的民间舞蹈，是一种流传了一百多年的社火表演形式，也是一种源于《封神演义》的民间社火。舞蹈的情节、动作以张扬、威武、凶猛、虎气十足的"太符"与精巧玲珑、婉约柔美的"花灯"相结合，刚柔并济，形成反差强烈、极为独特的艺术效果。太符灯舞有三个明显的特点。一是暗含力量和威猛的象征意义，借"太符"和"花灯"去"驱逐邪魔，祈求太平"。二是舞蹈的肢体语言以虎气和柔美见长，舒缓有致，刚柔并济，表演形式紧扣主题。三是戏、歌、舞相杂。其风格古朴粗犷，简练夸张，形象传神。其动作多为顺拐，屈膝下沉，含胸挺腹。音乐伴奏以锣、钹、鼓为主。太符灯舞与当地的民情风俗相关，主要是借用《封神演义》里的人物，借助由"虎符"演变而来的"太符"为象征，与当地春节社火里的"花灯"相融合，植入"驱除邪恶、保佑平安"的朴素愿望，张扬西部农民彪悍与淳朴的个性。

正在表演的太符灯舞

0507 嘉峪关地蹦子

别　　称：老灶火、跑打场、秧歌子

级　　别：省级
流布区域：嘉峪关周边及村镇
传承现状：流传于农村各地
服饰道具：传统戏服、棒槌。
简　　介：嘉峪关地蹦子又叫"老社火""跑打场""秧歌子"，是流行在嘉峪关民间的一种古老的集体舞蹈，它有说有唱，载歌载舞。说唱的内容也极为丰富，有唱人们对美好生活前景的向往，有唱通过辛勤劳动而获得丰硕成果后人们愉快的心情等等。嘉峪关地蹦子不仅舞姿朴实矫健而且跑跳花样很多，舞蹈表演多为舞段组合形式，基本动作有"一字长蛇""龙摆尾""四门"等。四个天王边跳边即兴唱一些"四六句"式的贺词、祝语或吉利话，唱腔高亢粗犷，唱词诙谐风趣。地蹦子形式活泼，短小精悍，演出不受场地条件限制。节奏欢快活泼，音韵清脆和谐，形成一种轻松喜悦、流畅抒情的格调。由丑角领着旦角上场跑完圆场步至台中，两人对舞一段组合后造型亮相。地蹦子逗趣而不过格，含蓄委婉，令人回味，在表演上做到唱得好听，舞得优美，逗得风趣，扮得逼真，绝活精湛。再加上它那高亢激越的配乐和浓郁的乡土气息，就更加显示出河西人民淳朴敦厚、豪放彪悍的性格。

嘉峪关地蹦子

0508 节子舞

别　　称：打节子、霸王鞭
级　　别：省级
流布区域：永昌县域
传承现状：在永昌县新城子镇赵定庄村多随社火表演，县内节日或庆典多有演出。
服饰道具：永昌节子舞专用服饰、节子、"膏药网子"、拨浪鼓等。
简　　介：永昌节子舞，俗称"打节子"，又称"霸王鞭"，是流传于永昌西乡赵定庄村的一种古老民间舞蹈。永昌因其处于河西走廊最窄处的蜂腰地带，历史上战略地位十分重要，是一个战争频繁的多事之地。节子舞最初也与这里的军事活动和民众习武有关，舞者使用的节子最初是一种类似刀剑枪棍的兵器，这在今天的打节子中仍有许多表现。击、劈、砍、搏、回旋等行武动作仍是打节子的主体。有"串花子""虎抱头""打四门"等套路。一根节子，长80厘米，表示农历一年二十四节，中间分段有四孔，表示一年的四季，每孔串有三枚麻钱（铜钱），表示一季三个月，四孔十二枚麻钱表示十二个月。舞时，铜钱"嚓嚓"作响，极富音乐节奏感。节子两端分别扎红、绿绸丝，红绸表示太阳，绿绸表示月亮，整个节子寓意四季平安，丰收吉祥。打节子，舞者着武士打扮，数人或几十人至百余人都可表演，伴随铿锵的锣鼓声，表演中变换多种阵形，气势夺人。舞者身手缓急有序，亦舞亦武，刚柔相济，以其热烈粗犷的风格，深受当地群众喜爱。节子舞和舞龙舞狮一样，是当地群众春节闹社火的节目之一。

永昌节子舞

0509 鼓舞（跳鼓舞）

别　　称：无

级　　别：省级

流布区域：跳鼓主要流传于甘肃省白银市靖远县乌兰乡西滩村，后流传于双龙乡、永新乡、大芦乡、糜滩乡等数十个乡镇。

传承现状：传承链已经面临断裂，跳鼓正面临"人亡艺绝"的严峻形式。

服饰道具：帽子、头饰、髯、英雄服、短裙、腰带、灯笼裤、靴；鼓、钹。

简　　介：跳鼓舞是一种以鼓为道具的祭祀性民间舞蹈艺术。当地人又称它"英雄鼓"。跳鼓舞是由十二位男子组成的集体舞蹈，他们是十二位民族英雄的象征。跳鼓舞伴随着人们对龙王庙的各种祭神、祭祖活动成长发展起来，具有鲜明的祭祀性。人们认为跳鼓所用之鼓是龙王之物，是神鼓。跳鼓可以使人们得到龙王的庇护，使得风调雨顺、农事平顺、人畜兴旺。跳鼓以其形态的特殊性成为过去人与神交流思想情感的媒介，承载着人们的美好愿望。跳鼓舞具有明显地域性，主要存于甘肃省白银市靖远县。精忠报国，神武忠义是其精神价值体系中重要的组成部分。跳鼓舞是当地民众尚武精神的历史积淀。跳鼓舞是独特的舞蹈艺术。表演时一手拎鼓，一手持槌，敲击出民众对英雄的热情礼赞，是对生命激情的宣告，表达这个区域民众对于生命的感悟与追求。跳鼓艺术是这一区域民族传承和延续的文化历史见证，与展现民众生活意趣，抒发情感和愿望紧密相连，是古代劳动与战争结合的社会生活的遗留与反映。

白银跳鼓舞

0510 黄河战鼓

别　　称：李台黄河战鼓

级　　别：省级

流布区域：白银市靖远县平堡乡、白银区四龙镇双合村

传承现状：从明代以来历经600余年，经十七八代人的口授相传，继承发展到今天，尤其是李台战鼓鼓点仍沿用古代原汁原味的打法。

简　　介：黄河战鼓，又名李台黄河战鼓，流传于甘肃省白银市白银区四龙镇双合村一带，距今已有600多年的历史，是当地村民节庆和庙会期间举行庆典活动的重要文化项目之一。白银市地处甘肃省中部，境内"三原交汇、大河中流、长城雄北、丝路贯境"，是中华文明的发祥地之一，是中华民族农耕文明和游牧文明、中原文化和边疆文化的交汇点，也是历代汉民族和少数民族的争战之地。其独特的地形地貌和悠久的历史渊源，形成了厚重的文化积淀。双合村地处白银市白银区四龙镇西北隅。东接剪金山，南临黄河岸，依山傍水，地形险要，为古代屯军戍守之地。黄河战鼓源于古代军队作战时的"军阵战鼓"，其历史悠久、传承有序，为陇上唯一的军鼓器乐。

黄河战鼓

0511 鼓舞（背鼓子舞）

别　　称：无

级　　别：省级

流布区域：主要流传于甘肃省白银市景泰县寿鹿山西北的广大地区，以寺滩乡、八道泉乡、红水乡等地最为突出。

传承现状：背鼓子舞团体队伍的不断锐减，使此项民间舞蹈技艺传承现状危急。

服饰道具：帽子、黑色帕子、扇形纸花、短衣灯笼裤、红鞋；彩旗，首旗绘龙凤图案。

简　　介：背鼓子舞是以鼓为道具的集体男性舞蹈艺术，它粗犷豪放，节奏鲜明，载歌载舞，具有唱、扭、跳的特点。与兰州的太平鼓、武威的攻鼓子、天水的旋鼓并称为甘肃的四大名鼓。背鼓子舞具有鲜明的祭祀特征。它的动作具有模拟性，屈其一足，独足着地跳动，是背鼓子舞表演当中的动作灵魂。动作体现了模拟"商羊"行走跑动的物象形态。背鼓子舞保留了某些古代舞蹈的原始形态，承载着远古图腾、原始宗教与巫术祭祀的历史背影，有着深厚的内涵和神奇的魅力，并在不断变革的文明渗透中显示着顽强的生命力。这种"青龙头，黄龙翼"独足起舞的神鸟能兴云降雨，庇护众生。舞蹈者头插象征鸟头和双翼的纸花，屈足蹦跳，鼓面朝天呼号等动作古朴、单纯，有较强的象形性和广泛的群众性。这些带有模拟性的舞蹈动作，经过历史的洗礼，成为代表当地民众审美特征的舞蹈语言。在形象的模拟中深深寄托着他们的理想、愿望，体现出独特的审美情趣和信仰追求。背鼓子舞流布的区域对神的信仰基本一致，成为一个区域块状文化的标志。

敲起锣鼓，召集全村的民众参加背鼓子活动

背鼓子舞

0512 鼓舞（太平鼓[五穷鼓]）

别　　称：太平鼓

级　　别：省级

流布区域：白银市白银区黄河两岸、靖远、景泰、皋兰、榆中等。

传承现状：流传范围越来越小，保护乏力。

服饰道具：传统古装式；五色彩旗。

简　　介：五穷鼓的创始人系元末明初桦皮川人李鉴。五穷鼓的基本动作有：跳打、蹲打、翻身打、行进打等打击法；花样有：鹞子翻身式、一根葱式、坐马式、高式、燕子衔泥式、力劈华山式等；队形有：一字长蛇形、二龙戏珠形、五星形、五全梅形、八卦形、扇子

甘肃省文化资源名录 第二十二卷 非物质文化遗产 I

民间舞蹈

207

形、圆场形等。充分体现着鼓手与鼓的相互交融、纵横离合。五穷鼓历经600多年的历史，植根于民间、成长于民间、繁衍于民间，老百姓对五穷鼓的喜爱，老艺人对五穷鼓的执着使五穷鼓得以延续。它全面、完整、生动地体现着本地区民间文化传统，保留了民间打击乐艺术的原生形态，是西北乃至全国鼓点艺术最高水平的代表之一。深受群众喜爱，从而大大丰富了群众业余文化生活，成为当地人体现民族凝聚力和教育后代的重要手段。它体现和传承着民间文化传统，对构建和谐社会，培养民族精神，建设先进文化，全面推动人类文明对话和社会的可持续发展意义十分重大。五穷鼓是一种传统民间舞蹈艺术，是在民间开展文化娱乐和社火曲艺活动的主要形式，深受沿黄一带老百姓的喜爱。1984年甘肃电视台"飞天之歌"栏目录制了五穷鼓专题报道，并在电视台播出。2011年3月16日被甘肃省人民政府公布列入第三批甘肃省非物质文化遗产名录。

五穷鼓

0513 秦安蜡花舞

别　　称：蜡花灯、蜡花盆
级　　别：省级
流布区域：甘肃省天水市秦安县境内北部的郭嘉、叶堡、安伏、吊湾、魏店、王甫等乡镇。
传承现状：新中国成立初流传到6个乡240余村。改革开放后由郭嘉、叶堡等乡60多个村缩小到郭嘉、安伏等不足10个村。
服饰道具：上身穿大襟滚边绸子上衣，下身百褶长裙。舞蹈主要用花灯、丝折扇两种。
简　　介：秦安蜡花舞，又名蜡花灯、蜡花盆。是流传在秦安县境内汉族群众中的古老舞蹈艺术，通常在每年农历正月初九至十五的夜间演出，主要用以民间祭天和庆祝一年的丰收，因演出时，表演者左手托花灯，花灯内装有点燃的蜡烛，故名"蜡花舞"。秦安县位于甘肃省东南部，天水市之北，是中华民族的发祥地之一，人文始祖伏羲、女娲就诞生在这里，素有"羲里娲乡"之称。秦安蜡花舞传承历史悠久，是秦安民众表达爱憎和抒发情感的重要载体与手段，其独特的舞蹈和伴唱内容，蕴含着秦安人的审美情趣、精神信仰和价值取向，表现了当地人在衣食住行等方面的特殊追求，具有作为人类学、民俗学和美学等研究素材的独特价值。1957年，由秦安县郭嘉镇郭嘉村农民董烈儿、郭遂世、赵改儿、李珍英、郭存生、宋林林等六人组成的蜡花舞表演队，代表甘肃省赴京参加了中国第二届全国民间艺术观摩汇演，获二等奖，并受到了周恩来、朱德等国家领导人的亲切接见。随后应邀参加了电影《万紫千红》等影视片的拍摄工作。

传承人表演秦安蜡花舞

0514 天祝土族安召

别　　称：无
级　　别：省级
流布区域：天祝县天堂镇、石门镇、赛什斯镇、县城及周边地区。
传承现状：传承较好
服饰道具：土族服饰
简　　介："安召"是土族地区广泛流传的一种古老的土族民间歌舞，融合着土族的服饰文化、民俗文化、饮食文化、宗教文化等，是土族文化传承的一种重要载体。天祝藏族自治县是土族的故地之一，是甘肃省土族的主要分布区。全县19个乡镇都有土族分布，居住比较集中的区域为大通河流域的天堂乡、炭山岭镇、赛什斯镇及相邻的石门镇。这些地方在历史上都是可耕可牧的地方，因此，古老的游牧文化和农耕文化也都在土族的歌舞中有广泛的体现。信奉藏传佛教、苯教，对山神、土地神、家神及诸多的神灵传说和高山大川的敬奉、信赖及敬畏的民族心理，在土族歌舞中都有明显的印迹。

节庆中的大型安召

0515 民乐顶碗舞

别　　称：无
级　　别：省级
流布区域：流传于甘肃省民乐县境内
传承现状：很完整的流传至今。
服饰道具：碗、碟、筷、口条。
简　　介：顶碗舞是一种独家传承的民间舞蹈，流传于甘肃省民乐县洪水镇汤庄村。顶碗舞集杂技与舞蹈为一体，是一个集民族性、民间性、技巧性和欣赏性为一体的集体舞，是民间舞蹈艺术中的精品。2008年公布列入甘肃省第二批非物质文化遗产保护名录。其独特的表演形式是跳舞者头顶瓷碗，口衔竹条，两手各拿一碟一筷，筷子两头各系一铜铃红穗，舞时磕动"口条"敲击头上的瓷碗，用筷击碟，表演各种舞蹈动作，碗却始终稳稳地"端坐"在舞者头上。顶碗舞集舞蹈与杂技为一体，动作优美，技巧娴熟，起卧自如，舒展大方，是民间舞蹈艺术中的精品。顶碗舞自清乾隆年间流传民乐县汤庄村至今，在县域内广为流传，深受群众喜爱，形成了鲜明的地方特色。顶碗舞是一项传统民间舞蹈，它反映了古代军民在劳作中就地取材，以饭碗为道具，自编、自演、自乐的一种娱乐形式，是古时人们生活文化的延续，有极高的艺术价值。挖掘、抢救、保护民乐顶碗舞，对丰富人民群众的文化生活，构建社会主义和谐社会，都将产生重要的促进作用。

民乐顶碗舞表演

0516 陇东社火（打花鞭）

别　　称：打鞭子、打花棍
级　　别：省级
流布区域：静宁县域内
传承现状：濒临失传
服饰道具：头巾，各种色彩的服饰、花棍。

简　　介：流传在静宁县的打花鞭，在民间又称"霸王鞭""金钱棍""打花棍""打莲湘"，是一个有着悠久历史的民间优秀文艺节目，它集舞蹈、武术、体育竞技于一身，以节奏明快、粗犷豪放、铿锵有力、欢快祥和的独特风格，受到当地群众的喜爱。传说在秦末楚汉相争时，项羽与刘邦相约"先入咸阳者王之"。后来项羽一路过关斩将，所向披靡，每攻下一城，项羽便站立马上，挥舞钢鞭，高歌劲舞，舞至酣时，命令士兵折木为鞭再舞，共同欢庆胜利。其激昂之状，动魄之情，吸引和感染了当地的老百姓，百姓也纷纷效仿，于是这种即兴舞蹈形式传播到民间，演变为一种传统的舞蹈节目，因项羽有"西楚霸王"的美誉，霸王鞭由此而得名。

打花鞭

0517 酒泉"福禄车"

别　　称：酒泉"东洋车"
级　　别：省级
流布区域：肃州区
传承现状：三礅镇一两家。
服饰道具：福禄车等。
简　　介：酒泉"福禄车"又叫"老社火""秧歌子"，是流行在肃州的一种古老的民间社火舞蹈。它以民舞形式表现肃州先民原始婚俗场景，它舞姿朴实矫健，乡土气息浓郁，颇受群众喜爱。酒泉"福禄车"由二男一女表演，即媒婆、媳妇、丈夫三个角色。表演内容主要突出乡村婚俗，以说媒相亲、回娘家等过程场景为主线，动作诙谐幽默，夸张逼真。以采绸或花布做成的基本道具"福禄车"，酷似花轿，两侧画有车轮，行走时媒婆用红绳子在前面拽着，由只露上半身的姑娘带着车行，车速时缓时急。表演时三个角色，配合默契，动作各异，以不同的舞姿将婚俗中各角色心理活动表现得淋漓尽致。酒泉"福禄车"曾分布肃州区十余个乡镇。随着时代的发展以及老艺人日渐稀少，"福禄车"这种民间社火舞蹈已愈来愈呈式微之势。各乡镇虽有残存，但没有可观赏性。只有三墩镇的福禄车，因其表演者的投入和发挥而最为好看、最有特色，主要在传统节日中上演。现实生活中，它不仅可以增加乡民们友好相处的亲和力、凝聚力，而且可以增强农民们参与社会生活的信心和价值感，同时又可以活跃乡亲们的文化生活并借此传授农业生产经验和其他文化知识。

酒泉"福禄车"

0518 甘地蹦子

别　　称：酒泉老社火
级　　别：省级
流布区域：酒泉市肃州区
传承现状：式微
服饰道具：鱼儿帽、和尚帽、红缨帽、马子膏药、幌子、串铃、拂尘、细鼓、鼓槌、铜锣、锣签、棒槌、竹篮、扇子、司鼓、旗帐、

甘肃省文化资源名录 第二十二卷 非物质文化遗产Ⅰ 民间舞蹈

灯笼饰物道具等。

简　　介：“地蹦子”是百多年来流行在肃州的民间传统舞蹈，又叫"老社火""跑打场""秧歌子"。它有唱有说，载歌载舞，颇受群众喜爱。说唱的内容大都即兴编创，也有说唱古诗词的。地蹦子装扮角色由一个膏药匠、四个鼓子、四个拉花、四个和尚娃、傻公子、丑婆子、大头和尚、柳翠等组成。地蹦子的跑跳花样很多，据传承人说，现在通用的花样有：一字长蛇、二龙戏珠、三环套月、四门焚香、四门斗地、四门拧钻、太子游四门、拜四门、十枝梅、蛇抱九蛋、黑虎掏心、蒜瓣子、云转子、卷心子、白马分鬃、霸王观阵等二十多种阵法。地蹦子朴实矫健的舞姿，高亢激越的配乐和浓郁的乡土气息，彰显了肃州人民淳朴敦厚、豪放彪悍的性格。

酒泉地蹦子

0519　河西社火（甘州社火）

别　　称：无

级　　别：省级

流布区域：张掖市甘州区

传承现状：甘州区传统社火，在千百年的流传过程中，有些表演形式在发展中演变，现代气息越来越浓厚，原生态的东西逐渐消失，表演艺术后继乏人，传承链濒临断裂，社火表演队严重萎缩，已由80年代初村村都有社火队，减少到现在的10个表演队，如不及时保护，将面临消亡。

简　　介：甘州区传统社火是一项深深融入当地群众社会生活和精神生活的春节民俗文化活动之一，有着广泛的群众基础。甘州社火的整个程序为：排练—表演—谢身。从腊月十五以后开始进入排练，到腊月二十三日停练，次年正月初八开始社火表演。整个过程具有一定的规则和习俗：如排练和演出前都要祭土放火；出门时要精神饱满，鼓乐要响亮，沿街过巷时应跳跃，不许无精打采；社火队在途中若遇其他社火队要相互接送，不得避道；演出归家时应在出队地点再次敲响锣鼓做短暂跳跃，而后就地卸装，不得容装回家。社火演出的具体要求是：力求认真，动作和步伐要利落，道具使用要正确，不敷衍，唱艺要精练，腔调要逼真，队伍要整齐一致，旗帜要立正，不东倒西歪。

甘州社火

0520　河西社火（山丹县耍龙）

别　　称：山丹县耍龙

级　　别：省级

流布区域：张掖市山丹县

传承现状：濒临失传

简　　介：舞龙是中国传统社火表演形式之一，在中国许多地方均有传承。山丹舞龙民间称为耍龙，其起源久远。舞龙社火在山丹较为普遍，较出名的是山丹县清泉镇西街村和东乐乡城西村，西街村民国年间的龙骨架现在仍保存完好，其特点为体积比较大，总长近50米，龙头重62斤，龙身或36节或48节，闰年增加1节，参与人数众多，龙的整体色调为蓝色，俗称"水龙"。这种龙由篾竹扎成龙首、龙身、龙尾，上面套布，再上色。龙身有许多节，节数可多可少，但必须是单数。每节中点燃蜡烛，有的地方不点蜡烛，而是用手电筒，龙灯舞动时五光十色。下面装有供舞者手持的木柄，龙前还有一人手举红色绸珠指挥龙舞，称之为引龙。耍龙在每年的腊月三十开始，二月二结束，历时一月有余，正月十五达到高潮。西街村耍龙还有一定的讲究：五行相克不耍；耍三年，停三年。每年腊月三十大龙要到南湖取水，龙头吊两个水瓶用来装水，预示来年风调雨顺、五谷丰登，耍龙时当地百姓抱着小孩，常年得病的小孩有钻龙身的习俗，钻了龙身小孩的毛病少了，健康活泼，这一习俗也流传至今。2010年，山丹县清泉镇西街村耍龙被确定公布列入甘肃省第三批省级非物质文化遗产保护项目。

0521 河西社火（赶驴）

别　　称：跑驴
级　　别：省级
流布区域：酒泉市肃州区
传承现状：春节其间可见表演
服饰道具：驴头、媳妇的花衣裳、头饰、竹篮、布娃娃、包袱、丈夫的黑衣库、赶驴和和尚服等。
简　　介：赶驴，是肃州人民非常喜爱的民间社火舞蹈剧，是春节期间最重要的社火节目之一，又称"驴社火"或"赶社火"。流传在酒泉肃州区境内的"赶驴"，是带有一定故事情节和戏耍趣味的非常古老的民间社火舞蹈，它还有浓厚的哑剧元素，以表演的热烈欢快、生动曲折、滑稽幽默而引人入胜。富有极强的娱乐性、观赏性和临场发挥性，

很受乡村人民群众的欢迎和喜爱。它以舞蹈哑剧的形式，演绎了一段耐人寻味的乡土风情故事：一对夫妻带着刚出月的孩子回娘家，媳妇所骑之驴陷入沟梁，丈夫怎么也拉不出来，这时遇到赶路的和尚前来帮忙，被丈夫误会戏弄他媳妇，认为媳妇也和和尚有私情，对媳妇又是打又是哄。然而驴又拉不起来，丈夫又去求和尚，和尚帮着把驴拉出来，丈夫又翻脸不认人打和尚，媳妇劝丈夫不要知恩不报，不料也被丈夫打了一顿，媳妇赌气不走了，丈夫为了赶路又假惺惺地向和尚道歉来哄媳妇，媳妇前脚刚一走，丈夫便背着媳妇恶狠狠地把和尚赶走了。表现出了一个蛮横、刁钻、倔强十足而有对媳妇充满爱的乡村丈夫的鲜明形象。全剧只有表演而未有一句台词，但故事情节却十分生动有趣，充满生活情调。

赶驴

0522 庆城徒手秧歌

别　　称：无
级　　别：省级
流布区域：庆阳市庆城县境内
传承现状：广为流传
服饰道具：戏曲服
简　　介：甘肃省庆阳市庆城县的徒手秧歌，是流传于陇东地区，集乐、舞、曲为一体，是劳动人民自创、自编、自演的劳动舞蹈艺术。徒手秧歌又称陇东秧歌，历史悠久，起源于古代劳动人民的祭祀活动。1991年10

月徒手秧歌赴沈阳参加"首届中国沈阳秧歌节暨全国优秀秧歌大赛",获"优胜奖"。2002—2006年徒手秧歌参加了各届"中国庆阳香包民俗文化艺术节"开幕式和大赛,并被收录入《中国民族民间舞蹈集成》。2003年庆城县被中国民俗学会命名为"徒手秧歌之乡"。徒手秧歌具有一定的保护和传承价值:1、人类学、民族学、民俗学价值;2、重要的艺术价值;3、珍贵的民间工艺美术和舞蹈艺术价值;4、宝贵的民间文学价值;5、具有中华民族传统文化生命力的历史价值;6、体现当地民众和中华民族文化认同感价值。所以保护传承这一独特的民间舞蹈是非常必要的。由于历史原因,徒手秧歌传承时断时续,从20世纪80年代后才逐步得以恢复。随着党和政府对民族传统文化的重视,庆城徒手秧歌已成为独具地方特色的民间舞蹈活动,具有延续中华民族文化的特殊代表性。

庆城徒手秧歌

0523 陇西云阳板

别　　称:云阳板

级　　别:省级

流布区域:陇西县区域

传承现状:近几年来,只有巩昌镇二渠村一个队似有传承,其他村社由于老艺人相继去世,无人传授,且年轻人大多外出打工,无表演者。

服饰道具:头束双髻,顶戴红花,披云肩,系战裙,着短裤,足蹬青线麻鞋,上缀一颗鲜艳的红绒球。

简　　介:"陇西云阳板"是陇西民间舞蹈,形成和流传较为久远,已有1600多年的历史,它是从传说八仙中曹国舅所持法宝"云阳板"演变而得名。长约1米,宽0.08米,4片为一副,内贯铜钱,装饰有精美图案,拍击脆响,是表演者手持的道具。每年农历四月初八,陇西仁寿山举行万人朝山盛会,云阳板舞是朝山庙会的主要内容。虽有宗教祭祀活动的特征,但已衍变成为人民群众期望风调雨顺、国泰民安和寄托美好心愿的一种民间舞蹈艺术。陇西云阳板作为传统的民族民间文化遗产,其为典型佛道合一的宗教祭祀活动产物。云阳板表演队由8人组成,队员头束双髻,顶戴红花,披云肩,系战裙,着短裤,足蹬青线麻鞋,上缀一颗鲜艳的红绒球,手执云阳板为道具,俗称"拍板"。陇西云阳板的主要动作,由我国西部特有的民间武术套路——单手鞭杆和双手鞭杆演变而来。其套路有"童子拜观音""八仙"等,动作有"湘子吹笛""翻山打虎""扑步亮相""小刀花翻身""飞脚卧鱼""吸腿探海""交叉对板""展翅占步""各自击板""互相对板""绕身转板"等。

陇西云阳板

0524 宕昌羌傩舞

别　　称:无

级　　别：省级

流布区域：宕昌县新城子乡、官鹅乡等藏族集聚地。

传承现状：正在传承

服饰道具：羌族服饰、木质面具

简　　介：作为古老宗教活动的主要表现形式之一，其祭祀舞蹈一直是研究宗教及其舞蹈的重要载体之一。"国之大事在于祀与戎"，宕昌羌傩舞于研究整个羌藏民族的起源融合具有重要的积极作用。发掘、抢救、保护宕昌羌傩舞对丰富人民群众文化生活，丰富甘肃民间艺术文化宝库，扩大文化旅游服务都将产生重要的促进作用。

0525 河州北乡秧歌

别　　称：永靖县秧歌

级　　别：省级

流布区域：甘肃永靖县及周边相邻县部分地区，青海民和县部分地区。

传承现状：许多年轻人不愿学习北乡秧歌表演技艺，而老艺人相继谢世，河州北乡秧歌这一传统文化受到了强烈冲击。

服饰道具：彩衣、对服、镜、胡须、腰裙、披肩、墨镜；旱船、枪、剑、戟等古兵器，花篮、彩扇等。

简　　介：永靖县秧歌，亦称河州北乡秧歌，是以自然村或族姓为单位的群众性的大型群众文娱活动。一般是在春节期间进行，元宵节结束。秧歌的领导人（俗称秧歌头）由有威望和组织领导能力的人担任。秧歌是在年景较好，财力较许的情况下组织表演的，其歌颂太平盛世，祈求风调雨顺、国泰民安。秧歌队的人数，根据村的大小，一般80至150人不等。秧歌队出行，亲戚好友备钱，观者如潮，拥街塞巷。秧歌队一般在夜间出行，灯烛辉煌，照夜如白昼。远看如火龙游海，赤蛇穿山，煞是壮观。秧歌队到达目的地后，进行文艺演出。节目丰富多彩，如《担水》《顶嘴丫头》《杨林夺牌》《庄稼人》《扳旱船》《武术》《跑四门》《舞狮》《跑窜马》等。财宝神则念饯马、奠酒封财门、进财门等。

永靖秧歌，是民俗文艺的一朵奇葩。1958年至"文革"时期，销声匿迹。十一届三中全会后，改革开放、百花齐放，秧歌活动得以重新开始。

划旱船

0526 和政秧歌

别　　称：无

级　　别：省级

流布区域：和政县

传承现状：正常活动

服饰道具：演出服装，高低跷，旱船，鼓、锣、钹等。

简　　介：秧歌，是和政汉族群众在正月初三至十七期间闹新春时具有代表性的一种民间歌舞形式。和政县位于甘肃省南部，是一个多民族县。和政秧歌始于明，盛于清，改革变化于民国，发展于解放后，特别是党的十一届三中全会以后更加繁荣壮大，由简单的杂耍发展为阵容庞大、表演丰富多彩的群众文化形式。秧歌由"前五角""中三角""后五角"以及"串火杂角"组成。和政秧歌历史悠久，在全州乃至全省都具有较大的影响。特别是十一届三中全会以后，1984年和1985年春节、1986年9月临夏回族自治州成立三十周年大庆以及后来每年正月十四和政秧歌应邀到州府临夏市进行表演。2003年，和政县组织了近160人的和政秧歌方队参加了临夏回族自治州首届民族风情旅游观光节开幕式表演；2004年农历正月，香港凤凰卫视前来甘肃采风，对和政秧歌进行了现场录制拍摄。经过漫长的生长和发展，不断继承和创新，形成了雅俗共赏、红火热闹、推陈出新、日臻完美的地方艺术特色，孕育了一代又一代优秀的民间艺术家，传承和发展了民间文化艺术，堪称"一座活动的大舞台"。

0527 "哈钦木"

别　　称：鹿舞
级　　别：省级
流布区域：合作市寺院及藏区一带寺院内
传承现状：面临濒临失传失传
服饰道具：刀、剑、铃、杵、钵、动物面具
简　　介："哈钦木"也称鹿舞，又称大法会跳神舞，是藏传佛教寺院"七月法会"（藏语称"柔扎"）的一个组成部分，说的是圣僧米拉日巴劝化猎夫贡保多尔吉的故事，借此奉劝世人信奉佛法，相信因果，不要杀生，也称"米拉日巴劝善法舞"，是安多合作米拉日巴佛阁的重要佛事活动。"哈钦木"的演出虽然不能称为是完整的戏剧演出，但却具备戏剧艺术的若干要素，有情节、人物、音乐、舞蹈，虽然表演因素不充分，但力求体现人物的性格特点，如米拉日巴的庄严、慈爱，猎人贡保多吉的剽悍、洒脱等，都使演出增添了强烈的戏剧性。整个舞剧威武粗犷、豪放潇洒、雄姿矫健，充分展现着广大僧人的气质特征。"哈钦木"以歌、舞、剧、技结合唱白，已突破了只舞不言的哑剧形式，向具有一定程式化的主表演艺术迈进了一大步。"哈钦木"在长期的演出历程中，在形式上几乎没有大的变动，这种长期的积累，是藏传佛教思想和藏族传统文化相结合的产物，具有较高的艺术价值和研究价值。

图 2 哈钦木（鹿舞）表演

0528 尕巴舞

别　　称：无
级　　别：省级
流布区域：迭部县中部的卡坝、尼傲、旺藏三乡
传承现状：完整的"尕巴舞"在迭部县卡坝、尼傲、旺藏三乡流传。
服饰道具：鼓、钵，藏式穿戴服饰，藏刀、土火枪等。
简　　介：尕巴舞是流传在甘肃省甘南州迭部县藏族群众中的一种传统歌舞，距今已有240多年的历史，作为当地群众继承至今的敬神歌舞，最早起源于印度国，公元8世纪流传到中国藏区。流传至迭部的尕巴舞，经过勤劳的藏族人民在长期的劳动生活中不断继承和发展，使其内容更加丰富多彩，更具独特魅力。尕巴舞一般都在农历十月中旬至十一月下旬先后分批进行。为了表示欢庆收获，供奉山神，祈祷来年的好收成及全村平安，各村一般进行两到三天表演。表演者以男子为主，女的围观，喝彩助兴。表演形式有独舞、双人舞、团体舞，也有哑剧、喜剧、杂耍等多种形式，其中夫妻耕作、撒种、驾犁拉套等表演动作表现了藏民族原始的农耕文化特征。整个舞蹈中融入了原生态的山歌、情歌，歌词以三句为首，以爱情、神话故事、赞颂事或物等为主要内容，使尕巴舞更具魅力和色彩。尕巴舞作为一种迭部特有的原始舞种，在甘南藏区乃至整个藏族地区都是独一无二的，它之所以能够流传至今，是有它自身的艺术生命力。

尕巴舞

0529 拉卜楞民间舞

别　　称：无
级　　别：省级
流布区域：夏河县
传承现状：目前流传较好
服饰道具：拉卜楞民间舞蹈一般讲究的是藏式长袍和藏式衬衣，腰系红绸带，脚穿藏式长筒靴，冬戴狐皮帽，夏戴礼帽。
简　　介：拉卜楞民间舞蹈，人们习惯上称之为"拉卜楞民舞"，它是随着夏河县历史、文化、宗教的发展，逐渐自成一体的，近年来已逐步发展成本县独特演出风格的舞蹈。拉卜楞民间舞蹈表演形式灵活，有一定的程式，无道具，无统一服饰要求，参加表演的男女身着生活便服，一般讲究的是藏式长袍和藏式衬衣，腰系红绸带，脚穿藏式长筒靴，冬戴狐皮帽，夏戴礼帽。表演场地不拘，人数不限，大部分舞蹈男女均可参加，可随意组织与各种场合相适应的规模。参加娱乐活动的群众既是演员，又是观众，表演者和观看者情感相应，表演区和观众区完全沉浸在欢乐热烈的气氛中，这也是深受藏族群众喜爱的主要原因。拉卜楞民间舞蹈"卓"就表演内容而言，一般都是祝愿亲朋挚友、新婚夫妇幸福美满、吉祥如意；赞美山川大地；草原河流；怀念师长；歌颂佛祖的圣明的情绪舞蹈。拉卜楞民间舞蹈的排列全无严格规定，但也有一定程序，渐渐约定俗成。如娱乐活动高潮时，男女各拉队伍，组成阵容，互相挑战迎战。

拉卜楞民间舞

0530 敦煌艺术—舞蹈技艺研承

级　　别：省级

0531 高高跷

级　　别：省级
流布区域：兰州市永登县

0532 兰州太平鼓舞

级　　别：省级
流布区域：兰州市

0533 攻鼓子舞

级　　别：省级
流布区域：武威市

0534 旋鼓舞

级　　别：省级
流布区域：天水市武山县

0535 荷花舞
级　　别：省级
流布区域：庆阳市西峰区

0536 巴当舞
级　　别：省级
流布区域：定西市岷县

0537 多地舞
级　　别：省级
流布区域：甘南州舟曲县

0538 巴郎鼓舞
级　　别：省级
流布区域：甘南州卓尼县

0539 傩舞（文县傩舞——池歌昼）
级　　别：省级
流布区域：陇南市文县

0540 傩舞（永靖县傩舞）
级　　别：省级
流布区域：临夏州永靖县

0541 锅庄舞
级　　别：省级
流布区域：甘南州

0542 秦州夹板舞
级　　别：省级
流布区域：天水市秦州区

0543 秦州鞭杆舞
级　　别：省级
流布区域：天水市秦州区

0544 临洮傩舞
级　　别：省级
流布区域：定西市临洮县

0545 摆阵舞
级　　别：省级
流布区域：甘南州舟曲县

0546 鼓舞（羌蕃鼓舞）
级　　别：省级
流布区域：定西市渭源县

0547 太平鼓
别　　称：鼓子
级　　别：市州及以下级别
流布区域：兰州及周边地区
传承现状：大型庆典或逢年过节
服饰道具：牛皮鼓面、木质鼓槌、一色鼓带、统一着装。
简　　介：太平鼓作为流传在农村的一种传统民间艺术，至今已有几百年的历史了。太平鼓舞是群众舞蹈，表演一开始就给人一种龙腾虎跃、普天同庆的热烈气氛。只见锣鼓击节、鼓身飞舞，众多鼓手前纵后跃，左旋右转，忽而天、忽而地，时而跳打，时而举打，起落有序，配合默契，犹如万马奔腾，春雷滚滚。太平鼓有大轿迎宾、黄河儿女、擂台比武等多种表演形式。鼓队有 24 至 48 人，多的达到 108 人。鼓手在领队的号令下击锣伴奏，队形不断变换，一会儿是两军对垒、金龙交尾、双重突围，一会儿是车轮旋战、跳打、蹲打、翻身打、岸打等。太平鼓表演中小伙们的基本步伐是：闪、展、腾、挪、翻、转、跳、跃。高鼓打花样，中鼓打技巧，低鼓打深沉。在农村里从阴历正月初三到正月十六这段时间的祭祀活动中，太平鼓队一直充当着重要角色。正月初三起社火，太平鼓队就打起锣鼓，在村里各家各户转一遍，名曰扫街，目的是为了打扫各家的秽气。然后在鼓队的带领下，村民们到附近的庙宇祭祀地方神，其形式相当于中原地区的庙会。此时太平鼓声惊天动地，目的是为了驱邪和祈求来年风调雨顺，五谷丰登。春节期间，村落之间太平鼓还要互相送社火，此时太平鼓又成了联络村落友谊和感情的桥梁。

太平鼓表演

0548 会宁狮舞

别　　称：耍狮子

级　　别：市州及以下级别

流布区域：会宁县境内

传承现状：社火团体队伍不断锐减，狮舞技艺传承慰问不客观。

服饰道具：纸叠、大麻或牛毛、灯泡、电灯、绣球。

简　　介：狮舞是中国优秀的民间艺术，每逢元宵佳节或集会庆典，民间都以狮舞来助兴。会宁狮舞作为狮舞长河里的一朵浪花，其活动时间主要在春节和春季寺庙法会期间，表演时由两人前后配合，前者双手执道具戴在头上扮演狮头，后者俯身双手抓住前者腰部，披上用牛毛缀成的狮皮饰盖扮演狮身，两人合作扮成一只大狮子，称太狮；另由一人头戴狮头面具，身披狮皮扮演小狮子，称少狮；手持绣球逗引狮子的人称引狮郎。引狮郎在整个狮舞活动中具有重要作用，他不但要有英雄气概，还要有良好的武功，能表演"前空翻过狮子""后空翻上高桌""云里翻下梅花桩"等动作。引狮郎与狮子默契配合，形成北方狮舞的一个重要特征。会宁狮舞也是在传承中逐渐发展起来的，其基本特征是外形夸张，狮头圆大，眼睛灵动，大嘴张合有度，既威武雄壮，又憨态可掬，表演时能模仿真狮子的看、站、走、跑、跳、滚、睡、抖毛等动作，形态逼真，可观性强。20世纪80年代以来，几乎乡乡都有自己的醒狮队，一年四季，开张庆典锣鼓声不断，逢年过节，狮队便上街采青、巡演。各镇、乡村群众性的狮艺普及也盛况空前，故而会宁狮舞其文化价值和意义也十分深远。

会宁狮舞

0549 神社火

别　　称：无

级　　别：市州及以下级别

流布区域：景泰县正路乡等地。

传承现状：保存完整，继续流传。

服饰道具：社火服饰，火把，易燃粉末

简　　介：神社火这一传统节日表演形式，其来源已无据可考。当地老人回忆，其先祖为河州（现甘肃永靖县一带）移民，于明末迁移至正路，神社火表演习俗为祖辈流传。神社火舞蹈是传统舞蹈与节庆活动相结合的产物。继承了传统神社火舞蹈特色，舞蹈队伍庞大，声势浩荡。传统神社火由旗手，炮仗队，鼓乐队，高乐客灯笼，高跷子（较低矮，脚踩踏板离地20—23厘米），"大身子"（仙女、武将、名人等），中郎（男装），拉花（女装），旱船及麻老婆、鬼子、毛蛋客（丑角）、货郎、瞎仙等组成，人物多衣领内插两把打开的纸扇，置于耳朵两侧。各种道具的外部装饰，沿用清代的服饰用具形制。人物面部用黑、红、白、蓝、绿等各色颜料，描画勾勒，以示人物文武、仙凡、净丑的身份。神社火表演既有汉族特点，历代文臣、武将罗列其中，规模庞大的演出队伍甚至有水浒108将，又有少数民族粗犷奔放的特色，崇信鬼神，禳灾祈福。神社火舞蹈表演者（主要是掌高乐客的灯笼）随鼓点或单舞、或共舞，姿态似巫祝祷，节奏或舒或急，似惊似扰，观之神秘莫测、令人惊怵。

神社火

0550 清水轩辕鼓舞

别　　称：无
级　　别：市州及以下级别
流布区域：天水地区
传承现状：良好
服饰道具：兽皮冠、清水麻鞋、大鼓、胸鼓、手鼓、大钹、大锣。
简　　介：甘肃清水县流传的轩辕鼓舞阵容庞大、气势宏伟。轩辕鼓其型有大、中、小三种，大鼓由众人合击，中鼓由男性挎于胸前表演，小鼓由女性持于手中表演。清水轩辕鼓舞是清水县极具地方特色的民间文化活动之一，它不但丰富了清水民众的文化生活而且民众通过这种形势祭拜人文始祖轩辕，传承了优秀传统文化。

清水轩辕鼓舞

0551 秦安扇鼓舞

别　　称：羊皮鼓舞
级　　别：市州及以下级别
流布区域：秦安扇鼓舞最早流传于秦安各乡镇，后来集中到境内西北的千户、王窑、郭嘉等乡镇，活动在陕甘两省部分地区。
传承现状：年老艺人日益减少，年轻爱好者的群体日益缩小。
服饰道具：秦安扇鼓舞是以铁打的形似扇子的鼓圈和牛筋鼓鞭两种构成的敲击鼓类。
简　　介：秦安扇鼓舞是在素有"羲里娲乡"之称的秦安这一具有深厚历史文化积淀的黄土地上，各民族文化长期不断交流、渗透、竞争和融合中产生、流传发展起来的一种民间祭祀舞蹈，具有深厚的历史文化价值。在民间主要用于庙会祭祀，镇山祈雨，祈求丰年，家庭祭祖，祛邪，以及民间社火演出等世俗化的宗教活动上。秦安扇鼓舞起源于上古，贯穿延续至今，在渭河支流的葫芦河周围地域均有传承，是陇上习俗文化的结晶。秦安扇鼓舞的表演形式蕴含着秦安人民与大自然抗争的精神、信仰、价值取向，涉及秦安的当地民风民俗、语言文学、饮食服饰、艺术宗教，以及人们的价值观念和精神风貌，具有人类学、民俗学研究的特殊价值，已得到人类学者及民俗学者的普遍关注。

秦安扇鼓舞表演绝技

羊皮鼓

0552 羊皮鼓

别　　称：扇鼓
级　　别：市州及以下级别
流布区域：天水市甘谷县全境
传承现状：师徒传承
服饰道具：锣、钹、鼓及相关服饰
简　　介：相关资料记载，扇鼓是一种极古老的乐鼓，在商代卜辞中已见其记载，形如心形，是祭司与神灵沟通的工具。相传古代有一位员外，有一女儿叫梅香，爱上了经常在家打工的长工黄大腊，她坠入爱河后常在后花园幽会，两人恋情已到如胶似漆的地步，一日不见即茶饭不思，但老员外岂容女儿嫁给一个长工，一对恋人被逼无奈，私奔他乡，气急败坏的员外派人寻找，终于在一破庙中找到了他们，一顿暴打后拆了破庙，迫使梅香回家，梅香最终选择与黄大腊双双投河自尽，员外痛失爱女，心中悲痛，后悔不已，便请扇鼓队为他们泣血招魂，从此扇鼓成祭祀活动的主要器乐，相传至今。

0553 秧歌

别　　称：无
级　　别：市州及以下级别
流布区域：天水市甘谷县全境
传承现状：一般
服饰道具：戏剧服装
简　　介：秧歌是一种微调式，节奏"一板一眼"。这主要是为了能"扭"（即舞），秧歌在甘谷流行区域各不同。例如：同样是《桂香女担水》，流行在南山区苟家岘一代的曲调和流行在北川北山区的就不一样，旋律进行多处不同，但分析其调式、起落与和弦结构，便可看出二者确属同一曲调。秧歌的表演形式是边唱边舞，加以对白，生动活泼，幽默风趣，常见的为二人对唱（包括对白），也有甲方一人，乙方多人的（如《转娘家》）。

秧歌表演

0554 甘谷高抬

别　　称：高台戏
级　　别：市州及以下级别
流布区域：天水市甘谷县全境
传承现状：因资金拮据等原因，在少数乡镇流传
服饰道具：车辆及运载工具，石墩，水泥构件，钢筋及装饰材料，戏剧服装。
简　　介：高抬，又称高杆戏，源于宋代军队庆祝胜利时将人抛于空中的娱乐活动，后传入民间。甘谷的高抬由山西、河南等外地客商引入，最初落户于安远、磐安等乡镇，距今有二百多年历史。高抬表演内容以古典小说、传统剧、新编历史剧中精彩片段为主，由戏剧人物装架组成。高台制作在20世纪60年代以前，基座为大石座以保持稳定，以人抬为主。现在以钢筋水泥墩或预制块为基座，改人抬为车载。制作时依特定故事情节固定支架，使演员在支架上呈现不同姿态。高台的外观用手工制作的假山花草装饰，上面装饰由彩纸剪辑成的动物图案，尤以当年生肖图案为主。高台的剧中人物由4岁左右的儿童表演，无论在哪演出，家长都要给孩子化妆，穿上准备好的服装，由车辆装载缓缓移动演出，甘谷高台的主要特点有：小巧玲珑，惊险干练，古典文雅，清秀大方，造型奇特，生动传神，将人物的喜怒哀乐固定在特定场景中。

高杆戏

0555 跑旱船

别　　称：划旱船，赶旱船
级　　别：市州及以下级别
流布区域：天水市甘谷县全境
传承现状：家族式传承
服饰道具：彩船，花灯，相关演员的戏剧服装。
简　　介：跑旱船也称划旱船，赶旱船。据传起源于北宋，为春节庆典助兴表演的一种艺术形式。旱船用竹木为骨架，由船身、船亭两部分构成，船身以彩布相围一周，船亭前开彩门，两侧及亭后有小窗，四周悬彩灯，表演时，一男子扮船姑（现在亦有妇女扮者），涂花脸，饰头花，着大襟花衣，蹬戏鞋立于亭内，双手提花船，一男子扮船公，戴草帽，穿对襟上衣，着大裆裤，裹白色绑腿，蹬青布鞋于船外挥船桨，引花船左转右转，或跑或停，悠悠晃晃，如舟行水上，逼真传神，旱船表演时配有轻快的船曲，流传的船曲有《正月里来是新春》《采花十二月》等。

跑旱船

0556 柳城高跷

别　　称：高脚子
级　　别：市州及以下级别
流布区域：天水市甘谷县全境
传承现状：一般
服饰道具：高跷棍，戏剧服装，戏剧人物脸谱，锣鼓。
简　　介：以《西游记》《水浒传》《三国演义》以及滑稽戏中人物为原型，饰以传统古戏装，

甘肃省文化资源名录 第二十二卷 非物质文化遗产 I　民间舞蹈

在脚上绑以 0.5—2 米高的木棍。木棍顶端有一横梁，约 10—15 厘米，以固定踩脚和绑脚。化妆完毕后，在街头巷道表演，两旁有人保护，但行走之人一般稳如常人，行姿优美，观者唯恐倾倒。化妆全部完成后，在演出活动时，随锣鼓声走动，可成双成对走动，绕圈走动，亦可群舞，游街起舞，人数不限，也无固定步伐，情之所至，足之蹈之，一张一弛，虽险却稳，表演者技艺高超。

柳城高跷

0557 甘谷舞狮

别　　称：狮子舞

级　　别：市州及以下级别

流布区域：天水市甘谷县全境

传承现状：一般

服饰道具：狮头，狮皮锣，鼓，大铃铛等；服装为白色羊肚毛巾，黄色服饰。

简　　介：舞狮据说起源于南朝宋文帝时期的将军宗悫，他为了打败林邑王范阳的象军而用麻布做了许多假狮，涂上五颜六色，每只狮子由两个士兵隐藏其中，两组对垒，狮头果然厉害，张牙舞爪出现在大象前，大象吓得掉头乱窜，宗悫军队大获全胜，此后舞狮便成为一种娱乐。

甘谷舞狮

0558 武山高跷

别　　称：高脚子

级　　别：市州及以下级别

流布区域：武山及附近地区

传承现状：良好

服饰道具：花脸装扮，身穿专门服饰，铠甲，折扇，大刀等。

简　　介：武山高跷，是当地村镇每年春节的主要娱乐形式之一。表演内容主要是装扮演出一些传统经典剧目和现代流行剧目。如历史故事人物、传统戏曲人物、四大名著人物以及现代模范英雄人物等。其表演形式是每人装扮成剧中各自承担的角色，脚踩高低不等的高跷板。队列形式变化丰富，表演技巧由易到难，紧随乐器鼓点，有跳跃、劈叉、踢腿、打转、轮磨、翻跟斗等精彩动作。近几年，高跷表演又向高难度延伸发展，真正体现了"高、悬、妙、精、绝、险"。表演者除了必须脚踩特制的高跷外，还要根据自己所扮演的角色，花脸装扮，身穿专门服饰，淋漓尽致地将所表演角色的特点、形象和气质结合高跷所特有技巧尽情地再现于观众面前。武山高跷表演，所用舞蹈音乐主要由表演剧目的内容和情节而定，或欢乐喜庆，或庄重沉稳，队形变化多端，节奏快慢结合。但要求必须踩点准确，步调一致，和谐统一，随队列的变化和鼓点的节拍而调整。步法主要有：一字步、十字步、进二退二步、进四退二进二步等。伴奏指挥乐器主要有：锣、钹、号、镲和鼓等。

武山高跷

0559 武山旱船

别　　称：无

级　　别：市州及以下级别

流布区域：武山及附近地区

传承现状：良好

服饰道具：彩纸扎制的船，船姑娘服饰，艄公服装。

简　　介：旱船舞自明代山西移民传入武山后，每年春节都要进行表演，距今已有400年发展传承历史。旱船是武山民间表演的传承节目之一，每年春节各乡镇都要表演。有单船、双船等形式。撑船者称为"船姑娘"，解放前一般为男扮女装，后直接由姑娘或媳妇表演。有"艄公"划桨引船，在前带路，做出各种划船前进的动作。而船姑娘走碎步，如水上行舟，颇为生动。

武山旱船

0560 武山秧歌

别　　称：武山社火

级　　别：市州及以下级别

流布区域：武山及附近地区

传承现状：不容乐观

服饰道具：戏剧服装、劳动服装，扇子、绸条、帕子、帽子、乐器等。

简　　介：武山秧歌也叫武山社火，又叫武山灯火道场，是集演唱、对白、表演、武术、杂技于一体的综合性民间艺术。武山秧歌的萌生、发展和最终形成，经历了漫长的历史过程，表现了当地独特的文化现象，在民俗学研究中有不可替代的作用。武山秧歌以其独特的形式反映了人民生活习俗和精神风貌，与民间娱乐祭祀活动关系密切。它的产生和发展丰富了民族舞蹈艺术，在长期的发展过程中，武山秧歌不仅形成了自己特有的固定模式，而且通过活动本身使其得到不断的开发和提高。武山秧歌曲采用高腔群唱的方式，具有音色响亮、起伏跌宕、豪放爽朗的个性特征，采用方言土语，具有浓郁的乡土气息。武山秧歌尽管有一些抄本传送，但零散，多不规整，不能尽现武山秧歌全貌，再加上秧歌唱腔繁多，曲调复杂，传习极为不易。随着时光推移，秧歌艺人大多年事已高，或相继谢世，传承存在很大问题，一些经典曲目丢失，无传承，造成难以估价的损失。武山秧歌的内容包含诗、歌、舞三大基本要素，带有方言俗语的演唱，历史悠久，以打击乐伴奏或民间小乐队伴奏，需龙灯、狮子、腰鼓、旱船、高跷，每逢春节常以地摊演出的形式活跃于全县各村庄，唱词通俗易懂，情节委婉动人，语调隽永绵长，充满了浓郁的生活气息。

甘肃省文化资源名录 第二十二卷 非物质文化遗产 I

民间舞蹈

223

0561 武山舞龙

别　　称：武山耍龙灯
级　　别：市州及以下级别
流布区域：武山及附近地区
传承现状：良好
服饰道具：白纱、竹木、铁丝扎制的龙，舞者白衣白裤。
简　　介：舞龙是民间传统艺术，在我国广大农村盛行不衰。也叫"耍龙灯""龙灯舞"。最早起源于唐代中期，以后历朝历代都有改进，到明清时期最为普及。主要在春节至元宵节表演，也在重大庆祝活动中表演。表演时舞动两条龙，每条龙有十一、十三或十五节，由8—12个青壮男子撑着。两龙随着龙头做出各种整齐、协调的动作，此起彼伏，腾空翻飞。常用动作有蛟龙漫游、头尾齐钻、龙摆尾、入海破浪等。在夜间表演时龙腹点燃灯光，龙目明亮，观赏性很强，群众十分喜爱。

武山舞龙

0562 武山纸马舞

别　　称：无
级　　别：市州及以下级别
流布区域：武山及附近地区
传承现状：良好
服饰道具：扎制的马身、马头，白色头巾，白衣青裤，马鞭，花篮。
简　　介：清代中期从山西来的移民中将纸马传入武山，以后在艺术上逐步发展，形成了较为独特的武山纸马舞。纸马舞一般在春节期间表演。纸马舞由4-8名骑着纸马的马队组成。骑马者称骑手，由马童赶着马队，提着花篮的仙女随队而行。表演时马童引路指挥马队摆着队形做出各种跳跃、奔跑、过河、上山的动作。有跳有唱，锣鼓伴奏。唱词为民间赶马调。

武山纸马舞

0563 武山舞狮

别　　称：无
级　　别：市州及以下级别
流布区域：武山及附近地区
传承现状：良好
服饰道具：麻编制的红色狮衣，狮头用铁丝、竹木扎制，狮子口可以开合。引狮者武生打扮，系腰带、穿英雄衣帽。
简　　介：武山的舞狮历史悠久，早在明代中期就盛行于武山农村。以后历代创新，增加了许多套路，今天成为群众最喜爱的民间传统表演项目。狮子舞一般有双狮或四狮表演，由一位武生引舞，引舞者手拿一颗绣球，吸引狮子相互追逐，做出各种喜、怒、哀、乐之表情。狮子欢腾跳跃，辗转腾挪，场面热闹。

武山舞狮

0564 高台

别　　称：高杆

级　　别：市州及以下级别

流布区域：张家川县15个乡镇的汉族村庄

传承现状：良好

服饰道具：戏服、木台、木杆、绳子、拖拉机或者汽车等。

简　　介：高台最初的形成源于战争，当时宋朝和西夏打仗，宋朝大将杨文广驻守甘谷安远镇，每次打完胜仗，士兵们都要把将领抛向空中，以此表达庆贺。战争结束，人们为了庆贺胜利，便将"空中抛人"的地方保留了下来。斗转星移，"空中抛人"逐渐演变为高台。起先，"高台"也叫"高抬"。现在高台演出往往需要给孩童化上戏妆固定在铁架子上，穿好戏服，周围被装饰成相符的环境，造型奇特，生动传神。然后众人将镶入石块的铁架子抬起移动，故名"高抬"。随着改革开放给农村带来的巨大变化，高抬不再需众人以力相搏，而是被搬上了农机车辆，在铁架子下固定上石头，在车厢内形成一个石台，名字也就被叫作"高台"了。张家川每年春节期间"高台"表演已经成了比较普遍的社火节目。

高台

0565 张家川社火

别　　称：耍社火

级　　别：市州及以下级别

流布区域：张家川汉族村庄

传承现状：良好

服饰道具：戏服、纸花等。

简　　介：张家川社火俗称张家川社火，是春节期间城乡群众开展的传统文娱活动。春节耍社火的具体形式随地域而有较大差异，举办社火表演的时间也因地而异。如马关的"上八"，龙山的"上九"、梁山的"十一"，张棉的"十二"，张家川县城的"十四"，恭门的"二十五"，当地群众都要举行声势浩大的社火表演活动，其中张家川"十四"耍社火的规模最大，集中了全县所有乡镇和乡村的社火，另外还有邻县的社火也会来参加"正月十四"的社火表演。耍社火当天炮仗声震天，响彻山谷，彩旗招展，人山人海，锣鼓开道，舞长龙，耍狮子，撑旱船，扮假面，高跷，扭秧歌等，各式各样、形态万千的社火队依次布阵，轮番表演，队伍长达数十里，真可谓是欢天喜地，热闹非凡。新春闹社火，给大家带来喜庆、欢乐的同时，也蕴含着对来年美好生活的寄托，更是对民间传统艺术文化的传承。

张家川社火

0566 耍狮子

别　　称：舞狮子
级　　别：市州及以下级别
流布区域：张家川县15个乡镇汉族村落都有分布。
传承现状：良好
服饰道具：舞狮服，绣球，桌子、凳子。
简　　介：耍狮子，也称舞狮，是一种传统的民间舞蹈。狮子骨架用钢丝、铁丝扎绑而成，罩以彩布，外套彩麻。表演时，由两名男子顶狮，一武士手持绣球，在一片锣鼓声中逗引狮子，狮子追逐绣球，腾空跃起或勇猛前进，做出打滚、咬痒、抖毛、跳凳子、滚绣球、卧睡、摇头摆尾等各种动作。狮子以追逐为乐，表演各种技巧动作。最后，引狮人手牵狮头绕场结束。一般情况下，耍狮子在傍晚进行，一直要到半夜围观群众四散归去才宣告结束。

0567 凉州永昌滚灯舞

别　　称：顶灯
级　　别：市州及以下级别
流布区域：凉州区永昌镇石碑村独有
传承现状：传承无法延续
服饰道具：舞者勒头带，着太保衣，灯笼裤。腰系宽带，脚穿白鞋。
简　　介：滚灯舞也叫"顶灯"，主要流行于凉州区永昌镇一带，属一种祭祀性舞蹈。传说古代当地一片沼泽，一日忽见天空飞物，为天神遨游，自北向南而过，恰被一担水女子识破真相，倏而变为凡物坠落凡间，化作巨龟驮碑。此碑原在平地，后遇一仙道施求拱土筑台，使神碑立于高台之上，成为众事之神。滚灯作为巫舞，由此产生。经考证认为，此碑源于元代，每年正月十五日，群众在石碑前立木架，并摆放、点燃灯盏，摆成"天下太平""预祝丰年""国泰民安"等字样，以祈年丰人寿。舞蹈表演颇富杂技技巧。舞者勒头带，着太保衣，灯笼裤。腰系宽带，脚穿白鞋。表演时头顶瓷碗，碗边的色彩装饰为荷花形，内盛泥土，插燃烛一根，随锣鼓乐起舞。动作主要有蛋白、双摆、猴式、白鹤亮翅、柳树攀根、鸭子凫水、鸭子孵蛋等，以较高难度的动作——"滚灯"最为高潮，一般为晚上表演，突出队形变幻与灯的表现。相传表演舞蹈为十六套，现挖掘，整理存有十套，滚灯舞风独特，是古凉州有代表性的民间舞蹈艺术形式之一，深受当地群众喜爱。现因经济条件制约，表演间断，传承无法延续。

凉州永昌滚灯舞

0568 民勤社火

别　　称：民勤县秧歌社火
级　　别：市州及以下级别
流布区域：民勤全境

传承现状：流传广泛，传承良好。

服饰道具：各种人物服装，舞龙、舞狮服装、高桌、高凳、绣球、彩旗、头饰等。

简　　介：秧歌社火是古代的一种在节日祭祀土神的活动，后演化为秧歌形式的文化娱乐活动。现在，武威市民勤县秧歌社火已成为春节、元宵佳节的重要文化活动之一，参与者遍布全县各乡镇，特别突出的是苏武乡，该乡秧歌社火阵容庞大，上百人的演出队伍增添了浓烈的节日气氛，扮演者工农兵学商，扮演的戏剧人物有唐僧、孙悟空、猪八戒、沙僧、白骨精、包拯、王朝、马汉以及滑稽人物（丑婆子、瞎子、大肚子等）。形式多样，有锣鼓队、唢呐队、秧歌队、花束队、旱船队、高跷队、舞龙队、舞狮队。内容丰富，有扭秧歌、舞龙舞狮、摇旱船、踩高跷、骑驴等。闹社火从正月初二开始，一直到元宵节后结束，时达半月之久。欢庆热闹的秧歌，铿锵有力的锣鼓，盘旋飞舞的长龙，闹出了辞旧岁、迎新春，共贺新年美景的喜悦心情，表达了全县人民谋发展，共创业，建设美丽新民勤的豪情壮志，同时也在春节期间为广大人民群众献上了一道丰富的"视觉大餐"。由于县委、政府的重视，节庆扭秧歌、闹社火之风气十分兴盛，表演水平也随之提高，多次在市级表演中获得大奖。参加武威市天马旅游节演出获得广泛好评。

民勤社火

0569 乌江镇狮子上缆绳上板凳

别　　称：无

级　　别：市州及以下级别

流布区域：甘州区乌江镇安镇村

传承现状：该项目虽现在还能正常开展，但技巧和表演的艺术性都不及以前。需及时加以抢救和保护。

服饰道具：板凳、绣球、绳子、狮子皮。

简　　介：现流传于甘肃省张掖市甘州区乌江镇安镇村（原名安贞村）的传统舞狮项目——狮子上板凳、上缆绳，是由河南籍药商张海东在清代光绪年间，携子张玉秀、张玉山在当地定居经营药材生意时，把当地与家乡河南两地不同的舞狮风格与技艺结合起来所创造，历经200多年。乌江镇安镇村（原名安贞村）的传统舞狮项目——狮子上板凳、上缆绳是南、北舞狮技巧完美的结合，以惊、险、奇、美著称，有着较强的艺术性和观赏性，在全市乃至全省传统舞狮表演活动中占有重要的一席之地，有着深远的影响，曾4次荣获市、区社火调演一等奖，它对丰富人民群众文化生活，增强人民群众身体素质，构建和谐社会有着积极的促进作用。

乌江镇狮子上缆绳上板凳

0570 太平车

别　　称：无

级　　别：市州及以下级别

流布区域：山丹县境内

传承现状：广泛

服饰道具：戏剧服装

简　　介：山丹"太平车"是流传于山丹县东乐乡的一种民间艺术，是当地的传统社火表演形式之一，但它与一般意义上的社火表演不同，除具备一般社火表演的情绪性、技巧性，具有舞蹈表演和幽默诙谐的即兴表演元素外，它还具备了地方戏曲部分功能，既有显明的主题、完整的故事，又有特定的人物造型和表演陈式。从音乐上看，它有一套独特的曲调，约十余种，基本能够表达人物的喜、怒、哀、乐等情绪，音乐伴奏也有文武之分，表演手法和陈式也与戏曲极为相似。"太平车"所表演的内容，是《西厢记》里张生与崔莺莺十里长亭送别的情景。其唱词极为文雅洗炼，曲调优美独特。出场人物共五位，即张君瑞（小生）、书僮、莺莺（小旦）、红娘（花旦），以及推车的老翁，服装全是古戏剧装，道具主要是一乘小轿，其音乐据传有九腔十八调，目前流传的基本特征调查下来，用于演唱的有十余个曲调。据考，山丹"太平车"源于明洪武年间，当时一批移民由陕西西迁，途经山丹县东乐乡城西村，与当地村民共舞社火娱乐，陕西移民遂将《长亭送别》整套演唱传于当地村民。城西村早年叫"太和村"，"太平车"因此得名，并世代相传至今。

山丹"太平车"

0571 民间舞蹈

别　　称：武社火（北沟村社火）

级　　别：市州及以下级别

流布区域：县域内

传承现状：北沟社火起始至今已有200余年历史，代代相传。

服饰道具：刀、枪、剑、鞭、锣鼓、灯笼等；以戏曲服饰为主，也有根据表演情节自己制作的社火表演服饰。

简　　介：社火，解放前称"射虎"，起源很早，从现有的文献资料和出土文物来看，可追溯到隋唐年间。据灵台县出土的唐代砖雕击乐图分析，武社火的表演，五代时已成为当地人们生活中不可缺少的艺术表演。宋元之后，灵台武社火逐步发展，至明清时，几乎每个村寨都有，而且相互竞争，阵容、演技逐步提高。民国时受周边地区社火影响，灵台社火的表演内容、形式进一步充实，曾十分红火，但"文革"中被打击而销声匿迹。改革开放后，社火随着民间各项文化活动的发展而又再度兴起，并非常盛行，备受群众喜爱。灵台社火类型繁多，但以武社火为主要表现形式，其场面浩大，气势恢宏，热闹非凡。

武社火

0572 跑旗

别　　称：跑城、跑庄

级　　别：市州及以下级别

流布区域：平凉市崇信县新窑杨安村

传承现状：良好

服饰道具：戏剧服饰，帅旗、大刀、剑、鞭等戏剧道具。

简　介："跑旗"是流传于崇信县新窑镇杨安村的一种民间舞蹈，是当地百姓把古时军队操练、演练的形式继承和发扬演变成的一种社火节目，用来开场。跑旗形式阵容庞大，气势宏伟，队形变换多样，属大型集体舞蹈。其寓意是以恢宏气势驱赶魔障，以祈求一方风调雨顺、五谷丰登、平安祥和。队形名称有"太子游四门""蛇蜕皮""黑虎剜心""四门兜底""缠棉花""蛇摆腰""白马分鬃"等，队形变换时都有"参旗"动作。其主要特点是边跑边变化队形，阵势庞大，气势宏伟。2007年跑旗被批为平凉市第一批非物质文化遗产保护项目，2009年被批为崇信县第一批非物质文化保护项目，多次参加平凉市文化旅游节，作为开场节目进行表演。

跑旗

0573　傩面舞

别　　称：喊牛腔，傩社火
级　　别：市州及以下级别
流布区域：静宁县曹务乡张洼村
传承现状：良好
服饰道具：古戏剧服、面具。

简　介：傩面舞，是一种古老的驱鬼仪式，以祭祀祖先，祈祷丰收，驱鬼除疫，消灾呈祥，是一种祭祀舞蹈活动。因舞者必带面具，这些面具被称为傩面。傩面舞的表演是将一个人穿红挂绿，装扮起来。再戴上象征某位神灵的傩面，随着锣鼓的节奏，边跳边唱，表演时动作简单粗犷，情节婉转曲折。不论人物性格的粗犷或细腻，夸张或真实，表现在傩面之上都栩栩如生。曹务乡张洼村的傩面舞延续了当地的一些风俗习惯，在每年的正月十五晚上都要进行驱邪求吉形式的表演。

傩面舞

0574　太平车

别　　称：无
级　　别：市州及以下级别
流布区域：肃州区
传承现状：春节表演
服饰道具：男女节庆彩衣、帽饰、花车、彩绸缎等。

简　介：肃州区春节期间社火舞蹈的一种，根据当地农耕生产，干旱少水的气候特点，结合了双人旱船的特点和故事情节而创编。在本地许多地区流行，总寨镇的太平车在社火中最有特色。一般是由一女子坐在手推车上，后面一男子推着。其实是在女子腰间固定彩绸布围成的手推车，将其双腿遮掩，在车箱内做一双假腿，女子做走路表演时，那手推车往前移动或左拐或右弯，仿佛是太平车推着女子在走，与男子的动作表现要一致。技术要求也很高，表现喜庆欢乐的场面。

0575 霸王鞭

别　　称：无

级　　别：市州及以下级别

流布区域：肃州区

传承现状：式微

服饰道具：鞭、有各种图案的方巾、鼓、竹片、金钱鼓、彩带。

简　　介：鞭长约1米，以竹、木做成，两端嵌有铜钱，鞭身饰以彩纹。有单鞭也有双鞭，舞者以鞭敲击肩、臂、腰、背、腿，打出有节奏的声音，随之而跳跃舞蹈。两人或多人舞时还相互对击。即兴性较强，可根据自己的情绪、性格和技巧击打。各地还有一些套路，如雪花盖顶、黄龙缠腰、三点头等。进行这一运动时，一手的手指上扣着绣有各种图案的方巾，另一支手执鞭的中端、鼓或竹片，也有双手各执一鞭的。舞起来时，以鞭击打或碰击臂、腿、肩、腰、背、脚心、膝、胯、肘、手掌等部位或地面，两人以上舞蹈时常常互相对敲，随着跳动的步伐，这些器械发出整齐有节奏的悦耳响声。

霸王鞭

0576 舞龙

别　　称：无

级　　别：市州及以下级别

流布区域：肃州区

传承现状：式微

服饰道具："龙头龙身"，撑龙杆，铃铛绣球；大鼓、鼓槌等。

简　　介：舞龙是肃州及邻近县市在春节期间组成社火的重要民间集体舞蹈，流行在肃州区的龙舞至今已有一千多年的历史了。它从中原传入肃州，很快在广大农村地区流传开了。中深沟村舞龙表演，相传已有三百多年表演历史，主要是在春节过年和"二月二"的时候表演，在农家或田间地头表演，祈福来年风调雨顺、国泰民安、五谷丰登。最早发源于中深沟村马家（安家），中深沟村舞龙又称为马家龙（安家龙）。

0577 舞狮

别　　称：无

级　　别：市州及以下级别

流布区域：肃州区

传承现状：式微

服饰道具：大狮子头，大狮子尾，小狮子头，铃铛绣球，大鼓，鼓槌，桌椅等。

简　　介：民间有"曾家狮子马家龙"的说法，意思是说肃州区只有曾家家传的"耍狮子"马家家传的"耍舞龙"才是真正的耍狮舞龙，才值得一看。现在均已失传，曾家后人与马家后人都只是听而不会舞了。它的主要特点是要求表演功夫过硬，动作高难。表演者在叠架起的多张方桌上翻腾跳跃，举步轻盈自如，十分惊险又极为精彩。在20世纪80年代初，肃州区西峰乡和蔬菜公司的狮子舞最出色亦最为有名，现已失传，无人会耍。其他无可考。

0578 旱船

别　　称：无

级　　别：市州及以下级别

流布区域：肃州区

传承现状：春节表演

服饰道具：艄公草帽，长衫，船桨，髯口，

烟杆。

简　　介：肃州区社火最传统的舞蹈之一。女子带着"船"在水面上漂来漂去，做出水波轻漾，船随水流之状。一长须老艄公则双手持桨在船的前头或斜上方用力划水，一会儿向左，一会儿向右，动作逼真形象，乘船女子则"乘"着船儿跟着"艄公"一会儿向左，一会儿向右，与艄公配合十分默契。因是在陆地上行"船"，故名"旱船"。其生活气息十分浓厚，艺术形象也较生动。

0579　肃州铁芯子

别　　称：彩车铁芯子
级　　别：市州及以下级别
流布区域：肃州区
传承现状：式微
服饰道具：转盘，轴承，轴杆，彩绸缎，人物服饰，生肖或造型模型，秧歌队服饰。

简　　介：肃州铁芯子也叫彩车铁芯子。自20世纪80年代兴起春节文化活动以来，每年春节期间，各社火队都要以装扮一新的彩车打头，在社火队最前边缓缓行驶。整个彩车被彩板或彩绸围裹起来，只留驾驶室的车窗供司机观望，车箱内置铁芯子，因此而远近闻名。彩车铁芯子车厢底部置一基座，中心安转动轴，轴杆高竖，顶端撑一直径两米的圆盘，盘中或安放历史人物、神话故事中的人物、动物造型，或少年儿童在上面化妆成各类形象进行表演，俗称"铁芯子"。车帮两壁可作与本单位相关的任何宣传。彩车或行或停，"铁芯子"不停转动，顶部圆盘上面的人物或动物造型以及所表演的形象，任何角度任何位置的观众都能看见，"铁芯子"位于高处，引人注目。在每年的春节文化活动中，都成为一景而备受欢迎。但因其造价较高，投入大，制作较难，而渐渐消隐。"铁芯子"起着带头和指挥的作用。现已成为肃州区春节文化活动期间融文化娱乐、企业宣传为一体的一大亮点。

0580　地蹦子

别　　称：社火、秧歌
级　　别：市州及以下级别
流布区域：甘肃省金塔县金塔镇周边区域
传承现状：全镇流传
服饰道具：男小生服饰，花姑服饰，腰鼓，小铜锣等。

简　　介：地蹦子，又叫社火、秧歌子，是一种民间集体舞蹈，历史悠久，源远流长。据史书记载，唐太宗时期地蹦子就已经产生了。金塔社火起源于"护清官"的传说。相传，很早以前有个清官叫庄王，被朝廷奸贼陷害指其要聚众谋反，皇上降旨要将庄王满门抄斩。百姓们便将庄王一家化妆成社火队演员，逃出城去，使得庄王一家得救。从此便流下了春节跳社火的习俗。

0581　踩高跷

别　　称：无
级　　别：市州及以下级别
流布区域：甘肃省金塔县金塔镇周边区域
传承现状：全镇流传
服饰道具：木棍；古装、时装、民间服。

简　　介：高跷出演人数不定，每个表演者小腿上各绑一只木棍，脚踩木棍中横撑，木棍上粗下细，高0.08米左右。表演时排双列，着装或古装，或时装，有扮演戏剧人物的，亦有扮演唐僧师徒和八仙的，还有扮工、农、商、学、兵、医等，根据服装道具而定。鼓、锣、钹伴奏，秧歌鼓步，边舞边唱，跳一阵儿唱几首歌再跳，表演花样与秧歌相同。

金塔踩高跷

0582 舞龙

别　　称：无
级　　别：市州及以下级别
流布区域：酒泉地区
传承现状：全镇传承
服饰道具：男孩、女孩、老头、老太、唐僧、悟空、八戒、沙僧、福、禄、寿、喜、财等人物角色的服饰。
简　介：舞龙起源于汉代，经历代而不衰。舞龙最初是作为祭祀祖先、祈求甘雨的一种仪式，后来逐渐成为一种文娱活动。人们之所以要舞龙，与古代劳动人民在农业生产中对自然现象缺乏科学了解有关。他们幻想龙是管雨的，想以舞龙来祈求神龙，以保风调雨顺、五谷丰登。舞龙的"龙"，通常都安置在当地的龙王庙中，舞龙之日，以旌旗、锣鼓、号角为前导，将龙身从庙中请出来，接上龙头龙尾，举行点睛仪式。龙身用竹扎成圆龙状，节节相连，外面覆罩画有龙鳞的巨幅红布，每隔1.7—2米有一人掌竿，首尾相距大约有33米。龙前由一人持竿领前，竿顶竖一巨球，作为引导。舞时，巨球前后左右四周摇摆，龙首作抢球状，引起龙身游走飞动。舞龙是个大节目，舞到任何一处都会受到招待。舞龙的队伍有时一天可以吃五六次酒宴，这叫"龙换酒"。时至今日，舞龙经过不断发展和改进，经常成为一种具有观赏性的竞赛运动。舞龙的动作千变万化，九节以内的侧重于花样技巧，较常见的动作有：蛟龙漫游、龙头钻档子、头尾齐钻、龙摆尾和蛇蜕皮等，再配合龙珠及鼓乐衬托，使舞龙成为一种集武术、鼓乐、戏曲与龙艺于一身的艺术样式。

舞龙

0583 舞狮子

别　　称：无
级　　别：市州及以下级别
流布区域：甘肃省金塔县金塔镇周边区域
传承现状：全镇流传
服饰道具：狮头、狮身。
简　介：狮子舞是模仿人训活兽而形成的舞蹈。用纸壳做狮头，布做狮身，麻皮做狮鬃、狮毛、狮尾，彩饰狮形。表演时两人一前一后身穿与狮身色相合之裤褂，蒙上狮皮布套，一人撑狮头，一人撑腰尾，后者牢抓前者腰带，配合起舞。另外，每狮有一位少年扮作训狮人，手持彩球引舞，古装打扮，大鼓、铜锣、钹伴奏。随着伴奏锣鼓声，演滚绣球、大翻身、洒金钱、抖毛片、跳板凳、登山（攀桌子）等花样。出场演出的狮子，最少一只，多者四只，也有一人扮一小狮数只嬉闹者。

舞狮子

0584 民间秧歌旱船

别　　称：金塔划旱船
级　　别：市州及以下级别
流布区域：甘肃省金塔县金塔镇周边区域
传承现状：全镇流传
服饰道具：船；艄公、花姑服饰
简　　介：旱船俗称划旱船，金塔旱船据说最早是人由山西移民带入，每逢春节和庙会期间，进行表演。旱船表演在中原文化、边塞文化、居延文化的影响下，从单一的表演形式，相继转为演唱形式。乐器也由单一的铜器发展为唢呐、笛子等表演，使旱船表演经久不衰，深受广大人民的喜爱，延续至今。

金塔旱船

0585 跳芯子

别　　称：无
级　　别：市州及以下级别
流布区域：甘肃省金塔县金塔镇周边区域
传承现状：全镇流传
服饰道具：铁杆、方桌
简　　介："芯子"是一种大型的空子舞蹈，举办很不容易，因需要人多、费用大，事前要呈报县府批准。具体装扮须由铁匠打制单人杆和双人杆两种，铁杆下粗上细，4.6米—5米顶端置踩脚横板，外心蓝布包缠，因叫芯子。芯子一组共有27人，扮演者17人，帮场10人（掌乐器的在外），演员都是十二三岁的男女孩童，多着时装，表演时用五个方桌，每桌置3个杆（双叉杆2个），扮演者各穿鲜艳衣裙，腰束丝绸飘带，牢绑在铁杆顶端，然后连人带杆绑在方桌腿上，演员周围装置各种花朵和其他饰物，每桌4人抬，两边各有1人保镖，手持长柄护杆安宫扇形的护板，以防演员闪失，在前面还有2人抬一条桌，横担一根棕头的木头，两头各骑1人，叫作独龙杆，两人一松一驰的上下翻转，前春官、后春婆，或扮张公张婆，行动时，各自进行，锣鼓齐鸣，杆上小孩有的手舞绸巾，或拿水瓶，或拿花朵、仙桃，有的假脚踩在花枝上，或菜叶上，有的立在莲花心，望去玄妙无比，游街走巷，稳步前进，行进中表演观音撒净水、天女散花、白猿摘桃等，观众不断鼓掌，如此表演三至五天。

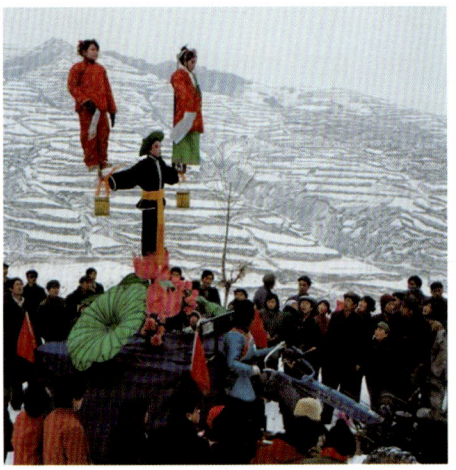

跳芯子

0586 耍灯笼

别　　称：无
级　　别：市州及以下级别
流布区域：甘肃省金塔县金塔镇周边区域
传承现状：全镇流传
服饰道具：布龙，龙灯
简　　介：农历正月十五，是我国民间的传统节日——元宵节，金塔民间又叫花灯，在这一天人们要举行耍花灯的活动。关于花灯节的起源，金塔流传着一个有趣的传说。东汉明帝时，印度的佛教传入中国。此后，每年的正月十五，人们都会隐隐约约看见一群神仙在月光之下婆娑起舞。有一年，天空突然飘来大片的白雪，遮住了飞舞的神仙。人们一时不见神仙，大为惶恐，纷纷举起火把到处寻找。从此之后，虽然再也看不到飞舞的神仙，可是人们仍然年年拿着火把寻找。后来，火把演变为灯笼，就相沿而成风俗了。

耍灯笼

0587 社火

别　　称：无
级　　别：市州及以下级别
流布区域：瓜州县各乡镇
传承现状：濒临失传
服饰道具：社火服装及锣鼓扇等
简　　介：瓜州社火，历史悠久，是瓜州最具代表性的一种民间舞蹈形式，也是在民间广场上独具一格的集体歌舞艺术，因社火舞姿丰富多彩，深受农民欢迎，热闹非凡。社火具有自己的风格特色，一般由舞队十多人至百人组成，扮成历史故事、神话传说和现实生活中的人物边舞边走，随着鼓声节奏，变换各种队形，深受广大观众的欢迎。

瓜州社火

0588 踩高跷

别　　称：缚柴脚
级　　别：市州及以下级别
流布区域：瓜州县各乡镇
传承现状：濒临失传
服饰道具：踩高跷的服装和绑腿
简　　介：瓜州社火踩高跷，是汉族传统民间活动之一。踩高跷俗称缚柴脚，亦称"高跷，"踏高跷""扎高脚""走高腿"，是民间盛行的一种群众性技艺表演，多在春节期间由舞蹈者脚上绑着长木棍在广场进行表演。踩高跷技艺性强，形式活泼多样，由于演员踩跷比一般人高，便于远近观赏，而且流动方便，因此，深受群众喜爱。瓜州社火踩高跷历史悠久，踩高跷本属我国古代百戏之一，早在春秋时已经出现。表演者不但以长木缚于足行走，还能跳跃和舞剑，高跷分高跷、中跷和跑跷三种，最高者1.3米多。表演的人将双脚分别绑在木棍上，化装成各种人物，一人或多人来往逗舞，由唢呐伴奏，表演有趣的动作或故事。北京称为"高跷会"，黄河流域则称"扎高脚"，有文跷、武跷之分。文跷主要表演走唱，有简单的舞蹈动作。武跷则表演倒立、跳高桌、叠罗汉、劈叉等动作。今人所用的高跷，多为木质，表演有双跷、单跷之分。双跷多绑扎在小腿上，以便展示技艺；单跷则以双手持木跷的顶端，便于上下，动态风趣。其表演又有"文跷""武跷"之分，文跷重扮相与扭逗，武跷则强调个人技巧与绝招，瓜州社火高跷，已形成鲜明的地域风格与民族色彩。

瓜州高跷

0589 棕熊舞

别　　称：无
级　　别：市州及以下级别
流布区域：阿克塞县境内
传承现状：世代普系
服饰道具：民族服装，冬不拉等各种乐器。
简　　介：棕熊舞为哈萨克民间模拟式舞戏。戏中人物有三个：猎人、熊（人扮）、遇难人，表演时熊先出场，表演熊在森林中的各种动作造型。然后是一个人被熊抓着，摔跤后扑倒。熊准备嬉戏后再吃。这场面被猎人看在眼里，一箭射出，正中熊足。熊受伤，遇难人得救。舞蹈中猎人骑在熊身上，和熊搏斗，最后熊瘸着腿逃走了。乐曲《瘸熊》，曲调优美动听，节奏模拟逼真，因而由此可能就产生于《瘸熊》的故事。《新唐书·音乐志》中记载化妆舞"钵头"，内容为"昔日有人被虎所伤"，"其子求兽杀之"。瘸熊舞内容与其相近，民间艺人说熊舞过去头顶兽皮跳。现在多在上下眼睑间撑火架棍，两鼻孔和下嘴唇上撑两根长一点的芨芨草秆，将嘴撑开，造成丑恶的形象，人物交错出场，活泼有趣。

棕熊舞

0590 黑走马

别　　称：卡拉角勒哈
级　　别：市州及以下级别
流布区域：阿克塞县境内
传承现状：世代普系
服饰道具：哈萨克民族服饰，冬不拉
简　　介：卡拉角勒哈（黑走马）是一种比较古老的舞蹈，关于它的起源，在哈萨克族民间有这样的传说：很久以前，草原上有一位哈萨克族小伙子发现了一群野马，他挥动套马索套住了一匹非常剽悍的黑色野马。小伙子历尽种种艰辛，克服重重困难，终于将它驯化成一匹上好的走马。当他骑着黑走马回到阿吾勒（家乡）时，乡亲们闻讯纷纷前来祝贺。小伙子在马上和马下，用各种动作自豪而诙谐地表演了他捕捉和驯化黑马的整个过程。从此，以骑马为题材的，表现草原上骏马奔驰时矫健姿态的卡拉角勒哈舞蹈便在哈萨克族民间流传。

黑走马

0591 传统社火

别　　称：民间社火
级　　别：市州及以下级别
流布区域：玉门市
传承现状：继续传承
服饰道具：脸谱、高跷、旱船、狮子等。
简　　介：玉门民间延袭至今的社火内容比较丰富，有高跷、狮子、旱船、东洋车、腰鼓、秧歌、地蹦子、跑驴等，除以上几种形式之外，玉门民间流行的传统社火，还有霸王鞭、大头娃娃、铁芯子、太平鼓等。近年来，从外地还引进了猪八戒背媳妇、二鬼摔跤、耍灯笼等，使玉门社火更加丰富多彩。

玉门市花海镇的舞狮

0592 社火表演

别　　称：无
级　　别：市州及以下级别
流布区域：分布于宁县各个乡镇
传承现状：表演群体萎缩，观众减少，传承面临断代。
服饰道具：以戏剧舞蹈服装为主。
简　　介：宁县社火表演起源于18世纪中期，盛行于19世纪60年代，自清代到民国初年，宁县社火在表演形式上有所改变，将传统的表演曲目增添新的历史典故，表演风格开始转变。自改革开放以后，宁县社火表演有了很大发展，尤其是在庆阳香包民俗文化节上，宁县社火表演深受广大群众的欢迎和喜爱。

社火表演

0593 高跷艺术

别　　称：走柳枊腿
级　　别：市州及以下级别
流布区域：高跷艺术流行分布于宁县中村、早胜、良平、春荣、瓦斜、南义、焦村、和盛、太昌等十四个乡镇。
传承现状：表演群体萎缩，观众减少，传承人面临断代。
服饰道具：服装以戏剧舞蹈服装为主。
简　　介：流传于中村的踩高跷表演，又叫走柳木腿。表演时，演员先上妆，再绑上柳木腿，穿上表演服装。有纯表演型和艺术表演型两大类。表演内容多取材于戏剧。

高跷艺术

0594 闪高曳

别　　称：无
级　　别：市州及以下级别
流布区域：陇中
传承现状：濒临失传
服饰道具：戏服、高曳灯

简　　介：闪高曳是定西正月耍秧歌里的代表节目，具有地方性和地域文化性。表演内容为扭、唱、说、跳等。表演的人手拿两盏灯盏，说唱表演。闪高曳的表演里有多人参加，演出形式为群众舞蹈。

正在表演中的闪高曳

0595　划旱船

别　　称：无

级　　别：市州及以下级别

流布区域：陇中

传承现状：濒临失传

服饰道具：戏服、旱船。

简　　介：划旱船是定西民间新年正月的传统节目，也是定西正月耍秧歌经典保留节目。划旱船的表演，极具戏剧性和表演性。一般由两个人组成，一人扮演老生，一人扮演船姑娘。一唱一和，风趣幽默；一人划船，一人坐船，生动诙谐。划旱船是定西百姓津津乐道的民间节目，有浓厚的地方特色和地方文化内涵。

划旱船

0596　旱船舞

别　　称：无

级　　别：市州及以下级别

流布区域：通渭

传承现状：舞蹈特技大多失传，高难动作无人表演，后继无人。

服饰道具：精美

简　　介：通渭西关村的旱船舞有着一定的艺术特征和价值，通渭县文化部门从20世纪80年代起，就进行了大量的挖掘和整理工作。但由于一些表演双人旱船舞的老艺人年老体衰，并且有的已经逝世，而学习这个舞蹈的青年人不多，舞蹈特技大多失传，高难动作无人表演，后继无人。因此，这一民间艺术的瑰宝急需保护、抢救和继承发展。据了解，2010年，通渭县文化馆即呈文报县政府，要求对西关村民间舞蹈进行挖掘、整理、保护。当年，西关村成立了以刘胜武为主的西关民间舞蹈抢救、挖掘、保护领导小组。2011年，通渭县利用西关村民间舞蹈的研究成果，组建起一个西关村民间舞蹈表演团，在通渭全县举办民间舞蹈表演活动，以扩大西关村民间舞蹈的影响。当然，这一保护工程需要花费不少资金，通渭县文化馆当时已经作了经费预算。为了使保护工程更有成效，通渭县有关部门正在着手完善机制，其中两个机制最为有效：一是发展民间舞蹈队伍，培养舞蹈人才。二是发展西关村民间舞蹈与开发文化产业相结合，以产业为依托，以发展民间舞蹈为目的的艺术市场营运机制。

旱船舞

0597 纸马舞

别　　称：无
级　　别：市州及以下级别
流布区域：通渭
传承现状：舞蹈特技大多失传，高难动作无人表演，后继无人。
服饰道具：精美
简　　介：纸马舞在通渭很早是祖先崇拜的集中体现，反映了通渭民间的丧葬祭祀习俗和传统舞蹈形式。其表现形式和发展过程反映了通渭社会生活的历史变迁，对研究通渭的历史、文化、艺术发展均具有较高价值。纸马舞原有的丧葬祭祀性已经演变为群体娱乐性，从内容到形式都发生了根本变化，现在西关村的纸马舞主要成为了民间社火的一个杂耍来的。通渭西关村的纸马舞有着一定的艺术特征和价值，通渭县文化部门从20世纪80年代起，就进行了大量的挖掘和整理工作。但由于一些表演纸马舞的老艺人年老体衰，并且有的已经逝世，而学习这个舞蹈的青年人不多，舞蹈特技大多失传，高难动作无人表演，后继无人。因此，这一民间艺术的瑰宝亟待保护、抢救和继承发展。通渭西关的纸马舞在2010年就申报成了通渭县县级非物质文化遗产项目，并进行了一系列的保护工作。一是进一步深入展开普查工作，全面掌握西关村民间舞蹈的有关情况；二是对西关村民间舞蹈进行系统地挖掘、整理、研究，使西关村民间舞蹈得到切实有效的保护。

纸马舞

0598 探马舞

别　　称：无
级　　别：市州及以下级别
流布区域：通渭
传承现状：舞蹈特技大多失传，高难动作无人表演，后继无人
服饰道具：精美
简　　介：探马舞是通渭社火的一种舞蹈形式，主要是社火进村时迎接社火的行为。据老艺人讲，社火原名叫灯火，它是民间艺人模仿远古军队在夜间行军打仗的宏大壮观场面而形成，后来因"社"的形成，以社为单位形成灯火，故称为社火。南北朝时期就有个历史人物名宋江经常以耍社火为名，杀富济贫，结识英雄好汉，在民间广泛活动，可见，社火已流传久远。随着人类社会的进步，人们给社火赋予了很多故事情节，以娱乐的形式在民间流传下来。探马舞根据古时军队打仗时的探子打探军情所编创，在社火演出形式中主要是以迎接社火为主的表演形式。通渭西关村的探马舞有着一定的艺术特征和价值，通渭县文化部门从20世纪80年代起，就进行了大量的挖掘和整理工作。但由于一些表演探马舞的老艺人年老体衰，并且有的已经逝世，而学习这个舞蹈的青年人不多，舞蹈特技大多失传，高难动作无人表演，后继无人，因此，这一民间艺术的瑰宝亟待保护、抢救和继承发展。通渭西关的探马舞在2010年就申报成了通渭县县级非物质文化遗产项目，并进行了一系列的保护工作。一是进一步深入展开普查工作，全面掌握西关村民间舞蹈的有关情况；二是对西关村民间舞蹈进行系统地挖掘、整理、研究，使西关村民间舞蹈得到切实有效的保护。

0599 狮舞

别　　称：无

级　　别：市州及以下级别

流布区域：通渭

传承现状：面临着失传

服饰道具：精美

简　　介：狮舞在通渭民间传统舞蹈中占有重要地位，狮子在通渭人民心中为瑞兽，象征着吉祥如意，从而在舞狮活动中寄托着民众消灾除害、求吉纳福的美好意愿。在春节文化活动中，从正月初十开始就有狮舞挨家挨户的表演，给每户人家消灾除害、求吉纳福。在通渭民间文化活动中占有重要地位。然而由于通渭经济发展相对落后，致使大部分青年人都外出务工，而现存的老艺人大多都年老体衰，加上狮舞的表演道具昂贵，培养新人困难，在舞蹈表演上要求高，面临失传。因此，这一民间艺术的瑰宝亟待保护、抢救和继承发展。通渭县文化馆于2010年已经对西关村狮舞进行挖掘、整理、保护，并成立了关于西关民间舞蹈狮舞的抢救、挖掘、保护领导小组。为了使保护工程更有成效，通渭县有关部门正在着手完善机制，其中两个机制最为有效：一是发展民间舞蹈队伍，培养舞蹈人才。二是发展西关村民间舞蹈与开发文化产业相结合，以产业为依托，以发展民间舞蹈为目的的艺术市场营运机制。相信，有了人才基础和经济基础的狮舞一定能够枯木逢春，再结硕果。

狮舞

0600　秧歌舞

别　　称：无

级　　别：市州及以下级别

流布区域：通渭

传承现状：广泛流传

服饰道具：精美

简　　介：秧歌舞在我国已有上千年的历史。它起源于农民的耕作，是农民在插秧时节的歌舞。而通渭秧歌舞以前只是通渭社火在春节时的一种杂耍歌舞。现在随着秧歌的广泛流传，民族民歌的开发，特别是一些经典民歌的流传，专业及民间的一些艺术家发现，这些民歌的曲调及唱词都特别适合于秧歌舞蹈，于是开拓和创编了秧歌舞蹈。秧歌舞在通渭广泛的流传开来，形成了老年秧歌队，许多广场舞中也掺杂了很多秧歌舞的形式。具体表现为扇子舞、手绢舞、手绸舞等。秧歌舞在一定程度上得到了很好的发展，但现代流行的众多秧歌舞形式中脱离了传统的舞蹈套路，从传统的锣、鼓、钹、唢呐进行曲调单一、重复性强的吹打变成用现代乐器演奏或播放经典民歌曲；在舞蹈动作上，从较单一、重复性较多的动作变成舞台表演舞蹈；在服饰上，从传统的宽、大、松、繁、杂变成舞台表演的小巧精悍、简洁明快；在道具上，所用的扇子、手绢、手绸等的尺寸大小都要根据舞蹈动作的大小、快慢以及舞者身体素质来选定。鉴于此，通渭县文化部门从2010年就对秧歌舞申报了通渭县县级非物质文化遗产项目，并作出了一系列的保护和传承工作。

秧歌舞

0601 渭河八面鼓

别　　称：太平八面鼓

级　　别：市州及以下级别

流布区域：渭源县境内

传承现状：广泛流传

服饰道具：民族服饰，八面鼓、唢呐、锣、钹、鼓等。

简　　介：渭河八面鼓是渭源社火中广为流传的一种汉族舞蹈。其表演规模宏大、壮阔，风格生动活泼，表演内容繁而有序。八面鼓的节奏明快清脆、浑厚激昂、悠扬婉转。舞姿健康朴实，乡土气息浓郁，击鼓节奏复杂多变，鼓点短促、清晰、浑厚。表演者成双成对、腾挪跳跃，边打边舞；伴奏乐器有锣、钹、号、唢呐等乐器；表演套路有绕八字、两头忙、串花琵琶等十多套动作，十分风趣。表演者可以边打边舞，也可间打间舞，舞离不开鼓点，鼓点又随舞而变化，达到鼓和舞的和谐统一。八面鼓为长约80公分圆柱形木质桶状鼓，两边为直径约50公分的圆形羊皮鼓面，鼓桶上镶嵌两铁环，表演时在铁环两头系一红色布带，悬挂于舞者脖子上，舞者手持长约50公分的木质鼓槌进行表演。表演者跳跃时舞者结合舞步，使劲扭动腰部，以正面击、反面击等不断变化击法，形成生动活泼、引人注目的舞姿。在渭源，每村八面鼓都有不一样的套路和打法，全是村民自己编排，在民间有很广泛的群众基础和深厚的历史渊源，在当地民俗活动中发挥着重要作用。其发展对于繁荣汉族民间舞蹈、传承传统文化、丰富人民精神文化生活、建设社会主义新农村都具有重大意义。

渭河八面鼓

0602 渭源傩舞

别　　称：跳神

级　　别：市州及以下级别

流布区域：渭源南部乡镇及相邻的临洮、康乐、临潭、岷县、和政一带。

传承现状：主要由一个家族传承，但存在后继乏人的现状。

服饰道具：五彩神衣、羊皮扇鼓、海螺号、牛角号、响刀。

简　　介：渭源傩舞是民间法事活动中跳的一种祭祀舞蹈，又称"跳神"。是当地庙会、祭山等祭祀活动中主要的舞蹈形式，具有鲜明的民俗文化特色。它源于上古氏族社会中的图腾信仰，渐渐发展成原始巫教中的一种仪式，并逐渐演变成有固定的模式和内容的祭祀舞仪。渭源傩舞主要分布在渭源南部的会川镇、田家河乡、麻家集镇及相邻的临洮、康乐、临潭、岷县、和政一带。渭源傩舞一般在还愿、祭山会、请神、送神、祛病去灾等宗教活动中举行，须由巫师表演。动作简单古拙，但很有讲究，必须符合"方、圆、扁、仄"的规律。傩舞是当地群众文化活动的重要载体之一，经过历代的传承演变，现已发展为集舞蹈、杂耍、搞笑等娱乐为一体的节日风俗演出，具有驱鬼逐疫、庆贺丰年，人神共娱的特色。渭源傩舞有汉傩和藏傩之别，渭源藏傩产生于藏王赤松德赞时期，由藏族土风舞与宗教内容综合而成。

渭源傩舞

0603 羊皮鼓舞

别　　称：岷县跳神

级　　别：市州及以下级别

流布区域：岷县西江镇富康、中湾、中山、张嘎四个相邻自然村。

传承现状：流传在岷县西江镇富康、中湾、中山、张嘎四个相邻自然村。

服饰道具：羊皮鼓和木鼓锤；觋公头戴佛冠，身穿神衣。

简　　介：羊皮鼓舞是流传在岷县城乡的一种祭祀舞蹈。早在民国时期，每年的五月和九月，岷县西江的富康、中湾、中山、张嘎四个相邻村的会长都要联合组织草滩庙的祭典活动，在"水头"的带领下跳"羊皮鼓舞"，口唱藏汉两种语言的曲调为村民祈福，求神保佑本土风调雨顺、六畜兴旺、人丁安康。草滩庙会最早起源于史家和谢家祭祀，甚至更早。羊皮鼓舞在每年一月、五月、九月吉时开始祭神活动时才能跳。作为一项古老的祭祀活动，西江羊皮鼓舞携带了许多文化信息，是农耕时期一种娱神又娱人的民俗仪式，具有极大的文化价值。

羊皮鼓舞

0604 松赞干布迎亲记

别　　称：无

级　　别：市州及以下级别

流布区域：在武都藏乡周边以及舟曲县八楞、拱坝、三角坪等地也有较大的影响。

传承现状：人才匮乏，传承队伍老化弱化，资金匮乏，服装道具均已破损。

服饰道具：锣、鼓、羌笛、二胡、电子琴，旌旗，藏刀，海螺，舞台常用器具，仿制猎枪。

简　　介：藏戏，是一种具有一定程式化和歌舞化的舞台艺术，在坪牙把藏戏表演称"南木特""郎塔""囊它"。目前，在坪牙藏乡境内最著名且保留较完整的藏戏数《松赞干布迎亲记》。坪牙《藏乡松赞干布迎亲记》是主要以松赞干布迎娶文成公主为背景的大型历史故事藏戏剧，其主要表演形式是通过演唱、舞蹈、表演迎亲过程中的"五难婚使"。《松赞干布迎亲记》是旨在传播藏汉民族团结，共同繁荣的历史性藏戏曲目，它在过去主要流传于西藏、甘肃、四川等部分藏族居住地区，而坪牙藏乡的"南木特"是根据地方方言和藏文相结合的方式编排而成，具有很浓厚而独特的地方艺术风味，并对研究坪牙藏族的历史渊源和历史文化具有十分重要的意义。其剧情在传播宣扬民族团结和"两个共同"方面有深刻的意义。1983年，根据原有的剧本基础上，通过在四川阿坝州编译局工作的本地人孟才让和"南木特"舞蹈队用本土语言又整理改编了大型藏戏话剧《松赞干布》，使《松赞干布迎亲记》的主要内容和形式得到进一步的完善。

松赞干布迎亲记

0605 傩面舞

别　　称：巴（坪牙语）

甘肃省文化资源名录 第二十二卷 非物质文化遗产 Ⅰ 民间舞蹈

241

级　　别：市州及以下级别
流布区域：遍及坪牙乡七个村和周边藏族乡村的每个寺院。
传承现状：人才匮乏，传承队伍老化弱化，资金匮乏，服装道具均已破损。
服饰道具：有自制的面具20余幅，服装及道具30余种。
简　　介：坪牙藏族乡傩面舞（坪牙语叫巴），由寺院喇嘛在宗教仪式中表演的面具舞蹈，是能够强烈渲染宗教祭祀礼仪的寺庙舞蹈，表达人们祈福的善良心愿，而且在舞蹈中通过生动的表演各种宗教故事，起到歌颂佛法、宣扬教义、传播宗教礼仪作用。坪牙藏族乡是全市唯一的纯藏族乡，全体民众都信仰佛教，而作为宣扬佛法的宗教阵地的寺院宗教文化，也是藏族群众虔诚且喜闻乐见的文化艺术，坪牙傩面舞其实就是藏族群众信仰佛教的一种表现形式。傩舞的舞蹈多由"拟兽舞和法器舞"混杂而成。表演时没有歌唱，气氛庄严肃穆，具有很强的震慑力。傩舞在坪牙地区很早以前就在流传，但在"文化大革命时期"遭到破坏，随着近年来经济社会的发展，藏族信教群众自觉置办道具和服装，制作面具，开展傩面舞的演出。坪牙傩面舞是根据流传于西藏青海等各藏族地区的"神兽舞""金刚法舞"和"羌舞"演变而来，目前每年在全乡七个大寺院均有演出活动。

0606 甘昼

别　　称：无
级　　别：市州及以下级别
流布区域：文县石鸡坝乡薛堡寨
传承现状：挖掘保护
服饰道具：女性微笑面具、民族短装、花坎肩、牛尾刷。
简　　介：甘肃陇南市文县与毗邻的四川平武县、九寨沟县的大山深处，居住着一支特殊的藏族群体，生活在薛堡寨的白马人传承着一种特别的舞蹈叫甘昼。甘昼是一种情景性傩舞，由四个男性头戴女性微笑面具、身着民族短装、外罩花坎肩、双手持牛尾刷表演。甘昼是表现妇女养育孩子、做饭、缝制衣服等操持家务的组舞，舞步规范、动作干练柔美、节奏明快、幅度夸张，歌颂了女性对家庭对人类的贡献，完整的表演时间约一个小时。主要特征：一是风格独特，舞蹈兼具祭祀性、仪式性、自娱性、民俗性等多重特征，给人一种神秘、神圣的联想。二是包含着丰富的民族舞蹈语汇及表演形态。三是丰富当地群众文化生活的重要内容。重要价值：甘昼包含着白马人对历史的记忆及对人生、对生活的独特思考和态度，构成了独具民族特质的民间舞蹈文化样态，特别是对于妇女在社会生活中担负的重要角色给予颂扬，反映了先民在母系氏族时期的生活状况。是具人类学、宗教学、民俗学、考古学、艺术学等多方面价值的珍贵历史文化遗产。

甘昼

0607 "十二相"面具舞

别　　称：麻昼
级　　别：市州及以下级别
流布区域：文县石鸡坝乡
传承现状：挖掘和保护
服饰道具："十二生肖"面具，"三眼铳"，两杆旗帜。
简　　介：在石鸡坝乡的薛堡寨等白马山寨，

从远古流传下来一种古老的祭祀舞蹈，即十二生肖的面具舞，相传这种舞蹈源于白马人生产生活中的祛邪祈福活动，也受白马原始自然崇拜和道教的影响，以十二生肖为题材和形式来表达白马人的精神崇拜、信仰和追求，逐渐形成了完整的表演形式和体系。在每年的正月初六到正月十六或者重大的节庆时，石鸡坝乡薛堡寨等村寨的白马人都要举行盛大的"十二生肖"表演活动，全村老少齐聚在村中的大场中，中间点起熊熊大火，大家着节日的盛装，唱起歌。有十二张面具，全是用桃木雕刻而成的动物面具。在两杆高挑的旗帜（一杆是精美的刺绣麻姑献寿图，一杆是白色的长旗）的指引下，有四个炮手，向天放几响"三眼铳"震天动地，前面有四个装扮成山神的模样，腰系铜铃，头戴面具，手拿牛尾，跳着开路。十二生肖按一定的顺序一字排开，整齐有序地跳起舞蹈来，动作有附掌、踢腿、抖肩等，大方洒脱、豪迈有力。十二生肖表达的是一个完整、自然、和谐的世界，万物在天地之间既相互依存，又竞相抗争的客观规律。将十二生肖中的每一种动物都艺术化的展现出来，每一幅面具都充满了神秘的色彩和深邃的内容，也表现出了白马人历尽艰难的历史印迹。

"十二相"面具舞

0608 梅园神舞

别　　称：无

级　　别：市州及以下级别
流布区域：康县南部梅园沟流域
传承现状：现以阳坝镇梅园沟流域留存有较为完整的"神舞"体系。
服饰道具：牛角号、羊皮扇鼓；钹、锣、鼓、木刀、木枪、木剑、木棍（刀枪剑棍）；法帽、面具、红袍。
简　　介：陇南北部的广大地域，至今都流传一种独特的傩祭舞仪式的舞蹈，傩是一种远古时代的宗教仪式，"傩"本是一种传说中的神鸟，后被人格化，成为一种祭祀表演。按图腾渊源说，源于上古氏族社会中的图腾信仰，为原始文化的基因，广泛流传于各地的祭祀活动中，这种祭祀活动可能最先产生于羌族。按照羌族人的风俗，在祭神、驱鬼、求福、还愿以及送亡者灵魂归天时，都要由巫师敲着羊皮鼓表演法事舞蹈，他们称其为"跳经"。后来，这种舞逐渐演变为民间舞蹈，也就是现在的"神舞"。明、清两代逐渐成为娱乐性的风俗活动，并向歌曲、戏曲方向发展。梅园神舞是康南独特的娱神、娱人的民间狂欢节，是康南人民情感自由交流的场所，是梅园人民地方音乐歌舞、杂耍技艺的大展演，更是当地群众对原始文化信息的记忆与传承。

梅园神舞

0609 王坝霸王鞭

别　　称：棒棒鞭

级　　别：市州及以下级别

流布区域：康县中部、北部

传承现状：经专业文艺工作者的进一步创新、改编，已有男女老少近千人学习了棒棒鞭的表演与演唱。

服饰道具：外穿坎肩，内穿长袖衫，系红色头带，下身长裤，脚穿麻鞋。

简　　介：霸王鞭，康县民间俗称"棒棒鞭"，也有地方称"打花棍"或"打钱串子"，是一种原生态的集体舞蹈表演形式，因表演者手中所持道具名为棒棒鞭，遂以此为名。流传于康县境内的"霸王鞭"表演主要分布在县城东部的王坝乡一带，距县城约11公里，也是当地霸王鞭传承者的聚居地。道具"霸王鞭"，用竹制成，长约二尺三寸（70厘米左右），鞭体由彩色丝带缠绕，并分布着四段五厘米左右的镂空处，嵌有铜钱、响铃装饰，两端开槽，串有穗状饰物或绸带等。正规场合演出时，分持鞭表演和伴奏表演两种角色，服饰也有所不同。持鞭表演者，男性身着红色或黄色镶金边的短打服，女性身着绿色或黄色镶白色绒边的大襟服，前襟装饰有亮片或花朵图案，表演时每人右手持一根霸王鞭；道具表演者主要由男性担任，人数不定，一般是传承者居多，年龄大都在五十岁左右，服饰一般为灰色对襟服，表演时手中持辅助道具——碟子和筷子，用来打节奏。霸王鞭流传下来的舞蹈音乐很单一，只有一首曲调反复演唱。它的舞蹈类似于艺术体操的形式，但动作简单，一套共八个八拍，完整的一段音乐就可以表演两遍。舞蹈动作可分为步伐动作和上肢动作来分析。

霸王鞭

0610　西和县龙舞

别　　称：耍龙灯

级　　别：市州及以下级别

流布区域：分布于全县20个乡镇。

传承现状：在全县广为流传，节日庆典中都有龙舞表演。

服饰道具：舞者头裹帕巾，身着各种舞龙服、腰系彩带，道具有扎制的巨龙、牌灯、龙珠等。

简　　介：舞龙经历代民间艺人的传承演变，如今已发展成为一种形式完美、具有相当表演技巧、带有浪漫色彩并深受群众喜爱的民间舞蹈艺术。西和社火中的舞龙表演，沿袭了传统的民间表演形式。在耍法上，多地风格大同小异，均以"二龙戏珠"为主要表现形式。西和舞龙，以汉源镇南关村老龙最为著名，老龙造型古拙雄伟，用写意手法制成，以竹木为骨架，用五彩纸糊龙头，龙身以布匹连接，长约40米。龙头高丈余，重逾百斤，内点蜡烛。耍龙头的人腰扎红布带，置龙头撑竿于腹部，双手握竿，碎步起跑，要由气力过人的壮汉轮流替换，舞动时忽而高耸，似飞冲云端，忽而低下，像入海破浪，蜿蜒腾挪，甚是好看。相传此龙为纪念西和抗元民族英雄陈寅而设，故深受当地群众爱戴与尊重。2010年1月，西和县龙舞被西和县人民政府公布列入第二批县级非物质文化遗产保护名录。代表性传承人有高前进、周劝等人。

西和县龙舞

0611 羊皮扇鼓舞

别　　称：师之舞

级　　别：市州及以下级别

流布区域：盛行于西和县石峡、西高山、太石河、六巷、蒿林等乡镇。

传承现状：已从原始的祭祀、跳神活动中脱胎出来，演化为原生态的民族舞蹈语言。

服饰道具：表演者多头扎彩带，腰系彩绸，脚穿平底布鞋，道具有羊皮扇鼓、鼓槌。

简　　介：西和县羊皮扇鼓舞表演时，一般是表演者左手持鼓，右手持鼓鞭，边敲边舞边唱。作为一种古老的民间舞蹈，西和羊皮扇鼓舞是氐羌民族的遗风。据考证，羊皮扇鼓舞的表演形式与原始社会的巫术表演活动密切相关，古代"巫门"作为特殊的教派，从事职司者称为"师家"（即巫师），男者为"师公"，女者为"师婆"，故西和当地也将羊皮扇鼓舞称为"师公之舞"。传统的羊皮扇鼓舞原是人们在欢庆丰收、祭祀祖先和巫师祈神时，敬天敬地、避祸驱邪、祈祷幸福生活的舞蹈。随着社会进步和文明发展，羊皮扇鼓舞从原始的祭祀、跳神活动中脱胎出来，演化为原生态的民族舞蹈语言。每逢节庆之时，当地群众便会自发组织表演。西和境内羊皮扇鼓舞主要流传于石峡、西高山、六巷、太石河、蒿林等乡镇。2007年2月，羊皮扇鼓舞被西和县人民政府公布列入第一批县级非物质文化遗产保护名录。2007年11月，被陇南市人民政府公布列入第一批非物质文化遗产保护名录。代表性传承人有王忠孝、郭应峰等人。

0612 羊皮扇鼓舞

别　　称：扇鼓舞

级　　别：市州及以下级别

流布区域：徽县江洛、麻沿、榆树、泥阳、伏镇、栗川、银杏等16个乡镇。

传承现状：表演者活动多在交通不便、经济发展相对落后的区域，习者渐少，已近失传状况。

服饰道具：民俗服装，轿，泥塑彩绘神像，锣，鼓（羊皮扇鼓）。

简　　介：羊皮扇鼓舞起源于民间传统的祭祀活动，是古代羌人行军出征仪仗用物，众人合击以助军威，后专用于祈福拜庙和传神祭祀活动。它认为：太阳、月亮、云雨、山川河流，五谷牲畜等资源都是天和地所赐，所以尊天和地为"天神"或"天爷"和"地神"。每到农历的"二月二"，民间称"龙抬头"的日子。人们便将"天神""龙神""地神"抬放在最显著的位置，供上各种食用的供品，然后挥舞击打用熟羊皮做成心形带柄的羊皮扇鼓边唱边舞，进行祀祷祭拜。久而久之，形成一套相对固定的表演形式。

邱山羊皮扇鼓

甘肃省文化资源名录 第二十二卷 非物质文化遗产Ⅰ

民间舞蹈

0613 鳌头傩戏

别　　称：无

级　　别：市州及以下级别

流布区域：临夏县境内汉族地区。

传承现状：濒临失传

服饰道具：面具85具，服装200多套。

简　　介：先锋乡鳌头傩戏是临夏县境内唯一一处傩文化遗存。传承资料全，有相对完善的民间传承组织。现有传承人员148名。"傩"是原始狩猎、图腾崇拜、部落战争和原始宗教祭祀的产物。原是一种季节性很强的农事祭祀活动。随着人类的发展，烙上了各个历史阶段的不同印记。傩文化是中国传统文化中多元宗教（包括原始自然崇拜和宗教）、多种民俗和多种艺术相融合的文化形态，包括傩仪、傩俗、傩歌、傩舞、傩戏、傩艺等项目。其表层目的是驱鬼逐疫、除灾呈祥，而内涵则是通过各种仪式活动希望阴阳调和、风调雨顺、五谷丰登、人寿年丰、国富民强和天下太平。明代洪武年间，朝廷为巩固政权西迁守戍屯田。鳌头徐姓的先祖随着西迁大潮来到了临夏，在鳌头这块宝地上繁衍生息。傩舞戏传到这里，开始在鳌头这块热土上生根、发芽。鳌头傩戏的剧目有：《小鬼》《二鬼闹判》《三英战吕布》《华容道释曹》《出五关》《长坂坡大战》《二郎降猴》《五官五娘子》《十观音》《犁地》《锄田佬》《李存孝打虎》《二官二娘子》《笑和尚》《撒布袋》《醉五怪》《方四娘》《谢将》《滚滚蛋》《走山打虎》等共24折。

表演现场

0614 和政傩舞傩戏

别　　称：无

级　　别：市州及以下级别

流布区域：和政县罗家集乡、马家堡镇

传承现状：正常活动

服饰道具：面具、服装、鼓、锣等。

简　　介：和政西南部罗家集乡、马家堡镇一带，至今流传着一种古老的祭祀活动，是和政地区傩文化的典型代表。根据当地老人们说，这种祭祀活动始于隋朝，而盛于明清两代，现在已濒临失传的危险。历史上这里的群众为祈求风调雨顺、五谷丰登，每年三月打青苗醮，六月二十三举行祈神保佑庄稼成熟，颗粒归仓的佛事活动，表演傩舞傩戏，当地老百姓称为"六月黄会"。这种节目便是和政地区的傩舞傩戏，多演历史典故和故事，如汉朝的《昭君和番》、三国时期的《三英战吕布》《古城会》和《审貂婵》，还有《唐僧取经》《笑和尚》《宝莲灯》等，内容非常丰富。表演时，剧中人物头戴面具，身着戏剧服装，手持道具，登场后简单报名亮相，按故事情节进行表演。类似舞剧，但又夹杂着少许道白和唱段。用民间器乐——锣、鼓、钹、小钹和唢呐烘托伴奏，形式多样，表演独特。表演结束后，又把神像抬回庙中，"六月黄会"的开衙仪式宣告结束。"六月黄会"的高潮是六月二十三、二十四两天。群众分别抬神巡山，前有法师打醮开路，旁有万民伞和各色旗帜呼拥，后有锣、鼓、钹、唢呐奏乐，声势浩大、颇为壮观。

0615 合作社火

别　　称：秧歌

级　　别：市州及以下级别

流布区域：合作市区和卡加曼乡一带。

传承现状：内容和形式不断丰富

服饰道具：头饰、墨镜、彩衣长裙、折扇、

麻、布料、锣、鼓、纸、木棒等。

简　　介：合作社火由群众自发组织，自导自演，春节前群众自发成立社火会，负责社火的筹备、组织、排练、联络、后勤保障。三天年过完后，择吉日"出马"，大致从正月初十或稍前几日开始，一直演到正月十六结束。他们根据"接社火"的帖子，到乡村、街道社区、合作世纪广场等地演出。演出和装扮的内容多为传统古装剧目，形式主要有踩高跷、骑黑驴、划旱船、太平鼓、舞龙、舞狮、面具舞等。合作社火相关制品有头饰、墨镜、长发辫、彩衣长裙、折扇、麻、布料、锣、鼓、纸、木棒等。是一种集服装、化妆、烟火、花灯、道具、乐队、小曲于一体的民间传统综合表演艺术。表演透出浓浓的婉约之气，队形、角色、扮相等形成了一套成熟的程序，颇有民间喜剧的味道。

社火表演旱船

0616 迭部将然舞

别　　称：将然舞
级　　别：市州及以下级别
流布区域：迭部阿嘉舞主要分布在迭部境内的旺藏、桑坝、腊子口、洛大等乡（镇）。
传承现状：盛行于中迭、下迭，在节庆活动或婚礼上不可或缺的重点节目。
服饰道具：铜铃铛、金银首饰、火枪、藏刀、藏服、藏服配饰等。
简　　介：将然舞，亦称"杜定"，即围着圆圈载歌载舞之意，流行于县东洛大、腊子、桑坝一带。参加者主要以本村妇女为主，人数以五六人到数十人不等。一般在隆重节日演出，地点在麦场或院落。将然舞的基本形态就是在人家手拉手转圈载歌载舞。舞步的动作是上身基本不动，右脚先向右跨出一步，左脚随即跟上并合，拉成一串的手臂自然摆抬起来，再自然落下去，接着再重复上一个动作。这些妇女跳动起来后，身上佩戴的耳环、银盘、珠子等饰物相互摇动碰撞，发出整齐的节奏声，是天然的伴奏乐器。其中洛大一带的将然舞表演是两手提着手帕，表演时，左右脚先向右跨出的同时，两手的手帕抬至胸前，在左脚随即跟上并进的瞬间，抬起手帕的手臂随之放下，依次抬脚移动，依次重复举帕；这种舞蹈，都是以微颤屈膝，移步前挪，下肢动作多，上肢幅度小。节奏由慢渐快渐急，情绪由徐缓再到热烈，达到高潮时，又恢复了原来的状态。

将然舞

0617 钦木

别　　称：法舞
级　　别：市州及以下级别
流布区域：主要流传在迭部境内的23座寺院
传承现状：濒临失传
服饰道具：面具、高腰藏靴、法舞专用服装。
简　　介：法舞是各佛教寺院以佛事活动为目的，由本寺众僧所跳的一种尊神行法的团体神舞。其宗旨是尊神显威、祛邪镇恶、祈福禳灾、劝人行善、布施信教。一般在正月十五和五月十五法会期间或较大佛事活动之日进行。法舞表演的僧众身着古戏装，头戴神像面具，足蹬高腰藏靴。其规模及参演人数都有较严格的规定，一般定员55人，其中僧乐队9人，通过古老的装束、古怪的面具和奇异的音乐，以表现壮观的场面、森严的氛围和神圣的宗教。在佛教七品音质音色的伴奏下，表演者据所扮演的神位角色，手足舞蹈，竭显神威，使人望而生畏。法舞者，头戴黄顶尖帽，身披正方形风衣，胸前身后各垂红、黄、绿、蓝等颜色图案的条索。法舞的基本舞步由四个动作四个节拍不断重复，逐步前进。法舞上身多用俯仰之势，手臂左右摆幅度大，呈张扬迎接姿势。整个舞姿步伐沉稳，神态肃穆，有种神秘深沉之感。从整体动作来看，有呼唤神灵、祈求佛祖降临之意，也有迎接吉祥之意，似乎是人与天神的对话和交流。每次法会都有寺属各村信教群众赴会观看，也有个别群众跪拜于表演场内，祈求神威祛邪恶、保安康。

法舞

0618 玛曲锅庄舞

别　　称：圆圈舞

级　　别：市州及以下级别

流布区域：藏区

传承现状：无

服饰道具：藏服

简　　介：锅庄在藏语里，"锅"是圆圈的意思，"庄"是舞蹈的意思。锅庄舞源于原始社会，那时部落的人白天出去狩猎，晚上聚集在一起引火聚餐围着劳动果实，手舞足蹈。12世纪时，锅庄随着西藏的佛教、文化艺术流传到甘、青地区。生活在康巴和安多地区的藏族先民在收获季节都要聚众庆贺，男女老少围成圆圈跳起欢乐的锅庄，这种习俗相沿至今，在藏区各地广为流传。

0619 玛曲法舞

别　　称：尕儿见木

级　　别：市州及以下级别

流布区域：藏区各个寺院

传承现状：无

服饰道具：动物面具或魔鬼面具。

简　　介：玛曲县各寺院除木拉、阿万仓娘玛寺为宁玛派寺院以外，其他均为夏河拉卜楞寺院属寺，法舞形式多源于拉卜楞寺，而木拉、阿万仓娘玛寺的法舞则源于藏传佛教法舞之始。莲花生大师在西藏传教时表演的法舞，各寺院跳法舞的时间不一。

0620 碌曲千人锅庄舞

别　　称：果卓、歌庄、卓

级　　别：市州及以下级别

流布区域：碌曲县五乡两镇各个村落

传承现状：安多藏区全面流行锅庄，而且青海省海南藏族自治州已经成为安多锅庄的故乡。

服饰道具：藏族服饰。

简　　介：锅庄文化在碌曲县历来已久，早在90年代初锅庄舞就已经在碌曲县草原深处广为流行，经过20多年的发展演变，现如今已成为碌曲草原文化中不可或缺的部分，成为促进各民族大团结的重要方式。锅庄舞，又称为"果卓""歌庄""卓"等，藏语意为圆圈歌舞，是藏族三大民间舞蹈之一，分布于西藏昌都、那曲，四川阿坝、甘孜，云南迪庆及青海、甘肃的藏族聚居区。锅庄舞是藏族地区广泛开展的，适合于不同年龄、不同地域、不同场地、参加人数不受限制的一项群众性体育健身娱乐活动。

碌曲千人锅庄舞

0621 钦木（法舞）

别　　称：夏河法舞
级　　别：市州及以下级别
流布区域：夏河县
传承现状：这一法会只在寺内演出，是一项宗教活动。
服饰道具：锣、鼓、钹、长筒号、禅杖、念珠、大刀、箭以及各种面具。
简　　介：拉卜楞"哈钦木"、"桑钦木"仅分布在夏河县拉卜楞寺内。二世嘉木样活佛圆寂后，寺内戒律松弛，学风萎靡。三世贡唐仓大胆整顿戒规，完善制度，从《米拉日巴劝法记》中提炼、创编的法舞。"桑钦木"即民族特色浓厚的特色舞狮舞，"哈钦木"即头带鹿头面具，模仿鹿的形体舞蹈。两者是各寺院法会上的跳神舞，是作为宗教仪轨世代传承，流传至今成为各地寺院的法舞。跳神没有歌唱，是哑剧式的系列舞蹈，除寂静尊神不戴面具外，怖畏金刚的忿怒尊护法神和牛神、鹿神、鸟兽、骷髅以及各种鬼怪精灵都戴性格面具。各种神祇手持不同的法器，如刀、剑、戟、铃、杵、钵等，身着色彩各异的法衣，以示法力和区别身份。

钦木（法舞）

0622 锅庄舞

别　　称：无
级　　别：市州及以下级别
流布区域：夏河县
传承现状：锅庄在拉卜楞地区流行普遍，逢年过节，朋友聚会都会有锅庄舞相伴。每年农历六月的香浪节期间更是歌舞一片。
服饰道具：主要是藏服。
简　　介：锅庄是一种无伴奏的舞，它的表演方式是男一排女一排围成几层圆圈，然后男一段女一段对歌，边歌边舞，歌舞同步进行，女的动作小而含蓄，男的动作大而奔放。基本手势一般随步伐而自然摆动，规范起来后有前后甩手、单手绕衣袖以及双手绕花等动作。锅庄舞刚开始时动作平稳缓慢，舞姿矫健豪迈，曲调深情委婉。进行到中间时，舞步和曲调逐渐加快，转为中板舞，舞姿粗犷奔放，曲调激昂热烈。结束时为快板舞，挥舞衣袖，飞腾旋转，热情激荡，进入舞蹈的高潮阶段。由于各地乡情不同，所以快舞慢舞各有专曲。锅庄的内容多以颂扬宗教，歌颂生活，祝福父老，热爱家乡为主。舞蹈开始部分是以赞颂为主，最后以祝福收尾。锅庄舞中，松胯、弓腰、曲背等常见的动作，是高原地区劳动者为减轻体力负担的自我协调动作，带有艺术性的创造，给人安详和谐的美感，这种舞蹈的动作、风格已成为民族的审美特征而保持下来，舞蹈动作优美动人。

锅庄舞

0623 军傩舞

别　　称：无
级　　别：市州及以下级别
流布区域：兰州
传承现状：至今保留
服饰道具：头戴傩面
简　　介：远古军傩舞是一种古老的傩文化形式，在中国有着悠久的历史，在甘肃省的兰州、白银等地相传，由于目前后继乏人而面临失传的危险。西固区陈坪乡农民艺术团在兰州市一些文化部门的帮助下，编排的远古军傩舞，复活了这个古老的文化形式。军傩源于原始狩猎，是原始巫舞的演化。军傩演出时无唱词，无音乐伴奏，表演时表演者自始至终，大声齐喊"嗨！嗨！嗨！"行步有固定的姿态，表演者戴着傩面在鼓声中舞蹈。军傩的主要内容是狩猎、征战、祭祀英烈、庆贺胜利等。

0624 旱船舞

别　　称：无
级　　别：市州及以下级别
流布区域：红古区窑街
传承现状：旱船表现水中旋转、颠簸、触礁等高难技巧近乎失传，音乐伴奏中传统曲牌和演奏老艺人急剧减少。
服饰道具：旱船船形木架、明镜饰物
简　　介：旱船，是一种陆地上模拟水中行船的民间表演形式，依照船的外观制成的木架，在木架周围围上布裙，绘画水纹波浪，上面用布前后撑起，周边缀以流苏穗或五彩装饰，有的地方装有彩灯、明镜等饰物。表演者将船用绊带搭于颈项，船帮与腰齐平。露出上身和置放盘坐的假女腿连成一体，宛如女子盘腿乘船状，表演中有一名"艄公"划桨引船，在前面作出各种各样的划船动作。船中女子以快速度碎步行走，跟"艄公"相互配合做出起浮动作。红古旱船表演时有音乐伴奏，乐曲有锣、钹、梆子、二胡、板胡、低胡、三弦、笛子等。旱船是春节社火中的表演项目，其习俗与社火密不可分，它的基本习俗为请神、敬神、"扫街"、告庙、表演、送神。现如今，从旱船的制作到表演都明显的粗糙和简化。旱船表演中的那种表现水中行船的景象已无法引人入胜。旋转、颠簸、触礁等高难技巧近乎失传，音乐伴奏中传统曲牌和演奏老艺人急剧减少，红山村和平安村尚存较完整的社火乐板班，但年龄都已偏大，平均年龄在60岁以上。个别老艺人年近八旬，如果不从人力、物力、财力上加以保护和抢救，旱船这一艺术形式会在红古慢慢自然消失。

旱船舞

0625 窑街秧歌

别　　称：无

级　　别：市州及以下级别

流布区域：红古区窑街

传承现状：现状不容乐观，现代年轻人中很少有人学习秧歌，窑街秧歌处在青黄不接的局面中。

服饰道具：石彩扇，腰鼓，大头娃娃，手帕。

简　　介：窑街秧歌起源于插秧耕田的劳动生活，与古代祭祀农神、祈求丰收、祈福禳解时所唱的颂歌有关，并在发展过程中不断吸收农歌、菱歌（民歌的一种行式）、民间武术杂技以及戏曲的技艺与形式。至清代，秧歌已在窑街地区广泛流传。在普查的过程中，我们了解到窑街秧歌具有典型的北方秧歌特点，是具有北方农村戏剧因素的化妆表演。一般呈舞队的形式，且行且歌且舞。多数舞队要挨门演出，保留着从沿门逐渡向沿门卖艺乞讨发展的痕迹。舞队中角色的名称和人数多少不尽相同。每逢重大节日，城乡都组织秧歌队，拜年问好，互相祝福。不同的村邻之间还会扭起秧歌互相拜访、比赛歌舞。随着改革开放的不断深化，人民群众的物质生活水平有了很大改善，人民群众对文化生活的需求也日益增长，窑街秧歌也随之得到了很大发展，窑街秧歌以红山村为发祥地而得名。现在上街村、下街村、窑街矿务局等地方都盛行。

窑街秧歌

0626 红古太平鼓

别　　称：无

级　　别：市州及以下级别

流布区域：红古区海石湾、窑街、红山村、平安镇、新庄等地。

传承现状：红古太平鼓的生存面临很大危机，整体上讲红古太平鼓水平逐年下降。

服饰道具：太平鼓队由锣、钹、鼓手组成，服装统一，颜色喜庆。一般1面锣鼓，17面小锣，2面大钹，还有小钹。

简　　介：红古太平鼓是流传在兰州市郊区农村的一种传统民间艺术，至今约有600年的历史。太平鼓声音沉稳中透着激越，配着锣鼓节奏，在领队统一指挥下如千军万马，气势宏大，是春节农村社火中重要的表演项目。红古太平鼓队由锣、钹、鼓手组成，一般1面锣鼓，17面小锣，2面大钹，24至48名鼓手。太平鼓队在领队的号令下有节奏地击打锣鼓，随着鼓点队形不断变换，基本队形有"两军对垒""金龙交尾""双重突围"等，打法有跳打、蹲打、举打、翻身打等，其基本步伐有：闪、展、腾、挪、转、跳、跃。红古太平鼓在数百年已逐渐形成独具西部特色的民间艺术形式。在红古农村，春节有闹社火的习俗。从阴历正月初六出社火到正月十六结束这段时间，太平鼓队一直充当着重要角色。太平鼓不仅给春节增添了喜庆气氛，而且体现了黄土高坡上的西北人与自然抗争的精神以及对太平盛世、国泰民安的期望。

红古太平鼓

0627 高跷

别　　称：无

级　　别：市州及以下级别

流布区域：红古区海石湾、窑街

传承现状：随着参加社火队的年轻人逐年减少，踩高跷的青年人逐渐减少。

服饰道具：唱秦腔的戏服，"八丈"即兵器，跷子。

简　　介：高跷历史久远。据历史学家考证，尧舜时代以鹤为图腾的丹朱氏族，在祭祀中就是踩着高跷拟鹤跳舞。据红古老人回忆，红古很早就有耍社火的风俗，踩高跷是耍社火中重要的表演项目。红古窑街地区、海石湾地区及川里农村春节社火中都有高跷表演。从前，窑街还有武跷表演，现在，已经没有武跷只有文跷了。红古春节社火中走的高跷，高度一般在1.8米左右。早些时候，跷高都在2米以上，甚至到3米。高跷队在表演时以扭踩为主，先绕场地一周，然后按西北、东南、东北、西南四方走，俗称"走四方"。每个人走的步伐近似秧歌步，即进一大步退一小步，身子随着音乐节奏左右扭摆。队员全部画上秦腔脸子，身着戏服，扮成剧中人物，手执"八丈"（即兵器）、官笏，一路走来，威武壮观。高跷训练前，首先要立"三元、三清、三品、三官大帝"牌位，进行点灯、祭拜、锣鼓之后才把道具发给高跷队员，方可排练。每天出社火前到寺庙或社火会所进行集中装扮，耍完后集中卸妆后才能回家。任何人中途不得回家。正月十六举行谢神仪式。点灯，燃炮，锣鼓响起。全部道具集中入库。破损的进行修补。直至来年春节用。在这期间任何人不能动用。

高跷

0628 春官

别　　称：无

级　　别：市州及以下级别

流布区域：永登县

传承现状：良好

服饰道具：古代官服、衙役。

简　　介：春官是行走在社火最前面的人物，过去他代表朝廷派遣下来负责民间春耕的官员，头戴乌纱帽，身着官服，口蓄长须，身材魁武，面目和善，手持扫帚，轻轻摇摆，口中念念有词，两侧有衙役持肃静、回避的牌子，每到表演地、单位，必将他请到上座，他用扫帚轻扫空中、寓意扫除灾害、瘟疫，带给吉祥与幸福。

0629 秧歌

别　　称：小唱

级　　别：市州及以下级别

流布区域：永登县

传承现状：良好

服饰道具：古代女子服装、扇子等。

简　　介：秧歌在永登一带又叫小唱，它既可以在行进中表演，又可以在场地中施展技艺。一般人数不限，人员越多，就越显示出其规模之大。秧歌也有边歌边舞的形式。一般装扮有男、女两队。伴奏以大鼓、锣、钹为主。小曲的内容十分丰富，有反映劳动的、日常生活的；有反映爱情的；有反映历史事件的；有歌颂当代生活的。

0630 舞狮

别　　称：无

级　　别：市州及以下级别

流布区域：永登县

传承现状：良好

服饰道具：狮子，古代服装。

简　　介：舞狮是继春官之后的第一个表演

节目，随着铿锵有力的鼓跋声，狮子做出各种表演动作，每到之处，人人都要披红，燃放鞭炮，争着从狮子身下钻过，以求吉利。永登舞狮有软硬之分，软狮子动作灵活，以舞技为重；而硬狮子表演内涵丰富，寓意深厚，其制作、表演、引狮子的服饰、脸谱都很独特，留有古印度训狮遗风，千百年来一直流传着原初的形象，被称作狮子舞的活态艺术。

0631 竹马

别　　称：无

级　　别：市州及以下级别

流布区域：永登县

传承现状：良好

服饰道具：竹马、历史人物、服装。

简　　介：竹马是用细竹竿做架而外面由厚纸糊成的马，有头有身而无腿和蹄。这种马用的就是两根较粗的竹竿，分别从左右两侧将其胸部和臀部连接起来。表演者由十几岁左右的小孩子担任。表演时小旗手扮作历史剧中人物，手执马鞭，站在竹马中间，扬鞭奔腾。竹马的表演同滚灯相似，按一定顺序站好位置，结束时再反向逆序撤出。伴奏以唢呐为主，兼以鼓、小锣。夜间表演时点燃内部的灯，光彩流转，十分好看。

0632 高跷和高高跷

别　　称：无

级　　别：市州及以下级别

流布区域：永登县南部

传承现状：良好

服饰道具：古代秦腔服装、木跷。

简　　介：高跷也叫踩高跷，既表演者的两脚和下肢绑缚在1米高的木棒上，或绕场行走，或边行边舞。表演者身着戏装，手持道具，装扮成戏剧人物，伴着锣鼓点子起舞。永登高跷队各地都有，然而高度却不一样，有0.25米、1米、1.8米、2.3米等不同规格，以1.8米为最多。庄浪河川的苦水、红城、龙泉等地的高跷3—3.5米，是全国之冠，而苦水的高跷可达4.5米，惊险、刺激，给人以无限遐想和美的享受。

0633 《大和尚戏柳翠》

别　　称：无

级　　别：市州及以下级别

流布区域：永登县

传承现状：良好

服饰道具：面具、服饰、毛掸。

简　　介：大头和尚戏柳翠这一节目是表现传说故事《月明度柳翠》。该故事在明清杂剧、评话中多有记述。此舞蹈为二人表演，一人扮和尚，一人扮柳翠，二人见面戏逗、追逐，动作夸张，表演风趣。此舞也有三人表演，即多一人饰丑婆或丫鬟，亦戴大头面具。

0634 滚灯

别　　称：无

级　　别：市州及以下级别

流布区域：永登县

传承现状：良好

服饰道具：灯，古代武士服装。

简　　介：滚灯是由灯和柄两部分组成，灯是一个直径约40厘米的圆球体，用薄木板箍成，内外两层，内层不能转动，只作安放蜡烛用；外层装有灯轴，可以转动。灯轴两端各连接一木柄，柄长1米多。灯外糊以白布或薄纱。上贴彩色纸剪的花卉、鸟兽及其他种类装饰图案。表演者由柄举等，轻轻一碰地面灯便转起来，烛光透过灯壁放射出五颜六色的光亮。

0635 旱船

别　　称：无

级　　别：市州及以下级别

流布区域：永登县

传承现状：良好

服饰道具：仿造的小船，精美戏服

简　　介：旱船也叫花船或采莲船，用竹、木、秫秸扎成，长约2—3.3米，宽1.7米左右；外蒙彩布，扎着纸花。表演时套系在女舞者的腰间，如坐船状；另有一人扮艄公，表演时则和船中的姑娘对舞，犹如水面行船一般。有的边舞边歌，每转船一次就唱一曲，内容一般是表现劳动和爱情生活。永登的旱船一般单船表演，也有两只船同时上场对船表演的。传统的花船表演是船内有一姑娘，船由姑娘用带子背起，船周围挂着80公分宽白布作船围，上面潮水，可遮挡姑娘的腿脚，以前船姑娘都由男人扮演，现在永登的西部地区仍然由男子担任，这是旧时习俗的延续。

0636 舞龙

别　　称：耍龙灯

级　　别：市州及以下级别

流布区域：永登县南部

传承现状：良好

服饰道具："龙"、撑杆、古代服装

简　　介：舞龙也叫耍龙灯。表演时有7至9人分节支撑龙体，碎步起跑，动作多样，诸如"蛟龙出水""蛟龙漫游""蛟龙戏水"等。在表演"单龙戏珠""双龙戏珠"时，则必须有专人手执"红珠"在前逗引，而飞龙即刻追扑"红珠"，时而向上翻腾，时而俯首向下，给观众一种龙入云霄而又破浪入海的感觉。庄浪河川一带，社火队里都是两条龙，一条青龙，一条黄龙。龙灯表演时龙头和体腔内的灯烛点亮，由表演者将龙高高举起，在漆黑的夜空中时而摇头、摆尾，时而翻腾、打滚，时而盘绕在柱子之上，确如生龙一般。有时还喷火，舞龙的表演场面十分壮观，主要表演的有"一字长蛇阵""二龙阵"、"堆山阵"，"蛇抱九蛋阵"等，表演时有唢呐、锣钹、鼓为其伴奏。

0637 青城旱船

别　　称：无

级　　别：市州及以下级别

流布区域：榆中青城地区

传承现状：继续流传

服饰道具：旱船专用服饰

简　　介：风情万种的旱船，是民间表演艺术形式之一，属于模拟水中行船的民间舞蹈。青城旱船的乘船表演者为一人，表现为姑娘或者年轻媳妇，用彩带系船驾于肩上和腰间，假装盘坐"船"中，胸前盘放小腿道具，表演船在水面行驶的情景。演员中的另一角色为划桨引船的艄公，在前面带路，做出各种各样的划船动作。扮演乘船女子的演员，在表演中往往快速走动碎步绕"8"字行进，与"艄公"默契配合，随着"波浪"时起时伏，或左右旋转，或上下颠簸，真实地再现了一幅水上跑船、搏击风浪的生动画卷。追溯旱船的起源，主要是由于在古条城渡口较多，交通以水路为主，老百姓为了表达对"船神"的尊敬，对乘船者的祈祷和祝福，将舞船这种表演形式搬入了生活。"旱船"的制作是依照船的外观形状制成的木架子。在这种船形木架周围，围绕上绘有水纹的棉布裙或是海蓝色的棉布裙，绘画形象、逼真。船顶上面，装饰以红绸、纸花、彩灯、明镜和其他装饰物。旱船的制作本身就是艺术的体现，旱船本身就是一件精美的工艺品。旱船在青城具有很强的地域性，玩旱船的村子一般都比较接近渡口。

青城旱船

0638 英雄武鼓

别　　称：无

级　　别：市州及以下级别

流布区域：榆中青城古镇

传承现状：继续流传

服饰道具：武鼓

简　　介：古条城的英雄武鼓始兴于宋代，动作名称叫"鹞子翻身"，属于兰州太平鼓的一种。每支鼓队均由36面鼓组成，包括一面头鼓，一面尾鼓和三十四面普通鼓。在鼓队中还配有用于指挥的马鞭和其他铜乐器，如：兜锣、搅锣、柴锣、铜钹等。武鼓者身着宽松劳作装，腰系宽带，头戴避热帽圈，脚穿麻线鞋。英雄武鼓的打法独特，突出北方男子的勇猛、刚毅和坚韧不屈，在行进中一般以五点为基准，不做翻身动作，若遇到有人放炮、批彩迎接，则进行翻身跳跃表演，表演时鼓点一般为七点或者九点，有时甚至为十一点（很少，几乎没有）。今天的古镇仍然延续着历史的风俗，每逢年节仍在表演英雄武鼓，以锣鼓来祈安康，以锣鼓来庆丰收。

英雄武鼓

0639 榆中青城棒棒鼓

别　　称：无

级　　别：市州及以下级别

流布区域：榆中县青城镇

传承现状：尚传承并演出

服饰道具：白色衬衫、黑裤、黑布鞋、红腰带；木棒、锣、钹、鼓、号。

简　　介：青城有着深厚的文化底蕴，各种民间文化活动丰富多彩。棒棒鼓是榆中青城镇大园子村于1901年春节由本村村民李树校、魏倡文、李秉政等人编排而成。棒棒鼓顾名思义是以木棒为演奏工具，且有数人手拿木棒、根据鼓点轻重缓急来表演。表演者两手各持1棒，相互敲打发出"咣咣"的声音来代替鼓声。斗锣领叫，鼓钹齐奏，有五点子、七点子打法。点子即棒棒鼓敲打的次数。棒棒鼓是在特殊的时代环境和地理环境下产生的，它以简单的木棒相互敲打，并挥舞各种动作，在数人排列的演出场地里，由演奏者即兴发挥来表演。其次，由于在当时农民群众情绪高涨，对生活充满着百倍的信心。因此，他们便就地取材、因陋就简，以特有的表演形式表达了自己的内心世界。棒棒鼓的产生是有多种因素的，并不是偶然的，是一种具体的文化活动的载体，展示着人们特有的文化心理活动。棒棒鼓的表演形式一般是在节庆之日、在群众聚集的场所来表演，因而具有其社会属性，并且在大量的观赏者之间，得到了情感的交流，创造了和谐的气氛。同时，在寓教于乐的过程中，精神层面进一步获得了提升。

榆中青城棒棒鼓

0640 榆中甘草店马社火

别　　称：无

级　　别：市州及以下级别

流布区域：榆中县甘草店镇部分村庄

传承现状：濒临失传

服饰道具：戏剧服装道具。

简　　介：甘草店马社火起源于清乾隆年间，同治、光绪年间形成高潮。民国中期逐渐衰落直到消亡。马社火需要的人畜很多，要有整套的戏装，所以活动范围有限，仅限于有条件的甘草店大集镇。表演时由善骑马的人扮成戏剧角色，组成一折或一本古典戏，骑在马背上，游动表演跑圆场、插花等。这种活动形式多在交通便利的地方进行。马社火的戏剧化妆和其他社火相同，其表演场所有两种：一种是行进式表演，走在山间小路或在道上；一种是场地表演，如山区农民专设的打麦场、会场等。

榆中甘草店马社火

0641 大赐福

别　　称：天官赐福

级　　别：市州及以下级别

流布区域：会宁县中川乡

传承现状：得到较好的传承

服饰道具：高跷、戏服。

简　　介：大赐福与小赐福相似，也是一种宗教舞蹈，一般在大型宗教仪式上表演，为来年祈福。

大赐福

0642 打草鞋

别　　称：编草鞋

级　　别：市州及以下级别

流布区域：会宁县中川乡

传承现状：中川乡范围内广泛流传

服饰道具：凳子、戏服、草鞋。

简　　介：《打草鞋》有一套专门用的工具：草鞋耙、草鞋扒、草鞋搥、草鞋扛等。通过舞蹈、说唱再现编草鞋流程。

打草鞋

0643 船调

别　　称：

级　　别：市州及以下级别

流布区域：会宁县中川乡

传承现状：在中川乡范围内广泛流传

服饰道具：旱船

简　　介：这是一种模拟水中行船的汉族民间舞蹈。旱船是依照船的外观形状制成的木架子。在这种船形木架周围，围缀上绘有水纹的棉布裙或是海蓝色的棉布裙。在船的上面，装饰以红绸、纸花，有的地方还装有彩灯、明镜和其他装饰物，把这只或者十几只船装饰得艳丽不凡。"旱船"，自然是陆地上的船。乘船者一般是一个人，有时也有双人、四人甚至七人共同乘用一艘船的。乘船者所表现的多是姑娘、媳妇，也有扮演其他人物的。跑"旱船"时，一般使用的伴奏乐器是锣、鼓、钹等打击乐器，也有的地方加上一至两支唢呐伴奏，气氛热烈，情绪活跃，具有浓郁的地方风情和民族色彩。

船调

0644 霸王鞭

别　　称：鞭子

级　　别：市州及以下级别

流布区域：景泰县各乡镇

传承现状：流传至景泰县各乡镇，尤其以正路、寺滩较为流行。

服饰道具：竹鞭子或木鞭、社火服装。

简　　介：霸王鞭又名鞭子，由来历史悠久，流行于全县各乡镇，尤其以本县正路、寺滩乡较为流行。舞者手执鞭，忽上忽下，时左时右的舞动，敲击四肢、肩膀、背、腰等，不断打击出有节奏的声响，载歌载舞，多有集体表演，也有单独表演的，表演者动作优美、歌声动听，时常有口哨指挥。鞭子用竹子或者木条制成0.7米，两端挖空，装有铜钱，竹鞭一晃，声音清脆，服饰一般穿社火用服装，红黄蓝白都行，颜色搭配十分好看，系腰带，如果穿红服装，颈系黄顶巾，黄腰带，如果是白衣服，都系红顶巾，红腰带。

霸王鞭

0645 大头舞

别　　称：无

级　　别：市州及以下级别

流布区域：景泰县芦阳镇

传承现状：在芦阳镇完整流传

服饰道具：脸谱大头壳，戏剧服装，棍棒，扇子，锣、鼓、钹。

简　　介：大头舞，一般都穿插在春节社火表演中，景泰境内各乡镇村社火队一般都有，表演形式不一、各有特点。与社火起源一样，多是保护"庄王爷"出城，与大肚子婆娘、跑黑驴、跑旱船等一样，是社火队伍中用形体语言，以动作笨拙、憨态可掬的独特风格取悦于众，简单情节的小哑剧。大头舞表演时人数不限，身着彩衣，头戴画有各种男女

甘肃省文化资源名录 第二十二卷 非物质文化遗产 I

民间舞蹈

人物脸谱的大头壳，也有群组人物脸谱的大头壳，如《西游记》中西天取经的人物唐僧、孙悟空、沙僧、猪八戒，八尊神仙等，表现各种戏耍的欢快情绪，动作笨拙，表情憨态可掬，惹人喜爱。

大头舞

0646 狮舞

别　　称：耍狮子
级　　别：市州及以下级别
流布区域：景泰县芦阳镇
传承现状：在芦阳镇芦阳村以及其他村完整流传。
服饰道具：狮被、绣球、狮头、彩衣、大鼓、锣、钹、鼓槌、锣槌等。
简　　介："舞狮"又叫"耍狮子"，是优秀的民间艺术，逢年过节或集会庆典，都以舞狮来助兴，是春节社火中表演的高潮节目之一。舞狮起源于三国时期，至今已有一千多年的历史。狮子象征威武、勇猛，民俗传统认为舞狮可以避邪驱鬼，消灾解难，逢凶化吉，保安求宁。狮子道具制作较为简单，先用胶泥做成狮头模型，再将纸浆攥干放在模型上拍实，略干，再放再拍，每日三次。待干后，彩绘头面，怒目暴睛，以大麻编制狮毛。舞狮表演开始前，首先亮相的是一位善习拳棍的青壮年，左手持绣球，右手握棍棒，或悬空翻，或旋风踢，或白鹤亮翅，或燕式平衡，接着以"青云棍"或"凤凰棍"引领狮子出场。舞狮由两名小伙子来，在绣球和棍棒指挥下，随着锣鼓音乐的伴奏，做出狮子的猛扑、跳跃、打滚、卧爬、直立、踩球等形态动作，两名舞狮者需要步调一致，紧密结合。另外，跟随两头幼狮，由青少年担任扮演，长狮凶猛威武，幼狮憨态可掬，既增添了喜庆气氛，又满足了驱邪避鬼的愿望。

舞狮

0647 灯舞

别　　称：无
级　　别：市州及以下级别
流布区域：景泰县芦阳镇、喜泉镇等
传承现状：在芦阳镇喜泉镇尤为流行。
服饰道具：木、竹扎成的彩灯，蜡烛，彩衣，社火服饰。
简　　介：灯舞是一种民间风俗舞蹈，流行于景泰县境内各地，历史悠久，大概于唐代以来就盛行，解放前后都有耍过，改革开放以来，党的政策深入人心，为感谢党，人们以耍灯舞来表达感恩之情，尤其以芦阳镇、喜泉镇为重点，在春节社火中穿插表演，多在晚上表演，形式各异。灯舞有牌子灯、鲶鱼灯、跑马灯、七星灯、莲花灯等，形象各异，其表演时以走队形为主，晚上在灯内点上蜡烛，摆出各种不同的画面，舞时彩灯缤纷，锣鼓伴奏，十分壮观。芦阳镇地区的灯舞与全县其他乡镇的又不一样，灯舞者脚蹬高跷，手持莲花灯，鲶鱼灯，在队伍中一高一低来回走动，穿出各种花样，站在高处观赏，热闹壮观。

灯舞狮

0648 扑蝶

别　　称：无
级　　别：市州及以下级别
流布区域：景泰县各乡镇
传承现状：在芦阳镇和喜泉镇社火中流传。
服饰道具：竹竿，扇子，线，纸蝴蝶，木跷子，锣鼓，戏剧小丑服饰，小旦花旦服饰。
简　　介：扑蝶舞蹈具体起源于何时年代不详。以前全县大多数乡镇春节期间的社火队，常常有扑蝶舞蹈，现只有在芦阳镇、喜泉镇的社火中能见到扑蝶舞蹈。表演时两人至多人不限，男女成对，对数越多越好看，男子脚蹬小跷子，作戏剧小丑打扮，女子也脚蹬小跷子，穿传统姐儿服饰（姐儿是社火中的常用词，即民间所称的小旦、花旦），表演时女子手持竹竿，杆头依线绳垂降纸折成的蝴蝶，做出各种逗引的动作，男子手执折扇，做出各种滑稽的扑蝶戏耍动作。

扑蝶舞

0649 背鼓舞

别　　称：攻鼓子
级　　别：市州及以下级别
流布区域：白银市喜泉乡、寺滩乡
传承现状：民间艺人口传身授，现在背鼓子还在喜泉乡三塘村完整的流传着。
服饰道具：武士行头，背鼓，钹，铙，武锣。
简　　介：背鼓子主要流传于寺滩乡、喜泉乡一带，早为祭祀舞蹈，后来衍变为节日庆典的传统舞蹈，其历史悠久，风格淳朴。据说"天将雨而商羊舞"，天旱时，当地百姓遂模拟商羊，曲其一足，击鼓歌舞，祈求上苍。从此背鼓子舞蹈便成消灾免难、庆贺丰收、表达美好愿望的传统节目而延续至今。背鼓长40厘米，宽40厘米，鼓身呈蓝色，鼓面一般有羊皮制成，上绘大褂太极图。其为男子集体舞蹈，少则八对，多则不限。表演者头戴小黑原帽，帽檐外勒一条黑手帕，帕头坠左侧，扇形黄纸花三个分中右插入帕内，上身穿对襟短衣，下身穿灯笼裤，腰扎板带，鞋上饰一红色绒球。表演者一人一鼓斜背腋下，舞动时曲其一足，独足着地穿梭跳动，双手持拆敲击鼓面，做蜻蜓点水、金鸡独立等舞姿和造型，同时伴唱鼓词。场面热烈，情绪奔放，粗犷洒脱。每逢春节，当地群众纷纷组织起来就地表演，舞蹈者在打击乐伴奏下，边击鼓边唱、扭、跳，加上丰富的队形变化，抒发心中的快乐。背鼓子舞蹈已经成为白银市最具代表性的文化品牌和艺术表演节目，曾多次在全国全省比赛中获奖。

背鼓子舞

0650 浪跷子

别　　称：踩高跷

级　　别：市州及以下级别

流布区域：景泰县各乡镇

传承现状：在景泰县境内至今流传完整。

服饰道具：戏剧彩色服饰帽子、黑马甲、白衫，扇子，墨镜，跷子。

简　　介：高跷流行历史悠久，以前全县大多数乡镇舞过，尤其以芦阳镇为重点。浪跷子也称高跷秧歌，舞者扮成各种人物，手持符合人物性格的各种各样道具，身穿古装，也有穿现代服饰的，脚踏木跷（有脚踏装置的木棍，高者1—1.3米，矮者1米多），表演形式有集体舞蹈的"大场"和几人对舞的"小场"。

浪跷子

0651 旱船舞

别　　称：无

级　　别：市州及以下级别

流布区域：景泰县各乡镇村

传承现状：在景泰县境内各乡镇完整流传。

服饰道具：彩船，扇子，木桨，彩衣裙子

简　　介：旱船舞的兴起历史悠久，据考证自唐代以来就流传到景泰，一般都穿插在春节社火表演中。景泰境内春节社火表演各个队伍中都有，表演各有特点。"文化大革命"中停止过十年，改革开放以来，党的富民政策深得人心，为感恩报德，人们载歌载舞，以表达欢快喜悦心情，表演旱船舞亦在情理之中，景泰尤其以芦阳镇、喜泉镇、五佛镇为重点。表演时男女各一人，男的当船夫，女的当船娘，船体用木或竹扎成，外蒙以布，套系在船娘腰上，如坐船状，较复杂的船体中间高扎一阁楼，用各种彩色纸和彩色花朵装饰成。男子手执木桨在船旁，两人合舞，如木船在水面之上，有的边歌边舞，表现劳动、爱情和生活，有时候表演还加上船在河流中途遇到暗礁或旋入漩涡，船夫求人的段子。

旱船舞

0652 龙舞

别　　称：无

级　　别：市州及以下级别

流布区域：景泰县寺滩乡

传承现状：在寺滩乡完整流传。

服饰道具：龙颈、龙体、龙珠，社火服装，大鼓、锣、镲、钹。

简　　介：龙舞，俗称耍龙灯，因常在夜间进行，且伴有数十盏云灯相随，是独具特色的民间娱乐活动。从春节到元宵灯节，城乡广大地区都有耍龙灯的习俗，形式活泼，表演优美，是一种带有浪漫色彩的民间舞蹈。"龙"通常都安置在当地的龙王庙中，舞龙之日，以旌旗、锣鼓、号角为前导，将龙身从庙中请出，接上龙头龙尾，举行点睛仪式。龙身用竹竿扎成龙状，节节相连，外面覆罩画有龙鳞的巨幅黄或红布，每隔1.7—2米都绑一撑杆，首尾相距约数33米。舞龙时，由一人持竿龙前，竿顶树一巨球，作为引导，巨球前后左右四周摇摆，龙首做抢球状，引起龙身游走飞动，十几个大汉高举龙身在云灯里上下穿行，龙昂首摆尾，蜿蜒游走，时而腾起，时而俯冲，来往穿梭，变化万千。间或伴有鞭炮、焰火，大有腾云驾雾，呼风唤雨之势！周围簇拥着狂欢人群，锣鼓齐鸣，蔚为壮观，人舞龙腾，热闹非凡，这种气势雄伟的场面，振奋和鼓舞了民心，洋溢着太平盛世祥和吉庆的浓厚乡土气息，表达出百姓激昂向上，欢快喜悦的心情以及对生活的美好祝愿。

龙舞

0653 麦积师公舞

别　　称：无

级　　别：市州及以下级别

流布区域：五龙乡的上石沟、雷家尧、柳滩里、柏树王、温家湾、文家沟，原西坪乡的刘家寨子、漆家坪以及秦安县千户乡。

传承现状：传承人越来越少，后继乏人。

服饰道具：羊皮鼓（师公师婆人手一个），响刀、水板、越斧、古铜钱、大鼓等。

简　　介：天水流传着多种民间乐舞形式，麦积师公舞是其中保存较好，较有特点的一个类型，至今和当地一种被称为"传神"的古老文化仪式相依相存。师公舞流传久远，具有珍贵的文化历史、艺术价值。动作多样，曲调丰富，传神仪式氛围浓厚，程序复杂。据考证师公舞的形成是由春秋时期獬民的舞鼓逐渐汉化，不断吸收中原文化，对原来的鼓和舞进行了适当的改进，逐渐同祭祀祈雨活动融合在一起，最终形成今天的师公舞文化形式。仪式有着丰富复杂的程序，总共有25项程序。师公舞在表演上灵活自如，张驰有序，轻重和谐，快慢相衬，兼有变化多样的手脚技巧和进退变化，缓急相间，群而不乱，合而不板的列队特色。由于市场经济的繁荣，城乡人民忙于外出打工，尤其是师公舞的传承人是农民，生活状况不佳，从事此项活动不能养家糊口，传承人越来越少，后继乏人。麦积师公舞传承人只有王世忠，60岁，王银福，45岁。也没有人系统整理师公舞神谱及整个仪式活动，师公舞面临失传的危险。

麦积师公舞

0654 跑旱船

别　　称：无

级　　别：市州及以下级别

流布区域：秦安县中山一带

传承现状：跑旱船在民间上演，而且愈演愈烈，成为当前老百姓最喜爱的文艺节目。

服饰道具：服饰是古戏曲的服装衣帽。

简　　介：民间跑旱船，从正月初三日开始上演，还可以夹杂一些"老虎"、"滚狮子"、秧歌、踩高跷等，形式多样，跑旱船表演特点为一艄公，船上一姑娘以和谐的节奏表演一段时间，又有男子和姑娘们组成的联合唱队，在一演一唱中使表演达到高潮，伴奏乐器有鼓、钹、二胡等乐器。民间跑旱船道具一般比较简单，只要在旱船的船身上多挂贴纸花，船首、尾各挂一盏灯，船前边贴一对联，并做一古时女人的假脚放于船里，老艄公拿一棍。比双曲类的较简单一些。

0655 竹马子

别　　称：天兵飞骑

级　　别：市州及以下级别

流布区域：凉州区松树乡

传承现状：代代相传

服饰道具：竹马，各类衣服，锣鼓等。

简　　介：跑竹马子又名天兵飞骑，是冯良寨的一种群众广场舞蹈表演，每年新春佳节跑竹马子成为一个传统节目，特别是元宵节晚上跑竹马子表演别有一番风韵。据《后汉书·郭伋传》记载："始至行部，到西河美稷，有童儿数百，各骑竹马，道次迎拜。"后渐渐发展成为民间武士骑竹马舞蹈。跑竹马子是冯良村春节社火表演中的一组编舞，最基础的以十二个道具为一组（其中马十匹、黑驴一头、黄羊一只），或者更多。道具均以竹篾子编扎而成，骏马驴羊形状分前后两节，以纸或布糊面，以各种色彩描绘的如同真马驴羊一般，放在各民族武士打扮的舞者腰间稍下部位。以诸色布包围并将腿脚遮住，武士手持刀枪、马鞭，舞起来雄赳赳气昂昂，策"马"前进、尘土飞扬，好似战场上人沸马嘶，场外再辅以锣鼓，好似骑真马一样，动作敏捷、舞姿优美、情绪豪放似征战，其技艺虽粗犷，但花样套路众多，似古代战场的各种阵型，似战马嘶鸣的战斗情景，有似上阵杀敌似的激烈场面，也有似骏马驰骋后

的悠闲自得，夜间表演时，在马体前后节内燃以蜡烛，马体熠熠生辉，蔚为壮观。

竹马子

0656 红石太平鼓

别　　称：无

级　　别：市州及以下级别

流布区域：天祝

传承现状：世代群体传承

服饰道具：鼓棒，穗子，一鞭一鼓。

简　　介：红石太平鼓距今已有六百多年的历史，是流传于农村的一种传统民间艺术，其含有庆贺新年太平之意。关于太平鼓的来历，众说不一。相传，明朝大将徐达为统一河山奉命西征挑水桶的兰州百姓，久攻兰州不下，于是走访民间，受启发，创造了三尺长鼓，让士兵将兵器藏于长鼓，乔装打扮，混入城中，攻克了城关，百姓欢欣鼓舞，赞美此鼓为"太平鼓"。而红石太平鼓是传承兰州太平鼓而来。

红石太平鼓

0657 顶碗舞

别　　称：顶碗舞
级　　别：市州及以下级别
流布区域：张掖一带
传承现状：现有一支团队仍在演出
服饰道具：秧歌服，民族服，碗。
简　　介：顶碗舞是蒙古族从元代承传下来的民间舞蹈。相关史料记载，顶碗舞的出处与佛教有着一定的渊源，佛教教义当中有多种对佛的供养仪式，用碗盛上糜乳的供奉以及用歌舞表演的伎乐供养，两者的结合形成了这种用盛了糜乳的碗放在头顶上舞蹈的形式，形式新颖，动作优美，气质高雅，风格独特，具有浓郁的民族特点。这类舞蹈奇就奇在技与艺的交融性，对舞蹈演员的要求极高，往往需要长时间的训练。演员们不但要练就过硬的舞艺，更要具备高超的顶技，而正是这两者完美和谐的结合与展示，带给人赏心悦目的艺术享受。街头秧歌的盛行使民间顶碗舞成为人们强身健体的一种运动方式，当下的广场新秧歌红遍三闸的大街小巷，使民间顶碗舞成为能打动观众的舞台艺术。

顶碗舞

0658 社火

别　　称：秧膏子
级　　别：市州及以下级别
流布区域：张掖市甘州区
传承现状：传承有序，各村都有社火队。
服饰道具：社火服饰、道具。
简　　介：社火，是在张掖市春节期间表演的节目，又称跳秧歌子。最初是以鼓乐为主的杂耍，扮作春姐、春史、春隶、春官以及梦婆等人物作戏演化而成。沙井镇的社火分大场子和小场子。大场子即秧歌子，小场子形式多样，有杂耍、狮舞、旱船、小曲子、高跷等。

舞龙

0659 鲁世德耍龙

别　　称：耍龙灯
级　　别：市州及以下级别
流布区域：临泽蓼泉镇
传承现状：目前在蓼泉镇继续流传
服饰道具：耍龙灯者的服饰，通常为头戴黄色缯巾，身穿银边黄色箭衣，腰系红绸带。
简　　介：耍龙灯，又叫舞龙。耍龙灯是临泽民间历史悠久，流传最广、最受人们欢迎的社火节目之一。每逢春节，人们在闹社火时必须耍龙祈福。在我国神话故事中龙被视为行云布雨、消灾祈福的神物，又是管水的神，是中华民族的象征。龙灯的制作，最早是纸扎、彩绘、分节制作。后来，为了节省人力和材料，除龙头为纸扎以外，都用素布作底材。耍龙时，场外四角有四个牌灯，灯罩四壁或绘画或写有灯谜。龙要走四门，二龙戏珠时，灯也参与表演。耍龙灯，必须有人引龙，引龙的人手持长杆，杆上端用球网固定龙蛋。引龙的人是耍龙的总指挥。在龙蛋的逗引下，龙翻腾起舞，左耸右伏，九曲十回。耍龙的套路有七十二路，少时也有三十六路。龙分为青龙和黄龙，民间有青龙为雌的，黄龙为雄的说法。耍龙灯最精彩的要数二龙戏珠，必须有青龙和黄龙同时参加表演。耍龙灯一般需要二十人左右，若套路多、时间长就需两套人马轮流演出。耍龙灯也有它一定的讲究，在龙彩画好为龙点睛时要放鞭炮，要给画龙和扎龙的艺人披彩、端谢礼。在出龙前的初夕，要在当地渠口举行隆重的引龙仪式，要在渠口摆祭品、上香、焚表、为龙挂彩、燃放鞭炮。在民间娱乐活动中增加喜庆气氛。

0660 霸王鞭

别　　称：无

级　　别：市州及以下级别

流布区域：临泽城乡

传承现状：目前在临泽城乡继续流传

服饰道具：表演者的主要道具是霸王鞭，它的粗细以表演者手握住的舒适度而异，表演者服装是白色银边的民间服，头扎白毛巾。

简　　介：霸王鞭是流传于临泽大地上的一种传统舞蹈，临泽的霸王鞭，在民间至少有三种说法。霸王鞭是具有临泽地方特色的民间地方舞蹈，它具有节奏明快、粗犷豪放等特点，它主要以健康、轻松、活泼的表演给人以欢乐的享受，同时增加了节日的气氛，深受人民群众的热爱。

0661 新秧歌

别　　称：新秧歌

级　　别：市州及以下级别

流布区域：临泽县蓼泉镇

传承现状：蓼泉镇蓼泉村三社2003年春节集体筹资办新秧歌队表演至今。

服饰道具：演新秧歌的演员大多穿陕北民间服，头扎毛巾，腰系彩绸，手拿扇子。

简　　介：新秧歌又叫陕北大秧歌，它是新中国成立以后由陕北一带传入河西地区的。新秧歌一队一般由20—30人组成。由于传入当地正值解放初期，人物扮演以工、农、商、学、兵造型，有时还有一男一女扮演地主和地主婆。新秧歌的基本步伐有行进步、单跳步、双跳步、对跳步、后跳步、回头步、跑跳步、提跳步、云步、错步、拐脚步、三垫步、横错步、男台步、女台步、圆场等20余种。

0662 鸭暖王兴中新秧歌

别　　称：无

级　　别：市州及以下级别

流布区域：临泽县鸭暖乡

传承现状：随着老艺人的相继去世，社火在当地已处后继乏人的境地。

服饰道具：膏药碗，枣木棒槌等，服饰有穿花袄，腰系罗裙，百家衣的节子等。

简　　介：在历史的长河中，每逢春节至元宵节期间，临泽农村的民间社火中活跃着一种古老而原始、具有地方特色的群体秧歌舞。表演时不在室内而在室外，不搭舞台而在露天广场就地演出，喜闻乐见，很是随便，人们称为老古式秧歌。就是这种老古式秧歌，古往今来，年年老套套，岁岁大火爆，千百年来，生生不息，耍者爱耍，看者爱看，玩者爱玩，经久不衰。凸显着这一民间艺术形式的顽强生命力。

0663 张立宝黄河九曲转灯

别　　称：无

级　　别：市州及以下级别

流布区域：临泽平川镇。

传承现状：继续在平川镇流传。

服饰道具：暂未梳理

简　　介：相传九曲黄河灯阵和万字灯阵是由《封神演义》一书中所记载的商代三霄母为伐西岐而摆黄河兵阵演绎而来，代代相传，流传至今。该灯阵曲径幽道，盘根错节，由九曲十八弯组成，所以叫"九曲黄河转灯会"，也叫"栽灯"。它的游戏则是在一块大的空地上，以1.6—2.6米的等距，画出纵横交错的19条线，共构成361个点，在每院上竖起2米半高的灯杆，每个灯杆顶端置花灯一盏，象征守阵将士，共361盏灯，然后将灯杆用绳串连起来，将大体分割为大致相等的竹曲廊，形成九完方阵，每一方阵又按改六门，巧配八宫，进入灯阵之中络经交错、围栏迂回，千变万化，奇妙无穷，若不得径，即迷于阵中不易走出。布阵前径在阵中，立一高杆叫喜神杆，在杆顶挂七盏六棱灯，寓意七星高照。万字灯阵，它是将九曲黄河灯阵变化成一个"万"字的形状布阵，游戏规则和九曲黄河灯阵大同小异。转灯会在民间一般在饥荒年办，一办必须连续三年，它的布阵设门也有讲究，开门的方位必须是今年春节迎春喜神所在的方位。

调查九曲河灯会现场

0664　毛家秧歌子

别　　称：无
级　　别：市州及以下级别
流布区域：临泽县
传承现状：以毛荣为传承人的毛家秧歌子，是西北传统秧歌的代表，他从服装、道具到演出套路，新颖别致。
服饰道具：社火表演的出场顺序为鼓子、花棒槌、节子、蛮婆，《大头和尚戏柳翠》是用米增加社火的戏剧效果的一典故。
简　　介：毛家秧歌子是指临泽县倪家营乡上营村社火队表演的秧歌，由于该村的社火是由二社毛荣祖上相传并主办的，毛荣已是第三代，所以当地村民习惯上称为毛家秧歌子。秧歌是民间社火节目的一种，它是由古代部族社会和村寨的祭祀活动表演而来。在民间"闹社火"，"耍社火"，"跳秧歌"是民间舞蹈技的总称，在民间舞龙灯、耍狮子、踩高跷、耍旱船、逛铤子、霸王鞭、跑马子统称为社火，这里所说的社火是指秧歌。

毛家秧歌子

0665　张林文板桥社火

别　　称：无
级　　别：市州及以下级别
流布区域：临泽县板桥镇
传承现状：随着老艺人的相继去世，社火在当地已处后继乏人的境地。

服饰道具：花袄、罗裙、龙凤上衣、百家衣的节子等；膏药帽、枣木棒槌等。

简　　介：社火表演的出场顺序为鼓子、花、棒槌、节子、蛮婆。《大头和尚戏柳翠》用来增加社火的戏剧效果，它的另一个任务就是为社火演出维持秩序，扫开场地。社火演出套路繁多但毛家秧歌子他们现在演出的套路就有一字长蛇阵、二层蛇褪皮、三星套梨花、四门斗底、五盏灯、七星剑、八门阵、九莲灯、十盏灯等36个套路。社火演出一般分大场、小场。大场是指社火队要表演的各种套路，小场又分为唱小曲、演小戏、卖膏药。膏药匠又叫嚷白话，打搅儿。它表演的内容多以劝人为善、逗乐为目的，具有风趣、幽默、诙谐、逗乐的特点。膏药匠还有一个功能，它是社火队的总指挥。社火队的鼓子也分头鼓子、二鼓子、三鼓子、四鼓子。社火要变套路，首先有鼓子负责领头变换队形。社火是民间流传的文化活动，它反映了人们期盼五谷丰登、庆贺太平盛事的美好心愿，它寓教于乐，又是劳动人民一年辛劳，年末岁首彼此慰藉的一种方式。

板桥社火表演现场

0666 民间舞蹈

别　　称：高跷社火（镲把社火）

级　　别：市州及以下级别

流布区域：灵台县县域内

传承现状：1998年停演后至今已十年时间，濒临消失。

服饰道具：刀、枪、剑、棍及主要道具镲把，表演时以戏剧服饰为主，根据剧情需要，也有自制的适合于高跷社火的表演服饰。

简　　介：高跷社火，又称"镲把社火"，是灵台县社火表演的又一特殊类型，一般在白天表演。用两根柳木棍制成跷腿，大约在2米上下，高者可达4米。木棍上端处横装踏板，表演时演员化装成神话故事或历史人物，小腿绑在柳木木棍上端，脚踏踩板，形如镲把，配合锣鼓，游行于街市、村庄，且行且舞，进行表演。技艺高超者往往扮演小丑一类角色，表演一些高难度动作，比如：跳过板凳、桌子等障碍物、跌八叉、金鸡独立、下软腰等吸引观众。灵台高跷社火传统内容主要有：《白蛇传》《封神榜》《猪八戒背媳妇》《唐僧取经》等。新中国成立后，又加入反映现实生活的内容，如《送子参军》《计划生育》《红灯记》《智取威虎山》等。本县独店镇张坡村、邵寨三坡村、梁原杜家沟村高跷社火表演出名。

高跷社火

0667 花灯社火

别　　称：无

级　　别：市州及以下级别

流布区域：灵台县域内

传承现状：每年元宵节前后为主要表演时期。

服饰道具：锣鼓、牌灯、工艺彩灯旱船、龙、狮、驴、鱼、莲花等丝绸做的工艺道具，以戏曲服装为主。

简　　介：灵台花灯社火与灵台历史文化一样有着很深的渊源。据传，周文王灭密国之后举行祭天仪式，用纸做成各种形状的花灯连同龙狮进行表演，以示庆贺。灵台花灯社火便由此而世代相传，经过千百年的演变，逐步形成了鲜明的特色。虽然正月十五人们都要过灯节，制作花灯，但内容和形式并不完全相同，灵台花灯造型淳朴别致、生动活泼。在灵台每年的元宵节灯市上，常见的花灯有八卦灯、莲花灯、金瓜灯、兔子灯、可折叠的花筒灯等，过去还有简易的火罐灯笼。特别是八卦灯笼，分四个大面，八个小面，上面分别印有彩色的生肖图案和祝福话语，里面打上烛光，明明亮亮，色彩丰富，经久不衰。花灯节中有几个重要的活动。一是姥姥家的人要为外孙送灯笼。再一个是猜灯谜，将谜语印在灯笼上或挂于灯笼下部，供游玩的人们竞猜，并给予一定奖励。灵台过去还曾有"抢灯笼"的风俗。本来卖灯笼的人从正月十二就开始出售了，但也有到正月十五这一天集散时还卖不完的，这时他的灯笼就会被人们一哄而抢。卖者这时并不生气，相反有一种快乐的体验。它反映出灵台劳动人民淳朴、善良的美德。

灵台花灯社火

0668　春官扫街

别　　称：无

级　　别：市州及以下级别

流布区域：肃州区

传承现状：不存

服饰道具：乌纱官帽、长衫、布搭裢、红纸、锣鼓等。

简　　介：春官说唱曲艺主要是以唱为主，伴以说的内容。《春官歌》的演唱，一般开头先唱一段《五方财门》或《十二送春》，接着就按这家的职业情况演唱各种春歌。"春官说春"所表现的内容特征上，均有报吉祥，送祝贺，示天象历法等主要功能、效用。民间春官是对唐代以前王室春官的仿效，是从其演化而来的。春官的唱词，欢快动听，一般比较固定，均属男声对唱，与现代的相声有些相似，前一个唱完后，后一个人马上唱自己的一段，在接唱的时候有一个长长的拖音，旋律单调，但经配合后听起来十分动听。歌词继承了古代民歌中赋、比、兴的传统手法。春官唱词取材较为广泛，除了传统固定的唱词外，随机应变，见啥唱啥。有时取材历史典籍，如《二十四孝》；有寓言故事，如《盘古开辟天地间》；也有反映民情风俗的如《新春喜》《和气春》等，取材广泛，语言朴素。大多为一三句起兴，二四句叙事，有些句子押韵，有些不押韵，唱起来朗朗上口，富有情趣。

0669　驭竹马

别　　称：跑马灯

级　　别：市州及以下级别

流布区域：金塔县周边区域

传承现状：全镇传承

服饰道具：竹马舞的服饰多用戏剧服装。

简　　介：竹马舞在清代就已流传。竹马舞，亦称骑竹马，即用竹子扎成半截马头，半截马尾，用白或黄、红、黑、棕等颜色剪成纸絮粘糊，形似马的鬃毛，再由少年儿童系在腰上，两只人脚从马身下露出来，像人骑在马身上一般。竹马舞往往还伴有歌唱，歌唱的内容多为神话故事。跳竹马舞的孩童，一般聪明敏捷，会唱会跳，富有表情，竹马舞的演唱形式由古至今亦发展演变。由二人或四人置身马形之中，人骑马跳舞发展成为人骑在马上的各种形态，时而奔驰飞舞，时而漫步慢行，时而失前蹄人马卧倒在地，然后又奋力挣扎而起，重新奔腾。不仅为节日增添了欢乐的气氛，也令人神往回味，乐不可支。

竹马舞

0670 金塔腰鼓

别　　称：腰鼓舞

级　　别：市州及以下级别

流布区域：金塔区域

传承现状：全镇传承

服饰道具：演出服，腰鼓，铜钹、镲、锣。

简　　介：腰鼓源远流长，寻根溯源，还得从鼓说起。鼓是精神的象征，舞是力量的表现，鼓舞结合，开舞蹈文化之先河。腰鼓的演奏与舞蹈动作紧密结合，称为"腰鼓舞"。腰鼓的表演形式可大致分为"路鼓"和"场地鼓"。"路鼓"是腰鼓队在行进中边走边舞的一种表演形式，由于在行进中表演，一般动作简单，幅度较小，多做十字步、走路

步、马步缠腰等动作。常用的队形有单过街双过街、单龙摆尾、双龙摆尾等。场地鼓是指腰鼓队到达表演地点，打开场子后的表演形式。开始时由伞头挥伞号令，顿时鼓乐齐鸣，众舞者随伞头翩翩起舞。节目形式的多少，视各村的人才和条件而定。小场节目结束后，再接着表演一段大场腰鼓。此刻锣鼓敲得快，唢呐吹得紧，击鼓更激烈，情绪更欢快，使整场表演在强烈的气氛和高昂的情绪中结束。

腰鼓舞

0671 鹬蚌相争

别　　称：无

级　　别：市州及以下级别

流布区域：金塔县区域

传承现状：在春节期间表演，现已失传。

服饰道具：饰鹬的男演员穿蒙古式淡灰色衣裤，身披形似鹬的舞衣；饰蚌的女演员穿古式红色衣裤，两手控制两片壳。

简　　介：《鹬蚌相争》舞蹈于1935年由国民党中央军十八旅部队演出后，传入金塔县鼎新镇新西村，后在金塔各个乡镇演出。在每年的春节期间和重大节日上演出，深受群众喜受。20世纪60年代"文革"期间受冷落，80年代中期，达到高峰，每年春节期间排练演出，盛况空前。由于该舞蹈要求演员必须有较高的武术、戏剧、杂技技巧，原有演员年事已高，加之现代艺术形式的普及，

后来，此舞蹈再没有演出过。《鹬蚌相争》舞蹈是根据《战国策·蒸策》里的寓言故事编排而成，故事情节是：蚌张开壳晒太阳，鹬去啄它，被蚌钳住了细长的嘴，双方都不肯相让。舞蹈开始在锣鼓声伴奏下，蚌以半"前桥"，鹬以连续"健子"同时出场，至场中央，蚌作"劈叉"，鹬作"前空翻"落地后做"朝天蹬"与蚌形成舞蹈造型。此舞融汇了中国武术、戏剧功夫和中国民间舞蹈的许多基本动作，如前桥、劈叉、虎跳、后空翻、漫子下腰、睡莲势等难度较大的动作，要求演员有较好的武术、戏剧基本功，在表演时达到2人配合默契，舞步到位，形成浑然一体的艺术效果。

0672 闹社火

别　　称：老社火

级　　别：市州及以下级别

流布区域：金塔境内

传承现状：春节期间，初一、十五节庆节日

服饰道具：以大褂和灯笼裤为主，男或着将军服、书童服、官服、秀才服等，女或着贵妃服、沉香亲母服。不同的扮演者拿不同的道具，基本为枪、戟等。

简　　介：金塔的民间社火，内容丰富，形式多样。据统计，全县约有十几种，按其形式可分为锣鼓类、秧歌类、车船轿类、阁跷类、灯火类、模拟禽兽类、模拟鬼神类、武技类等。社火的主要形式有：跑旱船、耍狮子、舞龙灯、踩高跷、跑纸马、车亭子、马故事、背亭子、高亭子、霸王鞭、跑仙鹤、大头娃娃、地故事、秧歌、小戏、跑地旦、打腰鼓等。金塔最为著名的社火有太平鼓、跑旱船。每年春节，各乡各村，群众自发组织，踩高跷、耍狮子、走村串户，十分热闹。跑旱船在金塔十分流行，群众喜闻乐见。它是由女演员扮驾船姑娘，男演员扮引船艄公，二人载歌载舞，紧密配合，表演各种戏剧性的情节。金塔社火队表演内容丰富多彩，最引人注目的是高跷队，他们穿戏装，持刀枪，扮成戏剧人物，脚踩四尺多高的木跷，伴着锣鼓点边走边舞。狮子舞主要是看武士用绣球逗引狮子时的几路干净利落的拳脚功夫。队伍往往以"风婆娘"开路，这是跟"雨师"相应的"风姨"的形象，在神话里是兴风降雨的神，其妆扮类似彩旦，奇丑无比，耳垂吊着红辣椒，一手摇扇，一手拿着写有"风调雨顺"的菱形膏药旗子，用夸张、滑稽的大幅度动作扭来扭去，令人捧腹，表现了人们祈盼风调雨顺，五谷丰稳的心情和愿望。

金塔闹社火

0673 二鬼打架

别　　称：二鬼掼跤

级　　别：市州及以下级别

流布区域：金塔地区

传承现状：春节期间，初一、十五节庆时日

服饰道具：一块约90厘米长，30厘米宽，4厘米厚的木板。傀儡二鬼装有弹簧，穿红绿或红黑两色袍服。

简　　介："二鬼打架"在甘肃省不多的几个地方有遗存，金塔县的"二鬼打架"（或叫"二鬼掼跤"）是金塔县流传至今独一无二的社火节目。最早于1940年由酒泉市肃州区引入金塔县并从此扎下根来，很受当地民众欢迎。二鬼原是一对傀儡，他们被固定在一块约90厘米长，30厘米宽，4厘米厚的木板上。实际上它们只有头颈和上半身，它们的下半身是由表演者的上下肢来充当的。它们的体内装有弹簧，脖颈可以十分灵活地晃来晃去。这一对傀儡分别穿红绿或红黑两色袍服，他们伸出胳膊相互搂抱着对方的腰部，互瞪双眼，呲牙咧嘴。沉重的木板就是他们"论剑"的华山，比武的擂台。二鬼站在木板上，木板又五花大绑地死死固定在表演者的背上。表演者的双腿双臂都套上大红大绿的裤子，两手套鞋尖，鞋尖朝向自己的皮鞋，弓下身来双"脚"着地。

二鬼打架

0674 《东洋车》

别　　称：无
级　　别：市州及以下级别
流布区域：金塔区域
传承现状：春节、庙会期间表演，现已失传。
服饰道具：东洋车一辆，老汉作古典老生装扮，老婆作古典媒旦装扮，丑公子作古典丑生装扮，推车童子作古典娃娃生装扮。
简　　介：此舞于1935年由国民党中央军十八旅驻金塔县天仓乡营盘村部队演出，即传入鼎新县新西、红号、进化等村，结合本地社火改编，一直延续至今。东洋车舞蹈的表演是每年的春节期间和每年的四月初八金塔寺庙会期间进行表演。70年代末期，该舞蹈在金塔县各乡镇开始广泛流传、演出，并多次参加了市县的春节文化社火调演，受到群众欢迎。20世纪以来，由于受到现代文化的冲击，流传民间的东洋车渐渐被现代秧歌所代替。《东洋车》表现了父母、兄弟送姑娘回娘家，路遇丑公子的故事。《东洋车》是一种自由性很强的民间舞蹈，它没有规律性的固定的场面和动作，所有表现动作都是围绕"东洋车"这一道具和舞蹈所反映的故事情节，由演员根据自己的体会和艺术素养即兴而发，随意展开舞蹈场面，组成舞蹈造型，它可以单独演出，也可作为春节期间社火、狮舞、龙灯等其他舞蹈之间的间歇填场。《东洋车》歌曲由场外男女合唱队帮唱。演出时，合唱队根据编词者的唱词即兴演唱，舞者仍依舞蹈故事情节演出，互不干扰。

0675 太平鼓

别　　称：拜鼓
级　　别：市州及以下级别
流布区域：酒泉地区
传承现状：整个地区都在传承
服饰道具：定音鼓，打鼓服装，板鼓，各种鼓皮，铜响器，儿童玩具鼓，军鼓，腰鼓，手拍鼓，花盆鼓，太平鼓。
简　　介：太平鼓历史较悠久。唐代已有满族打击乐器，外形与团扇相似，多配合舞蹈动作敲击。宋代谓之"打断"，明代民间称为"太平鼓"，又称"猎鼓"。用于祭祀、祈福的歌舞表演，以后用于民间欢庆新春佳节娱乐活动。旧历除夕、灯节时人们都击太平鼓并演唱、舞蹈，成为一种叫作"太平鼓"的歌舞形式，以求太平。太平鼓是以鼓为道具的舞蹈，击打太平鼓是主要的伴奏手段。太平鼓是一种有柄、有环的单面鼓，圆形，鼓面是用羊皮或牛皮做的，鼓边上配几个红色绒球，鼓柄下端拴几个闪亮的小铁环。耍鼓时，左手持鼓，右手持鼓槌，边打边舞，咚咚的鼓声和哗哗的金属声清脆悦耳。"铁环震响鼓蓬蓬、跳舞成群岁渐终，见说太平都有象，衢歌声与壤歌同。"表演者成双成对，一面击鼓抖环，一面腾挪跳跃。门头沟区的太平鼓有舞蹈，有歌唱，一般是打一遍鼓，唱一遍词，民间艺人称之为唱绳。他们唱花、唱草、唱古代圣贤，也有唱衣食住行、当地风俗的。太平鼓的鼓点比较丰富，有《大扇鼓》《小扇鼓》《追鼓》《圆鼓》等。

太平鼓

0676 霸王鞭

别　　称：无

级　　别：市州及以下级别

流布区域：金塔区域

传承现状：春节期间进行表演

服饰道具：棒身一般长1.2米，直径6厘米，当棒子舞动起来时，绚丽的色彩会让表演更加引人入胜。

简　　介：金塔民俗的社火表演中有一种节目叫"霸王鞭"。传说霸王鞭来自于西楚霸王项羽，也有人说，整个黄土高原地区的霸王鞭舞蹈同汉武帝相关。霸王鞭动作矫健洒脱，节奏流畅，气氛欢快。舞蹈突出鞭的舞动和击打，常见的动作有吸腿击鞭、十字步击鞭、蹲步击鞭、击腰鞭、脚踢鞭等十多种。表演时鞭杆绕身飞舞，铜钱四下作响，使观众眼花缭乱，目不暇接，成为一种技艺高超的绝招。表演时，要求舞者必须"击鞭不露点"，即鞭鞭有响，不能击空。霸王鞭这种古老而又年轻的民间歌舞音乐，它的称谓与它表演时所用道具密切相关，由于表演者都手持一种名叫霸王鞭的道具，故名霸王鞭。这里所说的"鞭"，确切的说是棒或棍，舞蹈时用霸王鞭击打或碰击地面或脚心、膝、胯、肩、肘、手掌部位，发出的响声和上身的拧、摆及小腿的变化、双脚的跳动，形成各式各样的动作，舞既刚毅矫健又婀娜多姿。舞蹈动作随着音乐节奏变快，亦更加奔放热烈。

霸王鞭

0677 敦煌社火

别　　称：无

级　　别：市州及以下级别

流布区域：敦煌社火主要分布在全市9个乡镇，78个村民委员会。

传承现状：濒临失传

服饰道具：敦煌社火服饰、鼓、铃铛、鼓槌、铜锣等。

简　　介：敦煌社火节目种类多，花样新，既有本地土色土香的传统社火节目，也有外地的社火精品。本地的传统社火有地蹦子、打狗熊、太平鼓、太平车、龙灯、高跷、舞狮、旱船、跑驴、竹马、铁芯子，戏剧《大头和尚戏柳翠》等。近几年，还按照敦煌壁画中的鼓和舞，编排了具有敦煌艺术风格的大型社火——"敦煌鼓舞"。这些社火节目都具有浓郁的地方特色，阵容庞大，气势宏伟,气氛热烈。其历史悠久,表演灵活多样,有说,有唱,有舞,活泼有趣,引人入胜。

敦煌旱船表演

反弹琵琶

0678 敦煌古代舞蹈

别　　称：无

级　　别：市州及以下级别

流布区域：敦煌市全境

传承现状：群体传承

服饰道具：敦煌舞服装、道具。

简　　介：敦煌壁画中绘有丰富多彩的古代舞蹈,这些舞蹈画面历史悠久,内容丰富,风格独特。但壁画中出现的舞技形态,几乎都是静止的或选取舞蹈动作过程中一瞬间的舞姿,没有连续不断的动作。舞蹈形象大多保存在经变画中,少数保存在佛经或本生故事及供养伎乐中。这些舞蹈形象对研究我国的乐舞历史和复原敦煌古代舞蹈提供了非常形象、宝贵的资料。敦煌古代舞蹈内容丰富,有表现社会生活的,有反映民间生活的,有表现极乐世界的"天伎乐""飞天""伎乐天",还有表现礼佛、娱佛的,有独舞、双人舞、三人舞和集体舞。

0679 敦煌柳翠戏和尚

别　　称：无

级　　别：市州及以下级别

流布区域：主要分布在敦煌市沙州镇、月牙泉镇、七里镇、肃州镇和莫高镇。

传承现状：濒临失传

服饰道具：和尚面具,小旦面具,拂尘,绸巾。和尚穿黄色道袍,柳翠穿绿色紧身小旦衣。

简　　介：《柳翠戏和尚》的表演比较独特,其出场人物少,道具简单,是戴着面具表演的小型舞剧。适合于广场演出,也可在舞台表演。这个节目用舞蹈语言讲述了某寺院门前的柳树成精,化为柳翠姑娘她早先就爱上了寺院的小和尚,有一天乘寺院无其他和尚之际,与小和尚打斗玩耍,和尚经不住女色诱惑,也爱上了柳翠的故事。

柳翠戏和尚

0680 社火

别　　称：无
级　　别：市州及以下级别
流布区域：庆阳市境内
传承现状：延续至今，不断更新。
服饰道具：戏服、龙套等。
简　　介：庆城社火，是流行在甘肃陇东民间的一种传统的娱乐形式。随着时代的发展，社火集舞蹈、音乐、戏曲、杂耍、绘画（脸谱）、武术等于一体，有说有唱，载歌载舞，颇受群众喜爱。庆城社火具有全国各地社火的共性，历史悠久，源远流长。据史书记载，在远古时代就产生了。以三十铺社火起源最早，陇东秧歌的前身也是三十铺社火演变而来的，解放前，三十铺社火头黄润演的社火毛主席看过，并得到了毛主席的表扬。在庆城县农村中，也有许多"社火窝窝"，如马岭镇琵琶寨村、赤城乡赤城村、桐川乡党崾岘村等。他们办的社火各具特色，都是由群众自发编排的，在春节期间，上门为群众挨家挨户拜年。目前，庆城社火这一民俗活动延续至今，每年都在举行。但随着人类的进步，时代的演变，其形式、内容发生了质的变化，新的时代赋予社火新的内容。社火从根本上摒弃了对"神"的崇拜和对祖先的祭祀，纯粹演变成了一种内容健康、形式活泼、名目繁多、生动有趣的文化娱乐活动。同时，也成为一种新的民俗。

庆城社火

0681 环县地云子

别　　称：荷花灯舞或地围围
级　　别：市州及以下级别
流布区域：环县境内。
传承现状：活动范围逐渐缩小，没有有效的活动载体，被新产生和流传于民间的新生民间舞蹈逐渐代替。
服饰道具：用直径一米的红布或红纸幔做成的荷花盘，用纸做5朵荷花，在凹下去的圆形小窝里点上灯。绿色彩带，背带，彩裙等。
简　　介：地云子又称荷花灯舞或"地围围"，据初步考证，晚清时的环县就有社火活动，明末清初大盛且有一定规模，地云子那时就是环县社火中出类拔萃的舞蹈形式。地云子的表演者都一般是十几岁的少女，4—8人不等，表演时，舞者身着五彩缤纷的衣裙（当地有些社火队中也有人着秧歌服或彩衣），手挽长长的草绿色纱带，肩膀挎有荷花盘的两条背带，（背带长以荷花盘刚离地面为宜），唱着《扬彦麦》小曲缓缓步入舞场，做出蛇形、8字形、十字形等各种不同的舞蹈造型。由于荷花盘较大且低，四角的荷花中又点有清油灯（或蜡烛），为使荷花盘平衡而不致使灯灭或烧到荷花，舞者必须用细碎的舞步挪步，身体也要挺直，但手臂还要做出抒情、舒展的动作。所以，舞者最终显得端庄秀丽，婀娜多姿。因地云子一般在晚间表演，远远看去就像朵朵荷花在水面浮动，又似颗颗星星在天空移动，甚是好看。在表演过程中使用的伴奏乐器有板胡、扬琴、二胡、笛子、小唢呐、碰铃等。目前，由于社会的发展，民间文化生活的丰富，环县地云子活动范围逐渐缩小，没有有效的活动载体，被新产生和流传于民间的新生民间舞蹈逐渐代替。

荷花灯舞

0682 秧歌

别　　称：无

级　　别：市州及以下级别

流布区域：陕甘一带。

传承现状：暂未梳理

服饰道具：扇子，帕子，花棒，色彩鲜艳的传统的汉族服饰等。

简　　介：秧歌，是一种歌舞兼有的民间艺术，原是陕北的一种娱乐活动，民国25至26年（1936-1937）传入新正县。当时的秧歌主要以反映"边区大生产"为主要内容，演出节目有《兄妹开荒》《转变三流子》等。

秧歌

0683 社火

别　　称：无

级　　别：市州及以下级别

流布区域：陕甘一带

传承现状：暂未梳理

服饰道具：刀、枪、剑、扇子、头帽、戏剧装。

简　　介：社火的产生是与地方盛典、庙会、节日紧密相联的。在历史上，正宁人民也是崇信神的，往往把与本地民间有某种联系的神话传说中的人物或历史人物，作为保护神，为之立庙祭祀，这种祭祀活动相传以自然会为单位，一般称"乡社"。在一个乡社范围内举荐贤能之人领头，逢年过节组织人员拿着灯笼火把，跳着舞唱着他们向往的信词，进行祭神活动，以示对神灵的虔诚。这就是乡社之火，历经千百年的演化而成为如今的社火。

0684 荷花舞

别　　称：无

级　　别：市州及以下级别

流布区域：宁县各乡镇

传承现状：随着一批批老艺人的故去，荷花舞已经面临消亡。

服饰道具：淡黄色大襟上衣，浅绿色裤子，粉红色筒裙，草绿色纱带，"坐"盘上。

简　　介：荷花舞集曲艺、音乐、纸扎、民间美术于一体，从"云朵子""云影子""莲花灯"等民俗观念酝酿成的一种民间舞蹈，不仅仅是宁县区域历史——中国农耕文化源头地的历史遗存，也是中国农业文明在民族历史发展过程中的一种特殊产物，它的特征是道具别致，由云盘、云朵、油灯、莲花构成的舞具，民俗意味性极强，反映了周代农耕活动的文化内容。云盘象征甘霖，云朵象征四海太平，油灯象征五谷丰登，莲花象征祥和润泽。由此构成的意念来自周代祭祀中的赛社活动，象征远古农耕者对大自然的敬畏，对生存的企盼，期盼风调雨顺、太平盛世。

0685 跑旱船

别　　称：跑亭子

级　　别：市州及以下级别

流布区域：镇原全境

传承现状：呈萎缩趋势。

服饰道具：小道袍（黑或桔黄或古铜色），古装或宫装，丝绸道具船，桨板，斗笠，口条。

简　　介：跑旱船时，表演者中有一名艄公划桨引船，在前头带路，做出各种各样的划船动作。而乘船者在表演中，往往是走快速碎步，这样能使船身保持平稳的状态前进，犹如船在水面上漂动，颇为形象地塑造出水面行船的情景。跑旱船是参照水中行船形体动作所编排的舞蹈，表现的程序和内容有起锚、泊船、搁浅、顶船、撬船一系列连贯动作，高潮犹如惊涛骇浪，搏击荡舟。

旱船表演

0686 镇原打夯舞

别　　称：镇原打夯舞

级　　别：市州及以下级别

流布区域：镇原全境

传承现状：濒临失传

服饰道具：马甲、背心、腰带、裤子等，棍子、绳索等。

简　　介：镇原打夯舞是镇原劳动人民在劳动过程中创造的一种舞蹈形式，主要用于缓解紧张和高强度的劳动压力，1960年以后逐渐流传于群众文化表演活动中。

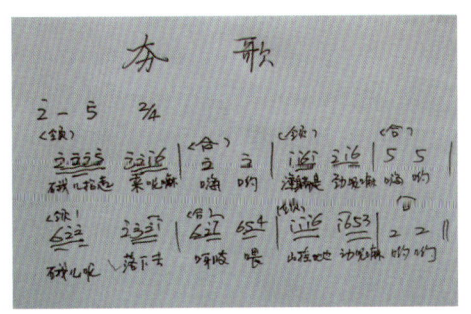

夯歌

0687 镇原伞灯舞

别　　称：无

级　　别：市州及以下级别

流布区域：平泉、屯字、马渠等后山地区。

传承现状：濒临失传

服饰道具：五色秧歌服（红黄白蓝青），各种彩色丝绸伞灯。

简　　介：镇原县位于甘肃省庆阳地区西南部，属于典型的黄土高原沟壑区，历史悠久，民族、民间文化种类繁多，底蕴深厚。在这众多的艺术种类中，伞灯舞是其中的佼佼者。伞灯舞是陇东黄土高原历史悠久的群众性传统民间艺术活动，是集龙灯、伞灯、花钵灯、团牌灯、跳马灯、杂耍及民间小曲吹拉弹唱为一体的综合性民间娱乐艺术。伞灯舞萌芽于商周，产生于秦汉，兴盛于唐宋，元明清时期逐攀高峰，20世纪80年代开始与镇原社火相依相随，随着镇原社火的表演形式流传至今。伞灯舞有突出的艺术特征和杰出的艺术价值，主要特征是：1.民俗性。2.群众性和普遍性。3.艺术性。4.地理位置和环境的特殊性。主要价值有：1.在民族学、民俗学方面的价值。2.在艺术研究方面的重要价值。3.是中华民族传统文化艺术生命力的历史见证。4.体现本地民众和中华民族文化艺术的认同感价值。由于受市场经济和现代文明的影响及冲击，伞灯舞传承后继乏人，急需保护。

伞灯舞

0688 黄陈镇中湾村鼓扇舞队

别　　称：无

级　　别：市州及以下级别

流布区域：成县境内

传承现状：仍在流传

服饰道具：传统表演服饰。

简　介：成县黄陈镇中湾村鼓扇舞队，主要于春节、庙会、集会期间表演。在本镇乡村及周边乡镇表演，在广大群众中有良好的影响。

黄陈镇中湾村鼓扇舞队

0689 羊皮扇鼓

别　　称：无

级　　别：市州及以下级别

流布区域：成县境内广泛流传

传承现状：仍在流传

服饰道具：特定服饰，羊皮鼓。

简　介：羊皮扇鼓是在广大农村流行的一种以形如扇面的羊皮薄鼓为道具，用于祭祀、祝福、招神为内容的，带封建色彩的演唱舞蹈活动。一般有三至五人为一组相互配合完成各种动作。祀公在击鼓的同时边颂边舞，做出各种舞蹈或滑稽动作。唱曲一般比较固定，动作有击鼓、翻鼓、背鼓等多种形式，也可因祀公耍鼓技术的程度不同而有所翻新。场面热闹，村民皆喜参看。该活动在成县境内流传较广。

0690 竹马舞

别　　称：纸马子

级　　别：市州及以下级别

流布区域：成县境内

传承现状：广为流传

服饰道具：古装，纸扎马

简　介：竹马舞俗称纸马子，是成县城乡群众喜爱的一种民间舞蹈。它起源于古典神话《封神演义》，主要表现土行孙和邓婵玉的奇异因缘故事。成县竹马舞多表演于春节期间，在表演时演员分别在胸前背后绑着竹篾编制的马骨，周围用彩纸或绸布糊裱成马的模样。表演时犹如人骑在马上载歌载舞。竹马舞姿豪放，节奏明快，伴有锣鼓乐队，唱作齐全。成县竹马舞很讲究"马"步，如踏步、摇步、急步、磨步等。还要与陪行的马夫配合默契，表演牵马、过河、饮水等动作并穿插着马踢人、马绊倒、马陷泥等妙趣横生的动作。成县竹马舞演奏的曲调随着阵势的变换而变化，音韵优美动听，加上用当地方言演唱，更显古朴典雅。

竹马舞

0691 羊皮扇鼓舞

别　　称：然巴甘甘导昼
级　　别：市州及以下级别
流布区域：文县铁楼乡、玉垒乡、石鸡坝乡、天池乡等。
传承现状：传承学习。
服饰道具：羊皮鼓、祭祀红绸。
简　　介：白马语叫然巴甘甘导昼，意思是羊皮鼓传神，属于一种宗教信仰活动。他们所崇敬的都龙王神，用羊皮鼓舞蹈来传。这种活动在民间有一定影响力，各个村寨经常举行这类活动。神灵信仰与祭祀活动是我们民族久远的记忆，从中可以得到古老的生活、思想信息，成为我们研究民族、宗教、思想、文化艺术及社会的有力资料，其中有敬畏大自然、崇敬英雄神灵的思想，值得人类传承学习。

羊皮扇鼓舞

0692 白马人舞蹈

别　　称：无
级　　别：市州及以下级别
流布区域：甘肃省陇南市文县铁楼乡、石鸡坝乡
传承现状：正在开发保护。
服饰道具：锣鼓等。
简　　介：白马人舞蹈十分丰富，分为两大类，一是在岁时节令时跳的舞，由专业的人跳的祭祀舞蹈和群众性参与的舞蹈。二是在贵客来时，敬酒过后的火圈舞蹈等。目前，白马人的舞蹈已经整理出来数十种，都具有极强的艺术性和重要价值。白马族是中华民族中一支古老的民族，他们的记忆深处有着古老的沉积，从他们各类舞蹈中，可以获得古老的朴素的知识和信息，是我们民族、历史、文化等各类学术中珍贵的资料。

白马人舞蹈

0693 中寨龙舞

别　　称：中寨舞龙
级　　别：市州及以下级别
流布区域：文县中寨镇、石鸡坝乡
传承现状：抢救与保护
服饰道具：龙头、龙身和龙尾，彩灯、莲花灯等各式花灯
简　　介：龙舞，又称之为"舞龙"，也有的称之为"龙灯舞"。广泛流行于文县中寨、石鸡坝等乡镇的一种民间舞蹈形式。演出的

甘肃省文化资源名录 第二十二卷 非物质文化遗产 I 民间舞蹈

277

时间，一般都在农历正月十四、十五闹"红火"、闹"元宵"的时候表演，这是一种极为普遍的民间艺术，这种传统的艺术节目，大都与中国的传统节日紧密地联系在一起。经过2000多年的创造发展，中寨龙舞已具相当高的技巧（包括扎制艺术），表演形式也丰富多彩。龙舞在开始表演时，一人手持彩灯（象征宝珠）在前领舞，其他多人持龙头、龙身和龙尾下的木柄随舞左右挥舞，使龙体在空中悠悠蠕动，表演的节目有二龙戏珠、金龙蟠玉柱等。龙灯多在节庆之夜表演，夜晚要点燃龙体内的蜡烛，辅以彩灯、莲花灯等各式花灯，同时以锣鼓、唢呐伴奏，施放烟火、爆竹，造成一定的声势，吸引观众，使龙舞呈现出不同凡响的风采，蔚为壮观。主要特征有：1. 龙舞中的龙，由龙头、龙身和龙尾构成，龙身较长，是龙的主体。在制作这种表演的龙时，用竹篾或者铁丝为架子，外面抹上纸或者是布，龙身的节与节之间，用布缝成筒状连接，然后彩绘其形。龙身、龙头、龙尾制成后，在龙身的每节中部插置蜡梗，下部安置木柄，供表演的人用手抓握。2. 舞蹈动作古朴、独特。

中寨龙舞

0694 西和县划旱船社火

别　　称：无
级　　别：市州及以下级别
流布区域：分布于全县20个乡镇。
传承现状：流传广泛，是春节社火表演中不可或缺的节目。

服饰道具：船公、船媳妇身着戏装服饰，道具有旱船等。

简　　介：社火起源于火，发展于社。社火中的划旱船作为西和县特色社火节目之一，在西和的兴起时间不详，但从清代兴盛后一直盛传不衰。划旱船，也叫跑旱船，就是在陆地上模仿船在水中行进的样子进行划船摆渡表演活动，目的是通过娱乐表演的方式希望求得来年风调雨顺、五谷丰登、吉祥平安。划旱船是由若干个旱船组成一支表演队伍，前面有一个老翁拿桨划行领航，前行后退地表演。旱船一般用木条或竹竿扎制成平顶、三角形顶或歇山顶式的瓦棱四出水的古建筑造型，船头、船尾、船顶、船帮用彩绸布包裹并饰以多彩花样，船舱内用一根红布条拴在船的两边沿，演出时表演者将红布条架在肩膀上撑起旱船，两手握住船舱两边，摆动旱船行进。旱船的表演步伐简单，但表演的形式多样，一般采用水溜溜、绕八字、蛇脱皮、跑圆场、二龙出水、双进门等10余种。音乐伴奏随社火队伍，一般是锣鼓乐队伴奏，气氛热烈，具有浓郁的地方风情和民族特色。2010年1月，西和县划旱船被西和县人民政府公布列入第二批县级非物质文化遗产保护名录。

西和县划旱船社火

0695 西和县狮舞

别　　称：耍狮子
级　　别：市州及以下级别
流布区域：分布全县20个乡镇

传承现状：在全县广为流传，节日庆典中都有狮舞表演。

服饰道具：舞者头裹帕巾，身着狮服，腰系红色腰带；狮头用硬纸加胶水制成模具，上裱糊制作而成，以五彩金粉涂绘，狮身以花布染色麻做成。

简　　介：西和狮舞，俗称"耍狮子"，是我国优秀的民间舞蹈艺术，也是西和社火中不可或缺的表演形式之一。每逢元宵佳节或集会庆典，民间都以狮舞助兴。这一习俗起源于三国时期，南北朝时开始流行，至今已有一千多年的历史。狮舞技艺出自西凉的假面戏，在一千多年的传承发展中，形成了文狮、武狮两种表演方式。文狮表演讲究表情，有搔痒、抖毛、舔毛等动作；武狮则表现狮子的凶猛，有腾翻、扑跌、跳跃、登高、朝拜等技巧，并有穿桌子、踩滚球等高难度动作。西和狮舞，兼备中国传统文、武狮表演的特点，小狮一人舞，大狮两人舞，一人站立舞狮头，一人弯腰舞狮身和狮尾。在社火表演时，一般由龙狮开道并打场子、壮阵势。经过多年的传承演变，西和狮舞中的狮子形态更逼真，狮子头面魁伟，身长且体呈硕大，眼睛顾盼生动，遍体毛发丛生，更有油火喷烧助威。西和境内的狮舞以汉源镇北关村、姜席镇张山村的表演最为著名。2010年1月，西和县狮舞被县政府公布列入第一批县级非物质文化遗产保护名录。代表性传承人有王森林、吕丑娃、刘会成等人。

西和县狮舞

0696 永靖鼓舞

别　　称：无

级　　别：市州及以下级别

流布区域：除王台、川城、小岭之外的十四个乡镇。

传承现状：据统计永靖地区跳鼓舞者大约一百五十人。年轻人不愿学习永靖鼓舞，面临人亡鼓息、人去艺绝的窘地。

服饰道具：羊皮鼓、宝剑、法师专用服装

简　　介：永靖鼓舞始丁明代，在乡村举办庙会时，由会手身穿神衣，手持羊皮鼓，舞蹈以娱神，祈求风调雨顺、五谷丰登、国泰民安。"文革"期间有过间断，近几年又重现光彩，在各大庙会均可见到。主要分布在坪沟乡、西河镇、岘原镇。在表演鼓舞时，会手们身穿神衣，手持羊皮鼓，展、腾、挪、跳集全身之力于鼓上。或跑圈转圆，或聚散相间，聚若莲花含苞，散若梅花万点，踢腿踏歌，彩衫飘动，战裙轻扬，粗犷有力，热烈奔放。有迎神接福、凤凰展翅、单鼓飞转、牡丹开花、围坛进宝、金鸡独立、洞宾背箭等艺术造型和踩四门、跑大圈、一字长蛇阵、二龙戏珠阵、跳方阵、卷云阵、八卦阵、龙褪骨、蛇脱皮等套路，并传有口诀："一上二退三交叉，四上五退转麻花；六卷云花四角转，七变一字长蛇线；走罢云花转大圈，快步小跑跳旗完。"永靖鼓舞演出的场合主要有：1.庙会；2.村社，当村社不平安时，择黄道吉日，跳鼓舞娱神、收煞。3.农家，当家中不平安时，择黄道吉日，跳鼓舞娱神、收煞、压宝瓶。近年来，鼓舞表演活动在永靖民间逐渐减少，部分鼓舞表演者年老去世，年青传承者寥寥无几，这一民间文化活动形式亟待保护。

法神舞

0697 纸马舞

别　　称：无

级　　别：市州及以下级别

流布区域：临潭石门乡的扎浪沟村，羊沙乡的秋峪、浪古等村。

传承现状：民间群众。

服饰道具：武士模样的服饰，穿战裙，跨竹篾扎成的"战马"。

简　　介：临潭石门乡的扎浪沟村，羊沙乡的秋峪、浪古等村，每年从正月初六晚起，上演纸马舞，至正月十六日结束。由于阵容壮观，场面宏大而远近闻名，久传不衰。演出的人员不限，但必须两两成对。演员装扮成武士模样，穿战裙，跨竹篾扎成的"战马"，有手持灯笼的领舞者称为"马头儿"。武士们由"马头儿"指挥，一手勒缰绳，一手挥旗，排成各种阵式，配以铿锵的打击乐和嘹亮的号角，连唱带跳，忽快忽慢，动静结合，变幻无常。动时杀气腾腾，静时醉卧沙场，表现了一幅古代两军对垒、奋勇拼杀的画面。纸马舞不但队列变化复杂，出场角色各异而且唱词内容广泛，唱腔多达十余调，很能表现古代征战的盛大场面和高昂气势。纸马舞历史悠久，是特定社会历史生活的反映，是仍存在于现代社会的真实艺术结晶，在浪沟村、羊沙乡的秋峪、浪古一带有很高的地位和价值。

0698 秧歌

别　　称：无

级　　别：市州及以下级别

流布区域：临潭

传承现状：民间群众

服饰道具：自制的草龙木船、古代汉族劳动者衣着演变而来的演出服。

简　　介：秧歌是临潭社火内容中的一种，由江南移民为怀念故乡而流传下来的模仿习俗。秧歌有叫"跳秧歌"的，也有叫"扭秧歌"的，一般都是由四人组成，两人一对，四人按十字形跳开，又按十字形聚拢，头顶头唱秧歌，表现江南农民插秧栽稻之景。跳秧歌的人头上戴毛毡似鹿角分叉的尖顶帽，短衣束腰裙，完全是地道的农民装束。旧时，临潭较大的村庄都有跳秧歌的习俗，秧歌剧目有《织手巾》《小放牛》《担水调》《划船曲》《琵琶调》《什样锦》等，皆在春节、庙会期间演唱。秧歌是传统民间舞蹈中最具代表性的舞种之一。秧歌特有的风趣、幽默和强烈的地方色彩，戏剧性的夸张表演，给观众带来精神上的娱乐。这一雅俗共赏的民间舞蹈艺术，以其独特的艺术魅力，在繁花似锦的秧歌大家族中，独树一帜。

秧歌

0699 阿迦、善巴

别　　称：无

级　　别：市州及以下级别

流布区域：卓尼县境内

传承现状：较好，民间至今流传。

服饰道具：哈达、酒。

简　　介：阿迦、善巴是流传于卓尼县洮河流域及迭部县上迭一带的说唱形式最古老民歌，分布面广，内容包括歌唱宇宙的形成和物种的起源，由社会历史、民俗风情、宗教文化、民间故事、人文地理等构成体系的民歌集成。主要在举行婚礼、祭祀、庆典活动时举行，是卓尼藏族独具特色的民间歌舞，更是卓尼藏族经久不衰的民族艺术。随着现代化进程的加剧，传媒的普及，民族地区逐步以汉文化为主，参与人数严重萎缩，民间流传虽广，但层次不齐，年轻参与者多，但传承体系人员老化，结构严重失调，"善巴""阿迦"的传播、传承的文化空间日趋狭窄。"善巴""阿迦"唱词音像资料保存手段落后，老艺人相继辞世，传承面临青黄不接的状况，急待保护抢救。"阿迦""善巴"是洮河流域藏族先民在开拓这片土地过程中继承至今的民间神韵，对研究中国少数民族民俗风情、历史渊源有不可替代的作用。"善巴""阿迦"以其独有的凝聚力在构建和谐社会的时期，起到统一思想、民族团结、促进和谐、维护社会稳定的作用。阿迦"和"善巴"是卓尼藏族经久不衰的民间歌舞，是卓尼藏族这一民族特有的生生不息，源远流长的文化命脉。

阿迦、善巴

0700 换帽子

别　　称：无

级　　别：市州及以下级别

流布区域：卓尼县杓哇乡

传承现状：较好，民间至今流传。

服饰道具：土族服装、帽子。

简　　介：换帽子，是土族人民喜庆节日或酒会上在室内表演的舞蹈，由男演员6人参加，边舞边唱，每唱完一段词后，互相换帽子，舞蹈动作恢谐风趣。换帽子的舞曲歌词内容大多是祝福性的，格式上伸缩性很强，每首4段，每段6句、7句、8句不等。演唱时根据词的句数任意反复中间曲调乐句。换帽子舞曲的旋律进行也很有特色，几乎每个乐句中间都有停顿拍，旋律常作下四度小跳，曲调幽默活泼。它已列入卓尼县非遗项目名录，所有资料正在挖掘之中。它是土族人民在喜庆节日表演的一种舞蹈。此舞蹈传承于藏族，但土族和藏族的曲词风格截然不同，虽说舞蹈动作稍有接近之处，却很难说孰前孰后，姑且不论是谁承袭了谁。换帽子舞曲的歌词内容大多是祝福性的。据对词曲的分析，其曲调原始古朴，一反藏族民歌的常规，证明它有自己的传承渊源，并非与藏族民歌一脉相承，而有其独特的风格。换帽子舞曲，乃是在古老的土族曲调的基础上填入了藏族鲁体民歌的歌词。因为土族在依附吐蕃后，就被其同化，使用藏文和藏语，他们的所有民歌都用藏语演唱，古老原始的歌词也随着语言的逐渐丢失而失传。

换帽子

0701 巫舞

别　　称：无

级　　别：市州及以下级别

流布区域：安多藏区

传承现状：较好，民间至今流传。

服饰道具：单面羊皮鼓、鼓槌、小铁环、巫服。

简　　介：巫舞是流行于民间，由原始宗教遗留的产物，是苯教中的苯本子、红教中的管巴及后来的师公子（巫神）等在从事迷信活动中跳的舞蹈，所以，民间也称其为"跳大神"。舞者身穿法衣，左手持一单面羊皮鼓，鼓柄上套许多小铁环，右手持一鼓锤，由击鼓及浑身的剧烈抖动汇成整套动作。巫舞有舞曲，边跳边唱，曲调高亢尖厉，旋律进行奇幻无穷，节奏紧迫，令人紧张、恐惧，其舞曲的歌词内容全是封建迷信，荒诞不经的，其中就有极少部分内容为宣扬封建道德理论，劝人向善的。它属于卓尼县县级非物质文化遗产项目，详细资料正在搜集挖掘之中。巫舞的作用主要是分为两种：一种是请神灵，一种是驱鬼妖。驱鬼妖的舞，基本上保留着集体狩猎的武的形式；请神灵的舞，则编排出崇敬、礼貌等比较文的形式。这种区分使人类舞蹈的本质也产生了分化和变化。人类的舞蹈从这里开始，走向舞蹈艺术的发展道路，而不再是单纯的集体狩猎劳动。但是，就巫舞的作用和本质来说，巫舞和现代舞蹈艺术的概念是不同的，巫舞只是被过去的人认为是超自然的、无形的神灵通话的语言。

巫舞

0702 法舞

别　　称：无

级　　别：市州及以下级别

流布区域：安多藏区

传承现状：面临濒临失传，需要保护。

服饰道具：法衣、面具。

简　　介：法舞即寺院佛事活动中跳的舞蹈，当地亦称"载护神"。舞蹈动作复杂粗犷，演员身着法服衣，头戴面具，伴奏乐器有鼓、钹等打击乐，还有法号和海螺等。法舞与藏戏中的歌舞段落非常相似，有些动作和藏舞中的完全一样，他们的源流极相近。法舞中大多数段落只有打击乐伴奏，有极少数段落加入伴唱，舞曲与嘎儿、藏戏歌舞曲较相近，但节奏较明快，旋律进行中夹杂一些神秘的宣叙调成分。它属于卓尼县级非物质文化遗产项目，详细资料正在挖掘之中。法舞的面具揭示了人世间的美好与丑恶，使人类的真善美和假恶丑得以直观表现，受到人们的喜爱。每尊面具被认为都蕴含着一定的精神力量。从佛教义理来讲，舞蹈本身是"上求菩提、下化众生"的菩提行。跳法舞者以圣者及众多护法眷属的身份，消灭魔障，弘法利生，表现出僧众禳除邪恶，祝天下太平、百姓吉祥幸福的心愿。

法舞

0703 师家舞

别　　称：无

级　　别：市州及以下级别

流布区域：舟曲县坪定乡村寨内。

传承现状：根据艺人史料反映，师家舞始于北宋前期，解放后师家舞一直沿续，"文革"中断，80年代初恢复，现保存完好。

服饰道具：舞者身着藏式服饰头勒令旗；用铁圈绷上羊皮为鼓、法刀等。

简　　介：师家是舟曲县境内汉族苯教"师家"在祭祀或"禳灾祈祥"活动中的一种宗教仪式，师家舞出场前将铁圈绷上羊皮为鼓，手柄末端系若干个铁吊环，鼓锤呈弓形，"师家"是舟曲汉族苯教的神职人员，大多世袭家传，主要职能是在当地重大宗教活动中跳神诵经、祭祀神灵、禳灾祈祥，或在灾难频繁的人家驱鬼辟邪，类似于钟馗、张天师的角色。舟曲师家舞融史、歌、舞及民俗活动为一体，古朴典雅，源远流长，原生态氛围浓郁，远古遗风保存较完整。反映了当地民族在漫长的发展历程中认识自我、顽强拼搏、自强不息、乐观豪放、团结友好的人文情怀，具有鲜明的地方特色，是当地民族凝聚力长存的独特载体，对研究藏汉文化的起源与发展有重要价值。舟曲县文化馆多年来收集和整理了大量的舟曲师家舞文字、图片、视频、音像资料和实物，大力开展抢救性保护工作，确定了传承人，给予经费支持，进一步申报为省级非物质文化遗产保护项目。

在神事活动中传承师家舞蹈

0704 霸王鞭

别　　称：无

级　　别：市州及以下级别

流布区域：舟曲县大川镇老庄村村寨内

传承现状：霸王鞭自演出后，不断研究和创新，随着媒体的变迁，这一民俗活动保存较好

服饰道具：男头扎白毛巾、腰扎红绸、穿白衬衫、黑裤、布鞋。女一般穿红或绿的彩服。道具有竹鞭，铜瓦，锣，鼓，钹，二胡等。

简　　介：霸王鞭是舟曲社火灯会表演中比较"另类"的剧目，其服饰、道具和唱词都具有鲜明的舟曲特色，与其他社火节目迥然不同，节奏明快紧凑，不断腾挪跳跃，动作变化繁复，表演一气呵成，需要表演者有熟练的表演技能和良好的体力，是社火表演中各族群众最喜欢的节目之一。霸王鞭一般由青壮年男子2或4人表演，场外人员唱"曲子"，表演人员一对一相向呼应，随着"曲子"节奏在地上和自己浑身上下一顿一敲"打鞭"，并随着曲调的规律性变化两两相对跳跃腾挪，"摆四门"间歇旋转对打。霸王鞭由约一米长、直径三厘米粗的竹竿做成，在两端各二节的竹筒中心掏槽，在槽里用钢钉松散地穿挂四串铜钱。打鞭时，铜钱和与竹筒随敲打的节奏相互碰撞，啪啪作响，欢快悦耳，气势威武，场景激烈，似乎是两军对垒，兵将交锋，具有演武练兵的意思。对打双方有的村是鞭对鞭，有的寨是王鞭对双竹板，你来我往好像在缠斗。少数村男子表演一段时间后女演员身穿彩服、手拿铜瓦（一种瓦形拍打乐器）依次出场，与男演员相对摆出各种不同的队形和阵式，不断用铜瓦拍打节奏，与男演员的霸王鞭对打应和，此起彼伏，令观者心神荡漾。

霸王鞭表演

0705 马铃舞

别　　称：萨热多地多

级　　别：市州及以下级别

流布区域：舟曲县上河、山后及博峪乡一带的少数民族村落。

传承现状：马铃舞属于群体传承，但各种媒体的广泛应用，人们保护意识的淡薄，使得这一古老文化传承受到严重冲击。

服饰道具：红顶黑边布帽、绒蓝布、宽筒长衫、黑圈帽、花围巾、银耳环、长袖大袍、花边马夹。黑裤、绣花鞋、圈铃、脚铃。

简　　介：马铃舞是目前整个甘南地区的民间艺术中保存较完整，且内容丰富、形式多样、风格各异、古朴自然、原生态文化风味浓郁的藏族民间舞蹈艺术之一。它是最具有舟曲藏民族特色的民族舞蹈之一，又是舟曲民间艺术中保存最完整的民间舞蹈艺术。萨热多地多译作马铃舞，是舟曲较为古老的娱乐性舞蹈，此舞蹈与宗教活动联系紧密。马铃舞是用唱腔控制表演时间，用铜铃指挥的男女群舞。表演时间为每年的农历七月十五日，表演场地一般在打麦场，在表演过程中，舞者执一串镶着10多个小铃的皮圈，起舞时随节拍摇动铜铃，男女多以50－100人转圈摇铃为舞至狂跳，也有同时将马铃系于脚脖子上顿足踩节旋转腾跃的。歌与舞无节拍关系，先对面站立两排，唱颂歌抒怀之后再甩铃击节而舞，此起彼伏，令观者心神荡漾、赏心悦目。

在打麦场男子们欢快地跳马铃舞

0706 突谷舞

别　　称：丰收舞或罗罗舞

级　　别：市州及以下级别

流布区域：舟曲县拱坝乡、大年乡、铁坝乡和博峪乡等周边地区。

传承现状：完整地继承和发展，现保护较好。

服饰道具：藏服；铜器制作的铃铛，银手镯，戒指等。

简　　介：舟曲县位于甘肃省南部，属甘南藏族自治州东南部。舟曲县突古舞是目前整个舟曲县民间艺术中保存较完整，且内容丰富、形式多样、风格各异、古朴自然、原生态文化风味浓郁的藏族民间舞蹈艺术之一。自形成后，主要流传于甘南州舟曲县山后片藏族聚居区，是当地藏族群众在欢庆丰收、或传统节日活动期间所跳的舞蹈。突古舞既称丰收舞，也称罗罗舞，"罗罗"是古羌语词。突古舞有颂着装歌、人类进化歌等八种，不同的舞蹈都有着不同的表现形式和意义。它融诗、歌、舞为一体，属群众性歌舞表演。突古舞具有多舞一体的特性，是其他文化与传统的藏族文化交融的集中表现，反映当地人崇尚自然的精神和对幸福生活的执着追求。突古舞是典型的羌文化融入藏文化的舞蹈表现形式，它对研究藏羌文化的起源、发展有很大的帮助，是舟曲人民凝聚力的体现，是藏族人民审美心理最重要的依据，由于大众传媒的普及，突古舞赖以生存的空间越来越少，面临失传的危机。

在广场表演突古舞

0707 舟曲钦木（法舞）

别　　称：无

级　　别：市州及以下级别

流布区域：舟曲县各乡镇村寨内

传承现状：舟曲钦木（法舞）是寺院正月祈愿法会的活动，是对僧侣、教民进行宗教思想和教义的灌输、传播活动，现保存较好。

服饰道具：藏服；鼓、钹、法号、海螺、假面具。

简　　介：舟曲县境内的藏传佛教寺院，在每年正月祈愿法会期间有钦木表演，寓因果报应之教理、抑恶扬善之教义于盛大的法舞表演之中，对僧侣和信教群众进行宗教思想和教义的灌输、传播，教化众生向善、行善、远离罪恶。法舞是舟曲藏传佛教寺院正月祈愿法会的重要内容之一，藏语称作"钦木"。表演时，僧人戴上具有佛教象征意义的面具，在法器的节拍下演示六道轮回、善恶报应的佛教教义。舟曲钦木（法舞）有数十个角色和完整的情节。

跳神

0708 舟曲社火灯会

别　　称：无

级　　别：市州及以下级别

流布区域：舟曲县立节乡、大川镇老庄村、峰迭乡武土关村村寨内

传承现状：由于舟曲社火灯会分布范围广，参与群众多，属群体性民间民俗活动，故目前传承状况较好。

服饰道具：表演者头扎白毛巾，腰扎红绸，白衬衫，黑裤、布鞋，也有一般红或绿的彩服；锣、鼓、钹、唢呐，各式灯笼，扇子，蜂蜡等。

简　　介：舟曲社火灯会流传久远，具有独特的地方特色，是舟曲各族群众欢庆佳节的娱乐活动，也是寓教于乐，世代传承舟曲文化的主要载体，同时还是各村寨相互联谊交流的纽带。社火灯会也带有浓厚的宗教气氛，演出节目一般都是传统内容。舟曲社火有《五更攀道》《八朵神仙》《十盏灯》《闹元宵》《织手巾》《绣荷包》等四十多个剧目，有歌舞、小品、相声、路曲、扬歌、说唱、耍狮子等多个节目类型。舟曲社火的主要道具是灯，因此称社火灯会，比其他地方的社火内容丰富、规模大、特色鲜明。舟曲社火灯会表演由两个或四个长把牌灯先行，牌灯一面写村里的寺庙名，另一面写"国泰民安""吉祥如意"等吉祥祝词。舟曲社火灯会在舟曲县汉族村庄正月期间不定期举办，当地其他民族自由观看，有时也捧场献艺。舟曲社火灯会是舟曲广大人民群众欢度春节的一项十分重要的民俗活动，各乡镇大同小异，一般春节后开始演出至正月十九结束，只有正月十七日关灯罢演"黑十七"。目前舟曲县文化馆正在将这一珍贵的民俗文化申报省级非物质文化遗产保护项目。

社火表演

0709 舟曲秧歌

别　　称：无

级　　别：市州及以下级别

流布区域：舟曲汉族人民村寨内，以舟曲县大川、南峪、峰迭及东山山脉相围的乡村为代表。

传承现状：舟曲秧歌属于群体传承，在舟曲县境内的传承范围主要有上河片、下河片，其中以大川镇保护传承的最为完整。

服饰道具：白毛巾、红绸带、白衬衫、黑裤子、彩服；彩扇、锣、钹、鼓。

简　　介：舟曲独具一格的秧歌是广大劳动人民在春节期间自编自演，自娱自乐的一项重要文化活动，也是舟曲劳动人民的传统风俗。是舟曲劳动人民生活中不可缺少的精神食粮和生活伴侣。舟曲秧歌是舟曲劳动人民现实文化生活的朴素反映，凝聚了舟曲劳动人民的智慧、愿望与创造才能。舟曲秧歌表演的演员男女不限、老幼不限、人数不限，其中男演员表演时的着装为头扎白毛巾、腰系红绸子，上身穿白衬衫，下身着黑裤子，女演员身着彩服，男、女演员手舞红绸、彩扇，脚踏舞步，合着锣、鼓、钹打击乐器的节拍出场，男、女演员动作大开大合，极富激情张力。秧歌这一文化节目因无唱词，所以演员从登台演出到表演结束大概需要20—30分钟的时间，演员阵容宏大，气势壮观，是一个全民性的盛大艺术节目。其传承范围主要有舟曲县上河片（立节、峰迭、巴藏等乡镇）、下河片（大川、南峪等乡镇），其中以大川镇保护传承的最为完整和长久。迄今为止，在大川春节演社火和转灯期间，还有民间社火组织团体，组织演员筹备服装、道具进行自编自演的扭秧歌活动，使得这一古老传统的民间文化得到了很好的传承与发展。

在广场表演舟曲秧歌

0710 碌曲神韵

别　　称：无

级　　别：市州及以下级别

流布区域：碌曲县

传承现状：尚在流传

服饰道具：藏族服饰。

简　　介：大型碌曲风情歌舞诗《碌曲神韵》是一既有传统审美文化又有现代之力的舞台新作，她将碌曲原生态的文化、自然风景、民俗，用全新的视角，使碌曲的传统乡土歌舞精髓和民族歌舞经典全新整体重构，再创具有现代生活气息的浓郁的碌曲民族风情的文化内涵。在歌舞中，原生态古朴的民族歌舞与新锐的艺术构思的碰撞将带给你一种特定的"碌曲诗意""圣洁的碌曲""和谐的碌曲"印象。晚会利用歌舞诗结构，总标题是《碌曲神韵》，总体结构为《序——源》《圣湖——姜溏措柑、尕海湖》《则岔神韵——格萨尔》《郎木寺——心中的祝福》《和谐家园》及尾声《沸腾的草原》八人篇章。

碌曲神韵

甘肃省文化资源名录
第二十二卷 非物质文化遗产 I

民间戏剧

0711 秦腔

别　　称：桄桄子

级　　别：国家级

艺种特点：秦腔板式分为一板三眼、一板一眼、有板无眼和无板无眼四种。秦腔的角色有"十三门二十八类"之说。

乐班构成：戏班和乐器班。

代 表 作：《赶坡》

传承人：暂无国家级传承人

传承谱系：不可考

传承现状：传承延续

简　介：秦腔，演出时发出"恍恍"声，俗称"桄桄子"。秦腔的表演自成一家，角色有生、旦、净、末、丑五大行，各行又分多种，统称为"十三头网子"。一般戏班，都要按行当建置以"四梁四柱"为骨干的三路角色制。头路角色包括头道须生、正旦、花脸和小旦，二路角色包括小生、二道须生、二花脸和丑角，其他老旦、老生等角均为三路角色。各路角色的佼佼者，均可挂头牌演出，其他即为配角。秦腔表演技艺十分丰富，身段和特技应有尽有，常用的有趟马、拉架子、吐火、扑跌、扫灯花、耍火棍、枪背、顶灯、咬牙、转椅等。神话戏的表演技艺，更为奇特而多姿。量天尺、翻天印，可施放长串焰火，金交剪能飞出朵朵蝴蝶。秦腔音乐反映了陕甘人民耿直爽朗、慷慨好义的性格和淳朴敦厚、勤劳勇敢的民风，且较早地（也可能是最早的）形成了比较适宜于表现各种情绪变化的板腔体音乐体制；加上秦腔艺人逐渐创造出一套比较完整的表演技巧，因而秦腔所到之处，都给各剧种以不同的影响，并直接影响了各个梆子腔剧种的形成和发展，成了梆子腔的鼻祖。清康、雍、乾三代秦腔流入北京，又直接影响到京剧的形成。

0712 曲子戏

别　　称：无

级　　别：国家级

艺种特点：1.曲子戏剧目，唱腔稳定优美、刚柔相济、抑扬顿挫。通过做、念、打、唱，有板有眼的表演，满足观众的爱好。2.用新词古调演唱和乐器伴奏演唱。3.用本土语言演唱，通俗易懂易学，在本地便于普及和推广。

乐班构成：相关乐器有板胡、二胡、三弦、笛子、唢呐、锣、鼓、钹等。

代 表 作：《游寺》《借厢》《酬韵》《请宴》《传柬》《递柬》《越墙》《拷红》《赠伞》《渔舟》《买水》《射雕》《富贵图》《写扇》《戏叔》《狐配》《打樱桃》《小放牛》《小姑贤》《三奶奶和合》《华亭会》《换亲》《训子》《钉缸》《买翠花》等等。

传承人：暂无国家级传承人

传承谱系：首创作者张海润，字晓霞

（1842—1904年），水川镇大川渡人。第一代传人，高映珠、曾继润（清末至民国末大川渡人），师承张晓霞；第二代传人，曾子熊、曾锡鹏（民初至70年代大川渡人），师承高映珠、曾继润；第三代传人，曾明相（1944年至大渡川人），师承曾子熊、曾锡鹏；第四代传人，曾海文、张建香、苏文英、张翠梅。

传承现状： 曲子戏以民间业余演出为主，专业演出团体很少。旧时代处于一种自生自灭的状态，1949年以后，曲子戏虽时有兴衰，但总体上处于沉寂状态。2006年以来，白银曲子戏被视为民间文化遗产而得到广泛挖掘、整理。

简　介： 曲子戏是流传于甘肃省白银水川镇大川渡村的民间小曲，源于我国黄河流域及甘肃、青海等地的民间小戏。它取材于元朝王实甫所著《西厢记》，具有元杂剧的风格特点，唱腔属联腔体。1870年，对元曲颇有研究的甘肃白银大川渡举人张海润（字晓霞）入国子监期间，为活跃家乡文化，丰富民间娱乐，研读《西厢记》及其他戏曲作品，并以此为鉴，大胆创新，移风易俗，集民歌，搜古调，唱地傩，闹丰年，精心研读，据史料记载创作编写出曲子戏（原西厢调小曲）二十七折，配近30个曲调。现搜集整理出唱词十二折，其中西厢调八折，该剧分为《游寺》《借厢》《酬韵》《请宴》《传简》《递简》《越墙》和《拷红》八个部分；《赠伞》一折、《渔舟》一折、《富贵图》二折。配二十四种曲调，其中有越调、渐渐高、河南调等。从清光绪初年到民国前夕的三十多年间，出现了"每至春节，排演乡傩，以闹丰年"的局面。后经高映珠等当地艺人的完善传承，使《曲子戏》小曲得以发展流传，直到新中国成立前夕。它具有元曲杂剧的历史遗留痕迹，为白银区所独有。其剧目全部是折子戏，作为当地精彩的民间表演艺术形式，不论是街头巷尾、庭院宅第，还是田边地头，都可以作为曲子戏演出的场所。

曲子戏演出

0713 曲子戏（华亭曲子戏）

别　　称： 无

级　　别： 国家级

艺种特点： 康和先生通过苦钻勤学，逐步形成自己的演唱风格，其嗓音甘甜细腻，字正腔圆，唱腔柔美，表演感情丰富，表情自然，刻画人物形象逼真，表演动作娴熟到位，手、眼、身、法、步，协调传神，特别以扮演旦角最为擅长。

乐班构成： 文乐队以三弦为主，辅以板胡、二胡、笛子；武乐队开场锣鼓打场子，演唱以四页瓦、碰铃敲出节奏。

代 表 作：《双放牛》《梅降雪》

传承人： 康和

传承谱系： 第一代传人：康宝山；第二代传人：康和；第三代传人富学良、高存国。

传承现状： 由于传承人已故，导致青黄不接。曲子戏在华亭有较强大的演出班社、深厚广泛的群众基础和牢固的师承，有一定数量、常年保持演出能力的优秀曲子戏演唱人员及编导人员。但是，随着社会发展及文化艺术工作者经常深入农村，专业团体的大秦腔威胁到了曲子戏的生存，一些交通发达、文化繁荣的地方，原来表演曲子戏的班社也唱起了秦腔。同时，由于电视的兴起与普及，更加给土色土香的曲子戏以致命的打击，一些地方基本一蹶不振。

简　介：华亭曲子戏是流传在华亭的一种较为古老的传统剧种，以主要有生、丑、旦几大行当华亭曲子戏《前月调》《背宫》曲牌开头，《乐调尾》收场。在唱词中报剧名，一唱到底，唱词的长短句式及宫调，保留了曲艺向戏曲蜕变的痕迹，剧目全为短小折子戏，情节简单，源于宋、元，盛于明、清，尤以民国为最。解放后，曲子戏为活跃山区群众文化生活，起到了积极的作用，在陶冶性情、扬善抑恶、寓教于乐中教化群众。由于受当今全球经济一体化潮流的影响，致使华亭县曲子戏濒临失传。曲子戏因流传地域不同，又称"小曲子""笑摊""地摊子""信子腔"等，具有元曲杂剧的历史遗留痕迹，唱腔属于联腔体，即由众多的曲牌连缀而成，常用曲调有100个左右。

华亭曲子戏

0714 曲子戏（敦煌曲子戏）

别　称：无

级　别：国家级

艺种特点：敦煌曲子戏的基本特征是剧目题材广泛，音乐优美动听，通俗易懂，演唱灵活，便于传播。

1. 敦煌曲子戏的剧目题材广泛，有神话故事、历史传说、社会生活各个方面。随着时代的变化，反映各个社会时代的风貌，歌颂真、善、美，鞭挞假、恶、丑。许多剧目久演不衰。

2. 生活气息浓郁，所演戏剧反映当时的民间现实生活。语言生动，情节风趣，百看不厌。

3. 曲调优美动听，并易学、易唱，乐者使人开怀大笑，悲者使人珠泪纷纷，百听不烦。

4. 演唱形式灵活：有彩唱和坐唱。有表演能力的艺人在舞台演出，不善于表演但爱好曲子戏者可以清唱，无论清唱还是彩唱，都不受条件限制。

乐班构成：敦煌曲子戏的伴奏乐器主要分文武场面（乐队），文场面为弦乐，主要乐器有三弦、板胡、二胡、扬琴、大底胡、笛子等。武场面为打击乐，主要乐器有板鼓、梆子、勾锣、小锣、铙钹、碰铃、四页瓦等。

代 表 作：《老换少》《打懒婆》《顶灯》《磨豆腐》《两亲家打架》。

传承人：肖德金

传承谱系：三代曲子戏传承人周进录（1936—1949年），城镇人，小贩，生、旦、丑角，艺名周碗儿，班主。

郭铨，城镇人，小贩，三弦，班主。

方云，石槽儿人，农民，花旦，班主。

孙家福，城镇人，小贩，生、旦、丑角，班主。

孙家有，城镇人，小贩，生角。

马云，灵台堡人，农民，旦角。

王维贤，灵台堡人，农民，旦角。

王吉，城镇人，小贩，胡生。

夏天思，城镇人，小贩，生角。

曹天禄，合水坊人，农民，生角。

第四代曲子戏传人（1949—1960年）

肖得金，石槽儿人，农民，生、丑角，班主。

沈生财，漳县人，农民，生角，班主。

付生兰，泾桥人，农民，老生，班主。

王德，合水村人，农民，旦角。

王登云，秦州人，农民，生角。

张存礼，泾桥人，农民，生角。

张生福，常丰人，农民，旦角，班主。

魏作孝，高台堡人，农民，三弦。
第五代曲子戏传人（1960—2005年）
闫光福，肃州庙人，农民，三弦，班主。
范海，肃州堡人，农民，生、旦、丑角。
夏秀兰，肃州庙人，农民，旦角。
丁致花，城镇人，个体，旦角。
康全信，中渠人，农民，板胡，班主。
罗守信，南台人，农民，杨琴，班主。
陈振清，中渠人，农民，生角。
陈秀芳，土塔人，农民，生角。
李丰成，杨家桥人，农民，板胡。

传承现状：敦煌曲子戏历经百余年，在传承过程中，曲子戏艺人都是因爱好而业余参加此项活动，以自娱自乐为目的。敦煌因地域小，人口少，曲子戏的传承比较集中。

简　　介：舞台演出俗称彩唱。有演出地、文武乐队和服装道具。道白均用敦煌方言中的河东腔和河西腔。曲子戏演员具有一定的表演水平，如旦角要扭得欢，走得飘，舞蹈轻盈活泼，形象生动。丑角幽默诙谐，滑稽伶俐。角色扮演者表情细腻，感情真切，使人看得入神。地摊坐唱，俗称清唱，不受演出场地的限制，不需服装道具，不需要动作表演，只要唱者嗓子好，唱调准，曲调多，板路稳就可以入座献唱，无拘无束。艺人怡然自得，听众心旷神怡，如醉如痴。

敦煌曲子戏《老换少》

0715 皮影戏（环县道情皮影戏）

别　　称：牛皮灯影子
级　　别：国家级

艺种特点：道情原为道教艺术，源于古代道观音乐，分为"法曲道情"和"俗曲道情"，环县道情属于后者。"俗曲道情"以俗曲为音调，萌生于唐，兴盛于宋，早在北宋前期便以歌曲和说唱形式在社会上广为流传。当道情与皮影结合之后，道情便由说唱性向戏曲性转变，形成了以皮影表演为形式，以道情为演唱曲调，借鉴戏曲叙述与演唱手法的新兴艺术形式——环县道情皮影。皮影表演俗称"耍线子"，是前台艺人的拿手绝活。"一口唱尽天下事，双手对舞百万兵"，前台一人双手操持所有影人的表演，做出坐、卧、行、走、踢、打、翻转、提袍甩袖、腾云驾雾等各种动作，人物表演按角色有所区别，老者"弱"，成人"稳"，小旦"活"，妖妇"狂"。

乐班构成：文场乐器有四弦、二胡、笛子、笛呐、甩梆、渔鼓、简板等；武场乐器有大锣、小钹、小锣、干鼓、战鼓、军号、唢呐等。

代 表 作：《青石岭》《白蛇传》《蛟龙驹》。

传承人：史呈林、高清旺

传承谱系：史占魁是"史派"创始人，系道情皮影大师解长春弟子之一，聪明好学，能博取各家所长，并逐渐形成一派。第二传人是史学杰，在县北从艺多年，后又在韩家戏班搭班，所以南北戏他都能演唱。史呈林是第三代传人，也是环县目前最优秀的道情皮影表演艺人之一，带徒史文宪和史文宏即第四代传人，技艺也日渐成熟。

传承现状：县内现有52家戏班、285名表演艺人、150多名雕刻艺人，形成了以环县为中心、延伸至周边地区的分布现状，是目前国内保存较为完整的原生态艺术群体。在2003年文化部确定将环县道情皮影列入中国民族民间文化保护首批工程以来，环县已成功举办三届中国环县道情皮影民俗文化节，成功举办环县道情皮影戏擂台赛两届。2006年5月环县道情皮影被列入首批国家级非物质文化遗产名录；10月，文化部在环县召开了全国非物质文化遗产保护试点工作经验交流会。2007年6月8日，道情皮影保护中心被文化部命名为全国非物质文化遗产保护工作先进集体，有3名道情皮影艺人分别被文化部和中国文联命名为国家级非物质文化遗产代表性传承人和杰出传承人。2011年11月，被文化部命名为"中国民间文化艺术之乡"；同年10月，环县被国家公布为全国41家文化产业（皮影雕刻）生产性保护示范基地之一；11月，环县皮影作为中国皮影的一员，经申报进入了《联合国教科文人类口头与非物质文化遗产代表作名录》。2012年12月26日，环县隆重举行了首届环县道情皮影擂台赛开擂仪式，并于2013年3月13日起举办了为期一个月的道情皮影擂台赛活动，影响深远。

简　　介：环县道情皮影是秦陇文化与周边族群文化相融合，古老的道情与皮影相结合的产物。相传产生于宋代，民间俗称"灯影戏""小戏""老道情"，她在千百年的发展演变中，采取"借灯、传影、配声以演故事"的手段，"集中华皮影之大成，撷当地道情曲艺之精华"，融民间音乐、美术和口传文学为一体，成为当地人民倾诉情感、丰富文化生活和承担祭祀、过关、还愿、节庆等习俗的综合性艺术。到了晚清，特别是一代皮影大师解长春的心揣手摹、传承革新，更是将这门艺术发扬光大，推向鼎盛。每个戏班一般由5—6人组成，俗称"四紧五忙六消停"。"前台"坐于亮子前，既包揽所有角色的道白和演唱，又操纵所有影人角色的表演，"后台"人员每人掌两三件乐器进行伴奏，同时兼顾"搭架""喝场"和"嘛簧"。皮影是环县道情皮影戏的主要表演道具，俗称"线子"，用牛皮刻制，有人物、动物、神怪，大小场景等。造型极为丰富精美，人物造型按戏曲的生、旦、净、丑行当设计，一般为黑忠、红烈、花勇、白奸、空正、实丑，体现出头大身小、上窄下宽，手臂过膝的特点。其他如殿堂、帅帐、鬼怪、奇禽异兽、花草树木等影件，构思奇妙、形态多样，彰显出中国民间艺术夸张写意的特征。通过对外宣传和交流展演，使戏班、艺人开阔了视野，增长了见识，提高了技艺，增强了信心，为道情皮影保护传承工作注入了新的活力，从而使其得到更充分、更有效的保护，为中华民族和全人类留下这朵珍贵的民间艺术之花！

0716 皮影戏（通渭影子腔）

别　　称：通渭皮影戏

级　　别：国家级

艺种特点：1. 演出班子主要由家族人员组成。2. 表演方式独特。3. 不断进行改革和创新。

乐班构成：通渭影子腔在继承陇南影子腔的基础上，又在剧目、板式和演唱风格上有所改进和发展。特别在板式变化方面，不仅有花音和苦音，还形成叫板、慢板、阴司板、流水板、飞板等板式和道情、送板、拦板、齐板、留板、簧板等不完整板头。

代 表 作：《坐月国》《槐荫树》

传承人：暂无国家级传承人

传承谱系：第一代传承人，杨世福（1893—1953年），一生喜爱吹拉弹唱，师承通渭县常河镇新集村窦宗奎。第二代传承人，杨金秀，是杨世福之子（1915—1986年）一生务农为生，继承父亲技艺苦学吹、拉、弹、唱，是本村的社火王，生、丑、净、旦无所不扮，吹拉弹唱，样样为先。第三代传承人，杨海仓、杨玉海，杨金秀之子，他们都领班唱戏，有两班。杨海仓的戏气势高昂，擅长架口武戏；杨玉海气正腔圆以文戏为主，他手巧精灵，捉起线子演起来演得活灵活现，还能八杆线子表演。他常领着他的四个儿子和女儿，走村串户，要求儿女练习吹拉弹唱打，组成家庭皮影班。戏太多时，指导二子杨永忠、四子杨永杰分班演唱，并要求儿子要博采众长，青出于蓝而胜于蓝，决不能给先人丢人现眼，到今演的戏剧目近百本。第四代传承人，杨永清（，杨海仓长子，杨永忠（1962年生），杨海仓二子，杨永杰（1972年生），杨海仓第四子，他们有三班戏经常活动。

另外一支刘姓传承系，见下。

第一代，刘纯儒（抱灯），刘正儒（场面）。

第二代，刘汉杰、刘士杰（抱灯），刘邦杰（场面）。

第三代，刘印江、刘荁江（抱灯），刘振纲（场面）。

第四代，刘耀西、刘承向（场面）。

第五代，刘尚仁（抱灯），刘尚礼、刘尚珍、刘尚信、刘尚璞、刘尚贤、刘尚琛（场面）。

第六代，刘维翰（场面），刘之翰、刘登魁、刘登庠、刘田吉。

第七代，刘满仓（抱灯）。

传承现状：随着经济的发展和社会的变革，作为传统文化的皮影戏当其步入现代生活领域，必然受到科技文明的巨大冲击。在现代人心目中的地位迅速降低，甚至有些年轻人对它不屑一顾，老年人虽有怀旧眷恋之心，却失却了原有的那份真诚和热心。观众的失落导致皮影演艺市场的失落，加上后继乏人，艺人断代，班底解体，无形地将皮影这门民间艺术逼入失传和死寂的边缘。

简　　介：皮影戏是我国一种历史悠久、流传广泛的民间艺术。通渭皮影戏产生的年代无可稽考，但据艺人们口述，最早可追溯到清嘉庆初年（公元1796年）刘纯儒所创的刘氏皮影戏班。通渭皮影戏在影人制作、配器、唱腔等各方面都有其独特的一面，尤其是唱腔，不同于周围各县套用秦腔或小曲了的音乐，它源于道情，以渔鼓击节并有帮腔，自成一体，是通渭皮影戏专用的音乐。为示区别，人们称其为"影子腔"。通渭影子腔为板腔体结构，主要的板式有：慢板、阴司板、流水板、飞板、道情，还有散板类型的尖板、滚白，这两种板式后往往接慢板等其他板式。通渭刘氏皮影戏在演出中采用"倒影子"的形式，即在一出戏的前半部演出时用秦腔音乐，后半部用影腔音乐。这样，既丰富了皮影戏表演的音乐形式，又吸引了具有不同爱好的观众。具有独特音乐形态的通渭刘氏皮影戏班至今已传七代，虽肇始于通渭，但其演出足迹并不局限于本县乡镇，它还活跃在陇西、临洮、渭源、甘谷、武山、会宁、定西、榆中等县的城乡，受到广大群众的喜爱，历数百年沧桑而不衰。

通渭皮影戏

0717　通渭小曲戏

别　　称：通渭小曲

级　　别：国家级

艺种特点："通渭小曲"和"通渭小曲戏"源远流长，风格独具，特色鲜明，在甘肃曲子和曲子戏中，占有相当重要的地位。其主要特征是古、多、广、雅。1、古，即乐种古老。

通渭小曲虽系明清时调的一脉传存，但源头可追溯至唐宋以前。当时，寺院大兴讲唱之风，小曲正是在寺院广纳民间歌曲、新创作歌曲和域外所传入歌曲的背景下，形成并作为隋唐燕乐的组成部分而行世。2.多，即曲调繁多。通渭小曲所拥有的曲调到底有多少，很难统计。根据目前搜集、整理的成品，就有126个曲调，26首器乐牌子曲，还有上百个民歌散调存活在人们口头传唱中。3.广，即流传面广。通渭小曲不仅妇幼童叟都能开口即唱，各村还有声望极高的"唱家"和"唱把式"，不仅有多种多样的演唱形式，还有数目众多的自娱自乐演出班社，这些艺人和班社，都是世代传承的家学家班，其传承谱系清晰，师承关系分明，他们或在田间地头随口吟唱，或在居家炕头清歌自娱，甚至还在节令、庙会上化装登台作场。

乐班构成：目前有小曲戏演艺公司12家，共有500多人，其中有乐器伴奏等。

代 表 作：《打草鞋》《大赐福》《兄妹观灯》《卖水》《闹书馆》《全家富贵》《杏元和番》《刺目劝学》《王祥卧冰》。

传承人：暂无国家级传承人

传承谱系：暂未梳理

传承现状：尽管通渭小曲仍然回荡在村村社社，但其规模与受众群体数量已大不如从前，濒临失传。

1.随着老一辈艺人相继去世，以"口耳相传"为特征的师承关系出现严重断代，唱者后继乏人，研究者更寥寥无几，即使个别对其情有独钟，也是年逾花甲，力不从心。

2.通渭小曲的演唱和演出，自古以来都作为知音艺友自弹自娱的消遣助兴之曲，从未组建过专业演唱团社，所有活动一直处于自流状态，缺乏正常的学术和艺术交流，这不仅导致了艺术质量的低下，也促成它目前演员老龄化、日渐衰落的局面。

3.随着近年来中国传统音乐文化的势微，导致了许多人对民族传统文化的排斥心理，港台的、时尚的"新音乐"文化被误认为是科学的、高尚的文化，受到盲目崇迷，而民族的、传统的戏曲、曲艺等民间艺术则被视为落后的、守旧的过时艺术而受排斥，从而导致通渭小曲信誉低落，直接导致它的生存空间愈来愈小。

简 介：甘肃通渭小曲是流行在甘肃省通渭县境内的一种牌子类曲艺和民间小戏，其历史源远流长，系隋唐燕乐、南北俗曲、明清时调的一脉传存和发展的继续，是通渭最具代表性的民间艺术形式之一。通渭小曲系曲牌联套的体制，其所拥有的曲牌数量之多不可悉记，目前已搜集和整理的曲牌唱调有126个，器乐曲牌26首。其演唱形式分为二体，一为清曲，主要在农家炕头或院舍地摊，以坐唱或走唱形式清歌自娱；二为戏曲，依剧本人物分行当角色，化装登台表演，唱情唱事。所唱曲牌虽同，但唱本截然相异，区别就在于一代言，一不代言。通渭小曲演唱取用通渭方言，曲调娴雅，唱词浅显易懂，故事情节简单，充满乡土气息，于当地民众有很强的亲和力。故流播极广，不仅在年关节庆演唱已成俗例，平时茶余饭后，知音艺友相聚一起弹唱自娱者，处处可见可闻，不绝如缕。新时期以来，艺人继相编演了大批以反映现实生活为题材的作品并广为传唱，受到群众欢迎，使这一传统民间艺术，在促进社会文明、农村文化建设、构建和谐通渭中发挥出积极作用。

甘肃通渭小曲

0718 武都高山戏

别　　称：演故事

级　　别：国家级

艺种特点：高山戏的演出形式灵活自由。既有演传统戏、现代戏，又有折子戏、大本戏。

乐班构成：高山戏表演乐班分为文场和武场。

代 表 作：传统剧目有《咸阳讨账》《老换少》《钉缸》《上京科举》《刘进春》，创作剧目有《争状元》《全家乐》《十斤白面》《三保参军》《夸队长》《刘四告状》。

传承人：尹维新

传承谱系：谱系一，第一代尹进忠、尹三云，第二代尹志珍、尹云海、尹志涛、尹树林、尹电荣，第三代尹文忠、尹文治、尹文慈、尹执川，第四代尹维新、尹功功、尹社保、尹志奇、尹志贤，第五代尹立宝、杨催让、尹虎代、尹仁寿，谱系二，第一代杨守基、杨怀清、王海生、杨守忠，第二代杨平均、杨建军、卯周周，第三代杨彦明、杨奎文、卯东红。

传承现状：高山戏近几十年的发展前景不容乐观，具体问题表现如下：1.人在戏存，人死戏亡。2.从事高山戏挖掘、整理、创作、研究的专家学者越来越少。3.山大沟深，交通不便，不利于高山戏在戏剧艺术领域内交流传播。

简　　介：武都高山戏，又名高山剧，1959年以前武都鱼龙、隆兴等乡镇人们叫"演故事""走过场""社火戏"等。2008年确定为国家级非物质文化遗产保护项目，为甘肃省独有的两大特色剧种之一。高山戏的舞台演出程式一般分为"踩台""开门帘""打小唱""演故事"等诸多内容，其他表演如"圆庄""上庙""走印"等具有明显的祈福、娱神和自娱性质。因而有"中国戏曲研究的活化石"的称谓。高山戏属曲牌体戏曲剧种，其唱腔或明快活泼、玲珑华美，或缠绵凄楚、哀怨动人。行当：高山戏的角色行当有生，旦，净，末，丑之分。高山戏语言是地道的武都方言，生动活泼、幽默诙谐。大量衬词和灵活的帮腔形式形成了高山戏独特的演唱风格。高山戏伴奏乐器分为武乐和文乐，武乐有大鼓、大锣、四片瓦，文乐有"大筒子"、土琵琶等。高山戏剧目内容丰富多彩，多数剧目有宣扬仁义道德、教化育人的积极意义。代表性传统剧目有：《咸阳讨帐》《刘四告状》《老换少》《康熙拜师》等。高山戏在武都等地流传了数百年，深得民众喜爱，它是古时劳动人民价值观、世界观的体现，是历史的见证，是当地人民的精神食粮。

高山戏"把式舞"

0719 藏戏（南木特藏戏）

别　　称：藏戏

级　　别：国家级

艺种特点：它是一门融歌、舞、说唱、道白、对话、音乐与一体的综合性艺术，传承着各种传统表演艺术形式，同时吸收地域文化的优秀成果，不断发展进步，对保护和发展民族民间文化有着重要作用。

乐班构成：乐器只有简单的鼓、钹、唢呐、长号、笛子等。

代 表 作：《松赞干布》《智美更登》《诺美王子》。

传承人：暂无国家级传承人

传承谱系：暂未梳理

传承现状：碌曲县双岔二地村的"南木特"藏戏，是安多地区藏族人民群众喜爱的八大藏戏之一，它的产生、形成、发展已经有28年的历程。

简 介：碌曲县双岔乡二地村"南木特"藏戏成立于1978年。是由双岔乡旺藏寺依拉久美大师参照西藏民间藏剧、拉卜楞藏戏、双岔乡本地民间歌舞和说唱技术的基础上，组织的民间艺术团体。演出的主要优秀剧目有《松赞干布》《智美更登》《诺桑王子》等。每年农历四月演出，现有完整手抄剧本5本，民间艺人64人，鼓、锣、笛、海螺等乐器和道具120多种，演出服饰130多套，至今保存完好。

藏戏

0720 皮影戏（永登皮影戏）

别 称：肘猴子

级 别：省级

艺种特点：1.传承久远，表演灵活多样。2.奏乐声音优美，表演形式丰富，引人入胜。3.表演内容非常丰富，从西周到清代时跨两千年历史。4.是舞、说、唱、乐融于一体的艺术。

乐班构成：鼓、唢呐、钹、锣、琴。

代 表 作：《西游记》《东周列国》《花园游春》。

传承人：王德胜

传承谱系：其祖辈传承六代。

传承现状：濒临失传

简 介：永登皮影戏表演剧目众多，题材广泛，一定侧面上能反映中国两千年历史，是中国历史文化的活态艺术。近年来，各级政府针对皮影戏的申报、传承做了大量工作，整理了比较祥实的文字、音像资料，传承人生活补贴得到落实。但现状极不乐观，现仅存王德胜戏班、葛班长戏班、薛正刚戏班均已随班主过世而解散，皮影也不知去向，没有一名传承人。王德胜戏班现能够搭班表演的仅有四名年过六旬的老人。这些人生活困难，苦于生计，也无暇专致于皮影和传承人培养，年青人中没有一名爱好者，这样的话没有传承人的永登皮影戏随着艺人的自然去世就会随之失传，而且皮影道具、乐器已陈旧，经费困难，无法更新，又没有制作技艺，演出市场十分有限，收入微薄，在现代文化冲击下，永登皮影这一在永登大地伴随民众二百多年的艺术濒临失传。2006年公布列入甘肃省非物质文化遗产名录。

永登皮影戏

0721 皮影戏（永昌皮影戏）

别　　称：永昌影子

级　　别：省级

艺种特点：皮影戏在永昌已有悠久的历史，它以家族为单位，长期在民间演出，同地方风俗结合，形成了自己独特的风格特点：1.伴随民俗活动产生和发展而形成的对民间习俗的依存性特征；2.在长期参加礼庆、节庆、礼俗活动中，形成了根据活动进行的不同阶段的内容和形式；3.在表演中唱腔既有对秦腔的继承，也有对民歌、时令小曲、小调的广泛吸收。故事内容更多摈弃了传统折子戏故事，随时随地自编自演，形式灵活多样，因而具有曲目形成的多源性特征；4.永昌皮影是对生产生活中客观事物进行加工整理，通过皮具的形状达意、传情、描事，配以音乐、说词对故事进行反映，显出一种特有的简约美和质朴美。

乐班构成：永昌的皮影戏的伴奏乐班，悉如秦腔而较简单。有板胡、二胡、唢呐、堂鼓、战鼓、板鼓、钩锣、手锣、梆子、牙子、喇叭等。皮影戏每班五至八人。

代 表 作：暂未梳理

传承人：吕兰生

传承谱系：刘敬庭，已故，20世纪50—60年代刘家班主要带班人。樊永兆，已故。王建庭，已故。郑培福，已故。吕兰生，水源镇北地村七社人，永昌皮影戏代表性传承人。

传承现状：随着现代文化的冲击，永昌皮影同我国其他很多民间艺术一样因其自身的陈旧落后倍受冷遇而走向衰亡。目前，老艺人年事已高，新传承人尚未培养起来，发展举步维艰，濒临失传状况难以改变。

简　　介：永昌的皮影俗称"影子"，清朝初年，始见于今水源朱王堡两乡镇。乾隆年间由西安人贾师傅来永宁堡传艺。当时杜家寨人刘成德创建德盛班，演皮影戏。永昌的皮影戏班原为专业的，像大戏班那样拜"庄王爷"为祖师。每年春季多在本地和武威、民勤演出，秋冬季到县城东、西乡演出，每场演三至五天。新中国建立初期，已无专业戏班，艺人们有时做业余演出，由于戏箱设备和剧目内容都已陈旧，无人倡导传艺学艺，青年一代又缺乏听赏习惯，"文革"后，永昌已不见演皮影戏了，目前只有部分戏箱还保存着。皮影戏都要有戏箱，皮影戏的人物（俗称"皮猴人子"）和布景道具，均用加工熟制成半透明状的牛皮和山羊皮精心镌刻而成。制作过程是先将生牛皮里面的毛肉剔刮干净，熟制压平，成半透明状，把"皮猴人子"的头、胸、腹、臂、腿的图样，衬于皮下，拓出影子，用针尖点描穿画后，再用刀剜刻穿成多种人物图像，着色后"出汗"凉干，然后把胸、腹、臂、腿各部分用线绳联结起来，与头部共装箱备用。人物的头帽与身段多采用五分侧面的表现法，布景道具则多采用立体投影的图案。皮影戏的人物是早已制就的，只能随时取用，不能因戏化装，所以刻制的人物和布景、道具，都是多种多样的。永昌的皮影戏，都用秦腔曲调演唱，个别折子戏也有用眉户剧曲调演唱的。文武场面伴奏的乐器，悉如秦腔而较简单。皮影戏每班五至八人。皮影戏所演的剧目，多系中国历史故事，上自殷商，下止明清，本剧折戏，不下百十本。

永昌皮影演出

0722 西厢调

别　　称：青城小调

级　　别：省级

艺种特点：青城小调采用民间流传的各种戏曲的曲牌，创编了二十四个曲调（现今在挖掘中开发为三十五个曲调），并编写了二十七折剧本：《游寺》《借厢》《酬韵》《请宴》《传简》《递简》《越墙》《拷红》《渔舟》《赠伞》《卖水》《射雕》《富贵图（1）》《富贵图（2）》《写扇（1）》《写扇（2）》《戏叔》《批》《狐配（1）》《狐配（2）》《打樱桃》《小放牛》《小姑贤》《玩会》《卖货》《会亲》《三奶奶和合》。古曲调名分别为：《锴州调》《打拉调》《慢蜀川调》《南方调》《降香调》《洛江岸调》《梨花调》《越调》《渐渐高调》《河南调》《神仙调》《紧南方太平调》《风筝调》《闪断桥调》《么曰调》《桃玉连调》《三朵花调》《横云调》《甘凉调》《银钮丝调》《三杯酒调》《慢河南调》《撑船调》。由于西厢小调植根于各种民间戏曲的基础之上，并吸收了各剧调的精华，所以其音乐、唱腔优美动听、曲折婉转，音调适中、顺口宜唱。西厢小调剧本情节较短，角色较少，容易排演，适合青少年演唱。

乐班构成：器乐为二胡、板胡、三弦、扬琴。

代　表　作：《计划生育好》《游青城》《黄河兰州骄子》《换亲》等。

传承人：吴定元

传承谱系：第一代：张晓霞，男，出生于同治年间；第二代：李友仁，男，出生于光绪年间；第三代：刘自重，男，出生于民国年间；张新，男，出生于民国年间；滕海文，男，出生于民国年间；高其康，男，出生于民国年间；陶民中，男，出生于民国年间；第四代：吴定元，出生于1939年。

传承现状：榆中县青城一带西厢调传承良好，现存的传承人中各类行当齐全。但随着当今社会娱乐形式的多样化，年轻人大多不喜欢传统戏剧，未来十年以后，其传承将受到一定消极影响。

简　　介：青城小调又称西厢小调、青城小曲，产生于清朝光绪年间，距今约一百二十多年。行当有生、旦、净、末、丑。在演唱时有唱腔、道白、动作表演，同时有文武乐队伴奏，文场以三弦为主，附乐为板胡、二胡、扬琴等，武场有板鼓、梆子、小锣、撞铃等。演唱时演员随着音乐的节奏不断扭动，唱腔采用青城方言，舞蹈以秧歌中的十字步为基准，是一种扭唱相附和形式的小型戏曲。青城小调是清末地方戏曲艺人张晓霞、李仁友等前辈共同编创的，他们广泛采用了民间流传的各种戏曲的曲牌，创编了二十四个曲调（现今在挖掘整理出三十五个曲调），并编写了二十七折剧本。西厢小调创立之初是根据金代董解元的《西厢记》诸宫调，元代王实甫的杂剧《西厢记》等唱本改编了八折《西厢记》进行演唱，由此定名为西厢小调。其他的十九折内容为民间爱情故事、地方传说等，如：《富贵图》《写扇》《渔舟》等。西厢小调自创始以来极为盛行，现为甘肃省级非物质文化保护遗产。

西厢调剧场演出场景

0723 木偶戏（永昌木偶戏）

别　　称：肘猴子

级　　别：省级

艺种特点：木偶戏在永昌已有悠久的历史，它以家族为单位，长期在民间演出，同当地风情习俗结合，形成了自己独特风格特点：1.伴随民俗活动产生和发展而形成的对民间习俗的依存性特征。2.在长期参加礼庆、节庆、礼俗活动中，形成了根据活动进行的不同阶段的内容和形式。3.在表演中唱腔既有对秦腔的继承，也有对民歌、时令小曲小调的广泛吸收。故事内容更多摈弃了传统折子戏故事，随时随地自编自演，形式灵活多样，因而具有曲目形成的多源性特征。4.永昌木偶对生产生活中客观事物加工整理，通过皮具的形状达意、传情、描事，配以音乐、说词对故事进行反映，显出一种特有的简约美和质朴美。

乐班构成：永昌的木偶戏，都用秦腔曲调演唱，个别折子戏也有用眉户剧曲调演唱的。用清河一带的方言道白。文武场面伴奏的乐器，悉如秦腔而较简单。如有板胡、二胡、唢呐、堂鼓、战鼓、板鼓、钩锣、手锣、梆子、牙子、喇叭等。

代 表 作：暂未梳理

传承人：王笃中

传承谱系：尚未形成谱系。

传承现状：老艺人王笃中年事已高，新一代传承人尚未培养起来，面临失传可能。

简　　介：永昌木偶，流传于甘肃省永昌县。永昌的木偶俗称"肘猴子"，清朝初年，始见于今水源朱王堡两乡镇。木偶戏每班五至八人，负责人叫"班长"，主演员一人称"把式"，其表演动作者叫"提线"，演员的助手一人叫"入线"，打锣敲鼓的各一人，拉板胡兼吹唢呐的一人。演木偶戏至少需要七人，演员三人，其余各角色同皮影戏班。如人员多时，可增添唢呐和二胡，叫作"双吹双打"。木偶戏班都有戏箱，木偶戏的人物是"木偶人"，头如拳大，身高约0.7米，头面壳和衣冠是用纸浆做好的，穿戴在一个十字形木制支架上而成。生、净、丑、旦各种脸谱的制作皆是镶上眼珠、下颌，结上细线绳即成。盔甲、衣袍、巾帽以及手脚等，都是按照生、净、丑、旦的装饰制作，其式样悉如大戏，只是尺码短小而已。木偶的手是用木刻出空心握拳状，大如鸡蛋，安装在一细木杆上，木杆通过袍袖，用细绳捆扎在手腕处，手露袖外，刀枪或马鞭等物，装入拳空心洞处。靴鞋袜裤，安装于一短小木杆上，暂时另置一旁。演出前按照所演剧目中的人物，先把头面壳、衣冠、手腿安装穿戴于十字形支架，悬挂在幕后墙壁上，以备出演。永昌的木偶戏，都用秦腔曲调演唱，个别折子戏也有用眉户剧曲调演唱，用清河一带的方言道白。木偶戏所演的剧目，多系中国历史故事，上自殷商，下至明清，本剧折戏，不下百十本。

永昌木偶戏地推演出

0724 皮影戏

别　　称：灯影戏

级　　别：省级

艺种特点：在唱腔上，主要有独具特色的灯影腔，同时还兼有秦腔、眉户等。在器乐方面，有大鼓、干鼓、牙子、梆子、钹、锣、磬、中胡、二胡、板胡、三弦、唢呐、笛呐、笛子等。影人形象各异，色彩鲜艳，造型栩栩如生，集刻、画、染为一体。

乐班构成：会宁皮影班演出人员一般5—6人，演唱器乐主要有大鼓、干鼓、牙子、梆子、锣、钹、磬、二胡、板胡、中弦、三弦、唢呐、笛呐、笛子等。

代 表 作：《龙椅》《龙案》《庙宇殿堂》《神梢》《官梢》等。《双游狱》是会宁皮影戏的代表性演唱剧目。

传承人：牛俊魁、刘具江

传承谱系：第一代，牛进山（1899—1966年），会宁县新添堡乡人，家传。第二代，牛映海（1916—1993年），会宁县新添堡乡人，家传；陈炳仁（1939—2006），会宁县杨集乡人，师从牛映海。第三代，牛俊魁（1944—），会宁县新添堡乡人，家传。第四代，牛钟魁、牛德元、李瑞珍。

传承现状：面对当今时代变迁和商业影视等强势文化的冲击，会宁皮影戏这一古老的民间传统戏剧正面临着逐渐消逝的危机。

简　　介：会宁皮影戏是会宁人民在长期农耕生产和生活习俗中形成的，以彰显农村传统道德、丰富和娱乐日常生活为内容，以皮影人物的说唱打念为载体，含有历史、宗教、民俗艺术等诸多文化内容的传统民间戏曲文化形式。会宁皮影班演出人员一般5—6人。演出道具主要为影窗，俗称"亮纸"或"亮子"，影窗规格一般为高1米，宽1.7米，最大不能超过高1.3米，最宽不能超过2米。会宁皮影戏演唱剧本主要由老艺人口传或手抄，是一代代老艺人呕心沥血的结晶，反映和体现了会宁人民的生活习俗、生产习俗、伦理道德、宗教信仰、内心世界、人生理想和精神追求，是宝贵的民间文学资料，对研究会宁的历史、文化有很高的史料价值。皮影也称"灯影"，是以影人的制作材料和演出道具命名的。皮影戏没有确切的产生时间，根据相关历史文献记载，皮影始于汉代，至宋初日渐成熟。关于皮影戏的产生，民间有几种不同传说：一说是由于古人对自身的影子产生恐惧，而逐渐形成的对影子的崇拜产生而来的；另一说是由原始宗教中的图腾崇拜演化而来。最普遍的一种说法是由戏剧人物演绎而成。会宁皮影戏演唱剧本主要由老艺人口传或手抄，是一代代老艺人呕心沥血的结晶，是宝贵的民间文学资料，对研究会宁的历史文化有很高的史料价值。全县现存各种剧本300多册，140多个剧目。皮影戏是会宁民俗风情的重要载体，具有广泛的群众性和民间传承性。会宁皮影的制作工艺复杂，流程长，选料以牛皮为主，还有颜料、皮胶等。雕绘工艺精湛，造型逼真，有极高的艺术收藏价值。

会宁皮影戏

0725 皮影戏（天水皮影戏）

别　　称：牛皮灯影

级　　别：省级

艺种特点：皮影不仅外观精美、色彩丰富，雕功更是一流水平，而且表演技法独特、精湛。技高者单手可抓4幅皮影进行表演，人物生龙活虎，文武各具特点，堪称一绝，被人们广为喜爱。

乐班构成：皮影戏唱腔是秦腔与碗碗腔相结合而成。戏班多由清一色男性（4—5人）组成，道具有皮影、亮子、竹棍、桌子、椅子、灯、绳子等。乐器有二胡、板胡、皮鼓、牙子、大锣、钹、小锣、干鼓、抱鼓、碰铃。

代 表 作：何家皮影戏班最早有300多本戏，现存可以演唱的仅有40余本，特别是《铁笼桥》《返延安》《过玄关》《蛇蝎洞》《出庆阳》《兴国图》等著名剧目深受群众喜爱。

传承人：暂无省级传承人

传承谱系：据区志记载，何家皮影戏班成立于道光三年（公元1823年），现掌班的皮影艺人何世平，现年78岁。何世平的曾祖父首先组建了戏班，后来，曾祖父将皮影艺术传给了何世平的祖父、父亲，到何世平时，何家皮影艺术已经传了四代，历时180多年。1957年，何家皮影最为鼎盛，1964年老戏在全国禁演，何家皮影被迫停演，1978年何世平重操旧业，一直到现在。

传承现状：近年来，由于高科技的发展，电视、电影和网络媒体的空前发展，致使皮影这一传统古老的艺术处于危绝中，且皮影戏班人员，特别是班主（挑线人）多上了年纪高龄，而且后继乏人，传承情况很不乐观，许多年青人都不愿意去学习它，因为已难给自己带来多少经济收入了。皮影戏班大多数已经解散，皮影大量流失民间，如若不实施保护，皮影艺术将逐渐走出人们的视野，直至消亡。

简 介：麦积区皮影主要分布在花牛镇、道北办事处、三阳川、琥珀、西山坪等地。其中最具代表性的是道北办事处何家村的何家皮影，人称"皮影世家"。1964年何家皮影被迫停演，1978年何世平重操旧业，一直到现在何家皮影保存了全国其他地方已经灭绝了的明清神怪皮影和戏剧皮影造型，如远古传说神怪皮影、吉祥辟邪皮影、精妖水怪皮影等，为皮影艺术的研究提供了第一手详实的资料，具有很高的历史文化价值。

麦积区皮影

0726 皮影戏

别 称：凉州皮影戏

级 别：省级

艺种特点：凉州皮影戏的表演一般需搭建舞台，方圆六至八米，一般演唱需九人，大型演唱可达十二人，曲调用秦腔，有时夹有眉户腔，曲调宛转、荡气回肠。乐器有扬琴、二胡、板胡、锁呐、大鼓、锣等。凉州皮影戏的演唱人技艺多为祖传，口传心授，作为民间娱乐的一种文化活动，现演唱曲种存有三十余本。戏曲主要以唱述英雄贤士、烈妇淑女、孝子贤孙、帝王将相，才子佳人故事为主，隐恶扬善，喻时劝世，讲因果报应等。

乐班构成：家族成员构成

代 表 作：《买水》《后三对》《包公断案》《天官赐福》。

传承人：马登岐

传承谱系：清乾隆年间流传至今，清末自陕西传入武威凉州区，现仅存于清源镇，艺人马登岐技艺属三代相传，祖父白万福传其父马学武及大叔父马学奎，叔叔白生才后传马登岐。

传承现状：濒危

简 介：凉州皮影戏流传于凉州区清源镇中沙村，是一种古老而悠久的民间戏曲艺术，传入时间现无足够文献可加以考证。据现在有些老人讲述，凉州皮影戏在清朝末年由陕西传入，代代相授，颇受当地人民欢迎。

甘肃省文化资源名录 第二十二卷 非物质文化遗产Ⅰ

民间戏剧

凉州皮影戏

0727 凉州半台戏

别　　称：半台小戏

级　　别：省级

艺种特点：半台戏演出人数少，组织方便，剧目健康，服饰简单，不受场地条件限制，可在庭院、村落、巷道等随时演出，具有广泛的群众基础。表演风趣、幽默，地方特色鲜明，是群众文化生活中深受欢迎的一种艺术表演形式。

乐班构成：半台戏原发祥于武威市凉州区永昌镇东坡、烟下村，由民间艺人谢林、谢礼等人组成戏班，期间时兴时衰，历经沧桑，先后由谢让、张子浩、董百裕、赵寿德、蔡寿玉等老艺人继承、发展、演出，在多年的演出中给武威人民留下了深刻的印象，故而延续至今。

代 表 作：《张良卖布》《李彦贵卖水》《十里亭》《闹书馆》。

传承人：张志昌

传承谱系：第一代，谢林、谢礼、张子浩、李生和、董百裕、张禄昌、张万生（以上艺人均已故）。第二代，张万宝、张万和、谢德明、徐兴成、谢爱国、谢喜国等17人。

传承现状：主要在乡镇村舍演出，一般多在农闲和春节期间演出。由于其喜好者越来越少，呈青黄不接之势，加之无经费支持，不论在服饰、道具各个方面都落后于当地其他民间艺术，在一定程度上影响到半台戏的传承与发展。

简　　介：半台戏是流传于凉州区永昌、双城、下双乡、羊下坝等乡镇及其周边地区的一种自发性民间表演形式。行内生、丑、净、旦各种行当都有，同时艺人也可以反串角色。俗有"七学、八慢、九消停"之说，演出不受场地、人员、服饰的限制，七至九人即可搭班开演。其唱腔生动活泼，优美动听，表演生活化，趣味性很强，故事完整，深受广大群众喜爱，是凉州区特有的一种民间艺术表演形式之一。与其他表演团体有所不同，它具有一定的灵活性，随着农事而聚散，一般为临时搭班演出，纯属业余性质。演出剧目以小型为主，一般不用击乐，以曲牌体为主。它的唱腔较原始，表演诙谐，伴奏古拙稚气，不加修饰，朴素大方。用本地方言演出，剧本内容多以历史故事及民间传说为主。

半台戏表演

0728 民勤小曲戏

别　　称：民勤小曲子

级　　别：省级

艺种特点：1.通俗易懂，寓教于乐。民勤小曲戏不论五岁孩童或是高龄老人，只要是民勤人，都能哼上几句唱两腔，因道白多用地方方言，诙谐通俗，亲切感人，有些插进数板和韵句，容易上口，老少皆宜。唱词富于感染力，有积极的教化作用，深得城乡广大群众的欢迎和喜爱。2.不择场地，易于表演。民勤小曲戏能够即兴而演，不论在田间、地头、庄门、院落，只要有三五人，就能演唱一台戏，符合民勤特殊的地域环境要求。3.节奏明快，催人奋进。民勤小曲戏如民勤人一样，直言快语，直奔主题，有的规劝人们弃恶从善，有的教导人们尊老爱幼、和睦友善，有的渴望爱情生活的幸福完美；有的奉劝世人发愤读书、求取功名。

乐班构成：乐班由演员及文武场构成。演员2至5人，包括生角、旦角、丑角；文场有扬琴1台，三弦1把，板胡1把，二胡2把；武场有干鼓、爆鼓、棒子、牙子、手锣、碰铃。

代表作：《二瓜子吆车》《下四川》《小姑贤》《瞎子观灯》《闹书馆》《亲家打架》《转亲家》《箍马盆》《麒麟送子》《大保媒》《打懒婆》。

传承人：彭保瑞

传承谱系：民勤小曲戏历经近千年历史，其传承打破门第户族的传统观念，坚持以人为本的传承方式，薪火相传。根据《民勤县志》等相关资料记载确定如下：明末清初，胡兆痒；清代，陈友生；民国，刘发杰；新中国成立后，潘福堂、曹开兴、高培阁、周玉文、田志书、陈生致；20世纪60年代以来：彭宝瑞、刘培家、郭能润、马维学、王成己、委春梅、姚华、李春花、王登虎。

传承现状：1.随着科学技术的发展和人们生活水平的不断提高和改善，人们对文化生活的需求更加多样化，受电视广播流行歌曲的冲击，民勤小曲戏的保护、继承和发展在一定程度上受到了影响。2.由于近年来民勤生态日益恶化，许多青壮年，特别是泉山片、湖区片的部分青壮年和民勤小曲表演骨干迫于生计流向外地经商、打工，自谋生路，对这门表演艺术和技巧感觉越来越生疏，有部分演出团体缺角而散。3.部分老艺人年事已高，无力培养新秀，有的表演绝活濒临失传，其次受经费制约，给民勤小曲戏的搜集、挖掘、抢救、保护、整理、传承带来很多不利因素。

简介：民勤小曲戏，最初称镇番小曲，因明清时期民勤县名"镇番"得名。当地又称之为小戏，相对秦腔大戏而言，是流行民勤城乡的曲牌体地方小剧种。据载，自清中叶起，民勤小曲即流传至内蒙古临河、磴口、阿拉善左、右旗及新疆等地。民勤小曲曲调丰富，优美动听。道白多用民勤方言，诙谐通俗，亲切感人。表演带有地蹦子社火特色，男角唱时蹦蹦跳跳，女角唱时摇摇摆摆，善用扇子、手帕等小道具做戏，故人又称"地蹦子"。角色行当最初仅有小生、小旦、小丑，时称"三小戏"，迨清末发展至生、旦、净、丑等行当俱全。服装多因陋就简，以生活服装代用，但也有一定的规制，如男角着长袍，外罩红或蓝色短大襟棉袄，腰围裙带，头戴"凉壳"或"缨帽"。综观民勤小曲戏剧目有特有剧目多、独幕折戏多、神怪狐妖戏多有等几个特点，贤良义士戏多。民勤小曲戏与民勤人民的生产生活息息相关，已成为民勤人民的一种娱乐方式，同时民勤小曲戏深刻地影响着本地人的思维方式，道德观念，价值取向。

地蹦子

0729 邵家班子木偶戏

别称：无

级别：省级

艺种特点：1.有深厚的群众基础和世代传承

的特点。邵家班子木偶戏班多数是由家族成员组成，实行家传世袭的班主制。戏班多在婚丧嫁娶、岁时节庆进行演出，演出的场地不受限制，在剧场、茶园、场院、宅院甚至草坪上都可以演出，是一项深深融入当地群众社会生活和精神生活的戏剧表演艺术。

2. 是一门融汇了美术、服装、表演、剧本、音乐诸元素的民间戏曲艺术。甘州区邵家班子木偶戏演出所用木偶、服装、道具均由艺人自行设计制作，木偶在造型上十分注重传统艺术的继承和发展，它既借鉴了民间神像、古代彩塑、雕刻等造型和技法，也吸收了戏曲脸谱的表现手法。木偶艺人集唱、做、念、打和奏乐于一身，表演讲究举动、捻动和步功，操作时讲究稳、准、正、平，同时，还借鉴了戏剧表演中的亮相、鹞子翻身等表演程式，以此揭示剧中人物的内心活动。

乐班构成：二胡、板胡、鼓、锣等。

代　表　作：《杀庙》《逃国》。

传承人：邵学信、邵学玉

传承谱系：第五代，邵继满，男，邵家木偶戏班班主。

第六代，邵继续，男，邵家木偶戏班班主。

第七代，邵延年，男，邵家木偶戏班班主；邵长年，男，邵家木偶戏班副班主。

第八代，邵学仁，男，邵家木偶戏班班主；邵学义，男，邵家木偶戏班副班主；邵学礼：邵家木偶戏班主要演员；邵学知，男，邵家木偶戏班主要演员；邵学信，男，邵家班子杖头木偶戏主要传承人；邵学玉，男，邵家班子杖头木偶戏主要传承人。

传承现状：随着时代的进步，人们娱乐的项目越来越多，甘州区邵家班子木偶戏赖以生存的社会基础发生了重大变化。木偶戏观众人数巨减，演出市场日益萎缩，木偶艺人很难以演出的收入维持生计；现健在的3名艺人，1人改行，另2人年事已高，表演艺术后继乏人，传承链濒临断裂；加之过去所采取的录音、录像等保护技术和手段落后，甘州区邵家班子木偶戏面临失传的危险。

简　　介：根植于历史文化名城张掖市甘州区的邵家班子杖头木偶戏，明代由陕西传入，至清代以后，进入全盛时期，在全市不仅流传范围广，而且演出的剧目和戏班也逐渐增多。1952原张掖县成立了以邵家班子为主的"前进木偶剧团"，1957年代表甘肃省参加西北五省戏剧调演时曾荣获第一名，在省内外有较高的知名度。行当有净、末、生、旦、丑。杖头木偶戏古称"托偶"或者"托戏"，俗称"三根棒"，张掖民间也称作"肘娃娃"或"肘偶"，是用三根木棒操纵，其中一根支撑木偶头部，称为主棒或面棒，耳、眼、鼻、嘴均能闭合张开，眼珠转动，头颈上下左右扭转；另两根棒操纵木偶人的双手，又称"手挑子"。张掖市甘州区邵家班子的杖头木偶全长有一公尺左右，比一般同类木偶大，平底没有腿，如果需要表演腿部动作，另制作双腿由演员配合操纵，称之为"配腿"或"配脚"。其流传至今，各类木偶和道具均由艺人自己制作，木偶在造型上，十分注重传统艺术的继承和发展，既借鉴了民间神像，古代彩塑、雕刻等的造型和技法，也吸收了戏曲脸谱的表现手法。该木偶戏唱腔以秦腔和眉户剧为基础，内容多取自历史演义、民间传奇、神话故事。

邵家班子杖头木偶

0730 皮影戏

别　　称：民乐灯影戏

级　　别：省级

艺种特点：皮影戏是一种民间戏剧文化娱乐的活动方式，行装简单，用人较少，携带方便，表现诙谐。吹、拉、弹、唱整个表演过程共用五至七人。各类皮影人物及演出场景道具有幕布（俗称灯帐子）、文武乐器等。演出剧目繁多，有神话故事，也有关于帝王将相的历史故事，表现惟妙惟俏、生动活泼，可谓千古盛事，尽在手指，即"灯下敷衍千古事，影中情舞鼓乐声"。

乐班构成：暂未梳理

代 表 作：暂未梳理

传承人：鲁振国

传承谱系：第一代，鲁金章，男，师传，民乐县三堡镇人。第二代，鲁续昌，男，1918年生，小学文化程度，师传，民乐县三堡镇人。第三代，鲁振邦，男，1953年生，初中文化程度，师传，民乐县三堡镇人；鲁振国，男，1955年生，初中文化程度，师传，民乐县三堡镇人。

传承现状：民乐皮影艺术历经百年兴衰，现状呈濒临失传之势，后继乏人。现今尚在的民间皮影名家已廖廖无几，且多已年迈不能操业，各路皮影流派的演唱及影人制作等技艺真传也日渐衰落。尤其是在当代影视音响等新科技和流行文娱形式的冲击之下，皮影戏已无法发展，成停顿压箱保护的现状，大部分皮影出现变色腐烂的情况，处失传境地，虽然这一艺术形态尚未彻底"泯灭"，但由于社会经济的快速发展，民乐皮影的生存和发展受到了前所未有的挑战。

简　　介：皮影俗称灯影戏，源于1400年前的中国古都长安，盛行于唐宋。皮影戏是最早的影像艺术，是电影的开山鼻祖，是中国最古老的戏剧形式之一，民间称其为"牛皮灯影子"。早在清代初期，皮影戏就传入民乐，历经清代、民国，新中国成立之后一直流传了下来。现由鲁金章之孙鲁振邦继承。

甘肃民乐县皮影子部件

0731 崆峒笑谈

别　　称：笑摊

级　　别：省级、笑坛

艺种特点：笑谈剧目内容主要以民间日常生活的纠葛、琐事为主，包含笑料，也有青年男女爱情小故事，表演以丑角为主，表演形式灵活多样，说唱并举，语言风趣，曲调幽默滑稽，乡土气息浓郁。

乐班构成：板胡、二胡、竹笛、三弦、大头嗡子（低音二胡）、木鼓、扇子、小锣、水子（碰铃）、甘鼓、牙子。

代 表 作：《俩亲家打架》《探女》《顶砖》《背板凳》《闹老爷》《打草鞋》《二瓜子赶车》。

传承人：张作贤、王元

传承谱系：暂未梳理

传承现状：收有弟子进行传承。

简　　介：笑谈，也叫笑摊、笑坛，俗称"谝干传"或"丢丑"，大约形成于宋元年间，《东京梦华录》中记有"学乡谈"；明赵南星《笑赞题词》有："书传之所记，目前之所见，不乏可笑者，失所传笑谈，乃其影子也"的记载。主要出于平凉市北原的草峰、杨庄、白庙、香莲一带，川区白水、花所、崆峒等地也有，是一种以逗乐为主的民间小戏。

崆峒笑谈

0732 灯盏头戏

别　　称：无

级　　别：省级

艺种特点：灯盏头戏受虽也秦腔、道情、陇剧的影响，但形成了自己独有的声腔风格。

乐班构成：艺人大部分是民间业余爱好者，有演出需要，就组织起一班人进行演唱，也可在农闲时，五六个人随时随地演唱。与其他传统戏剧一样，灯盏头戏演唱时，也有生、丑、净、旦等角色行当。目前在县剧团发展了一班演唱人员。

代 表 作：《三娘教子》《烙锅记》《三滴血》《五典坡》《二进宫》《玉堂春》《三世仇》《辕门斩子》《花亭相会》《杀狗劝妻》等。

传承人：杨万钧、孟效义

传承谱系：暂未梳理

传承现状：灵台灯盏戏从第一代传承人杨世明（已故）到第二代传承人张新彦之后，目前，主要编导、演唱人员有杨万钧、孟效义、张东英、杨平等，以县秦剧团为基础，还成立了灵台县灯盏头剧团，但该剧还有待进一步挖掘研究、扶持保护。

简　　介：灵台灯盏头戏孕育于1498年，是灵台荒民乞讨时所唱小曲，初为灯盏碗碗腔。1620年，灵台民间皮影戏班将灯盏碗碗腔引入皮影戏演唱，形成了灯盏头皮影戏，1958年灵台县秦剧团实验演出灯盏头舞台剧获得成功，并在省、地参加会演多次获奖。1966年以后，灯盏头剧沉寂、濒临失传，面临消亡。灯盏头戏以照明器具——灯盏碗碗作为主要击打乐器，并配合莲花板及梆子。在长期发展演变过程中，灯盏头音乐充分戏曲化，形成了自己特有的版式、曲牌和音乐特色。角色行当——生、丑、净、旦齐全，演出剧目与秦腔上演剧目类同，演员表演形成了整套的程式，保留传统剧目约80本（折）。灯盏头戏尤其以皮影戏形式传播、传承最广。灯盏头戏是灵台县独有的地方剧种，500余年的孕育、转型、成熟、沉寂，历史十分悠久，可以说是中国戏曲发展史的缩影。

灯盏头传承人孟效义正在演唱

0733 木偶戏（灵台木偶戏）

别　　称：木偶戏

级　　别：省级

艺种特点：以秦腔声韵和表演技艺为主，但具有本地地域特点。

乐班构成：陈巧娥为主，其木偶剧团目前还有田野、周三合、周三信、王俊文、张女秀、张显玉、郭彩凤、王灵善、杨登华、姚树勋等人。目前以县城为主，周边乡镇还有杨红梅的新艺剧团、成宝明的业余秦剧团、马国良的业余秦剧团、周庭英的皮影剧团以及景本才的皮影剧团等民间业余文艺团队。

代　表　作：《裙边扫雪》《二度梅》《双宫诰》《下河东》《斩李广》《二进宫》《赵飞搬兵》《玉荡山》《花亭相会》《小升官》《杀马房》《罗成捎书》《三滴血》《打镇台》《五典坡》等。

传承人：陈巧娥、周效国

传承谱系：暂未梳理

传承现状：在多个木偶剧团中进行传承

简　　介：演员表演时，以左手中指、无名指及小指掌主杆，操作木偶人的躯干；又以拇指，食指捻动左侧杆操作偶人左臂；右手掌右侧杆，操作偶人右手。灵台木偶人的头部以泥土雕塑，干后彩绘成生、旦、净、丑等各类角色，木偶表演动作丰富，尤其手的动态，可细腻地表演出人物的各种情态，其唱腔、剧目、服装、表演等方面均与秦腔程式相同。木偶戏在灵台的农村、城镇经常演出，是当地人民喜闻乐见的民间表演艺术形式，已成为当地群众欢庆佳节，庆祝丰收的自乐性戏剧表演形式，它既保持和发扬了民间朴实、热情洋溢的风格，又突出了浓郁的地方色彩。

灵台的木偶戏

0734 南湖曲子戏

别　　称：南湖眉户说故事

级　　别：省级

艺种特点：南湖曲子戏又称南湖眉户。具有300多年的历史，是现代眉户戏的先祖，以说、唱、念、动表现演出的小曲，它的曲调独特、动听，表现形式灵活，诙谐幽默的道白，委婉动听的唱腔，丰富多变的剧情打动着观众，深受群众的喜爱。

乐班构成：演出团队，培养骨干演员三十多人，优秀男女青年演员7人，平均年龄22岁。

代　表　作：《小姑贤》《看女》《卖水》等40余个折子。

传承人：暂无省级传承人

传承谱系：第一代，程建民，平凉市庄浪县南湖镇人。第二代，程伟军，平凉市庄浪县南湖镇人。第三代，程铁牛，平凉市庄浪县南湖镇人。

传承现状：随着时代的前进，南湖曲子戏的内容也在丰富和革新，形式更加活泼多样，封建迷信的东西少了，代之以歌颂新时代，赞美新风尚、新人物的新剧目出现。受现代新文化艺术的冲击，比较古老的南湖曲子戏被新一代人逐渐遗忘，老辈传承人或年龄大或辞世，后继乏人；另外因表演属农村业余排演，时间无保证，年轻人常年出外打工，回家帮农、过节的时间不多等原因，以致这门戏曲艺术濒临失传状况日趋严重。

简　　介：南湖眉户又称"眉户""说故事"。南湖眉户是陇上民间戏曲中最完整最有群众基础的一种。南湖眉户由来已久，其来源有不同说法。南湖眉户角子的扮相，所演唱的剧目、乐器与秦腔无异，只是在剧目选择上以意深、趣味较高的文戏折子戏为主，轻白口重唱腔。有《月调》《背弓》《软西京》《扭丝》《采花》《雁儿调》等二十多个大曲调；《喜新年》《十杯酒》《绣荷包》十几个小曲调。南湖眉户是庄浪戏曲艺人精心创造的，陇上戏苑中的奇葩。南湖眉户属于团体性演唱活动，活动时间主要在春节期间，现在南湖、岳堡、赵墩三乡镇十几个村子都有演出活动，南湖镇程家小河村的业余剧团发展到有男女演职人员三十多人，村主任程铁牛亲自挂帅，筹资三万余元更换了服装、灯光、乐器，2009年春节期间在水洛县城再次登台亮相，面貌全新，一举获得特等大奖。南湖镇程家小河南湖眉户业余演唱团列入甘肃省非物质文化遗产保护名录。

0735 木偶戏

别　　称：肘胡子戏

级　　别：省级

艺种特点：木偶结构完整、制作精美，尤其是木偶头的雕刻，轮廓清晰、线条洗练，粉彩工艺独具匠心、巧夺天工。

乐班构成：弦乐、唢呐。

代 表 作：《二进宫》《斩秦英》《武行山》，《九宫桥》《胡魁卖人头》《裙边扫雪》《卖花记》《八仙庆寿》《血手印》。

传承人：周兴平、梁俊孝。

传承谱系：第一代，王笃，男，师传，正宁县宫河镇人。第二代，路德福，男，师传，正宁县宫河镇宫；郑致顺，男，师传，正宁县山河镇；郑致安，男，师传，正宁县宫河镇；焦文恒，男，师传，正宁县榆林子镇；彭五科，男，师传，正宁县周家乡；陶树林，男，师传；第三代，王永寿，男，师传，正宁县永正乡；穆建堂，男，师传，正宁县周家乡；束雄雄，男，师传，正宁县榆林子镇；高宫印，男，初小，师传，正宁县榆林子镇；陆来性，男，师传，正宁县永正乡；邓文焕，男，师传，正宁县山河镇；邓志玉，男，师传，正宁县周家乡；第四代，雷宇中，男，师传，正宁县宫河镇；姚满年，男，师传，正宁县宫河镇；邓庚申，男，师传，正宁县周家乡；李义清，男，师传，正宁县周家乡；周栋才，男，师传，正宁县周家乡；张富才，男，师传，正宁县山河镇；第五代，周兴平，男，师传，正宁县周家乡；路富民，男，师传，正宁县永和镇；黄掌荣，男，师传，正宁县周家乡；杨彩群，女，师传，正宁县宫河镇；路小霞，女，师传，正宁县周家乡；梁俊孝，男，正宁县周家乡；周政元，男，师传，正宁县周家乡；姚金文，男，正宁县宫河镇；梁中仓，男，师传，正宁县周家乡。

传承现状：良好

简　　介：木偶戏自唐代从宫廷传到民间以来，以其内容的质朴美、形式的原生美、演艺的兼容美、音乐的和谐美根植于民间，生生不息。正宁木偶戏演唱方便，几个帮手，找出不大的空地，拉一块不大的幕布，演员便隐在幕后操纵着木偶表演。行当有正旦、小旦、老旦、须生、小生、花面、丑角。唱腔有慢板、二六板、代板、二导板、垫板、滚板，演唱类别有大本戏、小本戏和神戏。当地人民利用这一原生态独特艺术表达他们纯洁质朴的思想感情，祈求风调雨顺、国泰民安，在敬神祭神、红白喜事的场合，演唱木偶戏约定成俗。其承载、体现当地民间民俗性、大众参与性、演艺灵活性、文化适用性和区域特殊性，包含着杰出的人类学、民族学、民俗学价值，有重要的音乐、工艺美术价值和历史见证价值及民间文学价值。对繁荣民间文化、促进社会进步有着积极的作用。

0736 皮影戏（渭源皮影戏）

别　　称：灯影戏

级　　别：省级、牛皮灯影子

艺种特点：在长期演化过程中，渭源皮影戏音乐唱腔的风格与韵律吸收了周边民间地方戏曲、曲艺、民歌小调的音乐元素精华，异彩纷呈，流派众多。其乐曲为"徵"调式，有伤音和乐意之分。伤音用来表达皮影人哀怨悲愁的情绪，乐音用来表达皮影人欢快喜悦的情感，板式多以二六板为主。其道白唱腔以细腻悠扬的碗碗腔为主，唱腔委婉，有弦板腔、碗碗腔、眉户、秦腔、关中道情、地方民间小曲等多种。演唱时，还常用和声接腔、帮腔和鼻哼余韵的唱法，拖腔婉转悠扬，非常动听，淋漓尽致地表现出大西北黄土高原浓烈的乡土气息。尤其在发展到高潮时，一个主唱，众人帮腔，人人投入，尽情挥洒，全身心与剧情融合一起，气氛异常热烈。

乐班构成：渭源皮影戏班，一般都由4—6人组成，击鼓、敲锣、打钹、拉胡、吹唢呐、弹三弦、耍皮影，分工明确。人员紧张时一个人可身兼数职。

代 表 作：有《香山还愿》《武当山》《白鹿原》《青钢剑》《葵花记》《金沙滩》《三下阴曹》等。

传承人：范治义

传承谱系：渭源皮影戏现存的两大班子为大安乡中庄村李家山社的范家皮影戏班子，以范治义为代表，其将皮影戏演出技艺和制作技艺传给了儿子范君和侄儿范旭；路园镇峪岭村六社的张家皮影戏班子，以张克其（于2012年12月14日因病逝世）为代表，将皮影戏演出技艺传给了儿子张国斌，目前张家皮影戏班子由张国斌负责演出事宜。

传承现状：渭源皮影戏只在大安乡和路园镇的周边村社流传，由于如今生活习惯的改变，皮影戏的忠实爱好者仅存于老年群体，演出收入低，年轻一代大多不愿意学习皮影戏，所以传承情况不好。

简 介：渭源皮影戏民间称其"影子戏""灯影戏""牛皮灯影子"。受陕西皮影和甘肃陇东皮影的影响，渭源皮影造型极为丰富精美。皮影作为主要表演道具，同时也是具有独立观赏价值的雕刻艺术品。渭源皮影雕刻者，人称"线匠"，雕刻皮影有一套十分讲究的方法和流程，用料多为驴皮。皮影人物身条长、手指长、额头高、鼻梁直、点红小口、细眉细眼，煞是好看。在长期演化过程中，渭源皮影戏音乐唱腔的风格与韵律吸收了周边民间地方戏曲、曲艺、民歌小调的音乐元素精华，异彩纷呈，流派众多。行当有生、旦、净、末、丑。渭源皮影戏内容贯穿了"道、儒、佛"三教因果报应、惩恶扬善、教化民众的思想，也符合和迎合了当地人民的意识需求，所以渭源皮影戏成为过去当地民众精神文化生活的主体。渭源皮影戏由群众演，群众看，具有广泛的群众基础。渭源皮影戏综合戏剧、音乐、美术、民间文学、雕刻、表演和宗教等各种艺术，成为祖国传统文化的重要组成部分之一。

渭源皮影戏

0737 皮影戏（临洮皮影戏）

别　　称：无

级　　别：省级

艺种特点：1.广泛的群众性和民间传承性，临洮皮影戏是临洮人民在当地严酷的自然环境和丰厚的历史文化积淀中，在长期农耕生活和与大自然的斗争中形成的，是民间传统的戏剧艺术形式，是民间集体智慧的结晶，在民间流传十分广泛。2.独具地域特色和艺术特色的唱腔，临洮皮影戏唱腔以灯影腔为主，同时还有秦腔、眉户等唱腔，音乐高亢、粗犷，属"徵"调式音乐体系，具有明显的西部地域特色。3.演出有固定的时间性，临洮皮影戏的演出有比较固定的季节。每年的春播前和秋收结束后至立冬之间，是皮影戏演出的集中时间。春播前的演出主要是祈祷一年风调雨顺、五谷丰登，秋收后的演出主要是庆贺一年的收成，祈祷和庆贺遥相呼应。4.唱腔的多样性，临洮皮影戏以独具特色的灯影腔为主，同时秦腔、眉户等也在戏中交替演唱。5.临洮皮影戏与其他剧种在表演形式上，有着明显的不同，主要表现为，班主既是各种唱腔的演唱者，又是影人的操控者，可以说除了器乐演奏之外，一出戏的所有角色都由班主一人完成。

乐班构成：演出人员一般 5—6 人，有的还接纳了女艺人参与演出，使演出效果更佳。演出时，一人主操皮影，一人打锣鼓，一人操琴吹唢呐。主操影像者两手手指间都夹有影像操杆，口中代剧中人物说和唱，常常一人演几个乃至十几个角色，腔调有男女之分、文武之别，打斗场面还常用脚一抖叫"连唱带说一脚踢"。负责打击乐的，称"武场"，一人使用 5—7 种响器，乐器用椅子分位固定，俨然现代的架子鼓，敲击时四肢并用，手不停脚不歇。负责管弦乐的称"文场"，琴、笛、唢呐交替演奏。

代 表 作：传统剧目有《白蛇传》《拾玉镯》《西厢记》《秦香莲》《牛郎织女》《杨家将》《岳飞传》《封神榜》《西游记》《三国演义》《水浒传》等。现代戏和童话寓言剧，常见的剧目有《兄妹开荒》《白毛女》《刘胡兰》《小二黑结婚》《小女婿》《红灯记》等。

传承人：车兆峰

传承谱系：车吉莲—车尚仁—车兆峰

传承现状：面对当今时代变迁和商业影视等强势文化的冲击，临洮皮影戏这一古老的民间传统戏剧正在不断走向衰落。1.农村传统的生产生活方式发生了深刻变革，皮影戏依附的传统农耕文化正在消逝。2.市场经济的不断深化，现代歌舞和影视文化在农村的不断深入，使皮影戏正在失去其群众性基础。3.保护资金和专业人员的缺乏，也是皮影戏日渐消亡的重要原因。4.部分老艺人年龄大，乡村外出务工人员的增多，使皮影戏后继乏人，面临断代失传的危险。5.皮影戏对表演的技艺也有很高的要求，表演者除了要能一人控制三四个影人的动作，还要密切配合场上的配乐，兼顾旁白，唱腔。要练就过硬的皮影表演功底，除了需要师傅言传身教，更加需要勤学苦练，积累大量的实际表演经验。由此可见，要培养表演人才，甚至最终能组成一个皮影剧团，是一件多么不易的事情。也正因为这样，临洮皮影戏目前仅存的剧团屈指可数，而且都集中在文化生活较为贫乏的山区及农村。

简　介：临洮皮影戏是一种古老的民间传统戏剧，广泛流传于临洮龙门镇、连儿湾乡、站滩乡等乡镇。临洮皮影源起于汉代，兴盛于隋唐，到宋朝进入极盛时代，著名的《清明上河图》中已有多处描绘皮影戏演出情景。临洮皮影戏不只受到广大下层民众的喜爱，也受到文化人的推崇。今天，皮影戏仍然与广大农民群众生产生活密切相关。临洮皮影戏主要唱腔为灯影腔，属"徵"调系音乐，其角色行当主要有生、旦、净、末、丑四种。全县现存剧本 200 多册，各类剧目 100 多个。内容涉及伦理道德、因果报应、传奇故事等许多方面。临洮皮影戏有着突出的艺术特征和杰出的艺术价值，主要特征表现为广泛的群众性和民间传承性；唱腔具有明显的地域特色——以灯影腔为主，秦腔、眉户兼而有之的戏曲形式；有较固定的演出时间。其表现出独特的民俗研究价值、艺术价值，是研究民间文学的重要史料，是进行传统道德教育的活教材。由于受到现代文明和市场经济的冲击，临洮皮影戏面临着断代失传的危险，抢救和保护迫在眉睫。

临洮皮影戏

0738 三仓灯戏

别　　称：无

级　　别：省级

艺种特点：1.演出历史悠久，群众参与广泛；2.演出过程中有着许多独具特色的程式化表演；3.没有固定的文字剧本；4.演出形式灵活自由。

乐班构成：分为文场和武场。

代 表 作：《草鞋》《抓丁》《草莓花》《老爷赶考》《孟姜女》等；移植、改编的有《梅香算卦》《白蛇传》《铡美案》《老少换》《小姑贤》《康熙王访月门楼》《双千子》《媒保长》《辕门斩子》《周子贵借妻》《张大姐配张天佑》《柳荫记》等。

传承人：暂无省级传承人

传承谱系：第一代，尹文秀、尹三教。第二代，尹生发、尹生吉、尹九选。第三代，段文富、尹财、尹增寿。第四代，尹田玲、尹喜仁。第五代，尹成奋、胡泽贵、尹正刚。第六代，尹克富、尹星库、尹成明。

传承现状：流传于陇南市武都区的三仓灯戏近几十年的发展前景不容乐观，具体问题表现如下。1.三仓灯戏在传承过程中由于许多传统剧目仅靠"戏模子"、老艺人等口耳相传来完成，这种"人在戏存，人去戏亡"的危机随着商品文化、流行文化、影视文化的冲击与影响，随着民间许多老艺人的谢世、青年演员的缺失使三仓灯戏文化在传承中出现了严重的断代。这种断代现象流失了许多传统剧目与唱腔曲调，与此同时，与三仓灯戏表演相关联的较多民俗文化活动现已呈逐渐消亡趋势。2.从事三仓灯戏挖掘、整理、创作、研究的专家学者少，三仓灯戏文化的发展与弘扬面临很多困难。3.山大沟深、交通不便的地理特征不利于三仓灯戏在戏剧艺术领域内同兄弟戏剧如陇剧、秦腔、眉胡、高山戏等的相互学习、交流。

简　　介：流传于陇南市武都区的三仓灯戏历史悠久，文化底蕴深厚，具有浓郁的地方风味。三仓灯戏从每年农历6月6日开始准备到正月16日结束，历时220天，其基本内容分为晒衣、议事、排演、搭台、迎灯、唱戏、送灯等。三仓灯戏历史源远流长，其起源暂有两种说法，一为"祖传香火"说，一为"杨戬赶山"说。三仓灯戏属曲牌体戏曲剧种。常见的曲目有《十二花梅》《颂寿元》《怀胎歌》《妹儿回娘家》《送报条》《献莲花》《打彩》《闹五更》等。三仓灯戏的唱腔或慷慨激昂或哀婉凄楚，其剧目内容大多有教化育人的积极意义，三仓灯戏的表演以"灯中有戏，戏中有灯"为其主要特色。其行当有生、旦、净、末、丑。三仓灯戏是古时劳动人民千百年来传承下来的精神财富，是当地人民价值观、世界观的一种体现，是老百姓不可多得的精神食粮。其晒衣、议事、排演、搭台、迎灯、唱戏、送灯等习俗文化将会给研究我国民俗文化、地方文化和戏剧文化增添新的内容。

三仓灯戏

0739 玉垒花灯戏

别　　称：无

级　　别：省级

艺种特点：1. 古朴，唱腔独特，或粗犷豪迈，或优雅婉转；2. 形式独特，对白、表演、唱腔与民间小曲相糅合，与后台帮腔相互相应，使场面更加精彩；3. 歌、舞、唱一体；4. 表演有固定程式，但也可以根据情况发挥，说唱古圣先贤，乡野趣事。语言诙谐、幽默，场内气氛活跃。

乐班构成：文（以胡琴为主的弦乐）和武（乐器有大鼓、大锣、大钹、小锣、马锣、边鼓、木筒等），两个乐队。

代　表　作：文戏有《白天院》《双赶子》《万寿山》等13本；武戏有《棘阳关》《石门关》等12本；折子戏有《杜捅子接妹》《小上坟》《打面缸》《三看亲》等17折。

传承人：暂无省级传承人

传承谱系：暂未梳理

传承现状：1. 一些颇有造诣的传承人因年事已高逐步退出演出，有的相继谢世；2. 随着科学技术的进步和市场经济的发展，现代科学技术对这一传统文化产生了极大的冲击力，花灯戏的生存空间正在缩小；3. 玉垒花灯戏的传承主要要依靠老艺人的言传身教，长期以来，由于资金投入有限，发展受到一定的制约；4. 要有固定的场所，但由于5.12大地震的影响，戏台已经垮塌，许多的服装道具也被毁于一旦。

简　　介：玉垒花灯戏，主要流传于甘肃陇南市文县玉垒乡和碧口镇。玉垒花灯戏，由湖北移居四川酉阳，后又移居玉垒的袁氏家族，经历南来北往的艺人改进，形成独特的剧种。玉垒花灯戏表演形式独特，不同于中国戏曲剧种中的花灯戏。玉垒花灯戏在表演程式上借鉴了秦腔、川剧的元素，兼有戏剧和社火特点，表演带有大量"耍灯"动作，在旦角表演中尤为明显。音乐唱腔上吸取了陇南民歌、小曲及四川花灯戏等音乐元素，演唱使用当地方言，加上表现特定戏剧动作的民歌小调，共同组成唱腔体系。玉垒花灯戏伴奏领奏乐器是自制的大筒子胡，再配二胡，也有配竹笛、四弦子等乐器的，乐器音色沉厚宏亮，与唱腔配合起来，独具韵味，动听和谐。玉垒花灯戏没有职业戏班，每年春节期间，演出的组织者均为当地头面人物。演出剧目，无固定的文字本，一般都是"戏母子"在演出前，将演出剧目的故事情节、人物关系、道白、唱段向演员传授，由演员自由发挥。玉垒花灯戏演出的传统剧目有近50本，折子戏有17折。新中国成立后，武都地区和文县的戏剧工作者先后为玉垒花灯戏编写了许多反映现代生活的现代戏，扩展了玉垒花灯戏反映生活的领域。演出的剧情曲折生动、风格质朴、简洁风趣。

玉垒花灯戏演出

0740 皮影戏（陇南影子腔）

别　　称：灯调

级　　别：省级

艺种特点：陇南影子腔属梆子声腔，音乐结构介于板式体和连缀体之间，脱胎于当地民歌，说唱咬字多为地方音、方言，乡土味十分浓郁。唱腔分为"上音""下音"（即秦腔"花音""苦音"两大类），由基本唱腔、冒腔、小调三部分组成，全国大多数剧种唱词均是对偶句，唯独影子腔是单句。在演出时，根据剧情需要，设有冒腔，又称"满台吼""帮唱"或"伴唱"，造成强烈的音乐气氛。

乐班构成：影子腔乐队有文乐、武乐之分。文乐有二胡、扬琴、板胡、琵琶、大提琴、木琴、竹笛、海笛、黑管、三弦等；武乐有干鼓、堂鼓、勾锣、手锣、吊叉、银锣、马锣、七星锣、蚂蚱子等。

行　　当：有生、旦、净、丑等戏剧行当。

代　表　作：《一场斗争》《碧血西城》《特殊的寿礼》《传承》等。

传　承　人：暂无省级传承人

传承谱系：传统的陇南影子腔主要用于木偶戏、皮影戏唱腔，为师徒传承，作为一种独立的剧种，陇南影子腔在搬上舞台后成为一种舞台表演形式，脱离了原有的木偶影人表演形式，其传承方式为社会传承，没有清晰完整的传承脉络。

传承现状：近年来，为传承和保护陇南影子腔这一全国独有的剧种，西和县依托乞巧文化演艺中心创排了以《特殊的寿礼》为代表的影子腔剧目，在省内外戏曲调演中屡创佳绩。

简　　介：陇南影子腔原名"灯调"，简称"影子腔"。流传于西和、礼县一带，介于秦腔和眉户、道情之间，脱胎于皮影戏、木偶戏唱腔，是全国独有的新剧种。陇南影子腔历来用于皮影演出，自搬上舞台后，立足本县的一个"土"字，着重突出"唱"功，是以现实主义为主体的表演。剧本内容有大本戏、小本戏、神戏和时代戏之分。大本戏以历史故事、民间传说为素材，小本戏多以当地的风土人情为素材，神戏是在庙会、还愿、做寿等民间活动中演唱的专用戏，时代戏是结合时代背景，顺应时代需求创作改编的新剧本。陇南影子腔属梆子声腔，音乐结构介于板式体和连缀体之间，脱胎于当地民歌，说唱咬字多为地方音、方言，乡土味十分浓郁。全国大多数剧种（除昆曲）唱词均是对偶句，唯独影子腔是单句。器乐演奏时必须要突出三弦、木琴、蚂蚱子等影子腔特有的乐器。陇南影子腔于2007年2月被西和县人民政府公布列入第一批县级非物质文化遗产保护名录。2007年11月被陇南市人民政府公布列入第一批市级非物质文化遗产保护名录。2006年9月被甘肃省人民政府公布列入第一批省级非物质文化遗产保护名录。代表性传承人有杨双才、马富奎、季俊峰等人。

陇南影子腔

0741 "南木特"藏戏

别　　称：无

级　　别：省级

艺种特点："南木特"戏是在拉卜楞地区歌舞、说唱艺术、民歌、寺院音乐等基础上吸取佛教音乐艺术，在各地文化艺术交流中，吸收提炼而成的有自己风格的戏剧表演形式。

"南木特"戏具有的艺术特点有 1.现实性的形象。人物类中如松赞干布、唐王李世民、尼泊尔国王、文公成王等；2.非现实性的形象。主要是指神佛鬼魔，如《降魔》中的魔王形象；3.具有歌舞性的特点。"南木特"戏继承和弘扬了拉卜楞藏族歌舞的精华，将许多民间歌舞搬上舞台协调表演；其结合寺院音乐和民俗风情，大多唱腔采用寺院音乐中"玛尼调"和民间舞原生态唱法；它的舞美，包括舞台、布景、服装、面具、道具等都与其他剧种有所区别。

乐班构成：以前都在白天演出，那时没有灯光、音响设备，经过多年的演变、扩建后，现在在有灯光、音响设备的情况下就开始在晚上演出。伴奏乐器有洋琴、笛子，后来增有手风琴、笙、龙头琴等。

代 表 作：《松赞干布》《达巴丹保》《智美更登》《卓姓桑姆》《诺桑王子》《洛摩衍那》《阿达拉茂》《赤松德赞》《降魔》等九部戏。

传承人：达布

传承谱系：第一代，拉卜楞寺第五世嘉木样丹贝坚赞于是"南木特"藏剧的组织者、剧作家和藏族艺人。拉卜楞寺第四世琅仓孕藏勒西坚措，是"南木特"藏剧剧作家、编导、演员。1945年编导了第一部"南木特"藏剧《松赞干布》，以后陆续完成了《顿月顿珠》《意乐罗摩衍那》《旦巴达布》等传统剧本。第二代，达布、桑热布等。第三代，完玛仁增等。

传承现状：传承良好

简 介：夏河县藏剧既不同于西藏藏剧，也不完全同于其他藏区的戏剧，它产生于拉卜楞寺，名"南木特"，是拉卜楞的主要民族特色文化。现今甘南境内有夏河、碌曲、合作地区的民间演出团体，这些演出的剧目完全出自拉卜楞，源于拉卜楞。为此，根据"南木特"藏剧的产生、存在和发展来看，拉卜楞为"南木特"保护第一地。20世纪30年代，拉卜楞寺寺主五世嘉木样活佛为了反对军阀压迫，加强藏汉团结，组织人员以拉卜楞寺特有法舞为基础，结合内地京剧舞台艺术，同时将拉卜楞地区民间艺术融于一体，总体精妙的结合，形成本地特色的"南木特"藏剧。1942年，第一部南木特藏剧《松赞干布》在拉卜楞寺演出，"南木特"戏正式登上拉卜楞地区的舞台，并逐步成为具有浓郁地方特色和民族特色的剧种。

"南木特"藏戏

0742 道情戏

级　别：省级

0743 皮影戏（环县道情皮影戏）

级　别：省级

传承人：敬登岐、王庆政

0744 皮影戏（通渭皮影戏）

级　别：省级

传承人：刘满仓

0745 曲子戏（敦煌曲子戏）

级　别：省级

传承人：闫光夫、夏秀兰

0746 曲子戏（华亭县曲子戏）

级　　别：省级

0747 曲子戏（秦安老调）

级　　别：省级

传承人：安致平、张天喜、高荣、高志堂

0748 曲子戏（通渭县小曲）

级　　别：省级

0749 秦腔

级　　别：省级

0750 高山戏

级　　别：省级

0751 木偶戏

级　　别：省级

传承人：高福禄

0752 陇南高山剧

级　　别：省级

传承人：崔敏勤、后明春

0753 红山眉户

别　　称：无

级　　别：市州及以下级别

艺种特点：眉户的唱腔不像秦腔高昂激扬、豪放粗犷，眉户的唱腔较为委婉细腻，优美动听，善于表现深沉、凄楚和悲痛。

乐班构成：现有演职人员二十多人，伴奏的有六七个人，其余的都是演员。

代表作：《二堂舍子》《三娘教子》《买水》《柜中缘》《华亭相会》《夺权》《赞连海》《红山新貌》《八仙采花》《天女散花》《采茶舞》《宝川情》。

传承人：闫东林

传承谱系：20世纪50年代有闫兆寿（师）；60年代有闫东林、闫生态、马云善；80年代有鲁天福、石雪明、石雪红。

传承现状：良好

简　介：眉户剧在甘青一带流传很广，千年相传，经久不衰。其发源于陕西眉县、户县一带，也叫眉户调。最早是由山西、陕西来河湟地区经商的客商带到此地。每当新春佳节闹社火时，眉户调为主要演出内容。经过600多年的演变、发展，眉户调又融入了河湟一带民间小调的委婉、细腻的腔调。

红山眉户演唱

0754 苦水木偶戏

别　　称：泥头子

级　　别：市州及以下级别

艺种特点：1.是秦腔表演艺术的一种；2.表演形式灵活多样，剧目丰富；3.传承历史久远，民间流传广泛。

乐班构成：鼓、锣、钹、铜铃、瓦子、二胡、扬琴。

代　表　作：《铡美案》《香山寺还愿》。

传承现状：濒临失传

简　介：苦水木偶戏历史久远，艺术品位高，表演形式独特，是永登乃至兰州市的民间艺术瑰宝。木偶戏，也叫泥头子，又叫肘猴子。唱腔用秦腔，明初随着山西、陕西移民迁入而传来。木偶戏没有面部表情，除眼睛、嘴动外，全凭形体动作表现。艺人有着娴熟的表演技巧，不论提袍甩袖、吹须瞪眼，还是耍刀弄枪、翻转舞打，各种动作操纵得灵活干净、利落。在1958年全省木偶戏会演中苗高墉表演的《花园游春》荣获二等奖，"文革"中，木偶戏历经劫难。目前通过调查，了解到苦水木偶戏濒临失传，情况极不乐观，懂得木偶表演的也仅剩二三位年过七旬的老人，年轻人已根本不知木偶表演技巧及唱腔。

苦水木偶戏道具

0755 榆中皮影

别　　称：无

级　　别：市州及以下级别

艺种特点：榆中皮影戏最初唱影子腔，后改唱大戏，即秦腔。道白以陕西语音为基础，唱念具有浓郁的榆中地方特色。旧时，榆中的社会文化活动多以宗教和宗庙为组织形式，小庄小舍庙小，钱少花费少，成了皮影戏的天下。皮影戏班在农闲季节背箱挑担走苑川，过五台（指新营五台山），上北山的窑洞、南山的庙院，并在临近的靖远、会宁、定西、皋兰、临洮等地演出。皮影戏发展快，深受群众喜爱的原因很多，但最重要的是它的表演特色。皮影戏有其独特的艺术表现手法，榆中的九个皮影戏班都有自己的拿手戏，既能演大戏、小戏、武戏，又善于表现神仙鬼怪腾云驾雾、上天入地、吐烟喷火的神通广大，是当时其他戏剧剧种无法达到的。

乐班构成：板胡、二胡、唢呐、平鼓、小锣、木鱼等。

代　表　作：《封神》《西游》《三国》《水浒》《假门关》《泗水关》《三闯碧游宫》《黄河阵》《群仙阵》《太湖城》《金霞冠》《万仙阵》《诸仙阵》等。

传承现状：濒危

简　　介：榆中皮影戏，俗称牛皮灯影子，是用硝把牛皮洗净打磨至极薄，涂上桐油，雕成人形，衬以色纸，并涂上颜色，画上脸谱，四肢和头部都可以活动，由艺人提线操作，在光源和屏幕之间表演，投影到屏幕上成为"戏"。结构上分为光源、形象、屏幕三部分。法国著名电影史学家乔治·萨杜尔在他的巨著《电影通史》中，曾把中国影戏称为"电影的前驱"，另一位外国学者浑司楼也在他的《人们的剧场》一书中说："有声电影的来源，不能不崇拜中国影戏为开山祖。"榆中最早的皮影戏班是晚清时期东古城许明科家祖传皮影戏班，从许明科的太祖父开始传至许明科祖父后停演。榆中皮影戏的兴盛时期是20世纪30—50年代。当地的皮影戏班有九个：甘草店王维垣的伯父（人称王箱主），东古城许明科，龙泉关庄车巨才，新营泥窝村"春羔子"，上庄陈家后沟村陈宗福，清水周家圈周文俊，城关大营村金培珍，中连川什字川唐占魁，宛谷庙儿沟村苏光先。其中中连川什字川唐占魁皮影戏班和东古城许明科皮影戏班建立最早，宛谷庙儿沟村苏光先和城关大营村金培珍皮影戏班为最好。榆中皮影戏"影人"也分生、净、丑、旦、末。皮影戏班拉弦乐的、司鼓敲铙、提线的（俗称耍戏的人），一般五至七人，均为多面手，能耍会唱，能拉会敲，这就形成了"吹拉弹唱带提线，生净丑旦一人兼"的独特演唱形式和风格。

皮影戏班社

0756 金川小曲

别　　称：无

级　　别：市州及以下级别

艺种特点：金川小曲作为民间曲艺，其源远流长，有着辉煌的经史，并独具特色。其演出形式方便灵活，两人即可，十多人不限，常在庭院、村落以自娱自乐为主，方言演唱。曲调娓娓动听，整理成形金川小曲曲调有50多个。表演风格缠绵悱恻，令人百听不厌，感染力很强。具有"套曲"特征。一个完整的唱本，从"月调""背宫"入韵，然后以"紧述""岗调"等曲达到高潮，再以"落背宫"进入尾声，用"月尾"收曲。中间根据情节、唱词，配上与之相适应的曲调，并且用曲牌音乐恰当地串联在一起，形成一个完整的"套曲"。有时"单曲"和"套曲"可以参用。并且同是一个腔调，唱者不同，唱法不同；即使是同一个唱腔，同一段唱词，地域不同，唱法也不同，随意性强。另外还有"帮腔"。所谓"帮腔"，就是为了营造一种欢乐的氛围，要求伴奏人员和主唱者一起合唱。这一特色在小曲音乐中更为独特，它有力地烘托了欢快、热烈的演唱氛围，委婉动听，抒情感人。

乐班构成：文场乐器主要有大头板胡（亦称曲胡）、三弦、二胡、笛子、唢呐等，主奏乐器为板胡与三弦；武场乐器主要有梆子、四页瓦、飞子（碰铃）等。

代表作：《张连买布》《麒麟送子》《大保媒》《闹书馆》《下四川》《小姑贤》《男寡妇上坟》《观灯》《王哥放羊》《十七大召开顺民心》《农家乐》等。

传承现状：良好。

简　　介：金川小曲子是流传于甘肃省民勤、武威、永昌等地的地方小剧种。其道白多用地方方言还略带陕西腔调，诙谐通俗，亲切感人。金川小曲戏剧目较多，现今流传的就有三四十本，其中如《张连买布》《麒麟送子》《王哥放羊》等至今仍在演出。新编剧目《十七大召开顺民心》《农家乐》等对小曲剧本、音乐、表演、舞台美术诸方面做了进一步的创新。金川小曲较有影响的艺人有宁远的马德录，双湾的李贵山、何立卫、吴成章、方军天等人。金川小曲戏的音乐，是在当地民歌与内蒙河套地区民歌的基础上，吸收晋、陕等地民间小调而成，属于曲子牌连缀体制。金川小曲戏的节奏音乐大部分沿用秦腔、眉户的曲牌，如：《八谱》《纱帽翅》《大开门》《小开门》等。

《金昌小戏》书籍

0757 皮影戏

别　　称：牛皮灯影子

级　　别：市州及以下级别

艺种特点：皮影戏是戏通过白色幕布，以平面人偶表演的灯影来达到艺术效果的戏剧形式。而皮影戏中的平面人偶以及场面景物，通常是民间艺人刀雕彩绘制成的皮制品，故称之为"皮影"。

乐班构成： 一胡、干鼓、板胡、笛子、锣、钹、扬琴、梆子等。

代 表 作：《三滴血》《放饭》等。

传承现状： 良好

简　　介： 皮影戏，旧称"影子戏"或"灯影戏"。表演时，艺人们在白色幕布后面，一边操纵戏曲人物，一边用当地流行的曲调唱述故事（有时用方言），同时配以打击乐器和弦乐，有浓厚的乡土气息。"皮影"是对皮影戏和皮影戏人物（包括场面道具景物）制品的通用称谓。皮影戏是中国汉族民间的一门古老传统艺术。皮影不仅属于傀儡艺术，还是用牛皮、驴皮、马皮、骡皮，经过选料、雕刻、上色、缝缀、涂漆等几道工序做成的地道工艺品。

靖远皮影戏所用皮影

0758 麦积木偶戏

别　　称： 无

级　　别： 市州及以下级别

艺种特点： 1.演出剧目皆是最古老的原汁原味的西秦腔戏。2.脸谱形象生动、细腻传神，唱腔更加委婉、悠扬、雄浑，给人以耳目一新的感觉。3.头饰、面具、道具齐全，大部分都是老艺人周会兰所做。木偶的手、眼睛、嘴、耳朵都可以自由转动。4.乐器齐全，一人可奏几种乐器，音响有谱，板眼和谐，优美动听。

乐班构成： 乐班有演职人员十余人，所用乐器有二胡、鼓、钹等。

代 表 作：《福寿图》《财神图》《牧羊图》《收龟福》《重刚剑》《对玉环》《斩梅破三关》《下河东》《对银权》《铡美案》《全家福》《三仙图》《王光二进宝》《杨八姐找刀》《杨五郎回朝》等本戏和折子戏。

传承现状： 1.社会的发展和信息时代的繁荣，使古老的传统木偶戏艺术面临尴尬的境地。传承人少，多为老弱体残的老艺人。2.木偶戏服饰、杖头制作，传承无人。3.现代青年多对此不了解，不感兴趣，不关心，且从事此项行业不能养家糊口，后继乏人，面临危机。

简　　介： 木偶戏，又叫"傀儡"戏，俗称木脑壳戏，是由演员操纵木偶来表演故事的戏剧。根据木偶形体和操纵技术不同，分为布袋木偶、提线木偶、杖头木偶、铁线木偶等，各有其艺术特色。麦积区街亭木偶戏起源于民国中期，属于杖头木偶。在表现手法上以木偶为依托表演戏剧人物，加上头面变换（包括服饰）使所演戏剧人物更加生动传神。人物头面有内挑、外挑，在演员的操纵中外杆可以自由转动头、手、眼睛、嘴、耳朵，一招一势伴随剧情的发展表现戏剧人物的感情，生动活泼，表现技巧灵活多样，角色栩栩如生。目前，街亭木偶戏常年演出，深受广大民众的喜爱，为弘扬传统文化做出了贡献。

木偶戏道具

0759 清水皮影戏

别　　称：无

级　　别：市州及以下级别

艺种特点：1. 皮影戏属于地方小戏种，舞台设制简单，表演人员及乐队人员较少。一个戏班全部道具只用两三个木箱即可装完，可手提可肩挑随时随地进行表演。2. 皮影戏的制作较为繁杂，其雕刻精美、色彩强烈明快，具有浓郁的民间装饰味，是皮影戏的一大特色。3. 唱腔属原生态的"影子腔"，与传统秦腔有一定的区别，与清水民歌小调极为相似，如拖腔拖调、韵律自由，唱词均为本地方言，地域特色较为明显。

乐班构成：影台前左边的一位主操影者称为"拿线"的，因工作在灯下、俗称"顶灯"的。前台右侧一位负责班鼓、响板、大锣、铙钹的演奏，影班中称作打鼓的或是"打着的"。小班影多是一把板胡伴奏，在台后的演员必兼奏手锣、堂鼓等，俗称"后楼的"，除板胡外，台上每位演员必唱一两个行当，手上的工作叫"活计"。

代 表 作：《大升官》《福寿图》《包公三下阴》。

清水皮影戏

0760 秦安皮影

别　　称：无

级　　别：市州及以下级别

艺种特点：1. 秦安皮影与陕西皮影比较，从道具到表现方式更为古老，显示出这一古老艺术的历史价值。2. 皮影尺寸略小，更显得精致灵便。3. 造型逼真、夸张，唱腔委婉和顺，以小见大，如同大戏。4. 剧本内容传统，与皮影戏的古老极为相称。

乐班构成：秦安皮影音乐有文乐、武乐之分，所用乐器有弦乐、管乐、打击乐等。

代 表 作：《三下阴》《黄河阵》《四进士》《烙碗记》《双官诰》《对银杯》《孝廉卷》《金钏记》《木莲卷》《天竺国》《碧玉环》等四十多本。

传承现状：皮影戏班在80年代后，由于市场经济和现代影视艺术的空前发展，皮影艺人大多弃艺经商。皮影戏班数量锐减，仅存三班，而且不是长期固定的戏班，仅为农闲季节临时组班演出。从业人员日益减少，并且年事已高，都超过五六十岁，面临传承断代的危机。很多年轻人都不愿献身于这一古老的艺术事业，因此后继乏人。

简　　介：秦安皮影主要分布在兴丰、王尹、安伏、中山等乡镇。皮影戏的道具是用生牛皮剪制的人物造型，表演艺人通过牵拉联结人物肢体的丝弦、竹子，使人物活动起来。然后通过灯光，把影子投射到布幔上，同时配以文武场面（音乐），人物道白、演唱。秦安皮影从道具到形式更为古老，人物造型尺寸略小，造型生动逼真，唱腔委婉和顺。秦安皮影具有很高的历史文化价值，是历史文化在现代社会生机的复归。作为影视艺术的雏形，具有开启未来的艺术价值，形象生动逼真，幽默风趣，具有很高的娱乐性，是适合于农村并为农民所喜爱的重要艺术形式之一。由于秦安皮影主要用于庙会、祭祀、祈雨、还愿，是民间民族风俗的重要内容，具有很高的民俗价值。

观众观看演出

0761 武山皮影戏

别　　称：武山灯戏、牛皮人物子灯烟戏
级　　别：市州及以下级别
艺种特点：台上表演
乐班构成：板胡、二胡、牙子、梆子、板鼓、堂鼓、唢呐、大小锣、号等。
行　　当：老艺人较多，行当齐全。
代 表 作：《八仙过海》《劈山救母》《香山寺还愿》《乾坤带》《回荆州》《赵飞搬兵》《三娘教子》《走雪》《大登殿》等一百多种。
传承现状：目前武山无演出团体活动，洛门、龙泉、曲里等地存有戏箱，也有懂行老人在世。目前状况堪忧。
简　　介：武山皮影戏年代久远，又称灯戏或牛皮人物子灯烟戏，以庙会演出为主。历史较早的有洛门皮影戏班、曲里皮影戏班，多以演神话人物剧和武打为主。演出技艺较难掌握，现在武山当地已无皮影戏班在活动。有些庙会演皮影戏，都请外地班社演唱。道具和服饰均为牛皮打造，用料考究，做工精细，形象生动。表演时主要在庙会上搭台演唱。所搭台口七尺见方，台口前置以白绫方框，内置强光灯，借助灯形演出，人物场景表现逼真。

0762 眉胡剧

别　　称：武山迷胡
级　　别：市州及以下级别
艺种特点：眉胡属于曲牌体戏曲剧种。
乐班构成：民间艺人多是秧歌演唱者或秦腔老艺人，农村演唱秧歌者多能演唱眉胡。板胡、二胡、三弦、唢呐、扬琴；武场乐器主要有板鼓、紧鼓、梆子、大小锣、牙子等。
代 表 作：传统剧目有《温先生看病》《两亲家打架》《燕青打擂》《张良买布》《审苏三》《牧牛》等五十多种。创作剧目有《出车之前》《金水银波》《拜师》等十多种。
传承现状：良好
简　　介：眉胡又称迷胡，是传入武山县最早的戏曲剧种，影响之大，普及之深可与秦腔相提并论，与武山县秧歌结合，多在秧歌场内演唱，民间老艺人也常结合秧歌特点，编演一些反映社会生活的眉胡剧目。新中国成立后县上组建的文艺宣传队编演过《出车之前》《金水银波》《红心铁手》等剧目。改革开放后，县剧团编演过眉胡剧《拜师》《三娃劝妻》等剧目。眉胡属于曲牌体戏曲剧种。

武山眉胡表演

0763 武山秦腔

别　　称：无
级　　别：市州及以下级别
艺种特点：老少皆宜。
乐班构成：主要有板胡、二胡、笛子、扬琴、唢呐等。武场伴奏乐器主要有板鼓、拍板、堂鼓、大锣、小锣、钹、梆子等。

代 表 作：武山秦腔演出剧目较多，主要有《春秋笔》《春秋配》《串龙珠》《武松打虎》《黄金台》《天门阵》《双锁门》《湘江会》《庄子三探妻》《子期弄琴》《药王卷》《七人贤》《花田错》《群英会》《黄鹤楼》《长坂坡》《回荆州》等常演剧目300多种。

传承现状：生存现状一般，虽然县内有秦腔剧团，各乡镇有业余演出团体，尤其是龙泉、四门、洛门及山区各村的业余剧团常有一些演出活动，但剧目老化、演员队伍青黄不接，很难形成繁荣局面。

简　　介：秦腔历史悠久，从武山县众多的古戏楼修建年代来看，在明代就有秦腔戏在武山演出，已有300多年的历史。武山秦腔属西路秦腔，是甘肃流派南路的典型代表，南路秦腔最早的班社是建于清道光十年（1830年）的武山宁远班子（又称于家班），班主于大班长颇负盛名，收徒甚多，以傅邦最为著称。最为著名的除于大班长（大净）、傅邦（须生），还有潘世喜（净）、王保童（须生）、喜娃（旦）、程士之（净）、姚进才（旦）、王双福（旦）、冯灵之（须生）、康有（旦）、李茂（旦）、沈鸿吉（武生）等。武山秦腔名老艺人众多。武山秦腔的演出道具及服饰与其他地方戏所用基本相同。演出道具有大、小道具之分，前者如桌、椅、床等，小道具为日常用细小杂物。演出服饰主要有蟒、官衣、褶子、箭衣、女衣、宫装、包衣包裤、鞋帽、头饰等。武山秦腔的传统演出场所主要在戏楼，但也时有地摊演出和秧歌场内演出。

武山秦腔

0764 秦腔

别　　称：无

级　　别：市州及以下级别

艺种特点：粗犷有力，悲怆凄凉。

乐班构成：文乐队有板胡、二胡、扬琴、大提琴、电子琴、笛子。武乐队有鞭鼓、干鼓、牙板、梆子、大锣、小锣、钵。

行　　当：生、旦、净、丑。

代 表 作：《春秋笔》《八义图》《紫霞宫》《和氏璧》《惠凤扇》《玉虎坠》《麟骨床》《鸳鸯被》《射九阳》《哭长城》《伐董卓》《白蛇传》《梵王宫》《法门寺》《铁公鸡》《黄花岗》《汉宫案》《屈原》《三滴血》《周仁回府》《十五贯》《火焰驹》《大登殿》等。

传承现状：良好

简　　介：秦腔的表演自成一家，角色体制有生、旦、净、末、丑五大行，各行又分多种，统称为"十三头网子"。一般戏班，都要按行当建置以"四梁四柱"为骨干的三路角色制。头路角色包括头道须生、正旦、花脸和小旦，二路角色包括小生、二道须生、二花脸和丑角，其他老旦、老生等角均为三路角色。各路角色的佼佼者，均可挂头牌演出，其他即为配角。条件优越的戏班，常不惜重金邀请名角。各行皆能，文、武、昆、乱不挡的多面手、好把式，又称"戏包袱"，或叫"饱肚子"。秦腔表演技艺十分丰富，身段和特技应有尽有，常用的有趟马、拉架子、吐火、扑跌、扫灯花、耍火棍、枪背、顶灯、咬牙、转椅等。

0765 民勤皮影戏

别　　称：皮猴戏
级　　别：市州及以下级别
艺种特点：皮影戏以平面傀儡取形，故属傀儡艺术中的一种，表演时声乐兼有，用投影形式表演情节，人物皆用优质牛皮制作。
乐班构成：乐班由演员及文武场构成。演员2至5人，文场有扬琴1台、三弦1把、板胡1把、二胡2把，武场有干鼓、爆鼓、棒子、牙子、手锣、碰铃。
代 表 作：《槐阴会》《聚仙阵》》《金沙阵》《万宝阵》《劈华山》《马陵道》《观画》《火车阵》《进五关》等。
传承现状：濒临失传，亟须拯救性保护挖掘。
简　　介：影戏俗称"皮影子""皮猴戏""皮戏"。它以平面傀儡取形，故属傀儡艺术一种，早在清朝，民勤县中已有相当规模的影戏班社，经常活动于山会、庙会。清末流行甚广，班社众多。民国间，影戏班社一般规模较小，多则十余人，少则三四人。柳林湖较出名的班社，民国初为石板沟的"黄家影子"，民国后期为"王家影子"。坝区早期为三坝"刘家影子"最有名，还有蔡旗"冉家影子"。民国初年潘富堂创办的影戏班社，影响大、历时长，新中国成立后参加了甘肃省文化局民间艺人学习班，并献出皮集"朗本"120出，受到表彰奖励。县内各家"影子"所演节目大多内容相同，有名的节目有50多个。民国末期皮影戏日渐衰败，及至解放后，处于销声匿迹状态，20世纪80年代在文化馆的组织下，只有几个班子活动了几次。目前好多皮影子班基本上销声匿迹了，虽几经抢救，也无济于事，大有灭迹之状态。

民勤皮影子道具

0766 平凉小曲子戏

别　　称：曲子戏
级　　别：市州及以下级别、刨土坑、弦子腔
艺种特点：1.小曲子戏是由曲艺坐唱向舞台演出过渡的遗留物。即可坐唱，观众能听懂；也可演出，更为直观。2.几百年来，因为生成于民间，发展于民间，属于村民自娱自乐节目，在历史的更迭中，没有经过文人的修饰润色，所以保持了原始古朴的风味。3.由于以村落为中心，各自为阵，所以比较好地保存了当地地方风情、民俗语言的乡土特色。4.剧终"报剧名"方式、曲牌首尾以"前后越调"呼应，都是元明杂剧的遗留痕迹。5.一些曲牌"帮腔"部分，演出人员及观众可以和而应之，表现出很大的参与性和自娱自乐性。6.个别曲牌吸收当地民歌的音乐元素，可以看出它的自我完善过程。7.演出时间只限于春节至元宵节期间。个别地方还用于婚庆寿诞。8.剧目由于从坐唱脱胎而来，所以保持了"唱曲子"的功能，大部分一唱到底，极少数剧目不唱只有道白。
乐班构成：小曲子戏的乐器，文场以三弦为主奏乐器，配以"胡呼"（板胡）、"嗡子"（二胡）、笛子等；武场铜器配合动作用"一马三件子"，即暴鼓、"搧子"（铙钹）、勾锣、小锣。

代 表 作：全市小曲子戏保留剧目有 50 多个。例如《双官诰》《老换少》《张连卖布》《小姑贤》等。

传承现状：研究人员文字传承，演出人员师徒、家庭传承。

简　　介：小曲子戏俗称"小戏"，是因为其剧目全部是小折戏。有的地方叫"小曲子""弦子腔""地摊子""刨土坑"。广泛流传在陇东各县农村。春节期间平凉民间耍社火时，白天是社火队走村串户，入夜则点亮彩灯，男女老少围坐在场头院落或土场戏台，观看小曲子戏的演出。小曲子戏音乐轻快流畅，语言风趣诙谐，具有浓郁的乡土气息，招人喜爱，逗人发笑，就像那陇东高原上的黄酒，酸甜酸甜的，叫人咂舌回味。小曲子戏除大部分用小曲子戏原腔曲调演唱外，有些则是民歌表演唱，如《小放牛》《打草鞋》等。小曲子戏音乐曲调与西北其他地方戏相似，基本为"徵"调式。行当基本为"三小"——小生、小旦、小丑。净角偶有红净出现，如《送京娘》之赵匡胤，《草坡传信》之艾谦。

0767 弦子腔

别　　称：曲子戏

级　　别：市州及以下级别

艺种特点：崇信县弦子腔音乐属板式变化体。包括唱腔、吟诵调、击板和曲调四部分。其唱腔有规整的一板三眼慢板，有一板一眼的二六板。

乐班构成：崇信弦子腔有乐器有板胡、三弦、二胡、碰铃、瓦子、木鱼等。

代 表 作：剧目有《小姑贤》《闹书馆》《走雪》《捡柴》《断桥》《两亲家打架》等；曲牌有《大山歌》《太平年》《采花》《道情》《月尾》等。

传承现状：良好

简　　介：弦子腔又称老眉户、曲子戏，是在民间清唱小调的基础上而发展起来的。因其以弦子为主要伴奏乐器，所以当地群众叫弦了腔。崇信县的弦子腔最早起源于黄寨乡甘庄村侯家老庄社，后来流传于崇信县北原、南原及县城。据说是在清朝光绪年开始流传民间，当地把此小曲小调称"老光社火"，传入侯家老庄已到清朝宣统末年（1911年）。侯家老庄弦子腔是由平凉大潘的教师潘怀仁用了近两个多月口述，侯成章手写成册。侯氏家族请大潘潘怀仁教唱至今已有 100 多年的历史，现已传承五代。现整理出的弦子腔剧本有 45 个，曲牌有 33 个，失传剧目 7 个。现存的弦子腔戏班演唱曲目主要有《双官告》《梅降雪》《重台离别》《算卦》《捡柴》《二姑娘害病》《映施道烧窑》《百宝箱》《签红灯》《曹夫走雪》《卖布》《两亲家打架》《卖水》《小姑贤》《秃子闹房》。

行当有二胡、小生、丑生、老生、老旦、媒旦等角色。

弦子腔

0768 民间戏曲

别　　称：华亭皮影戏

级　　别：市州及以下级别

艺种特点：皮影戏的艺术特点，那就是它的人物、景物造型与制作，属于中国的民间艺术的范畴，它的艺术风格，在民族艺苑里也是独树一帜，为了适应皮影戏的幕影表现形式，采取了抽象与写实相结合的手法，对人物及场面景物作了大胆的平面化、艺术化、脸谱化、卡通化、戏曲化的综合处理，脸谱与服饰、造型生动而形象，夸张而幽默，细腻而浪漫。

乐班构成：乐队分为文乐队和武乐队，即管弦和打击两套；文乐队以板胡为主，辅以三弦、二胡、笛子、低胡；武乐队开场锣鼓打架子，演唱以四页瓦、水子（碰玲）敲击节奏。

代 表 作：《金沙滩》《下河东》《四郎探母》《大登殿》。

传承现状：华亭皮影戏主要分布在山寨乡。20世纪80年代，山寨乡马麒马麟兄弟从策底镇一老艺人手中购得"箱子"一直流传至今。代表作品《金沙滩》《下河东》《四郎探母》《大登殿》。

简　介：皮影戏，影戏的一种，是演员手持用兽皮雕刻并施以彩绘的人兽形戏偶，通过灯光照射在影幕上，随着丝弦锣鼓的伴奏，通过演员的控制使皮影且歌且舞，演出一幕幕悲欢离合的戏剧形式。它在我国流传的地域很广。演出场所不固定，在农家婚丧嫁娶或庙会都有皮影戏的演出。

华亭皮影戏

0769 庄浪皮影戏

别　称：无

级　别：市州及以下级别

艺种特点：福盛班以秦腔为主，辅以眉户，又有以陇东道情为基调创作的一种腔调，俗称"影子腔"，此曲调深沉忧怨，悠扬委婉，堪称庄浪优秀的民间曲调。

乐班构成：福盛班现在的传承人即第四代传承人王迎春十八岁跟父学艺，四十多岁替父报本掌线当领班。

代 表 作：《兴国图》《双封神》《葵花镜》《孝廉卷》《三进士》《剪花灯》《刘全进瓜》。

传承现状：王迎春系福盛班第四代传承人，十八岁跟父学艺，三十岁替父报本掌钱当领班。他一生从事皮影戏演唱活动近四十年，能演唱五十多本戏，其班子是走到哪里红到哪里的班子。其演唱的代表性剧目有《兴国图》《双封神》《葵花镜》《孝廉卷》《三进士》《剪花灯》《刘全进瓜》。

简　介：庄浪皮影始于清初，盛于清末。最早从天水、陕西等地引进，当时有二十多家戏班，活跃于庄浪、张川、华亭、静宁四县四百多个村庄，其中最有影响的当数福盛班，历时最久的也是福盛班，至今约340年。民国时因地处关山缘区，土匪出没，活动受到影响。建国后，"文革"期间被当作"牛鬼蛇神"扫除，大部分被烧毁遗失。1978年后又开始活动，但仍被文物贩子贩走了不少皮影。福盛班几经风雨总算安然生存下来，有当今庄浪县最完整的箱子。

0770 眉户戏

别　称：坐场

级　别：市州及以下级别

艺种特点：清唱为主，表演时着生活便装。

乐班构成：无，或随意组合，或临时搭班。主要是清唱。

代 表 作：《梁秋燕》《顶灯》《二混混接妻》《张连卖布》《女寡妇验田》《古城会》《皇姑出家》《两亲家打架》《杜十娘》。

传承现状：兴盛。

简　介："眉户戏"也叫"曲子戏""迷胡戏""弦子戏"，属秦腔派戏。眉户曲子，源远流长，《辞海》上说它是"我国古代起源于民间的歌曲"，古代称"清曲调"。"眉户戏"最早流行于秦岭太白山麓的眉县和户县一带。眉户戏的唱腔、韵调抒情性强，与"郑声"诸多相似。清朝乾隆年间，随着秦腔等戏曲艺术的发展，眉户逐渐被搬上了舞台。眉户在关中分东西两路，西路的眉户最早盛行于眉县、户县，故得名"眉户"。眉户戏流传于陕西、山西、甘肃、宁夏的一些地区，盛行于关中地区。因曲调悦耳动听，称为迷人的戏，简为迷戏。陕西方言中"眉"和"迷"、"户"和"戏"谐音，故被写作"眉户"。表演形式分舞台演出和娱乐式的清唱两种。舞台演出要求化妆，穿戏服，备道具，专门乐队伴奏，属正规演出。无乐队伴奏，亦无须化妆，穿戏服，备道具的清唱则称为"坐场"。该场面自由松散，属于自娱自乐的一种民间文艺活动。眉户戏很受民众尤其是农村群众的欢迎，在乡村里爱唱能唱的人很多，可以登台表演的人也不在少数，在地摊或自乐班中演唱的人就更多了。

肃州眉户戏

0771 金塔秦腔

别　称：老戏

级　别：市州及以下级别

艺种特点：秦腔声腔板路大致分为花音和苦音两大类，具体有8种，即起板、尖板、安板、塌板、倒板、带板、滚板、摇板。秦腔流派不同，风格各异，分东路（即同州梆子）、中路（即西安乱弹）、南路（汉调恍恍）、西路（西府秦腔）等四路流派。金塔流传的主要为西路派，即西府秦腔。

乐班构成：文、武乐队。文乐队包括，扬琴、笛子、板胡、二胡、三弦、大提琴等。武乐队包括，干鼓、铙、锣、梆子等

秦腔艺人以男、女合演为主体。男的有花脸、老生、须生、小生、幼生、大净、毛净、丑角等；女的总称旦，有老旦、小旦、花旦、正旦、媒旦等行当。

代表作：《铡美案》《天门阵》《状元媒》《奇巧姻缘》《串龙珠》《大报仇》《哑女告状》《小包公》《游龟山》《窦娥冤》等。

传承现状：1.由于不断受到国际多元化的影响以及网络等高端科技的冲击，人民的文化要求不断增长。传统单一的秦腔表演已无法满足人民日益增长的物质文化需求。2.由于传统秦腔艺术表演性较强，需要演员具备扎实的戏曲基本功，学习时间长而没人愿意学习而后继无人。3.秦腔老艺人有的年龄已经较大不能表演，有些已经相继去世，传统秦腔面临濒临失传。

简　介：金塔秦腔历史悠久，源远流长。据史书记载，在明朝时期就已流传至金塔地区。在金塔流传的主要为秦腔西路派，即西府秦腔。

金塔秦腔

0772 秦腔

别　　称：唱大戏

级　　别：市州及以下级别

艺种特点：暂未梳理

乐班构成：暂未梳理

代 表 作：有《断桥》《二进宫》《三对面》《斩秦英》《柜中缘》《探窑》《藏舟》《三击掌》《华亭相会》《起解》《张连卖布》《屠夫状元》《赶坡》《杀庙》《花园买水》《明冤》等三十余折传统剧目。

传承现状：1. 生活的丰富性、娱乐形式的多样性，传统文化的边缘性，电视、互联网、歌舞厅的诱惑性，使更多的青年观众不愿走进剧场，秦腔的黄钟大吕之音，普遍不受欢迎。2. 演职人员队伍的文化水平普遍不高，难以适应社会发展的需要，后继乏人、后继无人的现象已不是某一个剧团的个别现象，秦腔已不再是从业人员唯一的谋生手段，存世的具有传承、发展能力的艺人越来越少，秦腔正在面临着人亡艺绝的严峻形势。3. 城市的秦腔演出场所在发展经济的大潮中逐步萎缩，原先遍布城乡的戏楼、戏台、剧场都在改作他用或者烟消云散，没有了剧场，自然也就没有了秦腔的演出场所。秦腔在整个西北地区的处境都极为艰难。

简　　介：秦腔源于古代陕西、甘肃一带的民间歌舞，是在唐朝政治、经济、文化中心——长安生长壮大起来的，经历代人民的创造而逐渐形成，因周代以来，关中地区就被称为"秦"，秦腔由此而得名，是相当古老的剧种。因以枣木梆子为击节乐器，又叫"梆子腔"，秦腔"形成于秦，精进于汉，昌明于唐，完整于元，成熟于明，广播于清，几经衍变，蔚为大观"，是相当古老的剧种，堪称中国戏曲的鼻祖。由于秦腔的很多剧目都是表现我国历史上反侵略战争、忠奸斗争、反压迫斗争等重大的或富有生活情趣的题材，反映了陕甘人民耿直爽朗、慷慨好义的性格和淳朴敦厚、勤劳勇敢的民风，且较早地形成了比较适宜于表现各种情绪变化的板腔体音乐体制；加上秦腔艺人逐渐创造出一套比较完整的表演技巧，因而秦腔所到之处，都给各剧以不同的影响，并直接影响了各个梆子腔剧种的形成和发展，成了梆子腔的鼻祖。

瓜州秦腔演出

0773 眉户剧

别　　称：无

级　　别：市州及以下级别

代 表 作：《张连买布》《两亲家打架》《火焰驹》《梁秋燕》等。

传承现状：1. 生活的丰富性、娱乐形式的多样性，传统文化的边缘性，电视、互联网、歌舞厅的诱惑性，使更多的青年观众不愿走进剧场。2. 演职人员队伍普遍的文化水平不高，难以适应社会发展的需要，后继乏人、后继无人的现象已不是某一个剧团的个别现象，眉户剧已不再是从业人员唯一的谋生手段，存世的具有传承、发展能力的艺人越来越少，正在面临着人亡艺绝的严峻形势。

0774 皮影戏

别　　称：无

级　　别：市州及以下级别

艺种特点：1. 瓜州皮影戏造型古朴、雕绘结合，造型简练，体现着我国皮影戏的早期风貌。2.瓜州皮影戏剧目丰富，演唱没有文本，完全是口传心授，对白幽默风趣，非常口语化，表演起来通俗易懂，有鲜明的地方特色。3.瓜州皮影戏班社与传承依然保持传统的习俗，基本体现原生态皮影戏表演形式。

乐班构成：乐队由10余人组成。

代 表 作：《皇帝出巡图》《天宫赐福》《闻太师征战》《元帅升帐》《杨二郎出山》《九连珠——花园谈情》《十八层地狱》等。

传承现状：良好

瓜州皮影戏演出

0775 蘑菇滩秦剧

别　　称：无

级　　别：市州及以下级别

艺种特点：秦腔唱腔为板式变化体，包括"板路"和"彩腔"两部分，每部分均有欢音、苦音两种，前者长于表现欢快、喜悦情绪，后者善于抒发悲愤、凄凉情感。依剧情表达情感的辅助唱法，特点是繁音激楚，热耳酸心，使人血气为之动荡。秦腔的脸谱讲究庄重、大方、干净、生动和美观，颜色以三原色为主，间色为副，平涂为主，烘托为辅，所以极少用过渡色。

乐班构成：乐班分为武场和文场。武场以板鼓为首，配合乐器为铙钹、铰子、钩锣、小锣、梆子等；文场以板胡为领衔乐器，二胡、高胡、笛子、三弦、古筝、琵琶、大提琴、笙等乐器为伴奏乐器。

代 表 作：《铡美案》《黑叮本》《打金枝》等，折子戏《别窑》《起解》等。

传承现状：濒临失传

简　　介：在玉门市，提到蘑菇滩的戏班子，几乎是家喻户晓。这个戏班子成立于20世纪60年代初，40多年来当地群众一直以进戏班子唱戏为荣耀。为了把这一优秀的传统发展下来，乡村两级投资修建了村影剧院，完善了基地设施，并挑选其中的优秀人才参加了正规的培训，出资注册了玉门柳河秦剧团。目前剧团有演员48人，年龄最大的65岁，最小的才12岁。每逢农闲、节庆，剧团就义务演出，期间车水马龙、人头攒动，秦腔声闻乡间，为农民们带来了不少的欢乐。今年，蘑菇滩玉门柳河秦剧团共演出30多个场次，组织社火队为群众慰问演出40多个场次。

演出《狸猫换太子》场景

0776 镇原民间小曲戏

别　　称：无

级　　别：市州及以下级别

艺种特点：1.传统戏曲艺术相对还能保持原始质朴的自然色彩，加上交通仍不便利等封闭因素，适应古老戏曲艺术的生存与发展。2.传承广泛性。镇原的民间小曲戏遍布各县，它的传承是以村落、家族、社家为基本传承单位，大部分以社火团体的活动区域为传承范围。3.抒情性。因为小曲戏是在乡村演出，随着环境和表演者情绪的变化，有很大的即兴抒情性。4. 独立教化。在一定的历史、政治环境下，小曲戏因其独特的表演方式能较完全地抒发人们的情感，受传统伦理的影响，使其教化功能得以充分体现。5. 社会性。全县的乡镇在20世纪80年代都有社火队，小曲戏是每个社火队必演内容。6. 艺术性。镇原民间的小曲戏曲众多，曲目复杂，能全方面的反映远古以来眉户、秦腔以及陇剧的传变历史。武戏张扬霸气，文戏含蓄儒雅，丑戏令人捧腹噎食，闹戏观之令人忍俊不禁。

乐班构成：演乐器有板胡、二胡、笛子、三弦。打击乐有堂鼓、小钹、大钵、碰铃。干鼓、梆子、木鱼等。

代表作：《戏妹》《十对花》《王香打虎》《摸妻》等。

传承现状：随着现代科技的进步和社会的迅速发展，市场经济的繁荣，艺术的不断变革和更新，现代文明意识渐居人们意识形态的主位，现代新闻媒体和娱乐手段也猛烈冲击着这些领域。许多年轻人对此不屑一顾，老演员相继离去，造成小曲戏艺人的严重缺乏情况，其传承链面临断裂，小曲戏艺术濒临消亡。

简　介：镇原民间小曲戏广泛的群众基础和传统的村落传承方式保留下来，多姿多彩，艺术源远流长，是陇东黄土高原历史悠久的群众性民间传承艺术活动，它的剧作者过去都是从事劳动的知识分子或极有戏曲创作天赋的农民。镇原民间小曲戏的内容丰富，风格独特，表演风格主要表现为两种，山区的小曲戏风格粗犷原始，磅礴大气；前原的小曲戏文雅细致，唱腔优美婉转。其内容可分为传统小曲戏、地方小曲戏和神怪荒诞戏。能全方面的抒发人们的感情，反映人们的思想，起到娱人娱神、教化育人的作用和功能。镇原的民间小曲戏有着较为突出的艺术特点和杰出的艺术价值。

民间小曲戏传承人王进礼和弟子整理道具

0777 陇中皮影戏

别　称：灯影戏

级　别：市州及以下级别

艺种特点：陇中皮影戏班一般由5—7人组成。表演时，在一个用白纸或是白绸子裱成的2平米见方，名叫"亮子"的屏幕上（后面以煤油灯或是电灯做光源），由一人"挑扦子"（操作人模）模仿人物言行动态，其他人吹拉弹唱共同演绎一个故事。

乐班构成：文场（弦乐）有板胡、三弦、笛子、扬琴、二胡、高胡、底胡等；武场（打击乐）有干鼓、牙子、鱼皮鼓、铜铃、木鱼、铰子、小锣、铙钹、大锣等。

代表作：《西游记》《沙家浜》《智取威虎山》《大升官》等。

传承现状：1. 送陇曲皮影下乡，参加公益演出，观众3千人次。2. 新收学员3人。学习皮影制作及演出技艺。

简　介：陇中皮影戏，又叫灯影戏。"陇中苦瘠甲于天下"，但是陇中人民的文化生活不论是过去，还是现在，都是十分丰富的。长期以来，陇中高原以其广袤的土地哺育着生长于斯的人们，孕育了丰富多彩的文化艺术。陇中小曲及其皮影戏，就是陇中人民在改造和征服自然的实践中，形成的具有浓郁地方特色的戏曲艺术形式。在当地，曾经流传着这样一种说法："秧歌是大戏（秦腔）

的先人；皮影戏是大戏的舅舅"，形象地说明了这三种戏曲艺术的传承关系。

陇中皮影戏旦角人模

0778 陇西皮影戏

别　　称：无

级　　别：市州及以下级别

艺种特点：皮影戏在我国流传地域广阔，在不同区域的长期演化过程中，其音乐唱腔的风格与韵律都吸收了各自地方戏曲、曲艺、民歌小调的精华，从而形成了异彩纷呈的众多流派。

乐班构成：主奏乐器为板鼓、板胡、二胡、手锣、板，辅助乐器为唢呐、大鼓、大锣、钹、号、竹笛等。

代 表 作：《设朝》《杨五郎搬兵》《赵氏孤儿》等53本。

传承现状：陇西皮影戏传承人只有在永吉、和平、首阳、渭阳四个乡镇有为数不多几人，状况日渐衰微。

简　　介：陇西皮影属北方皮影，唱腔为秦腔曲调，是民间工艺美术与戏曲巧妙结合而成的独特艺术品种，是中华民族艺术殿堂里不可或缺的一颗璀璨的明珠。在皮影戏的白幕上，虽然舞动的都是平面偶人之影，但其音乐与唱腔却能使人情绪起伏。喜可让人心舒气爽，悲能催人泪下，动人万分。在皮影演出时，艺人们都有操纵影人、乐器伴奏和道白配唱同时兼顾的本领。有的高手一人能同时操耍七八个影人。武打场面是紧锣密鼓，影人枪来剑往、上下翻腾，热闹非常。而文场的音乐与唱腔却又是音韵缭绕、优美动听，或激昂或缠绵，有喜有悲、声情并茂，动人心弦。演皮影戏的设备非常轻便，所以戏班流动演出的优势很强。不论在剧场里还是在大厅、广场、庭院以至普通室内，架起影窗布幕和灯箱就能开戏。演出完毕，全部行头装箱就走，辗转十分便捷，所以皮影戏自古就是随军的一种娱乐形式，也是广泛流传，普及于民间的原因之一。

皮影戏班一般由六七人组成，有句俗言为："三紧四慢五消停（从容）"，说的就是演出班子结构。通常由一人主唱、表演，其余几人分别为演唱伴奏，每人会数样乐器。人手不够时，主唱人也可边唱边伴奏，吹、拉、弹、唱、敲样样在行。

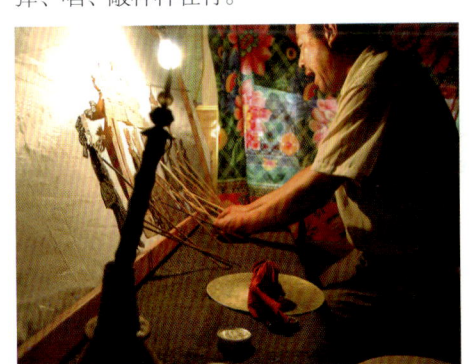

陇西皮影戏

0779 康县寺台木偶戏

别　　称：无

级　　别：市州及以下级别

艺种特点：寺台木偶戏随时代的发展而更新、改换且又保持原汁原味，木偶头像雕饰讲究，形象逼真，可以说是陇南一绝。

乐班构成：表演形式以秦腔为主，一般由8—10人组成，乐器有板胡、二胡、扬琴、琵琶、琴瑟、锣、堂鼓、干鼓、抱鼓、梆子、铙等。

代 表 作：《八仙庆寿》《黑叮本》《五典坡》《辕门斩子》《大拜寿》《黄雀寺》等三十余本戏，《乾坤带》《福贵图》《卖水》曾获甘肃省二等奖。

传承现状：寺台木偶戏靠庙会和春节群众集资演出来维持，但因受市场经济的影响，一部分艺人改行，演唱人才青黄不接，大有失传的倾向。

简　　介：康县寺台木偶戏位于甘肃省东南部，嘉陵江上游，西汉水之滨的康县中部寺台乡。寺台木偶戏始于清朝前期，已有200多年的历史，坐落于豆坪乡袁山村柴家湾社。寺台木偶戏代代相传，到现代传承人张仲国已是第五代传人。现能演出秦腔剧目有30余本，表演者运用挑、扭、抢、闪、摇等技巧，使木偶做出各种各样的动作，神态逼真，栩栩如生。1.寺台木偶的头、帽、脚及手肩等支架是传承人自制，2.表演通俗易懂，原汁原味，贴近群众，贴近生活。表演是以秦腔为主，且加入了地方方言。演唱者一人演多个角色，且唱、打、拉、挑均会。

康县寺台木偶戏道具

0780 西和县木偶戏

别　　称：傀儡戏
级　　别：市州及以下级别
艺种特点：木偶戏唱腔属梆子唱腔，脱胎于当地民歌，说唱咬字为板式变化，音节为综合性音节，调式为七音的"徵"调式间"宫"调式。表演时，演员在幕后一边操纵木偶，一边演唱，并配以音乐。

乐班构成：伴奏乐器中管弦乐有板胡、二胡、竹笛、海笛、唢呐、木胡等；打击乐有梆子、木鱼、马锣、七星锣、皮鼓、蚂蚱子等。

代 表 作：《周仁回府》《火焰驹》《出五关》《百子图》《和氏璧》《包公三下阴》《阴阳河》《定军山》《富贵图》《美人图》等。

传承现状：西和境内的石堡、洛峪、稍峪、西峪等乡镇有民间木偶戏班，在庙会、春节期间巡回演出。

简　　介：木偶戏是由演员在幕后操纵木制玩偶进行表演的戏剧形式，又称为傀儡戏。按照木偶的结构和演员操纵方式等方面的差异，可分为提线木偶、布袋木偶和仗头木偶。西和木偶戏属杖头木偶戏，表演时，演员在幕后一边操纵木偶，一边演唱，并配以音乐。表演者操纵一根命杆（与头相连，杆为木、竹制。头以木雕，内藏机关，嘴、眼可动）和两根手杆（与手、肘相连），按手杆位置有内、外操纵之分。木偶戏以男、女合演为主体，男的总称为主角，女的总称为旦角。西和木偶戏历史久远，兴盛于明万历年间，历经多年的传承演变，现存有民间木偶戏班10余个，以石堡乡包集村、稍峪乡白杨村、西峪乡上寨村、洛峪镇康河村皮影戏班最为著名。木偶戏演出场所多为农村庙会舞台，演出时用幕布围成一人多高的方型舞台（以遮蔽表演者），艺人操纵木偶依剧情表演兼顾道白和演唱。2010年1月，西和县木偶戏被县政府公布列入第二批县级非物质文化遗产保护名录。代表性传承人有王老五、李大雄等人。

西和县木偶戏

0781 陇南影子腔

别　　称：灯调
级　　别：市州及以下级别
艺种特点：陇南影子腔属梆子声腔，音乐结构介于板式体和连缀体之间，脱胎于当地民歌，说唱咬字多为地方音方言，乡土味十分浓郁。唱腔分为"上音""下音"（即秦腔"花音""苦音"两大类），有基本唱腔、冒腔、小调三部分组成，全国大多数剧种唱词均是对偶句，唯独影子腔是单句。在演出时，根据剧情需要，设有冒腔，又称"满台吼""帮唱"或"伴唱"，造成强烈的音乐气氛。
乐班构成：影子腔乐队有文乐、武乐之分。文乐有二胡、扬琴、板胡、琵琶、大提琴、木琴、竹笛、海笛、黑管、三弦等；武乐有暴鼓、干鼓、堂鼓、勾锣、手锣、吊叉、银锣、马锣、七星锣、蚂蚱子等。
行　　当：有生、旦、净、丑等戏剧行当。
代 表 作：《一场斗争》《碧血西城》《特殊的寿礼》《传承》等。
传承现状：近年来，为传承和保护陇南影子腔这一全国独有的剧种，西和县依托乞巧文化演艺中心创排了以《特殊的寿礼》为代表的影子腔剧目，在省内外戏曲调演中屡创佳绩。
简　　介：历史上的陇南影子腔在西和有专门的皮影戏班，以石堡乡包集村、稍峪乡白杨树村、洛峪镇康河村等村最为著名，特别是包集村王老五戏班，饮誉陇南数县。近年来，西和稍峪乡白杨树村影子腔老艺人杨双才家发现自明万历年间到清道光年间的影子腔手抄剧本37部，引起国内外文化艺术界的极大关注。陇南影子腔历来以皮影演出，自搬上舞台后，立足本县的一个"土"字，着重突出"唱"功，是以现实主义为主体的表演。剧本内容有大本戏、小本戏、神戏和时代戏之分。陇南影子腔属梆子声腔，音乐结构介于板式体和连缀体之间，脱胎于当地民歌，说唱咬字多为地方音，方言、乡土味十分浓郁。全国大多数剧种（除昆曲）唱词均是对偶句，唯独影子腔是单句。器乐演奏时必须要突出三弦、木琴、蚂蚱子等影子腔特有的乐器。陇南影子腔于2007年2月被西和县人民政府公布列入第一批县级非物质文化遗产保护名录。2007年11月被陇南市人民政府公布列入第一批市级非物质文化遗产保护名录。2006年9月被甘肃省人民政府公布列入第一批省级非物质文化遗产保护名录。代表性传承人有杨双才、马富奎、季俊峰等人。

陇南影子腔戏本

0782 西和皮影戏

别　　称：影子戏
级　　别：市州及以下级别、灯影戏。

艺种特点：西和皮影戏属梆子唱腔，脱胎于当地民歌，说唱咬字是地方音、方言，乡土气息浓郁，唱腔分为"上音""下音"（即"刚音""平音"两类），由基本唱腔、冒腔、小调三部分组成。表演时，艺人一般在白色幕布后面，一边操纵戏曲人物，一边用当地流行的曲调唱述故事，同时配以打击乐器和管弦乐器。

乐班构成：伴奏管弦乐有竹笛、海笛、唢呐、二胡、蚂蚱子、扬琴等；打击乐有七星锣、银锣、梆子、木鱼、马锣等。

代 表 作：《胭脂》《蛟龙驹》《铁牛图》《冰冻岐山》《临潼关》《单骑救主》《拜汉刀》《断阴曹》《四圣归天》《竹林会》《双龙珠》《九华山》《福寿图》等。

传承现状：西和境内的石堡、洛峪、稍峪、西峪等乡镇有民间木偶戏班，在庙会、春节期间巡回演出。

简 介：西和皮影戏历史悠久，在明万历年就有皮影戏班活动，明清至民国期间达到全盛，现存有民间皮影戏班10余个，以西峪乡上寨村，稍峪乡白杨村、马河村，石堡乡包集村皮影戏班最为著名。皮影戏的表演技巧和唱功，是皮影戏班水平高低的关键。以男女合唱为主体，男的总称为生角，女的总称为旦角。在演出时，艺人们都有操纵影人、乐器伴奏和道白演唱同时兼顾的本领，技艺高超者可同时操要数个影人。皮影戏的演出故事，有历史演义戏、民间传说戏、武侠公案戏、爱情故事戏、神话寓言戏、时装现代戏等，无所不有。剧目有折子戏、单本戏和连本戏，常见的传统剧目有《胭脂》《蛟龙驹》《铁牛图》《冰冻岐山》《临潼关》《单骑救主》《拜汉刀》《断阴曹》《四圣归天》《竹林会》《双龙珠》《九华山》《福寿图》等。皮影戏演出场所多为农村庙会舞台。2010年1月，西和县皮影戏被县政府公布列入第二批县级非物质文化遗产保护名录。代表性传承人有李中雄、许三成等人。

西和皮影戏

0783 礼县影子腔

别 称：灯影子

级 别：市州及以下级别

艺种特点：影子腔就是皮影戏流传到礼县后，当地艺人用陇南地区的民间小调表演戏曲而形成的腔调。影子腔的表演形式主要以男、女合演为主体，男的总称"花脸"，有长衫花脸与生衫花脸两种行当；女的总称"旦"，有老旦、小旦、花旦、悲旦等行当。

乐班构成：影子腔一般由三个人组成文乐人员，本胡兼唢呐一人，三弦兼海笛一人，四弦子一人；武乐由一名鼓师、一名副手组成，演唱时，鼓师左手击甩板，右手敲七星锣；副手左手打蚂蚱子，右手击碰铃、手锣，有武打动作时，鼓师掌暴鼓、皮鼓，副手敲勾锣、手锣，文乐队人员可铙钹等其他铜器，另外一名掌握扦子（也就是做影子）的人就是戏母子（过去没有电，用汽灯等照明，因而亦称抱灯人），他表演各种人物的动作，又唱、念剧目中主要角色的唱词、台词，其他杂角都由其他文武乐队人员承担，因此，五六个人就组成了一戏班。

代 表 作：主要传统剧目有《太子游四门》《八仙拜寿》等，建国初礼县剧团创编了《碧血西城》《枫洛池》《秀才进京》等，70年代礼县剧团又创编了《三凤求凰》《莲叶劝学》《清明案》等，近几年，礼县剧团又创编了《果子送给贴心人》《欢歌笑语满兰苍》《寿宴喜》等剧目。

传承现状：由于自给自足的自然经济在礼县一直占主导地位，而影子腔艺人大多是文盲和半文盲，亦农亦艺，始终未能专业化，加上封建社会传统思想的排斥和市民阶层的鄙视其为"小戏"的社会心理影响，影子腔虽然兴起较早，发展却十分缓慢，直至今天也没有从民间小戏发展为专业化的大型戏曲，现濒临失传。现有礼县剧团，共有十几名成员，他们常年有演出活动，包括营业性的，或配合党、政府中心任务公益性的演出。政府给予政策性补助。

简　介：礼县影子腔源于民间皮影戏，早在宋代已有皮影戏的记载，皮影戏的唱腔在全国千差万别，每流传到一个地区以后，即与当地流行民歌小调或地方戏曲结合起来，当地流行什么唱腔就用什么唱腔表演。影子腔就是皮影戏流传到礼县后，当地艺人用陇南地区的民间小调表演戏曲而形成的腔调。礼县影子腔的兴起除了社会需要外，还有一个重要原因，就是当地丰富的民间艺术给它提供了充足的养料，使其充分借鉴了当地盛行的秦腔、四川的川剧，同时它不仅在皮影的制作上与当地的民间剪纸一脉相承，就连社火中的秧歌曲、民间鼓乐班的演奏、祭神时祀公说唱、春官"说春"也与影子腔的音乐道白存在着明显的渊源关系。它的产生对于丰富人民文化生活，满足城乡人民尤其是农村群众的业余文化生活需要起到了积极作用。

影子腔剧照

0784 徽县皮影戏

别　　称：影子戏

级　　别：市州及以下级别、灯影戏。

艺种特点：皮影戏中人物、景物的造型与制作，属于我国的民间美术范畴，其对人物及场面景物进行了大胆的平面化、艺术化、卡通化、戏曲化的综合处理。其脸谱与服饰造型生动而形象，夸张而幽默。演出装备轻便，唱腔丰富优美，表演精彩动人。

乐班构成：分文武乐两部分。文乐主奏乐器有板胡、二胡、唢呐、笛子、三弦；武乐主奏乐器有板鼓及小三件。

代 表 作：《窦娥冤》《五典坡》《火焰驹》《铡美案》《周仁回府》《四郎探母》《闯宫抱斗》《鸳鸯楼》《大登殿》《琵琶记》《回荆州》等。

传承现状：现存皮影戏影子一百余件套，在城乡节日、庙会期间演出。因缺乏资金，传承状况艰难。

简　介：皮影戏，旧称"影子戏"或"灯影戏"，是一种用蜡烛或燃烧的酒精等光源照射兽皮或纸板做成的人物剪影来表演故事的民间戏剧。表演时，艺人们在白色幕布后面，一边操纵戏曲人物，一边用当地流行的曲调唱述故事（有时用方言），同时配以打击乐器和弦乐，有浓厚的乡土气息。在陕西、甘肃等地农村，这种质朴的汉族民间艺术形式很受人们的欢迎。目前马山皮影木偶戏班在徽县乡间演出，传统作品有《窦娥冤》《五典坡》《火焰驹》《铡美案》《周仁回府》《四郎探母》《闯宫抱斗》《鸳鸯楼》《大登殿》《琵琶记》《回荆州》等。

马山皮影

0785 积石山县赵氏麻布戏

别　　称：无

级　　别：市州及以下级别

代 表 作：《铡美案》《二进宫》《大拜寿》（又名《打金枝》）《清官册》《烙碗计》《南阳关》《杨四郎探母》《吴员逃国》《太湖城》《辕门斩子》《破洪洲》《状元梅》《马鹏杀子》《麦稔罐》《李渊辞朝》《拜台》《癸灵》《虎口缘》《背舍》《闯宫抱斗》等。

传承现状：由于历史的原因，麻布戏的主要传承者赵氏家族居住在高山峡谷中，阻隔了他们看外界的目光和外界对山内世界的了解。加上交通、通信等基础设施的严重滞后，其文化的发展长期以来处于一种相对封闭状态，和主流文化缺乏广泛的交流。一些颇有造诣的麻布戏传唱者因年事已高逐步退出舞台，有的相继谢世，有些绝技难以得到传承，而年轻的表演者在技艺上能独树一帜、在群众中享有威望的很少。随着科学技术的进步和市场经济的发展，人们文化生活日益丰富，审美需求提高，对麻布戏的兴趣愈来愈淡漠。一些表演者外出打工，参加的演出活动也愈来愈少。缺乏相应的资金保障，阻碍了赵氏麻布戏创作和演出队伍的生存发展，一直以来都存在着排戏无经费、演出无市场、生活没着落，创作演出人员老化、青黄不接的现实困难。此外，赵氏麻布戏的剧目主要以历史剧为主，面貌陈旧、缺乏创新、时代感不强也是麻布戏走向衰落的重要原因之一。

简　　介：积石山县的柳沟乡赵氏家族至今传承着一种由秦腔变种而风格迥异的戏曲，这就是积石山麻布戏。用胡麻草捻成线纺织成麻布而缝制成戏服，再用油漆上色装饰，这就是麻布戏的名称缘来。随着人们生活水平的提高，传统的粗制麻布已经被凤冠锦衣代替，但是赵氏家族传唱戏曲的文化传统却与麻布戏这个称号一并传承了下来，而且长盛不衰。概括为四生、六旦、二净、四丑。赵氏麻布戏的行当可以积石山赵氏麻布戏是农耕、草原文化时期的社会缩影，它深刻而具体地反映着特定时期的社会形态、道德价值以及人们的生活方式和民俗形态。是我们中华民族赖以生存发展、生生不息、顽强拼搏、争取自由的形象化教材，也是对青少年进行爱国主义教育、民族文化教育和中华民族传统美德教育的活教材。然而随着时代的发展以及社会的变迁，赵氏麻布戏这个曾经极富生命力的珍贵文化艺术也同样呈现出衰弱的局面，已经处于濒临失传状态。

积石山麻布戏

0786 "南木特"藏戏

别　　称：无

级　　别：市州及以下级别

艺种特点：1. 多样性：种类多样、内容多样、表演形式多样、音乐形态、话剧风格、器乐组合多样。2. 综合性：体裁综合、风格综合。3. 完整性：藏戏中的大部分有着相对规范的结构、曲式、各套中的调式、旋律、节奏、速度，各有一定之规。

乐班构成：笛子、锣、洋琴、鼓等。

代 表 作：《松赞干布》《达巴旦保》《智美更登》《卓娃桑姆》《诺桑王子》《罗摩衍那》《阿德拉茂》《赤松德赞》等。

传承现状：源于夏河拉卜楞藏戏，在六世贡唐仓和四世浪仓的支持创办以来，能够参加完整演出的艺人已屈指可数，先后在本乡及周边各村、合作影剧院、香巴拉旅游艺术节、夏河县城、博拉乡、扎油乡、卓尼县康多乡等地进行了多次巡回演出。近几年，因藏戏团服装、乐器简陋，并已陈旧破损，影响正常演出，现有濒临灭亡的危险。

简　　介："南木特"藏戏是甘南藏族古老的表演艺术之一，很早便传入合作。"南木特"的形成与确定首先应归功于拉卜楞五世嘉木样大师和琅仓活佛。"南木特"在继承和发展传统藏戏（八大剧目）的同时，还创作《松赞干布》《达巴旦保》《智美更登》《卓娃桑姆》《诺桑王子》《罗摩衍那》《阿德拉茂》《赤松德赞》《降魔》。以正义战胜邪恶、美好战胜丑恶、善良战胜凶虐、歌颂正面人物为主要内容，以丰富的想象、浓郁的神话色彩、大胆的浪漫主义艺术手法为特色。"南木特"属歌舞型的戏剧，歌舞动作不仅跟唱腔相配合，而且在许多场合中直接穿插歌舞表演。"南木特"揉合了民歌、民间说唱、僧歌、僧曲、嘛尼调等音乐唱腔，其音乐分三个部分，即唱腔音乐、舞蹈音乐、间奏音乐。"南木特"以唱为主，以唱带舞、音乐节奏自由、缓慢。"南木特"特点之一是舞台剧而不是广场剧，演出受空间、时间的限制。"南木特"藏戏的"多元一体"的特性正是自古以来西域文明和藏族传统文化交融的集中表现。反映了当地人崇尚自然，安于天命的精神特质和对美好生活的执着追求，成为当地人体现民族凝聚力和教育培养后代的重要手段。

藏戏表演

0787 豫剧

别　　称：河南梆子

级　　别：市州及以下级别

艺种特点：豫剧以唱见长，唱腔铿锵有力，富有热情奔放的阳刚之气，具有强大的情感力度。其次质朴通俗、本色自然，更紧贴老百姓的生活。唱腔流畅、节奏鲜明、极具口语化，一般吐字清晰、行腔酣畅，易被观众接受。

乐班构成：兰通厂社区艺苑豫剧团

代 表 作：《穆桂英挂帅》《花木兰》《红娘》《朝阳沟》《刘胡兰》《打金枝》《桃花庵》《李双双》《抬花轿》《秦雪梅》《木祭桩》《红珠女》《卷席筒》《小姑贤》《费姐》《红灯记》《小二黑结婚》《散哭殿》《香魂女》等四十多个本戏和五十个折子戏。

传承现状：传承有序

简　　介：豫剧，是在河南梆子的基础上，不断进行继承、改革和创新发展起来的。新中国成立后因河南简称"豫"，所以称豫剧。

豫剧在安徽北部地区称梆剧，山东、江苏的部分地区仍称梆子戏。豫剧的流行区域主要在黄河、淮河流域。除河南省外，湖北、安徽、江苏、山东、河北、北京、山西、陕西、四川、甘肃、青海、新疆、台湾等省区市都有专业豫剧团的分布，是我国最大的地方剧种。

0788 红古花庄秦腔

别　　称：西府秦腔西路梆子
级　　别：市州及以下级别
艺种特点：声腔粗犷豪放、高昂激扬。
乐班构成：花庄秦腔剧团自成立以来，组织排练剧目36本，折子戏8个，现代戏5本，演员50多人。
板胡、板鼓、二胡低胡、扬琴、三弦、笛子、钹、锣、小锣。
代 表 作：《游西湖》《猴子盗扇》《二进宫》《花亭相会》《盘门》《花园卖水》《窦娥冤》《洪湖赤卫队》《铡美案》《辕门斩子》《游龟山》《穷人恨》《智取威虎山》《沙家浜》《红灯记》《渡口》《全家争上游》《杜鹃山》《十五贯》《三滴血》《生死牌》《柜中缘》《杀狗劝妻》《小姑贤》《血泪仇》《升官阁》《周仁回府》《狸猫换太子》《杀庙》。
传承现状：流传
简　　介：花庄秦腔归为西路秦腔，又叫西府秦腔、西路梆子。声腔粗犷豪放、高昂激扬。其行当包括须生、净角、旦角、小生、丑角。1932年，秦腔艺人张俊山、赵云魁特邀永登苦水秦腔艺人，在河嘴村演出第一台秦剧《游西湖》等剧目。1937年，陈贵三组建花庄社火队，演出小型秦腔。村子里现有的秦腔班子成立于1967年，四十多年来他们的秦腔班子一直没有解散。年龄最大的艺人已有70岁，团长王克明也已六十多岁了，他从12岁唱秦腔一直唱到现在。建团以来，创作排练了现代剧、历史剧。演出场次达八百多场，受到当地群众的赞扬和好评。2007年王克明参加甘肃省举办的"大戏台"栏目戏迷争霸赛获年度季军。陈锦秀、杨培发获周冠军。青年演员达朝梅在兰州市举办的第二届秦腔票友大赛上荣获二等奖。"老剧种"现在又面临到新问题，随着经济快速发展，新的传媒渠道、新的娱乐方式冲击着花庄秦腔，让秦腔逐年失宠。

花庄秦腔

0789 榆中木偶戏

别　　称：无
级　　别：市州及以下级别
艺种特点：与皮影相比，木偶戏的演出不受时间限制，戏班演职人员精干，戏箱造价低，演出费用少，舞台由戏班自带（竖几根木桩，围一圈布帘即可开台），并能容纳较多的观众。
乐班构成：榆中木偶戏班社建制和皮影戏差不多，由文乐队、武乐队和提线（演员）组成，一般是十四五人。木偶戏语言对白以陕西方言为主，唱腔以秦腔为主，有时也唱榆中地方小曲。
代 表 作：《富贵图》《百寿图》《锦绣图》

《开国图》《忠孝图》《兴国图》《得胜图》《三花图》《火焰山》《万字山》《二龙山》《天台山》。

传承现状：榆中的木偶戏箱只有庙儿沟村的一个，挑线艺人只剩下吴耀庭和丁积朝，已无法再组班演出，木偶戏在榆中濒临失传。需要文化部门组织人力挽救，让健在的老艺人传授技艺，使之免于失传。

简　　介：木偶戏，也叫傀儡戏，榆中木偶的头部由泥捏成，故称"泥头子"。是用木头、泥土雕塑成偶像，画上脸谱，穿上戏装，四肢拴上拉线，演出时配以音乐，由演员在幕后一边操作，一边演唱。与皮影相比，木偶戏的演出不受时间限制，戏班演职人员精干，戏箱造价低，演出费用少，舞台由戏班自带（竖几根木桩，围一圈布帘即可开台），并能容纳较多的观众。榆中地区的庙会、赛神会、山会等群众民间传统文化活动，基本成为木偶戏的天下。在榆中地方活动的木偶戏班有来自陕西的艺人，也有本地的后起之秀，因此，榆中的木偶戏既具有浓郁的陕西风格，同时也散发出榆中的泥土芳香。1955年栖云木偶剧团成立后，是榆中木偶戏发展的兴隆时期。

榆中的木偶戏

0790 永昌小戏

别　　称：无

级　　别：市州及以下级别

艺种特点：永昌小戏因其人员设施和服务对象的制约和引导，其剧目以传统折子戏和风趣幽默的生活小戏为主。其风格以粗犷通俗见长，适于农村乡野娱乐。作为一个剧种，永昌小戏以当地的民歌俚曲为基本声腔。在长期的艺术实践中，一方面大量吸收了山陕眉户的曲牌声腔，另一方面逐渐引进了兰州鼓子的行腔伴奏。永昌小戏的特征十分鲜明。首先，演出阵营小，演职人员只需七至九人。其次，剧目短小，多是生动风趣的地方戏和精炼感人的折子戏。再次，演出场地随意，院落、庙台、堂屋、廊下均可。再次，行头服装轻便而简单。最后，队伍聚散灵活，永昌小戏的演职员多系农村民间艺人，农忙务农，农闲唱戏。

永昌小戏的音乐属于曲牌连缀体。从构成上看，它分别有器乐曲牌、唱腔曲牌和锣鼓经构成。从调式上看，它多由宫、徵调组成。主奏乐器为板胡、三弦、二胡、梆子、碰铃等。

乐班构成：永昌小戏在舞台上演出时，演奏的乐队分为文武场面，武场是指打击乐，文场是指丝管乐器。武场中的乐器主要有板鼓、板、梆子、手锣、勾锣、甩子、瓦子等，文场中的乐器有三弦、板胡、二胡、竹笛、唢呐等。

代 表 作：《永昌民间俗曲》《金昌俗曲》《金昌小戏》等。

传承现状：长期以来，永昌小戏城乡都有演唱爱好者。老一辈如夏开国，赵守源，孙智是演唱者中较为典型的人，但这些老人大多故去，孙智老人虽在，但已80多岁，只自己爱好演唱，没有传承。1996年前后，王君明、赵兴虎、李惠香等人对永昌小戏进行了搜集整理。

简　　介：永昌小戏即曲子戏，它跟敦煌曲子戏、武威半台戏有很深的历史渊源，实际就是这两者在本地的流传，只不过形成了自己的地方特色，针对于"大戏"秦腔而言，它只是一种民间小曲戏。永昌小戏在表演时，旦角扭得欢、走得飘，姿态轻盈活泼；丑角幽默诙谐、滑稽伶俐。

永昌小戏

0791 秦腔

别　　称：大戏

级　　别：市州及以下级别

艺种特点：景泰秦腔是在古代陕西、甘肃一带的民间歌舞基础上于明中叶形成的，唱腔主要以七声徵调为主，音调激越高亢，酣畅淋漓，荡气回肠，震撼人心。

乐班构成：文场伴奏有板胡、二胡、三弦、笛子、扬琴等，武场有暴鼓、干鼓、堂鼓、钵、锣等。

代　表　作：《三娘教子》《铡美案》《沙家浜》《辕门斩子》《黄道婆》《打金枝》《屠夫状元》《拾黄金》《白玉楼》《车站风雨夜》《智取威虎山》《法门寺》等。

传承现状：受现代音像传媒的冲击很大，要蓬勃发展很难，只能随文化市场发展而发展，生存而生存。在五佛、芦阳、正路、永泰、条山等地都有其业余的戏班。

简　　介：景泰秦腔的发展，大致起源于清末民初，清咸丰年间，有陕西民间艺人在永泰、五佛、正路等地分别打出同乐社、益福社、陕山会馆等班社旗号，传演秦腔剧。新中国成立后，秦腔演唱出现了一个普及、发展的高潮，业余剧团发展迅速，剧目丰富多

彩。截止目前，在景泰县正路、五佛、芦阳、永泰、条山等地都有民间组建的业余戏班。

景泰秦腔

0792 眉户剧

别　　称：迷胡子

级　　别：市州及以下级别

艺种特点：眉户从内容到形式，都保留一种俗曲特征，便于随唱随乐，规模较小，较之秦腔，显得婉转娇软。演唱内容更贴近百姓生活，因帝王将相、宫廷历史等内容不便小规模演唱，所以，较少结成大规模的戏班，显得生命力有些羸弱。

乐班构成：三弦、板胡、扬琴等。

代　表　作：《十二把镰刀》《夫妻狮子》《兄妹开荒》《梁秋燕》。

传承现状：随着社会的发展，人们的娱乐方式越来越多，所以眉户剧现在已经很少有人演唱。眉户剧据说是由清末流传于陕西眉县和户县的明清俗曲演变而成，所以被称为"眉户剧"，流行于陕西、甘肃、宁夏、青海等地，其经典曲目对老百姓的教育以及对眉户剧的普及起到了很大的作用，景泰地区的眉户剧，可以说是由曲目《梁秋燕》推广而普及的。现在，有个别自发社团，也有一些上了年纪的爱好者参加演出，偶尔还能看到他们演唱的《夫妻识字》《兄妹开荒》《梁秋燕》唱段等。

景泰眉户剧

0793 凉州木偶戏

别　　称：傀儡戏

级　　别：市州及以下级别

艺种特点：凉州木偶戏属杖头木偶，当地传承人马登岐依然坚持传统制作及表演技艺，能根据戏剧内容的需要和时代审美趋向，设计、制作木偶，使之更加夸张，更具木偶艺术特点，不仅摆脱了单纯戏曲化的传统，而且以自己的艺术追求，构筑了绚烂多姿的木偶造型世界，为全国木偶造型艺术做出了突出贡献。

乐班构成：全家三代人

代 表 作：《铡美案》《李彦贵卖水》。

传承现状：艺人大多高龄，基本无有中青年传承人，濒临失传失传，急需保护、扶持。

简　　介：木偶戏是由演员在幕后操纵木制玩偶进行表演的戏剧形式，在中国古代又称傀儡戏。中国木偶戏历史悠久，三国时已有偶人可进行杂技表演，隋代则开始用偶人表演故事。自清代由陕西传入凉州。木偶艺术是借助木偶为表演媒介，"源于俑"。木偶戏的"演员"是双重的，真正当众演出的是"木偶"，木偶造型既是由人雕绘成的戏剧角色，又是人操纵的戏具。它分为三雕七画、雕绘结合、可塑性与随意性三个阶段。木偶艺术精美绝伦，令人叹为观止。除了艺人的精彩表演外，完美的偶人造型艺术和操作装备也是吸引广大观众的一个重要方面。木偶戏按种类分为托棍木偶、杖头木偶、提线木偶、铁枝木偶、布袋木偶。凉州木偶戏属杖头木偶。

凉州木偶戏

0794 灵台皮影戏

别　　称：皮影戏

级　　别：市州及以下级别

艺种特点：以传统秦腔的声腔与流派为主。

乐班构成：暂未梳理

代 表 作：《忠义图》《兴国图》《下河东》《打镇台》《游西湖》《穷人恨》《血泪仇》。

传承现状：尚在流传

简　　介：灵台皮影戏是应灯盏碗碗腔这种说唱艺术的形象表演需要而产生。灵台皮影的制作和皮影戏的表现形式跟其他地方大致相同，它行当齐全，生、丑、净、旦表演各具特色，有灯盏碗碗腔的特点：小生、小旦、青衣真假声结合使用，吐字多用真声，拖腔多用假声，并有独特的发声方法与行腔方法；老生、须生、老旦、丑角全用真声；花脸用净音演唱，唱腔多用花音。初期的皮影戏，全部唱、白由一名男演员担任或分角兼唱。一个皮影戏班的完整装备包括影件箱具、场具和乐器三部分。灵台皮影戏的老艺人大部分是文盲与半文盲，除一部分剧本外，大部分都靠言传口授记戏，即师傅带徒弟，跟班培训。皮影戏晚上借灯光演，白天在太阳光下也能演。现在，有了电灯的照明，皮影艺人便放大亮子，在宽阔的地方搭台，这样就能容纳较多的观众，再借助扩音设备，使皮影戏的表演水平迈上了一个新台阶。

灵台皮影

0795 牛皮灯影子表演

别　　称：静宁牛皮灯影子

级　　别：市州及以下级别

艺种特点：以皮影人物进行秦腔戏剧表演。

乐班构成：没有固定乐队，一般情况下自由组合。

代 表 作：暂未梳理

传承现状：良好

简　　介：皮影戏又叫牛皮灯影子，在静宁县域分布很广泛、很流行，大多在春冬农闲时期进行演唱。皮影造型古朴、雕功精美，不同人物性格，雕刻手法不同。正面人物一般用阳刻，多美化；反面人物用阴刻，多丑化。可谓达到"化腐朽为神奇"的艺术效果。

静宁牛皮灯影子

0796 金塔眉户剧

别　　称：眉户戏

级　　别：市州及以下级别

艺种特点：行腔优美、委婉，情感细腻，富有传统色彩。

乐班构成：眉户分文乐和武乐，文乐的伴奏乐器以三弦为主，板胡、海笛相辅，武乐有干鼓、碰铃、手锣等。

代 表 作：《迎春花开了》《辕门斩子》《小姑贤》，现代剧《挖界石》等。

传承现状：面临濒临失传。

简　　介：眉户剧，此剧种之名称是20世纪40年代由陕甘宁边区文协确定。此前名称有"迷胡戏""弦子戏""西府曲子"等，每种名称都有其含意，叫迷胡戏是因其曲调缠绵悱恻，喜乐时兴之所致，哀怨时挥洒淋漓，有让观者有为之如痴如醉之感觉；叫弦子戏是因其主奏乐曲为三弦；叫西府曲子是因为单曲单调清唱。金塔一带自古物华天宝，民风淳朴，孕育产生出优美动听的情歌小调、樵歌牧曲，以及谣谱孝歌。眉户剧正是在这些民间谣曲的基础上，经过漫长岁月的历练，由乡间艺人与文人乐师加工创作而成。

金塔眉户剧

0797 皮影戏

别　　称：傀儡戏

级　　别：市州及以下级别

艺种特点：演技精湛，唱腔高亢圆润。

乐班构成：无

代 表 作：《白蛇传》《西厢记》《牛郎织女》《秦香莲》《拾玉镯》《杨家将》《水浒传》《三国演义》《西游记》《岳飞传》《封神榜》等。

传承现状：暂未梳理

简　　介：皮影戏，又称"影子戏"或"灯影戏"，是一种以兽皮或纸板做成的人物剪影，在蜡烛或燃烧的酒精等光源的照射下用隔亮布进行演戏，是中国汉族民间广为流传的傀儡戏之一。表演时，艺人们在白色幕布后面，一边用手操纵戏曲人物，一边用当地流行的曲调唱述故事，同时配以打击乐器和弦乐，有浓厚的乡土气息。皮影戏是中国民间古老的传统艺术，老北京人都叫它"驴皮影"。据史书记载，皮影戏始于战国，兴于汉朝，盛于宋代，元代时期传至西亚和欧洲，可谓历史悠久，源远流长。

皮影戏从行当有生、旦、净、丑之分。皮影戏的"生"，可分为文生、武生，从年纪上又有小生、老生之别。不同的是，皮影戏的老生单树一个行当，称为"髯"，根据不同的年龄，又分为"三尖""五绺""白髯"等。

傀儡戏

0798 皮影戏

别　　称：无

级　　别：市州及以下级别

艺种特点：生动形象，角色互换方便。

乐班构成：演出团队共有8人。

代 表 作：《三打白骨精》《三英战吕布》《武松打虎》《空城计》。

传承现状：随着社会不断进步，娱乐方式越来越多，这门技艺传承已出现断代。

简　　介：皮影最初是用素纸雕刻成形，后来采用羊皮或驴皮制作，先把皮子刮薄，雕出形象，再染色和上油，然后通过灯光照射，在幕上映出皮影人的影像。皮影人一般高约30厘米，身上有若干关节，用胡琴弦绞连，安装上三至五根钢质细杆，表演者在幕后操纵，通过灯光投影，非常生动和逼真。皮影戏的演出角色多为武生、丑角音乐伴奏和歌词也都是具有地方特色的民间腔调。由于是在平面的布幕上进行投影演出，只能左右动作，因此皮影人物大多为侧面造型。

皮影戏

0799 木偶戏

别　　称：无

级　　别：市州及以下级别

艺种特点：生动形象，角色互换方便。

乐班构成：演出团队共有8人。

行　　当：多演出老生、武生等。

代 表 作：《嫦娥奔月》《白蛇传》《八仙过海》。

传承现状：社会的快速发展，电视、网络等多种媒体的广泛传播使木偶戏的表演受到巨大冲击，无人再去欣赏和学习表演，生存现状令人堪忧。

简　　介：木偶戏在汉朝时期已在民间流传，到了唐宋时代，木偶戏进入全盛时期，各地出现了不同风格的表演形式。如今，在中国的广大农村地区，尤其是逢年过节、元宵和喜庆节日中都有木偶戏的演出，木偶戏的表演仍然是主要的观赏娱乐项目之一。

0800 镇原眉户戏

别　　称：眉户子

级　　别：市州及以下级别

艺种特点：以民族音乐为主，融合陕西关中地区眉户和陇东道情元素于一体的戏曲形式。

乐班构成：司鼓、板胡、二胡、铙钹、电子琴、挑线、支架、笛子、唢呐等。

代 表 作：《梁秋燕》《挖麦者》《打草鞋》《走雪山》《坐洞》。

传承现状：濒临失传

简　　介：传说在明嘉靖时，关中大旱，艺人和农户进入陇东。眉户开始在陇东一代流行，到清朝时逐步完善，把很多地方戏和秦腔剧融入眉户，表演逐渐完善，发展至今。

镇原眉户戏

0801 沙坝镇羽川村木偶戏

别　　称：木脑壳戏

级　　别：市州及以下级别

艺种特点：以秦腔戏曲、民间小曲为主，演艺自由。

乐班构成：徐爱平及家人。

代 表 作：《二进宫》《下河东》《回荆州》《斩韩信》《斩经唐》《辕门斩子》。

传承人：徐爱平

传承谱系：第一代传人徐仲和，自20世纪从陕西学戏归来，掌握制作木偶的一系列复杂工艺（已去世），第二代传人徐生武、徐生岐兄弟二人，第三代传人徐爱平，第四代传人徐亮亮。

传承现状：受环境民俗的影响，传承内容丰富健康，受基础条件影响，有待于扶持和发展。

简　　介：该曲艺演出深受当地群众喜爱，特别是农闲时节及节假日时，一定程度上影响和带动当地青年，培养了他们对戏曲的爱好。需加大扶持力度，从音响设备等方面多给以支持。

0802 王坪木偶戏

别　　称：王坪木偶戏

级　　别：市州及以下级别

艺种特点：木偶戏在成县又称"木脑壳"，与秦腔戏相比叫小戏，木偶戏的唱腔、道具乐器与秦腔戏相同。木偶有杖头木偶和悬丝木偶，成县木偶属杖头木偶。木偶的头像由木质材料雕刻，眼睛安装弦轴，上下闪动，左右顾盼，嘴部能张合，舌能伸缩，头像制作奇巧，雕刻精湛。

乐班构成：由吕海霞自组戏班，有多人加入

代 表 作：《长坂坡》《四郎探母》《大登殿》《三滴血》《四进士》。

传承现状：现有自组戏班和学徒10余人。

简　　介：木偶演出一般以一家人为主，有的自置戏箱，为剧团主人，请他人入班演出。成县王坪木偶剧团活跃在农村，农闲时利用庙会等阵地进行演出。80年代十分红火，现即将失散。受市场经济的影响，从事木偶戏的人，越来越少，老艺人年事已高，有的已谢世，木偶艺术在迎来新的复兴时，又因后继无人而濒临危境。希望得到保护，使木偶戏艺术得到传承。

王坪木偶戏

0803 哈南担担灯

别　　称：无

级　　别：市州及以下级别

艺种特点：担担灯，曲谱旋律优美动听，唱词脍炙人口，乡土气息浓厚，感情细腻，富有特色，使人百看不厌、百听不烦、回味无穷。

乐班构成：担担灯表演要四套人马紧密配合：一是演员7人，其中社戏官1人，报子1人，卖膏药丑角1人，挑担货郎兼钉缸匠1人，老伴婆1人，拿花小姐2人；二是锣鼓手5人；三是执花灯多人，管换蜡烛的灯头1人。所执花灯为竹篾和彩纸精制而成的牌灯、鼓灯、鱼灯、宫灯、船灯等等，以来年属象为主灯，有12至20盏之多。

代 表 作：《笑和尚》

传承现状：近年来，由于生产生活环境的改变，青壮年外出打工的人数增多，青年人学习担担灯的积极性不高，担担灯面临消失的危险。

简　　介：文县石鸡坝乡的哈南村至今以来，仍然保留着一文化传统，即每当春节时，村民组织一起表演"哈南担担灯"，村民广泛参加，盛况空前，成为当地非常有影响力的群众性文化活动。担担灯的演出时间，从正月初四开始到正月十五结束，通常是夜间进行。所到之处锣鼓喧天，人声鼎沸，喜气洋洋，热闹非凡，把节日的气氛推向极致。表演场次顺序为：先在本村公共场所要官灯演唱，然后由灯会组织下到各家，依照拟定的次序到村民家中演唱，向主人恭贺新春，祝福来年万事如意，之后还要到方圆近百里的村寨去演唱。表演中的每盏灯都由不同的书画作品或剪纸图案糊制而成。哈南担担灯是当时秦陇籍将士把家乡的社火和当地社火糅合一起，在哈南寨排练改造后上演，经历哈南村民改进，深得民众喜爱的一种表演形式。每年过春节，担担灯是当地必演的社火节目。

哈南担担灯

0804 皮影戏

别　　称：皮影腔

级　　别：市州及以下级别

艺种特点：自制皮影（纯牛皮制作），独有的腔调。

乐班构成：板胡、二胡、抱鼓、锣、钹。

行　　当：无

代 表 作：《西游记》《水浒传》《白娘子》等。

传承现状：基本失传

简　　介：皮影戏是让观众通过白色布幕，观看一种由平面偶人表演带来的灯影戏剧；而皮影戏中的平面偶人以及场面、道具、景物，通常是民间艺人刀雕彩绘而成的皮制品，故称之为皮影。皮影戏是我国出现最早的戏曲剧种之一。中国皮影戏，是我国民间工艺美术与戏曲巧妙结合而成的独特艺术品种，是中华民族艺术殿堂里不可或缺的一颗精巧的明珠。

皮影

0805 木偶戏

别　　称：傀儡戏

级　　别：市州及以下级别

艺种特点：木偶是死的，可它被提到手上可套入掌中，便立即"活"起来，达到了"无生命以生命化，无情物以有情化"的效果。木偶的一举一动、一言一语全靠表演者的操纵。这正是木偶人化的独特艺术性。

乐班构成：分文武乐两部分。文乐主奏乐器有板胡、二胡、唢呐、笛子、三弦，武乐主奏乐器有板鼓及小三件。

代 表 作：《西游记》《张不懂游地狱》《过玄关》《斩韩信》《点红灯》《王桂英扑杀场》《全家福》《猿们斩子》《麒麟送子》《八仙上寿》《财神图》《富贵图》《三仙图》《打金川》《界牌关》《孙膑坐洞》《秦琼打灯州》《赵云认子》《六部还朝》《大香山》《忠保国》《斩秦英》《过八州》《打金枝》等剧目。

传承现状：徽县木偶戏曾停止活动了十余年，早年戏班的人都已去世，除在徽县县志上略有记载，无更多文字资料。目前，有徽县马山木偶戏戏班，一套人马，两套班子，既演皮影又演木偶，在乡间演出。受电视、网络等新娱乐方式的巨大冲击，观众几近消失，木偶戏逐年减少，艺人越来越少，技艺濒临失传。

简　　介：中国的木偶戏要比人戏更早出现，追溯其历史，目前学术界主张"源于汉，盛于唐"，已有两千多年之历史。《搜神记》载："汉时京师宾婚嘉会，皆作傀儡。"有一个在老艺人中世代相沿的有关木偶的传说，讲汉朝谋臣陈平制作木偶立于城头，巧妙解了匈奴围困。唐《通典》："作偶人以戏，善歌舞。"《封氏闻见记》也记唐大历年间（766-779年），艺人"刻木为尉迟鄂公，突厥斗将之戏，机关动作，不异于生。"徽县（古河池）县处在陕甘川交界，是出陕入川的交通咽喉口，适合新生事物的发展传承。徽县木偶戏启于唐而盛于清，以木偶形象表演，伴以西部秦腔唱腔，成为当地民间文化娱乐活动之一。

0806 李家坪村眉户戏

别　　称：无

级　　别：市州及以下级别

艺种特点：主要以男演员为主，扮演生、旦、净、末、丑等角色，表演传统剧目或剧目选段。

乐班构成：以传统民乐二胡、板胡、笛子、三弦、撞铃、响木等组成伴奏乐队。

代 表 作：《张连卖布》《三娘教子》《薛平贵还窑》《花厅相会》《牧童放牛》《宋江杀楼》《小姑贤》《朱春登舍饭》《游山打架》《杀狗劝妻》《藏舟》《李彦贵卖水》《杀马坊》《折梅》等。

传承现状：现已传至第四代。

简　　介：1935年，李家坪村的一些戏剧爱好者组织起了业余演唱自乐班，焦家尕庄人焦三（家名）在回老庄时，带头自编自导自演杂调剧，如《钉缸》《打跳蚤》《怕老婆顶灯》《李彦贵买水》《张连卖布》等剧目，每年春节或农闲时在本村演出。1945年，为庆祝抗日战争胜利，由张玉润带头组织张韩家、李家坪两个村的戏剧爱好者共同参加业余演唱剧团，由张玉润导演，演出秦腔、眉户折子戏，编排了《张连卖布》《花厅相会》《三娘教子》《平贵还窑》《别窑》《牧童放牛》《杀狗劝妻》《藏舟》《李彦贵买水》《宋江杀楼》《小姑贤》《朱春登舍饭》《游山打架》《杀马坊》《折梅》等秦腔、眉户折子戏，春节期间在本村搭台演出或随秧歌队串村演出。其后在1949年、1957年、1958年陆续演出。2006年10月恢复活动，2007年春节期间在村搭台正式演出，2008年春节继续搭台演出。截至目前，参演人员发展到28人，演出的剧目有《花厅相会》《李彦贵买水》《张连卖布》《买画》《平贵还窑》《游山打架》《藏舟》《牧童放牛》《曹夫走雪》《摘梅》《宋江杀楼》《拾黄金》等剧目十五折。李家坪村眉户戏用传统京剧、秦腔等服装，按生、旦、净、末、丑等不同角色画出脸谱，表演时声情并茂，富有感染力。

0807 藏戏

别　　称：阿吉拉姆

级　　别：市州及以下级别

艺种特点：戴着面具表演，没有舞台，一场戏能演三五天。

乐班构成：由村子的老人和年轻人组成。

代 表 作：暂未梳理

传承现状：较好，民间至今相传。

简　　介：藏戏作为一种历史悠久，富于特色的少数民族戏剧，广泛受到西藏地区内外各界人士的关注。藏戏藏语称"南木特"，即"传记"之意。又因在拉卜楞寺首次演出，故又称"拉卜楞藏戏"。甘南藏戏诞生于甘南藏族自治州，是从藏族民间舞蹈、民歌、僧歌演变而来的。藏戏在甘南普遍流行开来，并传至四川的甘孜、阿坝一带以及青海黄南自治州等方言区。它属于当地县级非物质文化遗产项目，详细资料正在挖掘之中。藏戏的历史源远流长，有史可载的一千三百多年来，它以强壮的生命力屹立于世界屋脊之上，显示着藏族古老的历史和辉煌的文明。藏戏具有缜密的表演程式，在藏族人民精神生活中具有无法替代的地位。由于受到严格的宗教神规制约，藏戏在发展过程中受汉族文化影响较少，从表演内容到形式更多保留了原始风貌，所以在戏剧发生学等领域具有极高的学术价值。同时，藏戏的剧本也是藏族文学的一个高峰，它既重音律，又重意境，大量应用格言、歌谣、谚语和成语，甚至还在情节中穿插寓言故事，保留了藏族古代文学语言的精华。

甘南藏戏

0808 武都关小品

别　　称：武都关小戏

级　　别：市州及以下级别

艺种特点：武都关小品（小戏）是人们在劳动过程中创造出来的民俗文化活动，是广大劳动人民智慧的结晶，对弘扬爱国精神和民族团结、农村和谐等方面都具有重要的意义，具有广泛的群众性。

乐班构成：无

代 表 作：《钉缸》《王明海站店》《瞎子

算命》《二鬼摔跤》等。

传承现状：由于现代媒体的广泛传播，造成武都关小品的传承人员、演出人员以及专业的演职人员严重短缺，组织经费的严重不足，种种情况造成这一优秀历史文化传统曲艺，在现今社会呈现日渐衰退的趋势。

简　　介：武都关小品位于舟曲县城西部的武都关村。武都关小品属群体性传承的民间曲艺类文化节目。武都关小品的选材多以民间野史及历史传奇为主。主要曲目有《钉缸》《王明海站店》《瞎子算命》《二鬼摔跤》等著名曲目。武都关小品的声腔有两大主要腔系，即秦腔系、民间杂调小曲，其中秦腔系均为借鉴移植而来，演唱语言多用舟曲方言。武都关小品演出时大多在春节期间和社火一同演出。武都关小品的伴奏乐器除社火所用的锣、鼓、钹、三弦、二胡外，有算猜板（竹板与铜钱镶嵌的专用乐器），打击器（筷子、碟子），笛子。小品有固定的演出场所，在武都关村庄中心地段有一平整、开阔的土场地是武都关小品的专门演出场所。近年来由于大众媒体广泛传播，信息化技术的大量引用，使得像武都关小品这类原生态的民间艺术精品受到强烈冲击和影响，其次是地方经济的落后造成大量人员外出务工，从而使武都关小品的传承人员、演出人员严重不足，加之武都关小品属于民间自发组织的演出活动，政府无专项经费支持，从而使这一优秀历史文化曲艺呈现日渐衰退的趋势。

甘肃省文化资源名录
第二十二卷 非物质文化遗产 I

曲 艺

0809 兰州鼓子

别　　称：兰州曲子

级　　别：国家级

流布区域：甘肃兰州

艺种特点：兰州鼓子其表演形式为多人分持三弦、扬琴、琵琶、月琴、胡琴、箫、笛等坐唱，走上高台后由一人自击小月鼓站唱，另有多人用三弦、扬琴、琵琶、月琴、胡琴等伴奏。主要表演手法是唱和说，有的段子只唱不说，有的段子又只说不唱，而有的段子则有唱有说，似唱似说。一般采用自弹自唱形式，演出时要求演员的手势、面风等，都要给观众以美感。

代　表　作：《杨子荣降虎》《夺取杉岚站》《劫刑车》《韩英见娘》《千里陇原跨骏马》《皋兰颂》《迎回归》《虎门销烟》《迎回归》等。

传承人：魏世发、陈增三。

传承人简介：陈增三，皋兰水阜人，是兰州鼓子的国家级传承人，现为皋兰县水阜传习所负责人。自幼酷爱兰州鼓子的他，懂乐理，并擅长演奏三弦、扬琴等伴奏乐器，时常利用当地农民农闲时节开展传习活动，帮助水阜鼓子协会在水阜学校组织开展了"鼓子进课堂"的活动。积极进行鼓子改革，在演出形式上打破了以往一个人坐着清唱的单一角色，进行节目编排，赋予鼓子的演唱形式以舞台表演效果。魏世发，自幼喜爱兰州鼓子演唱。60年代开始收徒，弟子高树林现在在鼓子界也小有名气，至今还不断地做传承工作，有弟子十多人。是兰州市安宁区兰州鼓子传习所、兰州鼓子协会负责人。

传承谱系：暂未梳理

传承现状：长期以来，兰州鼓子主要由业余爱好者演唱，职业艺人很少。目前在兰州地区中老艺人会弹会唱兰州鼓子者众多。艺人们常常组织起来，在各类节会、庙会上参加演出，也在兰州的一些茶楼、戏楼经常演唱。

简　　介：兰州鼓子，又名兰州曲子、兰州鼓子词，是形成并主要流行于甘肃兰州地区，用兰州方音表演的一种汉族民间曲艺形式，是中国曲艺的古老曲种之一。相传甘肃农村流传的以唱打枣歌和切调为主的"送秧歌"形式流入兰州后以清唱方式表演，形成兰州鼓子，是在清代中晚期。清末民初兰州鼓子又受到北京传来的"单弦八角鼓"和陕西传来的"迷胡子"（眉户）等的影响，艺术上进一步定型。兰州鼓子唱腔的音乐结构属于曲牌联套体，常用的唱腔曲牌有《坡儿下》《罗江怨》《边关调》等四十余支。其传统节目内容极为广泛，既有历史故事和民间传说题材的中长篇，也有咏赞景物和喜庆祝颂的短段。广受听众欢迎的节目有"闺情曲"和"英雄曲"两类，前者如《别后心伤》《拷红》《莺莺饯行》《独占花魁》等，后者如《武松打虎》《林冲夜奔》《延庆打擂》等，也有一些反映消极出世思想的作品，以《红尘参透》《渔樵问答》等最为典型。中华人民共和国成立后，兰州鼓子开始走上高台，出现了一些新节目，代表性的作品有《杨子荣降虎》《夺取杉岚站》《劫刑车》《韩英见娘》。

老艺人表演兰州鼓子

0810 秦安小曲

别　　称：秦安老调

级　　别：国家级

流布区域：天水市秦安县

艺种特点：1.采用秦安当地方言土语演唱，唱腔曲调丰富，既有"文人雅士"清雅格调，又大量保存了明清俗曲的"原始基因"。2.曲牌连缀"套路"独特，演唱行腔错落有致，音乐风格富有韵味。秦安小曲有一整套比较规范的曲牌连缀"套路"，且演唱技巧十分讲究，有在唱句前运用的"序腔"、有跟字尾声韵行腔的"字腔"、有在词句中间插入的"插腔"、还有的唱句结束后插补进来的"尾腔"。旋律组合自由多样，音乐色彩丰富绚丽。并且前奏、间奏和尾奏的"过门"音乐即伴奏的器乐曲牌也十分优美动听。同时，演唱速度与节拍一般总是保持在每分钟76拍—88拍的中等速度，以4/4和2/4两种拍子为主，既保留了初创者和文人雅士当年演唱时"中庸""中正"的"儒雅"格调，又体现出当地百姓"温厚""纯朴"的民风乡情。

代 表 作：《玉腕托帕》《小登科》《昭君和番》《重台赠钗》《伯牙抚琴》《王祥卧冰》《状元祭塔》《百宝箱》等。

传承人：暂无国家级传承人

传承谱系：秦安小曲的创始人，相传为明代的胡缵宗。清代以来的传人，已知早期主要有张位和张思诚。其中张位为清乾隆四十三年（1778年）进士，翰林院庶吉士，秦安县城南下关丰乐村人；张思诚为清嘉庆十年（1805年）进士，翰林院庶吉士，秦安县城南下关丰乐村人。后来已知的传人，主要有清末出生的张耀亭和颜天赐。张耀亭（1895—1961），男，秦安县兴国镇映南村农民。颜天赐（1900—1960年），男，秦安县兴国镇东后街农民。他们演唱的秦安小曲，在继承传统的基础上，逐渐演变形成了典雅、细腻、悠扬、委婉的艺术风格。清末至民国时期的传人，主要有王瑞林、安仰东、胡玉元、路虎虎、侯根喜、王博学、秦遂正等。其中，王瑞林以演唱著称，安仰东以弹奏驰名。他们中有的已经辞世，有的年事已高。20世纪中叶以来的传人，主要有高志堂、安治平、张天喜、高青峰、杨成定、黄进财、李亮等十余人。

传承现状：80年代以来，随着外来文化的冲击和现代生活方式的改变，普及到千家万户的电视、广播及电脑网络等，占据并主导着当地人的娱乐生活，使秦安小曲的演唱空间受到挤压。流行地域也日趋缩小，由20世纪50年代流行的6个乡镇280余村庄缩小到目前2个乡镇不到10个村子。特别是老艺人的急剧减少，以及农村中青年农民大多进城务工的生活生产状况，使秦安小曲的爱好和演唱者越来越少，传承后继乏人。传统的口传心授的延传方式，也不利于今天的推广普及。

简　　介：秦安小曲相传形成于明弘治十二年（1499）年，以秦安人都御史胡赞宗在19岁时首创"四六越调"的《玉腕托帕》而发端；至清代嘉庆年间，秦安人翰林张思诚（见《秦安县志》）创作了《小登科》《昭君和番》《重台赠钗》等曲本，并使曲调和内容都有所增加；道光、咸丰年间，在民间广为演唱。至民国时间，最为兴盛，并将以"坐唱"为主要演出形式的唱曲活动搬上了舞台，还衍生出一些"小曲戏"节目。当地的老百姓，为了区分其与外来的眉户等"小曲"，又将这种古老的曲艺形式，俗称之为"秦安老调"。秦安小曲采用秦安当地的方音演唱，表演形式或为一人自弹中三弦自唱，或为二人分持三弦与摔子对唱，或多人分持三弦、四片瓦等轮唱。唱腔属曲牌连缀体式，分为"大调"和"小调"。曲调高古而通俗，旋律简洁而丰富，唱法柔媚而雅致。改革开放以来，特别是进入21世纪以来，由于社会现代化步履的不断加快，秦安小曲的演唱逐渐式微。老艺人减少，青年爱好者难觅，特别是长期自然存留民间、没有专业演出团体作为依托的发展状况，更使这种古老的曲艺唱曲形式，处于消亡的危险中。抢救和保护秦安小曲，已经刻不容缓。

秦安小曲演唱

0811 贤孝（凉州贤孝）

别　　称：瞎弦
级　　别：国家级
流布区域：武威市凉州区城乡及古浪、民勤、永昌县部分地区。
艺种特点：凉州贤孝在盲艺人们数百年来的代代继承发展的过程中，形成了如下的基本特征。1.直白朴素，感染力强。作为一种植根于民间的古老说唱艺术，凉州贤孝以一种极为直白、朴素的形式，作为一种通俗的审美对象而存在，有着极强的艺术感染力。2.形式活泼，即兴性强。凉州贤孝虽为盲艺人们口传心授，死记硬背，但在表演过程中可根据实际情况，加入演唱者的即兴创作，而且在演唱形式、曲调变换、韵白结合方面也可以随意发挥、灵活调整。3.曲牌多样，和谐共存。凉州贤孝的曲牌，既有对凉州地方民歌的继承与创新，也有对外来乐曲及戏曲音乐的直接吸纳，类别繁多，相互融合，形成了一种独特的曲艺形式。4.方言土语，鲜活灵动。凉州贤孝是用地地道道的凉州方言演唱的，简约而质朴，充满着浓郁的乡土气息，有着较强的生命力。
代 表 作：《大贤孝》《小姑贤》《火剪记》《盲艺人重见光明》。
传承人：冯兰芳
传承人简介：冯兰芳，女，汉族，1965年出生，盲人，1972—1979年跟随冯光生、陈虎全学艺，1980年从事说唱至今。在多年的演唱生涯中积累了大量的唱段并有了新的传承人。目前主要靠种地和演唱为生。对三弦的演奏尤其娴熟，也能担当二胡演奏。对"贤孝"传统曲目的演唱地道，具有代表性。1984年参加全省残联调演以《盲艺人重见光明》获得一等奖，2004年6月由武威市电信局录制的《大贤孝》唱段在武威城乡电话中点唱，并被电信局收藏，2004年在武威电视台春节联欢晚会演唱的《白鹦哥盗桃》多次播出。
传承谱系：周延文（生于1933年）、冯光生（生于1951年）、冯兰芳（生于1965年）、徐常辉（生于1990年）。
传承现状：1.科学技术的进步和市场经济的发展，使人们的娱乐选择多样化，凉州贤孝失去了较多听众和爱好者。2.现代音、视频文化对凉州贤孝的巨大冲击，使凉州贤孝的听众基础逐渐失去。3.艺人们失去了固定的演唱场所，加之盲人们有了更多的谋生手段，由于演唱凉州贤孝收入微薄，因而导致艺人队伍青黄不接，使凉州贤孝面临着严峻考验，发展举步维艰。

简　　介：凉州贤孝是产生于凉州本土的一种悠久的民间说唱艺术。凉州贤孝形成于何时，由于史料短缺尚难确切推断。凉州贤孝的演唱者多为盲人，师徒相传，口传心授，以此谋生，人称"瞎弦"。清末至民国时期，凉州贤孝渐趋成熟，至建国初期获得新生，"文革"期间一度沉寂，"文革"结束以后渐渐复苏。凉州贤孝的内容，主要以述颂英雄贤士、烈妇淑女、孝子贤孙、帝王将相、才子佳人故事为主，寓隐恶扬善、喻时劝世、因果报应、为贤尽孝等宗旨于其中，故名为"贤孝"。凉州贤孝在演唱形式上，说白、诵唱和伴奏一般都由一人完成。凉州贤孝的唱词语言以凉州方言为主，多为五、七、十字句，均用方言韵，通俗易懂，幽默风趣。演唱中间，艺人们边与听众交流，边即兴创作，往往妙语连珠。凉州贤孝的音乐，保留着许多古老的唱腔曲牌，吸收了凉州杂调和地方民歌的丰富营养。曲调流畅，富于变化，即兴性很强，说白诵唱自由多变，间奏过门长短随意。在演唱时，根据听众构成和季节特点，分"段子"和"大戏"两种。

凉州贤孝传承

0812 贤孝（河州贤孝）

别　　称：无
级　　别：国家级
流布区域：临夏州、青海。
艺种特点：在河州大地产生、发展起来的河州贤孝采用河州古老的方言来演唱，这种特色的语言自然地运用到行腔中，产生了不同的演唱效果和自成一格的唱腔音调。
代 表 作：《韩起功抓兵》《孟宗哭诉》《尕司令打河州》《父母慈善者儿孝顺》《解放大西北》等。
传 承 人：暂无国家级传承人
传承现状：王威学现已退休，但仍从事河州贤孝的研究、演唱工作，开办培训班，传授弟子，教授贤孝演唱技艺，不断完善和发展贤孝唱腔，传承人已发展有二十余人，常年开展传习活动，积极挖掘整理传统曲目二十多首，创编、移植新曲目十余，极大地发挥了作为一位省级非物质文化遗产传承人的价值，对河州贤孝的传承保护工作发挥了积极的作用。
简　　介：河州贤孝是流传在临夏地区的传统说唱艺术，河州是临夏回族自治州的古称，贤孝是因宣扬劝善惩恶，忠臣良将、妻贤子孝的演唱内容而得名的。贤孝的语言植根在河州话的肥沃土壤中，诙谐幽默，通俗生动。贤孝的音调古朴，也吸收了河州花儿和其他民歌的丰富营养，流畅动听，富于变化，能生动形象地表现各种类型的故事人物。2006年，河州贤孝被列入首批国家级非物质文化遗产代表性项目名录。当时的传承人只有民间老艺人孟胜一人，但他于2007年去世，后又有王威学被省上公布为省级传承人。因其深厚的乐谱知识水增，极大地传承和发展了河州贤孝的演唱技艺，代表作品有《韩起功抓兵》《解放大西北》等，录制磁带十万余盘，畅销甘青两省，深受听众喜爱。目前贤孝省州传承人有王维学、冯元，曲目有《解放陇东》《阳间世》等几十个。因现代传媒迅速发展，电视、电脑进入千家万户，人们的精神生活非常丰富，很多人不再接受传统的民间艺术，导致爱好者及学习者少之又之。近年来，由于国家对非物质文化遗产的高度重视，临夏市文化部门采取积极措施，制定了保护规划和每年的保护计划，建立了项目的文字、图片、影像等档案。

河州贤孝保护传承

0813 河州平弦

别　　称：无

级　　别：国家级

流布区域：临夏市及周边地区

活动场所：河州平弦传习所等

代 表 作：《白猿盗桃》《真武成圣》《十里亭》《华容道》《灞桥挑袍》等十余个。

传承人：暂无国家级传承人

传承谱系：民国以前无文献资料可查，据传清代有费家宝、唐万寿、罗良德等艺人，弹唱俱精。后出现了李荪生、耿治天、石德安等老人，其中耿治天传给李永滋，李永滋传给李春文、李振国等人。

传承现状：因现代传媒迅速发展，人们的精神生活非常丰富，很多人不再接受传统的民间艺术，使爱好者及学习者少之又少，加上外来文化的冲击，很大程度上冲击了原生态民间文化艺术，观众、听众群大量流失。近年来，在各级党委政府的的重视和指导下，采取积极措施，通过保护工作，使河州平弦的濒临失传状态有所改善。初步建立了比较完备的保护制度和保护体系，基本实现了保护工作的科学化、规范化和制度化。传承人由两人发展为二十余人，并做到了每周四下午定期开展传习活动，做到了传习时间、传习人员双落实。现有河州平弦传习所1处、传习基地3处。积极挖掘、整理传统曲目二十多首，创编、移植新曲目二十余首。

简　介：河州平弦为甘肃临夏地方说唱曲艺艺术，主要流传于临夏市及周边地区，因旋律音调平稳舒缓而得名。据艺人传说，平弦最初是在古长安皇宫中演唱，后由丝绸之路向西传播，到临夏后与本地方言相合，吸收了地方的民间曲调，形成独具地方特色的说唱艺术。平弦在唱词、音乐旋律等方面都具较高的研究价值，主要伴奏乐器是三弦。2008年，河州平弦被公布列入省级非物质文化遗产代表性项目名录，2011年列入第三批国家级非物质文化遗产代表性项目名录。

河州平弦演唱

0814 哈萨克族阿依特斯

级　　别：国家级

流布区域：阿克塞哈萨克族自治县境内

0815 兰州太平歌

别　　称：兰州太平鼓曲子

级　　别：省级

流布区域：甘肃兰州

艺种特点：太平歌词内容广泛丰富。歌手唱家多在平时背词演练，正如兰州俗话说的"学一年、唱三天，靠蛇雏子踏烂砖"。太平歌词多为当地一些落第文人所编，唱起来朗朗上口，情节生动。歌词成套成段，有《三国》《水浒》《隋唐》《说岳》《二十四孝》等历史传统故事，以及诙谐幽默的《十三月》《抽老婆》《灰老鼠》等令人捧腹的段子。也有唱家、歌手们即兴现编、互相戏谑逗乐的歌词，歌手多为独唱，亦可对唱，一曲唱毕继续击鼓、锣、钹来吸引唱家续唱，唱到高潮时一人高歌众人和的慷慨激昂场面不时涌现。歌手、唱家们可自由地用嘹亮奔放的声韵，抒发内心的感情，这样一段接一段的你唱我接，直到夜阑人静，听众不散，唱家不歇。每晚高歌一直唱到"二月二龙抬头"方止。

代 表 作：《三国》《水浒》《隋唐》《说岳》《二十四孝》

传承人：朱自清、朱德祖。

传承人简介：朱自清二十几岁左右师从当地太平歌艺人柴世元、朱纪学等人，学唱太平歌多年。目前由于年事已高，很少演唱，也没有门下传人。2008年1月受邀为安宁区太平歌歌唱培训班讲授太平歌演唱技艺，学员16人。朱德祖年少时就常听当地太平歌艺人的演唱，二十几岁师从达师、邓元娃、柴世元等学唱太平歌。现在因年事已高又身体欠佳，已不再出门演唱，门下只有儿子作为传人。

传承谱系：柴世元、朱纪学传给朱自清。达师、邓元娃、柴世元传给朱德祖。

传承现状：随着社会的发展，农村城市化的加快，太平歌以生存的环境发生变化，仅有几个民间艺人，且年龄偏大，承传者、爱好者又积极性不够。文化部门通过举办兰州太平歌培训班，并继续加大宣传和保护力度，使这项民族文化遗产在安宁地区永远传承下去。

简　　介：兰州太平歌，甘肃省非物质文化遗产。是甘肃省兰州地区春节时以地方方言演唱的独具艺术特色的一种娱乐形式。旧称皋兰太平鼓武曲子、兰州太平鼓曲子、武歌、社火武曲子等。它同太平鼓相互配合构成了全中国独一无二的民间鼓乐形式，为兰州一绝。太平歌曲调古朴，粗犷豪放，伴奏仅用鼓、锣、钹等打击乐器。20世纪60年代以前，在兰州地区尤盛。

太平歌演唱

0816 苦水下二调

别　　称：苦水调弦

级　　别：省级

流布区域：兰州市永登苦水镇

艺种特点：1.永登独有的表演形式；2.表演年代久远，形式灵活；3.唱腔丰富，伴奏优美。

代 表 作：《香山还愿》

传承人：胡学文

传承人简介：胡学文是苦水退休教师，自幼师从舅舅学习秦腔、下二调、木偶戏的表演、器乐，对音乐、传统民间艺术、苦水民俗文化十分熟悉。近年，对苦水下二调的曲谱进行了整理，将这一濒临失传的艺术重新排练表演。因年龄增大，身体状况差，听力下降，影响了传习活动的开展。

传承谱系：在苦水流传两百多年，是民间艺人群体性传承。

传承现状：濒临失传

简　介：苦水下二调具有典型的传统性、剧目的丰富性、艺术的独特性和器乐伴奏的多样性。近年来挖掘整理，申报列入省级名录，制作了文本、音像资料，确认了传承人，解决了生活补贴，能够组织班子表演。由于该剧目几近失传，近年在民间艺人巨崇昭、胡学文等人的努力下重新开演。老艺人多已过世，传统唱腔曲调、曲目失传，个别老艺人的挖掘失去原有韵味。20世纪90年代永登县文化馆专业人员记录了部分曲目，由邓富生、张贤德演唱录制的磁带已散失。原生态的表演技艺正在失传，而年轻人对其表演没有想情，缺乏专业人才的挖掘整理和专项经费的投入，苦水下二曲前景不容乐观。2011年公布列入甘肃省非物质文化遗产名录。

苦水下二调

0817 甘谷道情

别　　称：无

级　　别：省级

流布区域：天水市甘谷县内渭河沿岸部分乡镇。

活动场所：每年四月八大像山浴佛节期间，道情艺人们都要在大像山进行道情表演。逢年过节或农闲季节，道情艺人都要进行道情表演。

代 表 作：《道情》《五更盘》《五更歌》《参禅》《皇姑》《捎书》《八仙诗儿》《耍孩儿》《兰衫》《赶船》《请节》等。

传承人：安友仁

传承人简介：安友仁，男，汉族，生于1946年7月，省级非遗保护项目甘谷道情传承人。从事乡镇文化工作45年，钟情道情演唱50余年，身体健康，居于甘谷县大像山镇。

传承谱系：第一代，毛文育；第二代，谢录胜、杨来定；第三代，安友仁、安佛宝。

传承现状：受现代生活娱乐方式的冲击，甘谷道情的生存环境逐渐缩小。现有艺人，大多年龄偏大，部分艺人离世，曲牌、唱腔不断失传，已濒临失传，抢救性保护工作已迫在眉睫。

简　介：甘谷道情历史渊源已不可考，但从十六国时期西秦王朝形成的西秦腔和甘谷道情中七声燕乐音阶的特征来看，它的历史最迟也应在十六国时期的西秦王朝，后经历代艺人的不断发展，形成了今天和秦腔音阶有一定联系的，基本上保留了原汁原味的演唱形式。甘谷道情以其丰富的曲调和独特的风格流行于甘谷城乡，内容多与宗教有关，其音乐语言优美动听，具有明显的艺术风格。长于抒情，以一人演唱为主，演唱者手执简板，怀抱渔鼓，盘腿而坐，右手于下端鼓面用小拇指、无名指、中指敲击，一般在每句落音时敲击，简板合拍，说唱者之间伴有鱼鼓声。敲击的轻重与节拍的强弱相一致。也有一唱众合的演唱形式，曲调以民族五声音阶——徵调式为多，也有宫商、羽及燕乐音阶的曲调，节奏以一板一眼为主，杂有一板二眼小节，很少即兴加花。

甘谷道情

0818 凉州贤孝（永昌贤孝）

别　　称：无

级　　别：省级

流布区域：金昌市永昌县内。

艺种特点：永昌贤孝是永昌民众在长期生活中集体创作的民间曲艺结晶。具有广泛的听众，而说唱艺人有师徒相传，在传唱中随时代的变化加进民俗世风，传承性很强。

代 表 作：无

传承人：柴希桃

传承人简介：柴希桃，永昌县城关镇人，12岁时拜师学唱贤孝，16岁时出师，与师兄王继荣等人走村串户唱贤孝，长期以唱贤孝为生近有四十余年，在学习传艺中基本上领会了贤孝的特点，在实践经历中严从师教，保持了永昌贤孝特有的唱腔风格。

传承谱系：柴希桃1963年从师吕青云学艺，师兄孙维福。师爷杨姓，名不详。

传承现状：濒临失传

简　　介：永昌贤孝，是流传于甘肃省永昌县的民间文艺说唱形式。贤孝在明清时期已广泛流传于甘肃省永昌县的盲艺人之间。是永昌民间群众喜闻乐见的文化活动。贤孝以师相传，代代相继。贤孝也有唱本，属通俗说唱文艺的一种。唱贤孝的人通过他人念白默记于心，或从师唱记。永昌贤孝是一种原生态的说唱艺文。在永昌民间多用本地方言俗语来表现。作品主要有神话故事、历史故事、佛教感应故事。许多曲目在民间有一定的基础，如《宝莲灯》《李彦贵卖水》，因剧目众多，内容也极其丰富繁杂，可总归是讲述善恶有报，向往光明，追求美好的生活的平民社会理想。

永昌贤孝

0819 古浪老调

别　　称：无

级　　别：省级

流布区域：武威市古浪县永丰滩乡

艺种特点：1.主要采用坐唱形式。2.演唱时以唱为主，兼以念白。3.主要曲牌有三十多种。

代 表 作：《玉堂春》《草船借箭》《孔明托印》《百宝箱》《狐仙送子》《彦贵卖水》《三娘教子》《铡美案》《张连卖布》《阴功传》《花亭相会》《诸葛亮观星》。

传承人：季宝德、钟长海

传承人简介：季宝德，原古浪县井泉乡人，1983年迁至古浪县永丰滩乡。

传承谱系：第一代，马万宝（1876年—？），古浪县大靖镇人。第二代，张华文（1911—1991年），人称"张九爷"，外号"张九麻子"，古浪县民权乡人。第三代，季宝德（1938年至今），原古浪县井泉乡人，1983年迁至古浪县永丰滩乡。

传承现状：流传

简　　介：1.主要采用坐唱形式。演出人员少时一人演唱，另有三弦、二胡、板胡伴奏或边奏边唱，人员较多时再加一人敲击瓷碟，有时也有笛子、响铃、干鼓等。2.演唱时以唱为主，兼以念白。3.主要曲牌有《四六》《背弓》《上越》《下越》《西京》《东京》《岗调》《五更》《长城》《琵琶》《一串令》《跌落崖》《紧书》《慢书》《尖尖花》《三朵花》《软东京》《慢西京》《银纽丝》《尼姑下山调》《龙王哭海调》《跌断桥》《采花调》《过江调》《应丁卯》《西北调》等。

古浪老调

0820 春官歌演唱（平凉崆峒春官歌演唱）

别　　称：无

级　　别：省级

流布区域：平凉市崆峒区

艺种特点：善于把叙事与抒情融为一体，运用夸张、想象、幻想、白描等手法，表达思想感情，塑造人物形象。

代　表　作：2006年平凉市文化馆编著《平凉春官歌》。

传承人：暂无省级传承人

传承谱系：作为民间曲艺，春官歌以区域相传为主，以区域性分布为主，因此传承多以区域为主，主要在崆峒镇、草峰镇、白水镇、柳湖乡、索罗乡，崆峒春官歌演唱为民间口头文学，无具体传承谱系，只有各年龄段传承人。

传承现状：区域性传承

简　　介：春官歌作为说唱形式的口头民间曲艺，直接反映了人民群众的审美情怀，涉及内容广泛，大到国家政策，小到日常生活，从现实到历史，或歌颂，或讽刺，或教化，或言理。春官歌是社火的重要组成部分，主要是在社火表演的行走间隙表演，一般为2—4人，多以七言绝句形式表达。

0821 山梁走唱

别　　称：山梁二人转

级　　别：省级

流布区域：平凉市崇信县新窑镇

艺种特点：崇信山梁说中带唱。说词押韵对仗，有叙事有抒情。唱曲为曲牌连缀体，主要曲调有：《月调》《背弓》《金钱》《五更等大调。曲调柔和、细腻、流畅、节奏明快；唱腔委婉、圆润，二人同调；唱词规整，多为五言、七言、九言句式。表演形式多样，舞台上、室内、田野都可以。以一人为主一人为辅。

代　表　作：《拆洗婆娘》《推车车》《除棉花》《过十六》等。

传承人：赵进儒、梁世华。

传承人简介：赵进儒，男，1947年生于崇信县新窑镇西刘村。他自幼喜爱民间文化，能说会唱且舞，在当地演唱名气大、影响好，在曲目中扮演的角色形象生动。他利用农闲时间坚持对该村山梁走唱爱好者袁宏星、赵建荣、袁志荣等人进行指导培训，教会了一批又一批山梁走唱表演艺人。梁世华，男，1930年出生于崇信县新窑镇后庄村山梁社。他自幼学习演唱表演，表演技术不但娴熟，更能在继承前人的基础上有所创新。每年组织传承人参加村上社火队，到乡镇及县城进行表演。他对山梁走唱爱好者梁继成、梁成学、梁拴贵、梁爱民进行指导培训，让此民间演唱技艺得到很好的传承。

传承谱系：袁宏星，男，崇信县新窑镇。赵建荣，男，崇信县新窑镇。袁志荣，男，崇信县新窑镇。

传承现状：良好

简　　介：崇信是公刘故里，农耕故地，历史悠久，传统文化特色鲜明。山梁走唱是崇信民间所特有的一种曲艺剧目。二人表演，以说、唱、舞为表现形式，以农民和农村故事为题材内容。山梁走唱最初来源于民间祭祀活动，称之为"谢皇王水土"。它是一种在当地流传百余年、内容丰富、曲目众多、古典而具有黄土高原特色的二人走唱剧目。山梁走唱中糅合了相声、民歌、秧歌等多种艺术表演形式。主要作品有《割麦子》《锄棉花》《两亲家打架》等古典而精彩的剧目。2010年山梁走唱被批为甘肃省第三批省级非遗保护项目。

山梁走唱

0822 南梁说唱

别　　称：无

级　　别：省级

流布区域：庆阳市华池一带

艺种特点：1.民俗性。恶劣的自然环境和生活的极度贫困，使当地人们产生了对神灵的崇拜，敬神、请香、还愿、娱神成为人们的一种生活方式。说唱艺术在表演、说唱等各方面无不达到综合性娱神、娱人的效果。说唱艺人讲史论道、抑恶扬善，既发挥教化作用，又活跃民间生活。说唱班子少则1人，多则5人，因其人员少，道具简单，故数百年来一直活跃于民间。华池县农村、城镇在举办庙会、节庆活动，招祥纳福，红白喜事等民俗活动中，都有请说唱班子助兴或以其承担某一特定习俗礼仪的习惯。2.群众性。南梁说唱由农民演，农民看，具有广泛的群众基础。其剧目宣扬精忠报国、勤劳节俭、尊老爱幼、歌功颂德、追求上进等中华民族的传统美德，具有教化民众的积极作用，是人民群众不可缺少的精神食粮。3.融合性。陇东说书在漫长的历史进程中，在广大群众的参与下，已形成了独特艺术体系。在其诞生和发展过程中既吸收了本地民歌、小曲的营养，也融合了陕北、宁夏等地的民歌、说书等艺术形式，是音乐、文学、戏曲、说唱等艺术的综合体。同时，这种成熟起来的艺术在多民族杂居区发展起来，又传播至周边地区，成为各民族团结、融合和共同发展的象征。4.地理位置的特殊性。华池县是中国农耕文化的发祥地之一，特殊的地理环境造就特殊的人文环境，造就了纯朴的民风。南梁说唱这一传承文化保留相对完整而恒定，成为华池民间文化的独特形式。

代 表 作：《红色颂》《双联架起幸福桥》《说说咱这幸福年》。

传承人：陈士万、张颖奎。

传承人简介：陈士万，男，汉族，生于1970年，华池县怀安乡人。少时家境贫困，14岁那年，付文举正式收他为徒，学习靠山调，21岁出师。张颖奎，男，汉族，生于1972年，华池县南梁乡人。自幼喜欢南梁说唱，19岁时正式跟随师傅马忠昌学习，一年之后就成为班子主说。

传承谱系：付刚仁，男，1891年生，1968年卒，不识字，家传，师从雷某，华池县怀安乡人。付刚性，男，1916年生，1984年卒，不识字，家传，师从雷某，付刚仁胞弟。付文举，男，1941年生，小学，师从大伯父付刚仁，华池县悦乐镇人。陈士万，男，1973年生，初中，师从付文举，华池县怀安乡人。张颖奎，男，1972年生，不识字，师从马忠昌、马忠良，华池县南梁乡人。王清海，男，1980年生，小学，师从马忠良，华池县紫坊畔乡堡子人。

传承现状：近年来，由于年轻人兴趣的转移，南梁说唱逐渐走入低谷，尽管政府已经采取了多种挽救措施，2005年和2006年庆阳市政府和甘肃省政府已将南梁说唱确定为非物质文化遗产保护项目之一，但总的颓势仍然没有改变。

简　　介：南梁说唱是融说、唱、乐于一体的一种独特的曲艺形式。唱词多为四六句，语句押韵，强弱分明；唱曲以陇东道情与民歌为基调，吸收陕北信天游旋律，独树一帜，自成一体。演出时，领班坐于桌前，手弹主奏乐器三弦，脚打耍板，单人说靠山调，边说边唱，包揽全场；二人或多人说双音平调，其他人辅以二胡、墨笛、小锣、梆子等伴奏，兼顾唱场、搭架、嘛簧等。南梁说唱操陇东方言或陕北方言。南梁说唱流行于甘肃省庆阳市的华池、环县、庆城、合水等地，覆盖陕西定边、吴旗、志丹等县。南梁说唱始于明末，内容多为历史故事、民间传说，主要曲目有《五女传》等上百首，宣扬因果报应，惩恶扬善。南梁说唱承载着古代庆州人民许多历史文化信息和原始记忆，折射出先民的风土人情、宗教信仰等民俗原貌，具有很高的历史民俗价值。

南梁说唱单人表演

0823 春官歌演唱（西和县春官歌演唱）

别　　称：说春
级　　别：省级
流布区域：陇南市西和石峡及礼县雷坝和王坝一带。

艺种特点：春官说春活动，主要是每年冬至前后至来年立春前的日子，只有短短的四十几天。说春时，春官一手执春牛，一手拿环棍，每到一户，说唱完毕要发春帖，唱词内容丰富，唱腔属吟诵性唱腔，腔少词多，节奏单一，旋律不强，多上下结构，曲调以传统五声微软为主，用当地方言说唱结合，半说半唱，无器乐伴奏。

代表作：无

传承人：暂无省级传承人

传承现状：近年来，随着六届艺术节的成功举办，春官歌演唱以说唱艺术走红城乡

简　　介：据文献记载，春官起源于官方。随着朝代的兴衰变迁，春官的职能形式经长期丰富演变后，最终以春官说唱艺术走进城乡，成为流传至今的民间传统曲艺。春官说春活动，主要是每年冬至前后到来年立春前的这段日子，只有短短的四十余天。在春官出行说春之前，春官头在家里摆设香案，供奉"三皇爷"的同时，供奉一只木雕春牛，召集本地区的春官开碰头会，共同商讨当年的说春事宜。同时，年轻春官还要拜师傅，经师傅认可后，方能成为三皇爷门下的正式弟子。仪式结束，春官头将另一只缠绕五彩丝线用桑木雕成的小春牛和二十四节气表交给外出春官的领导。春官行里春官头叫"倌相"，领头春官叫"代相"。"代相"多少视出行说春的分路而定。人员分配后，路线一旦商定，就各司其职，谁也不能自作主张乱走分配给别人的路线，或者避远就近。谁若违反了协定，就会受到行规谴责。说春时春官肩背褡裢，一手执春牛，一手拿环棍，每到一户，先将环棍立于堂门外侧，不能乱放更不能倒放；春官一般进堂门就开始说唱，唱词多是祝福、吉祥、喜庆等用语，这是开场词，之后唱词转向主题，主题因人因事而异，最后是告别，道谢唱词，并向户主发送春帖。

西和春官歌演唱

0824 河池小曲

别　　称：社火曲
级　　别：省级
流布区域：陇南市徽县各乡镇及成县、两当县等周边地域
艺种特点：受地理、演唱者方言等多种因素的影响，其音乐和演唱风格分南部山区（川味和陕南）风格、北部山区（天水腔）风格、东部（近陕西宝鸡）秦岭山地风格，城关川区的中部风格和西部（洛河中游的泥阳近西河）氐羌风格。从曲式结构上看，多属分节歌形式。演唱形式有独唱、对唱、帮唱等，多在公众场合以坐唱形式演唱。其旋律因地因人或方言之异而不同。具有演唱自由、节奏整齐、抒情优美、表现力强等特点。
代 表 作：一、叙咏歌有《天官赐福》《表朝》《二十四孝》《十里亭》；二、叙事（戏剧）类有1.反映历史人物等的曲目：《关公保皇嫂》《赵匡胤送金妹》《踏雪寻梅》《孙膑坐洞》；2.反映民间人物等的曲目《王祥卧冰》《刘海撒金钱》；3.反映民间史实的曲目《尹志打盐店》《泰山庙百姓造反》；4.反映现代人物的曲目《黄继光》；5.民间小戏《钉缸》《赶船》《打戒指》《三娘教子》《买花线》《李彦贵卖水》《找黄莺》《花园买水》《梁山伯与祝英台》；三、其他：《贩黄米》。
传承人：贾守志、翟卿、焦存会、董亮。

传承人简介：贾守志，生于1935年，银杏乡马庄村农民，双目失明，师从贾世堂。翟卿，生于1948年，嘉陵镇田河村人，是一名中医医师，从事个体医务工作，翟氏家族已知第四代小曲传人。焦存会，生于1970年，水阳乡焦沟村农民，初中文化，师从其祖父焦有成、父焦志荣。董亮生于1944年，江洛镇邱山村人，甘肃省民俗协会会员，师从成县黄渚刺坝村冉河社冉朵，为已知第十三代小曲传人。

传承谱系：中部川区风格。约1920年至今，贾世堂（1920—2000年）师从祖辈贾守志叔父；贾守志，生于1935年，双目失明，师从贾世堂；毕淑琴（女），生于1941年，师从贾守志；刘桂香（女），生于1941年，师从贾守志；贾秀娟（女），1966年生，贾守志侄女，师从贾守志。

中、东部半山区风格。约1900年至今。第一代，焦有成（1915—2005年），师从刘福德。第二代，焦志荣（1943—2004年），师从其父焦有成。第三代，焦存会，1970年生，师从其父焦志荣，为河池小曲（社火曲）代表性传承人之一。

北部山区风格。约1920年至今，剡俊忠（1922—2002年），师从祖辈。

西北部山区风格。冉生华（？—1958年）；冉朵（1893—1993年）；董亮，生于1944年，江洛镇人，师从冉朵，为已知第十三代小曲传人；林俊祥，生于1950年，游龙村农民；王景荣，生于1952年，游龙村吊沟人，会演奏二胡等乐器；董之义，生于1953年，会演奏板胡、二胡、笛子等乐器，搜集整理小曲10多首。

西部半山区风格。成云武，民国，生卒年不详；成登第（1875—1961年），师承成登第；成思敬（1917—1986年），成县师范毕业，会演奏板胡、二胡、三弦等乐器，会《黄继光》等多首小曲，为本家族已知第三代小曲传人；成子恒，生于1965年，随堂祖父成思敬（1917—1986年）学习传统小曲、社火曲，为本家族已知第四代小曲传人。

南部山区风格。约1870年至今，翟党（1871—1941年），翟卿之祖父，翟氏家族已知第二代小曲传人；翟聚堂（1915—1986年），翟卿之父，翟氏家族已知第三代小曲传人；翟卿，生于1948年，翟氏家族已知第四代小曲传人；翟晓玲，生于1968年，翟氏家族已知第五代小曲传人。

传承现状：1978年，经徽县文化馆组织人员进行搜集整理和抢救保护后，河池小曲演唱艺术得以传承和发展。各乡镇村社先后涌现出了一些较知名的唱把式。由于受影视文化、流行音乐等文娱形式影响和大量务工人员的输出，从事相关事业的人员越来越少，演唱艺人青黄不接，传承受到制约，总体发展堪忧。

简　　介：河池小曲，又叫社火曲。是徽县民间亦说亦唱、以唱为主的曲艺艺术形式之一。其传承历史悠久，在徽县民族民间音乐中占据主要位置，在全县范围内广泛流传。2008年6月，河池小曲入选进第二批甘肃省非物质文化遗产名录。

河池小曲老艺人表演唱

0825 回族宴席曲

别　　称：回族宴席舞
级　　别：省级
流布区域：临夏州全境

艺种特点：回族宴席曲自元末形成以来，至今已有500多年的历史。经过500多年的发展，形成了如下一些基本特征。1.伴随民间婚礼宴席产生和发展而形成对民间婚礼宴席的依存性特征。2.类别繁多，并且拥有近百首曲目的丰富性特征。3.曲调婉转柔和，动作优美轻快，潇洒抒情，节奏性强，很适于舞蹈的特点。4.唱词的句子长短不齐、流畅自然，语言生动活泼、诙谐风趣。内容既有传统唱段，也有即兴创作的特点。5.宴席曲的舞蹈里融入拳术式动作的独创性特点。

代　表　作：散曲有《恭喜曲》《青溜溜青》《高高山上烟雾罩》《十二个月》等二十余首。叙事曲有《满拉哥》《兰桥担水》《方四娘》《四贝姐》《王哥》《孟江女》《尕鹦哥》《高大人领兵上口外》等二十余首。五更曲有《哭五更》《莫奈何》《五更月》等十余首。说唱曲有《打帐主》《园子家》《捉虼蚤》等近十首。酒曲有《尕老汉》《醉八仙》《封牡丹》《飞凤凰》《数麻雀》《数螃蟹》《担杯》《相谢曲》《问答曲》等十余首。

传承人：暂无省级传承人

传承谱系：马古白一支。第一代，马怒海，男，生卒年不详，家族传承，自幼习艺，临夏市人。第二代，马尕布，男，生卒年不详，家族传承，自幼习艺，临夏市人。第三代，马古白，男，1937年生，高小，家族传承，自幼习艺，临夏市人。李伍德一支。第一代，李福林，男，1892年生，卒年不详，师传，自幼习艺，临夏县井沟乡人。第二代，李万隆，男，1924年生，师传，自幼习艺，临夏县井沟乡人。第三代，李德胜，男，1943生，小学，家族传承，自幼习艺，临夏县井沟乡人。李德海，男，1949生，小学，家族传承，自幼习艺，临夏县井沟乡人。李二洒，男，1954生，小学，家族传承，自幼习艺，临夏县井沟乡人。李伍德，男，1954生，小学，家族传承，自幼习艺，临夏县井沟乡人。第四代，李开甲木，男，1964生，小学，家族传承，自幼习艺，临夏县井沟乡人。

传承现状：临夏回族宴席曲在临夏州委、州政府的大力扶持下做了许多发掘、抢救、传承、弘扬工作，但仍存在着不少难以解决的问题。1. 宴席曲赖以生存、发展的社会基础发生了变革，随着我国城市化进程的不断加快和现代文化的冲击，回族宴席曲也已满足不了人们日益增长的文化需求，很多旧的习俗慢慢消失，现代的婚礼场面大多已不再唱宴席曲。2. 一些颇有的宴席曲艺人相继谢世，有些绝技难以得到传承，而现代媒体的普及及商业时尚的大力炒作，使传统文化受到了强烈的冲击。3. 农村人口的流动变化抑制了回族宴席曲的传承。回族宴席曲是长期农耕时代的产物，季节性的农闲使许多人有足够的时间唱宴席曲娱乐生活，而今天大批青壮年外出经商、打工，分散各地，他们告别了田园生活，也告别了回族宴席曲。

简　　介：临夏回族宴席曲的曲调优美婉转，内容丰富多彩，形式多种多样，保留着我国宋元时代西北少数民族民间小曲的古老风貌。宴席曲的调式大多是商徵性和角羽性的五声音阶，音域不宽，多用真声演唱，旋律流畅舒展，表现力强，能从多方面表达思想感情。临夏回族宴席曲多为复拍子、单拍子、混合拍子，作为歌舞音乐，它没有打击乐，也没有道具，节奏变化大，尤其是虚词部分的无限延长音，是区别于任何民族和地区歌舞音乐的一个特征。回族的风土人情，喜怒哀乐，直接间接地融化到宴席舞中，使舞蹈具有浓厚的民族色彩。临夏回族宴席曲的舞蹈风格，主要表现在头、臂、手、足四个部位不同动作上；摇头有好几种，而且始终贯穿于整个舞蹈之中，随着音乐上下点头，碰到长音时，头部变作抒情地左右摇摆，脸部脉脉含情，升华了意境；双臂的大回环，手掌上下翻动，拳术式的挥舞，落落大方、刚健豪迈；双腿的屈膝起蹲，足尖的跑跳步转，腰背前倾后仰，有机地舞动，脚下富有弹性，勾勒出了挺拔、健美的粗犷造型。宴席舞的基本动作有"老爷抽刀""雁落平沙""鹞子翻身""犀牛望月""凤凰点头"等。

回族宴席曲演唱

0826 藏族民间弹唱

别　　称：龙头琴弹唱

级　　别：省级

流布区域：以甘南州玛曲县为代表的整个安多藏区

艺种特点：弹唱内容涉及历史、宗教、文化、生活等各个方面，是勤劳的藏族人民创造了灿烂的物质文明的同时，创造出来的优秀精神产品。

代 表 作：《华尔贡弹唱专辑》《贡唐仓活佛赞歌》《藏族龙头琴弹唱》《鲜花盛开的草原》等。

传承人：暂无省级传承人

传承谱系：第一代，华尔贡，男，藏族。第二代，容中尔甲，男，藏族，师承华尔贡；德白，男，藏族，师承华尔贡；道瑞，男，藏族，师承华尔贡。

传承现状：2004年玛曲县政府成立了民间艺术团，进行集体传授并加以保护。

简　　介：玛曲藏族龙头琴弹唱是由藏族牧人自弹自唱，即兴填词的一种表演形式。伴奏乐器以龙头琴为主，还有一种伴奏乐器是曼陀铃。

0827 兰州鼓子
级　　别：省级
流布区域：兰州市

0828 秦州小曲
级　　别：省级
流布区域：天水市秦州区
传承人：黄进财、李亮

0829 陇中小曲
级　　别：省级
流布区域：定西市安定区
传承人：刘福

0830 顶灯说唱
级　　别：省级
流布区域：崇信县
传承人：刘彦魁、刘小峰

0831 阿肯弹唱
级　　别：省级
流布区域：阿克赛县
传承人：塔尔特甫汉·阿依达尔、沃斯尔汉·加尼木汗

0832 华锐则柔
级　　别：省级
流布区域：天祝县
传承人：吕文秀、索南错

0833 春官歌演唱
级　　别：省级
流布区域：礼县

传承人：潘各信、王占清

0834 贤孝（凉州贤孝）
级　　别：省级
流布区域：武威市凉州区
传承人：王雷忠、王月

0835 贤孝（凉州贤孝）
级　　别：省级
流布区域：临夏市
传承人：李永兹

0836 甘南"则肉"演唱
级　　别：省级
流布区域：甘南州

0837 兰州鼓子
别　　称：兰州小曲、兰州曲子、兰州鼓词
级　　别：市州及以下级别
流布区域：兰州地区
艺种特点：唱腔方面保持兰州鼓子词原汁原味的风格，注意"排调"曲的高亢有力，又体现"乐调"曲的细腻、柔情。讲究唱词字韵，注意什么字后撒什么韵，注意曲中人物感情，达到声情并茂，情景交融。伴奏方面遵循伴奏为唱腔服务的宗旨，不喧宾夺主，多用和弦来伴奏，增加音乐层次厚度。兰州鼓子的伴奏特点是唱高音时，伴奏尽量用中低音来伴奏，不能和歌曲伴奏一样，多年采用曲艺的伴奏方法，使音乐悦耳动听。
代 表 作：《拷红》《莺莺探病》《别后心伤》《三顾》《打擂》《燕青打擂》等。
传承现状：传承有序
简　　介：兰州鼓子，又名兰州曲子、兰州鼓子词，是流行于兰州地区的一种民间曲艺形式，中国曲艺的古老曲种之一。它在兰州地区曾经是家喻户晓、人人皆知的文化娱乐

形式，所以能弹会唱者甚多。如遇喜庆节日，请客宴会，不论在农村的家庭院落，还是集镇的茶肆酒楼，老兰州人聚集在一起弹唱；每当唱到高潮之时，他们便一人演唱而众人帮腔，气氛十分热烈。

0838 民间小调

别　　称：无
级　　别：市州及以下级别
流布区域：兰州七里河
艺种特点：曲调概括、凝炼地表达某种情绪（情感或哀怨、或欢快），曲调性强，旋律流畅、婉转曲折，旋律线丰富多变，表现力强。
代 表 作：《孟姜女哭长城》《南桥担水》《采花》《织手巾》《十道河》《放风筝》等。
传承现状：传承有序
简　　介：小调所反映的社会生活内容极其广泛。它不受某个特定的社会阶层和具体劳动环境的制约，所反映的不仅包括农民，而且还有城市小手工业者和商人、市民乃至江湖艺妓、贩夫走卒、和尚尼姑、流浪行乞者等各种阶层的感情、职业、生活等，几乎无所不包。不少小调的唱词，往往能够以高度的概括力和尖锐的批判锋芒触及社会生活的各个方面，从而使主题获得了广泛的社会意义。

0839 鼓子

别　　称：无
级　　别：市州及以下级别
流布区域：兰州市金沟乡
艺种特点：曲调丰富、是一有着兰州地方风韵的民间说唱艺术。
代 表 作：《喜降临凡》《渔樵耕读》
传承现状：村民互相交流学习，现会唱鼓子的人多是老一辈，年轻一代很少会唱，面临"人在艺存，人去艺亡"的局面。
简　　介：鼓子伴奏乐器以三弦为主，扬琴、二胡、笛子、萧、月琴等为辅，村民互相交流学习，现会唱鼓子的人多是老一辈，年轻一代很少会唱，面临"人在艺存，人去艺亡"的局面。

0840 眉户戏

别　　称：小戏
级　　别：市州及以下级别
流布区域：兰州市金沟乡
艺种特点：曲调悦耳动听，称为迷人的戏，简称为迷戏。
代 表 作：《断桥》《四郎探母》。
传承现状：无具体派系，乡民自己凭借兴趣互相交流学习。
简　　介：眉户戏曲调悦耳动听，称为迷人的戏，简为迷戏，无具体派系，乡民自己凭借兴趣互相交流学习。表演形式灵活，不受场地限制，地摊子演唱，演员不用化妆。主要作品有《断桥》《四郎探母》。

0841 榆中兰山兰州鼓子

别　　称：无
级　　别：市州及以下级别
流布区域：兰州市榆中县和平镇兰山一带
艺种特点：兰州鼓子是用兰州方言演唱的地方曲艺。其有特殊的音乐旋律，用三弦伴奏，少则一把，多则三四把，节奏明快，声音洪亮，如鼓之声，辅助乐器有二胡、扬琴、板胡、竹笛，唯不用打击乐器，属坐唱式曲艺，曲调较典雅，唱词较脱俗。大部分鼓子词出于文人学士之手，其演出场所是茶馆酒肆、庭堂寓所、农家屋舍，人们品茶饮酒，叙话赏听，往往在演唱之余还要评论切磋唱词和弹唱演奏技艺。
代 表 作：《牙仙刺目》《怀德打搉》《卖花郎》等。
传承现状：2008年5月，和平镇兰山一带的范家营、直沟门等村，联合成立了兰州鼓子兰山协会，2009年5月，参加了兰州非物质文化展演。

简　　介：兰州鼓子是用兰州方言演唱的地方曲艺。兰州鼓子在榆中的发展和兴起大约在清朝末年，当时榆中民间崛起的鼓子队伍有两支，一支是榆中县兰山乡的方四爷，另一支是榆中县金崖乡邴家湾村周应歧。现艺人包万福在演唱《牙仙刺目》等榆中县流行的约鼓词150余篇，多以英雄豪杰和历史故事为题材，表现方式以叙述为主，另也有不少鼓子戏。

鼓子

0842　靖远小曲

别　　称：小曲子

级　　别：市州及以下级别

流布区域：白银市靖远地区

艺种特点：高亢响亮，委婉动听，富有地方特色。在靖远地区每年"闹正月"群众活动时表演，主要从正月初五开始至正月十五结束。在本地的节假日和各种集会活动中都有。

代 表 作：《十个鸟儿来打食》《割韭菜》等。

传承现状：濒临失传

简　　介：靖远小曲，历史悠久，是靖远人民最古老的文化活动之一。靖远小曲戏起源于明初，形成于清初，兴盛于清代和民国时期，历史悠久，源远流长，是最典型、最具地方特色的靖远民间艺术，已有500多年的历史，深刻影响着当地人的思维方式、道德观念、价值取向。

靖远小曲乐谱

0843　麦积小曲

别　　称：无

级　　别：市州及以下级别

流布区域：天水市麦积区甘泉镇西枝村、高家庄、廖家庄、石家沟、胡家沟、峡门等村。

艺种特点：1. 麦积小曲不仅唱腔高昂，内容丰富，题材高雅健康，而且演唱动作热情洒脱，表演技巧精湛。2. 现有单人演唱曲目，又有团体演唱曲目，可以小曲形式（2—5人）在舞台上进行大规模演出。3. 演唱中所需道具，依据曲目题材，多用贴近生活，贴近现实的镰刀、扁担、水桶、酒壶、酒杯、叠扇、灯笼、手帕等作点缀，从而达到表演高效直观、古朴典雅的效果。

代 表 作：麦积小曲起初有130余首，目前，可以完整演唱的仅存30多首。其中，以《两亲家打架》《李彦贵卖水》《秋莲捡柴》《张连卖布》《麦仁罐》《华亭相会》《卦台山玩会》《秦州玩灯》《女贤良》《十把扇》《十支香》《十盏灯》《十二月花》《南桥采水》《绣荷包》《採茶》《别窑》《十五花名》等曲目，深受广大观众欢迎。

传承现状：小曲的传承受时代背景、思想观念、现实生活等外界因素的影响较大。但最主要的濒临失传因素有以下几个方面：1. 小曲自传入时，所学艺人大多没有文化，不具备文字书写能力。仅凭记忆代代相传，许多曲目随传人的离世逐渐消失。老一辈曲艺人年事已高，年轻的尚未培养起来，小曲传承出现传承人青黄不接的情况。2.文化的传递与国家政策息息相关，小曲也不例外，政策允许则兴，责令禁止则衰。3.小曲艺人封建传统观念浓厚，传男不传女，缩小了小曲传承范围。4.由于社会的不断发展，人们的物质需求及精神生活的享受观念发生了变化，小曲艺术受到强烈的冲击。5.小曲传承艺人生活困难，有的生计都难以维持，有时饿肚子进行表演。小曲表演团活动经费极缺，甚至没有。若再不实施抢救保护措施，小曲艺术将有从当地人们的文化生活中消失的可能。

简　　介：麦积小曲是一种传统的集民间说唱、戏剧表演于一体的综合艺术。麦积小曲主要分布在甘泉镇西枝村、石家沟、胡家沟、峡门等村，尤以西枝村小曲最为有名。麦积小曲在清朝已逐渐成为一种比较规范的民间娱乐形式，具有完整故事情节和舞台表演艺术特色。麦积小曲最早有130多首，现流传下来的只有80多首，而且许多曲目内容及唱腔已残缺不全。麦积小曲从最初的年庆自娱自乐表演形式发展到现在已具有地方特色的文艺表演形式，它承传和弘扬了中华民族文化的精粹，其情节多以传统哲理故事、英雄故事及神话故事为主，对丰富群众文化生活，传承文化、教化人均有积极的作用。挖掘整理麦积小曲对于研究地方音乐、戏曲的发展演变具有重要的史料价值。随着人们生活方式的改变以及外界环境的影响，麦积小曲的发展出现了极大的问题，主要表现在三个方面：一是小曲是以口传心授方式传承的，随着传承人年事已高，一部分相继去世，导致一部分小曲剧目失传；二是小曲艺人受封建传统观念影响，传男不传女，缩小了小曲的传承范围；三是随着人们物质生活丰富，影视业的迅猛发展，这些均对小曲发展产生了很大的冲击力；四是大部分年轻人对小曲不感兴趣，且学习它不能养家糊口。种种原因导致了小曲的传承濒临断裂现状，所以急需对其进行抢救性保护。

麦积小曲

0844 清水小曲

别　　称：无

级　　别：市州及以下级别

流布区域：天水市清水及周边地区

艺种特点：大量曲目受秦腔的影响较大，多运用秦腔"苦音"音乐，基本以徵调式和商调式结构为主。音乐多属单乐段非方整结构，有些曲目在第二句句首进行一小节的扩充，有的在末句进行搭尾。还有一部分属上下句单乐段结构，也有起承转合式的方整性四乐句单乐段。尤其有一例属变奏曲式，格外引人注目，在其他民歌中也不多见。歌唱形式以独唱为多，还有对唱和一领众和的演唱形式，有多种乐器的伴奏以及引子和过门的运用，使音乐更加优美。歌词格式丰富多样，以五字句、七字句和十字句为主，但也有长短句式，加上衬词的丰富多变和格律化，使其曲式结构比劳动号子、山歌更为成熟。

代 表 作：《五更鸟》《绣荷包》《下四川》《大板梅》《小放牛》《杨燕麦》《搬船调》。

传承现状：良好。

清水小曲

0845 武山道情

别　　称：无

级　　别：市州及以下级别

流布区域：天水市武山地区

艺种特点：可独奏，有合奏、伴奏。

代 表 作：《十度船》《十颗字》《十劝世人》《珍珠道卷连》《五更盘》《十二时烧香》《八大院》《十个葫芦》。

传承现状：良好。

简　　介：武山道情，历史久远，最红火时期为清末民初，解放前盛行在武山，"文革"期间停止。1977年开始，到现在30多年来发展越来越快，在武山部分村庄普遍传唱。道情主要出现在庙会祭祀时，代表曲目《十度船》《十颗字》《十劝世人》《珍珠道卷连》《五更盘》《十二时烧香》《八大院》《十个葫芦》。

武山道情传人

0846 山歌号子

别　　称：山歌

级　　别：市州及以下级别

流布区域：天水市武山县内

艺种特点：自由舒畅

代 表 作：《碾场山歌》《碾场号子》《筑堡子号子》《戏秋千》《四大景》《进兰房》《陈姑赶船》。

传承现状：虽然文化部门资料收集得比较多，但民间演唱并不活跃。

简　　介：武山山歌号子历史悠久，是劳动人民在辛苦劳作之余，抒发情感、自娱自乐的一种形式，千百年来口口相传，代代演唱，广泛深刻地反映了各个历史时期的社会生活。其演唱曲目浩繁庞杂，主要有劳动人民抒情解气的劳动歌如《碾场山歌》《筑堡子号子》和青年男女谈情说爱的情歌。

武山山歌号子歌手

0847 付川小曲

别　　称：无

级　　别：市州及以下级别

流布区域：天水市张家川县恭门镇付川村

艺种特点：委婉悠长，感情细腻，古老特别。

代 表 作：《合作化好》《炼钢铁》《穷人恨》；《打金枝》《刘海撒金钱》《陈杏元和番》《李三娘研磨》《两亲家母打架》《钉缸》《玉堂春》《刺目劝学》《冯员外娶小》《锄苦荞》《秋莲拾柴》等。

传承现状：良好

简　　介：付川小曲是广泛流传于张家川回族自治县恭门镇付川村及方圆数十里的一种民间曲艺。除了每年春秋两季的两台社戏外，凡是村里大大小小的民俗喜庆日子，盛行一种当地人称"地摊子"的曲子戏，这种民间戏曲非常适应村庄院落的表演要求，其特点是化装简便，角色不限，表演者边舞边唱，观看者跟声帮腔，道白简练。俗称"人多了站一场，人少了聚一房"。如遇迎神赛社火、村民乔迁踏新院、老人做寿、婚丧嫁娶等红白喜事，村里的民间艺人都会自发的聚在一起，唱整本或几折子曲子戏，以表祝福或哀悼。曲子戏的内容大多数关于颂忠贬奸，抑恶扬善，人生哲理，生活趣闻，歌颂生活等，富有速写漫画的寓意和风格，很有休闲娱乐的情趣。付川小曲行腔多变，有时华丽婉转，有时欢快爽朗，有时悲惨凄凉，有时如泣如诉，它的装饰音缠绵、婉转、悠长，曲牌多为月调、背弓、岗调或多调的衍变而成的曲调，曲调中蕴含着陇东影子腔和青海单弦、陕西眉户的调性、韵味和痕迹，但又不同于其曲调，风格独树一帜。

付川小曲表演

0848 曹大金念卷

别　　称：无

级　　别：市州及以下级别

流布区域：张掖市临泽城乡。

艺种特点：以说、唱为艺术表现的主要手段，是诉诸人们听觉的艺术。

代 表 作：《盂兰宝卷》《包公卷》《张四姐大闹东京》。

传承现状：随着社会的进步和农村业余文化生活的日益丰富，念卷艺人已失去市场，近年宝卷随挖掘整理出版者见多但听众渐少，无人愿意传承念卷此项艺术活动。

简　　介："中国宝卷盛传于唐代佛教俗讲"（临泽宝卷）流传民间，临泽农村念卷艺人各地都有，流传于民间的宝卷版本大多为手抄本。而且种类较多，仅在"临泽宝卷"一书的收藏者就收集有内容不同的三十个版本，可谓内容丰富，念卷艺人大多识字不多或不识字，他们凭死记硬背代代相传而继承。

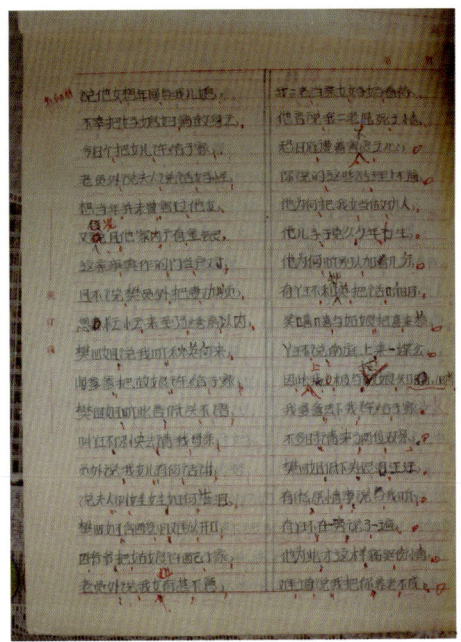

念卷人所念宝卷

0849 膏药词

别　　称：无

级　　别：市州及以下级别

流布区域：酒泉市肃州区农村

艺种特点：七言为主，以说为主，夹以说唱。

代 表 作：《要当个好农民》《若要种好庄稼》《高高山上一碗油》《吉祥语》《拜年词》等。

传承现状：式微

简　　介：古老的地蹦子在表演行进中，常有膏药匠现编的数个唱词，其固有的曲谱现早已失传。当代地蹦子中的膏药匠只能根据现场情况和气氛，说几段顺口溜或嚷几句白话。至于对唱、拉唱、问答唱的精彩表演也只是传说了。

肃州膏药词

0850 评书

别　　称：无

级　　别：市州及以下级别

流布区域：酒泉市肃州城区

艺种特点：以人物为中心，以故事情节为铺排，口技明显，京腔味儿十足，所说的故事个性鲜明，表演活灵活现。

代 表 作：《杨家将》《说岳全传》《说唐》《兴唐传》《薛刚反唐》《续反唐》《薛仁贵征东》《薛丁山征西》《粉妆楼》《绿牡丹》《梁山后代小八义》等。

传承现状：文化娱乐环境的变化，其受众已不见，传承人无弟子可授，传承堪忧。

简　　介：评书是以长篇小说或历史故事、历史演义为内容的讲唱表演艺术，在80年代末90年代初兴盛。酒泉最早是由彭杰云等老艺人从外地引入的，在50—60年代，酒泉设有红星曲艺社，社内有八九位评书艺人，他们各自设场在酒泉演说，每个书场都座无虚席，当时酒泉评书行业十分兴盛。在80年代末90年代初，文化馆派张玉红和蔡晓英两名女职工从师学艺，至今还能登台表演。除去传统书目外，新的有《新编武松打虎》《杨家将选段》《岳飞传选段》《酒泉的传说》《人命关天》等。老艺人彭杰云生于1912年，1997年去世。他只有四名弟子：大徒弟张玉红，二徒弟蔡晓英，三徒弟孙秀玲，四徒弟刘秀英。由于受其他因素的影响和冲击，现在听评书的人越来越少。

讲评书

0851 绞儿

别　　称：杂话

级　　别：市州及以下级别，或叫嚷白话。

流布区域：酒泉市肃州区农村

艺种特点：滑稽，诙谐

代 表 作：《酒泉城的故事》《明格儿的故事》。
传承现状：无明显传承，但有有心人会收集。
简　　介：自解放前就有人在说。肃州绞儿，也叫说杂话，或叫嚷白话，或叫顺口溜儿。是以通俗易懂、形象生动、诙谐幽默的语言，用相同的句式和合辙的韵脚现编现说，所说之事前矛后盾，一句之内，能说出可能的事来，主要是搞笑，以调侃生活为主。靠口耳相传，心灵默记为最佳，其内容多涉及风土人情、历史传说、当今时事、身边故事、生产经验等，十分逗人，亦很受欢迎。

0852 哈萨克族民歌

别　　称：无
级　　别：市州及以下级别
流布区域：酒泉市阿克塞县
艺种特点：民歌是中华民族传统文化中最具代表性和世界性的元素之一。作为一项具有强大生命力的传统艺术形式，民歌始终与时代前进的方向保持一致，呈现出鲜活感。随着时代的步伐进入20世纪70年代末期，我国社会发生了巨大的变化。从经济体制到社会环境，从物质的丰富到精神文化的多样，大量经济上的、文化上的思潮涌入我国，使人们的生活和思想观念发生了巨大的变化。
代 表 作：哈萨克族民间歌曲大致可以分为颂歌、情歌、习俗歌、赞美自然界歌、和谐歌等。《玛依拉》为其代表作。
传承现状：良好。
简　　介：哈萨克族是一个酷爱音乐的民族，素有"骏马和歌是哈萨克的翅膀"之说。哈萨克族民间音乐按照传统可分为"奎衣"和"安"两大类，所谓"奎衣"就是器乐曲，"安"就是歌曲。"奎衣"主要是用冬不拉演奏。一般说，这些乐曲都是单个的小型乐曲，也有由若干个乐曲联结演奏的套曲。"安"又可以根据内容和演唱场合而分成若干类。

从音乐上讲，"安"一般都比较短小，曲调优美动听，易于上口。按照哈萨克族的习惯，在祝贺新生婴儿诞生时要唱祝诞生歌；婚礼中要唱一整套的《劝嫁歌》《揭面纱》等饶有风趣的婚礼歌，亲友离别时要唱别离歌，节假日亲朋相聚要相互对唱，亲人去世要唱送葬歌。从这个意义上说哈萨克人的一生都是伴随着歌声度过的。职业的吟唱诗人被称作"阿肯"，因为他们经常是站在广大群众一边，因而受到人民群众的爱戴和尊重。每年在牧群转移至夏牧场，草茂畜壮的季节，都要举行传统的阿肯弹唱会。

阿肯演唱会

0853 春官说唱

别　　称：说春
级　　别：市州及以下级别
流布区域：平凉市崇信县城
艺种特点：春官说唱具有群众性、口头性等诸多特点，它善于把叙事与抒情融为一体，运用夸张、想象等手法，表达感情，塑造形象，语言简练，合辙押韵，诙谐幽默，深受广大群众喜爱。
代 表 作：《祖国山河添锦绣》《奔向小康道路宽》。
传承现状：良好
简　　介：春官说唱是流传于崇信民间社火中的一种具有地方特色的说唱民间文学，伴随着民间社火的发展而产生。春官是上古时代的官职名称，主要掌管礼仪，后逐渐演化为社火的总指挥。在崇信民间社火中，春官除了负责社火指挥外，还要以说诗的形式为新年的人们送去祝福，俗称"说春"。

春官说唱

0854 快板

别　　称：无

级　　别：市州及以下级别

流布区域：无

艺种特点：无

代 表 作：《喜迎党的十七大》《锦绣好河山》《正月十五灯》等

传承现状：流传

简　　介："快板"这一名称出现较晚，早年叫作"数来宝"，也叫"顺口溜儿""流口辙""练子嘴"，是从宋代贫民表演的"莲花落"演变发展而来。与"莲花落"一样，起初是乞丐沿街乞讨时演唱的。快板作为乞讨时的演唱活动，历史相当久远，但作为一种艺术表演形式，就比较晚。

快板

0855 说书

别　　称：无

级　　别：市州及以下级别

流布区域：庆阳市宁县东南区一带

艺种特点：是一种口头讲说的表演形式，常用陇东方言或地方小调等形式表演。

代 表 作：《五鼠闹东京》《杨五香三盗九龙杯》《长坂坡》。

传承现状：由于社会的快速发展，电视、多媒体的出现和普及使传统说书艺术的表演受到巨大冲击，现无人再去学习和表演，其生存现状令人堪忧。

简　　介：宁县说书艺术是由盲人行乞谋生的手段演变而来的。追溯宁县说书历史，在唐宋时期盛行，最初的演出形式为说故事、讲笑话，内容多为历史故事或神话故事。到明清两代及民国初年，随着经济的快速发展，说书艺术得到了长足的发展。今天说书艺术因现代多媒体技术的冲击，已临近消亡。

0856 宁县大鼓

别　　称：无

级　　别：市州及以下级别

流布区域：庆阳市宁县全县各区域

艺种特点：宁县大鼓风格朴实，富有浓郁的乡土气息；曲调高昂，粗犷豪放，具有震撼力，有时起到伴奏和大鼓点的作用。

传承现状：随着社会的不断快速发展，宁县鼓乐班子队伍逐渐趋于衰落，现无人再去学习此项曲艺，传承现状令人堪忧。

简　　介：宁县大鼓艺术与社火表演的历史阶段相近。追溯宁县大鼓历史，起源于唐宋时期，常见于民间祭祀活动，后演变为比较流行的社火表演。明清及民国初年，随着时代的变迁，大鼓的种类和曲目有了新的变化。自改革开放以后，宁县大鼓增添了新兴元素，在年关的社火表演中均能见到。

0857 镇原春官歌演唱

别　　称：无

级　　别：市州及以下级别

流布区域：庆阳市镇原全境。

艺种特点：触景生情，即兴作诗，幽默、风趣、出口成章，通俗易懂，简洁精辟，合辙押韵。

代 表 作：《闹春·春官词》《镇原八宝景》《二十四节气表》。

传承现状：呈萎缩局势。

简　　介：镇原春官歌演唱是陇东民俗文化活动的一项重要内容，优秀的春官必须有渊博的知识，丰富的情感，敏锐的观察力和出众的语言表达能力。

春官词

0858 西寨小曲

别　　称：迷糊、眉户

级　　别：市州及以下级别

流布区域：陇中

艺种特点：委婉动听，一曲一调。

代 表 作：《小姑贤》《花庭相会》。

传承现状：已有传承人。

简　　介：西寨小曲是流行于西北地区为群众喜闻乐见的民间传统戏曲，其雅称为"清曲""曲子"，别称为"迷糊""眉户"，因区别于秦腔这样的大戏，故俗称为"小曲"。所谓"陇中小曲"就是流行于甘肃中部的民间传统戏曲，是一个源远流长、流传甚广的地方剧种。不论在演唱内容上，还是在表现形式上它们都大同小异，实为一脉。陇中小曲的起源可以说与中华文明史的发展同步，它是构成中华民族文化艺术宝库的一个重要部分，也是勤劳朴实的陇原儿女的精神食粮。近年来，陇中小曲作为非物质文化遗产受到了社会各界的重视和保护。陇中艺人刘山三、宋志贤诸先生长期致力于陇中小曲的搜集整理与研究工作，付出了艰辛的劳动，成果斐然。西寨小曲源于陇中劳动人民的生产生活实践，其唱词与千百年来植根于这片热土上的生生不息的人民群众的劳动生活密切相关。小曲的社会基础是民间，小曲的唱词也来自民间，"话则本之街谈巷议，事则取其直说明言"。因此，口语化、地域化、通俗化是其最显著的特点。这些来自生活，贴近生活——"言之不文"的"里巷俗语"，既朴质自然又丰富多样，更洋溢着浓郁的乡土气息。

小曲表演

0859 陇中小调

别　　称：陇中小曲、小唱

级　　别：市州及以下级别

流布区域：陇中地区

艺种特点：曲体较为均衡，节奏规整，曲调细腻委婉。表现形式灵活多样，不拘一格，因此颇受观众喜爱。在演唱时随意性较大，亦可现编现唱。

代 表 作：《五更鸟》《绣荷包》《十里亭》《织手巾》《牧牛》。

传承现状：传承人通过参加公益演出、招收学员、录制光盘、撰写相关文献、散发传单等方式积极进行陇中小调的传授。

简　　介：陇中小调是陇曲不可分割的组成部分。陇中小调又称小曲、小唱等，广泛传播于城镇集市。陇中小调来源于民间的即兴演唱，后经不断地艺术加工和传承，逐渐由即兴演唱、婚丧嫁娶清唱，到秧歌队登台表演唱，形成一种独特的艺术形式。小曲和小调都是流行于陇中大地的民间曲调。

刘福整理陇中小调

0860 陇西秧歌铰子

别　　称：无

级　　别：市州及以下级别

流布区域：定西市陇西县区域

艺种特点：陇西秧歌铰子是陇西群众喜闻乐见的一种民间曲艺演唱形式，陇西秧歌铰子源于"太平歌"。

代 表 作：《表药（读"月"）名》《忠诚赞》《白猿盗桃》《水浒传》等。

传承现状：现在的陇西秧歌铰子只有在城关地区流传，状况日渐衰微，演唱者递减。传说，朱元璋建立大明帝国之后，为庆贺天下太平，旨令公卿士庶，过大年都要贴春联、耍秧歌，以示与民同乐。一时间从京都到地方形成歌唱太平的热潮。从那时起，经历六百多年，"太平歌"演变成秧歌铰子，祖祖辈辈传唱，久盛不衰。至今人们在秧歌铰子开场时还喜欢地唱一段"太平年来太平歌，太平年间耍秧歌，帝王家喝的是太平酒，众老百姓唱的是太平歌"。

陇西秧歌铰子演唱

0861 渭源小曲

别　　称：无

级　　别：市州及以下级别

流布区域：定西市渭源境内大多数乡镇

艺种特点：渭源小曲以民间五声调式、单调式为主，旋律平稳，曲调朴实，部分曲子中也加进了七声音节中的下属音Fa、和导音Si，使曲调更加流畅动听，是介于山野民歌和正统宫廷音乐之间的民间音乐，感情细腻，旋律流畅，优雅抒情，曲调婉转柔和，好记易唱。

代 表 作：《跑旱船》《二牡丹》《打草鞋》《南桥担水》《老百姓实实可怜》《放风筝》《割韭菜》《十杯酒》《怕老婆顶缸到五更》《纺四娘》《十劝人心》《十月怀胎》《织手巾》《绣荷包》《钉缸》《五更盘道》《牧牛》《高高山上一丛蒿》等。

传承现状：目前，只有老年群体和在乡间秧歌表演还有人在演唱小曲，传承面临困难。

简　　介：渭源县在定西市西南部，是千里渭河发源地，史书记载渭源古代属雍州戎居地，唐代中叶为藏汉杂居之地，当地文化习俗有汉藏文化融合的痕迹，尤其是盛行于全县各地的民间小曲，更是雅俗共赏，流传甚广。从这些小曲可以探知我们祖先的生活习俗，可以体会我们祖先的思想感情。

渭源小曲

0862 道情

别　　称：民间说唱
级　　别：市州及以下级别
流布区域：定西市漳县盐井、三岔、金钟等地
艺种特点：民间说唱艺术。
代 表 作：《十对花》《南桥担水》《十月怀胎》。
传承现状：良好。
简　　介：漳县道情属民间说唱艺术，主要分布在漳县盐井、三岔、金钟等地。

道情演出

0863 快板

别　　称：无
级　　别：市州及以下级别
流布区域：陇南市成县沙坝周边。
艺种特点：说唱表演于一体。
代 表 作：石门颂
传承现状：濒临失传。
简　　介：小快板、都来听。说说石门古名经。古名经—石棺材，它在石门尖川崖。一座高山景炫耀，山顶像个阴阳帽。山脚两石如棺材，就像寄丧没有理，千年古代传下来，起为地名石棺材。

0864 社火曲

别　　称：无
级　　别：市州及以下级别
流布区域：陇南市成县红川镇
艺种特点：说唱结合，以唱为主。
代 表 作：《划船曲》
传承现状：仍在传承
简　　介：社火曲是在红川范围内普遍流传的地方小曲，最具特点的传承人在韩庄村以周彩云、魏继邦、魏苍艳、韩强、刘怀忠等人为主，西柳村的以田志、崔月、王正刚、吴锡重、司晓钟等人为主。

0865 文县碧口评书

别　　称：无
级　　别：市州及以下级别
流布区域：陇南市文县碧口镇、中庙乡
艺种特点：主要是以四川方言为特点的说唱艺术，表演诙谐幽默，富有地方特色和巴蜀文化的气息，广受甘、川交界及周边群众喜爱。
代 表 作：《三国演义》《水浒传》《封神演义》《瓦岗寨》《杨家将》《岳飞传》《白蛇传》《目连救母》《十二孝》等。
传承现状：目前这一曲艺形式，因受各方面

条件限制，学习表演者越来越少，面临失传危险，因而需要在政策扶持下，加大保护力度，让更多的人学会表演，将这一优秀民间艺术在丰富、繁荣农村文化活动中，绽放光彩。

简　　介：碧口评书是长期流传于四川、陕西、甘肃交界的文县碧口镇地区的一种曲艺表演形式，主要是以四川方言为特点的说唱艺术。碧口镇曾为甘肃南端主要的商贾码头货物集散之地，广泛聚集了甘、陕、云、贵、川各处的商旅行人。人们喜于在街市茶馆中休憩、品茶和聊天，碧口评书在广泛吸收了四川评书的特点基础上，又增加了碧口及陇南地区的一些民俗文化元素而发展起来。表演者为一人，身着长衫，持折扇、醒木，设一桌、一椅，故事或取材于传统戏曲，或历史典故，或民间传说，或奇闻轶事。演员要有丰富的生活阅历、较高的文化水平和高超的语言表达能力。根据作品要求，将故事人物的喜怒哀乐说到极致。碧口评书是甘肃的一个最具独特魅力的艺术门类，具有秦岭和巴山蜀水的地域风情。表演艺术风格或轻松活泼，或庄重肃穆，成为碧口及整个川、陕、云、贵等省的群众喜闻乐见的艺术表演形式。

碧口评书表演现场

0866 金钱板

别　　称：无
级　　别：市州及以下级别
流布区域：陇南市文县碧口镇、中庙乡
艺种特点：从茶馆里诞生的一种草根艺术，一真正的属于群众的艺术，植根于人民群众现实的生产和生活，以轻松活泼的形式说唱。
代 表 作：《乾隆下江南》《唱书帽》《杨广观花》《秀才过沟》《南瓜回家》等。
传承现状：现在由于碧口镇在交通要道上的重要性减弱了不少，而且碧口茶馆文化也没有以前那样普及，金钱板的演唱渐渐少了。

简　　介：金钱板是发源于四川成都地区，从茶馆里诞生的一种草根艺术，真正的属于群众的艺术。近年来，金钱板演唱又得到了新的挖掘和发展，新编《改革开放三十年》，获得大家一致好评。金钱板演出的传统作品有《乾隆下江南》《唱书帽》《杨广观花》《秀才过沟》《南瓜回家》等，有说有唱，说唱全是以当地语言为基础，腔调带有浓郁的川剧味道。金钱板用这种优美、消闲的节奏唱出了上至帝王将相、才子佳人，下至贫民百姓的生活。演唱的内容可长可短。相传在民国时候，有个国民党军官升了官，要马上到外地上任，但是他正在听《火烧红莲寺》，第一天听了一整天，还没有听到高潮，又听了两天，但是上任的期限马上到期了。据说有一天，这位军官跑到了茶馆唱金钱板的先生面前，把手枪掏出来放在桌子上用碧口话说："要是今天再不把红莲寺给老子烧了，老子今天要一枪把你椎（杀）了！"先生笑笑说："长官说烧了嘛，我马上就给你把红莲寺烧了！"通过这个事情可以看到当年人们喜爱金钱板艺术达到怎样的程度。

金钱板

0867 临夏财宝神

别　　称：无

级　　别：市州及以下级别

流布区域：临夏周边地区

艺种特点：主要表达"各家门上送财宝"，"各庄村里贺太平"这一主题。所以讲究唱喜不唱忧，唱好不唱坏，唱胜不唱败，忌讳不吉利的语言和不雅观的动作。唱词既有优美华丽、用典丰富的高雅之风，又有纯朴生动、通俗易唱的民间艺术之味。

代 表 作：《夸财门》

传承现状：1965年学习河州财宝神演唱，从艺十余年，在财宝神传承中发挥个人作用，于2006年参加曲艺演唱会，进行演唱活动，通过努力，使财宝神演唱活跃在秧歌，婚庆，田间地头及各种演出场所，使这种曲艺得以进一步传承。

简　介：临夏财宝神也叫太平歌，是产生、流传在甘肃临夏地区汉族群众中的说唱艺术。演唱范围广泛，以临夏为中心，辐射至周边地区，形成了自己别有特色的文化意蕴。甘肃临夏地区自古以来是一个多民族居住、生活的地区，财宝神这一集歌、舞于一体的民间艺术，透射着多元文化的影子，挖掘、保护和研究这一艺术具有重要价值。

财宝神说唱

0868 双城眉户戏

别　　称：无

级　　别：市州及以下级别

流布区域：临夏州临夏县境内汉族地区

艺种特点：1.板腔体，以2/4拍为主。2.演唱调式有东调、西调、岗调、西京调、长城调、琵琶调、采花调。

代 表 作：《花园卖水》《张连卖布》《花庭相会》《断桥》《拾玉镯》《烙碗记》《柜中缘》《别窑》《藏舟》《三娘教子》《瞎子观灯》《小姑贤》《杀狗劝妻》《两亲家打架》《麦仁罐》《苏三起解》《阴会》《小放牛》《梅降雪》《劈门卖花》《打草鞋》《三回头》《八仙庆寿》《拾黄金》。

传承现状：濒临失传

简　介：双城眉户戏起源于20世纪20—30年代，是该村第一代传人赵桑吉（1880年生，本村七社人）、范福财（1887年生，本村四社人）、苏金福保（1885年生，本村八社人）等人所授。双城眉户戏自20世纪40年代起，活跃于临夏县乡村舞台，丰富和活跃了当地农村文化生活。在长期的发展过程中，双城眉户戏的常演剧目已有二十余个，随着时代的变迁，双城眉户戏面临着失传的境地。

双城眉户戏演奏班子

0869 财宝神

别　　称：无

级　　别：市州及以下级别

流布区域：临夏州永靖县除王台、小岭、川

城以外的十四个乡镇。

艺种特点：1.永靖财宝神首先它具有娱乐性。多年来由于广大农村文化生活贫乏，财宝神成为农村群众在喜庆佳节之时，欢欣讴歌，庆祝太平景象的娱乐活动之一，唱者载歌载舞，观者随旋律摇摆，陶醉其中。2.具有群众性。在农村唱财宝神的活动人人喜爱，特别是老年人，对财宝神情有独钟。每有接送财宝神的活动，总有大批群众围在周围侧耳倾听。3.具有一定的文学性。财宝神作为一种口头文学，它唱词优美，落字押韵，具有诗一般的韵律，赋一般的词藻。4.具有一定的音乐性。财宝神曲调高亢而激越，庄重而优雅，旋律优美动人。

代 表 作：《三国演义》《昭君和番》《二十四孝》《财宝神来历》《门神来历》《财宝神起身》《上庙降香》《浇奠酒》《念钱马》《封财门》《赏宝号》。

传承现状：近年来，随着社会的进步，群众生活水平的提高，农村群众文化生活不断丰富，特别是随着全球经济一体化的发展，各类流行文化风靡农村各地，财宝神作为一种传统的文化娱乐方式，不受年轻人的喜爱，擅长演唱财宝神的艺人大多年事已高，多数已相继谢世，财宝神已面临人亡歌息的困境。

简 介：古往今来，唱财宝神的习俗在永靖一直很盛行。关于财宝神的由来，有唱词道："汉使苏武到番邦，猩猩洞里把身藏。"诸种渊源，在北乡口碑相传，说财宝神是苏武之子。汉使苏武奉命于北番，被单于放逐北海牧羊，历一十九个春秋。栖身于猩猩洞中，并与母猩猩婚配，生下了类似人形，身上长毛，善通人意且说人话的男儿苏金，女儿苏玉。后苏武还朝，可怜猩猩母子一直盼望苏武还能回去，却杳无音讯。在爱恨交织心情的驱使下，母猩猩便一手携子，一膊夹女，得仙道帮助，足下生风，膀下生云，将苏金、苏玉送至京城，抛在汉皇的金銮殿中。汉皇及众臣一见浑身长毛、口吐人语的怪物，无不为之惊骇。皇上当即令左右将此二怪扣在金钟之下。苏金、苏玉命丧于此，因而阴魂不散，大闹汉室宫廷。汉皇无奈，遂赐封苏金为普天之下万姓敬奉的财宝神。财宝神是一位云游各地，施散财宝、消灾免罪、济救生灵、广送太平的吉祥之神。后来，人们在举行喜庆活动时，装扮成"财宝神"，演唱太平歌，流传至今。人们往往采用这种歌唱形式，倾吐心声，表达对幸福生活的憧憬和追求。

财宝神演唱

0870 夏河白格尔说唱

别　　称：无

级　　别：市州及以下级别

流布区域：甘南州夏河县

艺种特点：自由式，由寺院法会的面具舞到云游四方的民间说唱表演。有说唱综合的动作演绎，有领舞式的颂词表演的群舞形式。

代 表 作：夏河白格尔说唱的演出曲目繁多，主要作品有1989年参加甘肃省少数民族专业文艺调演中的获奖作品白格尔《从雪山那边来的人》，夏河拉卜楞艺术团表演的《扎西德勒颂吉祥》。

传承现状：濒临失传

简　　介：白格尔，俗称"乞讨歌"。据传此类艺术是一位云游四方者为谋生而将生活所见所闻，用歌声、动作及乐器之配合而发展形成。大多表演者头带假面具，反穿羊皮袄，手持五尺棍或羊皮鞭等，边弹边唱边跳，有时带有诙谐之动作。

夏河白格尔

0871 说唱

别　　称：无

级　　别：市州及以下级别

流布区域：甘南州夏河县。

艺种特点：说、唱结合

代 表 作：《诞生》《赛马》《降魔》《霍岭大战》《姜岭大战》《大食财宝国》《香雄珍珠宗》《甲擦猎鹿》《安定三界》《岭国六十人马名称由来》等。

传承现状：传承堪忧。

简　　介：说唱顾名思义，又说又唱。拉卜楞说唱艺术，主要以说唱藏族英雄史诗《格萨尔王》为主。这种艺术带有极为神秘的色彩，让人听闻无不惊奇。拉卜楞说唱以其特有风格已形成了安多藏区群众喜闻乐见、百听不厌的曲调，众多的资料和报道显示，《格萨尔王》说唱者没有授业之师，没有可以借读的文本，更有奇者斗字不识，但对说唱似有灵感，无师自知，又似一梦初醒，故事内容电影般闪回，说之无穷。在拉卜楞地区享有名誉的尕藏智华就是最具代表性的一位。

0872 格萨尔说唱

别　　称：无

级　　别：市州及以下级别

流布区域：藏区玛曲县

艺种特点：格萨尔说唱是以说和唱两种表演形式，无任何乐器伴奏，艺人说唱时回环曲折，曲调多样，巧妙呼应的旋律令人感动。跌岩起伏，起落有序，回味无穷。格萨尔说唱艺人分为神授艺人和吟诵艺人，神授艺人即艺人与生俱来就会说唱格萨尔史诗；吟诵艺人即艺人从书中背记后说唱给观众。说唱内容多为历史故事、传说等。

代 表 作：《格萨尔王》中的故事如《英雄诞生》《赛马称王》《北方降魔》《霍岭大战》《姜岭大战》等。

传承现状：据考证，甘南藏族自治州玛曲县境内发现格萨尔风物遗迹77处。2004年，玛曲县成立了民间艺术团，通过说唱形式，对此非遗项目进行保护。

简　　介：玛曲是藏族英雄史诗《格萨尔王》中主人公格萨尔与邻国崛起之地。当年，格萨尔历经艰辛和重重磨难，最后在河曲之地寻找到马中之王——河曲马。在邻国赛马中一举夺冠称王，并演绎出一部世界上最长的英雄史诗《格萨尔王》，安多藏区把《格萨尔王》故事利用说和唱的形式表现出来。70—80年代玛曲格萨尔说唱艺人就到北京、西藏等地进行过多次说唱表演，深受广大观众的喜爱。

0873 玛曲牛角琴弹唱

别　　称：章瑞扎木聂

级　　别：市州及以下级别

流布区域：整个安多藏区

艺种特点：其音符标准和曼陀铃、龙头琴、吉他等截然不同，牛角琴音调朴实，抒情，细腻，风格独特，节奏鲜明，演奏时间可长可短，音乐可重复不断。

代 表 作：《唢呐金曲》《珠姆挤奶》《黑骏马（骏马恋乡）》等。

传承现状：2004年，玛曲县政府成立了玛曲县民间艺术团对牛角琴演奏技艺进行了有效的保护。

简　　介：牛角琴演奏技艺历史悠长，清朝达到鼎盛时期，60—70年代对这项技艺就开始保护。节奏鲜明，演奏时间可长可短，音乐可重复不断。秦知布多次参加大型文艺活动演出，如每一届格萨尔赛马大会、1979年玛曲黄河桥落成典礼，每一年的藏历年文艺演出等。

0874 龙头琴弹唱

别　　称：无

级　　别：市州及以下级别

流布区域：整个安多藏区

艺种特点：玛曲县龙头琴弹唱内容涉及历史、宗教、文化、生活等各个方面，是勤劳的藏族人民创造的灿烂的优秀的精神文明产物。

代 表 作：《鲜花盛开的草原》

传承现状：2004年，玛曲县成立了民间歌舞团，对这一非遗项目进行传承和保护。

简　　介：玛曲县龙头琴弹唱内容涉及历史、宗教、文化、生活等各个方面，是一种具有地域特色的曲艺形式，有一定的代表性。

后 记

在甘肃进行全面性的文化资源普查属于首次,将普查成果汇编成大型的文化资源名录在国内也属于前列。《甘肃省文化资源名录》是按照《甘肃省文化提升行动协调推进领导小组工作方案》和《甘肃省文化资源普查和分类分级评估工作实施方案》要求推出的重要成果。经过甘肃省文化资源普查和分类分级评估工作领导小组办公室组织40多名专家学者,在甘肃省文化资源普查平台数据库基础上,历时两年精心编排,终于完成书稿,这是参与全省文化资源普查的所有工作人员集体智慧的结晶。

原甘肃省委常委、省委宣传部部长连辑,甘肃省委常委、省委组织部部长梁言顺,甘肃省委常委、省委宣传部部长陈青,先后领导和部署了本名录的编辑出版工作。原省委宣传部副部长、省社科院院长范鹏研究员协调推进了本名录的编写。甘肃省社科院院长王福生研究员组织实施了本名录的策划设计、内容编排、审定并最终定稿。甘肃省社科院副院长马廷旭研究员负责了审稿、统稿和出版发行事宜。刘玉顺同志全程负责了书稿编排工作。

在《甘肃省文化资源名录》面世之际,感谢甘肃省文化提升行动协调推进领导小组各位领导的大力支持与关心,感谢参与普查工作的各市(州)县(区)、有关省直厅局的鼎力相助,感谢参与普查的专家学者和基层工作人员的辛勤付出,感谢中国书籍出版社为本名录的出版所做的努力,感谢所有关心关注本名录的人们。《甘肃省文化资源名录》是从盘清全省文化资源家底的角度入手,收录范围极其宽泛,有部分内容还存在缺项,有的资源没有资源简介,有的资源缺图片等等,给该书的出版留下了遗憾。同时,由于我们的水平有限,可能还有错讹疏漏之处,恳请读者随时批评指正,以便在将来进一步完善和修订。

甘肃省社会科学院
2017年7月

甘肃省文化资源名录
总书目

第 一 卷　　可移动文物 Ⅰ（金银器、铜器）
第 二 卷　　可移动文物 Ⅱ（铜器）
第 三 卷　　可移动文物 Ⅲ（铜器、铁器）
第 四 卷　　可移动文物 Ⅳ（陶泥器）
第 五 卷　　可移动文物 Ⅴ（陶泥器）
第 六 卷　　可移动文物 Ⅵ（陶泥器）
第 七 卷　　可移动文物 Ⅶ（陶泥器）
第 八 卷　　可移动文物 Ⅷ（陶泥器）
第 九 卷　　可移动文物 Ⅸ（砖瓦、瓷器）
第 十 卷　　可移动文物 Ⅹ（瓷器）
第十一卷　　可移动文物 Ⅺ（宝、玉石器、石器、石刻）
第十二卷　　可移动文物 Ⅻ（纺织品、皮革、漆木竹器、珐琅器、玻璃器、骨角牙器、文具乐器法器、绘画）
第十三卷　　可移动文物 ⅩⅢ（书法、拓片、玺印、货币、雕塑、造像）
第十四卷　　可移动文物 ⅩⅣ（文献图书、徽章、证件、票据、邮品、度量衡器、交通运输工具、武器装备、航天装备、古脊椎动物化石、人类化石、其他）
第十五卷　　不可移动文物 Ⅰ（古墓葬、古遗址）
第十六卷　　不可移动文物 Ⅱ（古建筑、石窟寺及石刻、其他）
第十七卷　　红色文化（故居、旧址、纪念地、纪念设施、烈士墓、其他）
第十八卷　　历史事件与人物 Ⅰ（历史事件、历史人物）
第十九卷　　历史事件与人物 Ⅱ（历史人物）
第 二十 卷　　历史文献 Ⅰ（古籍）
第二十一卷　　历史文献 Ⅱ（古籍、志书、档案、其他）
第二十二卷　　非物质文化遗产 Ⅰ（民间文学、民间音乐、民间舞蹈、民间戏剧、曲艺）
第二十三卷　　非物质文化遗产 Ⅱ（民间杂技、游艺传统体育与竞技、民间美术、民间技艺）
第二十四卷　　非物质文化遗产 Ⅲ（民间技艺、民间医药、民间信仰、岁时节令、生产商贸习俗、消费习俗、民间知识、人生礼俗）

甘肃省文化资源名录
总书目

第二十五卷　　建筑、自然景观文化（建筑文化、自然景观文化）
第二十六卷　　文学艺术Ⅰ（文学、艺术）
第二十七卷　　文学艺术Ⅱ（艺术）
第二十八卷　　饮食文化（饮食文化）
第二十九卷　　节庆、赛事文化、文化之乡（节庆、赛事文化、文化之乡）
第 三 十 卷　　地名文化Ⅰ（特色自然地理地名，市州、市县区、乡镇街道）
第三十一卷　　地名文化Ⅱ（村、社区）
第三十二卷　　地名文化Ⅲ（村、社区）
第三十三卷　　地名文化Ⅳ（村、社区）
第三十四卷　　地名文化Ⅴ（村、社区）
第三十五卷　　地名文化Ⅵ（村、社区）
第三十六卷　　文化产业、传媒Ⅰ（文化产业）
第三十七卷　　文化产业、传媒Ⅱ（文化产业）
第三十八卷　　文化产业、传媒Ⅲ（文化产业、传媒）
第三十九卷　　社科研究Ⅰ（机构和团体、学术活动、社科刊物、社科网站、著作、研究报告）
第 四 十 卷　　社科研究Ⅱ（论文）
第四十一卷　　社科研究Ⅲ（论文、获奖成果）
第四十二卷　　文化类高等教育、文化艺术机构团体Ⅰ（文化类高等教育、文化艺术机构、文艺团体）
第四十三卷　　文化类高等教育、文化艺术机构团体Ⅱ（文艺场馆、群众文化艺术馆）
第四十四卷　　文化人才Ⅰ（社科人才）
第四十五卷　　文化人才Ⅱ（社科人才）
第四十六卷　　文化人才Ⅲ（图书情报人才、档案人才、文博人才、新闻人才、出版人才、文艺人才）
第四十七卷　　文化人才Ⅳ（文艺人才、体育人才、网络文化人才、动漫人才、民间文化人才）
第四十八卷　　民族语言文字、宗教文化Ⅰ（民族语言文字、教职人员、宗教经卷）
第四十九卷　　民族语言文字、宗教文化Ⅱ（宗教活动场所）
第 五 十 卷　　民族语言文字、宗教文化Ⅲ（宗教活动场所）